2676

Geschichte und *Verantwortung*

Geschichte und Verantwortung

Aurelius Freytag
Boris Marte
Thomas Stern

(Hrsg.)

1. Auflage 1988
Copyright © 1988 Wiener Universitätsverlag, Wien.

Alle Rechte, insbesondere das Recht der Vervielfältigung
und der Verbreitung sowie der Übersetzung, sind
vorbehalten.

Druck: WUV – Wiener Universitätsverlag der Hochschülerschaft an der Universität Wien,
Berggasse 5, A-1090 Wien

Gestaltung: Schatzl's   DTP/Wien
c/o Österreichische Hochschülerschaft, Liechtensteinstraße 13, 1090 Wien

Umschlag nach Entwürfen von Thomas Stern

Printed in Austria

ISBN: 3-85114-028-1

*Stellvertretend für alle,
die dem Nationalsozialismus
Widerstand leisteten,
ist dieses Buch der Erinnerung an
Mordechai Anielewicz (1919 bis 8.5.1943),
dem Kommandanten des
Warschauer Ghettoaufstandes
gewidmet.*

INHALT

Vorwort	9

Zum Geleit

Aurelius Freytag · Boris Marte · Thomas Stern **Zwischen Banalität und Dämonie**	17
Franz Vranitzky **An die österreichische Jugend**	41

Die erste Bastion
Studenten und Faschismus

Wilhelm Holczabek **Eröffnung des Aktionstages**	49
Erika Weinzierl **Hochschulleben und Hochschulpolitik zwischen den Kriegen**	53

Symposion
Heim ins Reich – Der österreichische Weg zum Anschluß

Felix Kreissler **Nationalbewußtsein und Nationalcharakter**	77
Reinhard Kühnl **Gesellschaftliche Ursachen des Faschismus**	93
Norbert Schausberger **Die Eingliederung Österreichs in das Dritte Reich**	105

Ein tausendjähriges Reich – Leben im Nationalsozialismus

    Peter Hüttenberger
    Führer und Polykratie im Nationalsozialismus   123

    Wolfgang Benz
    **Herrschaft und Gesellschaft
im nationalsozialistischen Staat**   139

    Emmerich Tálos
    Sozialpolitik im Dritten Reich   155

    Hartmut Mehringer
    Anpassung und Resistenz   167

    Christian Gerbel · Alex Mejstrik
    „Jugendopposition" gegen den Nationalsozialismus?   181

    Ernst Hanisch
    Ein Versuch, den Nationalsozialismus zu „verstehen"   197

    Alexander von Plato
    „Ich bin nicht fürs deutsche Volk verantwortlich"   205

Shoah – Der Genozid an den europäischen Juden

    Jonny Moser
    Holocaust in Östereich   223

    Gerhard Botz
    Die Rolle der Wehrmacht   231

    Ulrich Herbert
    Zwangsarbeiter in der deutschen Kriegswirtschaft   261

    Henry Friedlander
    Das nationalsozialistische Euthanasieprogramm   277

    Yehuda Bauer
    Die jüdischen Eliten unter der Naziherrschaft   299

    Simon Wiesenthal
    Die Rolle der Justiz   311

Massenwahn und Verdrängte Schuld
Hermann Broch als Denker und Dichter

    Hans Georg Zapotoczky
    Hermann Brochs Massenwahntheorie   329

    Margarita Pazi
    Hermann Broch „Die Schuldlosen"   339

    Paul Michael Lützeler
    Aufklärerische Ethik und romantischer Mythos   355

Der Krieg in Ost-Mitteleuropa
Völker unter nationalsozialistischer Hegemonie

    Arnold Suppan
    Die Zerstörung Ost-Mitteleuropas   373

    Miroslav Tejchmann
    Die Tschechoslowakei im Zweiten Weltkrieg   383

    Tone Ferenc
    Jugoslawien im Zweiten Weltkrieg   399

    Marian Zgórniak
    Polen im Zweiten Weltkrieg   411

    Miklós Szinai
    Ungarn im Zweiten Weltkrieg   421

Das Zelt am Morzinplatz
Kultur, Politik, Wissenschaft im Zeichen der Erinnerung

    Erwin Ringel
    Solidarität mit den Verfolgten   435

    Henner Müller-Holtz
    Der NS-Staat als Phänomen der Lieblosigkeit   441

Epilog

    Paul Grosz
    Der „jüdische" Standpunkt   457

    Autoren   463

    Abbildungsverzeichnis   473

Geschichte und *Verantwortung*

Vorwort
der Herausgeber

„Geschichte lebt" – unter diesem Titel, der gleichzeitig ein politisches Credo darstellt, führte die Österreichische Hochschülerschaft eine Veranstaltungsreihe durch, die nicht der suggestiven Logik runder Jahrestage hinterdrein laufen sollte.

Eine Welle von Proklamationen ostentativer Betroffenheit ergoß sich im März 1988 über das Land, 50 Jahre sollten seit dem „Anschluß" Österreichs an das nationalsozialistische Deutschland vergangen sein – für viele Grund genug, sich oberflächlichen Erinnerungsübungen hinzugeben. Das Programm „Geschichte lebt" verstanden die Initiatoren, die als unabhängige Planungsgruppe bereits im Sommer 1987 ihre Arbeit aufnahmen, als politisches Zeichen inmitten einer aktuellen Auseinandersetzung, die einiges mit Geschichte und Geschichtsbewußtsein zu tun hatte, in der sich aber auch politische Entscheidungen an einander widersprechenden – zum Teil als überkommen geglaubten beziehungsweise erhofften – Geschichtsbildern festmachten.

Die im März aufgeworfenen Probleme wie auch die in den letzten Jahren sichtbar gewordenen Abgründe werden wohl noch lange von gesellschaftlicher Relevanz sein. So werden wir auch anläßlich des 50. Jahrestages des Novemberpogroms unseren Beitrag dazu leisten, Verantwortung im Umgang mit Geschichte und Achtung – nicht nur Toleranz – gegenüber Andersdenkenden und -glaubenden zu fördern. Wir wollen uns auch weiterhin des erfolgreichen Modells vieler kleinerer Veranstaltungen bedienen, die nicht des enthusiasmierenden Elements von Massenversammlungen bedürfen.

Den Anfang der Veranstaltungen bildete am 11. März ein „Aktionstag" an der Universität Wien in Zusammenarbeit mit dem Rektorat und dem Institut für Zeitgeschichte. Er diente der Darstellung der Jahre von 1938 bis 1945 und ihrer Vorgeschichte an der Universität Wien sowie der Aufklärung über jenes deutschnationale, antidemokratische und rassistische Denken, das vor allem auch über die Jugend die erste österreichische Republik zerstört hatte. Was Univ. Prof. Dr. Erika Weinzierl, nach der Rede des Rektors

Geschichte und *Verantwortung*

Univ. Prof. Dr. Wilhelm Holczabek, unter Betonung, daß die Verantwortung dafür auch von den christlichen Studentenverbänden getragen werden müsse, in einem Referat eindrucksvoll darlegte. In der Aula der Universität wurden eine diesbezügliche Ausstellung präsentiert sowie die Namen der kurz nach dem Anschluß vertriebenen Mitglieder des akademischen Personals in Erinnerung gerufen. Neben vielen weiteren Aktivitäten gab es auch die Möglichkeit des Gesprächs mit Zeitzeugen.

Am Morzinplatz, dem Standort der ehemaligen Gestapoleitstelle Wien, wurde ein Zelt mit einem Fassungsvermögen von 700 Personen errichtet, in dem vom 11. bis zum 13. März eine Reihe von Lesungen, Konzerten, Vorträgen und Diskussionen stattfand, an der sich unter anderen Milo Dor, Wolfgang Fischer, Josef Haslinger, Peter Henisch, Elisabeth Reichart, Michael Scharang, Gerald Szyszkowitz, Peter Turrini, Sergej Dreznin, Hannibal Means, Sarah Barnett, Axel Corti, Henner Müller-Holtz, Barbara Frischmuth, Marie-Thérèse Kerschbaumer, Peter Rosei, Janko Messner, Heimrad Bäcker, Jutta Schwarz, Erwin Ringel, Wilhelm Pevny und das Theater „Der Kreis" beteiligten.

Die Umgebung des Morzinplatzes, seit einigen Jahren „Bermudadreieck" genannt, ist heute einer der beliebtesten Treffpunkte Jugendlicher in Wien. Ihnen sollte die mörderische Vergangenheit dieses Ortes nähergebracht werden, auch war es Intention, der Dritten Generation in ihrem gewohnten Lebensraum zu signalisieren, daß kein „sich absentieren" aus der Geschichte möglich und die Konfrontation mit ihr notwendig ist, nicht nur in diesen Tagen. Das Kulturprogramm an diesem Wochenende stand für das Vertrauen in die Ästhetik und die Kunst als immer schon erstes und noch letztes Reservat von Wahrheit in all ihrer Ungehörigkeit und Verletzlichkeit. Im Schein der Kunst ist auch immer die Hoffnung auf die endliche Durchsichtigkeit einer chaotischen Welt eingeschlossen. Auch ist durch ihre Emotionalität und Sensibilität Berührung und Nachfühlen erlebbar, was die Grundlage demokratischer Überzeugung und des darauf aufbauenden Handelns bildet.

Die Österreichische Hochschülerschaft initiierte und organisierte auch in den umliegenden Lokalen musikalische, literarische und schauspielerische Darbietungen sowie Vorträge, unter der Mitwirkung des Jura-Soyfer-Theaters und des Zipflo-Weinrich-Quintetts, weiters von Walter Richard Langer, Klaus Schulz, Gerhard Jaschke, Werner Herbst, Reinhart Sellner, Kurti Winterstein, Günther Boas, und vielen anderen. Im nahegelegenen Cine-Center wurden Filmtage mit insgesamt 11 Aufführungen veranstaltet.

Vom 14. bis 24. März fand unter dem Titel „Geschichte und Verantwortung" im großen Festsaal der Universität Wien ein internationales Symposion statt, an dem teilzunehmen wie auch zu diesem Band in so großartiger Weise beizutragen, sich Wissenschafter

Geschichte und Verantwortung

aus neun Ländern spontan bereit erklärt hatten, wofür wir ihnen herzlich danken möchten. Diese wissenschaftliche Tagung wurde in Form einer offenen Diskussion durchgeführt, um eine direkte Kommunikation zwischen Professoren und Experten sowie Studierenden und Interessierten zu ermöglichen.

Um diese Veranstaltungsreihe und die vorliegende Publikation realisieren zu können, bedurfte es der Hilfe und des Einsatzes vieler, von welchen wir nur einige nennen können, ohne aber auf jene, vor allem die zahlreichen Mitarbeiterinnen und Mitarbeiter der Österreichischen Hochschülerschaft, aber auch anderer Institutionen und Körperschaften, die dies alles erst ermöglichten, zu vergessen. Unser besonderer Dank gilt: der Gesandten Dr. Eva Nowotny, Bundeskanzleramt; Senatsrat Dr. Kurt Scholz, Präsidialbüro des Bürgermeisters der Stadt Wien; Markus Gruber, Generalsekretär des Zentralausschusses der Österreichischen Hochschülerschaft; Oliver Fürst, Finanzreferent des Zentralausschusses der Österreichischen Hochschülerschaft; Michael Feyer, Interessensgemeinschaft Bermudadreieck; Eva Kettner, Veranstaltungsreferat der Universität Wien; Univ. Assist. Dr. Siegfried Mattl, Institut für Zeitgeschichte; Stefan Szyszkowitz, Vorsitzender des Zentralausschusses der Österreichischen Hochschülerschaft; Johannes Lang, Kulturreferat der Hochschülerschaft an der Universität Wien; Mag. Andreas Demmer, WUV-Wiener Universitätsverlag; Hubert Schatzl, Schatzl's Desktop Publishing/Wien; Mag. Angela Sellner Lektorin; sowie Thomas Hudovernik und Petra Szaffich, Organisationsreferat des Zentralausschusses der Österreichischen Hochschülerschaft; als auch jenen, die unser Kulturprogramm getragen haben.

Zum Abschluß der Darlegung der Aktivitäten, die auch in vielen ausländischen Medien Resonanz fanden und die Grundlage für diese Publikation bilden, möchten wir noch unsere Freude über das große Echo betonen – insgesamt durften wir über 25.000 Interessierte begrüßen.

Diese Publikation faßt vor allem die Vorträge des Symposions zusammen, enthält aber auch eine Reihe von Reden, die bei den anderen Veranstaltungen der Österreichischen Hochschülerschaft gehalten wurden.
Am Beginn steht eine Rede des Bundeskanzlers – der die wissenschaftliche Tagung mit einer Grußbotschaft eröffnete – gefolgt von den Referaten des Aktionstages und dem Kern dieses Bandes, den Beiträgen zum Symposion. Das Buch endet mit einer Auswahl aus dem Zelt, in dem auch die Israelitische Kultusgemeinde – deren Präsident Paul Grosz den Epilog verfaßte – ihre Gedenkversammlung abhielt. Die zwischen den einzelnen Kapiteln eingestreuten künstlerischen Arbeiten stammen vom „ÖH-Art flow-Graphik-Wettbewerb", der Anfang dieses Jahres abgehalten wurde. In diesem Zusammenhang möchten wir unseren Dank an Walter Reicher, Kunstverein „Art flow"; und Ernst Hilger, Galerie Hilger; für ihre Unterstützung, sowie an die Künstlerinnen und Künstler für ihre Teilnahme, zum Ausdruck bringen.

Geschichte und *Verantwortung*

Den folgenden Ergebnissen sei aber etwas von unserer Motivation vorangestellt. Jetzt im Juli 1988 beschrieben, ist sie in einem gewissen Sinn auch nachgestellt und zehrt jedenfalls von manchen der im März 1988 gemachten Erfahrungen.

Dieses Werk will nicht erschöpfend Auskunft geben, sondern versuchen, viele unterschiedliche Aspekte anzureißen und über die von einer Reihe angesehener Persönlichkeiten aus verschiedenen Ländern und mit verschiedenen Perspektiven angesprochenen Probleme zum Nachdenken anzuregen; denn nur auf der Basis der intensiven Hinterfragung des Nationalsozialismus, kann ein glaubwürdiges „Nie Wieder" fußen.

Aurelius Freytag · Boris Marte · Thomas Stern

Wien, im Juli 1988

Grafik:
Jolantha Cylwik-Chichlowska
Unsere Schicksale III
1. Preis des „ÖH- Art flow - Graphikwettbewerbes"

ZUM GELEIT

Aurelius Freytag · Boris Marte · Thomas Stern

Zwischen Banalität und Dämonie

Zur Schwierigkeit, den Nationalsozialismus zu analysieren und die durch ihn aufgegebene Verantwortung zu tragen

*Man kann nicht Auschwitz auf eine Analogie mit der
Zernichtung der griechischen Stadtstaaten bringen als
bloße graduelle Zunahme des Grauens, der gegenüber
man den eigenen Seelenfrieden bewahrt. Wohl aber fällt
von der nie zuvor dagewesenen Marter und Erniedrigung
der in Viehwagen Verschleppten das tödlich-grelle Licht
noch auf die fernste Vergangenheit, in deren stumpfer
und planloser Gewalt die wissenschaftlich ausgeheckte
teleologisch bereits mitgesetzt war.*
Theodor W. Adorno [1])

„Geschichte lebt" ist der Leitgedanke der Österreichischen Hochschülerschaft im „Gedenkjahr" 1938/88.

„Geschichte lebt" stemmt sich als Aussage gegen ihre vorauseilenden Entgegnungen von der Art, daß das, was gewesen ist, nun einmal vorbei ist und auf sich beruhen solle.

„Geschichte lebt" ist eine bessere Überzeugung gegen jene, die ihrer aus der Geschichte aufgegebenen Verantwortung entlaufen wollen, und auch gegen jene, die vorschnell resigniert haben und sich einem knöchernen Fatalismus hingeben.

„Geschichte lebt" entwickelt einen Widerstreit der Gefühle und eine subversive Kraft, denn zwei gegensätzliche Gefühle werden erregt, das der Wut, weil eine angeblich überwundene Geschichte sich in der Unfähigkeit der Ersten und Zweiten Generation reflektiert, und das der Hoffnung, daß die Entrechteten und Gemordeten in der Geschichte nicht vergessen werden und ihr Andenken gewahrt wird.

Hier soll die Gegenwart sich nicht nur ihrer Geschichte vergewissern. Hier will man sich nicht einfach vom Heute aus in einer Richtung geradewegs zurück in die äußersten Enden der Vorgeschichten verlaufen, bis die Geschichte in Unauffälligkeiten ausläuft und entschwindet. Aber fast umgekehrt möchte man hier von einem bestimmten Standpunkt in der Geschichte aus, dem der Unterdrückten, der noch nicht zu ihrem Recht Gekommenen, sich der Gegenwart vergewissern, sie zu unterminieren versuchen; soweit inhumane Praktiken fortgesetzt werden, sie zu eröffnen versuchen, wo positive Chancen noch vergraben liegen. Wer aber einen solchen Standpunkt beziehen möchte, sei davor gewarnt, daß derartige Waghalsigkeiten nicht beliebig und ansatzlos passieren möchten, der nötige Mut niemandem im Stil leichtfüßiger Moden in die Arme laufen wird. Vielmehr ist das ein Arbeitsprogramm der widerständigen Annäherung.

Beginnt man, die Vergangenheit in eine solche Spannung zur Gegenwart zu setzen, dann hat man auch die Gegenwart auf jene konstitutionelle Wachheit und Aufmerksamkeit zu untersuchen, die es den Zeitgenossen erst ermöglichen kann, ein betäubendes Zeitkontinuum aufzusprengen. Denn erst in den urplötzlichen Entgegenstellungen der ausgegrabenen Morde und der verschütteten Gräber wird jene entsetzliche Klarheit erfahren, mit der es dann gelingen möge, der Welt die Barbarei auszutreiben. Dazu will dieser Aufsatz einen kleinen Beitrag leisten. Zuerst werden einige nicht völlig willkürlich ausgewählte Momente aus der österreichischen Lebensart, die nationalsozialistische Vergangenheit auf das Heute einwirken zu lassen, geschildert (I). Dann wird die heutige Gesellschaft auf mögliche strukturelle Ursachen für ihre Schwierigkeiten untersucht, die sie damit hat, den Nationalsozialismus zu analysieren (II). Von diesen strukturellen Ursachen wird der Blick zurück auf jene Elemente der nationalsozialistischen Herrschaft gelenkt, die sich heute so dagegen zu sperren scheinen, sinnvoll in unser Geschichtsverständnis eingeordnet zu werden (III). Darauf aufbauend folgen einige Gedanken für die heutige Gesellschaft, die beitragen sollen, die Anfänge einer abermaligen Brutalisierung zu erkennen (IV).

I Österreich – der gescheiterte Versuch der Flucht aus der eigenen Geschichte

Der März 1988 war in Österreich voll vorausgeahnter und vorauserwähnter Brisanz. Denn eine zwar wenig greifbare und handfeste, jedoch sehr laute Diskussion um den österreichischen Bundespräsidenten schien gerade zu den Gedenktagen auf ihren Höhepunkt hinzusteuern. Dabei ging es einerseits um den mit großer Wahrscheinlichkeit unberechtigten Vorwurf, daß der Bundespräsident im Zweiten Weltkrieg Kriegsverbrechen begangen hätte, und anderseits um die so unreflektierte und ganz unbemühte Einstellung des Bundespräsidenten zu seiner eigenen Vergangenheit und zu der seiner Mitbürger. So sahen die einen das Problem im strafrechtlichen Vorwurf der Kriegsverbrechen, und die anderen entdeckten ein Übel im falschen Umgang mit einer mehr als problematischen Vergangenheit. Es baute sich eine Auseinandersetzung zwischen Strafrecht und in historischen Dimensionen denkender Moral auf, zwischen blindem Augenschein und erhellender Reflexion, zwischen toter Erinnerung und aktualisierter

Geschichte – eine Auseinandersetzung, von allgemeiner Bedeutung für ganz Österreich. Kurt Waldheim wurde zum Symbol und zum Symptom eines gesamtösterreichischen Problems. Und das hat ihn noch mehr überfordert als all der Ungemach, den er über sich selbst mit seiner geklitterten Biographie und den blinden Flecken darin heraufbeschworen hatte. Jedoch, noch bevor sich hier Denkschulen positioniert hatten, war es auch schon wieder vorbei. Der März 1988 war für Österreich und die Österreicher eine Chance, die man in ruhigen, gesammelten und ernsten Gedenkstunden und Bedenkveranstaltungen voll der Betroffenheit verstreichen ließ. Ein erahnter und von manchen erhoffter Konflikt blieb uneingelöst, die vorgeformte Auseinandersetzung konnte in luftiger Schwebe hängenbleiben und verrauchen, die Lunte, die man zu brennen sehen glaubte, muß wohl die falsche gewesen sein, der Streit wurde überhaupt nicht eröffnet.

Mittlerweile drängt sich uns der Gedanke auf, daß es so vielleicht hat kommen müssen. Denn das notwendige begriffliche Instrumentarium für die Position, die das Problem im Umgang mit der Geschichte erkannte, war in einem fernen Dunst noch immer kaum erkennbar. Das mag an manchen vorschnellen Politisierungen liegen oder an den politischen Vernebelungsaktionen derer, die Kurt Waldheim um alles in der Welt verteidigen wollten. Jedenfalls, das Ergebnis war deprimierend. Die einen, die sich mit der Unbeweisbarkeit des Kriegsverbrechervorwurfs zufrieden geben wollten, haben ganz sicher nicht die Moral, und jene, die eine in historischen Dimensionen denkende Moral ansprachen, sicher nicht die Gegenwart für sich. Worin historische Verantwortung besteht und wie sie sich darzustellen hat, was ihre Begründung ist und wie ihre Praxis auszusehen hat, das blieb weiter unklar; nicht die entscheidenden, sondern nur einige der unübersehbaren Differenzierungen wurden angezeigt und markiert.
Trotzdem blieb die Geschichte von und um Kurt Waldheim nicht Episode. Kurt Waldheim wurde mit dem Kriegsverbrechervorwurf wahrscheinlich unrecht getan. Das mag einiges zur Erhellung des psychologischen Umfeldes beitragen. Diesem Wissen soll man nicht mit dem Hinweis ausweichen, einer, der sein Mitläufertum und seine Kumpanei mit einem verbrecherischen Regime vor allem als eine sehr menschliche Form persönlicher Hilflosigkeit und als entschuldbaren Opportunismus versteht, brauche sich auch über den Vorwurf der Mitverbrecherschaft nicht zu wundern. Das Problem der Mitläuferschaft mit dem totalitären Staat ist ein verzweigtes Problem, das im Systems unseres Stafrechts aus manchen Gründen – besseren und schlechteren – keinen Platz gefunden hat. Die Überschaubarkeit ist aber eines der Grundprinzipien unseres Strafrechts. Jedenfalls liegen die Schwierigkeiten, das Mitläufertum im Nationalsozialismus in unseren systematisch-traditionalen Verbrechensbegriff rückzuübersetzen, ja vor allem darin, daß die Folgen eines solchen Unternehmens nicht zu übersehen wären. Die Anschuldigung, einer habe Kriegsverbrechen begangen, ist eine äußerst massive, und so ist es psychologisch vielleicht verständlich, daß ein derart Belasteter sich als ein böswillig Verfolgter zu fühlen beginnt.

Aber er täte gut daran, keine falschen Vergleiche mit den Verfolgten zu ziehen oder ziehen zu lassen. Und genau das Gegenteil geschah, was wiederum bei einem so verkümmerten Geschichtsbewußtsein ganz und gar nicht zu verwundern braucht. Amnesien, selbst die weniger wahrhaftigen, üben auf Katastrophen eine magnetische Anziehungskraft aus. Kurt Waldheim und jene, die ihn protegierten, zogen einen Vergleich mit dem, worüber der spätere Bundespräsident längst gestolpert war, mit der nationalsozialistischen Vergangenheit. Kurt Waldheim, hieß es, werde mit faschismusgleichen Methoden verfolgt; ausgerechnet von „den Juden". Dieser Vergleich war der Teil einer Taktik allgemeiner politischer Mobilmachung, in der man eben auch dem Antisemitismus für die niedrigeren parteipolitische Ziele wieder freien Lauf lassen wollte. Darin lag etwas Neues; zwar hatte es Antisemitismus in der Zweiten Republik des öfteren gegeben – bei Politikern, in Zeitungen –, jedoch immer verdeckt, immer im Bewußtsein seiner eigentlichen Unerhörtheit und ureigenen Peinlichkeit. Nun aber stand er plötzlich offen und gerade auf, drang durch die Ritzen heraus zwischen all dem, womit man die eigene Geschichte zugepflastert hatte, und das bei der Wahl des österreichischen Staatsoberhaupts, von dem bis dahin immer behauptet worden war, seine Autorität wäre eine moralische.

Die Bilder aus den befreiten Konzentrationslagern, der Schock im Angesicht der Leichenberge und der Überlebenden, die von irgendeinem dieser Leichenberge heruntergestiegen zu sein schienen, die erschreckende Erkenntnis vom Geschehen der Shoah ließ sofort nach dem Krieg die Österreicher und Deutschen in lahme Steife erstarren. Ein Schock steht am Anfang und war zweideutig schon fast von Anfang an. Die erste Betroffenheit über die Nachrichten aus den Konzentrations- und Vernichtungslagern war ehrlich, zumindest bei vielen. Doch den Schock, der die Angst und den Jammer und die Furcht und den Schmerz dämpfte, hielt man schon für eine gelungene Distanzierung von diesen Verbrechen im Dritten Reich. So beließ man es dabei, sowohl von der Shoah als auch über sie betäubt zu sein und gab sich mehr den übrigen Leiden am Ende eines Krieges im zerbombten Österreich hin: dem Leid ob der toten Verwandten und ob der fremden alliierten „Besatzung", dem Selbstmitleid über die internationale Ausgestoßenheit und die verlorenen Güter. Etwas von der Abscheu über das Menschheitsverbrechen blieb im Hintergrund jedoch stehen, und auch etwas von dem ersten Bewußtsein, daß so etwas hier und unter uns geschehen konnte. Wofür man brüsk alle Schuld zurückwies – schließlich war es doch unangenehm. Auch oder vielleicht vor allem dem Ausland gegenüber. Man wollte mit dem Vorwurf des Massenmords nichts mehr zu tun haben, aber man hielt doch Stillschweigen und still. Und das war etwas, was den Antisemitismus in gewisser Weise hintenan hielt.

In Österreich ließ man nun aber dem Antisemitismus wieder öffentlich und ungeniert freien Lauf. Da geht es nun „Jetzt erst recht" nicht mehr um die Ehre im Leib – denn mit dem Verlust des historischen Bewußtsein zusammen hat diese sich schon längst in Schall und Rauch aufgelöst und ist ihr eigenes Gerücht nicht mehr wert –, sondern darum, daß ein Anfang und ein Rückhalt der zweiten österreichischen Republik nun ganz zu Scherben zerbrochen wurde. Und darin liegt ein wahnwitziger politischer Skandal, eine Ungeheuerlichkeit politischer Ungezügeltheit, eine brutale Frechheit dummer Parteigrößen, dummer General- und Landesparteisekretäre und deren Gefolgsleuten. Soviel zu Kurt Waldheim. Vorerst, das Kapitel ist noch nicht abgeschlossen. Teile – wie die Vorgänge in den Pripjet-Sümpfen – sind noch nicht einmal ausdiskutiert.

Durch die Nachkriegsjahre formierte sich in Österreich eine Gruppe, die sehr vehement der Ansicht ist, den Nationalsozialismus dürfe nur jemand beurteilen, der selbst dabeigewesen sei. Das hört sich zunächst an wie die Abwehr aller Kritik aus dem Kreis eines jüngeren Geschichtspublikums, aber dazu würde ein schlichtes „Gusch" hinreichen; die nötige Brutalität dafür liegt nicht wirklich fern. In diesem Satz der Abwehr liegt zuerst eine Forderung an die Historiker. Wer in dieser nationalsozialistischen Vergangenheit etwas beurteile, der müsse das so tun, als wäre er einer der damaligen Deutschen gewesen, das heißt, mit einem angeblich „gerechten Maß an gebotener Uneinsichtigkeit". Das „gerechte Maß an gebotener Uneinsichtigkeit" läßt sich natürlich so leicht nicht bestimmen, jedenfalls aber verweigert es die Einsicht in die totalitäre Gesellschaft. Noch selten soll Gerechtigkeit so heftig nach der Augenbinde verlangt haben wie hier, nicht um der Unparteilichkeit willen, sondern einer ganz finsteren Blindheit wegen. Man reklamiert eine Art von Gerechtigkeit, die nur darum bürgerliche Integrität und bürgerliche Autonomie herbeileugnet, damit diese dann mit allem Pathos und Pomp, wie das nur die Selbstgerechten zu inszenieren verstehen, in einer großen Unschuldszeremonie und in einer Apotheose der Hilflosigkeit vor der totalitären Gesellschaft kapitulieren können. Da dient plötzlich Moral dazu, Verantwortung a priori zu negieren.

Ihren Ursprung hat Moral im Zerfall der Sittlichkeit. Aber erst, indem sie von der Ratio aus dem Verbund der Sitte herausgeschlagen wurde, kann sie umgekehrt als abstrakte Moral mit aller Kraft und Stärke aufklärenden Denkens auf die Gesellschaft in ihrer ganzen Totalität einwirken. Nun aber wird plötzlich eine Moral reklamiert und beschworen, die gar nicht auf abstrakter Gerechtigkeit, sondern auf konkreter Parteilichkeit beharren will: ein entscheidender und entlarvender Umschlag. Unter dem Mantel der in den Dienst genommenen Vorstellung des integren und autonomen bürgerlichen Menschen taucht die Partei der mittelmäßigen Mitläufer Großdeutschlands auf. Versetze dich in meine Partei, um mir gerecht zu werden, lautet jetzt der Imperativ. Kein Wort von den verfolgten Juden, kein Wort von den deutschen Regimegegnern, keines von den Sinti und Roma, von den Kranken, die in Euthanasieanstalten eingeliefert wurden, und schon gar keines von allen Nichtdeutschen. Der Kantsche Imperativ hatte noch verlangt, so zu handeln, daß die Maxime des persönlichen Willens auch als Prinzip einer allgemeinen Gesetzgebung gelten könnte[2]), jetzt wird das gerade Gegenteil behauptet.

In einem augenfälligen oder vielleicht nur vordergründigen Gegensatz finden wir in Österreich eine Gruppe, die das Wort von der „kollektiven" Scham entdeckt oder wiederentdeckt hat. Verbirgt sich nicht manches Unterbewußte hinter diesem Begriff der Scham? Gemeint ist jene wohlgefällige Idiosynkrasie im Kontext des zu neuem, anheimelndem Ruhm gelangten Fin de Siècle, das gegen all seine Vorkommnisse nurmehr als das Phänomen bürgerlicher Großkultur wahrgenommen wird. In dieser Vorstellung des Fin de Siècle mutiert der Luegersche Antisemitismus zur Vorstadtschmiere und gewinnt die Industrialisierung, die zur Methode der Shoah werden sollte, plötzlich den Charakter der Segnung und des Heils. In jenem Lebenszusammenhang, den dieser bürgerliche Begriff der Scham imaginiert, verleugnet er die Shoah als mögliche Methode. Und durch das Ende, das Scham in einem offenbar schamlosen nationalsozialistischen Zeitalter findet, durch die scharfe und unüberwindliche Grenze, die der Nationalsozialismus in ein Geschichtsbild im Zeichen der Scham schlägt, werden auch die Kontinuitäten und Zusammenhänge zwischen dem Geschehen der Jahrhundertwende und der faschistischen Periode zugedeckt und wird alle Einsicht in sie destruiert. Alles, worin auch die Vorgeschichte der Shoah, die Luegerische und die Schönerianerische, liegt, verharmlost zum relativ unwichtigen zeitgenössischen Vorkommnis, zum Zeitkolorit. Denn die Scham erinnert an eine Vorgeschichte, die in dieser Art keine mehr ist.

Die Scham spart durch ihren vorgestellten Lebenszusammenhang den Nationalsozialismus aus der Geschichte aus. Was der Uneinsichtige an den Jahren in der Mitte unseres Jahrhunderts zu verdrängen sucht, das übergeht auch der Wohlmeinende, indem er diese Zeit überbrückt und seine Gedanken auf jene Jahre zurück richtet, als eine Shoah noch nicht möglich gewesen wäre. So stehen am gestrigen Ende einer Brücke über Jahre, die man sich nicht vorstellen will, plötzlich zahnlos gewordene Antisemiten mit menschelnden Antlitzen, und am heutigen Ende überempfindliche Menschen, die nach einem sympathisch anachronistischen Gefühl empfinden. Denn wofür sich heute einer schämt, das kann ihm genauso gut egal sein. Die Scham behauptet heute von sich ohne Unterlaß ihre eigene eigentliche Überflüssigkeit. Sie ehrt den, der sie fühlt, und minimiert ihren Anlaß zum unaussprechlichen Nichts. Das Wörtchen „kollektiv" aber, vor das Wort Scham gesetzt, wird zur verschleiernden Ikone. Die Scham ist das Gefühl, mit dem das Bürgertum auf seine Privatheit und Intimität pocht, auf emotionaler Ebene ist sie das Korrelat zum homo oeconomicus in der liberalen Wirtschaftstheorie. Das Wörtchen „kollektiv" aber ist nur ein tauber Reflex auf die hinterste Ahnung, daß die Idee vom integren und autonomen Individuum mit der heutigen Gesellschaft gar nicht mehr zurandekommt. In der Unfähigkeit, für diese Ahnung auch die angemessenen Mittel und Begriffe beizubringen, liegt die Verzerrung.

II Über Taubheit und Wehrlosigkeit in der liberalen Verfassungsordnung

Was oben beschrieben ist, könnte auch als das dreifache Beispiel eines Verhängnisses zwischen einer unaufgeklärten Gesellschaft und einer zur Aufklärung unfähigen Gesellschaftstheorie gelesen werden. Die immer wieder sich aufdrängende Erfahrung der Unmöglichkeit, den Nationalsozialismus zu analysieren, hat ihre Wurzel nicht nur im Monströsen dessen, was tatsächlich damals geschehen ist, sondern auch in den Schwächen der Gesellschaft, die das Erbe des Nationalsozialismus angetreten hat. Es könnte sein, daß die Vorgeschichte des Nationalsozialismus, die ihn nicht verhindern konnte, und seine Nachgeschichte, in der man seine inneren Bedingungen nicht aufzudecken wußte, manche signifikante Parallelen aufweisen. Es könnte sein, daß der Nationalsozialismus mit seiner verbrecherischen und mit seiner mobilisierenden Kraft in Leerstellen der Gesellschaft und ihrer Verfaßtheit eingedrungen ist, die zu identifizieren und auf eine bessere Weise zu beleben auch nach dem Krieg nicht gelungen ist. Und es könnte schließlich sein, daß im Kern der heutigen Erfahrung von Fassungslosigkeit über die Verbrechen im Nationalsozialismus auch noch immer die Bedingung für deren Realisation verborgen ruht. Der Schritt vom Gar-nicht-fassen-Können bis zum Nicht-mehr-glauben-Wollen ist kleiner, aber nicht minder gefährlich als die Leugnung der Verbrechen wider besseren Wissens.

Irgendwann in den Jahren des Krieges mußte für einen jeden einmal der Moment gekommen sein, in dem er bei sich dachte, jetzt sei der uneinholbare Ausnahmezustand gekommen, der Weltuntergang. Und nach dem Krieg ahmte man die Welt einer Welt wieder nach. Ob man selbst noch etwas davon wissen wollte? Die kontinentalen westlichen Demokratien der Nachkriegszeit, vor allem aber Westdeutschland und Österreich, sind ein Versuch, einen liberalen Verfassungsstaat so zu rekonstruieren, wie er einmal sein hätte können und so nie war. Sie sind der ernüchterte Versuch, das synthetisch aufzurichten, worauf der ursprüngliche Liberalismus noch mit natürlicher Gewißheit voll vertrauen durfte, die Vernunft in der Welt, das Versöhnende dieser Vernunft, eine ihr gemäße Ordnung der Dinge, die ewige Perfektibilität der Natur und des Menschen, den vernunftgemäßen Fortschritt. Dieses naive Vertrauen wurde vom Nationalsozialismus vollständig desavouiert und der Lächerlichkeit preisgegeben. Mochte eine passive Hinnahmehaltung gegenüber dem immer wiederkommenden Besseren ehemals auch wahrhaftig gewesen sein, heute ist sie Lug und Trug. Den Platz der Selbstgewißheit der Vernunft vereinnahmen die abgeklärten Ingenieure einer reduzierten Demokratie für sich. Wo einmal naturhaft etwas garantiert erscheinen konnte, dort regiert nun die Staatsmacht. An die Stelle einer durchsichtigen und gerechten Wahrheit in der Welt tritt der Wille dahinter zutage, diese aufzurichten.
Eine Theorie, sei es nun eine naturwissenschaftliche oder eine staatsrechtliche, erlangt ihre Geltung nicht mehr durch die vermittelte Überzeugung ihrer inneren Konsistenz und ihrer Kraft, Welten zu durchschauen. Theoretische Gehalte gehen mit bestimmten

Praktiken Symbiosen ein, und beide stützen einander ab. Es braucht nicht nur günstige Umstände, damit eine Theorie sich durchsetzen kann, sie bewahrheitet sich vielmehr erst in diesen. Der Wille zur Wahrheit, der Machtanspruch, mit dem sie sich durchsetzt, ist von der Wahrheit selbst überhaupt nicht scharf zu trennen. Das macht die Kritik an aller Theorie und falschen Ideologie so schwierig. Aber jene Kritik, die entschleiern will, die hinter durchsichtigen Wahrheiten rohe Macht aufdeckt, bleibt überall dort notwendig, wo ein schon heruntergerissener Schleier wieder vorgezogen werden soll, wo eine entschleierte Macht wieder verborgen werden soll, wo ein irrationalisierter Mythos, der sich einmal schon selbst überholt hatte, wieder zum Zug kommen soll. Und jene Kritik bleibt auch dort notwendig, wo eine Gesellschaft sich hinter der eigenen Homogenität zu verstecken beginnt und so gegenüber imperativen Kräften hilflos zu werden droht.

Im ersten Moment mag es verzerrend fehlgegriffen erscheinen, dem Begriff des liberalen Verfassungsstaates für die Nachkriegsära eine hohe Signifikanz beizumessen, weil der Ruf von der sozialen Marktwirtschaft so gar nicht mit der Vorstellung vom schwachen liberalistischen Staat, dem laisser faire, zusammengehen will. Nun, der Unterschied liegt im veränderten ökonomischen Hintergrund und politischen Umfeld. Die scheinbare Schwäche des liberalistischen Staates aber war in Wahrheit die Schwäche des feudalen, die der Adelsmacht, die noch nicht abgetreten war in der Erfolgsgeschichtsschreibung des Bürgertums. Der Blick zurück auf die Entstehung der liberalen Verfassung und ihrer Bedingungen jedenfalls lohnt, auch um die Fäden hinter den derzeitigen Wirklichkeiten aufzuspüren. Die Betrachtung der Geschichte des 19. Jahrhunderts bereitet freilich Schwierigkeiten. Ihre Richtungen und die bestimmenden Kräfte in ihr sind zu divergent, als daß ein konsistentes Bild dieser Zeit gezeichnet werden könnte. Es gibt die Erfolgsgeschichte des Großbürgertums und die Machtgeschichte des Adels, der noch immer den Lauf der Dinge und die Geschicke der Nationen bestimmte. Es gibt die Geschichte des Aufruhrs im Kleinbürgertum und die der Bewußtwerdung des Proletariats. Es gibt die Geschichte der deutschen und italienischen Nationsbildung, die des Kulturkampfes und jene der vatikanischen Machtentfaltung, wie sie sich im ersten vatikanischen Konzil manifestiert. Es ist die Geschichte der technischen Revolutionen und eines gesellschaftlichen Fortschritts, der an dieser zu kleben beginnt.Und schließlich ist das 19. Jahrhundert selbst von einer Totalrevision der Geschichtsschreibung in einem neuen nationalistischen Sinn geprägt.

Nach der Erfolgsgeschichte des liberalen und aufgeklärten Großbürgertums mußte im 19. Jahrhundert der liberale Verfassungsstaat als ein Projekt der bürgerlichen Vernunft durchgesetzt werden gegen die überkommene staatliche und ökonomische Vormacht des feudalen Adels, die den Vorreitern der neuesten Zeit wie ein vergilbtes Relikt aus einem vorgeschichtlichen Irrationalismus vorkommen mußte. Weder die alte Ordnung im Reich noch die in der Wirtschaft konnten auf Dauer standhalten vor denen, die im Begriff standen, angestammte Denkhaltungen als religiöse Mystik und römischen

Okkultismus zu entlarven. Die Ideen, mit denen die Vernunft im Vormarsch sich armierte, sind jene der Aufklärung, es sind die Ideen der französischen Revolution und jene Immanuel Kants. Diese Ideen verdichteten sich in einem unauffälligen Alltag, den sie durchdringen bis in Beiläufiges und Nebensächliches, bis in Unmerkliches und Unbewußtes, zur zukunftsweisenden Lebensform, der biedermeierlichen Kultur, die so häuslich mißverstanden wird. Denn diese markiert bereits, was später die liberalen Revolutionäre auszeichnete. Ein neuer Machtfaktor war im Gerücht politischer Ohnmacht herangewachsen: die bürgerliche Privatsphäre, ihre Integrität und Autonomie. Der an den alten Reichen noch einmal gescheiterten Revolution folgte die Sedimentierung ihres Denkens in die Alltagskultur nach. Im heiligen Frieden der Allianz entdeckte man die Befriedung und die Altersschwäche der alten Werte. Was im 18. Jahrhundert noch Verbürgerlichung der Gesellschaft hieß und derart mißverstanden wurde, trat nun als die Forderung nach der Emanzipation der Bürger aufs Tapet.

Die Vernunft im Vormarsch vollzog durch das 19. Jahrhundert hindurch eine ökonomistische Wende, die abstrakte Vernunft kondensierte zum Klassenbewußtsein eines neuen Bürgertums. Beide Transformationen trägt die bürgerliche Vernunft als Hypotheken, als unentsorgte Altlasten, bis heute mit. Für das aufstrebende Großbürgertum wurde das liberale Verfassungsdenken zu einem Hebel, mit dem es sich zur Durchsetzung der eigenen wirtschaftlichen Interessen erhob gegen die ökonomische Vormacht des Adels und gegen Limitierungen, die in den umfassenden Zuständigkeiten des Staatsgefüges gründeten. Der Adel mußte seiner traditionellen Position enthoben und der Staat beschnitten, die als gute Polizei ausgeübte Bevormundung beendet werden. Dem einen diente die Garantie der abstrakten Chancengleichheit, dem anderen die Legalisierung staatlichen Handelns – mit Ausnahmen in der Sichheitspolizei und in den besonderen Gewaltverhältnissen –, sowie die Trennung der Funktionsbereiche des Staates. Die Wirtschaft des bürgerlichen Großkapitals sollte, indem sie sich in ihren Strukturen und in ihrer Organisation besser an die neuen Technologien anpaßte, in den aufbrechenden Funktionslücken des Staates erstarken.

Im Zentrum der liberalen Verfassungsidee steht die Loslösung einer dynamischen privaten Sphäre von der öffentlichen, die Trennung der staatlichen Funktionsbereiche ist das Mittel zum Zweck. Die reale Chance persönlicher und individueller Selbstverwirklichung ist ein blendender Sonnenpunkt im Auge der liberalen Avantgarde. Im Kontext einer säkularen Moderne, in deren revolutionärer Diesseitigkeit und monologisierenden Selbstbezüglichkeit, nimmt diese Chance einen offensiven Charakter an. Der Staat soll in diesem Konzept die eigene Scheidung vom nichtstaatlichen Bereich garantieren. Auch die Verfechter einer liberalistischen Verfassungsordnung, oder gerade sie, die den Staat in der erstrebten Zurückdrängung der dynastischen Herrschaft entpersonalisieren wollten, vertrauten den transpolitischen Energien des Staates, seiner Position als einem metaphysischen Walter der guten Ordnung. Die Demokratie hingegen war kein vorrangiges Ziel, nicht einmal in der eigenen Erfolgsgeschichtsschreibung des Großbürgertums, sondern eher das notgedrungene Beiwerk eines staatsrechtlichen Konzepts der Gewaltentrennung und Legalisierung staatlichen Handelns. Diese Rolle behält die Demokratie als verschwiegenen Hintergrund wohl bis heute. Denn schien auch die Demokratie nach dem Ersten Weltkrieg von einer entfesselten Sozialdemokratie gegen einen in Agonie daliegenden Konservativismus zu ihrem glorreichen Ende gedacht worden zu sein, so änderte sich doch nichts an der letztlich entscheidenden Art der staatsrechtlichen Einbettung der Demokratie. Jene kapitalistischen Großbürger aber, die ihre Klasseninteressen mitbetrieben, begrif- fen sich als die Wegbereiter einer selbstbeschleunigend hereinbrechenden Vernunft. Aus ihr liehen sie sich das Selbstbewußtsein, mit dem sie ihren gesellschaftlichen Fortschritt auszeichneten, und in ihr gründete auch die Borniertheit ihres Auftretens. In der neuen bürgerlichen Kultur, die die alte städtische eigentlich auf den Kopf stellte, scheint die kulturelle Moderne in den Alltag eingedrungen zu sein und zur Lebensform sich verwirklicht zu haben. Mit der Stärke der Lupe jedoch, der man sich zur Betrachtung der Geschichte bedient, wird der Punkt, an dem der gesellschaftliche Fortschritt mit dem geistigen und kulturellen wirklich zusammenfällt, immer kleiner werden und schließlich zum Trug verkommen. Und auch dieser Treffpunkt wäre mehr eine dem 18. Jahrhundert nachgestellte Symbiose, seine Positionierung gehorcht vor allem dem Anspruch einer ideologischen Selbstvergewisserung des Großbürgertums. Fern von dem gemeinsamen Ursprung, der daher mehr gedacht werden muß, als daß er sich an den Jahreszahlen festmachen ließe, vergrößert durch das ganze 19. Jahrhundert hindurch die geistige und kulturelle Moderne ihren Vorsprung gegenüber der gesellschaftlichen.

Das Amalgam aus Vernunft und Klassenbewußtsein, das für die sichtbaren Phänomene des 19. Jahrhunderts so charakteristisch war, bleibt eigentlich undurchschaubar, die einzelnen Elemente sind so selbstverborgen, wie die färbigen Splitter in einem Kaleidoskop für Kinder. Und je nachdem, ob man mehr die Vernunft oder das Klassenbewußtsein hervorheben möchte, werden die Einsichten einander abwechseln. Die abstrakte Vernunft, wie sie an einem spiegelbildlichen Vorbild der Naturwissenschaften vorgedacht wurde, und die festgestellte Chancengleichheit an ihrer Hand wurden genauso zum zynischen Machtinstrument, mit dem das kapitalistische Großbürgertum die Mehrheit der Staatsbewohner proletarisierte. Die reaktive Brisanz dieses Instruments lag nicht nur in der entwurzelten und vermassenden Arbeiterklasse, sondern auch im Kleinbürgertum, das unter einen verstärkenden Proletarisierungsdruck geriet und von zwei Seiten sich bedroht glaubte, vom Kapitalismus und von dem sich langsam, aber fortschreitend organisierenden Proletariat. Das bewegte dieses Kleinbürgertum nun weniger zur Kritik des ökonomischen Systems, denn es vertraute weder der neuen Ökonomik noch deren Grundlagen in abstrakten Vernunftvorstellungen, hingegen metaphysischen Ideen der guten Ordnung und säkularisierten Glücksvorstellungen. Aber es mobilisierte konservative Krisenideologien und irrationalistische Heilslehren.

Der umtriebige Nationalsozialismus und der zu seinem treuen Gefährten aufgerüstete Sozialdarwinismus haben von beidem etwas. Wer nicht darauf verzichtet, der bürgerlichen Hochkultur des 19. Jahrhunderts bloß und nackt auf den klassisch gewaschenen Leib zu schauen, der wird lernen, die reaktionären und antikapitalistischen Revolten des damals sich kondensierenden Kleinbürgertums auch als kulturelle zu identifizieren.

Nach dem Zweiten Weltkrieg versuchte man also, einen liberalen Verfassungsstaat zu rekonstruieren. Der Staat schien einen Spieß umzudrehen und den Weg für das zu bereiten, was im 19. Jahrhundert erst gegen ihn durchgesetzt werden sollte. Die Reetablierung der liberalen Verfassung wurde zu seinem vorrangigen Ziel, den Bürger nahm man bei der Hand, mit der Chancengleichheit hieß es Ernst zu machen, nicht nur im formellen, sondern auch in einem materiellen Sinn. Der Staat wurde Initiator und praktischerweise auch gleich sein eigenes bestes Werkzeug im Unternehmen eines etatistischen Liberalismus, einem Unternehmen von hoher Künstlichkeit. Er hat seine ganze Macht eingesetzt, um mit der Hilfe von sozialen Institutionen eine synthetische, aber scheinbar autonome Privatsphäre aufzubauen, in der die persönliche Entfaltung unter der Protektion des Staates ermöglicht wird. Die staatliche Protektion gibt dem Einzelnen jene Chance, die die liberale Idee noch als naturgegeben postulieren durfte. Der unselbständig Erwerbstätige wird zu dem Normalbürger, an dem das staatliche Handeln sich ausrichtet. Der wirtschaftliche Freiraum, frei vom Staat, wandelt sich, ein neues Verständnis der Privatsphäre kommt auf. Sie soll ab jetzt frei von den indiskreten Zugriffen des Staates und der Wirtschaft sein.

Worin versucht der etatistische Liberalismus nach dem Zweiten Weltkrieg sich zu bewahrheiten? Vieles, was dann folgen sollte, wird verständlicher aus den kriegswirtschaftlichen Zuständen der ersten Nachkriegsjahre heraus, aus der Nähe zwischen Wirtschaft und Staat während dieser Zeit. Die Zähmung der kapitalistischen Wirtschaft durch die soziale Marktwirtschaft ist ein Projekt, in dem der Staat und die Wirtschaft auch ihre unerwartete Nähe verarbeitet haben. Das neue Verständnis der von Wirtschaft und Staat freien Privatsphäre ist auch daraus erklärbar, daß die neuen Staatsbürger nach dem Krieg sich selbst in der Rolle nicht mehr selbstständiger Erwerbstätiger präsentierten. Eine institutionalisierte Sozialpartnerschaft wie in Österreich ist so auch eine logische Fortentwicklung von kriegswirtschaftlichen Verhältnissen.

Seine Hoffnung und sein Vertrauen setzt ein etatistischer Liberalismus in das stete ökonomische Wachstum bis ins ewige Wirtschaftswunder hinein. Überzeugung, Selbstsicherheit und fast alles, was man unter einem Selbstverständnis zusammenfaßt, gewinnt er aus einer Ökonomik und einer Verfassungslehre, die auf einem Konzept der Gewaltenteilung aufbaut. Die scheinbar gelungene Überwindung des Nationalsozialismus, deren Proklamation die beste Propaganda für jede Politik wurde, sah man in diesem Rückzug auf den geretteten Rest der gesicherten Errungenschaften des 19. Jahrhunderts, während all das Entsetzliche, das im Nationalsozialismus in die Welt getreten war, dem blanken Erschrecken überlassen wurde, anstatt zu versuchen, es zu ergründen und zu durchschauen. Damit aber gerät auch die Nachkriegsordnung in eine relativ hilflose Lage gegenüber jenen heterogenen Kräften, die sie ausschließt, nämlich utopischen Heilserwartungen, massenpsychologischen Phänomenen, unverhüllter Macht und Gewalt und mobilisierender Ästhetik.

Durch die Nachkriegsjahre hindurch etablierte sich ein Verständnis von Macht, das immer undifferenzierter und unerklärter wurde. Wo Macht entdeckt ist, gilt sie öffentlich einmal als suspekt. In solchen Verdächtigungen sind Spekulationen auf irgendein Machtvakuum verborgen, die eine viel blankere „Ideologie" ergeben als all jene heute allgemein abgeschworenen. Die im etatistischen Liberalismus garantierten, scheinbar machtneutralen Räume, die der Entwicklung des Einzelnen dienen, sind durch eine ausgeklügelte Balance staatlicher und wirtschaftlicher Kräfte und Gegenkräfte abgesichert. In der öffentlichen Meinung aber wurden diese Räume als angeblich voraussetzungslos inthronisiert. Das hieß, die sehr reale Macht und Gewalt ins Unausgesprochene und Entbrutalisierte, beständig sich selbst Verleugnende abzudrängen. So war die Rekonstruktion des liberalen Verfassungsstaates in etatistischer Form von Anfang an beides, fast schon die Rettung und noch immer eine Flucht aus der Vergangenheit.

Die allgemeine Prosperität und die hohe Identifikationskraft der Nachkriegsdemokratien, beides Elemente eines politischen Erfolges, der sich gerne und stolz Ruhe und Ordnung nannte, hatten ihre Wurzeln weniger in der Verbreitung der humanistischen und aufklärerischen und liberalen Ideale, nicht darin, daß diese breite und wohlüberlegte Anerkennung gefunden hätten. Die Wurzel dieses Erfolges ist eher in der Art unbewußter und nur scheinkontrollierter Rücknahme und Zurückhaltung zu finden, die man Staat und Staatsbürgern im Gefolge des Zweiten Weltkriegs auferlegt hatte. Nicht die Vernunft hat sich durchgesetzt, sondern das Fortlaufen in den Abgrund sein Ende gefunden. Man hält es aber für die Vernunft und heißt es so. Die Erfahrung der Zerstörung im Krieg – an der Front sowie an der sogenannten Heimatfront – auch, aber nicht vordringlich das Wissen von der Shoah, vor allem aber der in den persönlichen Lebensumständen erfahrene vor allem wirtschaftliche Niedergang, reichten hin, zu denken und zu sagen, daß man so etwas nicht wieder wolle. Der kalte Krieg hat sein Spiegelbild in einer erkalteten Politik. Die Ideologie der Abschreckung findet ihren Widerschein in der Staatsideologie des bewußtlosen Schocks. Wieder tönt der Widerhall der Außenpolitik im Inneren. Und wenn dieser auch einem besseren Zweck dient, so ist er als solcher doch fatal. Die erfolgreichste Identifikationslinie, die jeder ergriff, ist die der Gegnerschaft gegen den Kommunismus. Die eingesetzte Technik, ob deren Einsatz man es wagte, die gelungene Überwindung des Nationalsozialismus zu proklamieren, ist die der Verbannung ins Unausgesprochene und ins ausgesprochen Sinnlose. Dabei trifft sich dann die höchste Geschwätzigkeit der begrifflosen Wortleichen mit dem peinlichen Schweigen über das Verdrängte an einem einigen Punkt der verheimlichten Hoffnungslosigkeit.

Österreich und die BRD finden sich in der Nachkriegszeit in der Oberflächenstruktur im Strom der gesellschaftlichen europäischen Moderne ein. Aber man will sich doch nur in deren gesellschaftlichen und nicht in deren ästhetischen, nur in deren befriedenden und nicht in deren revolutionären Teil schicken. Die Nachkriegszeit verhängt einen Bann wider alle Denkschulen, welche potentielle Mobilisierungen gegen die Nachkriegsstarre, ihren kalten Krieg und ihre kalte Verfassung befürchten lassen. Ins Verniedlichte und Harmlose wird ein großer Teil der modernen Kulturkritik und des modernen Erkenntnispessimismus und ein Großteil des ästhetisch motivierten Verständnisses der Vormoderne und Moderne verdrängt. Alles Remythologisierende, Dionysische, Entgrenzende und Mobilisierende moderner Ästhetik wird beiseite geschoben. Deren Kriegerisches und ständig zur Aufrüstung Bereites, ihr Drang zur Vergesellschaftung und Politisierung der bürgerlichen Privatsphäre, machen Angst und bedeuten eine uneingestandene Gefahr. Es ist die Technik der Verbannung ins nicht Praktische, Unernste und Unerklärte, die genau jene Macht und Gewalt in ihrem Inneren verschweigt, die ihr am Verbannten Furcht bereitet.

Was in der modernen Kunst nach dem Zweiten Weltkrieg wirklich groß war, hatte sich in einen kaum durchdringlichen Hermetismus eingeschlossen und das Erhellende zurückgezogen, mit der bedingten Bereitschaft, wie aus einer Flaschenpost wieder geborgen zu werden zu einer glücklicheren Verwendung und einem schöneren Ende. Im Gegensatz zur im feindlichen Klima unverstandenen elitären Kunst, deren Bedeutung zusammensinkt zur unendlichen Beschäftigungsquelle für Kunsthistoriker und wissenschaftliche Interpreten, steht die Massenkunst mit überragender Bedeutung für die Gesellschaft. Die riesige Aufblähung der Kulturindustrie, die verfeinerten und potenzierenden Vervielfältigungstechniken, setzen ihren Hebel dort genau am innersten Kern der Authentizität an. Das Fernsehen wird zur Metapher einer kulturellen Epoche. Was allgemein in Umlauf gekommen ist, hat gleichzeitig seine Bedeutung verloren. Journalistik und Kunst vermischen sich bis zur Unkenntlichkeit.

Wie ein Ausbruch daraus mag sich die Jugenbewegung der 60er Jahre ausnehmen. Rückt man deren Verstellungen beiseite und ihre vordergründigeren politischen Ziele, wie den Kampf gegen den Faschismus und den amerikanischen Imperialismus in Vietnam, dann wird allerdings klar, daß ihre ideologischen Grundsätze im gleichen Maß radikal wie naiv waren. Der tiefste Anstoß dieser Bewegung war es, das verletzte innere Ich aus seinen Verschüttungen durch die Gesellschaftsordnung, die man nur im wirtschaftlichen Aufstieg – nicht im Niedergang – kannte, zu bergen. Im unbedrängten inneren Ich glaubte man etwas von einer letzten und tiefen Wahrheit zu finden. Die Liebe sollte der erste Rettungsreif der Innerlichkeit vor der Gesellschaftsordnung werden. Paradoxerweise war nie etwas so sehr abhängig von der Technik wie diese Innerlichkeit nun vom Entwicklungsstand der E-Gitarren, der Verstärkeranlagen und des elektronischen Equipments der Musikstudios. Die Wahrheit des Ichs war gerade soviel wert wie ihre

Reproduktionen aus Vinyl. Die 60er Jahre haben die Gesellschaft zutiefst geprägt, aber keine neue Authentizität wurde entdeckt, sondern der Einzelne endgültig in eine synthetische Welt verworfen. Fernsehen, Radio, Film und Zeitungen generieren eine Privatheit und eine Öffentlichkeit, die beide zum falschen Schein geworden sind.

III Die umtriebige Dämonie im Nationalsozialismus

Wer den Nationalsozialismus auszuloten versucht, hat dies in seinen beiden Dimensionen zu tun, in seiner alltäglich bürokratischen Banalität und in seiner fast mythischen Dämonie. Da soll weder beirren, daß die Dämonie des Nationalsozialismus von den Österreichern und Deutschen zum allumfassenden Entschuldigungsvorwand ausgekleistert wurde, noch daß die bürokratische Banalität allein ganz gut in eine soziologische Mode der Strukturforschung passen mag, die im übrigen sowieso veraltet ist. Beide Dimensionen affizieren einander, und wer die eine von der anderen zu trennen versucht, der wird beginnen, entweder unter dem Bann des Wissens über die nationalsozialistischen Verbrechen die Details zu verfälschen, oder er wird unter dem Eindruck normalisierenden Nachkriegszeit den Nationalsozialismus zu übersehen lernen. Erst wenn der Raum zwischen Banalität und Dämonie, wie ihn der Nationalsozialismus ausspannt, nicht durchmessen wird, werden alle Schwierigkeiten der Analyse des Nationalsozialismus prekär werden.
Der Nationalsozialismus ist ganz verhangen in die antigeschichtliche Bewegung des absinkenden Kleinbürgertums seit dem 19. Jahrhundert, das sich aus einer Geschichte verabschieden will, die es als Verhängnis begreift. Im Hintergrund schwebt etwas von bürgerlichen, heilig unveränderlichen Weltvorstellungen und im Vordergrund ein bürgerliches Krisenbewußtsein, das sich immer mehr zum Unheil auswuchs. Mit der Gründung des Deutschen Reichs durch das machtvolle Preußen wurde aus dem Nationalismus ein innenpolitisches Programm, das gerade in dieser Mutierung stark nach Österreich ausstrahlte. Der Nationalismus wurde das Kampfinstrument gegen den Liberalismus des Großbürgertums und die entstehende Sozialdemokratie. Er sucht überall die Reichsfeinde, vor allem im Inneren. Die wirtschaftliche Krise der 70er Jahre des 19. Jahrhunderts traf in Deutschland und Österreich eine Gesellschaft, die höchstens in den Oberflächenphänomenen liberal war. Sie hatte weder die älteren wirtschaftlichen noch gesellschaftlichen Ordnungen überwunden. Die Krise traf eine Gesellschaft, die sozialpsychologisch darauf nicht vorbereitet war. Daher übertraf das Krisenbewußtsein die tatsächliche wirtschaftliche Krise bei weitem. In den 70er Jahren des 19. Jahrhunderts wurde eine Sprengladung gelegt, die mit der Weltwirtschaftskrise ab den späten 20er Jahren in Österreich und Deutschland explodierte, als diese beiden Länder glaubten, von der ganzen Welt um ihre nationalen Rechte betrogen worden zu sein, bzw. dieses massenmotivatorische Postulat als Entschuldigung für die eigene Unfähigkeit inthronisierte.

Im an die Macht gekommenen Nationalsozialismus wird die Geschichte von dem sinnstiftenden Podest gestürzt, auf das Hegel sie gestellt hatte. Alle Geschichte vor der Heilsgeschichte des Milleniums wird für minderwertig erklärt, zur sinnlosen Geworfenheit in eine in ihren Richtungen noch ganz konfusen Zeit. Das ist typisch für organizistische und holistische Theorien, zu denen auch der Nationalsozialismus zu zählen ist. In ihnen wird die Zeit gegenüber dem Raum entwertet, das Statische über das Dynamische gestellt, das Konservative über das Revolutionäre.³) Bewegt und revolutionär und radikal ist der Nationalsozialismus gerade solange, als er aus der Geschichte flieht. Sein Ziel ganz im Grund der Köpfe seiner Führer aber ist, sich heroisch aus der Geschichte zu stehlen. Nichts anderes scheint so gut zum Karl May -Leser und Verehrer der Geschichte Adolf Hitler zu passen, wie das Bestreben, dieser Geschichte zu entkommen.

Für die marxistische Faschismuskritik hatte der Nationalsozialismus etwas Endzeitliches, Apokalyptisches an sich. Im Nationalsozialismus schien ihr der Kapitalismus in seine allerletzte Phase gekommen zu sein, und mit ihm die Entsubjektivierung und Enthumanisierung des Menschen. Darüberhinaus glaubten die marxistischen Faschismuskritiker aber, daß nun die abendländische Vernunfttradition selbst zu ihrem Ende gekommen sei. Sie konstatierten nämlich, daß über die kapitalistische Entwicklung hin die Vernunft sich immer mehr den technischen Produktionsweisen angepaßt und sich selbst deren Charakter angeglichen habe, daß aus der aufklärenden eine nur mehr instrumentelle Vernunft geworden sei. Im Nationalsozialismus teilten danach der Kapitalismus und die abendländische Vernunfttradition ihr Ende im Schrecken. Die mythische Larve, die sich der Nationalsozialismus aufgesetzt hatte, mag auch allen Anlaß zu solchen Spekulationen gegeben haben. „Am Ende (...) liegt der Punkt, wo die illusionierende Funktion der Ideologie in eine desillusionierende umschlägt: an die Stelle der Verklärung und Verdeckung tritt die offene Brutalität."⁴)

Die hervorragensten Vertreter dieser Art der Faschismuskritik waren Theodor W. Adorno und Max Horkheimer mit ihrem epochalen Werk „Dialektik der Aufklärung". Sie entdeckten schon im Ursprung des sich identen Subjekts, in dessen Geburt mit der Trennung von der Natur und deren Unterwerfung, den Beginn des Verhängnisses. Der Weg der Entsozialisierung der Natur und der Denaturalisierung des Menschen führt am Ende zur Entmenschlichung des Menschen, der Weg zum monologisierenden Subjekt ist auch der zu dessen Vernichtung. Denn in der Verhärtung gegen die Natur, in der das Selbst sich ausbildet, verhärtet es sich auch gegen die innere Natur. Die Macht über die Natur, wie sie sich in der Technik äußert, wird auch gegen das eigene Innere gewendet, es wird naturalisiert und ausgebeutet. In der Selbsterhaltung wird jene Substanz aufgelöst, die diese eigentlich erhalten sollte, das Lebendige.⁵) Im Zuge der fortschgeschrittenen Kulturindustrie wird die Unterwerfung der inneren Natur des Volkes zur Herrschaftstechnik der Machthabenden. Die äußere Gewalt braucht sich als solche nicht mehr zu erkennen zu geben, eine instrumentelle Wissenschaft leistet durch die Verwertung und Ausnutzung innerer Wünsche und Triebe dieselbe Rolle unauffälliger und perfekter. Adorno und Horkheimer setzen, insoweit ganz in der marxistischen Tradition, voraus, daß die geknechteten Subjekte irgendwann zum Aufstand und zur Rebellion ansetzen, die Revolution eröffnen werden. Und sie glauben, daß sich der Faschismus die Rebellion der inneren Natur, den Aufstand gegen die Zähmung der inneren Wünsche und Triebe, zunutze macht und zur Herrschaftstechnik umfunktioniert. „Der Faschismus ist totalitär auch darin, daß er die Rebellion der unterdrückten Natur gegen die Herrschaft dieser unmittel bar nutzbar zu machen strebt." [6])

Der Nationalsozialismus appelliert an Gefühle und Emotionen, in denen die Gefolgsleute ganz bei sich selbst daheim in irgendeiner Ursprünglichkeit sein sollen. Mit der ausgerufenen Ursprünglichkeit bringt er selbst die Perspektive der Endzeitlichkeit ein, die seinen Gegnern und Opfern Angst macht. Der Appell überwältigt auf manche Weise, er überwältigt die Massen und ist selbst noch das Produkt von Überwältigungsphantasien. „Keiner, der die ersten Monate der nationalsozialistischen Herrschaft 1933 in Berlin beobachtete, konnte das Moment tödlicher Traurigkeit, das halbwissend einem Unheilvollen sich Anvertrauens übersehen, das den angedrehten Rausch, die Fackelzüge und die Trommeleien begleitete. (...) Die von einem Tag zum anderen anberaumte Rettung des Vaterlandes trug den Ausdruck der Katastrophe vom ersten Augenblick an, und dies ward in den Konzentrationslagern eingeübt, während der Triumph in den Straßen die Ahnung davon übertäubte."[7]) Was von den eigenen Komplexen kleinbürgerlicher Mediokrität und Katastrophik motiviert war, formten die Nationalsozialisten um zur strategischen Waffe, zum Propagandainstrument von nie dagewesenen Erfolg.

Im Nationalsozialismus war die Form der Politik ästhetisiert. Die nationalsozialistische Mobilisierung gelingt in der Instrumentalisierung bis dahin unpolitischer Kommunikationsformen.[8]) Die zunehmende Politisierung der Massen läßt sich durch die ganze Zwischenkriegszeit verfolgen, denn tatsächlich scheint damals die Politik zur bloßen Funktion der Wirtschaftslage verkommen zu sein, während gleichzeitig diese Wirtschaftslage mit einer rohen Gewalt wie nie zuvor die arbeitenden Massen erfaßt. Der Nationalsozialismus erhebt nun den Anspruch, die Massen zu ihrem Ausdruck kommen zu lassen.[9])

Die angerufenen Massen sind das Kleinbürgertum, das psychisch unter der Wirtschaftskrise und unter dem sich noch immer verstärkenden Proletarisierungsdruck mehr zu leiden glaubt als selbst die Arbeiter, sowie jene Arbeiter, die sich soweit in die Kultur des Kleinbürgertums integriert haben, daß sie für die Mittel der nationalsozialistischen Politik anfällig werden. In der Ästhetisierung der Politik werden die Kulturgüter des Kleinbürgertums verwendet und zu jener Monumentalität aufgeblasen, die der Vermassung in der Zwischenkriegszeit gerecht zu werden scheint. Diese für die moderne Politik eingesetzte Kultur ist sowohl Propaganda für die Massen, als sie auch das gesamte gesellschaftliche Leben in seiner Totalität durchdringt. So wird sie sowohl von den Massen als auch für diese exekutiert.[10] Nachdem der Nationalsozialismus an die Macht gekommen ist, schmeichelt er seiner eigenen Ordnung durch die monumentale Gestaltung seiner Aufmärsche und Feste. Denn diese zeichnet die bestehende Ordnung mit Strichen der Ewigkeit und stellt sie als unüberwindlich dar. Die monumentale Gestaltung versetzt die gleichzeitg exekutierenden und rezipierenden Massen in einen Bann, die scheinbare Unmöglichkeit, wohlüberlegt und selbstständig zu handeln, wird zum beglückenden Rausch der Selbstverwirklichung[11]) – siehe auch Elias Canetti „Masse und Macht".

Der Nationalsozialismus generiert weniger Neues, als daß er bestehende Lagen ausnützt, nämlich den Proletarisierungsdruck in der Weltwirtschaftskrise und das geistige Klima des deutschen Kleinbürgertums. Was er diesen Lagen aber noch hinzufügt, ist, daß er die Totalität und die Vermassung in der Gesellschaft umformt zu einem Selbstbewußtsein von Einheit und Geschlossenheit entgegen dem davor herrschenden Gefühl hilfloser Geworfenheit. Er hat also die Ausweglosigkeit in dieser Gesellschaft zum neuen erhebenden Selbstwertgefühl verwandelt. Dabei steht dieses Gefühl von Einheit durchaus im Gegensatz mit der Struktur des nationalsozialistischen Staates. Aber wahrscheinlich konnte er gerade deshalb dieses Gefühl der Einheit vermitteln, weil Prozesse der Entscheidung in ihm weitgehend unklar blieben und selbst von den Beteiligten nicht durchschaut werden konnten. So war es jedem möglich, zur Ansicht zu gelangen, in den eigenen Vorstellungen und Ideen ganz einer Meinung mit dem Führer zu sein.

Die nationalsozialistische Ästhetik hat zwei Seiten, in ihr bildet sich sowohl der Drang zur Selbstüberhebung als auch das blinde Grauen vor einer unverstandenen Gesellschhaft aus. Das monumentale Selbstbewußtsein ist am Ende nur die umgeschlagene Funktion der tauben und klammen Ängste, die die nationalsozialistische Bewegung von allem Anfang an auszeichnen. Die Jämmerlichkeit des Blödsinns, der betrieben wird, ist eigentlich gar nur als der Größenwahn jener denkbar, deren Angst und Grauen und Furcht verunstaltet wurden und alle Proportionen verloren haben. Es ist der Größenwahn der endgültigen Versager, die in einem hohen Maß die Reihen der nationalsozialistischen Kämpfer und Anhänger – somit auch der Bevölkerung – bereicherten. Darin erklärt sich vielleicht auch die riesige Hochachtung, die dem Begriff des Opfers beigebracht wird. Das Opfer lassen jene hochleben, die vorher sich selbst als die Opfer der Gesellschaft empfanden. Der faule Zauber, der betrieben wird, ist nichts anderes als die eigene Existenz, deren faule kulturelle Grundlage aus dem 19. Jahrhundert in der Hitze der Wirtschaftskrise völlig verrottetet. Die Weltanschauung, die dem politischen Blödsinn beigebracht wird, ist die, den unerträglichen Fakten als vierte Dimension die Nicht-Fakten entgegenzusetzen, dem, was der Fall ist, das, was er eben nicht ist. Durch krude Behauptungen wird das scheinbar nicht mehr lösbare jeder Lösung entzogen, aber dafür die bestehende Brutalität um ihres Bestehens willen gerechtfertigt, das was momentan ist, schon allein deshalb für den höheren, ewigen Sinn erklärt, der von der Gegenwart gar nicht mehr affiziert werden könne.[12] „Der Aberglaube ist Erkenntnis, weil er die Chiffren der Destruktion zusammen sieht, welche auf der gesellschaftlichen Oberfläche zerstreut sind; er ist töricht, weil er in all seinem Todestrieb noch an Illusionen festhält: von der transfigurierten, in den Himmel versetzten Gestalt der Gesellschaft die Antwort sich verspricht, die nur gegen die reale erteilt werden könnte."[13] Die magisch kollektive Interpretation, die am Begriff des Opfers nun geleistet wird, ist seine Rationalisierung, gerade dadurch, daß alle Rationalität geleugnet wird.[14] Die List, mit der im Ursprung des Opfers den Göttern Leben und Selbsterhaltung entrungen wurde, ist jetzt die List der Herrscher am Volk, das mehr an die Opfer glaubt als die Herrscher, die es als Instrument ihrer Macht einsetzen. Die Techniken der Selbsterhaltung, die sich schon überholt hatten, werden durch ihre mythische Reaktivierung, durch die Verdrängung der Rationalität, zur effektivsten Waffe der Regierenden. Dabei durchschaut sich der Nationalsozialismus immer ein wenig selbst und doch nur teilweise. Was auffällt, betrachtet man Bilder, Filme und Tondokumente aus der Zeit des Nationalsozialismus, ist, daß noch nie reaktivierte Mythen derart blödsinnig aufgetreten sind. Da wird alles zur aufgeblähten Lächerlichkeit, bei der vor allem die Blähung erschauern läßt. Im Nationalsozialismus verschränkt sich der angedrehte Traum von mythischen Welten mit der kalten, funktionellen Intelligenz eingespielter Bürokraten. Selbst noch beeindruckt von diesem Traum, wissen die Nationalsozialisten ihn doch mit der nötigen Kühle anzusehen, um ihn zur überwältigenden Propaganda zu verwenden. Wissen in der Führung auch viele um die Dümmlichkeit der Oberfläche dieser Propaganda, so bleibt doch ihr wahrer Glaube eine Verschränkung von Mythos und Pseudowissenschaft, ein technizistischer Okkultismus. Vom 19. Jahrhundert an bahnt sich eine sehr typische deutsche Halbbildung den Weg und beansprucht für sich ein anmaßend okkupiertes Gerücht von der Geistesnation. Das ist es, was dann zum peinlichen Stil journalistischen Römertums der Hitler-Speer-Bauten stahlbetoniert wird. Der falsche Ruf vom Geist stellt sich in die schärfste Frontstellung gegen alle Intellektualität.

Dort, wo es drunter und drüber geht, weniger aufgrund der Wirtschaftskrise und mehr ob des eigenen geistigen Unklimas, treten mit den Nationalsozialisten die selbsternannten Ärzte ins Spiel, deren erste Technik schon immer die Reduktion und Exstirption war, der Mord am Kranken für das angeblich Gesunde, also schon wieder ein Opfer. Das Gesunde ist das, was Sinn haben soll, weil dieses es angeblich nicht mehr nötig hat, durchrechnet und durchschaut zu werden. Das Durchschaubare ist weniger das Erklärte, sondern vielmehr das ganz und gar Normalisierte. Denn dieses hat als erstes den Anspruch für sich, nicht mehr weiter durchschaubar sein zu müssen, aber von sich aus gerechtfertigt zu sein. Das Gesunde tritt aufs Tapet, wo Rationalität als Entzweiung und Entwurzelung empfunden wird. Das Normale ist jener Punkt, in dem Macht und Wahrheit anerkanntermaßen konvergieren, sodaß keine von beiden vor der anderen sich mehr zu rechtfertigen hat. Das Normale ist passiv und regressiv, es ist die Logik des Anerkannten und nicht des Erkennens. Hitler selbst erklärt sich zum Robert Koch der Politik. Sein Biologismus ist ein säkularisierte Heilslehre. Man entdeckt das in der Sprache der Religion, wie sie in Vokabeln der Medizin vom Seelenheil, von der gesunden Seele, von der Erlösung des Leibes vom Leid, von der Krankheit der Seele, vom Labsal der Religion spricht; und wie am Anfang der Medizinmann und Priester zusammenfallen in einer Person, wie man an das Bett des Kranken den Priester ruft, so fällt im Stadium der Säkularisation die Religion vom transzendenten Bild in ihre erste Praxis wieder zurück.

Die zeitgenössischen Kritiker des Nationalsozialismus heben immer die Macht seiner Propaganda, die Verlorenheit des Einzelnen im totalitaristischen System hervor. Im blendenden Schein, den der Nationalsozialismus entbrannte, sahen sie mehr die Verführtheit der Massen als deren Geneigtheit, sich selbst zu verführen. Nach dem Krieg begannen die kritischen Historiker, eine Minderheit bis heute, die Verantwortung des Einzelnen mehr zu betonen. Freilich verschwand auch die Dämonie der nationalsozialistischen Inszenierungen aus dem Interesse. Den Okkultismus und blödsinnigen Mystizismus im Nationalsozialismus muß man aber ernstnehmen, weil er Ernst machte, man muß sich ihm stellen und auch der Frage, was denn hier unentrinnbar war. Der doch vorhandene Widerstand und das Faktum der schon früher von den Massen wenig gelittenen Intelligenz legen die Verneinung der Frage nach der Unentrinnbarkeit nahe.

Betrachtet man die Vermischung zwischen bürokratischer Intelligenz und umtriebiger Dämonik, entstehen noch tiefere Zweifel an dieser angeblichen Unentrinnbarkeit. Die unmenschliche Kälte der nationalsozialistischen Bürokratie war unübersehbar. Auch denen, die nicht eine ideologische und weltanschauliche Kritik leisten können oder wollen, muß diese Unmenschlichkeit vor Augen gestanden haben. Sollten die Vernichtungslager unbekannt geblieben sein, was zweifelhaft ist, da viele bereits 1943 oder 1944 davon erfahren zu haben scheinen – vielleicht nur ohne sich das ganze Ausmaß vorstellen zu können –, so waren die Aktivitäten der Gestapo und des SD, die SS und die Konzentrationslager allen bekannt. Aber auch in die monumentalen Inszenierungen haben sich die Massen selbst geschickt. Sie mögen von den Veranstaltungen überwältigt gewesen sein, aber sie sind selbst hingegangen; freiwillig – aus Lust am Entrinnen aus der eigenen Unzulänglichkeit, der eigenen Erhöhung.

IV Vorwärts in eine bessere Zukunft?

Unsere heutige Aufgabe ist es, den Nationalsozialismus zu analysieren. Das heißt nicht, ihn so zurechtzustutzen, daß er leicht erklärbar und der Abstand der heutigen Gesellschaft zum Nationalsozialismus plötzlich riesengroß erscheint. Es gilt, das Andenken der Gemordeten davor zu retten, in der Anonymität siebenstelliger Zahlenberge unterzugehen, ihrem Schmerz die monumentale Größe zuzuerkennen, die man zuerst immer den überwältigenden Inszenierungen der Nationalsozialisten zuerkennen will. Denn indem hier der größere Wahnsinn gerade dem falschen zugeschrieben wird, dem nationalsozialistischen Staat anstatt den Leiden in diesem, entstehen auch die todtraurigen Grotesken in der Bewältigung des Nationalsozialismus. Massenmörder aus Konzentrationslagern haben für tausende Morde mit geringeren Strafen zu rechnen als unsere heutigen Räuber und Diebe. In einer narrativen Geschichtsschreibung zerfallen die Gipfel des Skandalösen in der Geschichte zu Histörchen, wie sie von Großeltern den Enkeln und umgekehrt vorgesetzt zu werden pflegen. Die singulären Grenzfesten der Geschichte werden zu irgenwelchen Nummern und Zahlen in Chroniken kleingestutzt. Anstatt in einem bewußten Umgang mit Geschichte und Zukunft die Gegenwart mit den Energien der Aktualität aufzuladen, wird sie eingeebnet in einen kontinuierlichen Zeitfluß und entschwindet.

Halt an einer Wahrheit zu finden, wird zu einem immer unmöglicheren Bemühen. Das liegt weniger an einer skeptischen philosophischen Tradition, die am Ende in mathematischer Gewißheit mit dem Begriff eines Wahrheitskriteriums aufgeräumt hat, als daran, daß mit der Reproduktion von Meldungen und Bildern in Zeitungen und Fernsehen, Wahrheiten von Reproduktionen und Fiktionen gar nicht mehr zu unterscheiden sind.

Der vermittelten Sicherheit in den alten, einzigartigen Gemälden und Kunstwerken und Gemälden ist der Boden entzogen, jede noch so getreue Photographie wirkt verlogener als die alten Portraits der Fürsten und die Statuen der Heiligen. An die Stelle der Authentizität der Bilder von Wahrheiten ist die Interpretation der zweifelhaften Abbilder getreten. Unsere Medien bedürfen einer politischen Praxis, in der ein Meinungsbildungsprozeß an die Stelle von Überzeugungen tritt. Wahrheit ist, wenn überhaupt, nurmehr in kritischen, prozeßförmigen Diskursen zu finden. Der Diskurs in der Gruppe macht sich gerade die Destruktion der Gewißheit durch die Massengesellschaft zunutze und präsentiert seine Ergebnisse mit der relativen Sicherheit, die geordnete soziale Bahnen noch gewährleisten können. Für diese offenen und förmlichen Diskurse braucht es aber ein Medienrecht, das dort eingreift, wo sich Zeitungen und Fernsehen der alten mythoshaften Gewißheiten bedienen und so jede Einsicht destruieren. Von einem solchen Zustand sind wir weit entfernt. Die Entwicklung droht eher in die gegenteilige Richtung zu laufen.

Die Untersuchungen über den nationalsozialistischen Widerstand ergaben, daß die höchste Resistenz gegen die nationalsozialistische Ideologie in geschlossenen, traditionellen Arbeiterbezirken und in katholischen Landgemeinden entstand. Einerseits liegt das an der relativ homogenen Gesellschaft dort, wodurch sich größere Gruppen, die dem Nationalsozialismus feindlich gegenüberstanden, ausbilden konnten. Andererseits hat das seinen Grund aber auch darin, daß in den Gesellschaften der katholischen Landgemeinden und der traditionellen Arbeiterbezirke die geistige Verfassung in einer synchronen Lebenspraxis fußte. Der Nationalsozialismus machte sich breit, wo Menschen desorientiert waren und daher in der Gesellschaft vereinsamten, vor allem also in den Städten mit den rasenden Umbrüchen der 20er und 30er Jahre dieses Jahrhunderts. Einerseits wäre es nun falsch, die resistenten Gebiete unkritisch hervorzuheben, da diese mit ihrer Geschlossenheit und Dichte den Einzelnen auch bis zur Bewegungslosigkeit vereinnahmten. Aber zu lernen ist, daß die gerade vorherrschende Ideologie in einer Gesellschaft nicht ausreicht, sie gegen plötzliche Umschwünge in den Wahnsinn zu feien, und daß es nicht genügt, das Augenmerk nur auf das geistige Klima zu richten, wenn wir heute den Nationalsozialismus überwinden wollen. Wichtig ist auch die Praxis bis hinein in den Alltag, die Kultur und die Arbeitsformen, das Sozialleben und die Erziehung.

Die Praxis, die es zu beachten gilt, ist nicht nur die Wirtschaftsordnung, sondern das ganze Leben der Mitglieder einer Sozietät. Wer das nicht beachtet, dessen Einstellungen dro hen zu Lippenbekenntnissen zu verkommen. Der Antifaschismus, der nur in den Köpfen wohnt und es schon so genug sein läßt, der wird ständig in einen Neutralismus abgleiten, der um einer echten Blindheit und einer angeblichen Toleranz willen alles, was schon hautnah am Faschismus liegt und mit neuen Katastrohen kopuliert, übersieht und totschweigt. Die Gesellschaft, die den Faschismus wirklich überwunden hat, ist nicht eine, die anders denkt, sondern eine, die anders handelt bis in die hintersten Winkel ihres Alltags hinein.

Der Faschismus steht unter einer latenten Perspektive der Endzeitlichkeit, er steht als eine außergeschichtliche Bewegung in der Geschichte der europäischen Neuzeit. Die Annäherung an den Faschismus, die dazu dient ihn zu analysieren und ähnliches für die Zukunft schon in ersten Ansätzen zu verhindern, wird nicht derart geschehen können, daß man dieses Andere der bürgerlichen Vernunft mit eben der Vernunft in der Tradition der Aufklärung begreift. Denn im Versuch mit den Mitteln der Vernunft die Welt in einer totalen Perspektive bis in ihren Widersinn hinein zu erfassen, wird die Vernunft immer wieder hinaus bis in die Elemente ihrer eigenen Widersprüchlichkeit und Unvollständigkeit verschlagen werden. Dieser Erfahrung der unendlichen Odysseen des Denkens sollen wir uns nicht entziehen durch reduktionistische Techniken, die um das nicht Begreifbare nicht mehr wissen wollen. Die moderne Kunst ist einer der Wege, Ahnungen vom Unfaßlichen zu gewinnen. Mit unserer Vernunft aber sollen wir versuchen, deren äußeres, sie umgebendes Irrationale und Naturhafte von innen einzukreisen, was nur mittels individual- und massenpsychologischer Erkenntnisse – der Einbeziehung des Unbewußten – möglich ist.

Den Nationalsozialismus zu analysieren und die durch ihn aufgegebene Verantwortung zu tragen, das ist vornehmlich eine Aufgabe der Deutschen, die ihn an die Macht brachten, und der Österreicher, die sich ihm anschlossen – und all derer, die in den kulturellen Lebensraum der Deutschen und Österreicher nachfolgten, die deren Traditionen fortsetzen und sich daher mit der Barbarei in diesen Traditionen auseinandersetzen müssen.

Den Begriff, unter den das Geschehen des März 1938 staatsrechtlich subsumiert wird, die Okkupation, wollen viele auch auf ein quasi metaphysisches Wesen Österreich und auf alle seine Bewohner übertragen. Sie meinen, Österreich wäre zwischen den Jahren 1938 und 1945 nicht existent und somit auch die Österreicher nicht verantwortlich gewesen, wissend oder verdrängend, über die Zehntausende von Verbrechen und die Hunderttausende von Ermöglichern und Helfern hinwegsehend. Doch die Ermordeten sind tot und die Mörder unter uns. Jene aber, die eine Vision des besseren Österreich, des demokratischen, in ihren Köpfen auch durch die Zeit der Flucht und Vertreibung trugen, hatte man zumeist schon in den vorhergehenden Jahren in unserem Land nicht mehr leiden wollen.

Die Geschichte des Anschlusses und des Zweiten Weltkrieges wird für Österreich auch immer eine des Verbrechens bleiben, eine Geschichte, die ihren Ausgang viele Jahre vor den Märztagen 1938 genommen hat und in etlichen Bereichen noch immer nicht zu ihrem Ende gekommen ist.

Anmerkungen

1) Theodor W. Adorno, Minima Moralia, Frankfurt/Main 1986 (BS 236), S. 325.
2) Immanuel Kant, Kritik der praktischen Vernunft, Werkausgabe Bd. VII (STW 56), Frankfurt/Main 1982, S. 2.
3) Herbert Marcuse, Der Kampf gegen den Liberalismus in der totalitären Staatsauffassung, in: ders., Kultur und Gesellschaft I, Frankfurt/Main 1980 (es 101), S. 37
4) Herbert Marcuse, Der Kampf... S. 39.
5) Max Horkheimer, Theodor W. Adorno; Dialektik der Aufklärung, Frankfurt/Main 1971 (Fischer Tb 61444), S. 51.
6) Max Horkheimer, Theodor W. Adorno; Dialektik der Aufklärung, S. 166.
7) Theodor W. Adorno, Minima Moralia S. 132.
8) Hans Mommsen, Die Last der Vergangenheit, in: Jürgen Habermas (Hrsg.), Stichworte zur „Geistigen Situation der Zeit", Frankfurt/Main 1979 (es 1000), S. 168.
9) Walter Benjamin, Das Kunstwerk im Zeitalter seiner technischen Reproduzierbarkeit, in: ders., Illuminationen, Ausgewählte Schriften I, Frankfurt/Main 1977 (ST 345), S. 167f.
10) Walter Benjamin, Pariser Brief, in: ders., Angelus Novus. Ausgewählte Schriften 2, Frankfurt/Main 1988 (ST 1512), S. 509.
11) Walter Benjamin, Pariser Brief, S. 509f.
12) Theodor W. Adorno, Minima Moralia, S. 326.
13) Theodor W. Adorno, Minima Moralia S. 325.
14) Theodor W. Adorno, Max Horkheimer, Dialektik der Aufklärung, S. 50.

Franz Vranitzky

An die österreichische Jugend

Rede anläßlich der Gedenkveranstaltung des Bundeskanzlers am 11. März 1988

Es war heute vor 50 Jahren, auch an einem Freitag, und annähernd zur selben Zeit, als das turbulente Ringen um dieses Land seinen dramatischen Höhepunkt erreichte – einen Höhepunkt, in dem sich dieses Land und seine politischen Vertreter geschlagen gaben und die Ereignisse ihren furchtbaren Lauf nehmen ließen.

In der Diskussion darüber, was eigentlich vor 50 Jahren in Österreich geschehen ist, und in der Diskussion darüber, wie wir uns heute dazu verhalten, fehlt es nicht an Fragen nach dem Sinn einer Veranstaltung wie dieser, nach dem Sinn dieses Bedenkens.

Sind nicht die meisten Bürger unseres Landes in jenen Märztagen noch gar nicht geboren gewesen?
Werden nicht jene zu einer immer kleineren Minderheit, die die Ereignisse damals bewußt erlebt haben?
Wäre es also nicht angebracht, nun endlich die Fragen nach Schuldigen und Opfern, Mithelfern, Mittätern, Mitwissern, Verfolgten, Vertriebenen endlich ruhen zu lassen?
Was findet sich denn wirklich, so fragt man, in der Welt von heute, das noch an diese unselige Zeit erinnert?
Ist das Land, in dem wir leben, das Europa, in dem wir leben, nicht ein ganz anderes geworden? Und haben wir uns selbst nicht weit wegentwickelt von jener Gesellschaft, aus der soviel Unheil entsprang?

Aber selbst, wenn mit diesen Fragen von den Fragestellern die gewünschten Antworten schon vorweggenommen sind, spüren dennoch viele, daß diese Aufforderung zum Vergessen unangebracht ist. Denn sie steht im Gegensatz zur fortdauernden Betroffenheit derer, die sich mit diesem Abschnitt unserer Geschichte wirklich auseinandersetzen. Und es ist auch seltsam – diese Betroffenheit, dieser Zwang zur Stellungnahme nimmt, wie mir scheinen will, nicht in dem Maße ab, in dem der Zeitabstand zum März 1938 wächst.

Es geht nicht darum, eine Auseinandersetzung mit den Deutschen zu führen und nicht darum, eine frühere Generation pauschal anzuklagen. Es geht nicht darum, ihr besserwisserisch und im nachhinein moralische Fehler, Blindheit, Parteilichkeit, mangelnden

Abwehrwillen vorzuhalten. Es geht nicht darum, die Vergangenheit um der Vergangenheit willen zu beschwören. Noch weniger kann es darum gehen, diese Vergangenheit zum Mythos zu erheben, mit dem man sich in einer Flucht aus dem Heute und fasziniert von dem Bösen beschäftigt.

Ich glaube, wir sind heute hier, weil wir wissen, daß diese Ereignisse vor 50 Jahren etwas sind, mit dem wir uns um unserer Gegenwart und unserer Zukunft willen auseinandersetzen müssen. Denn die Behauptung, daß unsere Welt heute so grundverschieden ist, kann sicher vieles für sich als Beweis reklamieren: den beachtlichen Wohlstand, zivilisierte Umgangsformen, eine gefestigte Demokratie und größere Verbindlichkeit im politischen Leben. Wir dürfen nicht vergessen, daß diese Zweite Republik zum Teil sehr harte Jahrzehnte durchlebt und sich in vieler Hinsicht, und nicht nur in materieller, zum Besseren gewandelt hat.

Aber liegt nicht das Furchtbare der damaligen Ereignisse auch darin, daß sie sich in Staaten ereignet haben, die sich, so wie der unsere, als Kulturstaat, als Hüter einer abendländischen Tradition fühlten; die sich stolz „die zivilisierten Länder" nannten? So wurde uns also diese Zeit, dieser katastrophale Absturz aus Selbstsicherheit, zum Zeichen an der Wand, zum Symbol für die Zerbrechlichkeit menschlich-politischer Einrichtungen und zur ständigen Aufforderung zur Wachsamkeit.

Und wer könnte wirklich sagen, daß hier, unter der glatten Oberfläche der funktionierenden Demokratie, des friedlichen internationalen Zusammenlebens und des beachtlichen Wohlstands, sich nicht weiterhin jene Kräfte erneut sammeln könnten, die auch damals die Gesellschaft in den Abgrund gedrängt haben? Ich möchte das ganz konkret ansprechen und dazu sechs Fragen stellen. Für manche vielleicht etwas provozierend, aber plakativ im Interesse der Sache:

Erstens: Die Neigung, anderen böse Motive, unmoralische Absichten, die Verantwortung für Fehlentwicklungen zuzuschieben – ist sie wirklich verschwunden? Wer, der sich in den Diskussionen umhört, könnte das zuversichtlich behaupten? Wie oft und wie leicht kommt den Menschen die Behauptung über die Lippen, daß an Mißlichkeiten jeweils eine Gruppe schuld sei, von der sie sich absetzen: Die „Amis" oder die „Russen", der „Jude" oder die „Fremdarbeiter", die „Journalisten" oder die „Politiker", die „Proleten" oder „die da oben". Das ist doch alles da – diese spontane Bereitschaft, die Fehler bei anderen zu suchen und sich dabei selbst von Verantwortung freizusprechen; die Neigung, andere mit der Furcht vor der eigenen Unvollkommenheit und Aggression zu beladen.

Zweitens: Haben wir wirklich gelernt, harmonisch auch mit Menschen zusammenzuleben, die anders sind als wir selbst? Oder müssen wir nicht feststellen, daß es gelegentlich schon Schwierigkeiten macht, wenn Österreicher eine andere Muttersprache als Deutsch sprechen? Ist das ganze geistige Instrumentarium verschwunden, mit dem man das Andersartige hinwegwünscht und hinwegschiebt?

Drittens: Haben wir wirklich gelernt, uns für das verantwortlich zu fühlen, was um uns herum geschieht? Zwar identifizieren wir uns gern und spontan mit allem möglichen Positiven, das uns als Gesellschaft widerfährt – mit Wohlstand oder mit olympischen Medaillen. Wenn sich aber einmal etwas Böses zeigt, haben wir da nicht weiterhin die fortdauernde Neigung, ungläubig hin- oder verlegen wegzuschauen – ein bißchen geniert, aber unfähig einzugreifen? Aus den vielen Fotos der damaligen Zeit sind nicht jene von jubelnden Massen die furchtbarsten, sondern jene, die zeigen, wie Menschen von einigen Schergen vor einer Menge gaffender, verlegen oder belustigt grinsender Zuschauer erniedrigt werden.

Viertens: Sind wir wirklich jenem selbstgefälligen und billigen Pessimismus entkommen, der das damalige Österreich lähmte? Jener in ihrem Zynismus unübertreffbaren Behauptung, derzufolge bei uns die Lage „zwar hoffnungslos, aber nicht ernst sei"? Sind wir heute mit größerer Selbstverständlichkeit bereit, uns der Disziplin des Optimismus zu verschreiben und der Aufforderung zu positivem politischen und gesellschaftlichen Handeln? Sollte uns nicht die Selbstgefälligkeit aufrütteln, mit der so viele das Schlagwort von der „Skandalrepublik" dulden und gebrauchen? Haben wir also wirklich gelernt, diese politischen Einrichtungen als die unseren, diese Gesellschaft als die unsere zu verstehen? Und unsere Aufgabe in ihr darin zu sehen, sie eben nicht unernst und hoffnungslos, sondern ernst und hoffnungsträchtig zu machen?

Fünftens: Haben wir als Staat, als Gesellschaft, als Individuen gelernt, daß es Dinge und Entwicklungen gibt, gegen die man Widerstand leisten muß? Oder halten wir es nicht nach wie vor in unserem Inneren für sinnvoll, sich auch dem moralisch Inakzeptablen zu fügen? Eines ist uns in der Diskussion um das Jahr 1938 ja klar geworden! Die Mehrzahl der Bevölkerung hat Anfang März die Eingliederung in das Dritte Reich nicht gewünscht und das damalige Bundesheer wäre wahrscheinlich auch bereit gewesen, diese Unabhängigkeit mit Waffen zu verteidigen. Warum hat man sich nun nicht gewehrt? Man sagt, daß dies deshalb so war, weil Widerstand letztlich aussichtslos gewesen wäre. Aber ist dadurch der Mangel an offenem Widerstand schon gerechtfertigt? Muß man für das, was man für richtig hält, nicht auch dann einstehen, wenn man von vornherein weiß, daß man damit letztlich nicht erfolgreich sein wird? Und ist nun diese Entschlossenheit bei uns wirklich heimisch geworden?

Sechstens: Und wie steht es mit der internationalen Solidarität? Wir haben sie in den unglückseligen 30er Jahren nicht geübt und waren vorwiegend mit uns selbst beschäftigt... Und wir sind dann selbst wenig später Opfer einer militärischen Aggression geworden. Gibt es in der heutigen Welt mehr spontane und wirksame Solidarität, durch die auch Schwächere gegen das Machtstreben der Starken geschützt werden? Hat die Welt in den 50 Jahren seither ein System entwickeln können, das einen solchen Schutz gewährt? Und sind wir selbst bereit, an dem Aufbau eines solchen Systems mitzuarbeiten?

Ich stelle diese Fragen nicht willkürlich, sie stellen sich von selbst. Sie stehen im Raum. Und diese Fragen sind das Vermächtnis der Opfer des Nazismus und des von ihm ausgelösten Zweiten Weltkrieges. Sie schallen uns entgegen aus den Konzentrationslagern, aus den verwüsteten Städten und Feldern und aus den hektargroßen Soldatenfriedhöfen, die es vom Atlantik bis zur Wolga und vom Nordkap bis zur Syrte gibt.

Betroffen macht uns nicht nur dieses ungeheure Ausmaß des Leides und des Unrechts; betroffen macht uns nicht nur, daß dieses Leid und Unrecht so völlig willkürlich, fast um seiner selbst willen verursacht wurde.

Betroffen macht uns das nicht nur, weil so viele Menschen unseres Landes in all das ja schuldhaft verstrickt waren und damit eine Last tragen, die sich nicht abschütteln läßt und die wir nicht abschütteln dürfen.

Betroffen machen uns dieses Leiden und diese Opfer auch deshalb, weil, wie die sechs Fragen zeigen, der Boden, auf dem wir stehen, nicht ganz so festgefügt ist, wie es uns die Neigung zur Selbstgefälligkeit suggerieren möchte. In seiner ersten Radioansprache hat der damalige erste Bundeskanzler der Zweiten Republik, Leopold Figl, die Österreicher aufgefordert, in all der Not und all dem Elend „an dieses unser Österreich zu glauben". Vieles ist seither geschehen, aber seine Aufforderung, wenn auch nicht mehr aus bitterer Not geäußert, bleibt weiterhin aktuell. Sie ist nicht der Aufruf zu einem diffusen Patriotismus, zu einem trotzigen „Herr im eigenen Haus"-Standpunkt. Es ist die Aufforderung an uns alle, dieses Staatswesen ernst zu nehmen und sich den Anforderungen der Politik, also des Mitwirkens an diesem Gemeinwesen, nicht zu entziehen.

GEISTIGE ENTMÜNDIGUNG BEGINNT MIT EINER RECHTSDREHUNG

Grafik:
Eric Neunteufel
Geistige Entmündigung beginnt mit einer Rechtsdrehung
2. Preis des „ÖH- Art flow - Graphikwettbewerbes"

DIE ERSTE BASTION
Studenten und Faschismus

Wilhelm Holczabek

Eröffnung des Aktionstags

Es ist die selbstverständliche Pflicht des Rektors, in Erinnerung an den vor fünfzig Jahren erfolgten schicksalsschweren Tag der österreichischen Geschichte all jener Universitätsangehörigen zu gedenken, die Opfer der damaligen Ereignisse geworden sind. Natürlich in erster Linie jener, die den Tod erlitten haben, sei es, weil sie als wahre Helden sich gegen das ihnen verhaßt gewesene Regime verschworen haben, sei es, daß sie schicksalhaft dem unfaßbaren Massenmord zum Opfer gefallen sind, sei es, daß sie durch die unzähligen und verschiedenartigsten Kriegsereignisse gestorben sind.

In tiefster Ehrfurcht, in größter Trauer haben wir der unzähligen Opfer zu gedenken und damit unzähliger schrecklicher menschlicher Einzelschicksale. Es obliegt mir auch, darauf hinzuweisen, daß die Universität als solche durch diese Verluste schwerstens in Mitleidenschaft gezogen worden ist, sei es durch den Verlust großer Gelehrter, Lehrer und Forscher, sei es durch den Verlust hoffnungsvoller junger Menschen, die bereits im Universitätsdienst gestanden sind, sei es durch den Verlust unzähliger Studenten, sei es durch den Verlust jener vielen Menschen, die den Universitätsbetrieb erst ermöglichen.

Wenn heute ein Tag der Besinnung, der Gewissenserforschung und des eigenen Entschlusses, es niemals so weit kommen zu lassen, stattfindet, dann ist dies eine selbstverständliche Pflichterfüllung, die wir allen diesen Opfern schuldig sind, vor denen wir uns ehrerbietigst verneigen.

Es ist mir ein selbstverständliches Bedürfnis, all jenen zu danken, die mit der Vorbereitung und Durchführung dieser Veranstaltung befaßt waren. An der Spitze Frau Professor Dr. Erika Weinzierl, deren Initiative dazu geführt hat, daß der Akademische Senat sie darum bat, eine solche Veranstaltung durchzuführen. Alphabetisch geordnet darf ich sodann die Herren Vinzent Abbrederis, Gerhard Jagschitz, Siegfried Mattl, Reinhard Mittersteiner, Dr. Karl Mühlberger vom Universitätsarchiv, Gustav Spann erwähnen; und als Institutionen darf ich nennen:

Bundesministerium für Wissenschaft und Forschung
Austria Tabak AG
Creditanstalt-Bankverein
Österreichische Nationalbank
Österreichischer Gewerkschaftsbund.

Der Sinn und Zweck dieser vielen Arbeit ist wohl der, uns Alten und Älteren die Ereignisse dieser Zeit wieder mit all ihren Schrecken in Erinnerung zu bringen, den Jüngeren und Jungen etwas für sie Unfaßbares zu zeigen und uns allesamt vor Augen zu halten, daß sich in der menschlichen Seele und im menschlichen Handeln Abgründe auftun können, die man weder mit dem Verstand erfassen noch mit Seele und Gemüt verstehen kann.

Viktor E. Frankl, der weltberühmte Psychotherapeut und Ehrendoktor unserer Universität, hat gestern auf dem Rathausplatz ausgerufen: „Es gibt nur zwei Rassen: die Rasse der anständigen und die Rasse der unanständigen Menschen." Wenn diesen Gedenktagen mit ihren erschütternden Diagnosen auch eine Therapie folgen soll, dann kann es nur die sein, daß jeder einzelne von uns mit allen Fasern seines Seins, seines Denkens und Fühlens sich bemüht, ein anständiger Mensch zu werden, ein anständiger Mensch zu sein, ein anständiger Mensch zu bleiben; und wenn wir uns in der Universität bemühen, die Universitas, die Gemeinschaft der anständigen Menschen, zu bilden, die alles daran setzt, in Lehre, Forschung und Arbeit, der Bedeutung dieser Institution gemäß, eine der wichtigsten Ausstrahlungszentren dieser Anständigkeit im Staate zu sein.

Mit diesem aufrichtigen Wunsche eröffne ich die Veranstaltung.

Grafik:
Susanne Zemrosser

•••••••
3. Preis des „ÖH- Art flow - Graphikwettbewerbes"

Erika Weinzierl

Hochschulleben und Hochschulpolitik zwischen den Kriegen

Was kommt heran mit Gummiknütteln?
Der Schlagring blinkt, die Fahne weht,
es naht mit Schrei'n und Fäusteschütteln –
die Universität.

Des Ruhmes Gipfel ist erklommen
und Gnade wird erfleht,
wenn über einen fünfzig kommen –
die Universität.

Die Knüttel hoch, das Wissen nieder,
daß es im Sturme abwärts geht?
Der neue Geist faßt Haupt und Glieder –
der Universität.

Als erster war ein Jud gefallen,
im Freiheitskampfe hingemäht.
Ein „Vivat sequens" läßt erschallen –
die Universität.

Was wird einst die Geschichte künden!?
Wer weiß, was dort zu lesen steht
von Ruhmestaten und von Sünden –
der Universität?

Diese satirische Umdichtung des berühmten Studentenliedes aus dem Revolutionsjahr 1848 ist 1923 in der linksliberalen Wiener Zeitung *Der Morgen* veröffentlicht worden[1]). Sie ist für das Klima an den Wiener Hochschulen der Zwischenkriegszeit symptomatisch. Sicher, schon vor 1914 hatten die deutschnationalen, antisemitischen Studenten die Mehrheit, aber von 1918 an waren sie besonders aktiv und konnten – im Gegensatz zur Vorkriegszeit – nun für mehr als ein Jahrzehnt in vielen Bereichen der Unterstützung

53

der katholischen Studenten sicher sein, im besonderen in ihrem Kampf gegen die Juden, dessen erste neue Welle schon im Herbst 1918 begann und maßgeblich von Heimkehrern getragen wurde[2]).

Die deutschnationalen Studenten waren bereits Anfang Oktober 1918 gegen einen Bundesstaat Österreich. Sie arbeiteten sogar einen Plan aus, im Parlament die Vorstellung des letzten kaiserlichen Kabinetts Lammasch zu verhindern und durch Kundgebungen die Ausrufung der Republik und den Anschluß an das Reich zu erzwingen. Sie verzichteten allerdings auf seine Durchführung, da er ihnen doch zu gefährlich erschien. Dafür kam es am 30. Oktober im Festsaal der Universität Wien in Anwesenheit des Rektors Becke zu einer Versammlung von 3000 Studenten, in der gegen das österreichische Sonderfriedensangebot als „Verrat der Habsburger" und für den Anschlußgedanken demonstriert wurde. Anschließend zogen die Studenten zum Parlament, wo einige von ihnen die dort gehißten schwarz-gelben Fahnen heruntergerissen[3]). Sie gaben damit das Vorbild für den vielzitierten Akt von Rotgardisten, die am 12. November 1918 während der Ausrufung der Republik auf der Rampe des Parlaments den weißen Mittelstreifen aus der neuen österreichischen Fahne rissen[4]). Sieben Jahre später hieß es in dem linksliberalen satirischen Magazin *Götz* in Anspielung auf die Republikfeindlichkeit und Schlagfreudigkeit der deutschnationalen Studenten: „Der Ring des 12. November soll auf besonderen Wunsch der Studenten abermals umbenannt werden. Der Magistrat der Stadt Wien hat sich für die Bezeichnung ‚Schlagring' entschieden"[5]). Von großer, nicht nur hochschulpolitischer Bedeutung war jedoch, daß unter dem Eindruck des gemeinsamen Kriegserlebnisses die deutschnationalen und katholischen Studentenverbindungen, die bis dahin einander bitter befehdet hatten, beschlossen, künftig auf Hochschulboden zusammenzuarbeiten. Schon am 27. November 1918 überreichte die „Deutschbürgerliche Studentenschaft", der die deutschnationalen, deutschfreiheitlichen und katholischen Studentenverbände angehörten, dem Rektor der Universität Wien ein gemeinsames Sieben-Punkte-Programm. In ihm wurden die bevorzugte Behandlung „deutschstämmiger" Studenten und Professoren, der Ausschluß fremdstaatlicher und fremdnationaler Hörer von der Mensa academica, die Verleihung des Farbenrechtes ausschließlich für deutsche Korporationen und die Errichtung von Studentenheimen gefordert[6]).

Als 1919 Unterstaatssekretär Glöckel gewählte Hochschulausschüsse mit einem gewissen Maß an studentischer Selbstverwaltung schaffen wollte, also eine Art von Studentenräten, beschlossen die deutschnationalen und deutschkatholischen Studenten die Bildung einer gemeinsamen deutsch-arischen Liste. Im gemeinsamen Wahlaufruf bekannte man sich zum deutsch-österreichischen Freistaat, zum Zusammenschluß mit den Stammesgenossen im Deutschen Reich, zum Ausbau der Selbstverwaltung der Wiener Hochschulen und zum schärfsten Kampf gegen Judentum und jüdische Studenten, um den deutschen Charakter der Hochschulen zu erhalten. Da man sich wegen der Frage der Wahlberechtigung mit Glöckel, der alle Studenten mit österreichischer Staatsbürgerschaft wählen lassen wollte, während die Studenten den Stichtag 1. August 1914 forderten, nicht einigen konnte, kam es zu mehreren Verschiebungen des Wahltermins. Schließlich sagten die deutschnationalen und katholischen Studenten ihre Beteiligung an der Wahl überhaupt ab und führten nur eine Wahl in einen deutscharischen Hochschulausschuß durch, bei der am 25. November 1919 bei mäßiger Wahlbeteiligung die deutschnationalen Studenten sechzehn und die katholischen vier Mandate errangen. Da dieser Ausschuß jedoch nicht alle Studenten vertrat, wurde er von den Behörden nur partiell anerkannt und hatte wenig Bedeutung. Die katholischen Studenten besaßen allerdings schon seit dem 1. November 1918 in dem über Initiative des von Kardinal Piffl mit der Studentenseelsorge betrauten Dr. Karl Rudolf gegründeten Katholisch-deutschen Hochschulausschuß eine eigene Interessenvertretung. Ihr gehörten alle katholischen studentischen Verbindungen an[7]).

Von dieser speziellen Wiener Entwicklung unabhängig kam es im Juli 1919 in Würzburg zur Konstituierung des Gesamtverbandes „Deutsche Studentenschaft" auf großdeutschvölkischer Basis, dem auch die österreichischen Studentenschaften als Kreis VIII angehörten. Die Geschäfte leitete der Hauptausschuß in Berlin, die entscheidende Körperschaft war jedoch der jährlich zusammentretende „Deutsche Studententag". Der erste Kreistag der österreichischen Studentenschaft 1920 beschloß so wie die Würzburger Verfassung des Gesamtverbandes, daß nur „deutscharische" Studenten durch Immatrikulation Mitglieder der „Deutschen Studentenschaft" werden könnten und forderte für die jüdischen Studenten den Numerus clausus[8]).

1922 protestierte die „Deutsche Studentenschaft" der Universität Wien beim Akademischen Senat schärfstens gegen die Wahl von Professor Samuel Steinherz zum Prager Rektor und forderte, der Senat möge beschließen, daß nur Professoren deutscher Abstammung und Muttersprache zu akademischen Funktionären gewählt werden und nur zehn Prozent der Gesamtzahl der akademischen Lehrer und der Studierenden jüdischer Abstammung sein können[9]). Im Mai 1925, aber auch während mehrerer anderer Universitätsstreiks wurde z.B. jüdischen Studenten das Betreten der Hochschule verwehrt[10]). Die Position der auch von den akademischen Behörden als offizielle Studentenvertretung anerkannten „Deutschen Studentenschaft" war so stark, daß der von den Deutschfreiheitlichen gegründete „Deutsche Studentenbund", die „Sozialdemokratische Studenten- und Akademikervereinigung" (SSAV)[11], die 1923 gegründete „Akademische Legion im Republikanischen Schutzbund", der 1925 gegründete „Verein für sozialistische Hochschulpolitik"[12]) und erst recht die zahlreichen kleinen linken Splittergruppen von Paul Lazarsfeld bis Walter Wodak trotz allen Engagements auf Hochschulboden fast keine Rolle spielten. Im Jahrzehnt von 1920 bis 1930 dominierten unter den Studenten Anschlußgedanke, Antidemokratismus und Antisemitismus. Bei der Republikfeier der Universität Wien 1928, also zu einer Zeit, in der sich der Großteil der

Wiener Studentenschaft einschließlich der Waffenstudenten der Heimwehr anschloß[13]), kam es nach der Rede Seipels zu Krawallen und Rufen „Juden hinaus! Nieder mit der Republik!"[14]) Beim 14. Deutschen Studententag in Graz 1931 wurde dann auch schon ein Nationalsozialist einstimmig zum Vorsitzenden gewählt[15]). Am 2. Dezember 1932 trat nach heftigen und zum Teil sogar tätlichen Auseinandersetzungen zwischen den katholischen und nationalsozialistischen Studenten, zu deren Opfern u.a. Josef Klaus gehörte[16]), die „Katholisch-deutsche Hochschülerschaft" aus der „Deutschen Studentenschaft" aus und bekannte sich zur Arbeit an der Zukunft des christlichen Volkes in Österreich[17]). 1933 wurde der Rest der „Deutschen Studentenschaft", ebenso der NSDStB, mit dem sich der Waffenring und der steirische Heimatschutz verbündet hatten, verboten. Ihre Nachfolge als offizielle Vertretung der Studenten trat die „Österreichische Hochschülerschaft" an.

Im selben Jahr 1933 schieden die österreichischen Verbindungen des Cartellverbandes, die sämtliche seit 1906 dem gesamtdeutschen CV angehört hatten, aus diesem aus und gründeten einen eigenen Verband, der von nun an unter Führung der „Norica" ebenso wie die „Österreichischen Landsmannschaften" einen betont österreichischen Kurs steuerte[18]). Noch im März 1938 plante der CV gemeinsam mit den liberalen Korpsstudenten eine Treuekundgebung für Österreich. Der „Anschluß" kam ihr zuvor[19]). Die Nationalsozialisten haben die politische und rassische „Gleichschaltung" der österreichischen Universitäten sehr rasch durchgeführt. Schon am 14. März 1938 war der NSDStB als einzige Studentenorganisation installiert, in der auch die Waffenstudenten, Burschenschaften usw. aufgingen. Ab Juni 1938 hieß der NSDStB „Ostmark", dann nurmehr „Bereich Südost"[20]). Seit dem 24. April war ein zweiprozentiger Numerus clausus für Juden eingeführt – nach der Ausdehnung der Nürnberger Gesetze im Mai 1938 auf die „Ostmark" galt auch er nicht mehr – alle Juden und die Angehörigen katholischer Orden wurden vom Studium ausgeschlossen[21]).

Was den politischen Einfluß und die politische Haltung der Wiener Hochschullehrer[22]) in der Zwischenkriegszeit betrifft, so ist dazu folgendes zu sagen: Von den 27 Regierungen[23]) der Ersten Republik sind fünf vom Professor für Moraltheologie an der Universität Wien, Prälat Ignaz Seipel, seit 1921 Obmann der christlichsozialen Partei, gebildet worden. Er hat in seine Kabinette keinen einzigen akademischen Kollegen berufen. Den übrigen 22 Regierungen gehörten dreizehn Professoren als Mitglieder an, von denen sich in Umkehrung der Verhältnisse in der kaiserlichen Zeit – damals war die Mehrheit liberal – eine Zwei-Drittel-Mehrheit zur christlichsozialen Partei bekannte. Nur vier waren offiziell als Parteilose Ressortchefs. Für Wien sind von ihnen der ehemalige Reichsratsabgeordnete der Deutschfortschrittlichen Partei Josef Redlich, dreieinhalb Monate Finanzminister (20. Juni bis 5. Oktober 1931) im Kabinett Buresch I, und der Historiker Heinrich von Srbik, Unterrichtsminister im II. Kabinett seines Gesinnungsfreundes, des liberalen Großdeutschen Schober (26. September 1929 bis

30. September 1930), zu nennen. Diese Regierung und die Regierung Renner II waren die einzigen Kabinette der Zwischenkriegszeit, der zwei Professoren angehörten. Schober hatte auch den Wiener Exegeten und nachmaligen Erzbischof von Wien Theodor Innitzer als christlichsozialen Minister für soziale Verwaltung berufen. Da die sozialdemokratische Partei nach dem Bruch der Koalition 1920 bis zum Verbot der Partei 1934 in Opposition war, hat sie nur einen ihr zuzuzählenden Professor als Regierungsmitglied aufzuweisen, den Wiener Anatomen Julius Tandler als Unterstaatssekretär für Volksgesundheit im Kabinett Renner II (15. März bis 17. Oktober 1919). Von 1919 bis 1934 Stadtrat für Wohlfahrtspflege der Gemeinde Wien, wurde er nach dem Februar 1934 von seinem Lehrstuhl entfernt.

Ein nationalsozialistische Interessen vertretender Universitätslehrer wurde in der Person des Direktors des Wiener Kriegsarchivs und Militärhistorikers Edmund Glaise-Horstenau[24]) im Februar 1938 nach der Reise von Bundeskanzler Schuschnigg auf den Obersalzberg in die Regierung aufgenommen. Dem von Arthur Seyß-Inquart am 11. März 1938 gebildeten „Anschluß"-Kabinett gehörte auch der Wiener Urgeschichtler Oswald Menghin als Unterrichtsminister an. Die Professoren anvertrauten Ressorts waren dieselben wie in der Monarchie: Finanzen, Unterricht, soziale Verwaltung, Handel und Verkehr. Justizminister wurde bis 1938 jedoch nur ein einziger Professor: Ludwig Adamovich in dem am 16. Februar 1938 gebildeten vierten und letzten Kabinett Schuschnigg. Allen Professorenministern der Ersten Republik ist infolge ihrer kurzen Amtszeit – die längste dauerte fünfzehn Monate, die kürzeste dreieinhalb Monate – keine größere Reform ihrer Ressorts und der sie betreffenden Gesetzgebung gelungen.

Dem Nationalrat gehörten in der Ersten Republik insgesamt fünf Professoren an: drei Christlichsoziale (Seipel, Gürtler und der Grazer Zivilrechtler und langjährige steirische Landeshauptmann Rintelen, die alle drei zeitweilig Regierungsämter bekleideten)[25]), der Sozialdemokrat Ludo Moritz Hartmann, ein Historiker, und der Landbundvertreter Ernst Schönbauer, ein Jurist. Bundesräte waren der schon genannte, bereits 1924 verstorbene Ludo Moritz Hartmann und der Christlichsoziale Karl Gottfried Hugelmann, ein Spezialist für Fragen des Nationalitätenrechtes, der später mit den Nationalsozialisten sympathisierte[26]). Als Redner ist im Nationalrat naturgemäß Seipel am stärksten in Erscheinung getreten. Von Seipel abgesehen, war daher die Rolle der Professoren im österreichischen Parlament der Zwischenkriegszeit nicht bedeutend.

Ihr politischer Einfluß war wesentlich stärker bei der Ausübung der Funktion offizieller oder inoffizieller Berater. Die Professoren Heinrich Lammasch, Franz Klein, ehemaliger Justizminister, und Julius von Wieser, kaiserlicher Finanz- und Handelsminister, gehörten der österreichischen Delegation für die Friedensverhandlungen in St. Germain an[27]). Der Wiener Staatsrechtslehrer Hans Kelsen wurde als offizieller Berater der

Staatskanzlei der Vater der österreichischen Verfassung von 1920[28]). Der Sozialtheoretiker der Theologischen Fakultät der Universität Wien, Johannes Messner, war, obwohl er nie eine offizielle politische Funktion innehatte, allein schon durch seine Publikationen über den Ständestaat[29]) ebenso wie der Staatsrechtler Erich Voegelin[30]) von 1934 bis 1938 eine politische Potenz.

Damit sind wir bei jenen Bereichen angelangt, in denen die politischen Einflußmöglichkeiten der österreichischen Professoren weit größer und bedeutungsvoller waren als in der aktiven Parteipolitik. Die politischen Meinungen, die sie als Wissenschaftler, als akademische Lehrer und als Publizisten vertraten, waren für viele Studenten und für bestimmte Teile der österreichischen Öffentlichkeit richtungweisend. Für diesen Versuch der Beantwortung der Frage nach ihrer politischen Haltung wurden jene Quellen herangezogen, die Theodor Eschenburg für die Untersuchung des gleichen Problems in der Weimarer Republik als relevant bezeichnet hat: „Das reichste und damit zugleich interessanteste Marterial würden die Vorlesungen enthalten. Aber Vorlesungen werden nicht gedruckt, wohl aber vermögen manche Publikationen und Bücher, Aufsätze, gedruckte Vorträge, aber auch politische Zeitungsartikel aus diesen Jahren wesentliche Anhaltspunkte zu geben."[31]) Für die folgenden Ausführungen wurden daher alle genannten Quellengattungen verwendet.

An der Wiener Juridischen Fakultät hielt Karl Hugelmann bereits im Wintersemester 1918/19 eine zweistündige Vorlesung über *Geschichte, Wesen und Kritik des Parlamentarismus*[32]), die er noch zweimal wiederholte. Im Sommersemester 1919 las der neue, von der Technischen Hochschule in Brünn berufene Ordinarius für Nationalökonomie und Gesellschaftslehre Othmar Spann neben seinen finanzwirtschaftlichen Hauptvorlesungen eine Stunde über *Wesen und Geschichte des Sozialismus*. Aufgrund seiner Veröffentlichungen[33]) ist der Schluß erlaubt, daß er dies in einer den Sozialismus radikal ablehnenden Form getan hat. Ab dem Wintersemester 1921/22 nannte Spann die von ihm mehrmals gehaltene Vorlesung auch bereits *Geschichte und Kritik des Sozialismus*. Jedenfalls haben schon im Wintersemester 1919/20 zwei bereits in der Monarchie an der Universität lehrende Marxisten, Karl Grünberg und sein Schüler Max Adler, an derselben Fakultät je eine Stunde über Sozialismus vorgetragen. Adler hat außerdem von nun an bis zum Wintersemester 1932/33 regelmäßig mehrstündige Vorlesungen über Theorie und Geschichte des Sozialismus gehalten. In den Sommersemestern von 1922 bis 1924 behandelte auch der Staatsrechtler Hans Kelsen die politische Theorie des Sozialismus. In denselben Semestern las er je zwei Stunden Über Demokratie. Er ist damit der einzige Wiener Professor der gesamten Zwischenkriegszeit, der eine ganze Vorlesungsreihe *ausschließlich* der Demokratie gewidmet hat.

Auch bei ihm ist der Schluß erlaubt, daß sich die Grundzüge der genannten Vorlesungen mit jenen seiner einschlägigen Bücher, *Sozialismus und Staat* (1920, 2. Aufl. 1923,

3. Aufl. 1965) und *Vom Wesen und Wert der Demokratie* (1920, 2. Aufl. 1929), decken. Kelsen hat in ihnen einerseits die marxistische Auffassung vom Absterben des Staates mit ihren anarchistischen und utopischen Tendenzen einer empirischen Ideologiekritik unterzogen[34]) und andererseits Demokratie und Parlamentarismus gegen die „Parteidiktatur von links und rechts", gegen „Bolschewismus und Faschismus", wie er 1929 präzisierte, verteidigen wollen[35]). Er leitete dabei das demokratische Majoritätsprinzip der Demokratie aus der Freiheit ab[36]) und sah im Parlamentarismus „die einzige reale Möglichkeit, der Idee der Demokratie gerecht zu werden"[37]). Die Gültigkeit dieser Aussage für die moderne Demokratie ist durch die Geschichte bis heute ebensowenig historisch widerlegt worden wie die Definitionen der Demokratie, die Kelsen auf dem 5. Soziologentag 1926 in Wien gab[38]). Da er aber den Relativismus zu der Weltanschauung erklärte, „die der demokratische Gedanke voraussetzt"[39]), und die Demokratie als solche nicht zur Bestimmung eines Staatsinhaltes, sondern zu einer Methode, einer spezifischen Erzeugungsregel[40]), entzog er ihr ebenso wie seiner Rechtslehre, die letztlich jeden Staat rechtfertigen ließ[41]), Anziehungskraft für persönliches Engagement, das dem politischen Radikalismus und Mystizismus jener Zeit in so reichem Maß zuteil wurde.

In direkter Auseinandersetzung mit Kelsen unterschied Max Adler, der Theoretiker des Austromarxismus, zwischen politischer und sozialer, bürgerlicher und proletarischer Demokratie. Die politische Demokratie war für ihn eine unvollkommene historische Erscheinung mit der Diktatur einer Klasse, die soziale Demokratie die solidarische Gesellschaft im klassenlosen Staat[42]). Die von ihm im Einklang mit Marx geforderte „Diktatur des Proletariats" sollte nur eine Übergangsform auf dem Weg zur sozialen Demokratie sein[43]). Er bekannte sich im Gegensatz zu Kelsen zum „neuen Menschen" und damit zur Utopie, zu der er in direkter Antwort auf Kelsen auch jede Erziehung erklärte, da sie einen Zustand voraussetze, der nicht ist[44]).

Adlers radikale Formulierungen und die revolutionären Töne, die er vor allem in seinen Artikeln in der sozialdemokratischen Wochenschrift *Der Kampf* anschlug[45]), haben den politischen Gegnern der Sozialdemokratie viele Angriffsflächen geboten. Auf der Universität hatte Adler, bis zu seinem Tod 1937 Extraordinarius, jedoch stets nur einen kleinen Hörerkreis, obwohl seine Vorlesungen über Sozialismus in den zwanziger Jahren auch den sozial engagierten katholischen Studenten unter Dr. Rudolf und Monsignore Schaurhofer offiziell empfohlen wurden[46]).

Grünberg ging 1924 nach Frankfurt, Kelsen nahm 1929 einen Ruf nach Köln an. In Wien blieb Othmar Spann, dessen radikal antidemokratischer und antiparlamentarischer Lehre von der universalistischen Gesellschaft und vom „wahren, organischen Ständestaat" mindestens vier Generationen von Studenten nach eigener Aussage „begeistert, hingerissen, überzeugt"[47]) lauschten. Er vermittelte ihnen – wie z.B. an dem am

Komplott zur Ermordung Walter Rathenaus beteiligten Ernst von Salomon – als Lernenden zum ersten Mal das berauschende Gefühl, von sich aus „den Dingen hinzutun zu können..."[48]). Nicht nur Juristen waren Hörer, wenn Spann darlegte: „Man soll die Stimmen nicht zählen, sondern wägen, nicht die Mehrheit soll herrschen, sondern das Beste." „Nur die ständische Organisation ermöglicht formell eine Herrschaft der Besten." „Wer Individualist ist, Mechanisierung und Gleichheit wirklich will, kann Demokrat sein, wer aber den Kulturstaat will, wer etwas Geistiges vom Staat verlangt, kann nicht mehr Demokrat sein."[49]) Es ist daher nicht verwunderlich, daß die „Deutsche Studentenschaft" Spann am 19. Mai 1925 eine begeisterte Huldigungsfeier bereitete, für die er herzlich dankte und dabei auch auf seine Feinde, „schmierige Kläffer", verwies: „Traurig ist nur, daß uns unser Volk entfremdet wird, daß fremde undeutsche Menschen uns den Weg zu unserem Volke verlegten."[50])

Der Einfluß Spanns auf katholische und deutschnationale Studenten und einige Gruppen der Heimwehr, mit denen vor allem seine Schüler Walter Heinrich und Walter Riehl in engem Kontakt standen[51]), war beträchtlich. Heinrich hatte seine Lehrtätigkeit als Privatdozent an der Juridischen Fakultät der Universität Wien im Wintersemester 1924/25 mit einer Vorlesung über die *Staatslehre des Sozialismus* begonnen. Im Sommersemester 1929 las er über *Wirtschaftstheorie und Wirtschaftspolitik des Faschismus*, von 1932 bis 1937 in jedem Wintersemester über *Wesen und Aufbau der berufsständischen Wirtschaft*. Bereits seit dem Wintersemester 1923/24 las an derselben Fakultät der Spann-Schüler Jakob Baxa über die *Gesellschaftslehre der deutschen Romantik*, *Adam Müller* (Sommersemester 1926), die *Historischen Grundlagen des italienischen Faschismus* (Sommersemester 1930/31, Wintersemester 1932/33, Sommersemester 1934), die *Krise der europäischen Demokratie* und die *Diktatur seit dem Weltkrieg* (Wintersemester 1930/31) und schließlich im Sommersemster 1938 über den *Kemalismus und sein Verhältnis zu den politischen und sozialen Strömungen Mitteleuropas*. Spann-Schüler waren u.a. auch Wilhelm Andreae, seit 1927 Professor in Graz, und Ferdinand Westphalen, der im Wintersemester 1936/37 in Wien als Privatdozent über *Demokratische und autoritäre Staatssysteme* zu lesen begann. Den österreichischen Ständestaat von 1934 bis 1938 hielt Spann allerdings nicht für die Verwirklichung seines „wahren" Staates. Er tat ihn mit Verachtung ab, hielt ab 1934 im Gegensatz zu seinen Schülern auch nicht mehr Spezialvorlesungen über ständische Fragen und versuchte zu dieser Zeit, den Nationalsozialisten in Wien und Berlin – allerdings vergeblich – seine Gedanken näherzubringen[52]).

Diese wurden von den Nationalsozialisten als intellektualistisch und theokratisch abgelehnt. Schon 1934 beschäftigte sich die Gestapo mit seinen im Deutschen Reich lebenden Anhängern[53]). Spann selbst wurde nach dem Einmarsch der deutschen Truppen im März 1938 in Wien verhaftet, als er gerade mit seiner Familie eine Flasche Sekt leeren wollte, „um den schönsten Tag seines Lebens zu feiern"[54]). Er hat besonders kraß, aber durchaus nicht atypisch, das Schicksal erlitten, das die Nationalsozialisten den konservativen Feinden der Demokratie in dem Augenblick bereiteten, da man sie als Wegbereiter nicht mehr benötigte.

Die österreichische akademische Kritik der Demokratie hat zweifellos in den zwanziger Jahren ihren ersten Höhepunkt erlebt. Ab 1929, dem Jahr der Novellierung der österreichischen Verfassung von 1920, schloß sich ihr auch Ignaz Seipel an, wenn er dafür auch den Boden deutscher Universitäten bevorzugte. Vor Münchner[55]) und Tübinger[56]) Studenten übte er herbe Kritik an den Mißbräuchen der Formaldemokratie, deren Beseitigung er sich zumindest damals von der Heimwehr erhoffte.

Ende Jänner 1932, wenige Monate vor seinem Tod, ein Jahr vor der Machtergreifung Hitlers im Deutschen Reich und der Ausschaltung des Parlaments in Österreich, betonte Seipel, der von der Universität kommende bedeutendste Politiker der Ersten Republik, noch einmal seinen Glauben an eine höhere Demokratie. Heute sei sie unelastisch und doktrinär und damit dem deutschen Volk wesensfremd. In manchen Schicksalsfragen sei eben die selbstverantwortliche, persönliche Führung notwendig, die auch bessere Parlamente, als wir sie haben, nicht zu ersetzen vermögen: „Die Nation selbst, der Vergottung eines aufgeblähten Parlamentarismus zutiefst müde, fordert diese Entwicklung."[57]) Der „wahre Staat", die „höhere" Demokratie waren jedoch nur *eine* Antithese gegen den österreichischen Staat der Zwischenkriegszeit. Kurt Sontheimer hat in seiner vorbildlichen Untersuchung über das antidemokratische Denken in der Weimarer Republik darauf hingewiesen, daß die vielleicht wirksamste Antithese gegen den Staat von Weimar die „Reichsidee" war, „weil in ihr sich die verschiedenartigsten Gruppen wie unter einem Dach zusammenfinden konnten"[58]). In der in den Augen ihrer Bürger gleichsam über Nacht zum Kleinstaat amputierten Republik Österreich war die Reichsidee, der großdeutsche Gedanke, zunächst noch viel weiter verbreitet und intensiver wirksam als im Deutschen Reich. Er ist an den österreichischen Universitäten in akademischen Festreden, wie z. B. anläßlich der Heimkehrerfeier der Universität Innsbruck Anfang Dezember 1919 vom Rektor Ernst Diehl, einem Altphilologen, geradezu glühend vor Begeisterung gemeinsam mit dem Dank an die Helden des Krieges und der Forderung nach der Wiedergewinnung Südtirols propagiert worden.

Von den beginnenden zwanziger Jahren an wurden dann an allen österreichischen Universitäten eigene Vorlesungen über die damals noch von einer Mehrheit der Österreicher erhoffte Vereinigung Österreichs mit dem Deutschen Reich gehalten, und zwar von Historikern und Staatswissenschaftlern der unterschiedlichsten weltanschaulichen Provenienz.

Der sozialdemokratische Historiker Ludo Moritz Hartmann, 1918 bis 1920 der erste Gesandte der Republik Österreich in Berlin, hat in Wien als erster im Wintersemester

1922/23 über die Geschichte des großdeutschen Gedankens gelesen. Auch Max Adler befürwortete früh den Anschluß Deutschösterreichs an die deutsche sozialistische Republik, da es für sich allein unfähig sei, den Sozialismus zu verwirklichen oder auch nur seine wirtschaftliche Selbständigkeit zu behaupten. Für die Juristen war die Frage der Angleichung des österreichischen an das deutsche Reich naturgemäß von besonderer Bedeutung. Als Vorstufe des Anschlusses war sie einer der Hauptpunkte des Vertrages gewesen, den Otto Bauer Anfang März 1919 mit dem damaligen deutschen Außenminister Brockdorff-Rantzau in Berlin abgeschlossen hatte. Da auch der Koalitionspakt Seipels mit den Großdeutschen diesen das Festhalten am Anschlußgedanken zusicherte, haben sich namhafte österreichische Juristen, darunter auch der Wiener Verfassungsrechtler Adolf Julius Merkl, in ihren Vorlesungen mit *Problemen der Verfassung und Verwaltung des Deutschen Reichs und Österreichs im Hinblick auf ein künftiges Großdeutschland* beschäftigt. Im Gegensatz zu anderen Kollegen hat Merkl Vorlesungen dieses Titels aber nur bis zum Wintersemester 1931/32 angekündigt. Nach der Machtübernahme der Nationalsozialisten im Deutschen Reich hat sich der Katholik Merkl auch in seinen Vorlesungen mit der sehr anfechtbaren Realisierung dieses Gedankens im österreichischen Ständestaat durchaus kritisch beschäftigt[60]). Noch 1938 wurde er als bekannter Gegner der Nationalsozialisten gemaßregelt.

Auch das nicht- bzw. vornationalsozialistische Großdeutschland sollte möglichst alle deutschen Stämme vereinen. Dem „Südostdeutschtum" oder den Auslandsdeutschen galt daher intensives Interesse. So wurde an der Universität Wien im Sommersemester 1930 eine eigene Vortragsreihe für Hörer aller Fakultäten veranstaltet, in die der 1934 als Nationalsozialist pensionierte Kriminologe Wenzel Graf Gleispach als Rektor einführte. Der in unzähligen Artikeln den großdeutschen Gedanken, eine geradezu fanatische Bekämpfung der Friedensverträge[61]) und auch antisemitische Gedankengänge vertretende Philosoph Hans Eibl, bald einer der führenden katholischen „Brückenbauer" zum Nationalsozialismus, sprach über die *Sendung*, der Geograph Hugo Hassinger über den *Raum* und die Historiker Alphons Dopsch und Hans Hirsch über die *Geschichte*. Der 1931 nach Wien berufene Germanist Josef Nadler, der in seiner schon lange vor dem Dritten Reich begonnenen, groß angelegten Literaturgeschichte die Geschichte der Literatur für die Stammesgeschichte dienstbar machte und nach 1933 in zunehmendem Maß von der Rasse her „die letzten Aufschlüsse" erwartete[62]), hielt bereits in seinem zweiten Wiener Semester eine eigene Vorlesung über *Die Literatur der Auslandsdeutschen*. Im Sommersemester 1934 las er über *Rasse und Dichtung*. 1936 gab er zusammen mit dem aus der deutschen Burschenschaft „Gothia" kommenden bedeutenden Wiener Historiker Heinrich von Srbik, ebenfalls ein so überzeugter Gegner der Demokratie und Großdeutscher, daß er den wahren Charakter des Nationalsozialismus lange völlig verkannte und diesem nach 1938 sogar als Mitglied des Reichstages als Aushängeschild diente, das Werk *Österreich, Erbe und Sendung im deutschen Raum* heraus[63]).

Mit besonderem Interesse für das Deutschtum verband sich nicht nur bei Nadler die Überzeugung vom kulturellen Vorrang der Deutschen und ihrer Stämme, dann der Germanen und schließlich der arischen Rasse. Auch sie wurde in verschiedenen Varianten an den Universitäten vertreten. So las in Wien im Sommersemester 1933 und 1934 Dozent Otto Höfler, nachmals Mitarbeiter des Reichsinstituts von Walter Frank[64]), über *Die sakralen Grundlagen des altgermanischen Staates*. Bei den Anthropologen und Ethnologen stand das Rassenproblem naturgemäß im Vordergrund ihrer akademischen Tätigkeit. Selbst ein von den Nationalsozialisten 1938 entlassener Professor wie der Anthropologe Otto Weninger hat lediglich im Wintersemester 1936/37 bei der Ankündigung seiner Vorlesungen auf den Terminus „Rasse" verzichtet. Der bekannte Ethnologe P. Wilhelm Schmidt SVD hat sich in seiner Vorlesungsthematik zwar auf völkerkundliche Probleme beschränkt, doch hielt er noch 1934 vor katholischen Foren Reden mit rassenantisemitischen Tendenzen[65]). Der schon genannte Urgeschichtler Oswald von Menghin veröffentlichte 1934 sein Buch *Geist und Blut*, in dem er zwar ausdrücklich zugab, „daß der Geist das Blut bezwingen kann", „Rassenschutzbestrebungen" aber für eine durchaus ernste Angelegenheit und für die Erhaltung der Eigenart der Volksseele als berechtigt ansah und daher auch aus *rassischen* Gründen den Zionismus bejahte[66]). Durchaus kritisch dürfte die Rassentheorie – nach seinem 1933 veröffentlichten Buch *Rasse und Staat* zu schließen – der junge Dozent Erich Voegelin in seinen an der Juridischen Fakultät über dieses Thema 1932/33 gehaltenen Vorlesungen untersucht haben.

Einen weit größeren Raum als das Rassenproblem nahmen aber in der Vorlesungsthematik die Kriegsschuldfrage und die Friedensverträge ein. Vom Wintersemester 1926/27 an bis 1934 veranstaltete der Ordinarius für Osteuropäische Geschichte Hans Übersberger, 1907 bis 1918 Referent für osteuropäische Fragen im österreichisch-ungarischen Außenministerium, regelmäßig Übungen zur Kriegsschuldfrage und über die Julikrise 1914. Im Sommersemester 1933/34 beteiligte sich an ihnen auch der Direktor des Haus-, Hof- und Staatsarchivs Ludwig Bittner, der zusammen mit Übersberger 1930 das neunbändige Aktenwerk *Österreich-Ungarns Außenpolitik 1908–1919* herausgegeben hatte. Übersberger selbst wurde 1934 pensioniert. Nach Berlin berufen, rühmte er sich dort, „als erster in Wien entlassener nationalsozialistischer Rektor ein Märtyrer für den Nationalsozialismus zu sein"[67]). Vom Wintersemester 1928/29 bis 1936 las der Historiker Gustav Turba jedes Semester über *Die Friedensdiktate und die Kriegsschuldfrage nach den bisherigen Forschungsergebnissen*. Mehrmals war diese Vorlesung für Hörer aller Fakultäten angekündigt. Die Geschichte des Weltkrieges behandelte ab 1934 der schon genannte Direktor des Kriegsarchivs Glaise-Horstenau als Dozent in einem fünfsemestrigen Zyklus. Es sind also auch im Ständestaat die Forderungen des ersten deutschen Hochschultages Österreichs in Wien 1920 und des Deutschen Studententages in Hannover 1929 im Vorlesungsangebot der Universität Wien berücksichtigt gewesen. Die Studenten hatten in Wien Vorlesungen über die Friedensverträge für Hörer aller Fakultäten und in Hannover die Errichtung von Lehrstühlen für Volkstumskunde und Geopolitik verlangt sowie die Einführung einer zusätzlichen Prüfung für alle Studenten über Geopolitik, Auslandsdeutschtum sowie Geschichte des Weltkrieges und seiner Folgen empfohlen[68]).

Dagegen sind die Probleme des Ständestaates, der an allen österreichischen Universitäten zehn nationale bzw. nationalsozialistische, zwei liberale und einen sozialdemokratischen Professor aus politischen Gründen von ihren Posten entfernte[69]), Max Adler aber bis zu seinem Tod 1937 weiter Soziologie lesen ließ, an der Universität Wien im wesentlichen nur im Rahmen von Vorlesungen an der Juridischen Fakultät erörtert worden. Von ihnen ist außer den bereits genannten vor allem die Vorlesung von Erich Voegelin im Wintersemsester 1935/36 über den autoritären und totalen Staat anzuführen. Voegelin veröffentlichte 1936 sein Buch *Der autoritäre Staat*, in dem er die Gründe für das „sogenannte Versagen der Demokratie" in Österreich nicht auf das Wesen der Demokratie als solcher zurückführte, sondern die Meinung vertrat, daß es in Österreich gar keine Demokratie gegeben habe, da in der von Voegelin abgelehnten parteipluralistischen Periode das Volk keine politische Potenz und das österreichische Parlament nach der Verfassung von 1920 kein Parlament im westeuropäischen Sinn gewesen sei. Die Einrichtung der Volksabstimmung schien ihm dafür „für die Gegenwart und nächste Zukunft aus dem Grund der Nichtexistenz des Volkes, das zur Abstimmung aufgerufen werden soll, nur schwer anwendbar"[70]).

Hier tritt deutlich die Problematik der Situation auch entschiedener konservativer Gegner des Nationalsozialismus zutage, denen Voegelin zweifellos zuzuzählen ist. In ihrem Kampf gegen den totalen Staat rechtfertigen und stärken sie den autoritären Staat, von dem sie glaubten, daß er dem Nationalsozialismus erfolgreicher widerstehen könne als der demokratische. Diesen zum Teil zeitbedingten Irrtum erkannten einzelne Sozialtheoretiker wie Johannes Messner in Ansätzen ab 1936[71]) – eine entscheidende Hinwendung zum demokratischen Gedanken vollzog sich jedoch auf Universitäts- und Regierungsebene bis 1938 nicht. Sie erfolgte in der höchsten Not und für die Erste Republik zu spät: mit dem Versuch der von Schuschnigg für den 13. März 1938 proklamierten Volksabstimmung, für die er ebenfalls in viel zu spät aufgenommenen Verhandlungen das Ja der Linken gewonnen hatte.

Auch ein anderer Prozeß, das Erwachen eines eigenständigen österreichischen Nationalgefühls, hat sich auf Hochschulboden von 1934 bis 1938 erst langsam angebahnt. Er tritt deutlich in der von dem Münchner Philosophen Dietrich von Hildebrand, der 1933 als Gegner Hitlers Deutschland verlassen hatte, ab Dezember 1933 herausgegebenen Wochenschrift *Der christliche Ständestaat* in Erscheinung. Hildebrand, der vom Sommersemester 1935 an auch als Extraordinarius an der Philospohischen Fakultät der Universität Wien Metaphysik und Ethik las, prangerte im Gegensatz etwa zur Ansicht seines ebenfalls katholischen Kollegen Hans Eibl den Nationalsozialismus als „seiner ganzen Substanz nach ausgesprochen wider-christlich"an; vom christlichen Standpunkt aus verurteilte er dessen Antisemitismus und Staatsomnipotenz immer wieder schärfstens[72]). In den beiden programmatischen Artikeln *Österreichs Sendung* und *Autorität und Führertum* in der ersten Nummer der Zeitschrift[73]) lehnte er allerdings auch die Demokratie aus Glaubensgründen ab. Die große säkulare Bedeutung der gegenwärtigen Mission des selbständigen Österreich als christlichem deutschen Ständestaat liege darin, der Hort des wahren Deutschtums zu sein. Hildebrand gelang es, eine Reihe akademischer Lehrer für die Mitarbeit an seiner von Nationalsozialisten und Katholisch-Nationalen heftig angefeindeten Zeitschrift zu gewinnen. So haben z. B. die Professoren Dengel, Kubitschek, Franzelin, Dobretsberger und Zeßner-Spitzenberg sowie die Dozenten Michels und Kleinhappl öfters Artikel im *Christlichen Ständestaat* veröffentlicht. Der überzeugte Legitimist Hans Zeßner-Spitzenberg, der am 1. August 1938 im KZ Dachau ermordet wurde, gehörte zu den eifrigsten Mitarbeitern. Er hat sich auch 1936 in dem Artikel *Der andere deutsche Staat und das österreichische Volkstum*, in dem er Dollfuß als den Erwecker eines österreichischen Volksbewußtseins bezeichnete, klar zu einem österreichischen Volk bekannt[74]).

Vom Sommersemester 1936 an wurden an allen österreichischen Hochschulen die aufgrund des Hochschulerziehungsgesetzes von 1935[75]) eingeführten Pflichtvorlesungen zur weltanschaulichen und staatsbürgerlichen Erziehung der österreichischen Hörer aller Fakultäten gehalten, von denen eine die ideellen und geschichtlichen Grundlagen des österreichischen Staates behandeln mußte. Mit diesen Vorlesungen sollte das österreichische Staatsgefühl der Studenten gefördert werden. Da sie jedoch aufgrund eines Gesetzes eingeführt wurden, mit dem der autoritäre Staat, der bereits im Herbst 1933 einen Sachwalter der Hochschülerschaft, Heinz Drimmel, eingesetzt und auf der Universität Wien eine Wachstube eingerichtet und in den autonomen Hochschulbereich eingegriffen hatte, war ihnen kein großer Erfolg beschieden, selbst wenn, so wie einmal in Wien, Alfons Dopsch vortrug. Drimmel ist zwar über ausdrücklichen Wunsch seines Vorgängers Josef Klaus formell gewählt worden, doch bestätigen rückblickend beide, daß diese natürlich politisch bedingte „Ablöse" der Keim für ihre offenbar bis heute andauernde Entfremdung war[76]).

Für unser Thema weit weniger ergiebig als die Vorlesungsverzeichnisse sind die Dissertationsverzeichnisse der österreichischen Universitäten. Dennoch enthalten auch sie einige Indizien, die unsere bisherigen Ergebnisse bestätigen. So wurden an der Universität Wien von 1918 bis 1938 insgesamt zwei historische Dissertationen fertiggestellt, die sich mit demokratischen Bewegungen und Strömungen beschäftigten[77]). Ebenfalls zwei behandeln die Geschichte der Sozialdemokratie[78]). Von diesen vier Arbeiten wurden drei 1922 bis 1924 approbiert, die vierte 1933. Über den Parlamentarismus gibt es keine einzige Dissertation. Dafür behandeln 45 Arbeiten das Reich, die deutsche

Frage und das Auslandsdeutschtum. Es muß allerdings auch gesagt werden, daß sich 53 Dissertationen mit Fragen der jüdischen Geschichte befassen. Die Mehrzahl ihrer Autoren dürfte, nach deren Namen zu schließen, dem Judentum angehört haben. Bis 1938 ist auch unter den Themen der Wiener germanistischen Dissertationen kein direkt antisemitisches zu finden.

Die Behandlung der Problemkreise *Stamm und Volk in der österreichischen Dichtung des 20. Jahrhunderts*[79]), des *Kampfes um die Eigenständigkeit des deutschen Geistes gegen die französische Überfremdung von Leibniz bis Herder*[80]), der *Wiederkehr des Weltkrieges im deutschen Drama*[81]) oder des *Heroischen Realismus Ernst Jüngers*[82]) in den Jahren 1937/38 zeigt jedoch, daß die Nadler-Schule auch im Ständestaat weiterwuchs.

Die notwendige Ausdehnung unserer Untersuchung auf Germanistik, Philosophie, Volkskunde und Anthropologie und eine Reihe anderer Fächer aufgrund des benutzten Materials ist nicht möglich. Jedenfalls zeigt es sich, daß die „politischen Professoren" nicht mehr in erdrückender Mehrheit aus den Reihen der Staatswissenschaftler und Historiker kamen, wie dies im Deutschen Reich während des Ersten Weltkrieges der Fall war[83]). Es muß sogar festgestellt werden, daß einige der politisch aktivsten österreichischen Professoren der Zwischenkriegszeit Vertreter von Wissenschaften waren, die nicht von vornherein für ein besonderes politisches Engagement prädestiniert waren: so z. B. der Wiener Paläontologe Othenio Abel, der sich als Rektor 1933 ganz auf der Seite der deutschnationalen Studenten befand[84]), der Professor für Theoretische Maschinenlehre an der Technischen Hochschule Kobes, der in seiner Vorlesung die Republik einen „Staat von Trotteln" nannte[85]), weswegen es dann in weiterer Folge zum schon erwähnten Technik-Streik 1923 kam, oder der schon genannte Wiener Strafrechtler Wenzel Graf Gleispach, der dann – wie auch Abel – 1934 außer Dienst gestellt wurde. Gleispach nahm als einziger Rektor am 13. Studententag der schon damals stark nationalsozialistisch beeinflußten „Deutschen Studentenschaft" im Juli 1930 in Breslau teil[86]). Ein Jahr später erklärte er als Festredner des „Deutschen Schulvereines Südmark": „Wir brauchen deutsche Kunst als Verherrlichung alles Edlen und Schönen, aber nicht des Schmutzes und der Perversität, wir brauchen deutsches Recht, aber nicht geistreichelnde Paragraphenreiterei..."[87]). Bei der 25. Tagung der deutschen Landesgruppe der „Internationalen Kriminalistischen Vereinigung" im September 1932 in Frankfurt bekannte sich Gleispach dann schon völlig zur nationalsozialistischen Rechtsauffassung, die er in der Fortführung der Strafrechtsreform berücksichtigt wissen wollte[88]).

Als Rektor der Universität Wien im Studienjahr 1929/30 hatte Gleispach am 8. April 1930 eine neue Studentenordnung erlassen, die die Bildung von Studentennationen vorsah. Eine ähnliche Studentenordnung war bereits 1924 an der Technischen Hochschule in Wien – übrigens der ersten Wiener Hochschule, unter deren Studenten der

Nationalsozialismus schon damals über 700 Anhänger hatte – und der Hochschule für Bodenkultur, an der wegen ihres Widerstandes gegen den vaterländischen Kurs im Mai 1934 ein Bundeskommissar eingesetzt wurde, 1930 eingeführt worden[89]). Die Studentenordnung der Universität Wien kam jedoch vor den Verfassungsgerichtshof, den der Presserichter des Strafbezirksgerichtes Wien I im Zuge eines Ehrenbeleidigungsprozesses Gleispachs gegen die liberale *Sonn- und Montagszeitung* angerufen hatte, da ihm die Ordnung ungesetzlich schien. Daraufhin entschied der Verfassungsgerichtshof am 23. April 1931, daß das Studentenrecht jeder gesetzlichen Grundlage entbehre – sein Inhalt widerspräche dem allgemeinen Recht über die Gleichheit aller Bundesbürger vor dem Gesetz und insbesondere Artikel VII des Verfassungsgesetzes. Die Bekanntmachung dieses Urteils und die aus ihm resultierende Aufhebung der Studentenordnung führten im Juni 1931 zu einem Höhepunkt in der langen Reihe der österreichischen Studentenunruhen der Zwischenkriegszeit. Die Universität, die Tierärztliche Hochschule und die Hochschule für Bodenkultur mußten geschlossen werden, da es zu wüsten Schlägereien und Attacken nationalsozialistischer Studenten gegen jüdische und sozialistische Studenten gekommen war[90]).

Der Kampf um die Gleispachsche Studentenordnung ging nämlich faktisch um die Einführung des Numerus clausus für die jüdischen Studenten, die für die deutschnationalen Studentenverbindungen – die deutsch-liberalen ausgenommen – und vor allem für die Waffenstudenten schon seit Jahrzehnten in der Nachkriegszeit das beliebteste Angriffsobjekt waren. Durch die früher deutschnationalen Studenten wurde Schönerer antisemitisch und später eine ganze Reihe von Professoren deutschnational, wenn sie als Rektoren oder Dekane mit ihnen zu tun hatten[91]). Auf der Technik teilten sie sogar in einem solchen Maß die Meinung ihrer nationalsozialistischen Studenten, daß die schon zitierte Zeitschrift *Götz* bereits 1924 schrieb:

Es steht ein Haus am Resselpark,
dort tritt man breit den alten Quark.
Die Technik-Professoren, die haben sich
auf Hakenkreuz und Rasse eingeschworen.
Frau Technik hat jetzt einen Spleen:
sie strebt zum Mittelalter hin;
bald baut sie Apparate,
daß nach moderner Technik man
wie einstmals Ketzer brate.[92])

Und 1927, in einem Jahr besonders heftiger studentischer Auseinandersetzungen, bei denen die Rechten, wie meistens, auch wilde Prügeleien entfachten, hieß es wieder im *Götz*: „Die Professoren der juridischen Fakultät sollen beschlossen haben, die Vorlesungen des veralteten Romanum einzustellen und künftig nur noch das Pogramanum zu lehren."[93])

Dennoch – vom schon zitierten Fall Spann abgesehen – hat die rassische und politische „Säuberung" der Nationalsozialisten auch vor den akademischen Lehrern nicht haltgemacht. Im Gegenteil, sie setzte sofort nach dem 12. März 1938 ein. Ihr sind an der Universität Wien allein an der Philosophischen Fakultät 97 von 267 Professoren, Dozenten und Lehrbeauftragten zum Opfer gefallen. An der Katholisch-theologischen Fakultät wurden sechs von zehn Professoren und drei von sechs Dozenten enthoben, an der Evangelisch-theologischen ein Professor. Von den neunzehn Professoren der Juridischen Fakultät blieben acht im Amt, von den 54 Dozenten 27. Am härtesten getroffen wurde die Medizinische Fakultät: von ihren 29 Professoren behielten nur vierzehn ihren Lehrstuhl, von 286 Dozenten verloren 165 ihre Venia[94]). Viele der Entlassenen, darunter die berühmtesten, emigrierten und kehrten nie mehr nach Wien zurück. Der totale Staat hatte Besitz von der Universität ergriffen, an der Menschen erzogen wurden und wirkten, die, nach der Forderung Friedrich Paulsens, des liberalen Historikers der deutschen Universitätsgeschichte, aus dem Jahr 1902, als Gelehrte im modernen Staat „etwas wie das öffentliche Gewissen des Volkes in Absicht auf gut und böse in der Politik" verkörpern sollten[95]).

Jan Huizinga hat bekanntlich die überzeugende Definition von der Geschichte als der geistigen Form geprägt, in der sich eine Kultur über ihre Vergangenheit Rechenschaft gibt[96]). Auch die Zeitgeschichte ist ein Teil dieser Form. Sie arbeitet mit ihren wissenschaftlichen Methoden und verfolgt das gleiche Ziel. Sie maßt sich allerdings nicht an, öffentliches Gewissen ihrer Zeit zu sein; wohl aber ist sie zur Untersuchung der Frage berechtigt und verpflichtet, ob die österreichischen Universitäten der Zwischenkriegszeit die von ihnen selbst beanspruchte Funktion erfüllt haben. Der Versuch einer Beantwortung kann und darf grundsätzlich nicht in undifferenzierter Anklage und Verurteilung bestehen. Daher muß auch nachdrücklich betont werden, was in diesem Referat aus mehreren sicherlich zu diskutierenden Gründen zu kurz kam: an den Wiener und österreichischen Hochschulen der Zwischenkriegszeit ist nicht nur einseitig politisch indoktriniert, gehetzt und geprügelt worden. Es wurde auch viel gelernt, zum Teil Bedeutendes gelehrt, und in der Forschung wurden international anerkannte Leistungen erbracht. Nicht *jeder* jüdische oder linke Student wurde verfolgt, und nicht *alle* deutschnationalen oder nationalsozialistischen Studenten waren nur brutale Schläger. Ein Teil von ihnen hat echtes Engagement und viel Idealismus – allerdings in eine falsche Ideologie – investiert. Dennoch muß das Resümee der Antwort auf die gestellte Frage lauten: die erste Republik Österreich ist ebenso wie die Weimarer Republik nicht zuletzt daran zugrunde gegangen, daß es ihr nicht rechtzeitig gelungen ist, ein eigenes demokratisches Staatsbewußtsein zu entwickeln[97]). Daß dem so war, lag maßgeblich auch an ihren Hohen Schulen, im besonderen jener Wiens.

Anmerkungen

1) Der Morgen, 19. März 1923. – Zitiert nach Wolfgang Broer, Wort als Waffe. Politischer Witz und politische Satire in der Republik Österreich (1918 – 1927). Versuch einer Darstellung und Auswertung, Phil. Diss., Wien 1968, Materialband, S. 91 f.
2) Gerhard Jagschitz, Die Jugend des Bundeskanzlers Dr. Engelbert Dollfuß. Ein Beitrag zur geistig-politischen Situation der sogenannten „Kriegsgeneration" des Ersten Weltkrieges, Phil. Diss., Wien 1967, S. 143 ff.
3) Paul Molisch, Politische Geschichte der deutschen Hochschulen in Österreich von 1848 bis 1918, Wien – Leipzig 1939, 2. Aufl., S. 255.
4) Wiener Zeitung und Reichspost, 13. November 1918.
5) Götz, 5. Juni 1925, zit. nach Broer, a.a.O., III, S. 93.
6) Jagschitz, a.a.O., S. 166.
7) Ebendort, S. 151, 153, 168 ff.
8) Franz Gall, Alma Mater Rudolphina 1365 – 1965. Die Wiener Universität und ihre Studenten, Wien 1965, S. 90.
9) Memorandum der Deutschen Studentenschaft der Universität Wien, 17. November 1922, Kopie, Archiv des Sozialdemokratischen Parlamentsklubs im Tagblatt-Archiv Wien, Arbeiterkammer Wien.
10) Helge Zoitl, Kampf um Gleichberechtigung. Die sozialdemokratische Studentenbewegung in Wien 1914 – 1925, Phil. Diss., Salzburg 1976, S. 535.
11) Gall, a.a.O., S. 90.
12) Arbeiter-Zeitung, 4. Juli 1925.
13) Gall, a.a.O., S. 190.
14) Neue Freie Presse, 11. November 1928.
15) Reichspost, 19. und 23. Juli 1931.
16) Josef Klaus, Macht und Ohnmacht in Österreich. Konfrontationen und Versuche, Wien – München – Zürich 1971, S. 25.
17) Erich Witzmann, Der Anteil der Wiener waffenstudentischen Verbindungen an der völkischen und politischen Entwicklung 1918 – 1938, Wien 1940, S. 141.
18) Gall, a.a.O., S. 185, Witzmann, a.a.O., S. 151 f.
19) Gall. a.a.O., S. 191.
20) Ebendort, S. 91.
21) Ebendort, S. 30 f.
22) Die folgenden Ausführungen sind eine umgearbeitete und gekürzte Fassung meiner Salzburger Antrittsvorlesung, Salzburger Universitätsreden 33, Salzburg 1969.
23) Diese und die folgenden Angaben sind dem Österreichischen Amtskalender entnommen.
24) Vgl. dazu: Ein General im Zwielicht. Die Erinnerungen Edmund Glaises von Horstenau, hrsg. von Peter Broucek, Bd. 1, Wien 1980.
25) Gürtler war vom 7. Oktober 1921 bis 10. Mai 1922 Bundesminister für Finanzen, Rintelen vom 25. Juni bis 20. Oktober 1926 und vom 20. Mai 1932 bis 24. Mai 1933 Unterrichtsminister.
26) Adam Wandruszka, Österreichs politische Struktur, in: Heinrich Benedikt, Geschichte der Republik Österreich, Wien 1977, 2. Aufl., S. 336 f.
27) Edith Heinrich, Der Lehrkörper der Wiener Universität in den öffentlichen Vertretungskörpern Österreichs 1861 – 1918, Phil. Diss., Wien 1947, S. 208.
28) Felix Ermacora, Quellen zum Österreichischen Verfassungsrecht (1920), Wien 1967, S. 9 und passim.
29) Johannes Messner, Die berufsständische Ordnung, Innsbruck 1936.
30) Erich Voegelin, Der autoritäre Staat, Wien 1936.
31) Theodor Eschenburg, Aus dem Universitätsleben vor 1933, in: Deutsches Geistesleben und Nationalsozialismus,.Eine Vortragsreihe an der Universität Tübingen, hrsg. von Andreas Flitner, Tübingen 1965, S. 26.
32) Alle folgenden Angaben über akademische Lehrveranstaltungen sind den jeweiligen Vorlesungsverzeichnissen entnommen.
33) Vor allem: Der wahre Staat, Jena 1921, Hauptpunkte der universalistischen Staatsauffassung, Berlin 1931.
34) Hans Kelsen, Sozialismus und Staat, 3. Aufl., S. 79.
35) Ders., Vom Wesen der Demokratie, 2. Aufl., S. 2.

36) Ebendort, S. 9 f.
37) Ebendort, S. 28.
38) Verhandlungen des 5. Deutschen Soziologentages vom 26. – 29. IX. 1926 in Wien, Tübingen 1927, S. 37 ff.
39) Kelsen, Vom Wesen der Demokratie, S. 101.
40) Ebendort, S. 98 f.
41) Kurt Sontheimer, Antidemokratisches Denken in der Weimarer Republik, München 1964, 2. Aufl., S. 83.
42) Max Adler, Die Staatsauffassung des Marxismus, Wien 1922, S. 179, 125.
43) Ebendort, S. 193, 196.
44) Ebendort, S. 279.
45) Z. B. Zum 12. November, in: Der Kampf, 12, 1919, S. 741 ff.; od:er Probleme der Demokratie, ebendort, S. 11 ff., wo Adler den revolutionären Wert der Demokratie für den Befreiungskampf der Arbeiter in Frage stellt: „Die Demokratie, so lange ein Hauptkampfmittel der Arbeiter ... ist selbst verdächtig geworden als ein nur unzulängliches Werkzeug der proletarischen Revolution, als ein wesentliches bürgerliches Kampfmittel..."
46) Max Adler, Wegweiser. Studien zur Geistesgeschichte des Sozialismus, hrsg. u. eingel. von Norbert Leser, Wien 1965, S. 42; und Jagschitz, a.a.O., S. 149.
47) Hans Raber, Othmar Spanns Philosophie des Universalismus, Hildesheim 1961, S. 155 f.
48) Ernst von Salomon, Der Fragebogen, Hamburg 1951, S. 207.
49) Othmar Spann, Der wahre Staat, S. 109 f., 208, 118.
50) Zoitl, a.a.O., S. 537.
51) Josef Hofmann, Der Pfrimer-Putsch, Wien 1965, S. 16.
52) Klemens von Klemperer, Konservative Bewegungen zwischen Kaiserreich und Nationalsozialismus, München – Wien o.J., S. 222 f.
53) Sontheimer, a.a.O., S. 370.
54) Klemperer, a.a.O.
55) Vortrag an der Universität München am 22. Jänner 1929. Ignaz Seipel, Der Kampf um die Verfassung, Leipzig 1930, S. 167 ff. – Über Seipels Persönlichkeit und Entwicklung vgl. Klemens von Klemperer, Ignaz Seipel, Staatsmann einer Krisenzeit, Graz – Wien – Köln 197;, und Friedrich Rennhofer, Ignaz Seipel, Mensch und Staatsmann. Eine biographische Dokumentation, Wien 1978.
56) Vortrag an der Universität Tübingen am 16. Juli 1929. Seipel, Der Kampf um die Verfassung, a.a.O., S. 177 ff.
57) Ebendort.
58) Sontheimer, a.a.O., S. 281.
59) Reden, gehalten bei der Heimkehrerfeier der Universität Innsbruck, Innsbruck 1919, S. 10 f.
60) Die Ständeverfassung im Sinne der Enzyklika „Quadragesimo anno", 1934, S. 5; Probleme des ständischen Staatsrechts, WS 1934/35.
61) Erika Weinzierl-Fischer, Österreichs Katholiken und der Nationalsozialismus I, in: Wort und Wahrheit, 1963, S. 428.
62) Karl Otto Conrady, Deutsche Literaturwissenschaft und Drittes Reich, in: Germanistik – eine deutsche Wissenschaft, Frankfurt/M. 1967, S. 92.
63) Josef Nadler / Heinrich Srbik, Österreich. Erbe und Sendung im deutschen Raum, Salzburg – Leipzig 1963, 3. Aufl.
64) Helmut Heiber, Walter Frank und sein Reichsinstitut für Geschichte des neuen Deutschland, Stuttgart 1966, S. 551 ff.
65) Weinzierl-Fischer, a.a.O., S. 423.
66) Vgl. Oswald Menghin, Geist und Blut. Zur Rassenfrage, in: Schöne Zukunft, 11. März 1934, S. 596 f.
67) Werner Philipp, Nationalsozialismus und Ostwissenschaften, in: Nationalsozialismus und die deutsche Universität, Berlin 1966, S. 46.
68) Beschlüsse des 1. deutschen Hochschultages vom 12. Dezember 1920, Kopie, Archiv des Sozialdemokratischen Parlamentsklubs im Tagblatt-Archiv Wien, und Sontheimer, a.a.O., S. 312.
69) Zwei (Pöschl und Dungern) in Graz (freundliche Mitteilung von Univ.-Ass. Dr. Inge Friedhuber), drei in Innsbruck (freundliche Mitteilung von Univ.-Prof. Dr. Franz Huter) und Personalstandsverzeichnis der Universität Wien für das Jahr 1934 im Universitätsarchiv Wien.
70) Erich Voegelin, Der autoritäre Staat, Wien 1936, S. 252, 283, 225.
71) Z. B. in seinem Buch Die berufsständische Ordnung, a.a.O.

72) Z.B. Ceterum censeo, in: Der christliche Ständestaat, 14. Oktober 1934.
73) Ebendort, 3. Dezember 1933.
74) Der christliche Ständestaat, Nr. 29/1936.
75) BGBl. 267/1935.
76) Klaus, a.a.O., S. 26.
77) Klara Thau-Rubin, Die demokratische Bewegung 1831/46, 1922. – Ignaz Ruhdörfer, Liberale und demokratische Strömungen in Polen, 1924.
78) Abraham Frühling, Die Strömungen und Wandlungen in der deutschen Sozialdemokratie Österreichs 1913 – 1918, 1923. – Israel Gleyser, Die Anfänge der sozialdemokratischen Arbeiterbewegung in Wien, 1933.
79) Ida Himmelbauer-Wolf, 1938.
80) Max Hirschbichler, 1937.
81) Artur Weiss, 1937.
82) Edgar Traugott, 1938.
83) Klaus Schwabe, Zur politischen Haltung der deutschen Professoren, in: Historische Zeitschrift, 193, 1961, S. 634.
84) Vgl. Die Presse, 3. Februar 1933.
85) Zoitl, a.a.O., S. 536.
86) Deutsch-österreichische Tageszeitung, 27. Juli 1930.
87) Reichspost, 30. Juni 1931.
88) „Ich halte den Standpunkt für unmöglich, daß die letzten politischen Ereignisse, die ja doch nun Auswirkungen neuer Geistesströmungen sind, nichts mit der Strafrechtsreform zu tun haben..."
„Nach der Grundeinstellung der jungen Bewegung sollen das Recht überhaupt und auch das Strafrecht nur Mittel zur Förderung und Hochzüchtung der deutschen Volksgemeinschaft sein. Die deutsche Volksgemeinschaft ist eine Gemeinschaft von Menschen, die, durch gemeinsame Abstammung und ererbte Kultur verbunden, als oberste Einheit zu denken ist. Jene völkische Höherentwicklung im Sinne der Auslese und möglichsten Ausprägung ihrer Eigenart ist Zielpunkt." –
Karl Peters, Die Umgestaltung des Strafgesetzes 1933 – 1945, in: Deutsches Geistesleben und Nationalsozialismus, a.a.O., S. 160 f.
89) Witzmann, a.a.O., S. 123 ff., 134, 148.
90) Wiener Zeitung, 24. und 25. Juni 1931. – Vgl. dazu vor allem Brigitte Fenz, Zur Ideologie der „Volksbürgerschaft". Die Studentenordnung der Universität Wien vom 8. April 1930 vor dem Verfassungsgericht, in: Zeitgeschichte, 5 (1977/78), S. 125 ff;, sowie dies., Volksbürgerschaft und Staatsbürgerschaft. Das Studentenrecht in Österreich 1918 – 1932, Phil. Diss., Wien 1977.
91) Peter G. J. Pulzer, Die Entstehung des politischen Antisemitismus in Deutschland und Österreich 1867 bis 1914, Gütersloh 1966, S. 202 f; und Molisch, a.a.O., S. 226.
92) Götz, 10. Oktober 1924, S. 2, zit. nach Broer, a.a.O., S. 91.
93) Götz, 24. Juni 1927, zitiert nach ebendort.
94) Freundliche Mitteilung von Univ.-Prof. Dr. Franz Gall.
95) Schwabe, a.a.O., S. 603.
96) Jan Huizinga, Im Banne der Geschichte, Basel 1943, S. 104.
97) Vgl. Sontheimer, a.a.O., S. 12.

SYMPOSION

HEIM INS REICH

Der österreichische Weg zum Anschluß

Felix Kreissler

Nationalbewußtsein und Nationalcharakter

Vom ewigen Anlehnungsbedürfnis der Österreicher 1800 – 1988

Gestatten Sie, daß ich meine Betrachtungen über eine Zeitspanne anstelle, die über das 20. Jahrhundert zurück bis Anfang des 19. Jahrhunderts geht. Dies erfordert allerdings, daß ich sehr geraffte Hinweise gebe, Entwicklungslinien nur skizzieren kann und versuchen werde, deren Spuren soweit zu sichern, daß ich – oder andere – einmal, aber hoffentlich bald, ausführlicher dazu Stellung nehmen kann.

I. Nation, Nationalbewußtsein, Patriotismus

Bevor es zu einem Nationalbewußtsein kommt, muß eine Nation überhaupt erst bestehen, andererseits wird oft behauptet, daß es ohne Nationalbewußtsein keine Nation gibt. Es ist klar, daß hier eine Wechselwirkung vorliegt, die schon viele Mißverständisse hervorgerufen hat und deren Aufhellung auf große Schwierigkeiten stößt. Diese Schwierigkeiten sind im wesentlichen theoretischer Natur und beruhen auf dem weit verbreiteten Unvermögen, sich vom Ballast der überkommenen Ideen zu befreien.

Während die Naturwissenschaftler unermüdlich die alten Formeln und Definitionen über den Haufen werfen – man denke nur an den Weg, der seit der Formulierung der Einsteinschen Gleichung $E = M.c^2$ durchlaufen wurde; von der Atomspaltung zur Kernzertrümmerung, vom ursprünglichen Darwinismus bis zur Genmanipulierung – führen sich die Hüter der überkommenen und übernommenen Ideen der Humanwissenschaften, vor allem der Philosophie und der Geschichte, auf, wie wenn sie Vestalinnen des alten Rom wären – und achten streng darauf, die alten Mythen zu retten im Dienste eines Nationalismus, der im 19. und 20. Jahrhundert seine Schädlichkeit mehr als genug unter Beweis gestellt hat. Sie stützen sich dabei vorzugsweise – aber nicht exklusiv – auf die Herderschen Konzeptionen von der Nation, die diese auf eine Kultur- und Sprachgemeinschaft reduzieren, sodaß es der pangermanistischen Ideologie gelungen ist, besonders die leitenden Schichten (Intelligenz, Beamtenschaft, Industrieherrn usw.) in ihren Bann zu ziehen, wodurch die Österreicher gehindert wurden, sich ihrer eigenen und eigenartigen Persönlichkeit bewußt zu werden.

Während es also den Naturwissenschaftlern gelungen ist, sich sogar der Schwerkraft der Erde zu entreißen und sie derart im Weltraum neue physikalische und chemische Erkenntnisse gewinnen können, lasten die althergebrachten Ideen wie Bleigewichte auf den Hirnen rückwärtsgewandter Ideologen, wenn man sie so nennen darf, ohne die fortschrittlichen Ideologien zu beleidigen, die sich mit überalterten Definitionen von Sprachnation, Kulturnation, Staatsnation, Volks- und Kulturgemeinschaft, ja manchmal sogar Blut- und Rassenhinweisen allen konkreten Erfahrungen der letzten Jahrzehnte entgegenstellen und stur an den alten Denkkategorien festhalten.

Kein Wunder, daß die heutigen Generationen oft mißtrauisch werden, wenn sie von Nation, Nationalstaat, Nationalbewußtsein reden hören. Dabei dienen diese verschwommenen Theorien vor allem in Österreich dem Ziel, den Bestand der österreichischen Nation abzuleugnen oder zumindest in Frage zu stellen.

„Jüngere" Historikerkollegen meinen manchmal, man müsse jetzt nicht mehr auf den Bestand der österreichischen Nation und des österreichischen Nationalbewußtseins pochen, denn für die heutigen Generationen sei Österreich eine Selbstverständlichkeit. Wenn ich auch hoffe, daß sie recht haben, so verweise ich darauf, daß auch eine Selbstverständlichkeit leicht in Vergessenheit geraten kann, insbesondere dann, wenn ihr ununterbrochen andere vorgebliche Selbstverständlichkeiten entgegengesetzt werden, wie dies ja auch ständig geschieht: wie z.B. noch immer die sogenannte gesamtdeutsche Kulturgemeinschaft, hinter der sich ein handfester kultureller Imperialismus verbirgt, der am liebsten alle österreichischen Kulturschaffenden und Kulturschöpfer verschlingen möchte, oder in letzter Zeit eine Art Europäertum, mit welchem die alte Ware in neuer Verpackung verkauft werden soll.

Gegenüber solchen Theorien besteht mit Recht Mißtrauen; allzu oft wurden absichtlich Nation und Nationalismus in einen Topf geworfen, während ja die echte Ausformung des Nationalbewußtseins ein gesunder, nicht überheblicher Patriotismus ist, dessen Träger wohl ihr Land lieben, deswegen aber auch anderen Nationen und Völkern offen und freundschaftlich gegenüberstehen, in einem internationalistischem Geist, der etwa dem seinerzeitigen Ausspruch des großen französischen Friedenskämpfers und Sozialisten Jean Jaurés entspricht: Ein bißchen Internationalismus führt vom Vaterland weg, viel Internationalismus führt wieder zu ihm zurück.

Wenn ich also gegen den Nationalismus Stellung nehme, fühle ich mich eins mit dem Mißtrauen der Jungen gegenüber dessen Verkündern. Doch bin ich selbstverständlich gegen jede nationale Indifferenz, jenen in „normalen Zeitläufen" so typischen Charakterzug vieler Österreicher, eine Indifferenz – also Gleichgültigkeit – die leicht umschla-gen kann in einen ebensowenig begründeten Chauvinismus, der sich in Ausländerhaß kundtut, in einer Trotzhaltung gegenüber vermeintlichem Unrecht, wie z.B. seinerzeit in der Schranz-Affäre oder in unseren Zeiten in der Waldheimaffäre. Was bei einem solchen Umschlagen von Indifferenz in Chauvinismus besonders frappiert, ist die Tatsache, daß er zumeist als deutschnationaler, also antiösterreichischer Chauvinismus zutage tritt. Ich werde im folgenden versuchen, dieser Labilität des österreichischen Nationalcharakters auf den Grund zu gehen; vielleicht werden mir dabei Gott, Freud und Ringel helfen.

II. Weg mit sturen Definitionen!

Ich werde mich nicht in einem Irrgarten der Definitionen verlieren; im Gegenteil: ich bin entschieden für die atomare Zertrümmerung aller doktrinären und lebensfernen Definitionen, die ein Hindernis darstellen, die österreichische Nation in ihrer eigenen Spezifizität aufgrund historischer, politischer und kultureller Realitäten als solche zu erkennen.

Dabei kann ich mich auf Elias Canetti berufen, der sich mit dem Unfug der Definitionsstreitigkeiten in aller Offenheit auseinandergesetzt hat, und ich zitiere: „Die Versuche, den Nationen auf den Grund zu kommen, haben meist an einem wesentlichen Fehler gekrankt. Man wollte Definitionen für das Nationale schlechthin: eine Nation, sagte man, ist dies, oder eine Nation ist jenes. Man lebte im Gedanken, daß es nur darauf ankäme, die richtige Definition zu finden. Wäre sie einmal da, so ließe sie sich gleichmäßig auf alle Nationen anwenden. Man nahm die Sprache her oder das Territorium; die geschriebene Literatur, die Geschichte, die Regierung, das sogenannte Nationalgefühl; und immer waren dann die Ausnahmen wichtiger als die Regel. Immer stellte sich heraus, daß man etwas Lebendes am losen Zipfel eines zufälligen Gewandes gepackt hatte, es entwand sich leicht und man stand mit leeren Händen da."

Auch wende ich mich gegen die Sucht vieler sogenannter „Nationalspezialisten", eine für alle Nationen gültige Definition zu erstellen, denn ob eine Gemeinschaft eine Nation bildet oder nicht, dafür sind nicht Doktrinäre mit Listen „objektiver Kriterien" zuständig, sondern nur diese Gemeinschaft selbst. Und in allen Untersuchungen und Meinungsumfragen der letzten Jahrzehnte zeigte sich immer klarer, daß die große Mehrzahl der Österreicher sich als Nation fühlt und auch nichts anderes als Österreicher sein will.

Allerdings ist das zutage getretene Nationalbewußtsein noch nicht vor Rückfällen gefeit. In meinen Darstellungen zur österreichischen Nationswerdung, auf die ich verweise, ohne sie hier zu wiederholen, bin ich zu einer „Antidefinition" der österreichischen Nation gelangt, die ich wegen ihrer heute ganz besonderen Aktualität hier anführen möchte:
- Es gibt keine österreichische Nation ohne *Demokratie*, ohne eigene *Kultur*, ohne wirtschaftliche Einheit;
- es gibt keine österreichische Nation ohne völlige *Gleichheit* aller ihrer Staatsbürger, insbesondere der ethnischen Minderheiten, die alle Möglichkeiten sowohl ihrer Entfaltung als auch ihrer Integrierung haben müssen;
- es gibt keine österreichische Nation, in der nicht *Rassismus*, *Chauvinismus*, *Antisemitismus*, falsches Geschichtsbewußtsein ständig bekämpft werden bis zu deren vollkommener Ausrottung in den Gehirnen aller Staatsbürger;
- es gibt keine österreichische Nation ohne staatliche Unabhängigkeit und Souveränität, ohne fortdauernde aktive Neutralität; infolgedessen
- gibt es auch keine österreichische Nation, die Teil irgendeiner „Mutternation", sei es der deutschen oder einer anderen wäre.

Dies hatte auf ähnliche Weise bereits 1962 der sozialistische Publizist Hermann Mörth erarbeitet, als er die Nichtaufarbeitung der österreichischen Vergangenheit (weit hinter die Erste Republik zurück) folgendermaßen charakterisierte: „Von den falschen panvölkischen Ideen nährten Historiker und Staatsrechtler ihre Schüler, daß heißt in Österreich Schönerer und Hitler" – und viele andere füge ich hinzu. Zitatfortsetzung: „Deshalb hat ja auch der Nationalsozialismus in Österreich eine starke Anziehungskraft ausgeübt, weil er sich sowohl vom Pangermanismus als auch von dessen Unterprodukt, dem Antisemitismus nährte."

Anders gesagt: die österreichische Nationswerdung, das österreichische Nationalbewußtsein, sie können nur dann zur Vollendung gelangen, wenn sämtliche Wurzeln des Antiösterreichertums: Nationalsozialismus, Rassenhochmut und Herrenmenschentum, Pangermanismus, Antislawismus und Antisemitismus, falsches Geschichtsbewußtsein, aufbauend auf Unwissenheit, in unserer Zeit eingehüllt in den Tarnmantel eines primitiven Antikommunismus, der die Nichtbewältigung und Nichtaneignung der Vergangenheit kaschieren und entschuldigen soll, wenn alle diese überkommen und unkritisch übernommenen Ideen endlich und endgültig überwunden werden.

III. Nationswerdung und Niederlagen

Ich habe die Nationswerdung Österreichs, den österreichischen Identifizierungsprozeß des öfteren dargestellt und will mich nicht wiederholen. Wohlgemerkt, ich spreche nicht von einem vormittelalterlichen Nationsmythos oder einer ebenso mythischen Reichsidee, zu der jene Zuflucht nehmen, die rettungslos der Vergangenheit zugewandt sind, die weder willens noch imstande sind, aus dem reellen Ablauf der Vergangenheit irgendwelche Lehren und Schlußfolgerungen zu ziehen.

Ich spreche von den modernen Nationen im allgemeinen und von der österreichischen Nation im besonderen, Nationen, deren Geburt und Entwicklung sich erst nach Überwindung der feudalen Ordnung anbahnte. So gesehen beschleunigte sich also der Prozeß der österreichischen Nationswerdung erst mit Beginn des 19. Jahrhunderts; ich führe folgende Marksteine an: 1804 Verkündung des österreichischen Kaisertums, 1848, als die österreichische Staatsführung es vorzog, das deutschsprachige Österreich gemeinsam mit den nichtdeutschen Nationalitäten in einem Verband zu lassen, anstatt es in ein gemeinsames Großdeutschland eintreten zu lassen, wodurch die österreichische Sonderentwicklung verstärkt wurde, 1866, als Österreich endgültig aus dem Deutschen Bund ausschied, 1918, als die Erste Republik gegründet wurde, 1938, als Österreich wohl zerstört wurde, sich jedoch gerade deshalb als Reaktion die österreichische Nationalidee in Verfolgung und Emigration entwickelte, wie es Karl Stadler formuliert hat, 1945, als die Zweite Republik gegründet wurde, und 1955, als Österreich den Staatsvertrag erhielt und seine permanente Neutralität verkündete.

In meinen Überlegungen zu diesen und anderen Daten der neueren österreichischen Geschichte bin ich zu einer Erkenntnis gelangt, die vielleicht auch Ihnen interessant erscheinen wird.

Während sich die meisten anderen modernen Nationen aufgrund siegreicher revolutionärer oder nationaler Befreiungskriege konstituiert haben, ging die Konstituierung der österreichischen Nation begleitet von einer Kette von Niederlagen einher. Man kann als typische Beispiele von Nationsbildungen im Gefolge siegreicher Befreiungs- oder Revolutionskämpfe diejenigen der Niederländer (Holländer), Engländer, Franzosen, Italiener betrachten, wie auch die Herausbildung der deutschen Nation, wenn diese auch erst „von oben", von Bismarck, verordnet und zustandegebracht wurde.

Die Niederlagen, von denen die österreichische Nationsbildung begleitet war, verdienen es, kurz kommentiert zu werden; ich muß also auf einige der bereits angeführten Daten zurückkommen: Schon die Proklamation des Kaisertums Österreich im Jahre 1804, also der offizielle Geburtsakt des modernen Österreichs, war das Ergebnis einer Reihe von Niederlagen gegenüber den französischen Revolutionsheeren, vor allem auch gegenüber den napoleonischen Heeren, deren Feldzüge auf die Zerschlagung des Heiligen Römischen Rei-ches abzielten, das sich seit geraumer Zeit in einem fortschreitenden Vermoderungsprozeß befand. Der erste Akt war die Proklamierung Napoleons zum Kaiser der Franzosen am 18. Mai 1804 (Krönung am 2. Dezember). Dies war der erste Anlaß dafür, daß sich Franz II. als Franz I. zum Kaiser von Österreich ausrief. Der zweite Akt war die Gründung des Rheinbundes (12.7.1806), (Bayern, Würtemberg, Baden, Hessen-Darmstadt, Nassau und schließlich Sachsen, Westfalen und die kleinen mittel- und norddeutschen Staaten), was nun Franz dazu veranlaßte, am 6.8.1806 offiziell das Ende des Heiligen Römischen Reiches zu verkünden und die Römische Kaiserkrone niederzulegen.

So ist also die Geburt des Kaisertums Österreich engstens mit mehreren schweren Niederlagen verbunden. Die verheerendste Niederlage aber, die Österreich und dem österreichischen Volk beigebracht wurde, war die Niederschlagung der Revolution von

81

1848. Damals hatte Österreich die Chance, sich zu einem freien Bund gleichberechtigter Völker zu entwickeln. Der Kremsierer Reichstag hatte eine Verfassung ausgearbeitet, deren Annahme die im letzten Drittel des 19. Jahrhunderts vom Deutschnationalismus (Schönerer und anderen) angezettelten Sprachenkämpfe verhindert hätte. Hieß es doch in § 21: „Alle Volksstämme sind gleichberechtigt. Jeder Volksstamm hat ein unverletzliches Recht auf Wahrung und Pflege seiner Nationalität überhaupt und seiner Sprache insbesondere. Die Gleichberechtigung aller landesüblichen Sprachen in Schule, Amt und öffentlichem Leben wird vom Staat gewährleistet." Die Neugestaltung Österreichs sollte 14 „Länder" umfassen, wobei Ungarn eingeschlossen war. Sie bildeten ein einheitliches Zoll- und Wirtschaftsgebiet. Die Verfassung wurde am 2. März 1849 vom Reichstag beschlossen, doch am 4. März wurde durch kaiserlichen Staatsstreich diesem Österreich der Garaus gemacht. Es begann die Zeit des Neoabsolutismus.

Von dieser Niederlage hat sich Österreich, haben sich die Österreicher nie mehr wieder erholt. Dem revolutionären Geist war das Rückgrat gebrochen worden – es gab nur mehr Untertanen. Ab damals stand der Prozeß der Nationswerdung vor schwersten Hindernissen: er konnte nur in ständiger Konfrontation mit der pangermanistischen Ideologie vor sich gehen, die Österreich das Recht auf seine nationale Identität bestritt und auch heute noch bestreitet, sich dabei aber im wesentlichen auf die gemeinsame Sprache berufend, wenn nicht gar auf die Gemeinsamkeit des „Blutes" und der „Rasse", wissenschaftlich völlig unrelevanten Faktoren – oder auf eine vollkommen illusorische „tausendjährige gemeinsame Vergangenheit".

Hatte der Neoabsolutismus Österreich im Innern geschlagen, so erhielt er seinerseits bereits zehn Jahre später eine äußere Niederlage, weil er sich mit Gewalt den Einigungsbestrebungen der italienischen Nation entgegenstellte. In der blutigen Schlacht von Solferino (24. Juni 1859) und dem darauffolgenden Frieden von Zürich (10. Nov. 1859) verlor die Monarchie die Lombardei, Modena und Toskana, und es war vorauszusehen, daß der italienische Nationalstaat bald auch Venetien fordern würde.

Die entscheidende Niederlage erlitt die Monarchie aber 1866, als bei Königgrätz laut dem Schreckensruf des vatikanischen Kardinal-Staatssekretärs „die Welt zusammenbrach" (Casca il mondo!). Als deren Folge ergab sich das endgültige Ausscheiden Österreichs aus Deutschland, was jedoch von den immer mehr erstarkenden Deutschnationalen aller Richtungen nicht anerkannt wurde, die sich fortab als irredentistische Kraft erwiesen, ausgerichtet auf die Zerstörung der Donaumonarchie, deren deutschsprachige Gebiete an Deutschland angeschlossen werden sollten. Also damals schon! In diesen Jahrzehnten entwickelte sich die österreichische Schizophrenie, versinnbildlicht im Ausspruch Franz Josefs, daß er sowohl ein deutscher wie auch ein österreichischer Fürst sei.

In seinem monumentalen Werk *Der Kampf um die österreichische Identität* schildert Friedrich Heer wie sich die pangermanistische Ideologie in Österreich ausbreitete, unter der Fuchtel preußisch-deutscher Historiker wie Treitschke, Droysen, Sybel und anderen, von denen Srbik selbst später schrieb: „Die Geschichtsschreibung der Droysen und Sybel etc. war eine politische Macht von unermeßlichem Wert" (S. 217). Die Niederlage von Königgrätz hatte also die paradoxe Folge, daß einerseits Österreich aus Deutschland ausgeschieden war, und andererseits sich nun dort eine antiösterreichische Deutschtümelei verbunden mit Antisemitismus und Antislawismus entwickelte, die schließlich zu Totengräbern der Monarchie und nachher der Ersten Republik wurden.

Nicht umsonst hat Friedrich Heer ein ausführliches Kapitel seines Werkes der „Zerstörung des Österreichbewußtseins in der franzisko-josephinischen Zeit" gewidmet und dabei Franz Joseph eine überragende Verantwortung zugewiesen, womit er in den noch immer gepflegten Mythos rings um die Person dieses langlebigen Monarchen gewaltige Breschen geschlagen hat.

Mit 1804–1809, 1848, 1859 und 1866 ist jedoch die Kette der Niederlagen Österreichs noch nicht beendet; es folgte der Erste Weltkrieg, der (nach 1866) zum Zweiten Weltuntergang Österreichs wurde – siehe die *Letzten Tage der Menschheit* von Karl Kraus; es folgte 1938 und die „Pflichterfüllung" im zweiten Weltkrieg, dessen Ende dann von vielen Pflichterfüllern nicht als Befreiung – was es war – sondern wieder als Niederlage empfunden wurde.

IV. Der zwiespältige Nationalcharakter

Kein Wunder, daß die einander folgenden Niederlagen sowie die um sich greifende Schizophrenie der politischen Eliten auch Folgen für die charakterliche Entwicklung der Nation nach sich zogen.

In seiner 1945 im Begeisterungsschwang der Befreiung geschriebenen Broschüre *Die Entwicklung des österreichischen Volkscharakters* hat Ernst Fischer einige sehr positive Züge des Österreichers dargestellt, sein „lebensfrohes Genießertum", das aber von außen gesehen oft als zügelloses Ausschweifen kritisiert wurde, sodaß Schiller über die „Stadt der Phäaken" eigene Verse dichtete. Fischer meinte damals auch, daß zu den Wesenszügen des Österreichers der Abscheu vor jedem Drill, vor blindem Gehorsam, und die Respektlosigkeit vor der „Autorität" gehören – positive Eigenschaften, die jedoch gegen Ende des 20. Jahrhunderts einigermaßen relativiert werden müssen – außer, so will ich hoffen, bei der Jugend. Allerdings, stellte Fischer auch fest, sind der Witz und Humor des Österreichers in vielen Fällen ein Ausweichen vor offenen Kampfaktionen, und – ich zitiere – „der Ausdruck einer gewissen Passivität und 'Wendigkeit', wie überhaupt einer der gefährlichsten Wesenszüge des Österreichers darin besteht, Entscheidungen hinauszuzögern, seine innere Rebellion auf das unentschiedene Gebiet des 'Raunzens', des Spottes und der wohlgezielten Nadelstiche zu verlegen und irgendein 'Hintertürl' zu finden, um aus bösen Situationen herauszukommen." (S. 6/7)

Selbstverständlich zeigt Fischer auch die sehr positiven Charaktereigenschaften des Österreichers auf: seine künstlerische Kreativität, seine Musikalität, seine oft genialische Intuition. Hingegen ist, insbesondere wenn man die heutige Situation in Betracht zieht, der folgende Fischersche Ausspruch nicht nur an und für sich zweideutig, sondern als ganzer mit Vorbehalt entgegenzunehmen, ich zitiere: „Zu den wichtigsten Elementen des österreichischen Volkscharakters gehört die Toleranz, das Verständnis für fremde Völker, das geschmeidige Einfühlungsvermögen, die große Anpassungsfähigkeit, auch im Negativen, oftmals bis zur Charakterlosigkeit, der Mangel an nationalistischer Rechthaberei, die Weltaufgeschlossenheit." (S. 9). Ich überlasse einem aufmerksamen Publikum die Überprüfung des Wahrheitsgehalts dieser Feststellungen, möchte aber doch sagen, daß da Fischer seine patriotische Begeisterung einen ziemlichen Streich gespielt hat. Denn: wo bleibt heute die Toleranz, das Verständnis für fremde Völker, der Mangel an nationalistischer Rechthaberei? Da drängt sich die Frage auf, ob nicht die Kette historischer Niederlagen, diese ununterbrochenen Schläge, dem Charakter des Österreichers – zu dessen Symbol inzwischen leider der Herr Karl von Qualtinger geworden zu sein scheint – schweren Schaden zugefügt hat?

Bezeugen nicht die zahlreichen auf die österreichische Schizophrenie zurückzuführenden Fehlentscheidungen der ersten Republik, daß hier eine Charakterschwäche vorliegt, die eine tiefgehende Analyse erfordert, um sie endlich überwinden zu können?

Schon in seinem Buch über die *Österreichische Seele* hat Erwin Ringel auf die Notwendigkeit einer solchen Seelen- und Gewissenserforschung hingewiesen, da als Ergebnis der vielfachen Beschädigungen, denen die Österreicher im letzten Jahrhundert ausgesetzt waren, ein besonderer Zug zum Verdrängen und Vergessen aufgekommen ist. In seinem zweiten Buch *Zur Heilung der österreichischen Seele* zeigt Ringel, nach Durchleuchtung der Waldheimaffäre, auf die ich heute nicht eingehen will, wie mit der Geschichte Österreichs Weißwäscherei, Schönfärberei, Wirklichkeitsverleugnung betrieben wird, und er fordert die Österreicher auf, sie mögen „Selbsterkenntnis betreiben, selber die Wahrheit über uns zulassen. Jedes Volk muß sich mit seiner Vergangenheit auseinandersetzen, weil jedes Volk Schuld auf sich geladen hat. Wir Österreicher – sagt Ringel – mißbrauchen aber diese Tatsache in der Weise, daß wir bei jedem Angriff auf uns von anderen Völkern verlangen, sie sollten doch zuerst ihre Probleme verarbeiten. Indem wir so mit dem Finger stets auf andere zeigten, haben wir gelernt, ein Alibi dafür zu finden, daß wir bezüglich Vergangenheitsbewältigung immer schon sehr wenig taten. Dafür gibt es ja einen tragischen Beweis: Unsere stete Wiederholung der verhängnisvollen Verhaltensweisen." (S. 30)

V. Das Anlehnungsbedürfnis

Womit ich nun zur letzten Entwicklungslinie komme, die ich aus Zeitgründen nur fragmentarisch skizzieren kann: zum Anlehnungsbedürfnis der Österreicher. Ich möchte hier noch einmal präzisieren, daß sich dieses vor allem bei den sogenannten Eliten manifestiert, die jedoch Einfluß auf die allgemeine Haltung des Volkes ausüben.

Die infolge der oftmaligen Niederlagen gebildete politische Neurose hat sich schon sehr früh in folgenschweren Fehlentscheidungen niedergeschlagen und hat dazu geführt, daß die leitenden Kreise Österreichs sich schwach fühlten und daher das Bedürfnis empfanden, sich an jemand anderen, den sie für stärker hielten, anzulehnen oder anzuhalten. Sie glaubten ganz einfach, zu einem Dasein als Anhängsel verurteilt zu sein, und im späten 19. und im 20. Jahrhundert machten sie sich zum Juniorpartner des deutschen Imperialismus. Das führte dann schließlich zu jenem Ereignis, das auch der Anlaß unseres heutigen Symposions ist.

Erster Ausdruck dieses Anlehnungsbedürfnisses war die sogenannte *Heilige Allianz*. Die französische Revolution und die Napoleonischen Feldzüge hatten den herrschenden Kreisen in Österreich eine derartige Angst eingejagt, daß sie sich nach der Beseitigung Napoleons ganz dringend nach einer Rückendeckung umschauten.

Der ursprünglich etwas mystische Vertrag zwischen dem orthodoxen Zaren, dem römisch-katholischen Kaiser von Österreich und dem protestantischen König von Preußen wurde von Metternich in ein Bündnis zwecks Aufrechterhaltung der „gottgewollten, absolutistischen und feudalen Ordnung" umgestaltet, das diesen Ordnungsmächten das Interventionsrecht überall dort sichern sollte, wo diese Ordnung oder das sogenannte europäische Gleichgewicht in Gefahr waren. Alle anderen europäischen Mächte wurden zum Beitritt aufgefordert.

Bei verschiedenen einander folgenden Kongressen wurden Maßnahmen beschlossen – Zensur, Zusammenarbeit der Polizeiorgane der verschiedenen Länder, gegenseitige Auslieferung subversiver Elemente, um die alte Ordnung zu garantieren. Sichtbarster Ausdruck der Politik der Heiligen Allianz war die auf Verlangen Franz-Josefs erfolgte Intervention russischer Truppen gegen die ungarische Nationalarmee in den Revolutionsjahren 1848/49. Nach einem mutigen Kampf der Ungarn gegen die Übermacht der kaiserlichen und zaristischen Truppen mußten schließlich die ungarischen Freiheitskämpfer bei Vilagos die Waffen strecken (12. August 1849).

Der österreichische General Haynau, wegen seiner Brutalität berüchtigt, ließ am 6. Oktober 1849 in Arad 13 ungarische Generäle hängen. Darüber schreibt Ernst Josef Görlich in seiner *Geschichte Österreichs* (Tyrolia): „Dieses 'Blutgericht' von Arad hat die Beziehungen zwischen dem ungarischen und österreichischen Volk auf Jahrzehnte hinaus vergiftet und ist in Ungarn bis heute nicht vergessen. Tausende Ungarn wurde zu jahrelangen Gefängnisstrafen verurteilt oder durch Vermögenskonfiskationen arm und elend gemacht. Ein Großteil der Offiziere der ungarischen Nationalarmee wurden als gemeine Soldaten in österreichische Strafkompanien eingeteilt. Viele Ungarn flohen wie Kossuth außer Lan-des. Ungarn selbst versank hinter dem eisernen Vorhang einer Militärdiktatur, die jeden Widerstandswillen im Kern zu ersticken versuchte. Ein Schandfleck der österreichischen Geschichte." (S. 386/87). So endete die Heilige Allianz mit einem Blutbad sondergleichen.

Auch über den 1879 abgeschlossenen Zweibund zwischen Bismarck-Deutschland und Österreich-Ungarn, der dann (1882) zum labilen Dreibund mit Italien erweitert wurde, sind einige Erläuterungen angebracht. Kaum 13 Jahre nach der blutigen Schlacht von 1866 gelingt es Bismarck mit jenem Österreich-Ungarn, das er zum Krieg provoziert und geschlagen hat, einen Beistands- und Neutralitätspakt abzuschließen, in dem jedoch die einstige Vormacht des Heiligen Römischen Reiches nurmehr der Juniorpartner sein wird; „le brillant second", der, fest an den Karren des aufstrebenden und hegemonischen deutschen Imperialismus gespannt, dessen „Weltpolitik" als Hilfswilliger unterstützen sollte.

Der Zweibund war nun zwar gegründet worden, doch stieß er in Österreich trotz der deutschtümelnden Verblendung und dem Anlehnungsbedürfnis Franz-Josefs auch auf Widerstand. In seinem Buch *Theorie und Realität von Bündnissen* hat Stephan Verosta die Vorgeschichte und die Krisen des Zweibundes abgehandelt. Unter jenen, die sich gegen den Zweibund wenden, befindet sich auch der Thronfolger, Erzherzog Rudolf, der in Artikeln und Denkschriften gegen das, wie er sagt, unheilvolle Bündnis zu Felde zieht. Er beklagt sich bitter, daß infolge des Vertrags Österreich zur „preußischen Provinz" herabgesunken sei, worin ihm der russische Diplomat Graf Lamsdorf recht gibt, der notiert: „Der deutsche Kaiser inspizierte die österreichische Armee nicht wie ein Gast, sondern wie ein Inspektor, der den strengen Auftrag erhalten hatte, eine Revision durchzuführen." (Heer, op.cit., S. 250–255). Auf vielen Seiten faßt Friedrich Heer die Einwände Rudolfs gegen den Zweibund, gegen die Unterordnung Österreichs unter die deutsche Expansionspolitik zusammen, was nur schlecht ausgehen könne (S. 250–255).

Geradzu prophetisch hatte Friedrich Engels in seiner Schrift *Der Deutsch-Französische Krieg 1870/71* geschrieben: „Es ist kein anderer Weg für Preußen-Deutschland mehr möglich als ein Weltkrieg, und zwar ein Weltkrieg von einer bisher nie geahnten Ausdehnung und Heftigkeit. Acht bis zehn Millionen Soldaten werden sich untereinander abwürgen und dabei ganz Europa so kahlfressen, wie noch nie ein Heuschreckenschwarm. Die Verwüstungen des Dreißigjährigen Krieges zusammengedrängt in 3 bis 4 Jahren und über den ganzen Kontinent verbreitet; Hungersnot, Seuchen, allgemeine durch Not hervorgerufene Verwilderung der Heere wie der Volksmassen, rettungslose Verwirrung unseres künstlichen Getriebes in Handel, Industrie und Kredit, endend im allgemeinen Bankrott..."(op.cit.S. 370). Die ebenso düstere wie geniale Vorhersage Engels hat sich im Ersten Weltkrieg verwirklicht und dann auf weltweiter Ebene im Zweiten Weltkrieg wiederholt. Die durch den Zweibund zur unerbittlichen Nibelungentreue verurteilten Österreicher haben diese Anlehnung bitter bezahlt. Als es infolge der immer verzweifelteren Lage der Donaumonarchie zu den schüchternen Versuchen Kaiser Karls kam, zu einem Sonderfrieden zu gelangen, wurde Karl von sämtlichen deutschnationalen Kriegstreibern als Verräter „an der deutschen Sache" gebrandmarkt. Es ging damals um den berühmten Sixtus-Brief (Sixtus war ein Schwager Karls), der 1918 von Clemenceau veröffentlicht wurde.

VI. Von der Anlehnung zum Anschluß?

Noch vor der Sixtus-Affäre hatte Deutschland Versuche unternommen, die Donaumonarchie noch fester an sich zu ketten. Schon bei Abschluß des Bündnisses von 1879 hatte Bismarck vorgeschlagen, das Bündnis in den Verfassungen der drei verbündeten Staaten Deutschland, Österreich und Ungarn zu verankern. Dieses Ansinnen war jedoch von Außenminister Andrassy abgelehnt worden.

Nun wurden mitten im Krieg von deutscher Seite die bekannten Mitteleuropa- und Zollunionspläne ventiliert. Dagegen wandten sich in Österreich vor allem zwei hellsichtige Männer, Heinrich Lammasch und Joseph Schumpeter. In einem sehr gut dokumentierten Artikel „Joseph Schumpeter gegen das Zollbündnis der Donaumonarchie mit Deutschland und gegen die Anschlußpolitik Otto Bauers (1916–1919)" (Festschrift für Christian Broda), hat Stephan Verosta einem Briefwechsel zwischen Schumpeter und Verosta mehrere äußerst klare Stellungnahmen entlehnt; ich zitiere aus einem Brief Schumpeters vom 21. Februar 1916: „Vor allem wird hier zum ersten Mal von dieser Seite (von deutscher und deutschnationaler Seite, F.K.) klipp und klar gesagt, daß der politische Zweck, daß heißt also unsere politische Fesselung an Preußen, und nicht das Moment wirtschaftlicher Zweckmäßigkeit des Pudels Kern sei." Weiters heißt es: „Auf wirkliche innere wirtschaftliche Abhängigkeit ist es abgesehen, und daß das bei dem vorhandenen Kräfteverhältnis keine 'gegenseitige' sein kann ist klar... Das alles heißt (...): *Das* Österreich, das wir kennen und lieben, wäre nicht mehr. Ich kann mich nicht zu der Ansicht bekehren, daß es so gar keinen Kulturwert hat und so völlig widerstandslos sich unterwerfen soll..."

Verostas Kommentar: „Schumpeter hat mit großer Hellsichtigkeit erkannt, daß die deutschen Mitteleuropa- und Zollunionspläne der weitgehenden Unterwerfung der Donaumonarchie unter Berlins Führung dienen sollten; als eine solche Unterwerfung mußten sie von allen Einsichtigen erkannt werden, allerdings von wenigen Historikern im sogenannten 'deutschsprachigen Raum'". Noch Gerhard Ritter – fährt Verosta fort – sieht 1964 diesen Aspekt nicht – oder sieht geflissentlich über ihn hinweg. Erst Fritz Fischer hat es ausgesprochen (1916): „Das Spezifische in der Auseinandersetzung (Deutschlands ab 1915) mit Österreich-Ungarn liegt darin, daß auch die Monarchie selbst zum (deutschen) Kriegsziel wird, weil sie in der angestrebten engen Bindung an Deutschland sich in den vom (deutschen) Reich beherrschten Gesamtraum einfügen muß." Und Fritz Fischer meint schließlich, daß das diesbezügliche deutsche Memorandum tief in die inneren Verhältnisse und das Selbstverständnis der Doppelmonarchie eingreifen will. (Ende des Zitats aus dem Verosta-Artikel, der noch mehr solcher charakteristischer Stellen enthält, die ich aus Zeitgründen nicht wiedergeben kann.) Wir wissen heute, daß die zu spät unternommenen Versuche einer föderativen Umgestaltung der Monarchie genau so wenig gelungen sind wie die verzweifelten Bemühungen, sich in letzter Stunde aus der deutschen Umarmung zu befreien. Die „letzten Tage der Menschheit" waren nicht mehr aufzuhalten.

Doch kaum war die Katastrophe durch die aufgezwungenen Verträge von Versailles, St.-Germain und Trianon besiegelt, die Hitler überhaupt erst die Möglichkeit boten, die nationalistischen Gefühle aufzustacheln und unter dem Vorwand des Kampfes gegen das „Unrecht von Versailles" seine ungezügelte Aufrüstungs- und Eroberungspolitik zu begründen, kaum war also der Erste Weltkrieg vorbei, so kam wieder das Anlehnungsbedürfnis der Österreicher, das ihnen so schlecht bekommen war – und ich meine damit die politischen Eliten in Österreich –, an die Oberfläche, diesmal in Form der Anschlußbewegung. Eingeleitet wurde sie mit dem berühmt-berüchtigten Artikel 2 des Republikgesetzes, laut dem Österreich – Deutsch-Österreich hieß es – zu einem Bestandteil Deutschlands erklärt wurde.

Die Anschlußbewegung, die heute wieder von so manchem als Rechtfertigung für die Märzereignisse 1938 herangezogen wird, war in Wirklichkeit von vornherein keine Volksbewegung. Sie wurde zwar von nahezu allen politischen Führungskräften getragen, erfaßte vorübergehend auch verhältnismäßig weite Kreise, doch so überwältigend wie sie heute zwecks Entschuldigung für politisches Versagen geschildert wird, war sie nicht. Weder in den 20er noch in den 30er Jahren – vor allem nach der Machtübergabe an die Hitlersche NSDAP in Deutschland, welche eher einen anschlußabstoßenden Effekt erzielte.

Selbst Otto Bauer, 1919 entschiedener Verfechter des Anschlußgedankens, hat in seinem Werk *Die österreichische Revolution* an mehreren Stellen auf die geringe Anschlußbegeisterung der Arbeiterschaft hingewiesen und dies mit deren Abneigung gegen den deutschen Imperialismus begründet, unter dem die Österreicher im Weltkrieg gelitten hatten: siehe „Kamerad Schnürschuh".

Auch die neuerdings wieder aufgewärmte Berufung auf die sogenannten Volksabstimmungen in Tirol und Salzburg im Frühjahr 1921 ist nicht stichhaltig. Mein verehrter Freund Erich Bielka hat bereits in mehreren Artikeln die Manipulationen und Unregelmäßigkeiten nachgewiesen, die aus diesen Volksabstimmungen richtige Farcen machten, und wird demnächst eine ausführliche Arbeit dazu veröffentlichen. Aus dem Anlaß, der uns heute hier vereinigt – 50 Jahre nach der Annexion –, wurden in letzter Zeit viele Artikel und Arbeiten publiziert. Doch am besten wurden die Beweg- und Hintergründe der Anschlußbestrebungen und die Kräfte und Interessen, die dahinter standen, im bisher nicht übertroffenen Standardwerk Norbert Schausbergers dargestellt: *Der Griff nach Österreich*. Ferner verweise ich auf die Arbeit Winfried Garschas *Die Deutsch-Österreichische Arbeitsgemeinschaft* mit dem sprechenden Untertitel: *Kontinuität und Wandel deutscher Anschlußpropaganda und Angleichungsbemühungen vor und nach der nationalsozialistischen „Machtergreifung"*, schließlich auch in aller Bescheidenheit auf mein Buch *Der Österreicher und seine Nation*, in dem ich das wachsende Selbstverständnis der Österreicher für ihre eigene Identität in politischer und kultureller Beziehung dargestellt und auf die besondere Rolle des österreichischen Widerstands und Exils hingewiesen habe.

VII. und Schlußbemerkung: Immer wieder Flucht vor der Verantwortung?

In einer Anzahl von Artikeln und sogar Büchern wird die Annexion von 1938, der „Anschluß", als unvermeidlich dargestellt, wieder wird an das Anlehnungsbedürfnis der Österreicher appelliert, um zu rechtfertigen was nicht zu rechtfertigen ist. Soll die österreichische Schizophrenie wieder fröhliche Urständ' feiern?

Sollen die so schwer erkauften Erkenntnisse, die nach sieben Jahren Großdeutschland zum Gemeingut der Österreicher geworden waren, nämlich die Erkenntnis von der Notwendigkeit eines unabhängigen und neutralen Österreichs, schon wieder der Vergessenheit anheimfallen?

Der Staatsvertrag von 1955 und die Verkündung der permanenten Neutralität haben dem neuen Österreich zum ersten Mal die Möglichkeit gegeben, sich auf eigene Füße zu stellen, in der internationalen Arena als eigene Persönlichkeit aufzutreten. Der österreichische Weg war Realisierung und Ausdruck dieser Möglichkeit. Doch nun träumen schon wieder anlehnungsbedürftige und nicht unmaßgebliche Politiker von einem Aufgehen Österreichs in einer „großräumigen Einheit", diesmal im Namen Europas. Soll die Vermittlerfunktion Österreichs, die durch eine Neutralität ermöglicht wird, für das Linsengericht eines Anschlusses an einen wirtschaftlichen Großraum aufgegeben werden? Abgesehen davon, daß ein solches Linsengericht gar nicht so schmackhaft sein würde, wie mache glauben, und so der unüberlegte Vollbeitritt zur EG zu einem unliebsamen Erwachen führen kann.

Ich komme ja aus einem EG-Land und erlebe dort eine Arbeitslosigkeit, die zumindest doppelt so hoch ist wie jetzt in Österreich, ein Bauernsterben, von dem man sich hier keine Vorstellung macht, verbunden mit einem Zwang zur Brachlegung landwirtschaftlicher Flächen, ich erlebe den Industrieabbau im Namen höherer (welcher?) Interessen, ich sehe im Fernsehen die großen Schlangen vor den sogenannten „Restaurants du coeur", den Ausspeisungen für jene, die von der „neuen Armut" befallen sind und keinerlei Einkommen mehr haben.

Jetzt, wo das Österreichbild in der Welt ziemlich angekratzt ist, glauben manche Medienmacher die Scharte auswetzen zu können, indem sie immer wieder an Österreichs Zugehörigkeit zum Westen erinnern, um so eine mildere Beurteilung zu erlangen. Doch die Wiederholung des Rufes „Wir sind so westlich" untergräbt die Handlungsfreiheit und Souveränität des Landes, untergräbt die Neutralität, die ein Pfeiler dieser Handlungsfreiheit ist.

Historische Weißwäscher behaupten, daß es am 11. März 1938 keine Alternative zur Kapitulation vor den österreichischen und deutschen Nazis gegeben hätte, außer vielleicht einen blutigen Bürgerkrieg. Ist ihnen bewußt, daß sie damit genau die These Hitlers wiedergeben, die dieser als Vorwand zu seiner Invasion anführte? Es stimmt, daß die Situation damals kaum mehr zu meistern war, doch ist diese Situation ja nicht aus dem Nichts entstanden, wie ein Blitz aus heiterem Himmel. Die Lage am 11. März 1938 war doch eine Folge von vorhergehenden Entwicklungen und Entscheidungen. Allein in den 20 Jahren der Ersten Republik – von den Jahren der Monarchie gar nicht zu reden – hatte es ja eine Reihe von möglichen Alternativen gegeben, die ich bereits des öfteren aufgezeigt habe, was ich hier aus Zeitmangel nicht wiederholen kann. Wohl aber gebe ich als Kennmarken die Jahreszahlen 1920, 1922, 1927, 1930/31, 1933, 1934, 1936 und auch noch Februar 1938 an, wo jeweils noch andere Entscheidungen hätten getroffen werden können als jene, die ideologisch verblendete Führer damals getroffen haben, und für die sie vor der Geschichte sehr wohl die Verantwortung zu tragen haben. Es hat keinen Sinn und hilft nicht zur Erkenntnis und Aneignung der Geschichte, wenn jetzt von Schicksal, Vorsehung und Unvermeidlichkeit gefaselt wird, und damit einer neuerlichen Flucht vor der Verantwortung der Weg gebahnt werden soll.

Auch jetzt ist es so: Österreich ist nicht dazu verurteilt, Anhängsel irgendeines Großraums zu sein, und so, wie ich es bereits vor Wochen hier sagte, zu einem Bantustan für Sozialtourismus und Formel-1-Piloten zu werden. Wenn es auf seine Souveränität, Eigenständigkeit, Identität neuerdings und diesmal aus freien Stücken verzichten würde, verlöre es seine lebenswichtige, aber auch begeisternde Funktion als kultureller Katalysator im Zentrum Eruopas, verlöre es seine geopolitisch ihm zugewiesene Rolle als ehrlicher politischer und kultureller Makler zwischen Ost und West.

Soll das Anlehnungsbedürfnis über das Selbstverständnis der Österreicher den Sieg davontragen? Mit dieser aktuellen, alternativen und hoffentlich aufreizenden Frage beschließe ich meine Überlegungen zum Thema.

Grafik:
Josef Fürpaß
Linolschnitt

Reinhard Kühnl

Gesellschaftliche Ursachen des Faschismus

I.

Man kommt ja weder als Staatsbürger noch als Historiker um die Frage herum, warum man sich denn so intensiv mit der Vergangenheit befassen soll. Ist die Gegenwart denn nicht bedrängend genug? Und in der Tat genießt die Forderung, man solle doch endlich einen Schlußstrich unter die Vergangenheit ziehen, damit man sich mit aller Kraft der Zukunft zuwenden könne, eine gewisse Popularität und auch eine gewisse Evidenz.

Wie wir aber wissen, ist schon das Individuum angewiesen auf die Erfahrungen seines bisherigen Lebens, wenn es seine Existenzprobleme bewältigen will. Dies gilt auch dann, wenn die neuen Probleme nicht exakt denen der Vergangenheit gleichen. Und was für den Menschen als Individuum gilt, das gilt auch für den Menschen als Gattungswesen, für die Menschheit im Ganzen. Wir sind gezwungen, uns die Erfahrungen vergangener Generationen anzueignen, wenn wir die Probleme der Gegenwart und der Zukunft bewältigen wollen.

Geschichtswissenschaft kann dies freilich nur leisten, wenn sie sich nicht begnügt mit dem Nacherzählen von Ereignissen oder mit dem Nachempfinden der subjektiven Motive derer, die geschichtlich gehandelt haben. „Wissenschaft", so definiert die UNESCO, zielt auf die Ermittlung von „Kausalbeziehungen" in Natur und Gesellschaft. Erst dort also, wo es um die Aufdeckung von „Kausalbeziehungen" geht, ist das Niveau von Wissenschaft erreicht.

Diese Verarbeitung der Erfahrungen der Vergangenheit ist offensichtlich besonders dringlich in einer Epoche, die durch große soziale Katastrophen gekennzeichnet ist: Zwei Weltkriege hat dieses Jahrhundert erlebt, die 60 Millionen Menschen den Tod brachten und weite Teile von Europa und Asien in Trümmer legten; Terror und Massenvernichtung erreichten ein bis dahin unvorstellbares Ausmaß. Die Ursachen, die dies bewirkt, die Bedingungen, die dies möglich gemacht haben, so genau wie möglich zu kennen, ist nun in der Tat die Voraussetzung dafür, daß solche Katastrophen in Zukunft verhindert werden können.

Der Faschismus hat bei der Genese und dem Ausbruch dieser sozialen Katastrophe seit den 20er Jahren eine zentrale Rolle gespielt. Von seinen gesellschaftlichen Ursachen soll hier die Rede sein. *Gesellschaftliche* Ursachen heißt, daß sich die Betrachtung auf diejenigen Faktoren richtet, die aus der sozialen *Struktur* der Gesellschaft resultieren, also diejenigen ausklammert, die individuellen Motivationen entspringen – sei es bei den Führerpersönlichkeiten, sei es bei den Anhängern. *Ursachen* soll heißen, daß von den Momenten die Rede ist, die an der Faschisierung aktiv mitgewirkt haben, nicht von denen, die nicht fähig waren, den Faschismus aufzuhalten – so wichtig die Frage des Antifaschismus in anderem Zusammenhang auch ist. Von *Faschismus* reden bedeutet, daß eine gewisse Abstraktionshöhe einzuhalten ist. Es wird abgesehen von den nationalen Besonderheiten der verschiedenen Bewegungen und Regime – die es natürlich gab und die unter anderer Fragestellung auch sehr bedeutsam sind. Zu fragen ist stattdessen nach den Entstehungsbedingungen und Wesensmerkmalen, die den verschiedenen Bewegungen und Regimes gemeinsam waren.

Über Genese und Struktur des Faschismus ist inzwischen ein immenses Quellenmaterial erschlossen und interpretiert worden, das uns in den Hauptfragen durchaus gesicherte Antworten möglich macht. Darüber zu forschen und zu reden ist aber dennoch mit Schwierigkeiten verbunden – und zwar auch mit Schwierigkeiten außerwissenschaftlicher Art. Sie resultieren nicht nur daraus, daß viele Personen noch leben und wirken, die damals in der faschistischen Politik mitgewirkt haben, sondern auch daraus, daß die sozialen Strukturen und Interessen zu einem erheblichen Teil noch existieren, die damals zur Herausbildung faschistischer Bewegungen und Systeme beigetragen und dann auch die Politik des Faschismus bestimmt haben. Das Faschismusproblem ist also ein soziales Problem; es erledigt sich nicht biologisch – durch das Verschwinden der alten und das Heranwachsen einer neuen Generation. Natürlich kann diese Generation unbefangener an die faschistische Vergangenheit herantreten. Mehr als zwei Jahrzehnte dominierte ja ein wortreiches Schweigen über die Zeit des Faschismus auch an unseren Universitäten. Die Studenten in der Bundesrepublik haben darüber bis zur Mitte der 60er Jahre wenig Erhellendes erfahren. Und als ich mein Studium hier in dieser schönen Stadt, an dieser Universität aufnahm – vor nunmehr 30 Jahren –, war die Lage nicht viel anders. Mittlerweile hat sich da Wesentliches verändert – nicht nur wegen des Heranwachsens einer neuen Generation, sondern auch wegen veränderter politischer Konstellationen, mit dem Übergang vom Kalten Krieg zur Entspannungspolitik. Und gegenwärtig, da die Gefahr atomarer Vernichtung und der Imperativ des Atomzeitalters bewußt werden, bedarf auch der historische Faschismus offensichtlich einer neuen, noch schärferen Beleuchtung.

II

Geht man von der Erscheinungsebene aus, so springt die Zäsur des Jahres 1918 ins Auge, also die Erfahrung eines großen Krieges, der die damalige Generation angesichts der unvorstellbaren Massaker tief erschütterte, und die Erfahrung der großen revolutionären Welle, die dann durch Europa ging.

In dieser Periode nach dem Ersten Weltkrieg haben sich in Europa politische Bewegungen und Herrschaftssysteme eines neuen Typs herausgebildet. Trotz mancherlei Unterschiede und nationale Besonderheiten haben sie doch ganz wesentliche Merkmale gemeinsam: Dies gilt für ihre politische Stoßrichtung, dies gilt für ihre Ideologie, und dies gilt auch für ihre Organisationsform. Ihre Politik war gerichtet auf Liquidierung der Demokratie als politische Form und auf Liquidierung der Arbeiterbewegung als soziale Kraft, auf Errichtung diktatorisch-terroristischer Herrschaftsformen und auf resolute Verteidigung der bestehenden Eigentumsordnung gegenüber revolutionären Drohungen.

Beachtliche Unterschiede gab es allerdings in der Entstehung dieser Diktaturen und in der Methode der Herrschaftssicherung: Einige dieser Diktaturen gingen aus faschistischen Bewegungen hervor und stützten sich dann auch – neben dem staatlichen Gewaltapparat – auf solche Massenbewegungen. Dies galt insbesondere für Deutschland und für Italien, in wesentlich geringerem Maße auch für das 1934 in Österreich errichtete Regime. Der andere Typ dieser Diktaturen ging meist aus einer Art von Militärputsch hervor und stützte sich dann auch hauptsächlich auf den staatlichen Terrorapparat, insbesondere auf Polizei und Militär. Dies galt vor allem für die in Ost- und Südosteuropa errichteten Diktaturen: für Polen, Ungarn, Rumänien, Bulgarien und Griechenland, im wesentlichen auch für die Franco-Diktatur in Spanien sowie für die Diktatur in Portugal. Auch in diesen Ländern gab es faschistische Bewegungen. Sie erlangten jedoch keine tragende Bedeutung für das Regime.

Welches waren nun die Ursachen dafür, daß sich faschistische Bewegungen und faschistische und faschismusähnliche Diktaturen in dieser Periode so stark entfalten konnten? Ich hatte bereits betont, daß die Errichtung solcher Diktaturen entweder durch Beihilfe von „unten", also durch Massenbewegungen erfolgen konnte, oder durch Gewaltakte von „oben", durch die Staatsgewalt selbst. Demgemäß muß die Frage nach den Ursachen auch in beide Richtungen gestellt werden: Welche Interessen und Ziele haben die Machteliten in Wirtschaft und Staat veranlaßt, Diktaturen zu errichten? Und: Wie ist es zu erklären, daß in manchen Ländern Teile der Bevölkerung bereit waren, für eine solche Politik selbst aktiv und oft geradezu fanatisch zu kämpfen?

Ich möchte – in aller gebotenen Kürze – fünf Bedingungskomplexe namhaft machen, die in ihrem Zusammenwirken diese Entwicklung ermöglicht haben.
1) Schon seit der zweiten Hälfte des 19. Jahrhunderts hatten sich Ökonomie und Politik der entwickelten europäischen Ländern qualitativ verändert. Mit der Konzentration des Kapitals und der Herausbildung großer Wirtschaftseinheiten wie Trusts und Konzerne hatte sich der Drang verstärkt, über die Grenzen des Nationalstaats hinauszugreifen und Rohstoffe, Absatzmärkte und Kapitalanlagemöglichkeiten in anderen Ländern und Kontinenten dauerhaft unter Kontrolle zu bekommen. So weitete das Prinzip der wirtschaftlichen Konkurrenz sich aus auf die internationalen Beziehungen zwischen den Staaten. Eroberung und Sicherung von Rohstoffgebieten und Absatzmärkten wurde in wachsendem Maße unter Einsatz staatlicher Macht betrieben. Das erforderte nicht nur eine starke Militärmacht, sondern auch Ideologien, die diese Politik legitimierten.
Unter diesen Bedingungen konnten Ideologien sich mächtig entfalten, die den „Kampf ums Dasein" und „das Recht des Stärkeren" als Willen der Natur glorifizierten, wie es der Sozialdarwinismus tat, und die die Unterwerfung anderer Völker legitimierten, indem sie zwischen höherwertigen und minderwertigen Menschensorten unterschieden, wie es der Rassismus tat. So wurden Bewußtseinsformen verbreitet und in den Massen verankert, die für Militarismus und Imperialismus sehr günstig waren, und die in der Tat den Ersten Weltkrieg ideologisch vorbereitet hatten. Ältere Motive wie der Antisemitismus wurden in den neuen Kontext integriert. Der ideologische Boden war also vorhanden, als nach 1918 Nachfrage nach solchen Ideologien erneut und verstärkt entstand.

2) Die Spannungen, die zwischen den kapitalistischen Mächten im Kampf um die Aufteilung und Neuaufteilung der Welt entstanden waren, hatten sich im Ersten Weltkrieg entladen. Aber dieser Krieg war bereits mit modernster Technik und mit dem Einsatz aller Kräfte der gesamten Gesellschaft – ihrer Menschenmassen, ihrer Wirtschaft, ihrer geistigen Potentiale – geführt worden. Deshalb war nicht nur die Vernichtungspotenz dieses – in der Tendenz durchaus schon „totalen" – Krieges weitaus größer als in den vorherigen Kriegen, sondern auch seine Prägkraft gegenüber derjenigen Generation, die diesen Krieg erlebt hatte. So nahm einerseits die Antikriegsbewegung, getragen insbesondere von der Arbeiterbewegung, nach 1918 einen gewaltigen Aufschwung. In ihren Augen war dieser Krieg ein ungeheuerliches Massaker an 10 Millionen Menschen, ein wechselseitiger Massenmord der europäischen Völker, die von den herrschenden Klassen auf die Schlachtfelder getrieben worden waren, um deren Eroberungsziele zu realisieren.
Bei vielen anderen aber prägte die Ideologie des Sozialdarwinismus auch das Kriegserlebnis: als Erlebnis der „Schicksalsgemeinschaft" der Frontsoldaten in der Situation der äußersten Anspannung aller Kräfte und in Todesgefahr, als Erlebnis von Opfer, Härte und Entbehrung und zugleich von Brutalität und Vernichtung bei Millionen von Menschen aller am Krieg beteiligten Völker.
Das aber waren Mentalitäten, die viele auch nach 1918 für Militarismus und Imperialismus empfänglich machten: eine allgemeine Brutalisierung ihrer Gefühls- und Vorstellungswelt, eine weitreichende Destruktion humanitärer Normen, dazu die Glorifizierung soldatischer Tugenden wie Pflicht und Gehorsam und überhaupt

soldatischen Lebens – und die Wut gegen diejenigen, die ihnen diese Glorifizierung rauben wollten, die das Kriegserlebnis „in den Schmutz zogen", also die Linken. In den besiegten Staaten Deutschland, Österreich und Ungarn kam verstärkend hinzu, daß diese Linke in ihren Augen für die Niederlage verantwortlich war, indem sie dem kämpfenden Heer durch die Revolution den Dolch in den Rücken gestoßen habe. Viele suchten deshalb nach 1918 nach Möglichkeiten, soldatische Lebensformen fortzusetzen und zugleich gegen jene aktiv vorzugehen, die das Soldatentum abwerteten. So organisierten sie sich in Soldatenverbänden und Bürgerwehren, bekämpften die Arbeiterbewegung als ihren Hauptfeind, verachteten die Demokratie als schlappe und handlungsunfähige Staatsform und sahen in Führertum und Diktatur den einzigen Ausweg.

3) In den besiegten Ländern, besonders stark in Deutschland, entwickelten sich jedoch noch aus einer anderen Kausalkette Potentiale, die dem Faschismus zugute kamen. Vier Jahre lang war den Massen eingehämmert worden, daß man für einen „Platz an der Sonne" kämpfen müsse, daß die eigene Nation mit ganz besonderen Gaben ausgestattet, daß also eine Vormachtstellung von Gott und der Natur gewollt und der Sieg im Krieg auch absolut sicher sei. Die solchermaßen fanatisierten Massen, insbesondere die bürgerlichen Schichten, vermochten deshalb 1918 die Niederlage nicht zu fassen. Sie verlangten nicht nur die Bestrafung der in ihren Augen Schuldigen, also der Arbeiterbewegung, sondern auch die Revision dieses Faktums: Sie verlangten eine neue Militärmacht, um die Niederlage auszulöschen und die ersehnte Großmachtstellung doch noch herbeizuführen. Italien gehörte zwar formal zu den Siegern des Krieges, erhielt jedoch 1918 nicht den erhofften Anteil an der Beute (nämlich vor allem Kolonialgebiete in Nordafrika und Expansionsmöglichkeiten auf dem Balkan), sodaß hier ähnliche Haltungen der Enttäuschung und der Revanche sich entwickeln konnten.
Aus der Sicht der Führungsschichten in Großwirtschaft, Militär und Staatsapparat, der „herrschenden Klassen", wie die marxistische Theorie sagen würde, durfte die Niederlage von 1918 keinesfalls hingenommen werden. Das galt besonders für das Deutsche Reich, das ja Großmacht geblieben war. Diese Schichten hatten den Krieg geführt mit weitreichenden Eroberungszielen, waren 1918 damit zwar gescheitert, hatten aber ihre Führungspositionen weitgehend behalten und suchten nun nach Möglichkeiten, die in Europa 1918 entstandenen machtpolitischen Verhältnisse zu revidieren. Ihr Ziel war, die Fesseln der Pariser Friedensverträge zu sprengen und ökonomisch, politisch und militärisch wieder an Einfluß zu gewinnen. Daß bei dieser Zielvorstellung eine starke Arbeiterbewegung ebenso hinderlich war wie die Staatsform der parlamentarischen Demokratie, galt erheblichen Teilen dieser Führungsschichten als selbstverständlich. Und daß andererseits militaristische Verbände auf der extremen Rechten dabei nützlich, vielleicht sogar notwendig waren, ebenfalls.

4) Mit der Industrialisierung hatte sich die Sozialstruktur in den entwickelten Ländern wesentlich verändert. Eine neue soziale Klasse war entstanden, die Klasse der Lohnarbeiter. Aus dieser Klasse entwickelte sich die Arbeiterbewegung, und deren Forderungen nach besseren Arbeits- und Lebensbedingungen und insbesondere nach Abschaffung der Lohnarbeit und nach Aufhebung des Privateigentums an den

Produktionsmitteln führte beim besitzenden Bürgertum und beim Großgrundbesitz zu neuen Reaktionen. Seit 1848 kam es in einer Reihe von Ländern zur Explosion der sozialen Spannungen und zu massiven Einsätzen von Polizei und Miltär, um Revolutionsversuche niederzuhalten.

Bis zum Ersten Weltkrieg war dies tatsächlich auch in allen Ländern gelungen. Der Weltkrieg hatte jedoch durch die gewaltigen Opfer, die der Bevölkerung auferlegt wurden, durch Hunger und Elend und die bislang für unvorstellbar gehaltenen Massaker dem Protest gegen die bestehende Gesellschaftsordnung enormen Auftrieb gegeben. So kam es am Ende des Krieges in den meisten europäischen Ländern zu revolutionären Bewegungen, die auf den Sturz der bürgerlichen Eigentumsordnung zielten. Diese Entwicklung war für die besitzenden Schichten umso bedrohlicher, als in Rußland im Oktober 1917 der revolutionäre Umsturz gelungen war, der nun als Signal für die Revolutionsbewegungen in anderen Ländern wirkte.

Besonders stark bedroht fühlten sich dabei die Führungsschichten in den Ländern, die an Rußland grenzten, also in Finnland, Polen, Rumänien, aber auch die in Bulgarien und Ungarn. In Finnland und Ungarn hat die Revolution 1918/19 sogar vorübergehend siegen können. In den meisten dieser überwiegend noch agrarischen Länder ging es vor allem auch um eine Bodenreform, von der sich die Großgrundbesitzer bedroht sahen. Der Drang der Führungsschichten in diesen Ländern, die Revolutionsgefahr zu unterdrücken, auch unter Einsatz staatlichen Terrors, traf nun aber zusammen mit Bestrebungen der westlichen Siegermächte, ihre weitreichenden ökonomischen Interessen in diesen Ländern zu sichern. (Ein beträchtlicher Teil der Naturschätze und Industrieanlagen war ja – wie auch in Rußland vor 1917 – im Besitz englischen und französischen Kapitals.) So griffen sie tatkräftig ein, um die bolschewistische Revolution einzudämmen und womöglich wieder rückgängig zu machen. Die Staaten Osteuropas wurden zu einem antibolschewistischen „cordon sanitaire" im Bündnis mit Frankreich zusammengefaßt. Zugleich wurde in diesen Ländern – mit Ausnahme der Tschechoslowakei – die parlamentarischeDemokratie preisgegeben (oder gar nicht erst zugelassen), wurden Diktaturen errichtet. „Präventive Konterrevolution" hieß dieses Konzept der bürgerlichen Schichten Europas später in der kritischen Faschismusforschung. Die meisten dieser Regimes gliederten sich dann nach 1933 in das vom deutschen Faschismus geführte Bündnissystem und in dessen Kriegspolitik gegen die Sowjetunion ein und gingen mit dem deutschen Faschismus zugrunde. Aber auch für die Führungsschichten in den Ländern Mitteleuropas bildete die revolutionäre Welle der Jahre nach 1918 eine starke Gefahr. Sie wurde noch dadurch erhöht, daß sich die herkömmlichen Staatsorgane als unzureichend im Kampf gegen die revolutionäre Bewegung erwiesen. In dieser Situation wuchs bei den Führungsschichten die Bereitschaft, die aus dem Krieg und – in Deutschland, Österreich, Ungarn und Italien – aus der Enttäuschung über das Kriegsresultat entstandenen militaristischen und rechtsextremen Stimmungen, Ideologien und Organisationen zu nutzen und auch aktiv zu befördern, um die revolutionäre Bewegung niederzuwerfen. In allen Ländern, in denen diese rechtsextremen Organisationen und Bewegungen jetzt einen Aufschwung erlebten, wurden sie mit Geld und Waffen versorgt, um diesen Kampf effektiver führen zu können. Und in Italien wurde ihnen bereits 1922 auch die politische Macht übertragen.

In den meisten Ländern wurde die Periode revolutionärer Kämpfe 1923/24 dann zwar abgelöst durch eine Periode ökonomischer und politisch Stabilisierung, in der sich – nachdem die kapitalistische Eigentumsordnung wieder gefestigt war – die parlamentarische Staatsform konsolidieren konnte. Als jedoch nach 1929 die große Wirtschaftskrise die sozialen Konflikte wieder enorm verschärfte, wurden diese Erfahrungen aus der Revolutionsperiode für die Führungsschichten wieder aktuell und attraktiv.

5) 1929 setzte die große Wirtschaftskrise ein. Diese Krise definierte alle politischen Bedingungen neu: die soziale Lage der verschiedenen Schichten und Klassen, ihre Interessen, ihr Bewußtsein, ihr Verhalten. Sie führte in allen kapitalistischen Ländern zu Millionen von Arbeitslosen, zur rapiden Proletarisierung beträchtlicher Teile der selbständigen Mittelschichten und zur materiellen und psychischen Verelendung breiter Bevölkerungsteile. Große Bevölkerungsmassen wurden von Angst und Verzweiflung ergriffen und suchten nach einem Ausweg, nach einer radikalen Alternative. In diesem Kontext gewannen in den meisten Ländern faschistische Bewegungen an Boden, die als Ausweg proklamierten: die Abschaffung der Demokratie, die zu schwach und unfähig sei, die großen Probleme der Zeit zu bewältigen; die Errichtung einer starken, handlungsfähigen, autoritären Staatsgewalt, die mit inneren und äußeren Feinden fertig werden könne; die Ausschaltung der Arbeiterbewegung, die die nationale Einheit durch den Klassenkampf zerstöre, und damit auch die definitive Ausschaltung der kommunistischen Revolutionsgefahr; und schließlich die Ausschaltung „volksfremder Elemente", denen unterstellt wurde, daß sie die biologische Grundlage der nationalen Einheit und Handlungsfähigkeit zerstörten, womit die meisten faschistischen Bewegungen vor allem die Juden meinten.

Zwar konnten im Gefolge der Wirtschaftskrise solche Bewegungen in vielen Ländern Zulauf gewinnen – zumal, wie ich dargelegt haben, durch den Kolonialismus der Vorkriegszeit und durch den Ersten Weltkrieg solche Ideologien des Rassismus und des Imperialismus schon im Bewußtsein breiter Schichten verankert worden waren. Besonders starken Zulauf erhielt die faschistische Bewegung jedoch in denjenigen Ländern, in denen noch drei zusätzliche Bedingungen vorhanden waren.(Das Folgende bezieht sich vor allem auf Deutschland, jedoch wären auch Italien, Japan und Österreich unter diesen Kriterien zu prüfen.)

Erstens hatte hier bis 1918 ein monarchisch autoritäres Staatsgebilde geherrscht, dem weitverbreitete autoritäre Ideologien insbesondere in den bürgerlichen Schichten entsprachen. Für das Bürgertum in England, Frankreich und anderen westeuropäischen Ländern war die parlamentarische Demokratie Resultat seines eigenen Kampfes gegen Feudalismus und Absolutismus gewesen. Dagegen stellte die Demokratie für das deutsche (und österreichische) Bürgertum das Symbol und das Resultat der militärischen Niederlage von 1918 und zugleich das Symbol und das Resultat einer von der Arbeiterbewegung getragenen Revolution dar.

Zweitens hatte für Deutschland und Österreich der Krieg mit einer Niederlage und mit aufgezwungenen Friedensverträgen geendet, die Gebietsverluste und jahrzehntelange Reparationszahlungen – und für Österreich sogar die Auflösung des bisherigen Staatsverbandes – zum Inhalt hatten. Denn dieser Krieg war eben von beiden Seiten als ein imperialistischer geführt worden, wie die Pariser Verträge und das Anschlußverbot für Österreich drastisch deutlich machten. Besonders in Deutschland konnte nun – unter den Bedingungen der Wirtschaftskrise und der verzweifelten Suche der Massen nach einem Ausweg – eine Agitation sehr viel breiter wirken, die als Ursache für das Übel „nationale Unterjochung" durch äußere Feinde, durch die Friedensverträge von 1919, und als Ausweg die Aufrüstung und die Wiederherstellung der alten Macht und Herrlichkeit propagierte.

Und drittens: Die lange Vorherrschaft des monarchisch-autoritären Staates in Deutschland und Österreich hatte bewirkt, daß auch die Staatsorgane, insbesondere Justiz, Militär und Verwaltung, zutiefst von autoritärem Geist durchdrungen waren. Diese Staatsorgane aber waren – insbesondere in den höheren Positionen – nach 1918 beinahe unverändert übernommen worden. So ist es nicht verwunderlich, daß sie die Demokratie als einen Fremdkörper empfanden, daß sie die Linke als Hauptgefahr ansahen, und daß sie deshalb die faschistische Bewegung mit viel Sympathie behandelten. So konnte der Faschismus seine Aktivitäten in Deutschland und in Österreich (wie vor 1922 auch schon in Italien) nahezu unbehindert entfalten, während er in den „alten" Demokratien auch bei den Staatsorganen auf gewisse Hindernisse traf.

Für die Machteliten in Militär und Wirtschaft im Deutschen Reich, dem stärksten Industriestaat Europas, aber bot die Krise nun die Chance, im Bündnis mit der faschistischen Bewegung alle Hindernisse wegzuräumen, die einer neuen Machtpolitik nach innen und außen im Weg standen: die Gewerkschaften und die Parteien der Linken, die demokratische Verfassung und den gesamten Parlamentarismus.

III

So waren also in einem längeren geschichtlichen Prozeß in den europäischen Ländern Bedingungen entstanden, die in der Periode nach dem Ersten Weltkrieg zur Formierung eines qualitativ neuen Typs politischer Bewegungen und – in den Ländern Mittel-, Ost- und Südeuropas – zur Errichtung eines qualitativ neuen Typs politischer Herrschaft führten. Der *soziale Inhalt* all dieser faschistischen und faschismusählichen Regims ist dadurch gekennzeichnet, daß der arbeitenden Bevölkerung jede Möglichkeit genommen wird, ihre Interessen überhaupt noch zu artikulieren. Die Organisationen der Arbeiterbewegung werden zerschlagen, ihre Ideen als staatsfeindlich verboten, ihre aktiven Vertreter werden verhaftet und oft genug umgebracht. Wie in der Gesamtgesellschaft so wird auch im einzelnen Betrieb die Machtfrage zugunsten der Besitzenden entschieden.

Im „Gesetz zur Ordnung der nationalen Arbeit" von 1934 heißt es in aller Klarheit im § 1: „Der Unternehmer ist der Führer des Betriebes. Er entscheidet in allen betrieblichen Angelegenheiten." Die charta de lavoro des italienischen Faschismus trifft die gleiche Entscheidung. Das ist sozusagen die soziale Substanz solcher Regime von Italien bis zum gegenwärtigen Chile.

In geschichtlicher Perspektive bedeutet Faschismus den vollständigen Sieg der Gegenrevolution, also nicht nur die Auslöschung aller politischen und sozialen Rechte, die durch die Arbeiterbewegung errungen worden waren, sondern auch die Auslöschung der bürgerlichen Rechte, die „Ausradierung des Jahres 1789", wie der deutsche Faschismus proklamierte.

Bezüglich der *Herrschaftsmethoden*, mit denen dieser soziale Inhalt durchgesetzt wurde, sind allerdings wesentliche Unterschiede erkennbar. Die Diktaturen, die in der Periode nach 1918 errichtet wurden, stützen sich zum Teil auf Massenbewegungen, insbesondere in Italien und in Deutschland. Diese Regime sind also faschistisch im vollen Sinn des Wortes. In einem gewissen, allerdings deutlich geringeren Grad gelang dies auch dem ständestaatlichen, klerikalfaschistischen Regime, das 1930 in Österreich errichtet wurde, und in noch geringerem Grad der Franco-Diktatur in Spanien, die aus einem Militärputsch 1936 hervorging, nachdem die Linksparteien einen großen Wahlsieg errungen und durch Sozialreformen die Privilegien der gesellschaftlichen Führungsschichten bedroht hatten. Diese Regime sind dem Faschismus nahe verwandt, weisen aber auch Merkmale traditionell-konservativer Diktaturen auf.

Wichtiger noch ist eine *funktionale Differenz*: In den kleineren Ländern richtet sich die Diktatur nur gegen den „inneren Feind". In den großen, zu einem eigenständigen Imperialismus fähigen Ländern, also in Deutschland, Italien und Japan, aber bedeutet Faschismus von Anfang an auch Vorbereitung auf den Eroberungskrieg. Die Aggressorenkoalition des Zweiten Weltkrieges wurde gebildet von denjenigen kapitalistischen Potentaten, die seit dem 19. Jahrhundert bei der Verteilung der Welt zu kurz gekommen waren und nun eine Neuverteilung der Welt durch Krieg erkämpfen wollten. In dieser Perspektive ist der Faschismus diejenige Herrschaftsform, die eine optimale Zusammenfassung aller ökonomischen und ideologischen Kräfte der Nation für den Krieg gewährleistet, d.h. auch: eine vollständige Eliminierung aller Kräfte, die den Weg in den Krieg behindern könnten. Auch hier war die Arbeiterbewegung das Haupthindernis, aber im weiteren Fortgang war es dann für ihre Behandlung gleichgültig, ob diese Kräfte kommunistisch oder konservativ, ob sie pazifistisch oder christlich motiviert waren. Der Terror nach innen hin ist also schon vorab eingeordnet in das Konzept des Eroberungskrieges.

Was speziell den deutschen Faschismus betrifft, so radikalisierten Militär und Industrie die Eroberungsziele, die sie schon im Ersten Weltkrieg verfolgt hatten, nun ins Gigantische. Im Bündnis mit der NSDAP visierten sie nun die Unterwerfung Europas vom Atlantik bis zum Ural an, um die Rohstoffe und Arbeitskräfte dieses gewaltigen Raumes für die deutsche Wirtschaft dauerhaft verfügbar zu machen. Das kaum vorstellbare Ausmaß der Verbrechen dieses Regimes ist keineswegs irrational, sondern ergibt sich ziemlich konsequent aus dem Ausmaß dieser Eroberungsziele: Wenn man die europäischen Völker unterwerfen und dauerhaft niederhalten wollte, dann waren solche Methoden unumgänglich, und die Planungen und die reale Politik zeigen denn auch, daß sich die Herrschenden dessen von Anfang an bewußt waren.

Der Einmarsch in Österreich war im Rahmen dieser Konzeption – wie immer er ideologisch begründet und wie immer er von den Zeitgenossen subjektiv erlebt wurde – eine Etappe auf diesem Weg zur Unterwerfung Europas, auf einem Weg, dessen erste und grundlegende Etappe die Unterwerfung Deutschlands selbst gewesen war. Daß der Faschismus dabei in Deutschland wie Österreich eine große Zahl von Helfern fand, war eine Bedingung für seine Diktatur und für seinen Krieg; eine *Bedingung*, aber nicht die *Ursache* und nicht die *treibende Kraft*. Diese müssen in der Interessenlage und in der Zielsetzung der Machteliten in Militär und Wirtschaft gesucht werden – und die Dokumente weisen dies auch aus.

"VOLKSEMPFÄNGER"

Grafik:
Markus A. Stieber
Volksempfänger

Norbert Schausberger

Die Eingliederung Österreichs in das Dritte Reich

In europäischer Perspektive

Geschichte und Verantwortung ist das Rahmenthema dieses Symposions, das die Österreichische Hochschülerschaft veranstaltet. Damit wird impliziert, daß Geschichte lebt und fortwirkt – und wir Menschen aufgefordert sind, mit ihr ins Reine zu kommen. Dies gilt vor allem für die Ereignisse, die im März 1938 in so gravierender Weise die österreichische Geschichte im 20. Jahrhundert bestimmt haben. Meiner Meinung nach ist es die Hauptaufgabe des Historikers, nach einer Analyse der Vergangenheit die Lehren aus dem Geschehen zu ziehen. Diese Ausführungen konzentrieren sich daher auf die Frage, welche Schlüsse wir aus dieser düsteren Zeit auf die Gegenwart und Zukunft ziehen können.

In der gegenwärtigen Diskussion über das Bedenkjahr 1988 fehlt mir ein Aspekt, sowohl in der innerösterreichischen als auch in der internationalen Diskussion, der, obwohl er seit mehr als 20 Jahren aufbereitet und dokumentarisch nachgewiesen ist, offensichtlich aus der momentanen politischen, innerpolitischen Situation nicht zum Tragen kommt, der aber auch zu bedenken ist.

Ich meine die internationale Perspektive des Problems des Jahres 1938. Die internationale Perspektive, die im Zusammenhang mit einer ökonomischen, aber auch mit einer strategischen Komponente steht. Nun, es ist heute eigentlich kein Geheimnis mehr, daß es immer wieder in Europa machtexpansive und wirtschaftsexpansive Kräfte gegeben hat, die von einem Großraum, ob Großwirtschaftsraum oder Großlebensraum, geträumt haben. Gerade in der mitteleuropäischen Perspektive zeichnet sich das spätestens seit Ende des 19. Jahrhunderts ab. Wir wissen, daß der wilhelminische Imperialismus Ende des 19. und Anfang des 20. Jahrhunderts eine eindeutige Interessenslinie nach Südost-Europa, ja bis in den Vorderen Orient aufzuweisen hat, und der Weg dorthin ging schon damals über Österreich. Diese wirtschaftsexpansive Interessenslinie ist auch in der Weimarer Republik nicht unbeachtet geblieben. Zwar verdeckt, weil man nicht so offen agieren konnte, wie man wollte. Sie erfuhr erst ab 1933 mit der Machtübernahme des Nationalsozialismus in Deutschland eine neue Dynamik, eine Dynamik, die in wenigen Jahren zum Ausbruch des Zweiten Weltkrieges geführt hat.

In diesem Zusammenhang muß ich natürlich den Rahmenplan erwähnen, den die Nationalsozialisten und hier in erster Linie Hitler selbst entwickelt haben. Unter Rahmenplan versteht man in diesem Zusammenhang nicht einen festgelegten Plan, der sich an bestimmten Daten orientiert, sondern der ausgeht von der oft formulierten Wiederholung Hitlers in bezug auf seine Ziele: „Bei günstiger Gelegenheit". Was hat das mit Österreich zu tun? Hitler hat ja bekanntlich, und das ist beinahe bis in das letzte Detail heute erforscht – eine ganze Bibliothek ist voll mit Hitler-Literatur –, die meisten seiner Ideen hier in Österreich empfangen, in der Zeit vor dem Ersten Weltkrieg, wo er als verbummelter Kunststudent sehr begierig alles aufgenommen hat, was sich in der damaligen Weltstadt Wien abgespielt hat. Das reicht vom Antisemitismus über den Antiparlamentarismus bis zum Deutschnationalismus hin, und auch die Rassenideologie, die ökonomischen Vorstellungen gehören dazu. Teils geschah das durch Literatur als Autodidakt, teils durch seine Erlebnisse und seine Erfahrungen, die er in Wien gewonnen hat. Ich möchte damit nicht behaupten, daß das ganze Gebäude seines Welteroberungsplanes auf die österreichisch-ungarische Monarchie zurückgeht, aber es sind hier Denk- und Verhaltensmuster vorgegeben, die Hitler nicht unbeeinflußt gelassen haben. Vor allem das Nationalitätenproblem, die Vielfalt, die Pluralität in der Nationalitätenfrage, haben Hitler überzeugt gemacht, daß nur in einem einheitlichen und, wie er gesagt hat, rassereinen Großstaat eine Dynamik entwickelt werden kann, mit der diese Pläne in die Tat umzusetzen sind.

Dieser Rahmenplan ist bekannt, obwohl er nicht aufgezeichnet ist.[1]) Es existiert kein schriftliches Dokument, wo verzeichnet wäre, in welchen Etappen er zu verwirklichen wäre, wir können das nur retrospektiv erschließen aus den Handlungsweisen und aus den sonstigen Gegebenheiten der nationalsozialistischen Bewegung nach 1933. Dieser Rahmenplan ist erstens gekennzeichnet durch die totale Machtübernahme in Deutschland selbst. Totale Machtübernahme heißt nicht, nur Reichskanzler zu sein, sondern totale Machtübernahme heißt Diktatur, und zwar eine totalitäre Diktatur zu errichten, um das ganze deutsche Volk gleichzuschalten und bereit zu machen für einen „zweiten Anlauf", d.h. in einem zweiten Anlauf nach dem Wilhelminismus eine Weltmachtstellung zu erringen. Diese Etappe war bereits 1934 erreicht – es ging also in einem unglaublichen Tempo. Und schon das ist eine Lehre, die wir ziehen können, schon das ist ein Hinweis, daß nämlich politische Entwicklungen eine Eigendynamik entwickeln können von einer ungeheuren Schnelligkeit, die momentan vielleicht gar nicht vorstellbar ist. Das hängt mit den ökonomischen Verhältnissen zusammen; es ist kein Geheimnis, daß die triste soziale und wirtschaftliche Situation im Deutschen Reich das Aufsteigen des Nationalsozialismus begünstigt hat.

Wir kennen die kongruenten Linien, die es da gibt, daß also ein Gleichklang besteht zwischen der Zunahme der Arbeitslosigkeit und der Zunahme der Mitgliederzahlen der NSDAP und der nationalsozialistischen Reichstagsabgeordneten. Obwohl das sicher-

DIE EINGLIEDERUNG ÖSTERREICHS IN DAS DRITTE REICH

lich nicht der einzige Grund für das ganze Geschehen ist, ist es aber doch ein Symptom, ein bedeutungsvolles Symptom, das auch für die Gegenwart nicht unbedeutend sein mag. Denn ökonomische Schwierigkeiten, vor allem die Massenarbeitslosigkeit und hier insbesondere wieder die Jugendarbeitslosigkeit, sind verheerende Frustrationspotentiale in einer jungen Generation, die sich dann nicht mehr mit dem jeweiligen Staat identifiziert, sondern in gewisser Hinsicht, in einer Deprivationsphase befindlich, alle Aspekte eines gemeinsamen gesellschaftlichen und politischen Lebens ablehnt und da her auch außerordentlich anfällig wird für alle demagogischen Verführungen, die auf sie einstürmen.[2])

Die zweite Etappe hat Hitler in der Außerkraftsetzung des Vertrages von Versailles gesehen. Das heißt, er ging ganz bewußt auf Bruch des internationalen Rechtes aus. Aufhebung des Vertrages von Versailles, das bedeutete die volle Souveränität für Deutschland wieder zu erringen, die Wehrhoheit und das Rheinland wieder zu gewinnen. Das nächste Ziel war die Angliederung der Republik Österreich, die sich ja selbst in einem außerordentlich schwierigen Zustand fand, aber das notwendige Sprungbrett nach dem Südosten Europas darstellte. Die inneren Verhältnisse in Österreich sind den Nationalsozialisten außerordentlich entgegengekommen: Erstens, weil in Österreich selbst eine sehr starke nationalsozialistische Bewegung vorhanden war, allerdings, um der Wahrheit genüge zu tun, erst ab den 30er Jahren. Die Nationalsozialisten haben vor den 30er Jahren wenig Rolle gespielt in Österreich. Nicht allerdings das Gedankengut, auf dem der Nationalsozialismus basiert. Ich verweise hier nur auf den traditionellen Antisemitismus, den wir ja seit der österreichisch-ungarischen Monarchie kennen und der, wenn ich das jetzt nur kurz fassen darf, sich eindeutig in zwei Linien manifestiert hat, nämlich in der Schönerianerisch-deutschnationalen Linie und einem eindeutigen rassenideologischen Antisemitismus und in der milderen christlich-sozialen Luegerischen Linie. Hitler hat das ja selber in seinem Buch „Mein Kampf" eindeutig festgelegt, daß er ganz auf der Seite Schönerers steht, d.h. daß es ihm darauf ankommt, die Juden nicht nur zu degradieren, sondern sie letztendes auch zu vernichten.[3]) Und das ist ein Gesichtspunkt, den wir zweifellos auch in der Schönerer-Bewegung vorfinden, d.h. also, diese gedanklichen, ideologischen Wurzeln, diese Wurzelzonen, möchte ich beinahe sagen, hängen nicht unbedingt mit der nationalsozialistischen Bewegung zusammen. Sie hängen auch nicht unbedingt mit einer parteipolitischen Bewegung zusammen. Wir haben den Antisemitismus z.B. weit verbreitet in den verschiedensten österreichischen Parteien. Ja es gibt, obwohl die Führungsschicht alles andere als antisemitisch ist, sogar in der sozialdemokratischen Partei gewisse antisemitische Strömungen zu verzeichnen.

Nach 1918, als diese Donaumonarchie auseinanderbrach, haben viele Österreicher, und zwar sowohl Politiker als auch Wissenschaftler als auch viele Schichten der Bevölkerung, die Lebensfähigkeit dieses „Restes", wie es Clemenceau so eindrucksvoll formuliert hat, dieses Restes Österreichs geleugnet. Sie haben geglaubt, der neue Staat sei nicht lebensfähig. Wir wissen heute längst, und das ist auch damals schon von Wirtschaftswissenschaftlern wie Friedrich Hertz zwar analysiert, aber nicht zur Kenntnis genommen worden, daß dieses Land lebensfähig ist. Es war ja auch in der Ersten Republik schlecht aber doch lebensfähig.[4]) Mit diesem Problem der Lebensfähigkeit bzw. Lebensunfähigkeit taucht ein ganz verhängnisvoller Faktor in der österreichischen Geschichte auf, nämlich das permanente Anlehnungsbedürfnis und Anschließungsbedürfnis an irgend jemanden. Wenn man nämlich glaubt, selber im eigenen Rahmen nicht existieren zu können, dann liegt der Schluß nahe, von außen her Hilfe zu erwarten. Von außen her, entweder von anderen Staaten oder von Staatenvereinigungen, also vom Völkerbund oder von Nachbarstaaten. In der damaligen Situation kam praktisch nur das Deutsche Reich in Frage für ein solches Anlehnungsbedürfnis, und die Deutschen haben das gerne gesehen, wenn auch zunächst nicht offen vertreten. Bei ihnen galt insgeheim die sogenannte Kompensationstheorie, d.h. die Vorstellung, daß man bei den Friedensschlüssen nach dem Ersten Weltkrieg Gebietsverluste hinzunehmen haben wird, und da könne es also sehr gelegen kommen, Österreich dazuzugewinnen, um somit ein Äquivalent für die zu erwartenden Verluste zu erhalten und außerdem eine Ausgangsbasis für den Griff nach Südosten, für den ökonomischen Drang zu neuen Rohstoffgebieten im Südosten, zu erwerben.

Warum überhaupt dieser Drang nach dem Südosten? Nun, das hängt mit der Ökonomie zusammen. Ein Faktor, der in der heutigen Diskussion leider wieder untergeht oder nur schwach berücksichtigt wird. In Wirklichkeit sind ökonomische Faktoren entscheidende Triebkräfte des historischen Geschehens. Da brauchen wir nicht erst weit auszuholen und quasi Altmeister auf diesem Gebiet zu zitieren, das sind die ganze Geschichte hindurch zu verfolgende eindeutige Faktoren, daß es ökonomische Triebkräfte gibt, die darauf aus sind, das eigene Land, den eigenen Staat größer, stärker, reich zu machen. Und bei den Deutschen spielt das eine ganz besondere Rolle, weil Deutschland außer Steinkohle und Kalisalzen ja über keine wesentlichen Rohstoffe, die für eine Großindustrie notwendig sind, verfügt, d.h. sie alle einführen muß. Und Einfuhr bedeutet Abhängigkeit. Deutschland ist nie autark gewesen, weder im Ersten Weltkrieg noch im Zweiten, und das hat sich ja bekanntlich entsprechend ausgewirkt. Das hat z.B. die Blitzkriegsstrategie im Zweiten Weltkrieg mitentwickeln geholfen, nämlich den Plan der schnellen Niederwerfung der Gegner, um deren Ressourcen einzugliedern und mit jedem Schlag stärker zu werden, um schließlich den Kampf um die Weltherrschaft aufnehmen zu können.

Das sind Tatsachen, die in der heutigen Diskussion wenig berührt werden, obwohl sie ein entscheidendes Movens oder Agens der Triebkräfte sind, die sich im 20. Jahrhundert entfalten. Konkret heißt das: über Österreich geht der Weg nach dem Südosten, dort sind teilweise die nötigen Rohstoffe zu finden. Dort ist die ökonomische Expansionsmöglichkeit. Dort ist die Abgesichertheit. Nicht in kolonialen überseeischen Räumen. Hitler ist ganz bewußt nicht auf den Erwerb von Kolonien ausgegangen, sondern er hat eindeutig erkannt, daß man, eben weil man die Seeherrschaft nicht besitzen wird, die Rohstoffgebiete in der näheren Umgebung, also im Anschluß an Deutschland zu finden haben wird, d.h. in Südost- und Osteuropa.

Südosteuropa ist aber selbst nur eine Etappe. So wie Österreich eine Etappe ist auf dem Weg nach Südosteuropa, so ist Südosteuropa eine Etappe auf dem Weg nach Osteuropa. Nach Osteuropa, und zwar in die ungeheuer reichen Gebiete der Ukraine und bis zum Ural und Kaukasus. Dieser Raum hätte tatsächlich eine Autarkisierung, also eine Selbstversorgung der deutschen Wirtschaft ermöglicht und hätte Deutschland erlaubt, wenn es die Hegemonie über den gesamten europäischen Kontinent besessen hätte, letzendes den großen und endgültigen Kampf mit der überlegenen Weltmacht, die damals erst im Werden gewesen ist, mit den Vereinigten Staaten, aufzunehmen. Es liegen aus dem englischsprachigen Bereich sehr interessante Untersuchungen über das mögliche und über das reale Potential bei Kriegsausbruch vor. Dieses zeigt nämlich in Wirklichkeit die ganze Situation von einer anderen Seite.[5] Deutschland hat zwar, und das war ja der Plan Hitlers, einen momentanen Rüstungsvorsprung erreicht. Was es aber nicht und nie erreichen konnte aus eigener Kraft, war eine Gesamtüberlegenheit über die potentiellen Gegner. Das wäre nur zu erreichen gewesen, wenn Hitler zumindest die gesamte Verfügungsgewalt über den europäischen Kontinent plus der wichtigsten Teile der Sowjetunion erreicht und in Verbindung mit dem japanischen Partner die ostasiatische Stellung hinzugewonnen hätte. Dann wäre dem gesamten Ressourcenpotential nach ein Entscheidungskampf selbst mit den Vereinigten Staaten, natürlich nur theoretisch, möglich gewesen.

Österreich ist auf diesem Weg zwar eine kleine erste Station, aber ein erster notwendiger Schritt. Man kennt das chinesische Sprichwort, daß auch die längste Reise mit dem ersten Schritt beginnt. Und auch der Welteroberungsplan beginnt mit einem ersten Schritt, und dieser erste Schritt liegt ganz in der Nähe des eigenen Bereichs. Er liegt eben in der Verfügungsgewalt über die Alpenrepublik. Was hat denn Deutschland durch die Eingliederung Österreichs überhaupt gewinnen können?

Damit sind wir bei der spezifisch österreichischen Situation. Das Österreich der Zwischenkriegszeit, vielfach als das Armenhaus Europas bezeichnet, das es ja auch tatsächlich gewesen ist, dieses Österreich hat zwei große Vorteile für einen solchen Rahmenplan aufzuweisen. In Österreich selbst gibt es einerseits gewisse Rohstoffe, die Deutschland entbehrt. Ich denke hier in erster Linie an das Eisenerz, an das Holz, an andere Rohstoffe wie Graphit und Magnesit, die nicht ganz unbedeutend sind und deren Gewinn zumindest eine Devisenersparnis für Deutschland bedeutet. Denn Deutschland mußte ja seit Hitler alle diese Mangelrohstoffe auf dem Weltmarkt gegen Devisen aufkaufen. Die Reichsmark war aber nicht konvertibel, d.h. man mußte auf dem Weltmarkt in Dollar, Pfund, Franken oder österreichischen Schillingen einkaufen, wenn man den Rüstungsvorsprung, der durch die frühzeitige Aufrüstung in Gang gesetzt worden war, aufrechterhalten wollte. Also war in Österreich manches zu gewinnen, was zumindest eine Devisenersparnis bedeutete und das Tempo sowie den Umfang der Rüstung aufrechterhalten konnte.[6])

Auf der anderen Seite kommen aber auch strategische Gesichtspunkte hinzu: Mit der Einverleibung Österreichs ist zunächst einmal eine gemeinsame Grenze mit dem Achsenpartner gegeben. Der niedrigste Alpenübergang, der Brenner, gerät in deutsche Hand. Die Tschechoslowakei ist in einer strategisch hoffnungslosen Lage. Sie ist von Norden, Westen und Süden her kaum mehr militärisch verteidigungsfähig, und vom Wiener Raum aus ist gerade auch über den Donauweg der beste Zutritt in die rohstoffreiche Balkanregion. D.h. es ist hier manches zu holen. Das Allerwertvollste allerdings, und das geht aus den deutschen Geheimdokumenten bereits seit 1936 hervor, war der österreichische Gold- und Devisenschatz. Es erregt immer wieder Kopfschütteln und Staunen, wenn bekannt wird, daß dieses arme, in der Zwischenkriegszeit verarmte Österreich, das tatsächlich, gemessen an der Zahl der Bevölkerung die höchste Arbeitslosenrate im Europa der Zwischenkriegszeit hatte, daß dieses Österreich einen beträchtlichen Gold- und Devisenschatz angesammelt hatte. Das hängt mit der damaligen Wirtschaftspolitik des austrofaschistischen Systems zusammen, die vor allem darauf ausging, eine stabile Währung aufrechtzuerhalten. Der Schilling war damals als Alpendollar eine konvertible und sehr gefestigte Währung und war mit über 30 % durch Gold und Devisen gedeckt. Und das war zunächst die wertvollste Beute Hitlers. Wir wissen, daß zwei Gestapo-Kommandos am 12. März 1938 in den frühen Morgenstunden auf dem Flughafen Aspern gelandet sind.

Das eine, das mit den vorbereiteten Verhaftungslisten unterwegs war und sofort die nötigen Maßnahmen ergriffen hat, und das andere, das zur Nationalbank vorgefahren ist. Zur Nationalbank, wo bereits die Goldbarren verladen wurden, man wollte sie noch rasch über die Tschechoslowakei zur Bank von England bringen, um sie den Deutschen zu entziehen. Das ist nicht gelungen, den Deutschen ist praktisch die gesamte Beute in die Hand gefallen. Sie hat, wenn man das jetzt so global vergleicht, den ungefähr 17 1/2-fachen Wert dessen, was die deutsche Reichsbank damals in den Tresoren an Gold und Devisen liegen hatte. 76 Millionen Reichsmark hatte Deutschland Anfang 1938 zur Verfügung an Devisen. Das ist eine derartig lächerliche Größe, die praktisch jedes bessere Bankhaus besaß und mit der eine in Hochrüstung befindliche Großmacht einfach nicht mehr weiter konnte. Ein Zustand, in dem nurmehr die Alternative blieb, den Vorsprung der Rüstung zu verlieren oder neue Ressourcen dazuzugewinnen. Diese Alternative ist natürlich in der heutigen Diskussion vollkommen untergegangen, obwohl sie ein wesentlicher Aspekt gewesen ist. In Österreich sind den Deutschen 1,3 Milliarden Reichsmark in die Hand gefallen, wenn man die gesamten abgelieferten Werte hinzunimmt, die durch die Zwangsablieferung festgelegt worden sind. Aus den deutschen Papieren können wir entnehmen, daß bis Ende 1938 der Vorsprung und das Tempo der deutschen Rüstung durch diese Beute aufrechterhalten werden konnte[7]).

Doch die Beute war nicht nur eine staatliche. Die Beute im Jahr 1938 war durchaus eine private. Es haben sich auch sehr viele Österreicher daran beteiligt, und da sind wir bei der sogenannten Anschlußfrage. Ich habe schon erwähnt, daß der Nationalsozialismus natürlich in Österreich eine sehr starke Position hatte. Gerade in letzter Zeit sind auch verschiedene Publikationen erschienen, die die Theorie vertreten, daß eigentlich die Nazis in Österreich schon vor dem Einmarsch die Macht ergriffen hätten.[8])D.h., daß der Einmarsch gar nicht notwendig gewesen wäre, was ja auch Seyß-Inquart gemeint hat: daß es eine Machtübernahme von unten gewesen sei. Nun, ich glaube, so kann man das sicherlich nicht sehen. Denn warum ist in den Bundesländern schon am 11. März, also noch vor dem Einmarsch, praktisch die Macht in den zentralen Behörden von den Nationalsozialisten übernommen worden? Nur weil vorher eine Reihe von Ultimaten an Österreich abgegangen sind, und Ultimaten sind bekanntlich letzte Forderungen. Es ist ja insgesamt fünfmal vorher mit dem Einmarsch gedroht worden, d.h. es sind Ultimaten abgegeben worden, die den Einmarsch angedroht haben, wenn die Bedingungen nicht erfüllt würden. Es begann schon mit Berchtesgaden, und kaum vermerkt wird das Keppler-Ultimatum vom 5. März 1938.

Die Wirtschaftskreise in Österreich haben nach Berchtesgaden sehr rasch erkannt, daß das dem Ende zutreibt, und da hat eine sehr charakteristische Kapitalflucht eingesetzt. Eine Kapitalflucht nach dem westlichen Ausland, und gerade das wollte man natürlich in Berlin vermeiden, weil die Devisen als eine Hauptbeute angesehen wurden. Vor allem auch das jüdische Vermögen. Wir haben genügend Dokumente, die eindringlichst von Berlin aus nach Wien kommen und immer wieder warnen: Sperrt die Grenzen, laßt sie nicht „mit dem Vermögen abschieben".[9]) Vor allem das jüdische Vermögen „muß in unserer Hand bleiben, denn das ist nicht nur leicht zu bekommen, sondern es hat auch einen ganz beträchtlichen Umfang". Wir wissen heute, daß das jüdische Vermögen in Österreich, das der Arisierung letztendes zum Opfer gefallen ist, einen Gesamtwert von etwa 10 Milliarden Reichsmark ausgemacht hat. Das ist keine unbeträchtliche Größe. An diesem Beutezug haben sich natürlich nicht nur die Behörden des Vierjahresplans und die deutsche Privatindustrie beteiligt, sondern auch sehr viele Österreicher. Und erst vor kurzem ist eine Zusammenstellung erschienen, wie viele arisierte Betriebe heute noch aus verschiedenen Gründen in der Hand der damaligen Ariseure sind. Entweder, weil die früheren Besitzer verstorben sind, oder weil sie die Ansprüche nicht geltend gemacht haben, oder weil sie zum Teil abgelehnt worden sind nach 1945, oder weil sich in der Betriebsstruktur bzw. im Standort etwas geändert hat. Da ist noch viel zu bewältigen.

Es war ein ungeheurer Beutezug, ein Beutezug von einem Ausmaß, wie es Österreich noch nicht erlebt hat. Österreich hat in den Jahren von 1938 bis 1945 eine derartige Umschichtung in der Eigentumsstruktur in der Wirtschaft erlebt wie in seiner ganzen Geschichte vorher nicht. Und da ist das jüdische Vermögen ein beträchtlicher Anteil. Aber es betrifft natürlich auch das andere Vermögen. Der sogenannte Anschluß im März 1938 ist von langer Hand vorbereitet und auch so organisiert worden. Es würden heute all diejenigen, die noch immer glauben, das deutsch-österreichische Problem sei ein bilaterales, sei also nur ein Problem zwischen Deutschland und Österreich, sehr überrascht sein, wenn sie die nüchternen deutschen Dokumente einsehen könnten oder wollten. Es hat jedermann heute Zutritt zu diesen Dokumenten, sie sind kein Geheimnis, man muß sich nur der Mühe unterziehen, sie anzusehen. Sie würden sehr überrascht sein, in welch nüchterner, kalter Sprache über den „sogenannten Anschluß" hier geredet wird. Da kommt der Begriff „gemeinsames Blut gehört zusammen" und wie diese Schlagworte alle geheißen haben, überhaupt nicht vor. Da geht es um nüchterne Zahlen. Es wird nicht von gemeinsamem Blut geredet. Da sind nüchterne Zahlen und strategische Überlegungen, man rechnet mit echter deutscher Gründlichkeit aus, was zu gewinnen ist, wieviel für die nächsten Monate und Jahre zu holen ist, und sonst gar nichts.

Viele Österreicher, und nicht nur Österreicher, haben noch immer nicht zu unterscheiden gelernt zwischen der Inszenierung und der Realität des Geschehens. Es ist damals eine ungeheure Inszenierung vor sich gegangen. Und da hat es sicherlich viele Verführte gegeben. Freilich, verführen lassen kann man sich auch nur in einer bestimmten Situation. Ich habe schon erwähnt, daß ein gewisser Boden dafür vorbereitet war. Da gibt es viele Faktoren: sie reichen vom Antisemitismus aus der Monarchie her über die Erste Republik bis zum Traum des Großreiches. Viele Österreicher, die damals gelebt haben, sind 1918 auf die Position eines unbedeutenden Kleinstaates geschlagen worden. Sie haben sich noch immer gesagt: wieder Großstaat zu sein, bei einer Großmacht zu sein, das wäre die Rückkehr in eine frühere große Vergangenheit, zwar unter einem anderen Vorzeichen. Das hängt natürlich auch mit den deutschnationalen Motiven zusammen, die noch immer zumindest ein Drittel der Bevölkerung sehr stark betroffen haben. Und es hängt auch damit zusammen, daß die politischen Parteien nach 1918 in dieser scheinbar ausweglosen Situation der angeblichen Existenzunfähigkeit Österreichs den Anschluß geistig betrieben haben. Und da ist praktisch keine Partei, außer der Kommunistischen Partei und den monarchistischen Bewegungen, ausgeschlossen. Auch die Sozialdemokratie war ja, solange es in Deutschland eine Sozialdemokratie gegeben hat, von dem Gedanken beseelt, eine Art demokratischen Sozialismus in Mitteleuropa im Zusammenschluß Deutschlands und Österreichs zu errichten, als Gegengewicht gegen den diktatorischen Sozialismus des Ostens und gegen den kapitalistischen Westen. Das war also zumindest bis 1933, ja zeitweise sogar darüber hinaus bis ins Exil hinein, ein verbreitetes Gedankengut sozialdemokratischer Führungspersönlichkeiten.

Auch bei den Christlich-Sozialen gab es verschiedene Richtungen. Auch hier waren durchaus Kräfte, die immer wieder das Heil im Anschluß gesehen haben. Es ist hier von den führenden Persönlichkeiten der Ersten Republik ein Bogen zumindest geistig bereitet worden, der dann im März 1938 relativ willig aufgenommen worden ist, jedenfalls ohne einen entscheidenden Widerstand. Und schließlich kommt natürlich das alte deutsch-nationale Gedankengut zum Tragen.

Auch der Ständestaat, der sich immer als zweiter deutscher Staat deklariert hat – die Dollfuß-Ideologie ist ja davon ausgegangen, daß die eigentliche deutsche Kultur eine österreichische Errungenschaft sei. Diese verheerend wirkende Ideologie vom zweiten deutschen Staat hat bis in die Anschlußtage hinein ihr Unwesen getrieben. Ich möchte das nur belegen mit der bekannten Rücktrittserklärung Schuschniggs. Was soll denn das heißen, wenn Schuschnigg bei seinem erzwungenen Abtritt, der ultimativ erfolgte, sagt, er befehle dem Bundesheer, sich bei einem etwaigen Einmarsch kampflos zurückzuziehen, „damit nicht deutsches Blut vergossen werde".

Eine uns heute völlig fremde Formulierung, die aber auch wieder ihre Wurzelzonen in dem früheren Gedankengut hat. Und wir wissen ja, daß auch Dollfuß, der Begründer dieser Österreich-Ideologie, in seinen frühen Jahren durchaus deutschnationalen Gedankengängen gegenüber aufgeschlossen war. Und da war Dollfuß nicht der einzige. Wir finden in allen Parteien prominente Persönlichkeiten, die von dieser Ideologie beherrscht waren. Es gibt also viele Wurzeln. So wie es in der Geschichte einfach keine monokausalen Erklärungsmuster gibt, ist auch das sogenannte Anschlußproblem multikausal zu sehen. Es sind viele Faktoren, die im März 1938 kumulieren.

Das heißt, die Eingliederung, die nach dem Einmarsch der deutschen Truppen vollzogen worden ist, diese Eingliederung Österreichs hat ebenfalls drei Aspekte. Sie hat einen innerösterreichischen Aspekt, sie hat einen Aspekt vom Deutschen Reich her, und sie hat auch einen internationalen Aspekt. Der internationale Aspekt ist schnell abgetan. Die mit den Achsenmächten gut stehenden Staaten haben die Eingliederung oder die versuchte Annexion auch de jure anerkannt, z.B. Italien. Die Westmächte haben sich mit der Situation de facto abgefunden. Es hat von den Westmächten keine Anerkennung der Annexion gegeben, sondern es sind die Botschaften und Gesandtschaften in Konsulate oder Generalkonsulate umgewandelt worden. Man hat sich also begnügt mit einer De-facto-Anerkennung, die dann während des Krieges nicht mehr zum Tragen gekommen ist bis zur Moskauer Deklaration von 1943. Der innere österreichische Aspekt ist wieder durch drei Eigenaspekte gekennzeichnet. Es sind nämlich drei Interessensgruppen, die den sogenannten Anschluß bzw. die Eingliederung vollziehen. Das ist die Partei, die NSDAP. Das ist die Wirtschaft, die zum Teil die Privatwirtschaft ist, und das ist natürlich auch die Wehrmacht.

Die NSDAP hat, wenn ich das auf einen gemeinsamen Nenner bringe, zwei Hauptinteressen. Sie hat ein Hauptinteresse, Österreich in seiner altgewachsenen historischen Struktur zu zerschlagen und als Ostmark sowie ab 1942 überhaupt nurmehr als Alpen- und Donaureichsgaue vollkommen der Berliner Zentralmacht zu unterstellen. Das ist ein deutlicher Parteiaspekt: nämlich das alte Zentrum Wien für die Donau- und Alpenländer auszuschalten und Berlin an seine Stelle zu setzen, eine zentrale Führung zu übernehmen. Der zweite Aspekt ist aber der, einen Prestigeerfolg durch die Beseitigung der Arbeitslosigkeit zu erzielen.

Heute ist der 15. März, das ist der Tag des Heldenplatzes. Dazu ein paar Worte, denn das ist ja jenes Ereignis, das bis heute erwähnt wird.

Ich möchte da nichts bagatellisieren oder rechtfertigen. Nur darf man eines nicht vergessen: Seit wenigen Jahren haben wir die genauen Anweisungen für die deutschen Propagandakompanien beim Einmarsch zur Verfügung. Die sind in lapidarer Kürze folgendermaßen in ihrer Aussagekraft. Da heißt es ganz kurz, wie gesagt: Der Einmarsch in Österreich ist als von den beiden Völkern mit Jubel gesehener Zusammenschluß darzustellen. Die deutsche Wehrmacht war damals die einzige Armee, die Propagandakompanien hatte, Propagandakompanien mit dem Zweck, mit Hilfe der modernsten damals zur Verfügung stehenden Medien, Film und Fotografie, die eigenen Schritte und die eigenen Aktionen in einem besonders guten Licht erscheinen zu lassen und auch zu dokumentieren. Natürlich war da die Viertelmillion auf dem Heldenplatz. Es gibt sogar Berechnungen aufgrund der Quadratmeterfläche, wieviele Menschen auf den Heldenplatz gehen. Wien hatte damals immerhin fast 1,9 Millionen Einwohner. Das ist keine Relativierung. Wir haben extra erheben lassen, wie das denn in der Ersten Republik aussieht. Die Menschenmassen, die in einer Großstadt zu mobilisieren sind, die man also für die verschiedensten Zwecke mobilisieren kann, sind immer gleich. Der Heldenplatz war mehrmals, schon früher, also z.B. bei Katholikentagen, genauso voll. Es hat früher sogar viel größere Kundgebungen gegeben, auf der Schmelz z.B.. Als Wiener weiß man, daß die Schmelz ein noch viel größeres Gelände ist, wo fast 300 000 Menschen hinaufgehen. So etwas ist alles zu organisieren. Das allein sind natürlich nicht die einzigen Beweise, und ich brauche gar nicht die Karl-Schranz-Affäre der Heimkehr von Sapporo, wo Zehntausende waren, oder den Papstbesuch, wo der Heldenplatz auch voll gewesen ist, zu bemühen. Trotzdem bleibt natürlich das andere bestehen, daß sehr viele Österreicher auch in Wien beteiligt waren an den NS-Unmenschlichkeiten. Wir wissen heute, daß es in Deutschland von 1933 bis zum März 1938 nicht so pogromartige Situationen gegeben hatte wie in Wien im März 1938. Auch das ist eine Tatsache, es ist die Ausschaltung der Judenfreimachung, wie es in der nationalsozialistischen Diktion geheißen hat, die in Wien zu einer gewissen Perfektion hochstilisiert worden ist. Natürlich waren da die Nationalsozialisten beteiligt, aber es war auch der Mob dabei, und es waren auch viele sogenannte anständige Leute bei der Arisierung beteiligt. Das ist eher ein Kapitel,

DIE EINGLIEDERUNG ÖSTERREICHS IN DAS DRITTE REICH

das wir noch zu bewältigen haben, obwohl ich glaube, daß man Vergangenheit nicht bewältigen kann in diesem Sinne. Es ist geschehen. Man kann Vergangenheit analysieren. Man kann Vergangenheit genau erforschen, um daraus Konsequenzen zu ziehen. Wir können es nicht mehr ungeschehen machen, das Vergangene. Aber da liegt dieses Potential an Bewußtseinsveränderung, um dieses Unrecht und diese Schuld klar zu erkennen. Und das ist nicht nur eine Frage der damaligen Generation. Das ist auch eine Frage unserer jungen Mitbürger. Die sagen: „Was geht mich das an, was 1938 gewesen ist? Ich habe die Gnade der späten Geburt, ich kann da gar nichts dafür. Ich kann nicht Schuld haben." So ganz ist das nicht. Es hat auch die gegenwärtige junge Generation in gewisser Weise eine Mitverantwortung für die gemeinsame Geschichte. Denn sie wird den Stellenwert dieser Geschichte eines Tages bestimmen, von dem wir ausgehen müssen und von dem unser Staat letztendes lebt. Und es gibt keinen Staat ohne seine Geschichte.

Daher ist das nicht ein Problem des Vergessens, vergessen soll und kann man das überhaupt nicht. Verdrängen soll man es nicht, bewältigen kann man es nicht, weil es vergangen ist. Wir können nur die Lehren daraus ziehen. Wir können es aufarbeiten, und zwar nüchtern und realistisch aufarbeiten, um nicht noch einmal in eine solche Situation zu geraten.

Aber zurück zur Eingliederung. Das Potential war da. Es war genügend Potential für die nationalsozialistische Umgestaltung da. Jahrzehntelang vorbereitet, im Stillen erzogen und im Bewußtsein vieler Menschen vorhanden. Und daher haben sich die Nazis auch leicht getan. Wir wissen das aus vielen Berichten selbst der damaligen österreichischen Nationalsozialisten, die übrigens auch ein Frustrationspotential entwickelt haben. So merkwürdig das klingt, sie haben nämlich geglaubt, daß sie nach der Machtübernahme Hitlers in die führenden Positionen in Österreich einrücken würden, daß sie die besten Posten bekommen, Führungsstellen in der Wirtschaft einnehmen könnten usw. Natürlich ist das einigen gelungen, aber die meisten Führungspositionen sind mit Deutschen besetzt worden. Und dies deshalb, weil man es den Österreichern nicht zugetraut hat. Damals entstand der Ruf, diese seien ein wenig schlampig und ungenau sowie unzuverlässig. Man hat sich lieber auf preußische Disziplin verlassen und auf die deutschen Ordnungskräfte. So hat es auch sehr viele Nationalsozialisten gegeben, sogar illegale, die ein gewisses Frustrationspotential entwickelt haben. Andererseits wissen wir auch, daß bei den KZ-Schergen, bei den KZ-Aufsehern, im Verhältnis zur Bevölkerungszahl wesentlich mehr Österreicher tätig waren als Deutsche.

Die Privatindustrie, die ebenfalls die Eingliederung durchgeführt hat, ist ausschließlich darauf ausgegangen, mit billigen und wertlosen Papiermark möglichst viel Vermögen und Industriesubstanz in die Hände zu bekommen. Sehr genau ist heute dokumentiert, wie das mit der österreichischen Wirtschaft aussah, inkl. der in jüdischer Hand befindlichen. Waren vor 1938 etwas über 10 % der wichtigsten österreichischen Industrien in deutscher Hand oder hatten deutsche Mehrheitsbeteiligungen, so schnellt dieser Prozentsatz nach 1945 auf 80 % hinauf.[10])Das hängt eng zusammen mit dem Problem des deutschen Eigentums, das uns im Staatsvertrag von 1955 horrende Summen gekostet hat, es wieder abzulösen. Die deutsche Privatindustrie zeigt zwei deutliche Expansionswellen: eine sofort 1938, sie ist in jeder Hinsicht begünstigt worden beim Erwerb österreichischer Werte. Das jüdische Vermögen war am allergünstigsten zu bekommen. Und später dann, während des Zweiten Weltkrieges, als die Verlagerungswelle aus Deutschland eingesetzt hat. Als Österreich noch ziemlich luftsicher war, hat eine starke deutsche Verlagerungswelle eingesetzt, um hochwertige Produktionen luftsicher unterzubringen, und die deutsche Industrie hat das benützt, um sofort auch das Eigentum in diesen verlagerten Betrieben zu erwerben.

Die dritte Kraft, die sich an der Eingliederung massiv beteiligt hat, war die deutsche Wehrmacht. Für die deutsche Wehrmacht war Österreich zunächst ein sehr günstiges Objekt, weil es hier viele leerstehende Kapazitäten gab. 400 000 Arbeitslose gab es in Österreich 1938. Das bedeutet für die deutsche Wirtschaft die Eingliederung einer großen Zahl von Arbeitskräften, die man heranziehen konnte. In Deutschland bestand schon ein deutlicher Arbeitskräftemangel, und die Belegung von leerstehenden Kapazitäten von Rüstungsgütern war ein Prozeß, der sich während des Krieges steigerte.

Das heißt, hier waren ausschließlich militärische, rüstungswirtschaftliche Gesichtspunkte maßgebend. Die Eingliederung Österreichs, die von langer Hand vorbereitet war, ist ebenfalls ein vielschichtiger Prozeß, an dem selbstverständlich auch wieder viele Österreicher teilgenommen haben. Ich komme damit zu dem Problem: Ist Österreich ein Opfer des Nationalsozialismus, das erste Opfer, wie es die Moskauer Deklaration von 1943 darstellt, oder wie verhält es sich damit? Nun zweifellos, Österreich ist auch ein Opfer, aber es ist nicht nur ein Opfer, und das spricht ja auch die Moskauer Deklaration aus. Bei uns wird der Nachsatz häufig übersehen oder übergangen oder verdrängt. Im Nachsatz heißt es: Die Österreicher werden danach beurteilt, welchen Beitrag sie zu ihrer Befreiung geleistet haben. Und das ist der Widerstand. Dieser Beitrag ist der Widerstand. Es hat, wie ja alle wissen, einen österreichischen Widerstand gegeben. Nur ist das auch wieder nicht meßbar: War dieser Widerstand ausreichend, um als Beitrag gewertet zu werden, und wollen wir das an den Toten messen? Es gibt andere Länder in Europa, die auch nicht mehr Opfer im Widerstand zu beklagen hatten als Österreich. Es ist das also ein vielschichtiges Problem, aber es hat Widerstand gegeben. Man kann nicht unbedingt sagen, Österreich sei nur ein freiwilliges Opfer gewesen, und es habe keinen Widerstand gegen den Nationalsozialismus gegeben. Auch hier ist die Multikausalität da. Ich glaube, die großen Vereinfacher machen es sich wirklich zu leicht, wenn sie nur von einem Pauschalurteil ausgehen. Österreich ist sicherlich als Staat ein Opfer gewesen. Das erste Opfer der deutschen Expansion. Aber viele Österreicher sind Mittäter gewesen in diesem ganzen Prozeß, in steigender Form auch während des Zweiten Weltkrieges. Und die Wurzeln des Hitlerschen Gedankengutes liegen hier im Raum dieser Monarchie. Der Rassismus nicht, der Rassismus kommt auch aus dem Frankreich und England des 19. Jahrhunderts. Aber praktiziert wurde er hier. D.h. also, daß da viele Ströme sind, die zusammenfließen.

Und da sind wir bei einem ganz aktuellen Problem. Ich habe am Anfang meines Referates einen Hinweis darauf gegeben, daß Österreich offensichtlich seit 1918 ein starkes Anlehnungsbedürfnis hat, weil es glaubte, aus eigener Kraft nicht existieren zu können. Dieser Gedanke zieht sich durch die Erste Republik hindurch, erfährt 1938 eine ganz andere Dimension, taucht komischerweise 1945, als wir eigentlich in der allerschlechtesten Situation waren, in der sich Österreich ökonomisch und sozial jemals befunden hat, gar nicht auf, und nach 1955, nach dem Staatsvertrag, ist eigentlich auch kein Minderwertigkeitskomplex in der Hinsicht festzustellen oder keine Ambivalenz im Bewußtsein, daß dieses Österreich nicht lebensfähig wäre. Und jetzt, in den letzten Jahren, taucht das Problem mit einem neuerlichen Anschluß wieder auf. Es ist das natürlich jetzt nicht der Anschluß von früher, sondern es ist das der Anschluß an die EG – und ohne polemisch werden zu wollen: es wird sehr leichtfertig geredet in dieser Frage. Österreich hat seine Glaubwürdigkeit in der Ersten Republik nämlich auch deswegen verspielt, weil es immer wieder internationale Verträge unterschrieben hat, zwar oft unter Protest, aber diese Verträge zu umgehen versucht bzw. nicht eingehalten hat. Das beginnt mit St. Germain. Kaum war St. Germain unterschrieben, mit einem Anschlußverbot, hat man schon versucht, durch die Bundesländeranschlußbewegung den Anschluß auf eine krumme Tour, auf einem anderen Weg, herbeizuführen. Und das hat dazu geführt, daß wir internationalen Kredit überhaupt nur bekommen haben gegen einen Souveränitätsverlust. Wenn man die Genfer Anleihe 1922 hernimmt, dann sieht man, unter welchen Bedingungen Österreich damals überhaupt Geld bekommen hat. Weil man uns nicht getraut hat. 10 Jahre später mußte Österreich wieder ein Anschlußverbot in der Lausanner Anleihe unterschreiben, weil man den Österreichern nicht getraut hat, weil knapp vorher ein Projekt mit der Zollunion zwischen Österreich und Deutschland insgeheim ausgehandelt wurde und durch die Presse aufgeflogen war. Es war ein internationaler Skandal mit einem Schiedsspruch des Haager Gerichtshofes, der nach fürchterlicher Blamage mit einem Verlust an Glaubwürdigkeit endete.

Ich sage das nicht ohne Grund. Die Glaubwürdigkeit für einen Kleinstaat hängt auch davon ab, Verträge einzuhalten. Und wenn heute leichtfertig von einem Vollbeitritt zur EG gesprochen wird, so kommt mir das so vor wie 1931, als der damalige Außenminister Schober leichthin in den Gesprächen mit dem deutschen Außenminister Curtius gesagt hat: „Ach, St. Germain, Anschlußverbot, Genf, das ist schon so lange her, das ist schon 10 Jahre her, was geht das uns an, das ist nicht mehr so ernst zu nehmen, da können wir darüber hinwegsehen." So ähnlich kommt mir die jetzige Diskussion vor, wenn man von

117

einem Vollbeitritt spricht. Ich rede nur von einem Vollbeitritt, nicht von einer Annäherung oder von einem Sondervertrag mit der EG. Der Vollbeitritt ist aus zwei Gründen nun einmal nicht möglich. Und zwar durch den Staatsvertrag und durch unsere selbstgewählte Neutralität. Es ist nicht so, wie gelegentlich in der Presse steht, daß wir die Neutralität selber interpretieren. Wir haben unsere Neutralität, die auch einen völkerrechtlichen Status besitzt, bei den wichtigsten Staaten der Welt nostrifiziert, das heißt zur Kenntnis gebracht mit der Bitte um Anerkennung. Nicht um Garantie, aber mit der Bitte um Anerkennung der Neutralität und mit der Sicherheit, daß man rechnen können muß, daß diese Neutralität eben eine immerwährende ist. Immerwährend heißt natürlich nicht ewig, aber auf lange Dauer gesehen. Man muß politisch kalkulieren können mit der österreichischen Neutralität. Und diese leichtfertigen Reden von einem Vollbeitritt können das schwerstens beeinträchtigen. Und da können 100 Juristen, und die gelehrtesten Juristen, kommen und können sagen, im Staatsvertrag steht ja nur ein Verbot für einen wirtschaftlichen Zusammenschluß mit Deutschland, aber wir wollen uns ja mit der EG zusammenschließen.

Jeder weiß international, welche Winkelzüge das sind, und daß die EG letztendes aus Ländern besteht, die einem Militärpakt angehören. Das mindeste, das wir erreichen müßten, um – natürlich wirtschaftlich gesehen – diese notwendige Annäherung zu vollziehen, ist selbstverständlich eine Neutralitätsklausel im Falle eines EG-Vertrages. Ein Vollbeitritt erscheint mir nicht möglich. Das meine ich mit der Glaubwürdigkeit. Das geht natürlich nur, wenn auch ein größerer Teil der Bevölkerung ein gewisses politisches und historischens Bewußtsein hat. Historisches und politisches Bewußtsein, darunter verstehe ich, sich der Vergangenheit zu stellen, auch den dunklen Seiten dieser Vergangenheit. Wen sollen wir auch schonen in der Hinsicht, es liegt gar kein Grund vor, es sind das ja nicht Anklagen, Anklagen mit rechtlichen Folgen etwa, also mit Verurteilungen, sondern Bewußtseinsfolgen. Das Bewußtsein muß sich verändern. Und der zweite Punkt bei diesem historisch-politischen Bewußtsein ist, glaube ich, Lehren aus dieser Vergangenheit zu ziehen. Lehren zu ziehen, soweit uns das möglich ist, damit so etwas nicht wieder passiert. Es gibt keine Alternative. Was wäre die Alternative? Ist Vergessen die Alternative? Verdrängen, vertuschen, sich ehrlich der Vergangenheit stellen oder es in Zukunft besser machen? Die Glaubwürdigkeit, glaube ich, ist etwas ganz Entscheidendes. Nicht nur innerösterreichisch, sondern auch für unsere Stellung in der Welt nach außen, und die sollten wir nicht unterschätzen. Wir sind keine „Insel der Seligen", wir sind das nie gewesen und werden es auch nie sein.

Anmerkungen

1) Darüber siehe: Schausberger, Norbert: Der Griff nach Österreich. Der Anschluß, Wien – München³ 1988, S. 215 ff.
2) Botz, Gerhard: Gewalt in der Politik, München² 1983, S. 340 f.
3) Schausberger, Norbert: Hitler und Österreich. Einige Anmerkungen zur Hitler-Interpretation. In: Österreich in Geschichte und Literatur 6/1984, S. 365–367.
4) Schausberger: Griff, S. 81 ff.
5) Ebenda, S. 445 ff.
6) Schausberger, Norbert: Wirtschaftliche Aspekte des Anschlusses Österreichs an das Deutsche Reich. In: Militärgeschichtliche Mitteilungen 2/1970.
7) Gabriel, S. L.: Österreich in der großdeutschen Wirtschaft. In: Jahrbuch für Nationalökonomie und Statistik, Band 147, Jena 1938.
8) Schmidl, Erwin: März 38. Der deutsche Einmarsch in Österreich, Wien 1987.
9) Akten zur Deutschen Auswärtigen Politik 1918–1945. Serie D (1937–1945), Band I, Dokument Nr. 313, Baden-Baden 1950–53, S. 439/440.
10) Klambauer, Otto: Die Frage des Deutschen Eigentums in Österreich. In: Jahrbuch für Zeitgeschichte 1978, Wien 1979, S. 143–149.

EIN TAUSENDJÄHRIGES REICH

Leben im Nationalsozialismus

Peter Hüttenberger

Essay über
Führer und Polykratie im Nationalsozialismus

Wer hatte im „Dritten Reich" das Heft in der Hand?
Die Nationalsozialisten? Aber wer waren die Nationalsozialisten? Handlanger des Monopolkapitals, des Generalstabes oder an Hitler Glaubende?
„Der Führer"? Das konkrete Individuum Hitler mit seinen intellektuellen und affektiven Eigenschaften? Oder nur eine kollektive Imagination?
Die marxistische Faschismustheorie degradierte den „Führer" zum Agenten des Kapitals, die der Kirchen stilisierte ihn zur Inkarnation des Teuflischen, zur metaphysischen Größe, zum Dämon hoch. Aber reichen so einfache Auffassungen aus, um die Herrschaftsformen des Nationalsozialismus zu beschreiben?

I

Das „Dritte Reich" ist bis in die Stadtgeschichte hinein erforscht; die Zusammenhänge zwischen Staat, Partei/PO, SS und den Spitzenorganisationen der Wirtschaft sind, soweit die Quellenlage dies zuläßt, bekannt; es gibt Biographien über fast alle führenden Politiker, und dennoch halten die Kontroversen um die Strukturen der nationalsozialistischen Herrschaft an. Der sogenannte Historikerstreit, diese von der praktischen Forschung abgehobene, platonisch anmutende Großpolemik um die verschlungenen Verbindungen zwischen den katastrophalen Erschütterungen der Gesellschaft und des Staatswesens jener Jahre und der „deutschen Identität" der Gegenwart – was dies auch immer sei! – ist lediglich eines von zahlreichen Symptomen dieser anhaltenden Auseinandersetzung. Auch die Erörterungen um die Frage, ob das nationalsozialistische Regime ein monolithischer Führerstaat oder vielmehr eine Polykratie gewesen sei, gehören in den Bereich der immer aufflackernden Kontroversen um Grundsatzprobleme, die so alt sind wie sämtliche Versuche, den Nationalsozialismus „auf einen Begriff" zu bringen, und sie reichen bis in die unmittelbare Nachkriegszeit, ja in die Vorkriegszeit zurück; lediglich die Termini und der Status der Theorien änderten sich.

123

Dabei geht es nicht nur um eine möglichst rationale Erklärung eines in seinen Erscheinungsformen, Methoden und Zielsetzungen jeder humanistisch-europäischen Tradition, jeder liberalen Verfassungstheorie oder preußisch-deutschen Staatslehre widersprechenden Herrschaftsgebildes, das allerdings nicht – und dies ist entscheidend – der deutschen Gesellschaft von außen aufoktroyiert wurde, sondern es geht ebenso um die nach dem Krieg aufgeworfenen Probleme von Schuld und Verantwortung der Gruppen und Individuen, die in jenen Jahren lebten. Damit kommt ein weiteres Element ins Spiel: jede Theoriebildung über das nationalsozialistische Regime ist mit den Interessen der sich nach der Niederlage von 1945 formierenden gesellschaftlichen, wirtschaftlichen und politischen Gruppierungen verknüpft und kann zur Durchsetzung oder Rechtfertigung sozialer und politischer Ansprüche oder zur Abwehr von Vorwürfen und Schuldzuweisungen genutzt werden.

Wem dienten also nach 1945 monolithische Führerstaatstheorien, ob kalkuliert oder nicht, sei dahingestellt? Eine Theorie, die sämtliche während des „Dritten Reiches" getroffenen zentralen Entscheidungen ausschließlich dem Parteivorsitzenden, Reichskanzler, dem „Führer" zuschiebt, entlastet mit geradezu logischer Notwendigkeit die Masse der Bevölkerung, mehr noch die deutschen Führungseliten, die im Nationalsozialismus agierten. Die Umgebung des Führers, insbesondere die Spitzen der Bürokratie, der Industrie und des Militärs wurden so zu Handlangern, ja zu tragischen Figuren, die sich der „Gewalt des Dämons Hitler" nicht entziehen konnten; die mittleren Führungskader zu „Verführten", zu „Verworfenen" oder aufgrund ihres angeblich eingeübten Autoritätsglaubens zu in ihren Handlungsspielräumen eingeengten Mitläufern.

Die individualisierenden, quasi-gerichtlichen Entnazifizierungsverfahren zwischen 1945 und 1951/52 legten angesichts dessen auch eine einfache Verteidigungstaktik nahe: den Angeklagten kam es darauf an, die eigenen Zuständigkeiten, Vollmachten und Funktionen zu minimieren und die Verantwortung auf die „Führer" und Vorgesetzten zu verlagern, vor allem auf diejenigen, die tot oder vor dem Nürnberger Tribunal verurteilt waren; diese Taktik implizierte eine hierarchisch-monolithische Führerstaatstheorie, die allein in letzter Konsequenz die Rede vom Befehlsnotstand begründete. In diesem Zusammenhang bildete die Führerstaatstheorie auch eine logische Grundlage für die Zurückweisung der von den Siegermächten bis hin zum Beginn der 50er Jahre vorgetragenen Kollektivschuldthese des deutschen Volkes. Denn wenn der „Führer" tatsächlich alles und jeden beherrschte – ob aufgrund unmittelbarer Befehlsgewalt oder durch Verführung ist gleichgültig –, dann konnte folglich die Masse der Bevölkerung keine Schuld haben.

Die monolithische Führerstaatstheorie, vor allem in ihrer sie verallgemeinernden Variante der Totalitarismustheorie, eignete sich zudem vorzüglich, im Zuge des „Kalten Krieges" ab 1949 Wirtschaftsführer und Intellektuelle gegenüber Vorwürfen kommunistischer Propaganda und Geschichtsschreibung, die maßgeblichen Machthaber des „Dritten Reiches" seien nicht die Parteiführer der NSDAP, sondern vielmehr die „Monopolkapitalisten" gewesen, zu verteidigen, ja gleichsam den Spieß herumzudrehen und das stalinistische System ebenfalls als monolithischen Führerstaat zu bezeichnen.

Angesichts derartiger Implikationen und Konnotationen gerieten die Herrschafts- und Machttheorien über den Nationalsozialismus in den Dunstkreis des Kalten Krieges und der wechselseitigen deutsch-deutschen Konfliktlagen.

Die monolithische Führerstaatstheorie lieferte überdies schließlich historisch-politische Begründungen für eine populäre bundesrepublikanische Selbstinterpretation: die These von der „Stunde Null", dem absoluten Neuanfang, der für die Zeitgeschichte grundlegenden Zäsur des Jahres 1945. 1945 ging der Führerstaat zu Ende, dann kam der systematische Abriß der Überreste einer belastenden Vergangenheit, die Niederlegung der Trümmer nationalsozialistischer Herrschaftsformen und die Freilegung der Wege in die Demokratie. Der 8. Mai war demnach der Tiefpunkt der deutschen Geschichte, die Jahre danach waren ein Aufstieg. Gegen diese Art der Geschichtslegende wäre vieles einzuwenden, – so die Frage, ob nicht der eigentliche Tiefpunkt schon 1932/33 zu setzen ist und die Geschehnisse bis 1945 nur die logische Konsequenz waren? Wie dem auch sei: der Führerstaat stellt eine historische Kontradiktion zur pluralistisch-parlamentarischen Demokratie dar. Eine pluralistische Demokratie kann indes den Gedanken schwerlich ertragen, daß es im Nationalsozialismus ebenfalls plurale, einander bekämpfende, sich gegenseitig kontrollierende und so auch den Führer in Frage stellende Träger von Herrschaft gegeben habe.

Die monolithische Führerstaatstheorie paßte somit in die politische Landschaft der 50er Jahre. Sie schwang sich in weiten Kreisen zur herrschenden Meinung empor, versteinerte, nahm geradezu transzendentale Züge an, wenn unterstellt wurde, der „Führer" habe „dämonische Kräfte" besessen, deren Bann sich normale Menschen, ja noch nicht einmal ausländische Staatsmänner, wie man gerne betonte, hätten entziehen können. Dagegen ist schwer anzukommen!

Die Grundzüge später Polykratie genannter Theorien kamen demgegenüber ein wenig zeitverschoben auf. Sie präsentierten sich in zwei verschiedenen Varianten: erstens der „autoritären Anarchie" und zweitens einer Vorstellung, die dem „Konkurrenzmodell" nahe kommt.

Autoritäre Anarchie ist nichts als eine absurde Formel. Sie ist nicht nur sprachlogisch widersprüchlich, sondern auch theoretisch unzulänglich; wie soll Anarchie, der ja die Vorstellung von Selbstherrschaft zugrunde liegt, autoritär sein?

Wie soll ein politisches Regime, das angeblich Herrschaft minimierte, Millionen Menschen vernichten können? Gemeint war mit dieser Formel vielmehr die Vorstellung von einem „autoritären Durcheinander", und gemessen an den Ordnungsprinzipien preußisch-liberaler Staatstheorie kamen im „Dritten Reich" hinter der Fassade des militaristischen Gepräges tatsächlich chaotische Situationen vor; z.B. der Abbruch der Bemühungen um die Durchsetzung einer ständischen Ordnung der Wirtschaft 1934, die ungeregelten Verhältnisse zwischen Partei und Staat auf der Ebene der Landkreise und Gemeinden oder die unklaren, widersprüchlichen Entwicklungen im Bildungswesen und im Bereich der Kirchenpolitik. Hier wurden Ordnungen zerschlagen und keine neuen an die Stelle der alten gesetzt. Aber dies rechtfertigt nicht, das Gesamtregime als Anarchie zu bezeichnen.

Das Konkurrenzmodell, das im Zuge der Theoriediskussion der 60er Jahre allmählich Konturen anzunehmen begann, übte sowohl politische als historisch-theoretische Funktionen aus.

Es wies zum einen die monistischen Agententheorien, die die monolithischen Führerstaatsvorstellungen lediglich auf das Monopolkapital verlagerten, zurück und versuchte dennoch darauf hinzuweisen, daß die Nationalsozialisten ohne die freiwillige und aktive Unterstützung von Eliten der deutschen Gesellschaft weder 1933–1935 ihre Macht hätten konsolidieren, noch 1935–1939 die Bevölkerung mobilisieren und die Aufrüstung vorantreiben, noch den Krieg vom Zaun hätten brechen können.

Es warf damit die Frage auf, welche Gruppe von Eliten am Dritten Reich maßgeblich mitwirkten, wie sie sich gegeneinander verhielten, und welche Rolle sie bei Hitler, dem Führer, spielten oder wie er mit ihnen umging. Damit mußte jedoch auch der Anteil der Verantwortung jeder Elite am Regime zur Sprache kommen; insofern stellte das Konkurrenzmodell gängige Taktiken der Selbstrechtfertigung, wie sie in den 50er Jahren üblich waren, in Frage.

Schließlich drückte es theoretische und methodische Zweifel darüber aus, ob die Innenpolitik des nationalsozialistischen Regimes lediglich von oben nach unten verlaufen ist, wie dies zahlreiche Buchtitel mit dem Attribut „unter dem Hakenkreuz" damals suggerierten.

Die Zweifel waren angebracht: Zum einen war nicht nachzuweisen, daß 1933 gleichsam schlagartig sämtliche bis dahin herrschenden politischen, wirtschaftlichen und sozialen Interessen zugunsten eines Führerwillens und einer davon abhängigen starren Hierarchie verschwunden sein sollten. Zum anderen zeigten zahlreiche Analysen der nun zugänglich werdenden Quellen, daß die nationalsozialistischen Organisationen vor der Machtergreifung vorhandene gesellschaftliche Interessen selbst aufgriffen, sich mit den

Interessenten verbanden oder arrangierten und sie weiterhin vertraten. Schließlich erwies sich der Begriff der „Volksgemeinschaft" als ein dünner Firniß, der die vorhandenen kollektiven Egoismen lediglich nach außen hin notdürftig verdeckte; alte Interessenkonflikte und Machtkämpfe tauchten alsbald wieder auf und wurden durch neue, von den Nationalsozialisten selbst geschaffene, ergänzt und überlagert.

Die Polykratietheorie polemisierte also vor allem gegen die politischen, aber auch methodischen Implikationen der Führerstaatstheorie; ein riskantes Unterfangen, da zumal das so eingängige Bild vom Führer tief ins kollektive Unterbewußte eingeprägt war, und nichts ist schwieriger, als gegen selbstverständlich erscheinende Topoi vorzugehen! Aber sollte man nicht gegenüber dem glatten Bild vom All-Herrscher Hitler skeptisch sein? Entspricht es nicht in seinen logischen Strukturen den Klischees der Goebbelsschen Propaganda, – nur daß es Goebbels mit positiven, die Nachkriegszeit dagegen mit negativen Vorzeichen versehen hatte? Ist denn eine ausgefächerte Industriegesellschaft überhaupt noch durch einen einzigen Mann und seine kleine Clique zu lenken? Andererseits aber ist Hitler als die Leitfigur des Nationalsozialismus nicht wegzuleugnen.

Beide Theorien, das polykratische Konkurrenzmodell, bei dem es um Rang- und Machtkämpfe zur Durchsetzung von Interessen geht, und die Führerstaatstheorie, die mit mehr oder minder eindeutigen, wenn auch dynamischen Hierarchien arbeitet, führen in ihrer Ausschließlichkeit zu Verzerrungen. Die Führerstaatstheorie allein unterschätzt die Bedeutung der nicht-nationalsozialistischen, aber angepaßten oder sich arrangierenden Eliten, vor allem die Bedeutung des Militärs, der Industrieführer, der Bürokratie, sie unterschätzt die Rivalitäten und Egoismen der politischen Aufsteiger in der nationalsozialistischen Bewegung.

Die Polykratietheorie verwischt dagegen die Bedeutung Hitlers als Führer, vor allem für die NSDAP mit ihren Gliederungen und für die Volksmassen. Hitler mag subjektiv eine mittelmäßige, halbgebildete, in zahlreichen politischen Angelegenheiten, wie Hans Mommsen meint, schwache Figur gewesen sein, aber in seiner Rolle als „Führer" bildete er doch gerade angesichts des polykratischen Spiels eine Art Magnet, um den sich seine Umgebung drehte.

Die Vertracktheit des Problems liegt im Führerbegriff selbst, vor allem in dessen Deformierung durch den Nationalsozialismus. Dieser Führerbegriff ist ein äußerst verwickeltes Gebilde. Zunächst umfaßt er zwei Varianten: Erstens, der Führer trifft sämtliche Entscheidungen im Rahmen des Regimes alleine, und zweitens, er trifft lediglich eine oder sehr wenige Entscheidungen, diese sind jedoch von zentraler Bedeutung für das Ganze und dessen künftige Entwicklung.

Die Vorstellung, daß ein Führer in einer Industriegesellschaft vom Zuschnitt Deutschlands in den 30er und 40er Jahren imstande gewesen wäre, sämtliche wichtigen Entscheidungen alleine zu treffen, dürfte abwegig sein, und selbst wenn er entschied, so wären diese Entscheidungen zum großen Teil durch politische Kräfte verabredet und kanalisiert. Hitler hat in zahlreichen Fällen, wie bekannt ist, nicht entschieden, sondern die Angelegenheit aufgeschoben, übersehen, andere gewähren lassen und Kompromisse geschlossen. Allerdings ist auch nicht zu leugnen, daß er einige zentrale Entscheidungen traf, z.B. die über Krieg und Frieden zwischen 1938 und 1941. Aber kann man ihn deshalb schon einen monokratischen Führer nennen? Auch Adenauer hat als Bundeskanzler 1949/50 und vor allem nach dem Scheitern der EVG am 30. August 1954 einsame Entschlüsse von ausschlaggebender Tragweite für die Beziehungen der Bundesrepublik zu den Westmächten, in der Deutschlandpolitik, und damit für die weitere Entwicklung des Staatswesens getroffen. Innenminister Gustav Heinemann hat dagegen 1950 protestiert und ist dann zurückgetreten. Eugen Gerstemeier hat 1954 ohne Erfolg ernste Bedenken erhoben.

War Adenauer deshalb ein Führer? Gewiß nicht im Vergleich zu Hitler. Man könnte einwenden, Adenauer hätte sich auf eine Mehrheit im Bundestag zu stützen vermocht. Aber hatte Hitler 1938, 1940 und 1941 nicht ebenfalls die Mehrheit der vom Erfolg mitgerissenen Massen hinter sich?

Der Führerbegriff des Nationalsozialismus läßt sich somit nicht aus dem Entscheidungsbegriff ableiten. Hitler war dennoch „Führer", auch wenn er nicht entschied, wenn er nicht im Sinne verfassungsrechtlich gegebener Richtlinien und Kompetenzen den Staat lenkte; Hitler blieb für manchen verstockten Nationalsozialisten sogar über das Jahr 1945 hinaus der „Führer".

Der Führerbegriff des „Dritten Reiches" besaß gerade auf das polykratische Regime hin zugeschnittene Inhalte und Merkmale. Dazu bedarf es der Klärung einiger Rahmenbedingungen:

1. Der Nationalsozialismus verfügte über keine spezifische, aus seinen eigenen historisch-politischen Grundvorstellungen abgeleitete Staats- und Verfassungstheorie; Staat und Recht waren für ihn Instrumente, mit denen man beliebig umgehen durfte. Er setzte geradezu auf das Aufbrechen, die Überwindung von verfaßten Zuständen, die er für versteinert hielt, auf eine unentwegte Dynamik; er ahnte, daß Ordnung und Gleichförmigkeit für seine eigenen Positionen gefährlich sein würden. Er glaubte, stetig wachsen, expandieren, alles erfassen zu müssen. Stillstand war für ihn Tod und Niedergang. Hier liegen die Wurzeln der im „Dritten Reich" so zentralen Begriffe wie „Kampf" und „Tod". Kampf ist eine ewige Bewegung an sich, denn Ruhe ist Verfall und Sterben.
Der Tod im Kampf ist die Voraussetzung für den Sieg; der Tod des Individuums setzt

die Energien für die Gesamtbewegung frei. Diese Ideologie der permanenten Bewegung bedarf einerseits der herausragenden Leitfigur und andererseits der Elemente, die die Leitfigur antreiben.

Hitlers Buch „Mein Kampf" ist an zahlreichen Stellen nichts anderes, als Variationen dieses Themas, und die Nationalsozialisten haben ab 1933 unentwegt Bürokratien geschaffen, Behörden aufgebläht und stillgelegt, ihre eigene Partei und die Gliederungen mit einer wahren Organisationswut ständig ausgebaut, erweitert und dann doch, wie die SA oder DAF, brachliegen lassen.

Staatsrechtslehrer wie Carl Schmitt, Huber, Forsthoff, Koellreuther, Maunz haben fortwährend versucht, die Dynamik des Regimes auf den Begriff im Sinne deutscher Staatsrechtstradition zu bringen und sind damit gescheitert.

2. Die Einstellungen der Gesellschaft zum Nationalsozialismus waren keineswegs homogen und konstant. Sie änderten sich zum einen im Laufe der zwölf Jahre. Man neigte anfangs dazu, seine individuellen und kollektiven Hoffnungen dem Nationalsozialismus anzuvertrauen. Man näherte sich ihm, wenn er wie bei der Saarabstimmung 1935, beim Anschluß Österreichs, des Sudetenlandes, oder bei der Eroberung Polens und Frankreichs Erfolg hatte. Man ging zu ihm auf Distanz, wenn er die subjektiven Erwartungen nicht befriedigte, oder als sich ab 1943 – nach Stalingrad – seine Niederlage abzeichnete.

Diese Beziehungen konnten je nachdem mehr oder minder intensiv sein: Es gab bedingungslose Gesinnungsnationalsozialisten, Gläubige, die die Rassenideologie, den Führerkult und die Herrenmenschen-Schimäre für wahr hielten und ihre gesamte Existenz auf den Nationalsozialismus gründeten. Dieser Typ von Nationalsozialist benötigte den „Führer" zur eigenen Selbstvergewisserung, zur Überwindung von Unsicherheiten; ohne Führer war er unfähig, Politik zu machen. Es gab die Opportunisten, die zwar nicht an Rasse und Führer glaubten, die jedoch Angst um ihre Karriere hatten, Angst vor Schwierigkeiten, denen die Propaganda vom Herrenmenschen schmeichelte. Und es gab die Arrangeure, denen die nationalsozialistischen Meinungen gleichgültig waren, die jedoch nach 1933 zur Auffassung gelangten, man könne sich auf Hitler verlassen und den Nationalsozialismus für die eigenen Partikularinteressen dienstbar machen.

Für die Strukturen des Regimes war es von Bedeutung, daß die Arrangeure und Opportunisten im Dritten Reich Einfluß gewannen und daß sie deshalb von der Dynamik der Herrschaft sich hatten mitreißen, zu Komplizen machen lassen; sie verliehen dem Nationalsozialismus mit der Zeit eine gewisse Zwiespältigkeit, auf der einen Seite arbeiteten sie auf eigene Rechnung, auf der anderen konnten sie nicht umhin, sich für das Regime einspannen zu lassen. Sie trugen die pluralen Aspekte in den Staat und die Parteiorganisationen hinein.

Man kann das Verhalten und die Situation der Arrangeure und Opportunisten anhand der Verdrängung der Juden aus dem wirtschaftlichen Leben darlegen. Sie waren zwar keine ferventen Antisemiten, aber dennoch bereit, sich jüdische Geschäfte und Fabriken anzueignen. Sie hielten solche Art für pragmatisch gerechtfertigt, übersahen indes dabei, daß sie sich damit in das Regime verstrickten. Diese Verhältnisse ähnelten den soziologischen Gesetzmäßigkeiten einer Räuberbande mit ihrem harten Kern, ihren Sympathisanten und Helfershelfern.

3. Der Nationalsozialismus besaß keine schlüssige, allseits akzeptierte Gesellschaftstheorie, die in der Lage gewesen wäre, die komplizierten sozialen und wirtschaftlichen Interessenlagen in Ordnung zu bringen. Zwar diente man ihm die Methoden der „carta del lavoro" des italienischen Faschismus oder die Ständestaatslehre Othmar Spanns an, aber beide Theorien vermochten sich nicht durchzusetzen.

Das Regime drohte somit in eine Art gesellschaftlichen Wildwuchs auszuarten, der lediglich durch die Konzentration aller Kräfte auf ein Ziel, die deutsche Großmachtstellung durch Krieg und die Fixierung auf einen weltgeschichtlichen Feind, die Juden, gedämpft und gelenkt werden konnte. Die sozialen Kosten dieses Wildwuchses wurden mit Versprechung auf spätere Beute vorläufig überspielt.

Die Expansionspolitik des Regimes fing also den Wildwuchs der eigenen politischen Organisationen und der gesellschaftlichen Partikularinteressen auf, und in der Tat, solange Erfolge zu verzeichnen waren, erfüllte dieses Verfahren seine Dienste.

Daraus ergibt sich die These, daß Führerstaatlichkeit – nicht im Sinne einer verfassungsrechtlichen Richtlinienkompetenz, sondern in einem spezifisch nationalsozialistischen Sinne – und polykratische Strukturen, verstanden als Konkurrenz um Macht, Rang und wirtschaftlichen Einfluß, zusammengehörten, gleichsam die beiden Seiten derselben Medaille waren.

II

Wie kann man den Führerbegriff des Nationalsozialismus bestimmen?

Der Führerbegriff erlebte nach der Jahrhundertwende einen Durchbruch im kollektiven Sprachgebrauch der Deutschen; sein Gehalt ist das Ergebnis einer Synthese verschiedener Bedeutungen, die aus unterschiedlichen Lebensbereichen stammten. „Stoßtruppführer" nannte man im Ersten Weltkrieg einen neuartigen Typ von Offizier, der im Vergleich mit den bisherigen Usancen der Kriegslehre die Entscheidung mit unorthodoxen, dem technisch-industriellen Kampfgeschehen angepaßten Methoden herbeizuführen suchte. Seine Erfolge resultierten nicht in erster Linie aus der eingeübten Anwendung alter Spielregeln, sondern, wie man meinte, aus den Besonderheiten seiner Psyche, seinem „Charisma" und seinem „Instinkt". Ernst Jünger hat „In Stahlgewittern" diesen Typ von Führer beschrieben und populär gemacht.

Man konnte nach dem Krieg diesen Führerbegriff auch ins Zivile wenden: „Führer" ist demnach der charismatische Typ des Anti-Parteivorsitzenden, Anti-Demokraten. Eine weitere Komponente des Führerbegriffs entstand unter dem Eindruck sozialdarwinistischer Denkweisen: jeder Führer ist somit Produkt des Lebens- und Konkurrenzkampfes. Hitler selbst neigte in „Mein Kampf" dieser Auffassung zu, Führer bildeten sich nicht durch „mechanische Siebung" heraus, sondern: „dies sei eine Arbeit, die der Kampf des täglichen Lebens besorgt". (Adolf Hitler, „Mein Kampf", S. 493) Er nennt dies das

„aristokratische Prinzip". Alfred Rosenberg umschreibt diese Sorte von „Aristokraten" mit Formeln wie „Moltke-Typen" und „Luther-Naturen", Männer, die die Massen zu bewegen vermögen; ein Führerbegriff, der sich dem des Demagogen annähert. Eine weitere Komponente schließlich setzte sich allmählich innerhalb der NSDAP durch; rankte sich um die Gestalt Hitlers. Otto Dietrich hat sie Anfang der 30er Jahre skizziert: „Wer an ein Wunder glauben möchte, an eine höhere Fügung, die die Wege des deutschen Volkes lenkt und leitet, der mag übernatürliche Kräfte, wenn irgendwo, dann hier in Adolf Hitlers Persönlichkeit am Werke sehen. Der gottbegnadete Mensch (Hitler) geht seinen Weg, weil er ihn gehen muß!"; „Hitler ist Deutschland und Deutschland ist Hitler"; der „Führer" ist demnach die Verkörperung des Volkes; er ist ein „Mysterium", eine „magische Kraft", eine „Macht aus sich selbst heraus". (Otto Dietrich, „Mit Hitler an die Macht", München 1934, S. 19) Alle Begriffe „versagen" vor der bisher „ungeahnten Form seines Schaffens."

Die Nationalsozialisten stilisierten im Zuge ihrer ab 1930 einsetzenden Erfolge ihren Parteivorsitzenden, in der völkischen Terminologie „Führer" genannt, zu einer Erlöserfigur hoch, die angeblich sämtliche Komponenten des neuartigen Führerbegriffs in sich vereinte: den charismatischen Krieger, den Sieger im Lebenskampf, die große „Persönlichkeit" im Sinne des Historismus und den gottbegnadeten, magischen Schöpfer. Dieser Führerbegriff bildet somit ein Amalgam an irrationalen Vorstellungen, die nur in der hysterisch-panischen Atmosphäre der Nachkriegszeit und der Weltwirtschaftskrise ernst genommen werden konnten, ein imaginäres Amalgam, abgehoben von aller historischen Realität und entkleidet aller individueller Eigenschaften des halbgebildeten, kleinbürgerlichen und provinziellen Herrn Hitler, das vor allen Dingen in den Köpfen der Nationalsozialisten und nach 1933 aufgrund einer systematischen Propaganda, wie Ian Kershaw gezeigt hat, auch in den Köpfen zahlreicher Deutscher umherirrlichterte.

Entscheidend im Blick auf das Verhältnis von Führerstaatlichkeit und Polykratie ist an jenem synthetischen Führerbegriff, daß dieser „Führer" nicht nur die Partei oder nach 1933 den Regierungsapparat leitete, sondern angeblich auch unmittelbar die gesamte Nation und darüberhinaus die Natur beherrschte. So heißt es bei Dietrich, anläßlich eines stürmischen, gefährlichen Nachtfluges habe sich des Führers absolute Ruhe auf alle im Flugzeug übertragen, sein felsenfester Glaube an seine weltgeschichtliche Mission habe ihn und die Maschine vor Unheil bewahrt.

Der „Führer" herrschte, so der Glaube an die Selbstdarstellung der NSDAP, bevor er überhaupt den Staatsapparat tatsächlich in der Hand hatte. Der „Führer" wurde so nach 1933 zu einer tabuisierten, sakralisierten und für den Einzelnen nicht mehr begreifbaren Größe: – ein Mythos.

Diese Vorstellung ist allerdings zwiespältig: sie impliziert einerseits, daß der „Führer" alles weiß, alles kann, alles lenkt. Auf der anderen Seite aber ist derselbe „Führer" von der Wirklichkeit so weit entfernt, daß er nicht immer in sie einzugreifen vermag; nur so werden die im „Dritten Reich" dauernd vorkommenden Reden verständlich: „... wenn das der ‚Führer' wüßte...", „das hat der ‚Führer' nicht gewollt", „der ‚Führer' hat schlechte Ratgeber...", „die Bonzen verderben das Werk des ‚Führers'..." oder „die kleinen Hitlers sind die schlimmsten..."

Jedenfalls gelangte ein Teil der Bevölkerung rasch zur Auffassung, daß in ferner Höhe ein „Führer" existierte, der zwar alles vermochte, dem paradoxerweise jedoch die Wirklichkeit entglitten zu sein schien. Die Bevölkerung, manche noch nach dem Krieg, projizierte sämtliche augenscheinlichen Erfolge der dreißiger Jahre – Autobahnbau, vermeintlicher Rückgang der Kriminalität, Beseitigung der Arbeitslosigkeit, Anschluß Österreichs – auf den „Führer"; sie machte ihn, sowohl im Blick auf ihre eigenen ins quasi-religiöse gewendeten Großmachtsehnsüchte, als auch für die politischen Führungszirkel des Regimes, die SS, die PO, die SA, die Wehrmacht, die Industrie, zur unverzichtbaren Figur, andererseits übersah sie dabei, daß diese Erfolge nur aufgrund des Zusammenspiels der herrschenden Kräfte möglich waren.

Gleichsam unterhalb dieser abgehobenen Welt des „Führers" entstanden so aber zahlreiche Freiräume für etablierte und aufstrebende politische Kräfte, Freiräume, innerhalb derer sich die Interessenkonflikte und die daraus hervorgehenden Rivalitäten austoben konnten. Die einzelnen Träger von Macht mußten dabei nur zwei Spielregeln einhalten: erstens durften sie nicht die Tabus, die den „Führer" umgaben, zerstören, sonst wären ihre eigenen Schwächen zum Vorschein gekommen, und zweitens mußten sie vor allem im Blick auf das Ausland ihre Konflikte geheim oder begrenzt halten oder notfalls dem „Führer" als einem Moderator vorlegen. Dabei kam es nicht darauf an, daß der „Führer" immer eine endgültige Entscheidung traf; der Ritus genügte, um Eklats zu vermeiden.

Die Funktionsweise des „Führers" war also nicht das Ergebnis einer allen überlegenen und alle beherrschenden – wenn auch negativen – Genialität des Individuums Adolf Hitler, sondern vielmehr der kollektiven Wunschträume von nationaler Größe und politischer Geborgenheit eines großen Teils der deutschen Bevölkerung, ein archaisches Verständnis, das reale Erfolge mit Heilsvorstellungen verband, das indes nur angesichts der Verfassungslosigkeit des nationalsozialistischen Regimes, welches nicht zur konstitutionellen Monarchie zurückkehren wollte, die Republik ablehnte und selbst keine eigene Theorie von Staat besaß, möglich war.

Hitler hat diese Gegebenheiten genutzt und sich ihnen persönlich nach außen hin angepaßt; er hat das Spektakel des einsamen, asketischen, bedürfnislosen, Orden und Titel verachtenden Erlösers inszeniert; sich auf Berge (Obersalzberg) und in Wälder (Wolfsschanze) zurückgezogen oder in tempelartigen Gebäuden eingeschlossen; seine größte politische Leistung lag wohl gerade im Spielen dieser Rolle.

Andererseits hat ihm diese abgehobene Position Möglichkeiten geboten, Entscheidungen zu treffen, die für den Gang der historischen Entwicklung von maßgeblicher Bedeutung waren: vor allem die Entscheidung über die Auslösung von Kriegen und die Vernichtung der Juden, beides Entscheidungen, die allerdings die Zustimmung oder zumindest die Duldung der übrigen Herrschaftsträger voraussetzten; denn gegen deren Willen wären sie weder durchsetzbar noch organisierbar gewesen. Demgegenüber kümmerte sich der „Führer" keineswegs um sämtliche wichtigen Probleme der deutschen Gesellschaft; er ahnte wohl, daß seine mangelhaften Kenntnisse über die Zusammenhänge der Wirtschaft sowie des Aufbaus und der Dynamik der Gesellschaft, die Probleme des technischen und zivilisatorischen Wandels, ihn überforderten und ihn in Situationen brächten, aus denen er, ohne daß seine imaginäre Führerposition Schaden nehmen könnte, nicht mehr herauskommen würde. So schob er manche Entscheidungen vor sich her, schickte Funktionäre vor oder zog sie, wie im Kirchenkampf, zurück, wenn sie ihn in eine prekäre Lage zu versetzen drohten. Hinzu kam andererseits, daß hohe Funktionäre des Nationalsozialismus sich gelegentlich auf den „Führerwillen" beriefen, obgleich sich Hitler zu dem Problem ausdrücklich nicht oder nur beiläufig geäußert hatte.

Diese Funktionäre vom Schlag Martin Bormanns griffen zum Beispiel Bemerkungen Hitlers auf, interpretierten sie und setzten sie in Handlungsanweisungen für die Untergebenen um. Sie praktizierten so einen hypothetischen, vorauseilenden Gehorsam, der in der Regel jedoch mit ihren eigenen Interessen zusammenfiel.

So ist zunächst festzuhalten:

1. Der „Führer" entwickelte sich zu einer quasi-mystischen imaginären Figur, auf die sich die Herrschaftsträger im Blick auf die Beherrschten berufen konnten.
2. In dieser Eigenschaft band er mangels eindeutiger Verfaßtheit des Regimes die widerstrebenden Interessen zusammen.
3. Er vermochte aufgrund seiner zwar abgehobenen, aber doch akzeptierten Position einige, von ihm selbst keineswegs in all ihren Risiken durchschaute Entscheidungen zu treffen, die die deutsche Geschichte tiefgreifend veränderten.
4. Die die Tagespolitik transzendierende Stellung des „Führers" schuf für die übrigen Herrschaftsträger Freiräume, die zu Machtkämpfen Anlaß und Gelegenheiten boten.

III

Die polykratischen Merkmale des nationalsozialistischen Regimes bilden die komplementäre Seite der imaginären, quasi-mystischen Führerschaft.

Die Polykratie setzte 1933 als ein Bündnis von hauptsächlich drei in sich differenzierten Herrschaftsträgern ein: der Großindustrie, der Reichswehr und der NSDAP, ein Bündnis, das zunächst angesichts der Wirtschafts- und Staatskrise das Überleben dieser drei Gruppierungen gewährleisten und dann den wirtschaftlichen und militärpolitischen Aufstieg des Reiches zur Großmacht in Gang bringen sollte. Die beiden Kirchen haben jede auf ihre Weise vergeblich versucht, sich an dieses Bündnis anzuschließen; einige der Kirchenführer glaubten, so allein die in einer sich säkularisierenden Gesellschaft schwierig gewordene Lage ihrer Amtskirche festigen zu können.

Andererseits beruhte das Bündnis auf stillschweigend vorausgesetzten Bedingungen:
1. Der „Führer" mußte Garant der gegenseitig gewahrten „Claims-Grenzen" sein, eine Bedingung, die die NSDAP z.B. gegenüber der Industrie dadurch erfüllte, daß sie der deutschen Arbeitsfront einen minderwertigen Status im Regime zuwies, und gegenüber der Reichswehr, indem sie die pseudorevolutionäre Dynamik der SA 1934 brach – eine Bedingung, die sogar noch im Rahmen der Fritsch/Blomberg-Krise wichtig sein sollte, als die Wehrmachtsführung annahm, der „Führer" würde die alten Verhältnisse rasch wiederherstellen.
2. Die inneren Verhältnisse im Bündnis der beteiligten Herrschaftsträger durften nicht angetastet werden.

Auf diese Bedingung konnte sich zunächst jede Seite ohne weiteres einlassen, da eine große Reform der Wirtschaft oder des Militärs die schnelle Aufrüstung und damit das gemeinsame Ziel der Gewinnung der Großmachtstellung des Reiches hinausgeschoben hätte.

Andererseits aber löste das Eindringen der NSDAP und ihrer Gliederungen in das gesamte Staatswesen doch widersprüchliche Situationen und Streitigkeiten aus und schuf so mit der Zeit strukturelle Konfliktlagen. Die Streitigkeiten spielten sich auf der unteren und mittleren Ebene der Politik, je nach deren öffentlichen Verhältnissen zwischen Kreisleitern und Bürgermeistern/Landräten, Gauleitern und Oberbürgermeistern/Regierungspräsidenten, zwischen SS-Führern/Polizeipräsidenten und Gauleitern, zwischen Gauleitungen und Reichsnährstand, zwischen Landräten und Kreisbauernführern und auch zwischen benachbarten Gauleitungen ab, wobei es in der Regel um lokale und regionale Machtsegmentierungen ging. Sie griffen jedoch auch allmählich auf die oberen Führungsränge über, vor allem, als z.B. Reichsführer-SS Heinrich Himmler und Reichspropagandaminister Josef Goebbels ihre Einflußbereiche auf Kosten der Partei/PO und der mit ihnen verbundenen Behörden und Organisationen oder auf die Reichswehr auszudehnen versuchten.

Diese polykratischen Konflikte spielten sich in vielfältigen, miteinander verschlungenen Methoden ab: erstens dem intriganten Kampf der Kamarillen um den „Führer" oder um die Personen herum, die Zugang zum „Führer" hatten oder die an Entscheidungsprozessen teilnahmen; zweitens der bürokratischen Manipulation, und drittens schließlich der gegenseitigen Abschottung von Informationen. Dabei bildeten sich notwendigerweise innerhalb der einzelnen Sphären der jeweiligen Herrschaftsträger Binnenhierarchien heraus, deren Spitzen sich belauerten und dann miteinander in Streit gerieten: wenn die eine Seite die politische Lage für günstig hielt, ein Machtsegment an sich zu reißen und dabei die eigenen Wirtschafts-, Prestige- und Sozialinteressen durchzusetzen. Industrie und Wehrmacht besaßen auf diesem komplizierten Konfliktterrain bis in den Krieg zumindest Vetopositionen, vor allem, wenn sie gegenüber dem „Führer" oder der Partei auftraten. Nur wenn es dem „Führer" oder der Partei gelang, einen von beiden gegen den anderen auf die eigene Seite zu ziehen, wie dies anläßlich des Sturzes von Hjalmar Schacht gelungen ist, brach die Kraft des Vetos vorübergehend zusammen.

Die Mitglieder des Bündnisses waren indes nicht nur bestrebt, ihre eigenen Hierarchien intakt zu halten, sie vertraten zudem bestimmte überkommene Interessenssegmente. Diese Segmente stellten insgesamt inhomogene, oft gegensätzliche Agglomerationen von Interessen dar: die Industrie bündelte z.B. die widerstrebenden alten Interessen der Schwerindustrie, der Chemie/Elektroindustrie und der verarbeitenden Industrien; die Wehrmacht die traditionellen Interessen des Offizierscorps und der damit verbundenen gesellschaftlichen Gruppierungen, wie z.B. des Adels. Die NSDAP versuchte, sowohl die Interessen der 1933 zerstörten Arbeiterbewegung an sich zu ziehen, was ihr angesichts der losgelösten, verstaatlichten Stellung der Reichstreuhänder der Arbeit nur unvollständig gelang, als auch die von den Mittelschichten, Bauern, Beamten, freien Berufen, Handwerkern und Einzelhändlern, die sie indes nur gelegentlich zu wahren vermochte.

Der Krieg, zumal der Rußlandfeldzug mit seinen unkalkulierbaren Belastungen und dann der davon ausgehende Zwang zur totalen Mobilmachung, ließ die Konturen des Bündnisses verwischen, aber nicht beseitigen; er hat dabei vor allem die gesellschaftlichen Interessenlagen durcheinandergewirbelt und angesichts der sich abzeichnenden Niederlage den politischen Einfluß der Wehrmacht zugunsten der Partei und der SS zurückgedrängt.

Der Krieg hat den „Führer" in noch astronomischere Sphären entrückt, ihn zum Verfügungsgewaltigen nicht vorhandener „Wunderwaffen" werden lassen und doch gleichzeitig seine Position eines Garanten des Bündnisses zerstört; nur so sind die Auseinandersetzungen zwischen Himmler, Bormann, Speer und Goebbels von 1944 und die Entscheidung der Militärs, Hitler zu beseitigen, verständlich.

Abschließend ist zusammenzufassen:
1. Der „Führer" in der synthetischen, von den individuellen Fähigkeiten und Schwächen der Person Adolf Hitlers abstrahierenden Form des Begriffs, stellt eine Ausgeburt der politischen Irritation und Großmachtphantasien weiter Teile des deutschen Volkes, insbesondere der Jugend, dar, die das Scheitern der Monarchie erfahren, die Niederlagen der Republik erlebt und nicht überwunden hatten.
Die NSDAP und vor allem Hitler verstanden es, diese Stimmung zu nutzen, sich aufgrund dessen 1933/34 als gleichsam unabwendbare historische Alternative anzubieten und unverzichtbar zu machen.

2. Der „Führer", ebenfalls in der synthetischen Form des Begriffs, hielt das stets gefährdete Bündnis der verschiedenartigen Partner zusammen, deren Impulse zur Zusammenarbeit überwiegend negativen Motiven entsprungen waren: u.a. der Abneigung gegenüber der Republik, der Angst vor einer linken Revolution, Sorge um eine künftige, kostspielige Erpreßbarkeit des Reiches durch die Nachbarstaaten, aber schließlich auch der gemeinsamen nationalistischen Sehnsucht nach einer Großmachtposition Deutschlands in der Welt – wobei übrigens jeder der Bündnispartner etwas anderes darunter verstanden haben mag.

Das Bündnis benötigte einen „Führer", gleichsam als affektive und symbolische Klammer, da ein ordentlich funktionierendes deutsches Staatswesen spätestens in Folge der die Republik zerstörenden Maßnahmen des Nationalsozialismus zu bestehen aufhörte; es benötigte den „Führer" jedoch auch angesichts der unruhigen Elemente innerhalb der NSDAP, die sich zu Sprechern zu kurz gekommener sozialer Interessen aufwarfen und dabei jedes sich bietende Machtsegment an sich rissen: die NSDAP drohte somit stets in die Sphären der anderen einzugreifen und das Bündnis zu sprengen. Einen Zerfall des Bündnisses konnte sich jedoch keiner der Herrschaftsträger weder im Zuge der Massenmobilisierung und Aufrüstung noch während der erfolgreichen Phasen des Krieges leisten; jeder legte daher wenigstens bis 1941/42 unter Berufung auf den „Führer" Zurückhaltung gegenüber den anderen an den Tag.

3. Der „Führer" weist somit im Rahmen des Regimes mehrere Aspekte auf. Er verfügte zwar über diktatorische Gewalten, die er jedoch nicht offen gegen die Bündnispartner einzusetzen wagte; er war demnach kein Diktator, der einen verfassungsrechtlich geordneten Staatsapparat kontrollierte.
Er war ferner eine symbolische Figur, die die inneren Spannungen und Schwächen des Regimes verdeckte und so ein imaginäres Ganzes, eine „Volksgemeinschaft" gegenüber der Bevölkerung repräsentierte. Schließlich war er die scheinbare Verkörperung der mythischen Erzählung von der angeblichen Einheit der deutschen Zeitgeschichte mit dem weiteren Gang der Weltgeschichte.
Daß ein großer Teil der Deutschen diesen mythischen Anspruch zwar für baren Unsinn hielt, ihn dennoch zur Durchsetzung materieller und politischer Interessen zu nutzen versuchte, sich damit allerdings in das Regime verstrickte, spricht nicht gegen, sondern für die Rolle, die der „Führer" spielte.

4. Die symbolisch-mystische Konfiguration des „Führers" war indes so allgemein, so verschwommen, so wenig durchorganisiert, im Tagesgeschäft der Politik daher auf pragmatische Improvisationen angewiesen, daß zahlreiche Freiräume für die Dynamik und den Ehrgeiz der Funktionäre übrig blieben; Freiräume, die sich allmählich sogar zu formalisierten Rechtsbereichen verfestigen konnten. So entstand ein Rechtsbereich der Industrie, der zahlreiche Elemente des herkömmlichen bürgerlichen Handels- und Wirtschaftsrats aufbewahrte, ferner ein Rechtsbereich der Wehrmacht, der auf Traditionen deutschen Militärwesens aufbaute, und schließlich einer der NSDAP, der gerade auf dem Gebiet des Polizeiwesens vielfach mit dem Staatsapparat verschlungen war. Für den einzelnen Bürger konnte es von lebensentscheidender Bedeutung sein, in welchem Bereich er sich bewegte oder bewegen mußte, wessen Protektion er genoß und wem er im Konfliktfall in die Hände fiel.

5. Die Relation zwischen „Führer" und Polykratie, die nichts Monolithisches an sich hat, stellt eine der notwendigen Strukturen eines Regimes dar, das einerseits von einer permanenten Dynamik lebte, das andererseits diese Dynamik nicht in klare verfassungsrechtliche Bahnen zu lenken wußte.

Wolfgang Benz

Herrschaft und Gesellschaft im nationalsozialistischen Staat

Die nationalsozialistische Herrschaft gründete sich auf die Ekstase der Beherrschten. Zur Eroberung der Macht, zu ihrer Durchsetzung und Befestigung wurden wie von keinem anderen Regime Institutionen ersonnen und Mechanismen installiert, die die Aufgabe hatten, das Volk in eine Art von permanentem Rauschzustand zu versetzen und ein Klima der Massenhysterie zu erzeugen und zu bewahren, ein Klima, in dem ständige und bewußtlose Akklamation zum Regime gedieh.

Die Ideologie des Nationalsozialismus war äußert dürftig, sie beschränkte sich im wesentlichen auf etliche Feindbilder – die bekanntesten waren Juden und Bolschewisten – auf die Propagierung von Sozialdarwinismus und abstrusen Rasse- und Vererbungstheorien, auf die Postulate des aggressiven alldeutschen Nationalismus, nämlich die Erweiterung des von Deutschen beherrschten Territoriums, die Gewinnung von Kolonialraum im Osten Europas und das Streben nach dem Status einer Weltmacht. Dazu kamen, als Ersatz für die Bausteine eines geschlossenen politischen, ökonomischen und sozialen Programms, die Glorifizierung bäuerlichen Lebens, Kriegerkult und Propagierung von Herrenmenschentum, die Mystifizierung germanischer Vergangenheit, von Vaterland und Heimaterde, Volkstum, Brauch und Sitte – was immer man darunter auch verstand. Die ideologischen Versatzstücke, die sich beliebig arrangieren ließen, wurden in Form von Schlagworten im politischen Tagesgeschäft ständig eingesetzt: „Blut und Boden", „Volk ohne Raum", „Fronterlebnis", „Blutzeuge", „Alte Kämpfer", „Volksgemeinschaft" usw.

Die Essenz der nationalsozialistischen Ideologie bestand in der Identifizierung von Hitler, NS-Bewegung und deutschem Volk in einer Art mystischer Einheit, die durch Kult- und Weihehandlungen, Demonstrationen und Akklamationen ständig beschworen wurde. Die Herrschaftstechnik des Nationalsozialismus verfolgte als wichtigstes Ziel die Errichtung und Stabilisierung dieses Führerkults; solange die Massen an ihr Idol glaubten, war das Regime stabil, waren Mißerfolge, Exzesse und Krisen nicht bedrohlich für den Fortbestand der Herrschaft und die Zustimmung der Beherrschten. Daß Terror und Gewalt gegen Kritiker des Regimes, politische Gegner und zu Feinden erklärte Minoritäten im Staat Hitlers eine beträchtliche Rolle spielten, muß nicht betont werden; hier geht es um die Methoden, mit denen die positive Bindung der Mehrheit der Bevölkerung an den nationalsozialistischen Staat erreicht wurde.

Die fünf tragenden Elemente der Herrschaftstechnik, mit denen die Faszination der Menschen für den Nationalsozialismus erreicht wurde, waren erstens Propaganda, zweitens die Regie des öffentlichen Lebens, drittens die Selbstdarstellung des Regimes in Formen einer eigenen Ästhetik, viertens Kulthandlungen als Religionsersatz und fünftens die Stilisierung des Volks als Kultverband. Das waren die Methoden, und als Ziel war die Einheit von Herrschaft und Gesellschaft propagiert.

I. Propaganda

Gelenkt von einer eigenen staatlichen Bürokratie, dem Reichsministerium für Volksaufklärung und Propaganda – das war ein Novum und Unikum zugleich, und die Nationalsozialisten waren stolz auf das einzige derartige Ministerium der Welt – mit einem Meister der Demagogie an der Spitze, hatte die Propaganda die Aufgabe, gleichförmige Meinung und Zustimmung zu erzeugen und unerwünschte Informationen zu unterdrücken. Darin unterschied sich der Hitler-Staat nicht von anderen Diktaturen, allenfalls in der Konsequenz und in der Virtuosität, mit der Goebbels als Propagandaminister den Apparat bediente und Presse, Rundfunk, Film, Theater, Musik und alle übrigen Bereiche der Kultur auf eine einheitliche Linie brachte.

Im Selbstverständnis des Nationalsozialismus war Propaganda als „Verfassungselement" definiert und die Aufgabe von Propaganda beschrieben als Verbindungsgelenk zwischen „dem in der Partei Gestalt gewordenen politischen Willen und dem Volk". Das ganze System des NS-Staats wurde als neuartige und höhere Form von Demokratie bezeichnet, bei dem eine Einheit von Führer und Volk (dazwischen die Partei als Auslese der Besten des Volkes) postuliert war: „Ohne das persönliche Verhältnis, das die Propaganda zwischen dem Führer und dem Volk schafft, ist das autoritäre demokratische Prinzip des neuen Deutschlands undenkbar. Diese Propaganda ist somit ein nicht wegzudenkender Bestandteil der ungeschriebenen Verfassung des Dritten Reiches." So steht es in einem Artikel, der zu Goebbels' 39. Geburtstag verfaßt wurde und der einen der wenigen Versuche darstellt, das Spezifische der nationalsozialistischen Propaganda theoretisch zu fassen.

Goebbels selbst, der alles andere als ein Theoretiker war, drückte sich deutlicher aus, als er im September 1935 in Nürnberg beim Reichsparteitag die Propagandaleiter der Partei versammelte und ihnen eine Rede über „Wesen, Methoden und Ziele der Propaganda" hielt. Sie sei in erster Linie ein Instrument zur Machterhaltung; der Propagandist müsse ein „Künstler der Volkspsychologie" und selbst ein „Teil der Volksseele" sein, um dem Volk auch die Notwendigkeit unangenehmer Maßnahmen klarmachen zu können. Goebbels bemühte sich bei der Gelegenheit auch, den Unterschied zwischen „Propaganda" und „Volksaufklärung" deutlich zu machen. „Anders als mit der Propaganda", sagte er, „sei es ... mit der Volksaufklärung, die auch ihren ihr zukommenden Platz in der Staatspolitik beanspruchen darf. Man darf nicht *immer* trommeln. Denn wenn man *immer* trommelt, dann gewöhnt das Publikum sich allmählich an den Trommelton und überhört ihn dann. Man muß die Trommel in Reserve haben... Wenn wir *immer* schreien und krakeelen wollten, dann würde sich die Öffentlichkeit allmählich an dieses Geschrei gewöhnen."

Goebbels verwendete in diesem Zusammenhang den Ausdruck „Volksbehandlung", und das drückte exakt aus, was gemeint war. Dazu gehörte auch, daß dem Volk nach den Kraftanstrengungen politischer Großereignisse Ruhepausen gegönnt wurden: So gab es bis auf wenige wichtige Ausnahmen nach dem Parteitag wochenlang keine politischen Sendungen im Rundfunk. Die Sendezeiten wurden für unterhaltende Musikdarbietungen genutzt.

Unterhaltung spielte überhaupt eine ganz wichtige Rolle im Verlockungs- und Verführungsapparat der nationalsozialistischen Propaganda. Die Unterhaltungsbranche florierte. Operette und Schlager waren – zumal sie kaum politisiert wurden – die beliebtesten Genres, man könnte sie ebenso wie die Serien harmloser Spielfilme als einen Teil der Sozialpolitik des Regimes verstehen, das mit Melodien von Nico Dostal, Paul Linke und Franz Lehar, mit Schlagern, die Zarah Leander, Evelyn Künneke, Marika Rökk, Hans Albers trällerten und schmetterten, und mit den Publikumslieblingen Heinz Rühmann, Johannes Hesters, Luise Ullrich, Victor de Kowa, Willy Birgel, Brigitte Horney und vielen anderen die „Volksgemeinschaft" bei Laune hielt. Reichsrundfunk und staatlich gelenkte Filmindustrie waren höchst populäre Medien der Massenunterhaltung. Die „Wunschkonzerte" des Großdeutschen Rundfunks wurden nach Kriegsausbruch an allen Fronten genauso begeistert aufgenommen wie in der Heimat, und mit der Produktion von Komödien und Klamotten blieb auch im Krieg ein Stück heiler Welt auf der Kinoleinwand erhalten. Filme wie „Quax der Bruchpilot" (1941), „Wiener Blut" (1942), „So ein Früchtchen" (1942), „Münchhausen" (1943) oder „Feuerzangenbowle" (1944) waren allemal erfolgreicher als die handwerklich ebenso gut gemachten Tendenzfilme und Propagandastreifen der Gattung „SA-Mann Brand" (1933), Leni Riefenstahls Parteitagsfilm „Triumph des Willens" (1935), die Kriegsfilme „Pour le Mérite" (1938) oder „Legion Condor" (1939), „Über alles in der Welt", „Stukas", „Kadetten" (alle 1941). Wirkung zeigten schließlich auch die Agitations- und dann die Durchhaltefilme von Veit Harlan „Jud Süß" (1940), der antibritische Streifen „Ohm

Krüger" mit Emil Jannings (1941), „Der große König" (Harlan 1942), der Euthanasiefilm „Ich klage an" (Liebeneiner 1941) und „Kolberg" (1945). Und beliebt war auch die „Deutsche Wochenschau", die mit der Dokumentation politischen und dann vor allem kriegerischen Geschehens im Vorprogramm der Kinos allwöchentlich 20 Millionen Besucher mehr unterhielt als wirklich informierte.

II. Die Regie des öffentlichen Lebens

In Anwendung und Erweiterung der während der Kampfzeit entwickelten Methoden wurde nach 1933 das öffentliche Leben durchstilisiert. Die Regie der Öffentlichkeit war das wichtigste und wirksamste politische Mittel, das die nationalsozialistische Führung einsetzte, und auf keinen anderen Bereich wurde soviel Mühe verwendet. Der Formenkatalog reichte vom Heimabend über die Mitgliederversammlung, den Dorfgemeinschaftsabend, den Gemeinschaftsempfang von Hitlerreden am Rundfunkempfänger über lokale Kundgebungen und Feiern zum Staatsfeiertag, zu Paraden und Aufmärschen bis hin zu den großen zentralen Gedenkveranstaltungen der Partei und zum jährlichen Reichsparteitag in Nürnberg.

Zweck jeder nationalsozialistischen Versammlung war, unabhängig von der Größenordnung des Ereignisses, die Suggestion des einzelnen Teilnehmers. Das wurde erreicht durch das einheitliche Grundmuster, das Argumentation vermied und darauf abzielte, die Sinne zu betören. Die Teilhabe am Ereignis wurde als eigentliches Erlebnis organisiert, die Einbettung und Auflösung des Individuums in die Volksgemeinschaft war kalkuliert, und nur zu diesem Zweck waren die Mittel eingesetzt: Rede, Staatshandlung, Massenbekenntnis, Weiheritual, Vorbeimarsch, Appell, usw.
Gipfel nationalsozialistischer Inszenierungen waren die Massenspektakel zu besonderem Anlaß. Der Tag von Potsdam am 21. März 1933 sollte den neuen Herren Renommee verschaffen, die sich preußische Traditionen aneigneten und den alten Reichspräsidenten Hindenburg für ihre Sache vereinnahmten. Der Staatsakt zur Eröffnung des neugewählten Reichstags, inszeniert als Verbrüderung des deutschnationalen bürgerlichen Establishments mit den nationalsozialistischen Emporkömmlingen fand in der Potsdamer Garnisonskirche statt, das Rahmenprogramm wurde in Berlin gegeben mit diversen Feldgottesdiensten im Lustgarten und vor dem Stadtschloß, mit einem Vorbeimarsch von Schutzpolizei, SS, SA und Stahlhelmverbänden beim Polizeipräsidenten, mit Parademärschen, Salutschüssen und wieder mit einem stundenlangen abendlichen Fackelzug. Am 10. April 1933 hielt Hitler den größten Appell, den die Welt je sah – so stand es im Völkischen Beobachter. 600.000 Mann SA und SS, die in Saal- und Straßenschlachten erprobten Radauverbände der NSDAP, waren im ganzen Deutschen Reich aufmarschiert, um eine Rede ihres obersten Führers aus dem Berliner Sportpalast zu hören.

Goebbels führte Regie und handhabte dazu den Rundfunk als Sprachrohr beim Dirigieren der Massen. Als quasi transzendentales Medium, mit dem die Allgegenwart des „Führers" dargestellt werden konnte, wurde der Rundfunk vom NS-Propagandaapparat in Besitz genommen und bis zum Untergang des Regimes eingesetzt. Den Experimenten mit dem Fernsehen maß Goebbels nicht von ungefähr große Bedeutung zu.

Im Jahr 1936 präsentierte sich der Hitlerstaat der Weltöffentlichkeit erfolgreich von seiner schönste Seite; wichtigster Schauplatz war Berlin. Den Anlaß zur Schaustellung nationalsozialistischen Glanzes, deutscher Tüchtigkeit und perfekter Organisation boten die XI. Olympischen Sommerspiele. Berlin versank in einem Meer von Fahnen, die antisemitischen Propagandaparolen hatte man vorübergehend abgenommen, und die erhoffte Wirkung stellte sich ein. Nicht nur die Ausländer staunten. Das Prestige des nationalsozialistischen Regmies erhöhte sich nach der geglückten Inszenierung der Olympiade auch im Inland beträchtlich.

Einer der Höhepunkte der Selbstdarstellung des NS-Regimes war das Sommerfest der Reichsregierung, zu dem Goebbels die Ehrengäste der Olympiade auf die Pfaueninsel in der Havel geladen hatte. Der Berichterstatter des Völkischen Beobachters geriet über die Prachtentfaltung ins Schwärmen: „Der Zauber, der von diesem ungewöhlichen Rahmen ausging, war geschickt durch eine künstlerische Ausgestaltung verstärkt worden. Kein Wunder, daß die Teilnehmer, vor allem aus dem Ausland, die während ihres Besuches in Berlin manches Beispiel großzügigster Gastfreundschaft erlebt hatten, sehr bald von jener Stimmung festlicher Losgelöstheit erfüllt waren, die auch die fremdesten Menschen einander näherbringt…" Wenn man aus der offiziellen Sprache und der Diktion Schlüsse ziehen darf, dann war die Gesellschaft des NS-Staates von monströser Spießigkeit geprägt, hatte sich willig der Diktatur der Superlative gebeugt. Es wurde aber auch allerhand geboten auf der Pfaueninsel: eine Schiffsbrücke war errichtet, auf der Pioniere mit präsentiertem Ruder die Gäste empfingen, weißgekleidete Pagen führten sie zum Festplatz auf der Insel, Goebbels gab sich als liebenswürdiger Gastgeber dieser italienischen Nacht mit Lampions und Feuerwerk. Das Opernballett bot Künstlerisches, und die Spitzen der Gesellschaft tafelten und tanzten bis zum Morgen.

Im Jahr 1937 fand die wohl gewaltigste politische-militärische Ausstattungsrevue statt, die das Dritte Reich je inszenieren ließ. Zu Ehren Mussolinis wurde sie im September 1937 in Berlin veranstaltet, ohne Rücksicht auf die Kosten. Fast eineinhalb Millionen Reichsmark – eine für damalige Verhältnisse horrende Summe – wurden für Dekorationen, Fahnenwälder, Lichtdome und anderes Brimborium verpulvert. Höhepunkt war die Massenkundgebung, bei der Goebbels den Duce und Hitler begrüßte, immer wieder von Heilrufen unterbrochen: „Ich melde: Auf dem Maifeld in Berlin, im Olympiastadion und auf den Vorplätzen des Reichssportfeldes eine Million Menschen, dazu auf den

Anfahrtsstraßen von der Wilhelmstraße bis zum Reichssportfeld zwei Millionen Menschen, insgesamt also drei Millionen Menschen zur historischen Massenkundgebung der nationalsozialistischen Bewegung versammelt!"

Die Menschen wurden bei solcher Gelegenheit als Kulisse benutzt, als Fassade des Potemkinschen Dorfes, das Berlin in jener Zeit in mancher Beziehung war. Der Umgestaltung der Preußenmetropole zu Megalopolis Hitlerscher Machtträume standen in der Realität Hindernisse im Weg, die vorerst durch die Scheinwelt der Masseninszenierungen ersetzt wurde. Marschtritte und Masseninszenierungen drückten nicht von ungefähr am sinnfälligsten Eigenart und Selbstempfinden des Nationalsozialismus aus, und seine Führer und Unterführer wetteiferten in martialischem Gepräge. Der von der Natur benachteiligte Goebbels tat sich auf diesem Gebiet schwer, vor allem schwerer als der beliebte und scheinbar so joviale Hermann Göring, der zweite Mann im Staat.

Aber manchmal demonstrierte man auch Innigkeit und Gefühl, und zwar mindestens zu Weihnachten, das die nationalsozialistischen Neuheiden lieber „Julfest" nannten. Die Potentaten des NS-Staates versammelten bedürftige Kinder um sich, bescherten sie und schlachteten das Ereignis propagandistisch aus. Göring hatte Weihnachten 1935 500 Kinder kommen lassen. Der Völkische Beobachter berichtete über die Veranstaltung, bei der das Musikkorps des „Regiments General Göring" spielte, ein Kinderchor sang und das Kinderballett der preußischen Staatsoper tanzte: „Frau Göring, zwei Kinder an der Hand, geht von Tisch zu Tisch, führt Eltern und Kinder an ihre Plätze, wo die Gaben aufgehäuft sind. General Göring, gefolgt vom Weihnachtsmann und zwei Heinzelmännchen, geht durch die Tischreihen, greift hier ein Spielzeug heraus, zeigt einem kleinen Buben den Mechanismus eines Flugzeuges, eines Spieltankes, drückt dort einer Mutter, die wortlos und ergriffen auf ihn zukommt, stumm die Hand, nimmt da ein Mädelchen auf den Arm, schenkt ihm, vom paketbehangenen Mantel des Weihnachtsmannes abgelöst, eine Puppe, beginnt dort mit einem Vater zu sprechen, hier wieder eine Mutter nach ihrem Heim, ihren Kindern zu fragen."

Die Regie des öffentlichen Lebens im NS-Staat erschöpfte sich aber nicht in der Ausgestaltung singulärer Anlässe. Sie entwickelten einen Formenkanon, der konsequent im Jahreslauf angewendet wurde und so den Alltag in eine Serie von nationalsozialistischen Ereignissen verwandelte, die gemeinschaftsbildend und gemeinschaftserhaltend wirkten. Das nationalsozialistische Feierjahr begann am 30. Januar mit einer morgendlichen Rede Goebbels' an die Schuljugend und einer Hitler-Rede vor dem Reichstag, abends wurde in Berlin der Fackelzug zur „Machtergreifung" von 1933 wiederholt. Am 24. Februar gedachte man der NSDAP-Gründung, die „Alten Kämpfer" trafen sich in München. Der „Heldengedenktag" im März, zelebriert mit Wehrmachtsparaden in Berlin, hatte den Volkstrauertag der Weimarer Republik abgelöst. Am letzten März-Sonntag wurden die Vierzehnjährigen feierlich in die HJ aufgenommen, am Vorabend von Hitlers Geburtstag gab es den Aufnahmeappell der Zehnjährigen fürs Jungvolk. Führers Geburtstag am 20. April wurde mit größtem Pomp, Militärparaden in allen Garnisonsstädten und einer Parteifeier – meist in München auf dem „Parteiforum" des Königsplatzes – begangen. Der 1. Mai, als „Tag der nationalen Arbeit" mit Brauchtums- und Volkstanzgruppen gefeiert, sollte den ursprünglichen Tag der internationalen Arbeitersolidarität verdrängen. Ihm folgte am zweiten Maisonntag der Muttertag – ebenfalls keine nationalsozialistische Erfindung –, offizielles Gepräge erhielt er ab 1939 durch die erstmalige Verleihung des „Mutterkreuzes" an drei Millionen Frauen. (Der Orden war 1938 gestiftet worden, es gab ihn in drei Stufen: Gold ab dem 8. Kind, in Silber für 6 oder 7 und in Bronze für 4 oder 5 Kinder.)

Die Sommersonnwende (21./22. Juni) wurde 1937–1939 als Massenveranstaltung im Berliner Olympiastadion begangen, daneben aber auch seit 1933 an zahllosen Orten im ganzen Land. Den Zenit erreichte das Feierjahr alljährlich im September mit dem Massenspektakel des Reichsparteitags in Nürnberg. Im Oktober folgte das von Hunderttausenden besuchte Erntedankfest auf dem Bückeberg bei Hameln. Am Abend des 8. November trafen sich im Münchner Bürgerbräukeller die „Alten Kämpfer", um des Hitlerputsches 1923 zu gedenken. Am 9. November wurden die „Blutzeugen der Bewegung" mit makabrem Zeremoniell geehrt, am gleichen Tag wurden die Herangewachsenen der HJ in die NSDAP übernommen, den Abschluß bildeten die nächtlichen Treueschwüre des SS-Nachwuchses.

Weniger Resonanz fanden die beiden letzten Ereignisse des NS-Feierjahres, die 1935 eingeführte Wintersonnwende und die Germanisierung von Weihnachten als „Julfest". Der Katalog der Feste und Rituale war aber damit noch lange nicht erschöpft, es gab Gauparteitage, Sänger- und Turnerfeste, die Eintopfsonntage des WHW und alle möglichen besonderen Anlässe, bei denen Uniformierte marschierten, die Parteiprominenz redete und Jubel verordnet war. Die SS versammelte sich am 1. Juni in Quedlinburg, um dem Idol Heinrich Himmlers, dem „Schöpfer des ersten Reiches" Heinrich I., zu huldigen. Und dann gab es die Feiern im Rahmen der „Betriebsgemeinschaft" oder Veranstaltungen der Gliederungen und Verbände der Partei, für die die Reichspropagandaleitung der NSDAP detaillierte „Vorschläge zur nationalsozialistischen Feiergestaltung" bereitstellte. Die Regie war ziemlich perfekt.

III. Selbstdarstellung des Regimes

Alle Anstrengungen des NS-Regimes, eine eigene Ästhetik zu entwickeln, dienten der Erhaltung der Macht und der Integration von Herrschaft und Gesellschaft; entsprechende Bemühungen mußten daher darauf gerichtet sein, Gemeinschaft zu stiften, einzuschüchtern, zu unterwerfen und zu beherrschen. Integration und Ausgrenzung zugleich war durch Märsche und gemeinsam in Formation gesungene Lieder („die Reihen fest geschlossen") darstellbar. Eine der wenigen genuin nationalsozialistischen Kunstformen, das „Thingspiel", entstand in Anknüpfung an alte dramatische Gattungen von der griechischen Tragödie über das mittelalterliche Mysterienspiel und Passionsdarstellungen im wesentlichen als Fortentwicklung des Aufmarsches und der Kundgebung, als Interaktion massenhaft aufgebotener Darsteller und massenhaft aufgebotenen Publikums wie am 1. Oktober 1933 in Berlin, wo 60.000 Zuschauer mit 17.000 uniformierten Spielern im Stadion vereint waren.

Thingspiele und Thingstätten blieben marginal und episodenhaft, wichtigste Ausdrucksform nationalsozialistischen Gestaltungsdrangs war die Architektur. Das Dritte Reich war bis in den Krieg hinein eine riesige Baustelle: Siedlungen im „Heimatschutzstil", Jugendherbergen und Gemeinschaftsbauten, Kasernen und „Ordensburgen", Stadien, Plätze und vor allem Herrschaftsanspruch und Ewigkeitsgeltung betonende Großprojekte. Dazu gehörten auch die Autobahnen, für die beim damaligen Motorisierungsgrad verkehrstechnisch kaum Bedarf bestand. So stand auch im Vordergrund der Propaganda für die „Straßen des Führers" deren Freizeitwert, ihre Stilisierung zu Kunstwerken und ihr Symbolwert als Verbindungslinien zu den Auslandsdeutschen. (Die militärische Bedeutung des im Dezember 1938 3.000 Kilometer umfassenden Autobahnnetzes wurde und wird meist überschätzt: Truppen- und Materialtransport war und blieb überwiegend Aufgabe der Eisenbahn.)

Nationalsozialistischer Herrschaftsanspruch manifestierte sich in der auf Effekt berechneten Unterwerfungsarchitektur, die in eintöniger Monumentalität durch endlose Reihung simpler Formen und Elemente einschüchternde Baukolosse erzeugte. In den Formen eines brutalisierten und in maßlose Dimensionen gesteigerten Neoklassizismus wucherte die Repräsentationsarchitektur von Partei und Staat. Stilbildend waren Paul Ludwig Troost mit dem „Haus der Deutschen Kunst" in München (1937) und in seiner Nachfolge Albert Speer, der das Reichsparteitagsgelände in Nürnberg als den zentralen Appellplatz der Nation, als Kult- und Herrschaftsarchitektur konzipierte, als steinernen Rahmen uniformierter Menschenmassen. Die Bauten in Nürnberg bedurften „der Zehntausende in straffen Kolonnen aufmarschierter, von einem Willen bewegter deutscher Männer, um voll wirksam zu werden", heißt es in einer zeitgenössischen Beschreibung. Obwohl die Gesamtanlage nicht fertiggestellt wurde, fanden bis 1938 die Reichsparteitage dort statt (nach Kriegsausbruch gab es keine mehr) in der Form stundenlanger Vorbeimärsche der Parteigliederungen, Verbände und der Wehrmacht, mit nächtlichen Kundgebungen unter dem „Lichtdom" aus Flakscheinwerfern, deren Schein man bis zu 200 Kilometer weit sah, als Schaustellung nationalsozialistischer Macht. Die nach Hunderttausenden zählende Statisterie der Hitlerreden wurde während des vier- bis achttägigen Ereignisses mehrmals ausgetauscht, und dieTeilnehmer empfanden ihre Anwesenheit als Privileg.

Unterwerfungsarchitektur waren die NS-Bauten in mehrfachem Sinne. Der Despotismus der omnipotenten Führung äußerte sich nicht nur im Anachronismus der verwendeten Formen, des Materials und der riesenhaften Dimension, er war ohne den bedenkenlosen Zugriff auf Ressourcen, ohne Rücksicht auf den ökonomischen Nutzen und die Höhe der Kosten ebensowenig darstellbar wie ohne die Methoden der antiken Barbarei: Sklavenarbeit wurde in den Konzentrationslagern zugunsten der Regime-Architektur in größtem Ausmaß erzwungen. Die Bauten dienten aber auch direkt als Instrumente zur Ausübung politischen Zwangs, wie die in der Rekordzeit von weniger als einem Jahr errichtete Neue Reichskanzlei, das Bauwerk, unter dem Hitler im Frühjahr 1945 zugrunde ging. Ende Januar 1938 hatte Hitler seinen Leibarchitekten Speer kommen lassen, der in seinen Erinnerungen berichtete: „,Ich habe einen dringenden Auftrag für Sie', sagte er feierlich, mitten im Raum stehend. ‚Ich muß in nächster Zeit wichtigste Besprechungen abhalten. Dazu brauche ich große Hallen und Säle, mit denen ich besonders kleineren Potentaten imponieren kann.'"

Am 9. Januar 1939 wurde der Neubau feierlich eingeweiht. Das Bauwerk bringe in hervorragender Weise Kultur und Gestaltungswillen des Nationalsozialismus zum Ausdruck, hieß es beim Festakt. In der Nacht zum 15. März 1939 wurde in einem dieser Säle der tschechoslowakische Staatspräsident Hacha dazu gepreßt, die Reste seines Staates kampflos an Hitler-Deutschland auszuliefern. Die Reichskanzlei-Architektur mit ihrer 145 Meter langen Galerie, die Hacha durchwandern mußte, bis er zu Hitler kam, war Teil der Inszenierung. Der Kabinettssaal, in dem nie eine Sitzung der Reichsregierung stattfand, war 600 Quadratmeter groß, in der alten Reichskanzlei hatte der entsprechende Raum knapp ein Zehntel davon gemessen. „Gebauter Nationalsozialismus" wurden die Ergebnisse des neuen „Bauwillens" genannt; „Gemeinschaftsbauten", eine damals ebenfalls gängige offizielle Bezeichnung für die Architektur des Machtkults, waren sie nicht.

Der erstrebte Ewigkeitswert und die Absicht, mit den Bauten unvergängliche Reliquien zu schaffen waren – ebenfalls an altorientalischen Despotien erinnernde – Motive für den nationalsozialistischen Baustil. Speer hat solche Gedankengänge Hitlers überliefert: „Es ist kaum zu glauben, welche Macht es einem kleinen Geist über seine Mitwelt verleiht, wenn er in so großen Verhältnissen auftreten kann. Solche Räume mit einer großen geschichtlichen Vergangenheit erheben auch einen kleinen Nachfolger zu geschichtlichem Rang. Sehen Sie, deswegen müssen wir das noch zu meinen Lebzeiten bauen: damit ich darin noch gelebt habe und mein Geist diesem Bau Tradition verleiht. Wenn ich nur ein paar Jahre darin lebe, dann reicht das schon aus."

Die letzte Steigerung der Inszenierung nationalsozialistischer Herrschaft sollte die Umgestaltung Berlins zur Megalopolis „Germania", zur Welthauptstadt, sein. Hitler hatte als Programm im November 1937 angekündigt, es solle dabei die Größe der Bauten

„nicht gemessen werden nach den Bedürfnissen der Jahre 1937, 1938, 1939 oder 1940, sondern sie soll gegeben sein durch die Erkenntnis, daß es unsere Aufgabe ist, einem tausendjährigen Volk mit tausendjähriger geschichtlicher und kultureller Vergangenheit für die vor ihm liegende unabsehbare Zukunft eine ebenbürtige tausendjährige Stadt zu bauen."

Der Diktator steuerte eigene Ideen bei, die er längst skizziert hatte, fühlte er sich doch als begnadeter Architekt, den Speer und die anderen Architekten des Dritten Reiches als kongenialen Dilettanten akzeptierten. Gegenstand der Hitlerskizzen waren die Kuppelhalle von nie dagewesenem Ausmaß, zehnmal so hoch wie das Brandenburger Tor, und ein Triumphbogen von ebenfalls betäubender Größe. Auf axialem Grundriß sollten diese Bauten den Kern einer zukünftigen Welthauptstadt bilden, mit denkmalartigen pompösen Verwaltungs- und Regierungsgebäuden.

Solche Programme stärkten das Bewußtsein von der besonderen Berufung der Deutschen und der Überlegenheit der Herrenrasse. Das zeigte sich in allen möglichen, ganz alltäglichen Situationen und durchsetzte das ganze Leben der Deutschen. Ein Indiz ist der Ratschlag für Polenreisende aus dem Baedeker für das Generalgouvernement von 1943: „In den Städten kommt man auch im Verkehr mit der nicht-deutschen Bevölkerung überall mit der deutschen Sprache aus und wird als Deutscher nur dann Polnisch oder Ukranisch sprechen, wenn es unbedingt erforderlich ist." Ein anderes, beliebig herausgegriffenes Indiz im privaten Kriegstagebuch eines 21jährigen, der vom Gymnasium weg eingezogen worden war und im Januar 1941 nach der Verlegung von der Westfront nach Rumänien notierte: „Ich merke wieder einmal, wieviel allein das Vertrauen ausmacht, das wir auf alles Deutsche setzen, besonders auf die Führung. Wir haben aber auch oft genug vergleichen können, und das deutsche Gegenstück hat jedesmal standhalten können, mindestens, wenn es das andere nicht himmelhoch überragte. Nicht nur Fortschritt und Organisation haben wir, auch Kultur, immer noch, auch wenn manches umstritten ist, bestimmt noch mehr als die Engländer und die Banausen, die Amerikaner."

IV. Kulthandlungen als Religionsersatz

Nationalsozialistische Herrschaft gründete sich auf die irrationale Hingabe: „Gefolgschaft" und „Treue" gehörten zu den wichtigsten Schlagworten. Gemeint waren damit bedingungsloser Glaube und blinder Gehorsam. Die Unterwerfung unter die Omnipotenz der nationalsozialistischen Führung wurde auch erreicht mit Hilfe pseudoreligiöser Kultveranstaltungen, die dem Mythos der NS-Bewegung und ihrem Führer dienten. Bei manchem Scenario waren Grundmuster noch erkennbar, die in Inszenierungen der katholischen Kirche entwickelt worden waren, andere Details waren vom italienischen

Faschismus adaptiert. Am deutlichsten sind beide Wurzeln in der Kombination des Rituals von Totenkult und Heldenverehrung, die alljährlich zur Wiederkehr des 9. Novembers 1923 veranstaltet wurde. Die Idee der Reliquienverehrung (verbunden mit der spezifischen Blutmystik der NS-Ideologie) wurde im Kult um „Blutfahne" und „Blutzeugen" in makabrem Zeremoniell agiert. Die Wiederholung des zur Legende stilisierten Ereignisses von 1923 in teils realistischer, teil symbolischer Form hatte ebenfalls religiösen Ursprung. Die seit 1935 im gleichbleibenden Ritus gebotenen Weihehandlungen im November hatten sowohl den Charakter einer säkularisierten Prozession, bei der Märtyrer und Großpriester sich zur Schaustellung vereinigten, sie waren aber auch Darbietung äußerster Emotionalisierung – und dadurch Steigerung – des Nationalsozialismus zu einer Art Religion mit weniger Geltung.

Ein eigenes „Amt für den 8./9. November" verwaltet die Inszenierung (es gibt auch einen eigenen Kostümfundus mit Windjacken und Skimützen à la 1923), die Jahr für Jahr nach dem gleichen Schema abläuft: Wiederholung des Marsches vom Bürgerbräukeller zur Feldherrenhalle unter Teilnahme einer riesigen Komparserie und mit sämtlichen Fahnen, vorbei an Pylonen, die Namen der „Gefallenen der Bewegung", der Märtyrer des nationalsozialistischen Kults, tragen und auf denen Feuer in Opferschalen lodert.

Das Horst-Wessel-Lied wird von Lautsprechern synchron und permanent übertragen, unterbrochen nur, wenn die Spitze des Zuges einen der „Altäre" erreicht, an dem der Name des Toten feierlich aufgerufen wird. Der Höhepunkt des pathetischen Rituals ist erreicht, als Hitler an der Feldherrenhalle ankommt und 16 Artilleriesalven den Beginn der Heldenehrung anzeigen. Nach diesem durch eine Art Opferhandlung Tradition stiftenden Teil der Veranstaltung bewegt sich der Zug zum Königsplatz, wo seit 1935 der „Letzte Appell" stattfindet. Die 16 Toten des Hitlerputsches von 1923 sind hier in Ehrentempeln (sie wurden 1945 restlos beseitigt) beigesetzt. Im Zeremoniell des „Letzten Appels" mischen sich in typischer Weise nekromane, spirituale und religiöse Züge. Beim Namensaufruf jedes einzelnen der 16 Toten durch den Gauleiter von München ertönt jeweils das „Hier" aus dem Mund aller Angetretenen. Ehrenwachen der Hitlerjugend und die Vereidigung von SS-Männern am folgenden Tag auf diesem Platz beenden die Feierlichkeiten, bei denen seit 1936 die Fahnen nicht mehr halbmast gesetzt sind: Der Anlaß war zum Auferstehungsfest umgewidmet worden, bei dem die Einheit von Partei und Vaterland, Staat und Gesellschaft demonstriert werden sollte. Die konfessionellen Gedenktage des Monats November, Allerheiligen und Totensonntag, gerieten ebenso in den Sog des 9. Novembers wie die Langemarck-Feiern, und daß der 9. November auch der Jahrestag des als so schmählich empfundenen Endes des Ersten Weltkrieges war, paßte der nationalsozialistischen Regie gut ins Konzept einer Auferstehungs- oder Erlösungsdramaturgie.

Der Erlöser mit charismatisch-absolutem Autoritätsanspruch stand an der Spitze der Bewegung zur Verfügung, und der „Hitler-Mythos" hatte ja tatsächlich religiöse Dimensionen. Wenn Baldur von Schirach dichtete: „Wir hörten oftmals deiner Stimme Klang und lauschten stumm und falteten die Hände", so stilisierte Göring den Chef der NSDAP zum Heiland (und sich selbst zum Hohen Priester) als er im September 1935 auf dem Reichsparteitag erklärte: „Ein ganzes Volk, eine ganze Nation fühlt sich heute stark und glücklich, weil in ihnen diesem Volke nicht nur der Führer, weil in ihnen dem Volke auch der Retter entstanden ist."

Bei Robert Ley war es zwei Jahre später schon ein Glaubensbekenntnis: „Adolf Hitler! Wir sind Dir allein verbunden! Wir wollen in dieser Stunde das Gelöbnis erneuern: Wir glauben auf dieser Erde allein an Adolf Hitler. Wir glauben, daß der Nationalsozialismus der allein seligmachende Glaube für unser Volk ist." Und Goebbels diktierte am 13. September 1937 seine Empfindungen nach dem großen SA-Appell beim Reichsparteitag in Form der folgenden Apotheose ins Tagebuch: „Eine fast religiöse Feier von fester, gleichbleibender Tradition. Der Führer redet den Leuten sehr zu Herzen gehend. ... Die Weihe der neuen Standarten ist von einem unendlichen mystischen Zauber umhüllt. Als der Führer spricht, bricht für einige Minuten die Sonne heraus." Jetzt sind alle Elemente der Ersatzreligion vereinigt: Tradition, Ritual, mystische Ergriffenheit der Teilnehmer der Kulthandlung und ein gottähnliches Wesen, bei dessen Rede der Himmel aufbricht.

V. Das Volk als Kultverband

Es war nicht nur Byzantinismus und erzwungene Gefolgschaft, die dem Nationalsozialismus den Erfolg bei der Masse brachte. Die Gestalt des Erlösers setzte die Sehnsucht voraus, sich erlösen zu lassen, und diese Bereitschaft wurde mit allen Mitteln der Massensuggestion geweckt, verstärkt und am Leben gehalten. Die Funktion des Führermythos bestand letztlich darin, dem Bedürfnis nach religiöser Hingabe ein Objekt zu bieten. Diesem Zweck dienten die Masseninszenierungen und Rituale, der Blut- und Fahnenkult, die Idee des Ordens und der „verschworenen Gemeinschaft", das Eindringen in religiös besetzte Räume und die Adaption religiöser Accessoirs wie einer eigenen Zeitrechnung, der Installierung von kirchenartigen Gemeinschaftsräumen, in denen Kulthandlungen gehalten wurden, der Abhaltung von Prozessionen und dem mystischen Dunkel, das an die Stelle rationaler Erwägung gesetzt wurde. Das Ergebnis der Anstrengungen von Propaganda, Selbstdarstellung, Regie war die vorübergehende Verwirklichung der Idee vom Volk als Schicksalsgemeinschaft.

Natürlich gab es – außer den Widerstandskämpfern – Außenseiter und Kritiker, die sich nicht einfügten. Soweit sie sich nicht anpaßten, gab es Zwangsmittel für sie, aber die

Anpassung und schweigende Tolerierung des Regimes ging bekanntlich außerordentlich weit. Auch viele Feindbilder des Nationalismus – Juden, Kommunisten, Pazifisten, zersetzende Intellektuelle – wurden von Menschen geteilt, die keine Anhänger Hitlers waren. Ein Beispiel, auch für die Wirkung der nationalsozialistischen Propaganda, war der Empfang, der einer Gruppe von polnischen Intellektuellen von deutschen Bürgern bereitet wurde, als sie nach tagelanger Fahrt im Viehwaggon unrasiert, verschmutzt und demoralisiert in Weimar ausgeladen wurden, um ins KZ Buchenwald zu marschieren. Es war ein Sonntag: „Wir kamen in Weimar an, das war am 15. Oktober 1939. Die Leute gingen aus der Kirche. Wir gingen dort über eine Eisenbahnbrücke, Straßenbrücke. Von der SS sind wir als die ‚Bromberger Heckenschützen' verrufen worden. No, und unser Aussehen bestätigte diese Meinung. Allerdings hatten wir mit den Bromberger Heckenschützen nichts gemeinsames, und ich glaube auch an keine Bromberger Heckenschützen, die damals in der deutschen Propaganda notwendig waren. Aber die Propaganda hatte ihres gemacht. Der Haß der Leute war so groß, daß wir unter der Brücke gehend von oben beworfen wurden. Es war noch gut, daß dort keine Steine waren, denn sonst hätten wir Tote gehabt. Aber der Haß war so groß, daß Frauen Regenschirme nach uns warfen, ja sogar Handtaschen; die Männer ihre Hausschlüssel und Spazierstöcke."

Zur deutschen Schicksalsgemeinschaft fühlten sich auch die Regimegegner noch zugehörig, die Möglichkeiten zum aktiven Widerstand gehabt hätten. Der nationalsozialistischen Propaganda und Inszenierungskunst war es weitgehend gelungen, die „Volksgemeinschaft" als Realisierung eines der beliebtesten Schlagworte herzustellen. Die Kraft der Faszination blieb auch im Krieg nach den militärischen Katastrophen noch stark genug: Die Verbindung von Nationalsozialismus und Nation, von Hitlerbewegung und Patriotismus, von Herrschaft und Gesellschaft war geglückt, und sie erwies sich als erstaunlich dauerhaft. Hatte Goebbels bei der Sonnwendfeier im Juni 1933 das Erscheinen vieler Parteigenossen trotz schlechten Wetters als „Beweis unserer Unbesiegbarkeit", als einen „Beweis blinden Glaubens und blinder Hingabebereitschaft" gefeiert, so bewährte sich die Opferbereitschaft des Volkes noch unter viel schrecklicheren Umständen, als der Hitler-Mythos selbst schon verblaßt war.

Daß umgekehrt der Diktator sein Volk als Kultgemeinschaft verstand und in Anspruch nahm, war selbstverständlich, und er verabschiedete sich in seinem politischen Testament folgerichtig mit einer Verheißung, die künftiger Heilserwartung diente: „Aus dem Opfer unserer Soldaten und aus meiner eigenen Verbundenheit mit ihnen bis in den Tod wird in der deutschen Geschichte so oder so einmal wieder der Same aufgehen zur strahlenden Wiedergeburt der nationalsozialistischen Bewegung und damit Verwirklichung einer wahren Volksgemeinschaft." Und im letzten Bericht des Oberkommandos der Wehrmacht, der am 9. Mai 1945 die bedingungslose Kapitulation des Deutschen Reiches verkündete, hieß es: „Den Leistungen und Opfern der deutschen Soldaten...

wird auch der Gegner die Achtung nicht versagen. Jeder Soldat kann deshalb die Waffe aufrecht und stolz aus der Hand legen und in den schwersten Stunden unserer Geschichte tapfer und zuversichtlich an die Arbeit gehen für das ewige Leben unseres Volkes."

Das war natürlich ein Irrtum, weil man sich aus der Geschichte nicht einfach verabschieden kann, und aus einer solchen schon gar nicht. Als Erbe der nationalsozialistischen Zeit blieb und bleibt die Notwendigkeit zur Auseinandersetzung mit dem Geschehenen. Wie der sogenannte Historikerstreit in der Bundesrepublik zeigt, ist das Problem auch heute noch aktuell. Die Unsicherheit im Umgang mit der nationalsozialistischen Vergangenheit ist groß, kollektive Abwehrprozesse und Provinzialismus kontrastieren mit verbalem Übereifer, die banale Verwechslung von „Kollektivschuld" mit gemeinsamer historischer Verantwortung gehört zu den Abwehrmechanismen ebenso wie das Aufrechnen nationalsozialistischer Verbrechen gegen Methoden alliierter Kriegsführung (Auschwitz gegen Dresden).

Wie aber kann man diesen Kanon von Verhaltensweisen erklären, der dem Abwehren der NS-Vergangenheit dient? Mit den Mitteln des Historikers lassen sich immerhin einige Feststellungen treffen.

Erstens: Die Herrschaft des Nationalsozialismus gründete sich auf die Ekstase der Mehrheit der Beherrschten. Das war mindestens für die „guten", die außenpolitisch und militärisch erfolgreichen Jahre des Dritten Reiches – im wesentlichen die Zeit zwischen der Machtergreifung bzw. Durchsetzung 1933/34 und dem Sommer 1940, als Frankreich besiegt war und Hitler sich als den „größten Feldherren aller Zeiten" feiern ließ – der Fall. In dieser Zeit herrschte breiter Konsens mit den Zielen des Regimes.

Zweitens: Im Kriege und angesichts der militärischen Katastrophe, die sich nach Stalingrad Anfang 1943 abzeichnete, wurde die Ekstase ersetzt durch einen trotzigen Patriotismus, der nicht nach Ursachen fragte, sondern nur nach der Bedrohung des Vaterlandes, das auch mit einer bösen Regierung an der Spitze als unbedingt verteidigungswert galt.

Drittens: Nach dem Krieg und dem Ende der NS-Herrschaft bedurften sämtliche Varianten der Zustimmung zum Regime der Rechtfertigung – die Ekstase ebenso wie die Tolerierung aus patriotischen Gründen und das Nichtaufbegehren aus Angst. Zum Rechtfertigungszwang gesellte sich Scham sowohl über das Geschehene selbst als auch darüber, daß man es, wenn nicht applaudierend, doch wenigstens schweigend hingenommen hatte. Zur Begründung waren alle Argumente willkommen, die sich da anboten, nämlich Untaten der Sieger während des Krieges, Kriegsverbrechen der Alliierten und deren Kriegsführung mit dem unnötigen Terror gegen die Zivilbevölkerung der deutschen Großstädte aus der Luft. Näherliegend und logischer war die

Berufung auf Unkenntnis über die Greuel (oder doch deren Ausmaße) des NS-Regimes, begangen in Konzentrationslagern an politischen Gegnern, Andersdenkenden und Minderheiten, in den besetzten Gebieten an Land und Leuten, Hab und Gut, Leib und Leben, verübt an den Opfern der nationalsozialistischen Rassenideologie, den millionenfach ermordeten Juden, Zigeunern und Slawen. Die ganz Phantasielosen reden sich allemal ein, es sei halt Krieg gewesen, und damit scheint ihnen alles hinlänglich erklärt.

Viertens: Entsetzen, Scham und Reue, mindestens aber die Verurteilung des NS-Regimes, seiner Exponenten und der von ihnen begangenen oder angeordneten Verbrechen wurden im Laufe des ersten Nachkriegsjahrzehnts von den Anstrengungen des Wiederaufbaus und der Bewältigung der Not überlagert und gingen endlich in Abwehr über. Man habe sich jetzt genug mit der unseligen Vergangenheit beschäftigt und im übrigen daraus gelernt. Weiteres Erinnern wurde nun als lästiges Aufrühren verstanden, und viele hatten ohnehin das Schweigen jeder Art Reflexion vorgezogen.

Fünftens: Hinzu kam, daß die Arbeit mit der Erinnerung auch institutionalisiert wurde, in Forschung, Lehre, politischer Bildung. Das vermittelte einerseits das beruhigende Gefühl, daß bestimmte Instanzen von Amts wegen mit der „Bewältigung der Vergangenheit" betraut und beschäftigt waren, andererseits erzeugte diese Delegation der Aufarbeitung des Nationalsozialismus Unsicherheit und neuen Leidensdruck. Die dargebotene Aufklärung wurde abgewehrt, weil sie dem einzelnen keine Identifikationsmöglichkeit bot. Ein nicht geringer Teil der Aufarbeitung des Vergangenen fiel einfach der Tatsache zum Opfer, daß die Alliierten darauf bestanden, die Deutschen müßten über Hitler nachdenken.

Sechstens: Die Abwehr schlug schließlich in Trotz und Selbstmitleid um. Man habe gebüßt und bezahlt und wiedergutgemacht und entschädigt, lautet die verbreitete Meinung, aber trotzdem werde von „den Deutschen" weiterhin und womöglich in alle Ewigkeit verlangt, das Büßerhemd zu tragen.

Den Bannkreis der zwölf nationalsozialistischen Jahre zu verlassen, ist aber nicht nur aus ethischen Gründen, solange Verbrechen ungesühnt und Opfer immer noch nicht entschädigt sind, unmöglich. Allgegenwärtig bleibt der Nationalsozialismus noch lange als psychisches Problem der deutschen (und der österreichischen) Gesellschaft nach Hitler. In der Generationenfolge sind die Spätgeborenen nicht begnadet, nicht einmal begünstigt; der Arbeit der Auseinandersetzung mit den Vätern kann niemand ohne Schaden zu leiden aus dem Weg gehen. Die „Unfähigkeit zu trauern" ist es, die das Erbe heillos macht, der aussichtslose Versuch mindestens einer ganzen Generation, den Nationalsozialismus als politisches, historisches, juristisches Phänomen zu isolieren und die sozialpsychologische Dimension des Themas abzuspalten und zu verdrängen.

Emmerich Tálos

Sozialpolitik im Dritten Reich

In den Erinnerungen und Wahrnehmungen von Zeitgenossen nehmen sozialpolitische Aktivitäten des Nationalsozialismus und in Österreich nach dem „Anschluß" realisierte Veränderungen der sozialen Lebensbedingungen eine wichtige Rolle ein: Arbeitsbeschaffung, materielle Sicherung für ausgesteuerte Arbeitslose, Kinderzuschüsse, Renten für Arbeiter/innen und für Witwen oder Verbesserungen der betrieblichen, sozialen Infrastruktur.

Die Einordnung sozialpolitischer Aktivitäten in das Insgesamt nationalsozialistischer Politik hat nach 1945 kaum stattgefunden. Vielfach heißt es: Konzentrationslager, Judenvernichtung waren ein Fehler, aber der Nationalsozialismus habe auch Positives geschaffen. Selektive positive Assoziationen stehen noch immer wissenschaftlichen Einsichten und Bemühungen, Zusammenhänge aufzuzeigen, gegenüber.

Was hat es mit der Sozialpolitik im Dritten Reich auf sich? Welche Veränderungen hat der „Anschluß" Österreichs auf sozialpolitischem Gebiet gebracht? Inwiefern wurde den hochgesteckten Erwartungen auf Verbesserung der sozialen Lebensbedingungen durch die realisierte Politik nach 1938 entsprochen? Welchen Stellenwert hatte die Sozialpolitik in der Strategie des Nationalsozialismus? Welche Auswirkungen hatten die politischen Prioritäten der Forcierung der Rüstungswirtschaft und der Absicherung der Kriegswirtschaft auf die Gestaltung der Sozialpolitik und der sozialen Lebensverhältnisse?

Ich gehe diesen Fragen in der Erläuterung der vier zentralen Bereiche nationalsozialistischer Sozialpolitik nach: Arbeitsrecht, Sozialversicherung, Lohnpolitik und Arbeitseinsatzpolitik. Vorweg angemerkt sei, daß der „Anschluß" Österreichs auf sozialpolitischem Gebiet – ebenso wie auf anderen Gebieten – keinen vollständigen Bruch mit der vorausgehenden Entwicklung gebracht hat. Die Änderungen gingen z.T. in Richtung des bereits durch den Austrofaschismus eingeschlagenen und vor 1938 realisierten Weges –

ablesbar an der Beseitigung der frei organisierten Arbeiterbewegung, an der Ausschaltung traditioneller Formen gesellschaftlicher Konfliktaustragung, an der Anbindung der Sozialpolitik an wirtschaftspolitische Optionen. Neben Kontinuitäten gibt es allerdings nicht unbeträchtliche Veränderungen.

I. Arbeitsrecht

Das nationalsozialistische Grundgesetz für die Regelung der Arbeitsbeziehungen stellt das „Gesetz zur Ordnung der nationalen Arbeit"(AOG) aus 1934 dar. Mit seiner Übertragung im Jahr 1938 sollten auch in Österreich die Arbeitsbeziehungen mit folgender ideologischen und institutionellen Ausrichtung gestaltet werden: Nicht Klassenkampf bzw. die Auseinandersetzung zwischen Lohnarbeit und Kapital, sondern das Prinzip der „Volksgemeinschaft" sollte zum gestaltenden Prinzip der Arbeitsbeziehungen in den Betrieben werden. „Volksgemeinschaft" umgelegt auf den Betrieb hieß „Betriebsgemeinschaft", umfassend den Betriebsführer und die Gefolgschaft. Die Betriebsgemeinschaft sollte das Trennende überwinden. Das Arbeitsverhältnis wurde auf eine neue Basis gestellt: die aus der Betriebsgemeinschaft resultierende Fürsorgepflicht des Unternehmers und die Treuepflicht der Gefolgschaft – dies bei gleichzeitiger Verstärkung der hierarchischen Struktur in den Betrieben und bei Verstärkung des lenkenden und kontrollierenden staatlichen Einflusses auf die Betriebe. Analog der politischen Struktur wurde das Führerprinzip in den Betrieben eingeführt: Dies hieß die formale Verankerung der alleinigen Entscheidungsbefugnis des Betriebsführers in allen betrieblichen Angelegenheiten. Dem korrespondiert der Ausschluß jeglicher Form einer eigenständigen Interessenorganisierung der Arbeiter und Angestellten. Der neu etablierte Vertrauensrat stellte ein Organ des Betriebes dar. Er diente der Beratung des Betriebsführers. Das AOG sah verschiedene Möglichkeiten der Sanktionierung bei Verstößen gegen die aus der Betriebsgemeinschaft resultierenden Pflichten als Verstoß gegen die „soziale Ehre" vor. Die „soziale Ehrengerichtsbarkeit" ahndete Verstöße des Betriebsführers wie der Gefolgschaftsmitglieder. Darüberhinaus war der Betriebsführer zu Sanktionen bei Verstößen der Arbeiterschaft (z.B. „Krankfeiern", „Bummelei") zu Sanktionen (wie z.B. Geldstrafen oder Entlassung) befugt.

Der staatliche Einfluß auf die Betriebe, der vor dem „Anschluß" Österreichs bereits verstärkt worden war, war mit den „Reichstreuhändern der Arbeit" institutionalisiert. Deren Aufgabe bestand generell formuliert in der „Erhaltung des Arbeitsfriedens", näherhin in der Kontrolle von Betriebsordnungen, in der Überwachung der Durchführung von Betriebsordnungen und in der Festsetzung von Tarifordnungen. Letzteres bedeutet, daß nach Ausschaltung einer eigenständigen Interessenorganisierung der Lohnabhängigen die Tarifkompetenz auf eine staatliche Stelle verlagert worden war.

Stimmungsberichte aus den Betrieben lassen zumindest für die Anfangszeit nach dem „Anschluß" darauf schließen, daß die Wahrnehmung der durch das nationalsozialistische Arbeitsrecht erfolgten Einschränkungen des Handlungsspielraums der Arbeitenden durch die Erfahrungen der Umwerbung der Arbeiter in den Betrieben, durch die Erfahrung von innerbetrieblichen Verbesserungen (z.b. Einrichtung von Pausenräumen oder sanitären Anlagen, die Abhaltung von Kulturveranstaltungen) und die angesagten Freizeitvergnügungen (Ferien- und Schiffsreisen im Rahmen der Aktion „Kraft durch Freude") überlagert und relativiert wurden.

Die Anbindung an und die Unterordnung der Sozialpolitik unter rüstungs- und kriegswirtschaftliche Prioritäten wurde bald offenkundig: Zu verweisen ist auf den Lohnstop oder auf die Beseitigung traditioneller Arbeitsnormen mit Kriegsbeginn (z.b. die Außerkraftsetzung des Acht-Stunden-Tages oder der Vorschriften über den Urlaub). Während des Krieges wurde der Druck auf die Beschäftigten verstärkt und die physische Ausbeutung verschärft. Auf diesbezüglichen Widerstand – ablesbar an zunehmender Arbeitsverweigerung, an Bummelantenwesen, an „Krankfeiern" – wurde immer stärker mit dem Einsatz außerbetrieblichen Zwanges und Terrors reagiert: Die Sanktionen reichten von Verwarnungen, Wochenendhaft, von der Einweisung in Arbeitserziehungslager bis hin zur Überstellung in ein Konzentrationslager. Von letzterer Sanktion waren in erster Linie ausländische Zwangsarbeiter und Kriegsgefangene betroffen.

Die rassistische Ausrichtung der Sozialpolitik zeigt sich nicht nur im generellen Ausschluß von Juden oder Zigeunern aus dem Geltungsbereich des AOG. Diese hatten Anspruch auf Arbeitsentgelt nur für die tatsächlich geleistete Arbeit, nicht in Krankheitsfällen. Arbeitsschutzbestimmungen sollten beim Arbeitseinsatz deutscher Frauen zur Anwendung kommen.

Nationalsozialistische Vorstellungen hinsichtlich der Bevölkerungs- und Arbeitseinsatzpolitik fanden in der Neuregelung des Mutterschutzes im Jahr 1942 ihren Niederschlag. Im Vergleich zu den bisherigen deutschen wie österreichischen Regelungen beinhaltete dieses Gesetz Verbesserungen des Schutzes erwerbstätiger Mütter (z.B. durch die Ausweitung des Geltungsbereiches der Schutzfrist und des Kündigungsschutzes).

II. Sozialversicherung

Der Nationalsozialismus hatte nach der Machtübernahme in Deutschland die bestehenden Traditionen und Einrichtungen der Sozialversicherung (Kranken-, Unfall-, Rentenversicherung der Arbeiter und Angestellten, Knappschaftsversicherung, Arbeitslosenversicherung) weitgehend übernommen. Unmittelbare Änderungen waren organisatorischer Art – wie z.B. die Einführung des Führerprinzips in der Verwaltung. Die Kontinuität zur Sozialversicherungspolitik der vorausgehenden Jahre wurde in der Ausrichtung der finanziellen Stabilisierungsstrategien offenkundig.

Dem Anspruch nach sollten nach dem März 1938 bei der Angleichung der „Ostmark" an das „Altreich" auf dem Gebiet der Sozialversicherung positive Eigenständigkeiten der österreichischen Tradition erhalten werden (z.B. die größere Reichweite der Unfallversicherung), durch die Eingliederung der „Ostmark" darüberhinaus die Lohnabhängigen in den Genuß der angesagten Verbesserung der sozialen Lebensbedingungen kommen. Einschneidende Veränderungen erfolgten nach dem „Anschluß" auf organisatorischem Gebiet: Anstelle der Gebietskrankenkassen traten die Ortskrankenkassen, für die Rentenversicherung der Angestellten wurde die Reichsversicherungsanstalt für Angestellte in Berlin zuständig. Die Arbeitslosenunterstützung wurde von der Reichsanstalt für Arbeitsvermittlung und Arbeitslosenversicherung durchgeführt.

Den wichtigsten Schritt in der Anpassung auf dem Gebiet der Sozialversicherung stellt die mit 1.1.1939 in Kraft getretene „Verordnung über die Einführung der Sozialversicherung im Lande Österreich" dar. Einen markanten Punkt in inhaltlicher Hinsicht bildete die Einführung der Rentenversicherung für Arbeiter/innen.

Vor 1938 gab es zwar bereits ein diesbezügliches Gesetz (aus 1927), allerdings nur auf dem Papier. Denn die Bedingungen, an die das Inkrafttreten dieses Gesetzes geknüpft war (z.B. Absinken der Arbeitslosenzahl auf 100 000, Verbesserung der Handelsbilanz), erwiesen sich als eine politisch intendierte Blockade. Als Substitut war eine Altersfürsorgerente installiert worden, die ein niedriges Leistungsniveau vorsah (Fürsorgeleistungen) und eine eingeschränkte personelle Reichweite hatte (z.B. keine Witwenversorgung). Die Nationalsozialisten hatten diese Form der materiellen Sicherung im Alter als billigen „Bettel" bezeichnet. Was hatte der „Anschluß" im Bereich der Renten tatsächlich gebracht?

Erstens blieb die bisherige Altersfürsorgerentenregelung für alle jene aufrecht, die bis Ende 1938 altersbedingt aus dem Erwerbsleben ausgeschieden waren. Eine Verbesserung der als „Bettel" qualifizierten Altersfürsorgerente bestand im wesentlichen nur darin, daß die Hinterbliebenen eine Witwen- und Waisenrente bekamen.
Zweitens kamen die neu eingeführten Altersrenten nur für jene Arbeiter/innen in Betracht, die nach dem 1.1.1939 in Pension gingen.

Trotz der durch die Einführung des deutschen Sozialversicherungsrechtes erfolgten Veränderungen in der Alters- und Arbeitslosenversorgung gegenüber dem sozialversicherungsrechtlichen Status quo ante, bildete der sozialpolitische Anpassungsprozeß in Österreich eine Quelle der Kritik und des Unmutes. Warum?

Die Kritik richtete sich generell gegen die realisierte Rechtsangleichung: Es sei keine oder nur wenig Rücksicht auf bessere österreichische Regelungen genommen worden (so z.B. durch die Verschlechterung des Versicherungsschutzes für Angestellte, durch das Inkrafttreten der dreitägigen Wartezeit für das Krankengeld und die Einführung einer Krankenscheingebühr).

Die Kritik im besonderen richtete sich vor allem gegen die Regelungen der Renten: Die Diskrepanz zwischen Erwartungen, sozialpolitischen Versprechungen und Realisationen war hier am offenkundigsten geworden. Für die bisherigen Altersfürsorgerentner hat sich – wie erwähnt – nicht viel verändert. Sie bezogen weiterhin die niedrigen Leistungen des bisherigen Provisoriums. Die Enttäuschung über die ausgebliebenen Verbesserungen belegt exemplarisch der Brief eines Altersfürsorgerentners an den deutschen Rundfunk aus 1941: „Im Radio wurde schon öfter die finanzielle Lage der englischen Arbeiter besprochen und die englische Regierung gebrandmarkt, daß sie so wenig für ihre Arbeiter tut. Nun ist aber das Los der alten ostmärkischen Arbeiter, der Altersfürsorgerentner, auch kein beneidenswertes. Vor dem Anschluß an das Reich hatten diese alten Arbeiter zwar auch kein sorgenfreies Alter, da die Rente von 58 Schilling und die Zuwendungen von Seiten der Gewerkschaft zu gering waren, um ein solches zu gewährleisten, aber immerhin waren sie besser dran als heutzutage. Seit dem Umbruch sind leider alle Lebens- und Bedarfsartikel konsequent im Preis gestiegen, die Spannung beträgt heute bis zu 35 % und darüber hinaus; wenn Sie nun bedenken, daß aber die Rente die gleiche geblieben ist, 58 Schilling = 38 RM, so muß es Ihnen doch klar werden, daß das Leben der alten Arbeiter heute zu einem Problem für dieselben geworden ist. Man spricht sehr viel herum, was in Zukunft alles geschehen wird, kritisiert über unsoziale Zustände anderer Länder, was aber in der Ostmark von Nöten wäre, die Not der alten Arbeiter zu lindern, das sieht keine deutsche Arbeitsfront, keine hiefür verantwortliche Stelle, niemand."[1])

Diese Kritik wurde auf Anweisung durch amtliche Stellen einer Prüfung unterzogen. Das Resultat dieser Prüfung bestätigte die Kritik als zutreffend: „Es ist richtig, daß sich durch die Angleichung der Preislage in der Ostmark an die des Altreiches für die Altersfürsorgerentner... eine Verschlechterung ihrer wirtschaftlichen Lage ergab, weil der ihnen seinerzeit bezahlte Betrag in Schilling einen beträchtlich höheren Kaufwert hatte als derselbe nunmehr in Reichsmark umgerechnete Betrag. Es ist auch richtig, daß in der Ostmark allgemein die Ankündigung der Einführung der Invalidenversicherung Hoffnungen bei den Altersfürsorgerentnern erweckte, daß sie nunmehr anstelle der als vorläufige Maßnahme durchgeführten Altersfürsorgerenten eine auskömmliche Rente erhalten werden. Diese erhoffte Ersetzung der Altersfürsorgerenten durch die Invalidenrenten unterblieb jedoch."[2])

159

Die Kritik an den Renten bezog sich auch auf die neu eingeführten Arbeiteraltersrenten. Da nur wenige Jahre als Vordienstzeiten angerechnet worden waren, hatte dies zur Konsequenz, daß die Höhe der neuen Altersrenten sich nur wenig von den bisherigen österreichischen Altersfürsorgerenten unterschied, z.T. lagen sie noch darunter. Das Oberversicherungsamt Wien konstatiert in seiner Stellungnahme: „Die Lage ist also so, daß nicht nur die Bezieher der österreichischen Altersfürsorge, sondern auch die ostmärkischen Bezieher der jetzt anfallenden Altersinvalidenrenten vergleichsweise gegenüber den Rentnern des Altreiches schlechter gestellt sind."[3])

Fazit: Für einen Teil der Rentner (Altersfürsorge- wie auch Arbeiteraltersrentner) brachten die sozialversicherungsrechtlichen Veränderungen keine Angleichung an das Leistungsniveau im „Altreich". Bei den Angestellten ging die Entwicklung in die andere Richtung: Es erfolgte eine Anpassung in Richtung des niedrigeren Niveaus der Leistungen der Deutschen Angestelltenversicherung. Leistungsverbesserungen während des Krieges (z.B. Krankenversicherung für Pensionisten, Erhöhung der laufenden Renten um 7 RM) haben am Faktum der Ungleichstellung der „Ostmark"-Rentner/innen gegenüber dem Altreich nichts verändert. Eine Verbesserung des Leistungsniveaus der Rentner scheiterte an der politisch prioritären Option der Verlagerung der materiellen Ressourcen zugunsten der Rüstungs- und Kriegswirtschaft.

III. Lohnpolitik

Die Übertragung der lohnpolitischen Option und Regulierung („Lohnruhe") des Nationalsozialismus auf die „Ostmark" erfolgte zu einem Zeitpunkt, zu dem im „Altreich" hinsichtlich dieser Option einigermaßen Schwierigkeiten bestanden: Angesichts der Verknappung der Arbeitskräfte war durch betriebliche Strategien die „Lohnruhe" unterlaufen worden. Nach dem „Anschluß" konstatierten auch der „Reichskommissar für die Wiedervereinigung" und der Reichstreuhänder Probleme hinsichtlich der Einhaltung der ausgerufenen „Lohnruhe". Trotz diverser Vorkehrungen kann bis zu Kriegsbeginn von einer konsequent durchgezogenen Lohnpolitik keine Rede sein. 1938 sind die Wochenverdienste beispielsweise der Industriearbeiter um 9 % gestiegen. Eine Untersuchung des Wiener Instituts für Wirtschaftsforschung weist für die Zeit vom „Anschluß" bis 1941 Bruttolohnsteigerungen um ca. 19 % auf.

Trotz der in erster Linie aus dem Abbau der Arbeitslosigkeit resultierenden Verbesserung der materiellen Bedingungen im Vergleich zu den Jahren vor 1938 blieb die angesagte Angleichung des Lebensstandards der „Ostmark" an den des „Altreiches" aus. Was war der Grund dafür?

Das Lohngefälle war nach dem „Anschluß" verringert, aber nicht beseitigt. Argumentiert wurde mit der geringen Produktivität in Österreich. Gewichtiger war die mit Andauer der NS-Herrschaft, insbesondere in der Phase des Krieges erfolgte relative Verschlechterung des materiellen Standards infolge der wachsenden Diskrepanz zwischen Lohn- und Preisentwicklung. In einem streng geheimen Bericht des Wiener Instituts für Wirtschaftsforschung aus dem Jahr 1941 wurde festgestellt, daß sich in Wien die gesamten Lebenshaltungskosten von 1938 bis 1941 – je nach Kauf von höherer oder niedrigerer Qualität aufgrund von Preissteigerungen, Qualitätsverschlechterungen und Rationierungen – um 31 % bis 38 % verteuert haben. Anders gesagt: Das Realeinkommen der (1938 und 1941 beschäftigten) Arbeiter in Wien sei in diesem Zeitraum im Durchschnitt bis zu 20 % gesunken. Mittels des mit Kriegsbeginn zementierten Lohnstops und steigender Preise war es in der Kriegszeit möglich, den Konsum zu beschränken und wirtschaftliche Ressourcen zugunsten der Kriegs- und Rüstungserfordernisse umzulenken.

An der Lohndiskriminierung der Frauen haben die forcierten Bemühungen um den Arbeitseinsatz von Frauen nichts verändert. Diese Lohnungleichheit wurde beispielsweise vom nationalsozialistischen Reichsarbeitsminister folgend begründet: „Würde für die Entlohnung ausschließlich die Leistung maßgebend sein, so würden sich, abgesehen von der dann mit gleichen Gründen zu rechtfertigenden Forderung einer gleichen Entlohnung jugendlicher und erwachsener Gefolgschaftsmitglieder, Verdienstverhältnisse herausbilden, die zu sozialen Erschütterungen führen... soll also verhindert werden, daß in einer Familie die Frau das gleiche oder sogar das höhere Einkommen hat als der Mann, die Tochter mehr verdient als der Vater, so wird man sich dazu entschließen müssen, um die sich daraus ergebenden Unzuträglichkeiten innerhalb der einzelnen Familie zu vermeiden, den Frauenlohn selbst dann unter dem Stand des Männerlohns zu halten, wenn die Leistungen gleich sein sollten."4)

IV. Arbeitseinsatz – Militarisierung der Arbeit

Daß nicht erst die nationalsozialistische Propaganda Hoffnungen und Erwartungen generiert hat, sondern an Erwartungen anknüpfen konnte, wird an der sozialen Situation vor dem März 1938 evident: Nach dem Höhepunkt der Massenarbeitslosigkeit in den Jahren 1933/34 mit Arbeitslosenraten von 26 % bzw. 25 % hat sich in den Folgejahren das Ausmaß der Arbeitslosenproblematik nur wenig verringert. Die Arbeitslosenraten lagen über 20 % der unselbständig erwerbstätigen Bevölkerung. Ende 1937 gab es ca. 600 000 Arbeitslose. Von den 1937 gemeldeten 464 000 Arbeitslosen erhielten nur ca. die Hälfte eine Arbeitslosenunterstützung. In der Budget- und Wirtschaftspolitik des Austrofaschismus spielte die Arbeitsbeschaffung eine marginale Rolle. Das wenige Wochen vor dem „Anschluß" beschlossene „Arbeitsbeschaffungsprogramm" kam nicht mehr zum Tragen. Der Ausschluß einer offensiven Arbeitsbeschaffungspolitik war verbunden mit einer restriktiven Politik der materiellen Sicherung der Arbeitslosen: Durch das Gewerbliche Sozialversicherungsgesetz (1935) hatte der Austrofaschismus nicht nur Leistungseinschränkungen verfügt, sondern die Politik der Aussteuerung von Arbeitslosen noch verstärkt. Unter diesen Bedingungen fielen die Losungen „Brot und Arbeit", „Verbesserung des materiellen Lebensstandards" auf „fruchtbaren" Boden. Es waren keineswegs nur leere Versprechungen – wie die Entwicklung in den Jahren 1938/39 zeigt.

Arbeitsbeschaffungsmaßnahmen und die Aufnahme von ausgesteuerten Arbeitslosen in die Arbeitslosenunterstützung zählten zu jenen Programmpunkten, die unmittelbar nach dem „Anschluß" propagiert und auch realisiert wurden. Über 100 000 Arbeitslose wurden im Rahmen der sogenannten „Göring-Aktion" wieder in die Unterstützung aufgenommen. Aktionen der Bürgermeister in Linz oder in Wien richteten sich unmittelbar an die sozialdemokratischen Februarkämpfer, die im Austrofaschismus arbeitslos wurden. In Feiern wurden diese in den öffentlichen Dienst aufgenommen und dabei das gemeinsame harte Los der politischen Opposition im Austrofaschismus beschworen. Betrug die Zahl der registrierten Arbeitslosen im Jahresdurchschnitt 1937 464.000, so 1938 276.000 und 1939 sank sie auf 66.000. Der Rückgang der Arbeitslosen am Beispiel Wiens aufgezeigt: gab es im April 1938 204.000 registrierte Arbeitslose, waren es im Jänner 1938 84.027.

Für den Nationalsozialismus bedeutete der „Anschluß" Österreichs auch die Möglichkeit der Nutzbarmachung brachliegender Arbeitskräfte angesichts von Arbeitskräfteknappheit im „Altreich" und im Hinblick auf die Absicherung der Politik der Kriegsvorbereitung. Daher kam – trotz der noch relativ hohen Zahl von Arbeitslosen in Österreich – nach dem „Anschluß" sehr bald die nationalsozialistische Politik des Arbeitseinsatzes bzw. die mittels einer breiten Palette staatlicher Zwangsmaßnahmen organisierte Allokation der Arbeitskräfte zum Tragen: Das Arbeitsbuch und der Reichsarbeitsdienst wurden eingeführt, die zur Steuerung der Arbeitskräfteallokation wichtige „Verordnung zur Sicherstellung des Kräftebedarfs für Aufgaben von besonderer staatspolitischer Bedeutung vom 22.6.1938" erlangte Geltung. Diese Verordnung wurde zur Grundlage für die Dienstpflicht von Reichsangehörigen. Sie wurde 1939 noch ausgedehnt (Verpflichtung von Einzelpersonen und von ganzen Belegschaften auf unbegrenzte Zeit).

Diese Dienstverpflichtungen sind ein Beleg für die Militarisierung der Arbeit: Die persönliche Freizügigkeit war aufgehoben, die Dienstverpflichtung stellte einen wirtschaftlichen Gestellungsbefehl dar. Neben der Dienstverpflichtung erlangte ein weiteres Instrument der Arbeitseinsatzpolitik Bedeutung: die Beschränkung des Arbeitsplatzwechsels. Die Möglichkeit zur Aufkündigung eines Arbeitsverhältnisses wurde nach

Kriegsbeginn noch mehr restringiert. Zudem kamen zur Steigerung des Arbeitseinsatzes noch folgende Maßnahmen zur Anwendung: die Einführung des weiblichen Pflichtjahres, die Wiedereinstellung von Pensionisten, Betriebsstillegungen, die „Auskämmung" von Betrieben zur Freimachung von Arbeitskräften.

Die Koordinierung des Arbeitseinsatzes wurde während des Krieges, insbesondere nach dem Ende der Blitzkriegserfolge und der Niederlage in Rußland, zu einem Politikbereich mit enormer Bedeutung. Die Funktion des Generalbevollmächtigten für den Arbeitseinsatz wurde 1942 geschaffen. Der „Totale Arbeitseinsatz" wurde 1943 ausgerufen. Neben der Forcierung des Einsatzes von Zwangsarbeitern und Kriegsgefangenen sollte auch das inländische Frauenarbeitskräftepotential stärker erfaßt werden. Das Instrument dazu bildeten wiederholte Meldepflichtverordnungen. Die reale Zunahme des Anteils von Frauen in der Industriebeschäftigung in der Ostmark resultierte allerdings in erster Linie aus der beträchtlichen Zunahme von ausländischen Zwangsarbeiterinnen.

Abschluß

Positive Assoziationen mit dem Nationalsozialismus haben durchaus eine reale Basis. Wir können feststellen, daß der Nationalsozialismus Erwartungen von Österreichern – auf dem Hintergrund der prekären sozialen Lebensbedingungen in der Zeit des Austrofaschismus – zumindest in der ersten Zeit nach dem „Anschluß" zum Teil entsprochen hatte. Es kann konstatiert werden, daß Integrations-, Legitimations- und Befriedungsstrategien bei Maßnahmen im Bereich der materiellen Sicherung zum Tragen kamen. Die Strategie der Verbesserung der Lebensbedingungen des „Deutschen Arbeiters" stand im Spannungsfeld zu den politischen Prioritäten der materiellen Ressourcenallokation zugunsten der Rüstungs- und Kriegspolitik. Diese Priorität erwies sich mit der Andauer der NS-Herrschaft, insbesondere nach dem Ende der Blitzkriegsphase zunehmend mehr als Blockade für materielle Zugeständnisse im Bereich des Leistungswesens. Dem korrespondierte die zunehmende Beschränkung des Konsums und der Kaufkraft. Für die Lohnabhängigen in der „Ostmark" bzw. in den „Alpen- und Donau-Reichsgauen" zeitigte diese Unterordnung der Sozialpolitik unter die Priorität der Rüstungs- und Kriegswirtschaft nicht unbeträchtliche Konsequenzen – ablesbar an der offenkundigen Diskrepanz zwischen Erwartungen, Versprechungen und politischen Realisationen.

Die Ambivalenz nationalsozialistischer Sozialpolitik ist auch an der Arbeitsbeschaffung erkennbar. „Brot und Arbeit" hieß Nutzbarmachung brachliegender Arbeitskräftereserven im Sinne der Kriegs- und Rüstungspolitik, verbunden mit der Militarisierung der Arbeit, mit Arbeitszwang, mit Beseitigung der persönlichen Freizügigkeit, mit gesteigerter Ausbeutung.

Zum Begreifen des Nationalsozialismus würde es meines Erachtens wenig beitragen, wenn materielle und soziale Veränderungen im Vergleich zur Zeit des Austrofaschismus zugleich mit der Betonung von Terror und Verbrechen des Nationalsozialismus verdrängt würden. Die nationalsozialistische Sozialpolitik kritisch begreifen bedeutet, diese als integrierten Bestandteil der umfassenden sozialen und politischen Regulierung im Nationalsozialismus, sowie die aus der Unterordnung unter die rüstungs- und kriegswirtschaftlichen Prioritäten resultierenden Konsequenzen für die sozialen und materiellen Bedingungen der Lohnabhängigen zu begreifen.

Anmerkungen

1) Quelle: Allgemeines Verwaltungsarchiv, Oberversicherungsamt Wien, Karton 1082.
2) Quelle: „Übersicht über die Altersfürsorgerenten und Invalidenrenten in der Ostmark", erstellt von Ministerialrat Rudolph, vom 2.5.1941, in: Allgemeines Verwaltungsarchiv, Oberversicherungsamt, Karton 1082.
3) Ebenda.
4) Quelle: Schreiben des Reichsarbeitsministers an Göring am 21.12.1939, in: Bundesarchiv Koblenz R 41/69.

Ausgewählte Literatur

- Th. Albrich, „Gebt dem Führer Euer Ja!". Die NS-Propaganda in Tirol für die Volksabstimmung am 10. April 1938, in: Th. Albrich/K. Eisterer/R. Steininger (Hg.), Tirol und der Anschluß, Innsbruck 1988.
- K. Berger, Zwischen Eintopf und Fließband, Wien 1984.
- G. Botz, Wien vom „Anschluß" zum Krieg, Wien – München 1978.
- R. Dietz, Gesetz zur Ordnung der nationalen Arbeit, München – Berlin 1939.
- F. Freund/B. Perz, Industrialisierung durch Zwangsarbeit, in: E. Tálos/E. Hanisch/W. Neugebauer (Hg.), NS-Herrschaft in Österreich 1938–1945, Wien 1988.
- J. Gerhardt, Deutsche Arbeits- und Sozialpolitik, Berlin 1939.
- Graz 1938. Historisches Jahrbuch 18/19, Graz 1988.
- E. Hanisch, Nationalsozialistische Herrschaft in der Provinz. Salzburg im Dritten Reich, Salzburg 1983.
- R. Jakob, Neues Sozialversicherungsrecht in der Ostmark, Wien 1939.
- St. Karner, Die Steiermark im Dritten Reich 1938–1945, Graz 1986.
- T. W. Mason, Sozialpolitik im Dritten Reich, Opladen 1977.
- M. L. Recker, Nationalsozialistische Sozialpolitik im Zweiten Weltkrieg, München 1985.
- C. Sachse u.a., Angst, Belohnung, Zucht und Ordnung, Opladen 1982.
- D. Stiefel, Arbeitslosigkeit, Berlin 1979.
- E. Tálos, Sozialpolitik im Austrofaschismus, in: E. Tálos/W. Neugebauer (Hg.), „Austrofaschismus", 4. Aufl., Wien 1988.
- E. Tálos, Sozialpolitik 1938 bis 1945, in: E. Tálos/E. Hanisch/W. Neugebauer (Hg.), NS-Herrschaft in Österreich 1938–1945, Wien 1988.
- Wien 1938. Katalog zur 110. Sonderausstellung im Wiener Rathaus, Wien 1988.
- Wiener Institut für Wirtschaftsforschung, Die Entwicklung der Lebenshaltungskosten und Löhne in Wien seit der Wiedervereinigung, Wien 1941.

Hartmut Mehringer

Anpassung und Resistenz

Lebensformen im nationalsozialistischen Deutschland

Mein Kollege Wolfgang Benz hat in seinem Referat über den herrschaftlichen Funktionsprozeß des nationalsozialistischen Regimes gesprochen, also darüber, wie und mit welchen Mitteln die damals Herrschenden ihre Herrschaft organisierten, durchsetzten und befestigten. Ich will meine Darlegungen gewissermaßen aus dem umgekehrten, oder besser spiegelbildlich verkehrten Blickwinkel machen: Wie und von wem wurden diese Mittel und Methoden der Herrschaft, der Repression, der Manipulation, aber auch der Faszination und der dadurch möglichen Perversion der grundlegenden menschlichen Assoziierungs- und Solidaritätsbedürfnisse aufgenommen, beantwortet, mit Zustimmung bedacht oder abgelehnt?

Ich gehe dabei vor allem aus von den langjährigen Forschungserfahrungen des Instituts für Zeitgeschichte in München, die in der umfänglichen, sechs Bände umfassenden Serie „Bayern in der NS-Zeit"[1]) veröffentlicht wurden. Diese bayrischen Forschungsergebnisse lassen sich jedoch – mutatis mutandis – unschwer für Deutschland insgesamt verallgemeinern und aufgrund einer Reihe gemeinsamer Strukturmerkmale wie etwa Katholizität der Bevölkerung, Bedeutung des agrarischen Sektors u.a.m. auch auf Österreich beziehen, für das ähnliche gesellschafts- und alltagsgeschichtlich bestimmte Untersuchungen ja noch weitgehend ausstehen.

Das Thema, das mir aufgegeben ist, lautet „Anpassung und Resistenz". Mindestens ebenso werde ich jedoch auch vom Widerstand gegen den Nationalsozialismus zu sprechen haben – das hat seinen Grund vor allem darin, daß aus dem Blickwinkel inzwischen neu entwickelter sozialgeschichtlicher Fragestellungen Widerstand, oppositionelles und nonkonformes Verhalten, ebenso einen integralen Bestandteil der NS-Geschichte bilden wie Anpassung und mehr oder minder starke Mitwirkung. Diese neuen sozial- und alltagsgeschichtlichen Fragestellungen haben sich im übrigen unmittelbar aus der Widerstandsforschung entwickelt.

167

Die geistige und emotionale Verdrängung der NS-Vergangenheit, die für die beiden ersten Nachkriegsjahrzehnte so charakteristisch war, brachte es mit sich, daß auch der Widerstand gegen den Nationalsozialismus, seine Formen und Motive, vor allem jedoch seine sozialen Hintergründe, in den beiden Nachfolgestaaten des Deutschen Reiches insgesamt weitgehend unbekannt geblieben sind – sieht man einmal ab von bestimmten Haupt- und Staatsaktionen, wie sie mit dem 20. Juli und der Weißen Rose für das damalige Selbstverständnis der Bundesrepublik Deutschland, mit dem partei-kommunistischen Widerstand für jenes der DDR, zu einer immer wieder offiziell beschworenen, selbstverständlichen und bequemen Legitimationsfolie wurden. Historisch-kritische Aufarbeitung erfolgte im allgemeinen weder hier noch dort. Im Gegenteil, scheinbar naturgemäß entwickelte sich unter den Konstellationen des Kalten Krieges eine wenig fruchtbare Arbeitsteilung, die den Arbeiterwiderstand der DDR-Geschichtsforschung, den bürgerlich-militärisch-kirchlichen Widerstand jener der Bundesrepublik Deutschland als Thema reservierte.

Inzwischen, mehr als 40 Jahre nach Kriegsende, hat sich diese Situation gründlich verändert. Durch eine wahre Flut von Lokal- und Regionaluntersuchungen, Erinnerungspublikationen, Institutionengeschichten u.a.m. höchst unterschiedlicher Qualität und politischer Zuordnung wurde gezeigt, daß Widerstand und Opposition gegen das NS-Regime zwar überall vergeblich, aber doch eben nahezu überall vorhanden gewesen sind. Die jeweiligen standortspezifischen Defizite und Blindstellen der Widerstandsforschung in der Bundesrepublik Deutschland respektive DDR scheinen, wenn auch in unterschiedlichem Ausmaß, zumindest grundsätzlich aufgehoben, auch wenn, wie ich meine, z.B. der Arbeiterwiderstand, der Widerstand „von unten", aus dem Bereich der Fachhistorie längst noch nicht in ausreichendem Maß ins öffentliche Bewußtsein und in die Schulbuchdarstellungen des Widerstands gegen das Dritte Reich vorgedrungen ist. Die weißen Flecken auf der Landkarte des Widerstands beginnen mählich zu verschwinden, kaum eine Stadt oder Region, die noch nicht in dieser oder jener Form des Widerstands und seiner Repräsentanten gedacht hat. Waren, so könnte man zugespitzt formulieren, die Deutschen der Jahre 1933–1945 nicht doch, sieht man einmal von den erklärten NS-Parteigängern ab, ein Volk insgeheimer und nur bislang verkannter Widerstandskämpfer?

Bis in die zweite Hälfte der 70er Jahre ging die Widerstandsforschung bei Untersuchung und Darstellung ihres Sujets in aller Regel von vordefinierten Gruppen aus, die sich in ihrer parteipolitischen oder weltanschaulichen Gebundenheit oder als Angehörige der alten Eliten bestimmen ließen. Die Folge solcher Vorgehensweise war die Verengung des Blickwinkels auf jenen Widerstand, der tatsächlich fundamentale Opposition, organisierte Konspiration mit direkter Blickrichtung auf den Sturz des Regimes, darstellte. Diese verengte Sicht, wie sie vor allem auch dem Totalitarismus-Ansatz in der NS-Forschung entsprach, reduzierte das gesellschaftliche Geschehen im Dritten Reich – ich pointiere hier ganz bewußt – auf das Handeln der Organe und Repräsentanten des Regimes und auf die Auseinandersetzung zwischen den NS-Machtorganen und Verschwörerzirkeln innerhalb der Wehrmacht, kommunistischen oder sozialdemokratischen Untergrundorganisationen u.a.m. Die von der totalitären Herrschaft scheinbar vollständig gleichgeschaltete und terroristischer Kontrolle unterworfene Bevölkerung blieb damit recht eigentlich außerhalb des Betrachtungsrahmens.

Die neuere, lokal- und regionalgeschichtlich akzentuierte Widerstandsforschung hat nun seit einer Reihe von Jahren den Frageansatz wesentlich erweitert, was u.a. auch durch die Heranziehung ganz neuer Quellenarten[2]) ermöglicht wurde: Es ging nicht mehr allein darum, aus Justiz- und Gestapoakten das Kondensat fundamentaler Opposition und konspirativer Illegalität herauszulösen, sondern darum, die Gesellschaft insgesamt in den Blick zu nehmen, auf ihr Widerstandsverhalten – oder auch ihren Nicht-Widerstand – hin abzuklopfen und das in breiter Form zu dokumentieren und darzustellen. Nur so scheint es möglich, den tatsächlichen gesellschaftlichen Stellenwert von Widerstand und oppositionellem Verhalten anschaulich und verständlich zu machen.

Die Ergebnisse solch neuartigen methodischen Herangehens an den Widerstand sind, wie ich meine, reichhaltig, reizvoll und vielfach überraschend genug. Es kann in diesem Rahmen keinesfalls versucht werden, sie in aller Ausführlichkeit darzustellen; ich will lediglich versuchen, auf einige zentrale Befunde hinzuweisen.

Weit eindrücklicher noch als bei der Analyse des NS-Regimes und seiner Herrschaftsauswirkungen auf gesamtstaatlicher und gesamtgesellschaftlicher Ebene wird in der regionalen und lokalen Nahsicht deutlich, daß das NS-Regime – trotz seines Charakters als totalitäre Diktatur, trotz aller Tendenz zum „totalen Staat" – in Wirklichkeit ein polykratisches, von einer Vielfalt divergierender und zum Teil konkurrierender Machtinteressen gekennzeichnetes Gebilde gewesen ist, und keineswegs jene stromlinienförmig ausgerichtete, einheitliche, alle Volkskräfte bündelnde Machtpyramide, als die es sich selbst gerne zeichnete. Gerade im lokalen und regionalen Bereich wird immer wieder deutlich, daß das Regime bei dem Versuch, seinen Anspruch auf allumfassende Regelkompetenz durchzusetzen, vielerorts auf zum Teil ganz unterschiedlich geartete Schranken stieß, die ihre Wurzeln zumeist in gewachsenen Strukturen des Ortes oder der Region hatten. Dies allein ist schon ein Befund, der angesichts unserer immer noch höchst mangelhaften Kenntnis des tatsächlichen Innenlebens und Funktionierens der deutschen Gesellschaft während der NS-Zeit besonderes historisches Interesse verdient. Dem entspricht auf der anderen Seite, daß sich politisches und gesellschaftliches Verhalten gerade im lokalen Bereich nicht allein mit dem Gegensatzpaar aktive Unterstützung des Regimes oder aktiver, illegaler Widerstand gegen das Regime begreifen und beschreiben läßt. Zwischen diesen beiden Polen lag vielmehr eine ganze Skala möglichen Verhaltens gegenüber den Ansprüchen und Herausforderungen des Regimes, auf der in beliebig verfeinerter Abstufung Kategorien ihren Platz finden wie Teilopposition, Dissens in Teilbereichen, partieller bis hin zum ostentativen Nonkonformismus, Verweigerung, viele Formen zivilen Mutes Einzelner und viele „kleine" Widerstände – auf der anderen Seite enthusiastische Regimebejahung und ängstliche Anpassung, die zweifelsohne den Hauptstrom bilden, aber auch vorsichtige Interessenwahrung unter der Maske bloßen Mitläufertums u.a.m. Es zeigt sich hier vor allem, daß – durch alle gesellschaftlichen Schichten und Gruppen hindurch – prinzipielle Gegnerschaft und fundamentale Ablehnung des Regimes ebenso wie seine uneingeschränkte und völlig kritiklose Unterstützung eher die Ausnahme, hingegen das Neben- und Miteinander von Konformität und Nonkonformität, die Teilopposition und ihre Verbindung mit zeitweiliger oder partieller Regimebejahung, die gesellschaftliche Regel darstellten, ja, daß sogar weitgehende und grundlegende Regimebejahung und partielle Opposition bei ein und derselben Person durchaus möglich waren, wie man im Fall jenes lokalen NS-Führers sehen kann, der als Kirchenratsmitglied seinen Pfarrer bei der Nichtbeflaggung der Kirche an Führers Geburtstag unterstützte[3]). Aber auch der fundamentalen Opposition, der prinzipiellen Ablehnung des Regimes aus politischen oder weltanschaulichen Gründen, waren im Alltagsverhalten zum Teil deutliche Grenzen gesetzt. Sicher wird man den kommunistischen Illegalen, der, auf der Straße angesprochen, für die NS-Volkswohlfahrt spendete, deshalb nicht der Abkehr von seiner prinzipiellen Gegnerschaft zum NS-Regime bezichtigen, sondern den Notwendigkeiten der Tarnung der grauen Mühsal der Zellenarbeit und der politischen Aufklärung in der Illegalität zuschreiben, ebensowenig den sozialdemokratischen Facharbeiter, der eine neue Arbeitsstelle nur unter der Bedingung der Mitgliedschaft in einer NS-Organisation bekam und, um nicht der NSDAP oder der SA beitreten zu müssen, sich für eine der harmloseren Nebenorganisationen wie Nationalsozialistisches Kraftfahrerkorps (NSKK) oder Reichskolonialbund (RKB) entschied – aber Sie sehen, welche Problematik sich hier sofort stellt: Um des privaten Überlebens willen mußte man sich vielfach in dieser oder jener Form auf das Regime und den Nationalsozialismus einlassen, innerhalb des Systems einrichten, und es ist retrospektiv häufig nicht mehr genau zu unterscheiden, wo in dieser Konstellation die Beibehaltung grundsätzlicher Regimegegnerschaft in Form privater reservatio mentalis aufhört und Teilakzeptanz in dieser oder jener Form oder Intensität einsetzt – zumal die arbeitsmarkt- und außenpolitischen Erfolge des Regimes bis in die Kriegsjahre hinein ja durchaus auch in zunächst oppositionellen Schichten Eindruck machten. Hier gilt es auch zu berücksichtigen, daß in der zeitgenössischen Optik, saß man nicht an bestimmten exponierten Stellen, die Unterscheidung zwischen Gut und Böse keineswegs immer eindeutig zu treffen war. Der grundlegende Unrechtscharakter und das menschenverachtende Wertsystem des NS-Regimes offenbarten sich ja keineswegs allen gleichmäßig, und auch seine terroristische Vorgehensweise war nicht überall gleichförmig präsent, sondern wies – etwa im Verhältnis von Stadt und Land oder im Krieg im Verhältnis von Binnenland und Frontregionen – deutliche Unterschiede auf[4]).

Einige Beispiele mögen die Vielschichtigkeit und Doppeldeutigkeit bestimmter Resistenz- und Oppositionsformen beleuchten. Oppositionelles oder nonkonformes Verhalten in größerem Maßstab fand sich in Bayern wie in anderen Teilen des Reichs neben der Arbeiterschaft vor allem in katholischen Milieus. Das oppositionelle Verhalten von Vertretern des politischen Katholizismus bzw. der katholischen Kirche entspricht dabei einem ganz spezifischen Typus.

Bei vielfach nur partieller Gegnerschaft zum Nationalsozialismus und weithin im Einverständnis mit staatspolitischen Ordnungsvorstellungen und nationalen Zielsetzungen des Regimes begannen Opposition und Widerstand von dieser Seite zumeist erst da, wo die eigene relative Autonomie, die eigenen gesellschaftlichen Rückhaltspositionen angetastet wurden. Man war vielfach nicht so sehr gegen *den* Nationalsozialismus, man war gegen die „Nazis", wie man sie konkret vor Ort kannte.

Ende 1936 weigerte sich in Mömbris in Unterfranken, einem überwiegend katholischen Ort mit knapp 3000 Einwohnern, der katholische Pfarrer öffentlich, die Kirchenglocken läuten und im Gottesdienst Orgel spielen zu lassen und das sonntags übliche Amt in der Kirche zu lesen, so lange nicht der „Stürmer"-Kasten im Ort entfernt werde. Gewiß eine mutige, um nicht zu sagen waghalsige oppositionelle Aktion gegenüber dem Regime, die für den Pfarrer auch polizeiliche Konsequenzen nach sich zog. Freilich ging sie nicht auf eine allgemeine und grundsätzliche Gegnerschaft des Pfarrers gegenüber dem NS-Regime zurück, eines Mannes, der sehr national gesinnt und im Ersten Weltkrieg Offizier gewesen war. Grund für seine Aktion war sein Zorn darüber, daß Julius Streichers Hetzblatt katholische Geistliche – ich zitiere – auf eine Stufe mit „Juden und Bolschewiken" stellte[5].

In vielen katholisch-agrarischen Regionen mußte sich der Nationalsozialismus, um sich durchsetzen und seine Dominanz auch im lokalen Umfeld behaupten zu können, in mancherlei Hinsicht anpassen und insbesondere gegenüber Kirche und kirchenfrommer katholischer Bevölkerung eine Reihe von Konzessionen machen. Besonders deutlich zeigt sich dies am Beispiel von NS-Machtübernahme und Gleichschaltung in Dörfern und Landgemeinden. Bei der Besetzung der Gemeinderäte und Bürgermeisterposten verfolgte die NSDAP hier häufig genug nicht eine rücksichtslose Durchsetzung ihrer Machtansprüche, sondern nahm, wo sie es nicht mit den in aller Regel rigoros ausgeschalteten Vertretern der Arbeiterparteien in den Gemeinde- und Stadträten zu tun hatte, in starkem Maße Rücksicht auf das lokale politisch-soziale Milieu und die traditionellen Eliten und Meinungsführer. Man verzichtete im allgemeinen darauf, Alte Kämpfer oder treue Parteigenossen für die gemeindlichen Mandate zu nominieren, wenn es diesen an fachlicher Qualifikation oder an Ansehen in der Gemeinde fehlte, und beließ auch zahlreiche ehemalige Bürgermeister und Gemeinderäte aus der Bayerischen Volkspartei im Amt. Das kam dem Bestreben der NS-Machthaber entgegen, das neue Regime mit den alten Eliten zu verschmelzen, ging aber nicht selten auf Kosten der politischen Zuverlässigkeit und hatte vielfach zur Folge, daß sich die Grenzen zwischen Funktionären des Regimes und Protektoren der Opposition entwickelte.[6]) Die Folge war, daß der Nationalsozialismus auf der unteren Ebene solcher dörflicher Primärgruppen häufig in relativ moderater Form vermittelt wurde; dies trug freilich auch wesentlich dazu bei, ihn hier als relativ harmlos erscheinen zu lassen, und verhinderte eher eine prinzipielle Fundamentalopposition. Die auch in der zeitgeschichtlichen Forschung weitverbreitete Annahme, die NSDAP habe sich auf dem Lande auch während des NS-Regimes vor allem aus dem „Lumpenproletariat" rekrutiert und die lokalen Honoratioren hätten sich den neuen Machthabern „nur in verschwindend wenigen Fällen" angeschlossen [7]), ist, in dieser Pauschalität formuliert, auch für die katholisch-agrarische Provinz ebenso unzutreffend wie die gewissermaßen spiegelbildlich verkehrte These, die „Schwarzen" und die „Braunen" hätten nach 1933 alsbald gemeinsame Sache gemacht.

Freilich muß hier ganz klar gesehen werden, daß die beachtliche Resistenzkraft des katholischen Milieus zum allergrößten Teil nicht Ausdruck besonderer demokratischer Tugend gewesen ist; ihm lag vielmehr überwiegend eine tradierte dumpf-antimodernistische Grundstimmung und ein rückwärts gewandtes, scharf antirepublikanisches Bewußtsein zugrunde, die schon in der Weimarer Zeit dafür bestimmend gewesen waren, daß die Republik in solchen katholisch-agrarischen Regionen nie wirklich hatte Fuß fassen können.

Nicht nur aus Gründen des konfessionellen Proporzes sei hier noch der Fall des evangelischen Vikars Karl Steinbauer aus Penzberg/Obb. angeführt. Sohn eines Oberstudiendirektors, trat Steinbauer als Gymnasiast 1922 dem eben verbotenen Bund Oberland bei, einer aus den Freikorps entstandenen völkisch-nationalen Organisation in Bayern. „Antisemitismus erschien ihm damals wie vielen deutschen Jugendlichen ‚geradezu als nationale Pflicht'. Er bedauerte das Scheitern des Hitler-Putsches und wurde, ähnlich manchen seiner Amtskollegen, im Jahre 1931 Mitglied der NSDAP."[8])

Nach dem Potempa-Mord, der für ihn zu einem Schlüsselerlebnis wurde – fünf SA-Männer hatten im August 1932 im oberschlesischen Dorf Potempa auf viehische Weise einen Kommunisten umgebracht und wurden von Hitler öffentlich gerechtfertigt –, trat Steinbauer allerdings wieder aus der Partei aus. Kurz nach der NS-Machtübernahme kam Steinbauer nach Penzberg und trat dort seine erste Pfarrstelle an. „Als am 15. Juli 1933 der Landeskirchenrat die Neuwahl der Kirchenvorstände anordnete, gab es in Penzberg eine ‚geradezu dramatische Gemeindeversammlung', in der zwei ‚Alte Kämpfer' und ein ‚geltungsbedürftiger Konjunkturritter', ... ihre Wahl erzwingen wollten. Steinbauer setzte die Bestätigung des alten Kirchenvorstandes, der neben Sozialdemokraten... auch aus einem bekannten ‚Stahlhelmer'... bestand, auf dieser

Versammlung durch und geriet darüber in einen ersten schweren Konflikt mit dem NS-Kreisleiter. ... Die Gleichschaltung des Kirchenlebens in Penzberg war mißlungen. Dieser neue alte Kirchenvorstand amtierte bis über 1945 hinaus und wurde zum wichtigen Rückgrat aller weiteren regimefeindlichen Aktivitäten des Vikars."

Auch in der Folgezeit versuchte Steinbauer jedoch noch, zwischen der NSDAP und Hitler zu unterscheiden und „bei verbaler Ausklammerung des letzteren die kirchen- und religionsfeindlichen Bestrebungen der ersteren anzuprangern". Ab Mitte der 30er Jahre spitzte sich die Lage freilich zu. Steinbauer wurden „staatsabträgliche Äußerungen" in einer Predigt vorgeworfen, und wenig später lehnte er die Aufbahrung der „Blutzeugen" des Hitlerputsches von 1923 als Blasphemie einer „Auferstehung des deutschen Volkes" ab und verweigerte die Kirchenbeflaggung, was ihm eine – durch Amnestie ausgesetzte – Verurteilung zu zwei Wochen Gefängnis einbrachte.

Doch war dies nur ein „Wetterleuchten des Kommenden": Am 1. Mai 1936 lehnte Steinbauer die Beflaggung der Kirche erneut ab und wurde daraufhin verhaftet. Eine geharnischte Erklärung des Kirchenvorstands führte jedoch zu seiner baldigen Entlassung. Vorwürfe des sogenannten „Kanzelmißbrauchs" und weitere Auseinandersetzungen mit SA und HJ führten im Juni 1937 zu erneuter Inhaftnahme, die diesmal bis November 1937 dauern sollte. Sie brachte beeindruckende Zeugnisse der Fürbitte und der Solidarität nicht nur der eigenen Kirchengemeinde, sondern auch landesweit durch Verlesen von „Briefen aus Zelle 20" des Inhaftierten in Predigten, seine Einbeziehung in das Kirchengebet usw. Penzberger Bürger machten sich ihrem Pfarrer durch Pfeifen eines „Halleluja" vor dem Gefängnisfenster kenntlich und erhielten Antworten durch Winken mit dem Taschentuch, und am Reformationstag 1937 sang ein Chor der Gemeinde auf dem Platz vor dem Gefängnis Kirchenlieder.

Nach der Entlassung wurde Steinbauer an eine andere Gemeinde versetzt, setzte dort seine kalkulierte Konfliktstrategie fort, kam kurzfristig in KZ-Haft und entging schließlich einem bevorstehenden Prozeß vor dem Sondergericht Ende 1939 durch freiwillige Meldung zum Kriegsdienst.

Auch hier ein Fall, bei dem man nicht unbedingt von fundamentaler Opposition gegen das NS-Regime reden kann – wohl aber von wirksamer Widerstandshaltung.

Bei der Betrachtung kommunistischer und sozialdemokratischer Widerstandsaktivitäten wurde bislang deren grundsätzliche politische und weltanschauliche Gegnerschaft zum Nationalsozialismus im allgemeinen in monokausaler Betrachtungsweise und ohne weiteres Hinterfragen als ausreichendes Motiv vorausgesetzt. Die lokal- und regionalgeschichtliche Nahoptik zeigt jedoch, daß hier über politisch-ideologische Prädispositionen hinaus häufig ein ganzes Bündel von Ursachen und Motivationen wirkte, die in spielten milieuspezifische Bedingungen wie etwa die Einbindung in eine traditionell „widersetzliche" oder zumindest von der „bürgerlichen Gesellschaft" scharf segregierte Arbeiter- und Vorstadt-Subkultur eine zentrale Rolle. Die Fähigkeit des Einzelnen zur Anpassungsverweigerung war bedingt durch die Resistenzfähigkeit des sozialen Umfelds.

Überraschenderweise wird sogar bei der Betrachtung kommunistischer Gruppen – darauf bin ich insbesondere im bayerischen Gelände immer wieder gestoßen – vielfach deutlich, daß Widerstand gegen den Nationalsozialismus auch von dieser Stelle über weite Strecken hinweg als Reaktion auf vorher erlittene Demütigung oder Verfolgung begriffen werden muß, d.h. die Konsequenz einer schon vorgegebenen Diskriminierung oder gesellschaftlichen Außenseiterposition darstellt. Das Bedürfnis, demgegenüber die eigene, vom NS-Regime zerstörte oder schwer beschädigte Respektabilität, gewissermaßen die gesellschaftliche Ehrenhaftigkeit der eigenen Überzeugungen, durch entsprechend waghalsige und aufopferungsvolle illegale Aktivitäten zu bekunden, war häufig Zweck an sich und deckte sich nur scheinbar mit den politischen und programmatischen Rationalisierungen, die die illegale Parteistrategie solchem Aktionismus unterlegte. Dieser Widerstand als waghalsiger, hohe Risiken nicht scheuender, ab Frühjahr 1933 über zwei bis drei Jahre hinweg auch durch schärfste Repression nicht zu unterdrückender Aktionismus war freilich mehr von eigenen Traditionen und Illusionen, vor allem hinsichtlich Standfestigkeit und Dauer des Regimes, denn von tatsächlichen, realistisch wahrgenommenen Angriffsflächen beim Gegner bestimmt; er ist besonders typisch für den Widerstand und oppositionelles Verhalten von kommunistischer Seite.

Ein ganz anderer Typus zeigt sich bei lokaler Nahsicht vielfach in sozialdemokratischem Milieu. Zwar bestanden auch hier in den ersten Jahren des Dritten Reiches konspirativ aufgebaute und arbeitende Gruppen, die mit den im benachbarten Ausland dicht hinter der Grenze gelegenen sogenannten Grenzsekretariaten der Sozialdemokratie im Exil in Verbindung standen[9]) und mit illegaler Literatur beliefert wurden; die Untergrundorganisationen, die während des Dritten Reichs am längsten Bestand hatten, waren von linkssozialistischen Gruppen, von „Neu Beginnen" und dem Internationalen Sozialistischen Kampfbund, dem ISK, getragen. Dennoch liegt im Bereich der alten Sozialdemokratie der eher passive, attentive Rückzug auf das eigene Milieu, den eigenen engen Lebenszusammenhang, über die ganze Phase der NS-Herrschaft hinweg mehr durch ein erstaunliches Maß an Unverführbarkeit im Meer der bürgerlichen Anpassung denn durch riskante illegale Aktionen gekennzeichnet.

Häufig war die Sozialdemokratie offensichtlich schon vor 1933 nicht so sehr die Repräsentantin der untersten und sozial und ökonomisch am meisten benachteiligten Schichten, als vielmehr die Partei der „kleinen", aber auch, wie man in Bayern sagt, der

„gestandenen" Leute, deren Mitglieder und Funktionäre im lokalen Umfeld nicht mehr ohne weiteres zu gesellschaftlichen und politischen Außenseitern stigmatisiert werden konnten, sondern vielfach, wenn auch von den örtlichen NS-Machthabern als Gegner eingeschätzt und behandelt, nach wie vor über ein entsprechendes Sozialprestige verfügten.

Ein besonders bemerkenswertes Phänomen in diesem Bereich bilden die erstaunlich zahlreichen, vielgestaltigen und lange währenden Versuche zu nur notdürftig getarnter Aufrechterhaltung von Gruppenbeziehungen und Kommunikationszusammenhängen vor allem im Rahmen des ehemaligen Arbeiter-Vereinswesens, unterhalb der Stufe konspiratorischer Absprachen oder gar konkreter illegaler Aktionen. Diese typisch sozialdemokratischen Formen von Traditions- und Bewußtseinswahrung, auf der Ebene von mehr oder weniger unpolitischen Stammtischen, Gesprächsrunden, Freundes- und Kollegenkreisen oder im Rahmen von nur formal gleichgeschalteten ehemaligen Arbeitervereinen, bislang auch von seiten der SPD selbst geradezu schamhaft verschwiegen, da nicht ohne weiteres für Mythen- und Heroenbildung funktionalisierbar, bedürfen nicht nur gründlicherer Erforschung, sondern auch einer Neubewertung.

Ein besonders plastisches Beispiel für solche geglückten Überlebensstrategien stammt aus Nürnberg und der Nürnberger Schraubenfabrik und Elektrowerke – Abkürzung NSF – im Nürnberger Arbeiterviertel Gostenhof. Es wurde berichtet von Martin Albert, nach 1945 einer der maßgeblichen Männer der bayerischen SPD, der in dieser Schraubenfabrik als Mechaniker arbeitete und 1937, nach der Entlassung aus mehrmonatiger KZ-Haft, dort auch wieder unterkam. „In der NSF", schreibt er, „gehörten die Betriebsleiter und fast alle Meister und Vorarbeiter vor 1933 der SPD an oder waren zuverlässige Sympathisanten. Obwohl insgesamt ungelernte weibliche Mitarbeiter weit überwogen, waren in den elektro-feinmechanischen Abteilungen, dem Meßgeräte- und Werkzeugbau nahezu ausschließlich männliche Facharbeiter tätig. Facharbeiter und Handwerker bildeten ja schon immer das Mitgliederrückgrat der Sozialdemokraten... Schon zu Zeiten der großen Arbeitslosigkeit hatte man darauf geachtet, daß sich die Parteifreunde und Anhänger für gute Facharbeiterplätze (Prüffeld usw.) qualifizierten, was zur Eingliederung in den Belegschaftsstamm führte. ... Noch wichtiger war die Besetzung eines qualifizierten Arbeitsplatzes mit dem richtigen Mann während der Kriegsjahre: wegen der geübten Praxis bei Gestellungsbefehlen der Wehrmacht und UK-Stellungen der Betriebe. ... Der Bruder der ehemaligen SPD-Landtagsabgeordneten Lina Ammon – ein gelernter Bäcker, der nirgends unterkam – wurde als Betriebsschlosser eingestellt, ... um nicht mehr der politischen Verfolgung durch Arbeitsplatzverweigerung ausgesetzt zu werden. Der Kommunist Horneber, den Streicher eigenhändig aus der Feuerwehr hinauswarf, weil er im Ersten Weltkrieg auf einem Meutererschiff fuhr, konnte in der NSF nach langer Arbeitslosigkeit Schichtführer in der Spritzgießerei und Kommandant der Betriebsfeuerwehr werden. Ingenieur Bader, ein bei Siemens entlassener Antifaschist, schlüpfte bei der NSF als Elektromechaniker unter." Daß Albert selbst nach seiner Verurteilung weiter bei der NSF arbeiten konnte, war ebenfalls keineswegs selbstverständlich. „Ohne konkret-konspirativ Absprachen zu treffen, konnte verhindert werden, daß die Leute des heimlichen Widerstands in der NSF, Sozialdemokraten, Kommunisten und hitlerfeindliche Christen, in Hitlers Krieg verheizt wurden. ... Im November 1944 sagte mir Direktor Dr. Hinsel im Fabrikhof des Elektrowerks, daß mit Ausnahme der Amtswalter und einiger formeller NS-Aushängeschilder keine wehrfähigen Nationalsozialisten mehr im Betrieb seien. Alle waren an der Front. ... Eine kritische Situation trat kurz vor Kriegsende ein, das Elektrowerk wurde am 22. Februar 1945 bei einem Fliegerangriff total zerstört. ... In dieser Lage erhielten absolut Zuverlässige Bescheinigungen für den Volkssturm, daß sie wegen kriegswichtigen Einsatzes an den Übungen nicht teilnehmen könnten. Geschrieben mit der einzigen Schreibmaschine, die noch vorhanden war und abgestempelt mit dem letzten NSF-Stempel. ... Den Volkssturm-Appell nahm ... der Haushaltswarenhändler Pfeufer ab. Der Sozialdemokrat Pfeufer wußte natürlich genau, daß die Stätte des angeblich kriegswichtigen Einsatzes, 150 Meter von seiner Wohnung entfernt in der gleichen Straße, total zerstört war. Es blieb dabei – die Genossen waren beim kriegswichtigen Einsatz."[10])

Betrachtet man das weite Feld politischen und gesellschaftlichen Handelns, das zwischen Fundamentalopposition einerseits und aktiver Regimebejahung andererseits liegt, so zeigt sich gerade in der lokalen Nahoptik, daß in den verschiedenen gesellschaftlichen Sektoren der deutschen Bevölkerung zum Teil wirkungsvolle Formen von Nonkonformität und Teilopposition vielfältig zu registrieren sind – man denke hier neben der sozialkulturellen Beharrungskraft katholisch-agrarischer Milieus an die vielfältigen Formen von Jugendprotest und Jugendopposition gegen die HJ-Erziehung, die Abwehrkraft bestimmter Gruppen und Eliten aus Adel, Militär, Beamtenschaft, Intellektuellen und Künstlern usw. oder an die vielfältigen Formen „unpolitischer" Verweigerung der Arbeiterschaft gegenüber dem gesteigerten Leistungsdruck in der Kriegsindustrie. Dies ist angesichts der Tatsache, daß der aktive, fundamentale Widerstand fast überall ergebnislos geblieben ist, allein schon ein Befund, der zum Nachdenken über die Prämissen des klassischen Widerstandsbegriffs veranlassen muß.

Diese Überlegungen und Infragestellungen sollen freilich nicht einer inflationären Ausweitung des Widerstandsbegriffs das Wort reden oder gar, wie weiter oben provokativ gefragt, die Deutschen der Jahre 1933 – 1945 zu einem Volk der insgeheimen Widerstandskämpfer umstilisieren. Auch gilt es im Auge zu behalten, daß gerade bei der Betrachtung lokaler Milieus, bei Feststellung und Kennzeichnung oppositionellen und nichtangepaßten Verhaltens, die Nahoptik durchaus ihre Tücken hat – droht doch das NS-Regime im kleinen, überschaubaren lokalen Bereich, wo seine extremen Auswirkungen vielfach nur abgeschwächt spürbar sind, insbesondere in der retrospektiven Erinnerung von Beteiligten häufig zur reinen Idylle zu verkommen. Davor kann gar nicht genug gewarnt werden. Dennoch macht die mit neuen sozialgeschichtlichen und die Alltagserfahrungen der Betroffenen berücksichtigenden Fragestellungen verbundene Regional- und Lokaluntersuchung, wie ich meine, deutlich, daß der klassische Widerstandsbegriff mit seiner Beschränkung auf die fundamentale Opposition nicht hinreicht, um das ganze vielfältige Spektrum von Widerstand, Opposition, nonkonformem Verhalten usw. zu erfassen, das sich in der Lokaluntersuchung immer wieder deutlichmachen läßt. Das kann jedoch auch nicht dafür herhalten, die Deutschen der Jahre 1933 – 1945 sozusagen von hinten herum mit der Aussage zu exkulpieren und aus der Verantwortung zu nehmen, daß der aktive, organisierte Widerstand zwar recht gering gewesen sei, es darüber hinaus jedoch noch so und so viele Ausdrucksformen von Opposition und Resistenz gegeben habe – im Gegenteil, die Wahrheit ist, glaube ich, viel unangenehmer: Die konkrete Sicht auf Sozialmilieus, gesellschaftliche Hierarchien und lokale Herrschaftsverhältnisse macht immer wieder deutlich, daß insbesondere für Männer mit bestimmtem gesellschaftlichen Einfluß, mit bestimmtem Sozialprestige, durchaus Möglichkeiten bestanden, ohne sofortige Bedrohung für Leib und Leben sich Machtansprüchen des Regimes entgegenzustellen – mit anderen Worten, es wird erschütternd deutlich, wie viel an möglicher und zumutbarer Opposition nicht geleistet wurde. Das müssen sich, wie ich meine, insbesondere die beiden Kirchen vorhalten lassen, deren Hauptsorge, von Ausnahmen abgesehen, lediglich der Erhaltung der eigenen relativen Autonomie galt. Freilich sind das Fragen, bei denen die Nachgeborenen mit moralischen Bewertungen höchst sorgsam und vorsichtig umgehen müssen.

Abschließend bleibt festzuhalten: Eine realistische Bewertung und kritische Einschätzung der NS-Gewaltherrschaft und ihrer Auswirkungen, die in großem Maßstab auch unsere heutige Existenz mitbestimmen, und ebenso eine realistische Aneignung der Erfahrungen und der moralischen Qualität des Widerstands gegen das NS-Regime und seine Herrschaftspraxis, sind für die Generationen der Nachgeborenen nur möglich, wenn die Darstellung von Widerstandsverhalten aus moralisch verklärter und so historisch-kritisch nicht mehr hinterfragbarer Erstarrung gelöst und mit den Möglichkeiten, Motivationen und Widersprüchen eingebettet wird in die Vermittlung der gesellschaftlichen Lebenswirklichkeit, aus der dieser Widerstand stammte und mit der er es zu tun hatte. Nur auf diese Weise läßt sich auch die Kluft überbrücken, die zwischen den in antifaschistisch-aufklärerischer Intention formulierten Erklärungsversuchen der Historiker und den Erinnerungen von Zeitzeugen und Betroffenen der NS-Zeit klaffte und immer wieder klafft: Die eigene alltägliche Erfahrung vieler Betroffener war retrospektiv häufig in zu vielen Bereichen und Erfahrungsschichten anders gelagert, als daß sie sich in dem Bild, das die Historiker zeichneten, hätte wiederfinden können.

Will man über die Betrachtung des relativ schmalen Sektors der deutschen Bevölkerung, der aktiv Widerstand leistete, hinaus zu der notwendigen allgemeinen Gesellschafts- und Verhaltensgeschichte gelangen, in die Widerstand, Opposition, nonkonformes

177

Verhalten usw., aber auch konformes Verhalten, aktive Unterstützung usf. als mögliche Spielformen einzubetten sind, so erfordert das die Ausweitung der Widerstandsforschung zu einer inneren Geschichte der deutschen Gesellschaft zur Zeit des Nationalsozialismus, bei der die historische Forschung in der Tat noch ziemlich am Anfang steht. Eine solche gesellschaftsgeschichtliche Betrachtungsweise muß freilich auch von vornherein jene – für ihr Erkenntnisinteresse unglückselige – „Verinselung" des Dritten Reichs innerhalb der deutschen und europäischen Geschichte des 20. Jahrhunderts auflösen und von vornherein die Frage nach den politischen, sozialen, sozialpsychologischen, ideologischen etc. Kontinuitäten neu stellen und neu beantworten, die aus der Zeit vor 1933 in die NS-Zeit hinein – und zum Teil über sie hinweg – reichten bzw. aus der Phase vor dem Zusammenbruch des Deutschen Reichs 1945 in die Aufbau- und Stabilisierungsjahrzehnte der Bundesrepublik Deutschland, der DDR und Österreichs reichen, unbeschadet aller Änderungen der politischen Herrschaftsinstitutionen. Dies ist nicht im Sinne der selbstzufriedenen postfaschistischen „Sonderwegs"-Sackgassen-Theorie zu verstehen, sondern geht von der Überlegung aus, daß die 12 Jahre bzw. im Falle Österreichs 7 Jahre nationalsozialistischer Herrschaft – trotz aller bleibenden Betroffenheit durch Massenterror, „Endlösung" und menschenverachtende Wertezerstörung durch das NS-Regime – ein Teilstück deutscher und österreichischer Geschichte darstellen, das mit dem Vorher und Nachher in unlöslichem Zusammenhang steht – sei es nur, wie verschiedentlich geäußert, als Teilstück einer allgemeinen „Krankheitsgeschichte der Moderne".

Anmerkungen

1) Martin Broszat u.a. (Hrsg.): Bayern in der NS-Zeit, Bd. I – VI, München – Wien 1977 – 1983.
2) Damit ist vor allem das in Bayern in besonders breiter Form überlieferte regelmäßige Berichtswesen (in Form von Halbmonats- und Monatsberichten) staatlicher und nichtstaatlicher (kirchlicher) Stellen auf allen hierarchischen Ebenen an die jeweils nächsthöhere Dienststelle gemeint.
3) Tenfelde, Klaus: Soziale Grundlagen von Resistenz und Widerstand, in: Jürgen Schmädeke/Peter Steinbach (Hrsg.): Der Widerstand gegen den Nationalsozialismus. Die deutsche Gesellschaft und der Widerstand gegen Hitler, München – Zürich 1985, S. 801.
4) Vgl. dazu ebd., S. 800 ff.
5) Fröhlich, Elke: Der Pfarrer von Mömbris, in: Martin Broszat/Elke Fröhlich (Hrsg.): Bayern in der NS-Zeit Bd. VI, München – Wien 1983, S. 52 – 75.
6) Vgl. dazu vor allem Zofka, Zdenek: Die Ausbreitung des Nationalsozialismus auf dem Lande. Eine regionale Fallstudie zur politischen Einstellung der Landbevölkerung in der Zeit des Aufstiegs und der Machtergreifung der NSDAP 1928 – 1936, München 1979.
7) So Aretin, Karl Otmar von: Bayern in der NS-Zeit, in: Süddeutsche Zeitung vom 29.7.1978.
8) Dieses und die folgenden Zitate aus: Tenfelde, Klaus: Proletarische Provinz. Radikalisierung und Widerstand in Penzberg/Oberbayern 1900 – 1945, in: Martin Broszat/Elke Fröhlich/Anton Grossmann (Hrsg.): Bayern in der NS-Zeit, Bd. IV, München – Wien 1981, S. 348 ff.
9) Vgl. dazu im einzelnen Mehringer, Hartmut: Die bayerische Sozialdemokratie bis zum Ende des NS-Regimes. Vorgeschichte, Verfolgung und Widerstand, in: Martin Broszat/Hartmut Mehringer(Hrsg.): Bayern in der NS-Zeit, Bd. V, München – Wien 1983, S. 351 f.
10) Ebd., S. 429 ff.

Christian Gerbel · Alexander Mejstrik

„Jugendopposition" gegen den Nationalsozialismus?

Eine Kritik am Beispiel der Wiener „Schlurfs"

Wir wollen eine Kritik am Konzept „Jugendopposition gegen den Nationalsozialismus" versuchen. Der Ausdruck Konzept soll dabei nicht in die Irre führen: Es gibt kein explizites Programm jener Autoren (Arno Klönne, Detlev Peukert, Mathias Hellfeld, Daniel Horn, Lothar Gruchmann, Heinrich Muth, Gerrit Helmers/Alfons Kenkmann und Rainer Pohl), auf die wir uns hauptsächlich beziehen. Wir verstehen es vielmehr als eine Art „heimliches Einverständnis", von dem sie trotz unterschiedlicher Erklärungsversuche getragen sind[1]).

Wir werden unsere Kritik auf theoretischer Ebene beginnen, um sie dann im zweiten Teil unseres Vortrages anhand unserer Untersuchungen zu den Wiener „Schlurfs"[2]) – am konkreten Material also – weiterzuführen.

1. Theoretische Kritik am Konzept „Jugendopposition und -protest"

1.1. Die Vorannahmen des Konzeptes und dessen Erklärungsgrenzen

Das Interesse an bestimmten Gruppen von Jugendlichen, die in Konflikt mit der NS-Herrschaft gerieten, läßt sich in der BRD seit 1980 verstärkt bemerken und fällt zusammen mit der Suche nach „Widerständigem" im Feld alltäglichen Handelns. Zweifellos kommt diesen Arbeiten das Verdienst zu, einen bisher vernachlässigten Aspekt der NS-Gesellschaft behandelt und den „Mythos" einer gänzlich integrierten Staatsjugend, deren Zugriff sich niemand entziehen konnte, widerlegt zu haben.

Unter den Begriffen „Jugendopposition bzw. -protest" wird die Anerkennungswürdigkeit des Themas, sich mit „der Jugend im Nationalsozialismus" zu beschäftigen, schon auf sehr offensichtliche Weise zum Ausdruck gebracht. In der gängigen Klassifizierung

rung für oder Widerstand gegen den Nationalsozialismus? – aus, die auch für andere sozialgeschichtliche Untersuchungen noch immer das legitime Raster abgeben dürfte. Indem also Gruppen und Individuen ausschließlich unter dieser vorgefaßten Dichotomie behandelt werden, also hauptsächlich das Verhältnis historischer Akteure zur politischen Macht interessiert, sind in der Folge nur zwei Typen von Handlungen relevant, eben Anpassung oder Auflehnung. Diese Aufspaltung in „legitimes Handeln" (z.B. Kollisionen mit der HJ und anderen Repräsentanten der NS-Herrschaft) und „illegitimes Verhalten" (z.B. Kriminalität, kein würdiges Thema der Historiographie) zerschneidet vorab die reale Einheitlichkeit eines Lebenszusammenhanges bestimmter historischer Gruppen und verhindert, zu umfassenden Erklärungen vorzustoßen[3]).

Den Darstellungen der erwähnten Autoren liegen vor allem drei Typen zugrunde, mit denen die Vielfalt „unangepaßten Verhaltens" jugendlicher Arbeiter und auch bürgerlicher Jugendlicher erfaßt wird: Nämlich Typ „Edelweißpiraten", Typ „Meuten", Typ „Swing-Jugend". Diese drei Typen, die sich hartnäckig im historischen Diskurs behaupten, entstammen der Diktion des NS-Verwaltungsapparates, hauptsächlich den Berichten über „jugendliche Cliquen und Banden"[4]). Von diesen „Vor-begriffen" aus wird auf die Existenz von gelebten Gruppen geschlossen und dabei vergessen, daß jene aus einem praktischen Funktions- und Verwendungszusammenhang stammen. Diese Bezeichnungen dienten dazu, Gruppen zu kontrollieren, präventiv gegen sie vorzugehen, keinesfalls aber, sie in ihrem gesamten Lebenszusammenhang umfassend zu verstehen. Bei der Skizzierung der drei Typen, die erstens Orientierung und zweitens den Kontrast zu unseren im empirischen Teil formulierten Hypothesen zu den Wiener „Schlurfs" ermöglichen sollen, werden wir uns hauptsächlich auf die von Peukert behaupteten Charakteristika stützen[5]):

Typ „Edelweißpiraten":
Die ersten Gruppen von „Edelweißpiraten", zumeist aus Lehrlingen und Hilfsarbeitern bestehend, tauchten Ende der 1930er Jahre im Westen des „Dritten Reiches" auf. Ihre Kluft (meistens kariertes Hemd, kurze Hose bzw. dunkler kurzer Rock, weiße Stutzen) und ihre Aktivitäten variierten, verweisen aber nach Peukert auf ein einheitliches Grundmuster. Während ihrer Wochenendfahrten flohen sie die Großstädte. In „freier Natur" trafen sich Gruppen aus verschiedenen Regionen, die gemeinsam – was immer das heißt – zelteten, sangen, diskutierten und Kontrollgruppen des HJ-Streifendienstes verprügelten. Es wird die These vertreten, daß sie unter anderem an die Traditionen der „Bündischen Jugendbewegung" angeknüpft haben[6]).

Typ „Meuten":
Diese Gruppen von Arbeiterjugendlichen in Leipzig fielen den nationalsozialistischen Behörden vor allem in den Jahren zwischen 1937 und 1939 stark auf. Noch mehr als den

"Edelweißpiraten" wird ihnen ein in hohem Maße politisches Bewußtsein konzediert. Nicht zuletzt, weil sie aus Versatzstücken der kommunistisch-sozialistischen Tradition ihren „Stil montierten". Sonst sollen sie den „Edelweißpiraten" sehr ähnlich gewesen sein.

Typ „Swing-Jugend":
Die „Swing-Jugendlichen" kamen aus der „gehobenen Mittelschicht". Sie waren jazz- und tanzbegeistert, trafen sich vor allem in den Bars und Klubs der Großstädte (z.B. Hamburg), waren überwiegend Schüler. Die Burschen trugen lange karierte Sakkos, Schuhe mit dicken hellen Kreppsohlen und auffallende Schals, die Mädchen ließen ihre langen, eventuell dauergewellten Haare offen und waren stark geschminkt. Sie knüpften dabei an die als modern begriffene Kultur der Weltkriegsgegner – England und Amerika – an.

Das Verbindende dieser drei Typen ist, daß alle unter ihnen subsumierten Gruppen von Jugendlichen in Kollision mit der HJ gerieten und in den hauptsächlich benützten NS-Quellen explizit als „politische Gegner" bezeichnet werden. Die hier kritisierten Autoren können durch die Übernahme der „praktischen Vor-begriffe" die Existenz von Arbeiterjugendgruppen mit einem ganz anderen Aussehen und Auftreten zum Teil nicht einmal wahrnehmen. Zu diesen bisher negierten oder unter erheblichen Argumentationsmühen in obige Klassifikationen gezwängten Gruppen zählen wir die Hamburger „Swing-Heinis"[7]), die süddeutschen „Stenze"[8]) und die Wiener „Schlurfs". Einerseits über ihre soziale Herkunft und andererseits über ihre Selbststilisierung, ihre Orientierung auf das Konsumangebot der Großstadt, ihr Interesse für Swing, amerikanischen Film, Mode etc. vermeinen wir eine ganz wesentliche Differenz zu den genannten drei „Typen" auszumachen.

In dem der Forschung bisher zugrunde liegenden Konzept wird nun:
– die Auseinandersetzung jener Gruppen mit der HJ als deren eigentlicher Konstituierungspunkt behauptet;
– die subjektive und objektive Bedeutsamkeit der Gruppen auch nur in der Gegnerschaft zur nationalsozialistischen Herrschaft gesehen;
– aufgrund der ideologischen Vorgabe, die für den Problemkreis der „Jugendopposition" „Kriminalität versus Widerstand" heißt, der Bereich jener Handlungen ausgeklammert, die nicht nur von den NS-Behörden, sondern auch im Rahmen der juristischen Verfassung der Nachfolgestaaten als „kriminell" oder „delinquent" bezeichnet wurden/werden.

Die bisherige Thematisierung jener Gruppen erfolgte also – so wollen wir behaupten – nicht im wirklichen Bruch mit den Klassifikationen der Quellen und auch nicht im Bruch mit der gegenwärtigen ideologischen Vorgabe. Reproduziert wird somit, unter umgekehrter Evaluierung, ein genuin machtpolitischer Blick, für den jene jugendlichen resultiert die eingeschränkte Behandlung der Phänomene, die Konfrontationen mit der HJ geraten zum Konstituierungspunkt der Gruppen schlechthin und werden nicht als ein Aspekt unter anderen gesehen, den es durch die Bezugnahme auf andere soziale Relationen erst zu erklären gelte[9]).

Als Erklärungsfundament jenes „unangepaßten Verhaltens" fungiert dann auch die These von allgemeingültigen, quasi zeitlosen „jugendtypischen Bedürfnissen", die sich, natürlich aufkommend, gegen den zunehmenden Drill der HJ durchsetzten. Jugend wird als Substanz definiert: Immer und überall hat jeder eines bestimmten Alters dieselben Merkmale und Interessen[10]). Eine Variante dieses Erklärungsschemas ist es, die „Natur der Klasse" zu bemühen: Immer und überall haben Arbeiterjugendliche dieselben Bedürfnisse nach „Provokation" und nach der „spontanen" Bildung von solidarischen Cliquen, nach Platten und Banden, um ihre „proletarische Identität" gegen alle „Behinderung selbstbestimmter Freizeitgestaltung" konsequent auszuleben[11]). Natur wird zur Analyse eines gesellschaftlichen Phänomens bemüht, anstatt Soziales aus Sozialem zu erklären[12]).

1.2. Kurzer Abriß eines eigenen Programmes

Dagegen erscheint es uns sinnvoll, von einem theoretisch reflektierten Konzept von Sozialstruktur auszugehen, um so die umfassende Bedeutung der gelebten Beziehungen im Zusammenhang mit den konstruierten sozialen Beziehungen (z.B. jenen zwischen sozialen Klassen) entwickeln zu können. Unter gelebten sozialen Beziehungen verstehen wir etwa: das Verhältnis der Geschlechter innerhalb solcher Gruppen, ihre Beziehungen innerhalb der Wohnmilieus, die Konfrontation konkreter Akteure mit konkreten gesellschaftlichen Zwängen wie Arbeit oder Schule. Das Ziel wäre also die möglichst umfassende Rekonstruktion eines Lebensstils bestimmter historischer Gruppen, in ganz spezifischen gesellschaftlichen Verhältnissen, in begrenzten historischen Räumen.

Obwohl wir selbst noch von der Realisierung dieses Programms, eben jener Verortung der gelebten sozialen Beziehungen in einem konkreten Zustand der Sozialstruktur, entfernt sind, besteht unsere primäre Ausweitung im Versuch, die Relationen dieser Gruppen zur eigenen sozialen Klasse konsequent zu thematisieren; und zwar über:
- die Verweigerung gegenüber bestimmten Anforderungen der Eltern und Verwandten;
- die Abgrenzungen zwischen „Schlurf"-Gruppen und anderen Arbeiterjugendlichen;
- die Auseinandersetzungen (Prügeleien) zwischen verschiedenen „Schlurf"-Gruppen;
- die Spannung zwischen dem Entwurf und den Möglichkeiten seiner Realisierung, womit auch „kriminelle" Verhaltensweisen erfaßt werden können, die in der bisherigen Form ausgeklammert wurden.

2. Das Beispiel der Wiener „Schlurfs"

Wir wollen nun unsere Kritik am empirischen Material zu den Wiener „Schlurfs" weiterführen. Zuerst werden wir unser Begriffsinstrumentarium kurz erläutern, dann das Phänomen zur Orientierung vorstellen, um uns abschließend mit Verweigerung und Opposition auseinanderzusetzen.

2.1. Explikation unseres Begriffsinstrumentariums[13])

Für jede Sozialstruktur sind objektive Unterschiede konstitutiv (z.B. der unterschiedliche Zugang zu gesellschaftlich produzierten Gütern). Diese werden von den Akteuren als sozial bedeutsame Unterscheidungen wahrgenommen. Jede „Praxis", egal, ob sie vollzogen wurde, um gesehen zu werden oder nicht, ist distinktiv, d.h. Unterschied setzend. Diese Eigenschaft der Praxis wird zur *Selbststilisierung* (Max Weber spricht von der „Stilisierung des Lebens"), wenn sie „intentional verdoppelt", d.h. von den Akteuren bewußt betrieben wird[14]).

Innerhalb der Selbststilisierung unterscheiden wir zwischen dem *Entwurf* – der expliziten Vorstellung – und deren beider Objektivierung in konkreten *Distinktionsmitteln*. Entwurf meint hier nichts Autarkes, im Sinne von „frei entworfen", sondern ist natürlich hochgradig abhängig von bestehenden Angeboten (im Fall der Wiener „Schlurfs" vor allem die der neuen Unterhaltungsindustrie), welche in spezifischer Art und Weise angeeignet werden.

Das Interesse an der Selbststilisierung, aber auch ihre spezifische Form, ist an ganz bestimmte *Haltungen* geknüpft. Die Haltung ist – im Zusammenhang mit konkreten Verhältnissen – das Hervorbringungsprinzip nicht nur expliziter Stellungnahmen, sondern von Handlungen und deren Bewertung überhaupt. Sie ist das Produkt konkreter gesellschaftlich-historischer Bedingungen, reproduziert und transformiert.

2.2. Die Vorstellung des Phänomens[15])

Wir unterscheiden folgende Gebrauchsweisen des Wortes „Schlurf":
a) Die Verwendung des Ausdruckes vor allem in den beherrschten sozialen Klassen in Wien mindestens schon seit Beginn der 1930er Jahre als „gelindes Schimpfwort für Nichtstuer, Herumtreiber, denen man allerlei Unbestimmtes zutraute"[16]). Das „Nichtstun" bezieht sich auf den Vorwurf der Selbstausgrenzung aus dem traditionellen Reproduktionsmodus der eigenen sozialen Klasse. Besonders die Verweigerung des permanenten Einsatzes innerhalb der kollektiven Arbeit von Familie, Verwandtschaft und teilweise auch Nachbarschaft rührte dabei an die zentralen Werte der alten Lebensweise.

b) Ungefähr ab Mitte der 1930er Jahre beginnen Gruppen von zumeist männlichen Lehrlingen und Hilfsarbeitern im Alter von 14 bis 20 Jahren, sich im Zusammenhang mit ihrer Selbststilisierung als „Schlurfs" zu bezeichnen: das „Nichtstun" wird mit konträren Evaluationen versehen zu „Eleganz" und „Modernität". Solche Gruppen existieren ungefähr bis Anfang der 1950er Jahre.

c) In die Schriften der Verwaltung, besonders aber der Justiz, dringt das Vokabel anscheinend erst ab 1938 ein; und zwar über die Berichte genau jener nationalsozialistischen Instanzen, welche ihre Disziplinierungs-, Kontroll- und Integrationsfunktionen in einem bis dahin unbekannten Ausmaß in den „Alltag" der Beherrschten ausdehnten. Ab 1945 wird die Bezeichnung „Schlurf" massiver in den ideologischen Auseinandersetzungen besonders der politischen Parteien eingesetzt, als Synonym für die Verweigerung des Engagements beim propagierten „Wiederaufbau".

d) Die Bezeichnung „Schlurf" wird allerdings auch noch in den 1950er Jahren zur Benennung der sogenannten „Halbstarken" der „Wirtschaftswunderzeit" verwendet.

In unseren Untersuchungen beschäftigen wir uns jedoch nur mit den Spannungen und Verschiebungen zwischen den Gebrauchsweisen a) bis c): Im Zentrum unserer Auseinandersetzungen stehen die erwähnten Gruppen, die sich als „Schlurfs" definierten und mit besonderer Hartnäckigkeit ihre Selbststilisierung verfolgten. Hier wollen wir uns auf die Zeit von 1938 bis 1945 beschränken.

Die „Schlurfs" verkörperten in der von ihnen angestrebten „Eleganz" den Vorschein eines späteren Konsumismus mit den dazugehörigen Ideologemen von „Wohlstand, Wachstum, Mittelstandsgesellschaft". Die Möglichkeiten und Notwendigkeiten eines neuen Modus der gesellschaftlichen Reproduktion innerhalb der kapitalistischen Produktionsweise lassen sich in der Haltung der „Schlurfs" und in ihrer Selbststilisierung partiell nachweisen: z.B. die Ausrichtung auf einen Markt massenhafter Konsumgüter; die Perspektive, mit Hilfe der Lohnarbeit zur Realisierung eines „guten Lebens" in der „Freizeit" zu gelangen, anstatt der Sicherung des bloßen Überlebens durch Arbeit; die scheinbare Individualisierung der Konsumenten anstelle der kollektiven Gewährleistung der Subsistenz in den alten Arbeitermilieus. Allerdings läßt sich für diese Gruppen ebenfalls noch eine zentrale Bindung an den alten Reproduktionsmodus ihrer sozialen Klasse feststellen, und zwar über die soziale Organisationsform der „Gang".

Wir möchten also für die „Schlurfs" eine Amalgamierung von „Altem" und „Neuem" behaupten, von der Gebundenheit an eine kollektive Ökonomie und der Selbststilisierung als Ausdruck und Realisierung einer „Idee vom guten Leben" als *konsumistischem Hedonimsmus*. Mehr durch das, was sie taten und zeigten, als durch das, was sie sagten, traten die „Schlurfs" gewissermaßen zur „Unzeit" in den gesellschaftlichen Bedeutungskampf ein. Wir begreifen ihre Haltung teilweise als *Vorwegnahme des Kommen-*

den und ihre Selbststilisierung als einen Versuch, unter Azkepieren ihrer Position als gesellschaftlich Beherrschte, ihre Lebensmöglichkeiten und ihren Lebensstil neu zu definieren.

An dieser Stelle liegt uns daran, auf eine Beschränkung innerhalb unseres Materials hinzuweisen: Es ist uns bisher nicht gelungen, einigermaßen verläßliche Informationen über die Mädchen in den „Schlurf"-Gruppen zu erhalten. Wir verfügen nur über wenige Aussagen aus Interviews, in denen diese meist als „Begleiterinnen" erwähnt werden, und vereinzelte Hinweise in den Akten des Jugendgerichtshofes Wien und des „Gaujugendamtes Wien". Diesen männlichen Blick spiegelt auch die Semantik des sogenannten Volksmundes, der den Ausdruck „Schlurf" offenbar nur auf Burschen bezog, während für die Mädchen, die diese auf ihren Unternehmungen „begleiteten", der Ausdruck „Schlurfkatzen" (d.h. Freundinnen der „Schlurfs") gebräuchlich war. Ist es schon schwierig, ehemalige männliche Mitglieder solcher Gruppen für Interviews zu gewinnen, da sich viele von ihnen auch heute noch stigmatisiert und kriminalisiert fühlen, trifft dies auf Frauen offenbar in noch viel stärkerem Maße zu. Wir vermuten, daß die Kriminalisierung der „Schlurfkatzen" durch Fürsorge und Gestapo – wie das einer Jahrzehnte alten Tradition in der Typisierung „streunender" Mädchen entsprach – über das Kriterium der „Unsittlichkeit" vollzogen wurde, d.h. man unterstellte jenen sexuell promiskes Verhalten, wenn nicht Prostitution. Dies scheint ein wesentlicher Grund dafür zu sein, daß sich ehemalige „Schlurfkatzen" heute noch mehr als ihre männlichen Kollegen hüten, ausführlicher über ihre Jugend zu erzählen. Zur Orientierung wollen wir vorerst ein „Idealbild" des männlichen „Schlurfs" präsentieren, konstruiert aus den verschiedensten Entwürfen. Im Zentrum steht der einzelne junge Mann, der – kein Kind mehr, aber auch noch nicht in der Verantwortung eines Familienvaters – seine Vorlieben und Investitionen ganz auf die kulturellen Angebote der Großstadt zu konzentrieren vermag. Er ist elegant, sauber, lässig und modern. Für sein äußeres Erscheinungsbild ist vor allem die Frisur wichtig: das Haar wird lang getragen – d.h. es reicht bis knapp oberhalb des Kragens –, aus der Stirne nach hinten gekämmt und mit Pomade behandelt. Der Anzug des „Schlurfs" besteht in der Hauptsache aus einem sehr breiten und überlangen Sakko, einem Hemd, einer zu einem sehr kleinen Knopf gebundenen Krawatte und einer langen, unten sehr breiten Hose mit scharfem Bug und Stulpen. Die Halbschuhe haben durchgehend verstärkte, „aufgedoppelte" Sohlen. Der Hut wird weit in den Nacken geschoben oder schräg in die Stirne gezogen.
So wichtig wie die Kleidung selbst ist aber auch die Art und Weise sie zu tragen: man nimmt eine bestimmte Körperhaltung ein und bewegt sich auf spezifische Weise. Die Hände in den Hosentaschen, den Oberkörper leicht gebeugt, meist mit einer Zigarette im Mundwinkel. Die langsam fließenden, betont lässigen Bewegungen signalisieren Desinteresse, höchstens spöttische Überlegenheit gegenüber Fremden. Nur im Zusammenhang mit „Swing", im Tanz, steigern sich Tempo und Intensität der Bewegung zu sonst unangebrachter Dichte und Wildheit.

Den augenscheinlichsten Referenzpunkt des „Idealbildes" stellen wohl die Erzeugnisse der neuen, massenhaft produzierenden amerikanischen Unterhaltungsindustrie dar: allen voran der Hollywood-Film der 1930er und 1940er Jahre – besonders Musicals und Kriminalfilme – und der „Swing" als „größtes Musikgeschäft aller Zeiten", in dem Musiker, Sänger und Tänzer auch in ihrer gesamten Erscheinung vermarktet wurden.

Dieses „Idealbild" stand für junge Lehrlinge und Hilfsarbeiter allerdings meist in krasser Diskrepanz zu den materiellen Möglichkeiten seiner Realisierung. Die Distinktionsmittel konnten nur mit erheblichen Schwierigkeiten in der Verbindung von individuellen und kollektiven Strategien innerhalb der Gruppen organisiert werden. Improvisation und vor allem diverse Verbindungen (zum „Schwarzmarkt"; zu Freunden, welche über wichtige Informationen verfügten oder handwerklich geschickt waren) ebenso wie das Zusammenlegen oder noch mehr das Verteilen von Geld innerhalb der Gruppen sollten die Kluft zwischen Anspruch und Möglichkeit überbrücken. In dieser Spannung waren auch manche der Handlungen angesiedelt, die als „delinquent" oder „kriminell" bezeichnet wurden, und vor allem im Laufe des Krieges für einige „Schlurfs" zum subjektiv adäquaten Weg wurden, mit all den Hindernissen, die sich einem für sie „guten Leben" entgegenstellten, fertigzuwerden. Obwohl die über diese Strategien und auch über den eigenen Lohn nach und nach angeschaffte Ausstattung meist nicht unbedingt den Vorstellungen und Wünschen entsprach, stand sie dennoch im Zentrum der Vorsicht und Bedachtnahme: der ganze Anzug wurde meist nur bei Gelegenheiten, die für die Gruppe von besonderer Wichtigkeit waren, getragen. An den allabendlichen Treffen blieben bloß Frisur und Zigarette.

Dieser nicht eindeutig als Mangel erlebte Zwang zu Kompromissen prägte auch wesentlich andere Elemente der Selbststilisierung. So z.B. die bevorzugte Musik. Die „Schlurfs" begeisterten sich für Schallplatten und Bands, welche von den jazz- und tanzinteressierten bürgerlichen Jugendlichen nur als zweit- oder drittklassig eingeschätzt wurden. Auch den von diesen besuchten Lokalen, den Bars und Klubs der Wiener Innenstadt, blieben die „Schlurfs" fern. Sie frequentierten neben bestimmten Cafés in den Arbeiterbezirken, bestimmten Bädern, Tanzschulen und Kinos vor allem die sogenannten „Dovogans" – teilweise fix installierte kleinere Vergnügungsstätten mit Ringelspielen, Schießbuden, manchmal auch Autodrom in den Arbeitervierteln. Die dort über Lautsprecheranlagen gespielten Schellacks (wobei im Laufe des Krieges die amerikanischen Schallplatten zunehmend von deutschen Schlagerproduktionen ersetzt wurden) ermöglichten ihnen einen Zugang zur gesuchten Musik. Zentrale Stellung nimmt in diesem Zusammenhang sicherlich der Wiener Prater ein, für die meisten Gruppen zumindest am Wochenende *das* Ausflugsziel: Neben den diversen Lokalen – wie z.B. dem „Zweiten Café", wo zeitweise auch Live-Musik geboten wurde – ergaben sich hier die besten Zugänge zum „Schwarzen Markt" und auch die besten Möglichkeiten, sich außerhalb eines Lohnarbeiterverhältnisses durchzubringen.

2.3. Verweigerungen und Opposition

Unter Verweigerung möchten wir hier die implizite oder explizite Absage konkreter historischer Akteure an Ansprüche, welche sich direkt auf sie beziehen, verstehen. Mit Opposition meinen wir die Wahrnehmung und Akzeptierung solcher Verweigerungen als Konflikte, deren Austragung in Form von gesuchten, mehr oder minder offenen Auseinandersetzungen betrieben wird. Verweigerung und Opposition sind dabei weder Konstituierungspunkt der Gruppen noch deren wesentliches Charakteristikum.

2.3.1. Verweigerungen

a) Verweigerungen gegen den alten Reproduktionsmodus der sozialen Klasse
Das intensive Engagement in der eigenen Gruppe erforderte nicht nur den Einsatz von Geld, das in Distinktionsmittel oder Gruppenaktivitäten investiert wurde, sondern vor allem auch den Einsatz von Zeit, den ein solches Leben als „Schlurf" verlangte. Darüber scheinen sich die „Schlurfs" den von ihnen mehr oder minder erwarteten Bemühungen um den materiellen wie symbolischen Erhalt der Familie, Verwandtschaft und Nachbarschaft entzogen zu haben. Die dadurch entstehenden Konflikte verstärkten sich auch noch durch ihre Selbststilisierung, eine symbolische Distanznahme vom alten Erscheinungsbild der Arbeiterschaft. Die uns in den Interviews immer wieder erzählten Anklagen seitens der Eltern oder Beschimpfungen durch Nachbarn formulieren den Vorwurf, den Wert und das Gebot der Konformität zu mißachten. Dabei verbindet sich oft die Verurteilung des „Nichtstuns" mit der drastischen Zurückweisung des prätentiösen Bemühens „elegant" zu sein, d.h. sich unterscheiden zu wollen.
Auch die gegenseitigen Abgrenzungen von „Schlurfs" und „anderen" Arbeiterjugendlichen gewinnen vor diesem Hintergrund eine spezifische Bedeutung. Diese bemühen sich vor allem die Unwichtigkeit, ja sogar Disfunktionalität einer aufwendigen Selbststilisierung als „Schlurf" zu betonen; oft auch in Verbindung mit einer abschätzigen oder ängstlichen Distanzierung von den „Asozialen" oder „Kriminellen": in der für die alten Kinder- und Jugendgruppen typischen Untrennbarkeit von Spiel/Beschäftigung und Einsatz für die Subsistenzsicherung der Familie wäre die „Schlurf-Schale" zumindest hinderlich gewesen. Die „Schlurfs" formulieren diesen Unterschied andersherum in Kategorien des sozialen Alters: Die „Anderen" wären ja noch Kinder gewesen und hätten sich dementsprechend nur mit Kindereien abgegeben.

b) Verweigerungen gegen die offiziellen Ansprüche der politischen Macht
Die „Schlurfs" gerieten auch mit bestehenden Gesetzen in Konflikt. So scheinen sich die meisten z.B. dem Dienst in der HJ entzogen zu haben. Diese Verweigerungen präsentieren sich in den Interviews wie eine Art von Selbstausschluß. An den Aktivitäten des „Jungvolkes" hatten unsere Interviewpartner jedoch ziemlich regelmäßig teilgenommen. Der hier in der scheinbaren Egalität der Gruppen noch relativ einfache Zugang zu Tätigkeiten und vor allem Dingen, die für Arbeiterkinder sonst kaum erschwinglich waren, machte für sie hauptsächlich die Attraktivität der Orga-

nisation aus. Nach dem Übertritt in die HJ war jedoch genau diese nurmehr über einen Aufstieg innerhalb der institutionellen Hierarchie zu erreichen, also über eine Haltung der Askese, welche sich für die „Schlurfs" und vermutlich auch viele andere Arbeiterjugendliche kaum feststellen läßt. Zeitgleich mit diesem Entfremdungsschub verschwand bei Beginn der Lohnarbeit jedoch auch die ausschließliche Angewiesenheit auf kostenlose Angebote der „Staatsjugend".

Von den zwei Strategien der Verweigerungen gegen die HJ, List und einfaches „Nicht-mehr-Hingehen", verlangte vor allem die zweite eine besonders starke Einbindung in die „Gang" Als Verweigerung begreifen wir auch die unvermeidlichen Verstöße gegen die „Verordnung zum Schutze der Jugend"[17]), das „Schwarzhören" – hauptsächlich wegen der Musiksendungen – und auch die gesuchten Kontakte zum „Schwarzmarkt". Die sogenannten „Arbeitsvertragsbrüche" gehören ebenfalls hierher: Zur Erklärung dieser Verweigerung reicht es nicht aus, auf den ständig steigenden Druck in den Betrieben zu verweisen, wie dies in der Literatur üblich ist[18]). Ohne die zentrale Wichtigkeit der sozialen Organisation der „Gang" und die mit ihr verbundenen zeitaufwendigen Bemühungen, wodurch die sich immer mehr erhöhende Anzahl von Arbeitsstunden massiv mit einer Existenz als „Schlurf" in Widerspruch geraten konnte, läßt sich diese kaum adäquat erklären.

Besonders aber auch über Kriegsdienstverweigerungen ergab sich für einige „Schlurfs" weiters die Notwendigkeit zum vollständigen „Untertauchen", was wiederum mit „kriminellen" Handlungen wie Diebstahl, Raubüberfall u.ä. zusammenfiel.

2.3.2. Opposition

Die „Schlurf"-Gruppen definierten sich u.a. stark über die meist öffentlichen Orte, die sie sich im Rahmen der symbolischen und materiellen Reproduktion ihrer sozialen Organisaton für ihre Aktivitäten angeeignet hatten: eine Aneignung, die außerhalb der herrschenden Rechtsverhältnisse stattfand und daher den permanenten körperlichen Einsatz der Akteure verlangte; eine Aneignung, die allerdings im Kontext einer faschisierten bürgerlichen Eigentumsordnung auch eine der provokantesten Herausforderungen für die Agenten des Staates und der HJ darstellte.

Ihre körperlichen Kompetenzen setzten die „Schlurfs" zuallererst aber nicht gegen die HJ, sondern gegen die meisten „Fremden", d.h. alle, die nicht zur eigenen Gruppe gehörten, und besonders auch gegen „fremde Schlurfs" ein. Das Spektrum solcher Auseinandersetzungen reichte vom einfachen „Anstänkern" bis zu großangelegten „Vergeltungszügen" gegen verfeindete Gruppen. Diese zum Teil territorial organisierten Konflikte dienten zur Aufrechterhaltung der sozialen Organisation zwischen den verschiedenen Gruppen, primär jedoch auch zur Aufrechterhaltung der Ordnung innerhalb der einzelnen Gruppen selbst. Da die Hierarchie einer solchen „Gang" in keiner Weise offiziell institutionalisiert und abgesichert war, mußten diejenigen, welche zumindest in einem beschränkten Rahmen „den Ton angeben" konnten, sich der Anerkennung ihrer privilegierten Position durch die anderen immer wieder auf's Neue versichern: sei es durch Geschenke (z.B. Geld) oder eben durch den massiven Einatz für die Gruppe und deren hochgehaltene Werte vor den Augen Aller in den diversen körperlichen Auseinandersetzungen.

Widerspricht dieses Ergebnis unserer Untersuchungen schon hier dem in der Literatur meist gezeichneten Bild von Solidarität und Konfliktfreiheit der verschiedenen Gruppen der „Jugendopposition", so erst recht dem ebenfalls suggerierten Eindruck von deren hoher Homogenität. Zwischen den einzelnen „Schlurf"-Gruppen lassen sich systematische Differenzen in Bezug auf ihre Praktiken, ihre Haltungen und deren Produktionsbedingungen feststellen, welche mit einer unterschiedlichen Intensität bei der Selbstdefinition als „Schlurf" und deren Wert korrespondieren. Die objektiven Unterschiede in diesem relativ kontinuierlichen Spektrum werden von unseren Interviewpartnern auch heute noch als wesentliche Unterscheidungen wahrgenommen und beurteilt. Diese organisieren sich dabei um die Opposition von „harmlos/anständig versus kriminell", d.h. um eine sozial stigmatisierte oder nicht stigmatisierte Existenz. Sie stehen im Zentrum der Versuche von Selbstverortung, dem Feststellen der eigenen Identität.

Besonders die HJ, welche bei ihren Versuchen, die „Schlurfs" von den öffentlichen Orten zu verdrängen, teilweise mit hilfspolizeilicher Kompetenz ausgestattet wurde[19]), erlangte in den Augen der „Schlurfs" zu Beginn der 1940er Jahre alsbald den Status des erklärten Gegners. Die für sie immer illegitimere Vorgangsweise der Staatsjugend, gemessen an den anerkannten Werten und Normen in ihren internen Auseinandersetzungen, provozierte dabei immer vehementere und vor allem auch neue Formen von Reaktionen und Gegenangriffen: Auf die Attacken der HJ gegen die personale Identität der einzelnen „Schlurfs" (z.B. das Zerstören der Frisur) und gegen die soziale Identität der Gruppen (z.B. das Verschleppen in HJ-Heime und Polizeiwachstuben), auf die massive Einschaltung von Erwachsenen (Polizei, Gestapo, SA, NSKK) antworteten die „Schlurfs", indem sie nicht mehr nur einzelne, eines Übergriffs bezichtigte HJler, sondern die Verfolgungsinstitution selbst angriffen. Sie begannen ebenfalls deren Symbole (HJ-Abzeichen, Krawatten) zu zerstören und eine erhöhte Mobilität zu entwickeln. Das Zentrum dieser Kämpfe war wiederum der Wiener Prater, worauf auch eine Version eines von den „Schlurfs" gesungenen Liedes hinweist. (Das hier angesprochene „Zweite Kaff" meint dabei das schon erwähnte „Zweite Café").

„BdM und HJ!
Gebt auf euer Leben acht!
Denn der Schlurf vom Zweiten Kaff,
der ist wieder aufgewacht.
Wir werden unsre Messer wieder schwingen,
und St. Louis Blues wird überall erklingen."[20])

Mit ihren Versuchen, die „Schlurf"-Gruppen zu disziplinieren, sie unter Kontrolle zu bringen, hatte die HJ nur begrenzten Erfolg. Durch die massive Einschaltung der Gestapo eskalierte der Konflikt[21]). Erst dadurch konnten zahlreiche „Schlurfs" ergriffen, frühzeitig zum „Reichsarbeitsdienst" und zur „Wehrmacht" zwangsverpflichtet und andere in Disziplinierungsanstalten eingewiesen werden.

3. Resumée

Die Gruppe war für alle „Schlurfs" die einzige Möglichkeit sich symbolisch zu reproduzieren, d.h. sich der dem eigenen Entwurf und der eigenen Selbststilisierung unterstellten positiven Konnotationen zu versichern. Je umfassender sich allerdings auch die materielle Reproduktion des Einzelnen durch und über die Gruppe organisierte, je krasser also damit auch die Diskrepanz zwischen der Haltung und den objektiven Verhältnissen war – zwischen der Vorwegnahme des Kommenden mit der ihr impliziten „Idee vom guten Leben" als konsumistischem Hedonismus und Existenzbedingungen, in denen dies, wenn überhaupt, nur über die traditionell-kollektive Ökonomie der „Gang" realisiert werden konnte – , desto ausschließlicher und vehementer wurde die Selbstbestimmung über den Ausdruck „Schlurf" und die Bemühung um dessen positive Umdefinition; desto wahrscheinlicher wurden aber auch Handlungen, die wir hier als Verweigerungen und Opposition gefaßt haben.

Im Falle der hochgradigen Konzentration der gesamten Reproduktion auf den kollektiven Zusammenhang der Gruppe konnte die Opposition zur HJ somit notwendig werden, um als „Schlurf" zu bestehen. Verweigerung und Opposition gegen die politische Macht sind folglich nicht aus politischen Motiven oder aus stillschweigend zur Natur erklärten Bedürfnissen zu verstehen. Sie resultieren aus dem Interesse, die eigene Position innerhalb der „Gang" zu sichern, d.h. einen spezifischen Modus der symbolischen und materiellen Reproduktion aufrechtzuerhalten, der in einem bestimmten historischen Kontext als der der behaupteten Haltung adäquate erscheint.

Jedoch blieben viele „Schlurfs" auch für die Nachkriegsgesellschaft, in der die Leistungsbereitschaft aller „Staatsbürger" für den „Wiederaufbau" mobilisiert werden sollte, ein „soziales Problem". Erst mit dem Beginn des „Wirtschaftswunders" und mit der realen Möglichkeit der Einbeziehung der Arbeiter in den Massenkonsum verschwanden diese Gruppen von Arbeiterjugendlichen in Wien.

Zusammenfassend und über den hier behandelten Teilbereich hinaus läßt sich somit sagen, daß sich eine historische Untersuchung von sozialen Phänomenen, welche teilweise oder ganz in die Zeit des Nationalsozialismus fielen, Gefahren von zwei Ebenen aussetzt, wenn sie sich das Konstruktionsprinzip ihres Gegenstandes aufdrängen läßt, anstatt ihn nach explizit gestellten Fragen systematisch zu entwickeln: und zwar einerseits von der Ebene des gegenwärtig ideologisch vorbestimmten Zuganges, der den Nationalsozialismus in der Dichotomie von „Begeisterung/Unterdrückung versus Widerstand" begriffen wissen will; und andererseits von der Ebene der Klassifikationen, die die Quellen selbst anbieten. Die Übernahme von Präkonstrukten aus diesen zwei Zusammenhängen bewirkt die Perpetuierung vergangener Machtverhältnisse in die historischen Darstellungen hinein und bietet keinerlei Möglichkeit, den wissenschaftlichen Diskurs der blinden Verstrickung in ideologische Auseinandersetzungen zu entreißen.

Anmerkungen

1) Die Begriffe „Jugendopposition" und „Jugendprotest" werden als zentrale Instrumente der Untersuchung unseres Wissens zuerst von Arno Klönne verwendet. Vgl. v.a. ders., Jugend im Dritten Reich. Die Hitlerjugend und ihre Gegner. Dokumente und Analysen, Köln 1984. Darauf beziehen sich mehr oder weniger direkt auch die Arbeiten von : Lothar Gruchmann, Jugendopposition und Justiz im Dritten Reich. Die Probleme bei der Verfolgung der „Leipziger Meuten" durch die Gerichte. In: Miscellanea. Festschrift für Helmut Krausnick. Hsg. v. Helmut Benz, Stuttgart 1980, S. 103-130; Mathias Hellfeld, Edelweißpiraten in Köln. Jugendrebellion gegen das Dritte Reich. Das Beispiel Köln-Ehrenfeld, Köln 1981; Daniel Horn, Youth Resistance in the Third Reich: A Social Protrait. In: Journal of Social History, 7/11973, S. 26-50; Heinrich Muth, Jugendopposition im Dritten Reich. In: Vierteljahreshefte für Zeitgeschichte. 30/1982, Heft 3, S. 369-417; Rainer Pohl, Das gesunde Volksempfinden ist gegen Dad und Jo. Zur Verfolgung der Hamburger „Swing-Jugend" im Zweiten Weltkrieg.
In: Verachtet – Verfolgt – Vernichtet. Zu den vergessenen Opfern des NS-Regimes. Hsg. v. Projektgruppe für die vergessenen Opfer des NS-Regimes in Hamburg e.V. Hamburg 1986, S. 14-45.
Detlef Peukert gibt der Diskussion eine neue Wendung, indem er sich auf das Modell „Subkultur" vom CCCS (Center for Contemporary Cultural Studies in Birmingham) beruft. Dabei bricht er allerdings nicht mit den impliziten Vorannahmen des „heimlichen Einverständnisses", wodurch sich unsere Kritik auch auf seine Arbeiten bezieht. Vgl. v.a. ders., Die Edelweißpiraten. Protestbewegungen jugendlicher Arbeiter im Dritten Reich. Eine Dokumentation. Köln 1980; Ders., Volksgenossen und Gemeinschaftsfremde: Anpassung, Ausmerze und Aufbegehren unter dem Nationalsozialismus, Köln 1982, S. 182-207, 233-245.
Ähnliches gilt auch für Gerrit Helmers/Alfons Kenkmann mit ihrem Bemühen, Überlegungen zur „proletarischen Sozialisation" in die Untersuchung einzuführen. Vgl. dies., „Wenn die Messer blitzen und die Nazis flitzen."... Der Widerstand von Arbeiterjugendcliquen und -banden in der Weimarer Republik und im „Dritten Reich", Lippstadt 1984.

2) Vgl. Christian Gerbel/Alexander Mejstrik, Die Vorwegnahme des Kommenden: Am Beispiel der Wiener Schlurfs 1938-1945. Projekt einer systematischen Entwicklung des Gegenstandes – Theorie, Methode, Empirie. Diplomarbeit am Institut für Zeitgeschichte der Universität Wien 1988. Dies./Reinhard Sieder, Die „Schlurfs". Verweigerung und Opposition von Wiener Arbeiterjugendlichen im „Dritten Reich". In: Emmerich Tálos, Ernst Hanisch, Wolfgang Neugebauer (Hg.). NS-Herrschaft in Österreich 1938-1945. Wien 1988, S. 268-343.

3) Besonders kraß zeigt sich dies in der Arbeit von Mathias Hellfeld, a.a.O., dessen Rehabilitierungsversuch, die Kölner „Edelweißpiraten" als Widerstandskämpfer anerkennen zu lassen, von dieser ideologischen Dichotomie ausgeht.

4) Vgl. Kriminalität und Gefährdung der Jugend. Lagebericht bis zum Stande vom 1. Januar 1941. Hsg. v. Jugendführer des Deutschen Reiches, bearbeitet von Bannführer W. Knopp. In: Arno Klönne, Jugendkriminalität und Jugendopposition im NS-Staat. Ein sozialgeschichtliches Dokument hrsg. und eingeleitet von Arno Klönne, Münster 1981; Cliquen- und Bandenbildung unter Jugendlichen. Reichsjugendführung – Personalamt – Überwachung. Berlin September 1942. In: Detlef Peukert, Edelweißpiraten, a.a.O., S. 160-229;
„Bekämpfung jugendlicher Cliquen". Erlaß des Reichsführers SS und Chef der deutschen Polizei, des Reichsjugendführers und des Reichsjustizministers. Berlin 1944. In: ebda., S. 123-137.

5) Peukert faßt diese in prägnanter Form in seinem Aufsatz: Edelweißpiraten, Meuten, Swing. Jugendsubkulturen im Dritten Reich (wiederabgedruckt in : ders., Volksgenossen, a.a.O., S. 181-207) zusammen.

6) Vgl. z.B. Arno Klönne , Jugendprotest und Jugendopposition. Von der HJ-Erziehung zum Cliquenwesen in der Kriegszeit. In: Bayern in der NS-Zeit. Herrschaft und Gesellschaft im Konflikt, Bd. 4. Hsg. v. Martin Broszat u.a., München/Wien 1981, S. 527-620.

7) Vgl. Rainer Pohl, Volksempfinden, a.a.O. Pohl differenziert allerdings nicht ausreichend zwischen Arbeiterjugendlichen und bürgerlicher Jugend, obwohl sein Material hinreichende Möglichkeit dazu böte.

8) Über diese Gruppen wurde bisher unseres Wissens nach nicht geforscht.

9) Auch die wenigen Arbeiten, die Kontinuitäten von Arbeiterjugendgruppen vor 1933 bzw. nach 1945 feststellen, bleiben dem machtpolitischen Blick verhaftet. Handlungen, die vorher ausschließlich als „spontane Opposition" gegen kapitalistische und faschistische Unterdrückung interpretiert werden, rufen Ratlosigkeit hervor, wenn sie sich nach Kriegsende gegen die „Befreiungsmächte" selbst richten. Als Beispiel: Detlev Peukert, Die „Wilden Cliquen" in den Zwanziger Jahren. In: Autonomie und Widerstand. Zur Theorie und Geschichte des Jugendprotestes. Hsg. v. Wilfried Breyvogel, Essen 1983, S. 71 f.

10) Schörken faßt die Erklärungsversuche prägnant zusammen: „Hier (in den „Cliquen und Banden", Anm.d.Verf.) verband sich eine pubertäre Lust an der Gruppenbildung mit dem Willen, nicht reglemen-

tiert zu werden; dabei wurde aber oft nur wenig an positiven Identifikationsinhalten sichtbar. Eines hatten jedoch diese Gruppen als kleinsten Nenner gemeinsam: das Bestreben sich der nationalsozialistischen Erfassung zu entziehen." In: Rolf Schörken, Luftwaffenhelfer und Drittes Reich. Die Entstehung eines politischen Bewußtseins. Stuttgart 1985, 2. Auflage, S. 75.

11) Vgl. Gerrit Helmers/Alfons Kenkmann, Wenn die Messer blitzen... a.a.O., Vorwort, S. 132.
12) Vgl. Emile Durkheim, Die Regeln der soziologischen Methode, Frankfurt 1984, S. 193 ff.
13) Die hier vorgestellten Begriffe sind unser Arbeitsvokabular, da die Angebote in der Literatur ungenügend erscheinen. Den Entwurf des CCCS beurteilen wir zwar durchaus als die fruchtbarste bestehende Anregung, sind uns allerdings auch einiger Schwächen des Modells „Subkultur" bewußt. So reißen die Begriffe „Stil" und „Elemente des Stils" eine radikale Kluft zwischen „Jugendsubkulturen" und den anderen Jugendlichen einer Klasse (den „Angepaßten"), indem sie die Fähigkeit zur Entwicklung von „Stil" und „abweichenden Bedeutungen" nur zuerkennen. Unser Vorschlag „Selbststilisierung" soll helfen, die Differenz von Lebensstil und aktiver Stilisierung konsequent in die Analyse miteinzubeziehen. Abgesehen von diesen spezifischen Fragen oszillieren die von den Autoren des CCCS bei ihrem Bemühen um die „Vermittlung" von Sozialem und Kulturellem verwendeten Begriffe untrennbar zwischen den Ebenen von Konstrukten und Präkonstrukten, wodurch z.B. die Unterscheidung von logischen Klassen und gelebten Gruppen nurmehr sehr schwer zu vollziehen ist. Vgl. v.a. John Clarke u.a., Jugendkultur als Widerstand. Milieus, Rituale, Provokationen, Frankfurt 1981.
14) Vgl. Pierre Bourdieu, Sozialer Raum und Klassen. Leçon sur la Leçon. Zwei Vorlesungen, Frankfurt 1985, S. 21.
15) Für diese Darstellung haben wir auf folgende Quellenmaterialien zurückgegriffen: Jugendgericht Wien: Akten des „Jugendgerichtshofes Wien"; Archiv des Jugendamtes der Stadt Wien: Akten des „Gaujugendamtes Wien"; Wiener Stadt- und Landesarchiv: Faszikel „Rassenpolitisches Amt"; Dokumentationsarchiv des österreichischen Widerstandes: Tagesberichte der „Gestapo-Leitstelle Wien"; Bundesarchiv Koblenz: div. Akten.
Neben diesen herrschaftsproduzierten Quellen stützten wir uns wesentlich auf Interviews, die wir im Zeitraum von September 1986 bis März 1987 mit ehemaligen Mitgliedern von „Schlurf"-Gruppen durchgeführt haben. Die Interviewten wurden zwischen 1920 und 1930 geboren. Die Tonbandaufnahmen und Transkripte befinden sich in unserem Besitz und können nach Rücksprache mit uns und den Interviewten zugänglich gemacht werden. Die Auffindung der Interviewpartner erfolgte über die in den Archivalien enthaltenen Namen und in der Folge durch deren weitere Vermittlung.
16) Karl Bednarik, Der junge Arbeiter von heute. Ein neuer Typ?, Stuttgart 1953, S. 23.
17) Die „Polizeiverordnung zum Schutz der Jugend" wurde am 9.3.1940 von Heinrich Himmler in Vertretung des „Reichsministers des Inneren" erlassen und verbot z.B. schon das Rauchen von Jugendlichen in der Öffentlichkeit. Vgl. Arno Klönne, Jugend, a.a.O., S. 234.
18) Vgl. z.B. Arno Klönne, Einleitung. In: Kriminalität und Gefährdung, a.a.O. S. X; Gerrit Helmers/Alfons Kenkmann, Wenn die Messer blitzen..., a.a.O., S. 127.
19) Vgl. Der 1934 gegründete „HJ-Streifendienst" erfüllte interne und externe (also: für alle Jugendlichen) Überwachungs- und Kontrollfunktionen. Vgl. Arno Klönne, Jugend, a.a.O., S. 261. Maßnahmen, welche sich mit besonderen Eifer gegen das „Cliquenwesen" richteten, sind genauer aufgelistet in: Kriminalität und Gefährdung, a.a.O., S. 172f.
20) Vgl. Interview M1 S. 47.
21) Gemäß dem Runderlaß des „Reichsführers SS und Chef der deutschen Polizei" vom 24.11.1942 konnten auch schon die staatlichen Polizeibehörden auf Antrag der betreffenden HJ-Dienststellen in die Verfolgung eingeschaltet werden: zur „Erzwingung der Jugenddienstpflicht" oder auch in Fällen der „Unerziehbarkeit" zur Einweisung unter die Kontrolle der Fürsorgeeinrichtungen. Vgl. Arno Klönne, Jugend, a.a.O., S. 2365.
Allgemeines zu den diversen Gesetzen, Erlässen usw.,wie auch zu den Kontroll- und Bestrafungsmaßnahmen, die sich gegen „unangepaßtes Verhalten Jugendlicher" richteten: Vgl. Arno Klönne, Jugendprotest und Jugendopposition, a.a.O., bes. S. 613-620.

Ernst Hanisch

Ein Versuch, den Nationalsozialismus zu „verstehen"

Der Titel meines Vortrages kann leicht mißverstanden werden. Er ist dem Aufsatz Theodor W. Adornos nachgebildet: Versuch, das Endspiel (von Samuel Beckett) zu verstehen. Verstehen meint ein Zweifaches: erstens im Sinne des Historismus die Perspektiven und Handlungsspielräume der Menschen von 1938 zu rekonstruieren und nicht vorschnell die Perspektive von 1945 darüber zu stülpen, und zweitens das Wissen um die (letztendlich) Aussichtslosigkeit dieses Versuches: das „Endspiel" ist nicht zu verstehen; der Nationalsozialismus ist nicht zu verstehen. Es bleibt ein Rest, der unauflösbar ist. Wie soll man den Mord an 6 Millionen Juden „verstehen" können?

Meine Intention ist der Aufklärung verpflichtet. Auch wenn es im derzeit grassierenden nekrophilen postmodernen Geschwätz rührend altmodisch anmuten mag, während die einen verzückt Derrida flüstern und die anderen unbeirrbar Monokapital brüllen, beide jedoch das „Niedervolk" aus tiefster Seele verachten, auch wenn es altmodisch sein mag, ich halte daran fest: die Geschichtswissenschaft hat eine kritisch-aufklärerische Funktion zu erfüllen. Es gibt eine Aufklärung, die dürr und trocken, von oben herab, mit erhobenem Zeigefinger scheinbar allwissend belehrt, es gibt aber auch eine Aufklärung, die listiger argumentiert und die Menschen dort ergreift, wo sie stehen: bei ihren eigenen Erfahrungen. Die zweite Form der Aufklärung meint ein Programm der *Historisierung des Nationalsozialismus*; ein Programm, das die Modernisierungsimpulse des NS-Regimes ernst nimmt, ohne die Einmaligkeit der NS-Verbrechen zu verniedlichen, ein Programm, das von der Normalerfahrung der Menschen ausgeht und sie in die bürokratischen und technokratischen Strukturen der Dehumanisierung einbindet; oder anders gesagt: ein Programm, das einen Weg sucht, die (richtige) Erfahrung, daß Hitler die Autobahn bauen ließ und die Kinderbeihilfe einführte, hin zu vermitteln zu den Millionen Ermordeten, ohne gleich kurzzuschließen: Autobahn = Rüstung!

Dieses Programm ist zugegebenermaßen nicht ohne Gefahr. Auch hier gilt – und Jürgen Habermas hat zu Recht genau unterschieden – , daß es eine Historisierung gibt, die versucht, sich in die Menschen von 1938 „einzufühlen", ihre mentale Stimmungslage übernimmt und sich mit ihnen *identifiziert*. Ein solches Vorgehen muß zu einer Relativierung führen. Über kurz oder lang wird aus „Hitler" eine Art „Napoleon" und die NS-Periode zur Normalgeschichte herabgestuft. Diese Form der Historisierung meine ich mit Sicherheit nicht. Ich ziele auf eine andere Form des distanzierenden Verstehens: Verstehen als Voraussetzung für jede Erkärung. Das jedenfalls hat uns der Historismus doch gelehrt, in der Sprache Rankes formuliert: daß jede Epoche „unmittelbar zu Gott" sei, anders gesagt: daß jede Vergangenheit ihre Dignität hat und von der Gegenwart her nicht einfach abgeurteilt werden darf. Um einen Satz von Georg Trakl zu variieren: Jede Generation sucht ihre *Gerechtigkeit*. Gerechtigkeit, nicht Exkulpation! Bedenklich wird dieses Vorgehen nur, wenn der Historiker beim „Verstehen" stehenbleibt, nicht zur Erklärung fortschreitet und dabei notwendigerweise gegenwärtige Wertung mit ins Spiel bringt. Genau das meint *„distanzierendes Verstehen"*. Denn darüber ist mit Sicherheit nicht hinwegzukommen: „In Grundentscheidungen historischer Argumentation verknüpfen sich immer Wissenschaft, Moral und Politik" (Jürgen Kocka). Der Historiker kann allerdings mit „Moral" und „Politik" über die Quellen rasen und sie plattwalzen, er kann aber auch mit diesen Quellen in einen produktiven Dialog treten und seine eigene Moral, sein eigenes Verständnis von Politik in Frage stellen lassen. Aufklären heißt eben: nicht nur andere aufklären, sondern auch sich selber.

Trotz der schrecklichen Bilanz dieser Periode ist deren Beurteilung keineswegs einhellig. Nirgendwo in der neueren Geschichte ist die Diskrepanz zwischen den Ergebnissen der wissenschaftlichen Zeitgeschichte und der Meinung eines Teiles der Bevölkerung größer als bei der NS-Frage. Warum? Ein Teil der Antwort muß in den unterschiedlichen Erlebnissen gefunden werden. Der jüdische Emigrant, dessen Geschäft arisiert wurde, der kommunistische Widerstandskämpfer, der jahrelang im KZ saß, der katholische Priester, der gauverwiesen wurde, der einfache Soldat, der in Rußland kämpfte, die BDM-Führerin, die im Pinzgau ihre „große Zeit" erlebte, der Lehrer, der als Ortsgruppenleiter so viel Macht wie sonst nie in seinem Leben ausübte, der HJ-Angehörige, der gläubig die Parolen des Regimes aufsaugte, der Bauer, dessen Hof entschuldet wurde, der jahrelang Arbeitslose, der wieder Arbeit bekam, aber auch die kummergewohnte Bäuerin, die drei Söhne im Krieg verlor, der Gestapoangehörige, der Häftlinge im Keller des Franziskanerklosters halbtot schlug, – sie alle hatten einen unterschiedlichen Erfahrungshintergrund. Sie alle neigten dazu, ihre individuellen Erlebnisse als *die* Wirklichkeit des Dritten Reiches auszugeben oder Entschuldigungen für ihr Handeln oder Unterlassen zu suchen. Obendrein war es ein Grundprizip des Dritten Reiches, daß ein jeder nur so viel wissen durfte wie zur Erfüllung seiner Aufgabe notwendig war. Seine Pflicht tun, hieß: die Verantwortlichkeit zu parzellieren und abzuschieben und der Frage auszuweichen, wozu diese „Pflicht" diente!

Bei der Analyse der NS-Herrschaft öffnet sich die Falle des hermeneutischen Zirkels besonders weit. Weniger wissenschaftstheoretisch formuliert: Der Historiker, der nach 1945 seine Arbeit beginnt, kennt das Ergebnis, die Mehrzahl der Menschen, die 1938 agierten, wußten es jedoch nicht. Jene Tausende von Salzburgern, die im Frühling des Jahres 1938 Adolf Hitler zujubelten, jubelten nicht darüber, daß in den folgenden Jahren 6 Millionen Juden ermordet werden, daß die Reichsführung den nächsten Weltkrieg anzetteln wird, sondern: weil sie in Zukunft ein besseres Leben erwarteten.

Das Zugehen auf die Menschen des Jahres 1938 darf allerdings nicht dazu verleiten, die nach 1945 häufig geführte Verführungsthese aufzugreifen – hier eine dämonische Führung, dort ein verführtes, naives „Volk" –, die Stabilität des Regimes und die relativ große Zustimmung der Bevölkerung können nicht lediglich auf den Terror von oben und die gezielten Manipulationen von außen zurückgeführt werden. Es müssen genügend ökonomische, soziale, ideologische und emotionelle Anreize vorhanden gewesen sein, die eine Unterstützung bzw. ein Ertragen des Regimes herbeiführten.

Einige Elemente dieser Bindungen der Bevölkerung an das Regime lassen sich analytisch herausheben:

Erstens: In einer bestimmten Perspektive kann die NS-Herrschaft als „Erziehungsdiktatur" verstanden werden, die einen beschleunigten *Modernisierungsschub* in Gang setzte. Dieser Aspekt kommt in Österreich – bedingt durch die relative Rückständigkeit – wahrscheinlich stärker zum Tragen als im Reich selbst. Wenn Adolf Hitler unter großem Propagandagetöse am 7. April 1938 auf dem Walserberg den ersten Spatenstich für den Bau der Reichsautobahn Salzburg-Wien setzte, so war das eine symbolische Aktion, die ein Bündel von Erwartungen freisetzte. Wie viele Vorhaben des Regimes blieb auch dieser Bau während des Krieges in den Anfängen stecken. Aber tausende Arbeiter fanden einen Arbeitsplatz, und die Arbeitslosenrate konnte von 23,26% (Dezember 1937) auf 3,83% (Dezember 1938) gesenkt werden. Der Industrialisierungsprozeß wurde in Westösterreich eindeutig verstärkt, die Mobilität der Gesellschaft vorangetrieben. Die Industriebeschäftigten in Salzburg wuchsen um 74%. Die imperialistischen Lebensraumambitionen lösten im alten und neuen Mittelstand Visionen aus, die sich um jene angeblich großen Aufgaben herum kristallisierten, die im Osten auf sie warteten. Die traditionellen Bindungen an die Familie, die Kirche, an lokale und soziale Milieus wurden gelockert. Der katholische Bauernbub wurde durch die Hitler-Jugend in ein viel weiteres soziales und räumliches Bezugsfeld gestellt. Wie es im HJ-Lied aufputschend hieß: „Vorwärts, vorwärts, schmettern die hellen Fanfaren! Vorwärts! Vorwärts! Jugend kennt keine Gefahren". Doch der Staat griff in alle Lebensbereiche hinein und versuchte, sie nach seinem totalitären Muster zu steuern.

Die pseudorevolutionären Elemente des Nationalsozialismus schwächten die konservativen Autoritäten und alten Eliten und schufen neue Eliten, die weitaus weniger ständisch-traditionell eingebunden waren. Der „Anschluß" Österreichs an das Deutsche Reich war auch der Anschluß an eine forciertere kapitalistische Leistungsgesellschaft

199

und an eine weiträumigere Ökonomie. Unentwegt wurde das deutsche Arbeitstempo als Gegenbild zum österreichischen Schlendrian propagiert. Dieser Kult der Leistung fand in der ohnedies seit Jahrzehnten deutschnational überformten Wirtschaft beträchtlichen Anklang. Nicht nur bei den Unternehmern allein; auch bei den innovationshungrigen Angestellten, bei der technokratischen Intelligenz, die, gut ausgebildet, gierig darauf warteten, endlich zeigen zu können, was sie konnten. Die Auskämmaktionen der gewerblichen Wirtschaft trafen z.B. überholte Ein-Mann-Betriebe, verbesserten die allgemeine Betriebsstruktur und setzten Arbeiter für die Rüstungsbetriebe frei. Denn darum ging es letztlich: Die Leistungsgesellschaft mündete in die Kriegsleistung, und die Dynamik der Modernisierung und Mobilität setzte eine ungeheure Destruktivität frei, die sich um humane Hemmnisse längst nicht mehr kümmerte.

Das eigentliche Spezifische der NS-Herrschaft war eben nicht Modernisierung allein, sondern die Verschränkung, das Nebeneinander von Modernität und Regression, von technokratischer Leistungsgesellschaft und reaktionärer Bilderbuchideologie à la Blut und Boden, in einer anderen Version: die schaurige Verbindung von Kitsch und Tod. Die ideologische Propaganda sprach den rassenbewußten Bauern an, dessen schwielige Faust die Sense führt, während tatsächlich die rasant vorangetriebene Mechanisierung der Landwirtschaft einem marktabhängigen bzw. staatsabhängigen Agrartechnokraten den Weg bahnte. Ins Dorf kam der Traktor, und in den Bestrafungsritualen griff der Ortsgruppenleiter auf atavistische Bewußtseinsschichten zurück: dem Mädchen, das ein Verhältnis mit einem Fremdarbeiter unterhielt, wurden als uraltes Zeichen der Schande öffentlich die Haare abgeschnitten. Volksjustiz, gesundes Volksempfinden hieß das. Der Gaufilmwagen erreichte jedes Dorf, Arbeiter und Bauern wurden in das Festspielhaus geschickt und in die klassische Hochkultur eingeführt, aber am Residenzplatz zündeten die NS-Lehrer einen Scheiterhaufen an, verbrannten Bücher und griffen so auf Traditionen der Volkskultur zurück. Virtuos wurde die provinzielle Mentalität des gemeinen Mannes angesprochen und die Biertischphilosophie zur Staatsphilosophie verallgemeinert. Daß Ordnung zu schaffen sei und man mit Kriminellen und Außenseitern kurzen Prozeß machen müsse; daß Kunst „verständlich" sein müsse und die intellektuelle Avantgarde jüdisch entartet sei; daß das Leben Kampf sei und der Stärkere sich durchsetze; daß die Frau ins Haus und zu den Kindern gehöre; daß Befehlen und Gehorchen Grundprinzipien jeder Gesellschaft seien – diese und ähnliche Ideologeme fanden breite Zustimmung. Der Pomp und Glanz der Uniformen unterstrich klare Führunghierarchien – der sportlich schlanke, jugendliche Gauleiter Rainer in weißer Fest- oder in schwarzer SS-Uniform bot ein anderes Bild als der dickliche, zuckerkranke Landeshauptmann Rehrl mit seinen schlottrigen Hosen. Die Nationalsozialisten wußten, daß ein Lied emotional stärker als alle Worte wirkte. Das galt nicht nur für die „Lieder der Nation", für das Horst-Wessel-Lied z.B., das musikalisch aufputschte und wie eine Droge das klare analytische Bewußtsein trübte, das galt auch für den gewöhnlichen Schlager. Vermutlich haben in den letzten Kriegsjahren Musikstücke wie „Lili

Marleen", „La Paloma", „Das kann doch einen Seemann nicht erschüttern" mehr zum Durchhalten beigetragen als alle Gaupropagandaredner zusammen. Wenn Komponisten, Lehrer und Ähnliche sagen, sie während der NS-Zeit ohnedies nur mit der HJ Volkslieder eingeübt, so mag eine solche Lebenslüge für die individuelle Sinnfindung nützlich sein – einer historischen Analyse vermag sie freilich nicht standzuhalten.

Zweitens: Der *Führermythos* ließ Adolf Hitler als gottähnlichen Übervater erscheinen, der alles konnte und alles wußte. Dieser Mythos darf nicht allein als Produkt der Propaganda mißverstanden werden: Es waren sehr reale Sehnsüchte und sehr reale Frustrationen des Volkes, die an diesem Mythos mitarbeiteten – und dies alles gleichsam in ein religiöses Licht tauchten. Die Nationalsozialisten setzten dazu auch alte Mythen ein (wie die Sage vom Kaiser Karl im Unterberg), Rettermythen also, die jahrhundertelang im Volk lebendig geblieben waren. Für viele einfache Leute war Hitler so etwas wie der alte Kaiser Franz Joseph, einer, der es mit den Leuten gut meint und für Recht und Ordnung sorgt. 1939 besang die Salzburger Dichterin Erna Blaas den Führer. Die erste Strophe hieß:

Der Erwählte bedarf nicht der Wahl.
Er ist von Anfang!
Wie sonst hinge Gefolgschaft an ihm
und die Wacht der Getreuen
und das Opfer Tod,
von den Herrlichsten festlich gelitten?

Hier ist jene schaurige Verbindung von Kitsch, in Form einer Imitation Stefan Georges, und Tod, von Beschwörung des Mythischen und des Hinschlachtens junger Menschen als Fest.

Der Führer-Mythos wurde durch die innen- und außenpolitischen Erfolge Hitlers jedoch realpolitisch abgestützt. Eine Salzburger Hausfrau schrieb am 12.4.1940 in ihr Tagebuch: „Alle Tage kommen Siegesnachrichten, man ist schon so verwöhnt, daß man gar nichts anderes erwartet."

In Salzburg wirkte das Führer-Image noch verstärkt durch die Nähe des Obersalzberges, der Sommerresidenz Hitlers; man fühlte sich in eine besondere, persönliche, bedeutungsschwere Nähe des Führers gestellt. Mit Kriegsbeginn rückten Schloß Fuschl, wo Außenminister Ribbentrop residierte, das Hotel „Österreichischer Hof" und das Gästehaus der Reichsregierung, Schloß Kleßheim, zu Absteigen des Auswärtigen Amtes auf. Pausenlos kamen die verbündeten Staatsmänner aus Süd- und Südosteuropa nach Salzburg, und die Salzburger fühlten sich herausgehoben aus dem Reichseinerlei.

Es ist von der Forschung bereits mehrfach nachgewiesen worden, daß der Hitler-Mythos weitaus wirksamer war und länger anhielt als der Respekt vor der Partei. Die Diskrepanz zwischen dem hehren Hitlerbild und der unsympathischen kirchenkämpferischen Parteielite wurde meist mit dem Seufzer „Wenn das der Führer wüßte" überbrückt. Als die außenpolitischen Erfolge ausblieben, übernahm dieser Myhtos dann kurzfristig die Funktion einer Droge, um über Angst und Unsicherheit hinwegzuhelfen. Erst als das Erfolgscharisma nach 1943 zu Ende war, sank auch dieser Myhtos langsam in sich zusammen; die kritischen Äußerungen über den Führer nahmen deutlich zu. Eine Kellnerin sagte drastisch: „Wenn der Hund endlich hin wäre", eine Hausfrau riß das Hitlerbild von der Wand und rief: „Jetzt brauchen wir den auch nicht mehr, Hund verdammter"; ein Mann überklebte das Titelblatt des Buches „Mein Kampf" und schrieb darüber „Mein Irrtum". Nur in den nationalsozialistischen Kernschichten wirkte der Myhtos weiter, bis zum bitteteren Ende. Noch am 13.3.1945 notierte die oben erwähnte Hausfrau, mittlerweile Mutter von vier Kindern in ihrem Tagebuch: „Der Führer wird jedenfalls wissen, was zu tun ist. Man darf das Vertrauen zu ihm nicht verlieren."

Erst als Hitler tot war, zerbrach das Bild der Übervaters. Nun, am 12.5.1945, hieß es in diesem Tagebuch: „Uns hat er im Elend zurückgelassen." Aus dem „Retter" Hitler wurde der „Teufel" Hitler – ein psychischer Schutzmechanismus, um sich von der eigenen Mitverantwortung zu entlasten.

„NEGATION DER NEGATION"

Grafik:
Markus A. Stieber
Negation der Negation

Alexander von Plato

„Ich bin nicht fürs deutsche Volk verantwortlich."

Oder: Über erfahrenen Nationalsozialismus und unerfahrenen Antifaschismus

Vorbemerkung:

Entschuldigen Sie, wenn ich mit Zahlen beginne, die Ihnen vermutlich allen geläufig sind, mir aber dennoch für meine Argumentation unerläßlich erscheinen: 60% aller Österreicher – so eine IMAS-Umfrage – meinen, man solle das ganze Kapitel der kurz vor und während des Zweiten Weltkrieges begangenen Verbrechen ad acta legen; nur 25% sind für „Wachhalten". Die Hälfte glaubt, 1938 sei die Mehrheit der Österrreicher für den Anschluß gewesen, nur 20% vermuten eine Mehrheit dagegen. Und mehr als 50% geben zu Protokoll: Widerstand wäre sinnlos gewesen. Und überdies sei es den Österreichern 1938/39 besser gegangen als vor dem Anschluß. Schließlich: nur jeder Fünfte meint, daß heute sachlich über die „Anschluß-Zeit" berichtet würde, ungefähr die Hälfte spricht von verzerrter Berichterstattung.

Und das Pikante: die Zeitzeugen, also die heute über 60-jährigen, erklären weit häufiger als die Jüngeren, daß die meisten Österreicher damals für den Anschluß waren, oder auch, daß es nach dem Einmarsch der Deutschen besser ging und daß man die ganzen Verbrechen der damaligen Zeit in den Aktenstaub zur Ruhe betten solle[1]).

All dies klingt – und Sie haben das in den letzten Wochen sicherlich hunderte Male gehört – fatal nach den 50er und 60er Jahren in der Bundesrepublik Deutschland, als alte Nazis in hohen Stellungen zu finden waren und gegen Kritiker solcher Zustände der Vorwurf des Nestbeschmutzers an der Tagesordnung war – nur mit dem Unterschied, daß man hierzulande, also in Österreich, den Bonus des besetzten Landes in Anspruch nehmen konnte, obwohl doch andererseits so viele behaupten, die Mehrheit hätte damals den Anschluß begrüßt.

All diese Ambivalenzen scheinen zu signalisieren, daß weder die Mehrheit der Deutschen noch die der Österreicher wirklich bereit war, die Zeit des Nationalsozialismus analytisch zu verarbeiten, sondern nur mit Entschuldigungen und widersprüchlichen Entlastungen „ihre" Vergangenheit behaupten wollte. Und dies ist auch der Vorwurf, der jetzt allenthalben in Österreich zu hören ist.

Aber – und an dieser Stelle möchte ich ansetzen trotz der Sorge, in dieser politisch hoch besetzten Situation in Österreich mißverstanden zu werden: Ist diese Kritik, sofern sie sich auf die sogenannten „einfachen Leute auf der Straße" bezieht, nicht ein wenig leichtfüßig? Sollten die Individuen ihre Vergangenheit einfach „verdrängt" haben, „unfähig zur Trauer" über die Verbrechen der NS-Zeit oder über die Opfer der KZs und des Krieges, ohne Fähigkeit, private Verantwortlichkeiten in der öffentlichen Geschichte zu betrachten? Oder sind alle diese Fragen und Vorwürfe falsch, weil sie an den Erfahrungen der meisten Menschen vorbeigehen und wir heute mit einem fundamental anderen Blick als die Mehrheit der Menschen damals die Geschichte betrachten, so daß es keine Brücke des Begreifens mehr gibt?

Um an Antworten auf solche und andere Fragen heranzukommen, möchte ich von einem westdeutschen Projekt[2] berichten, in dem inzwischen fast 400 Zeitzeugen beiderlei Geschlechts aus unterschiedlichen gesellschaftlichen Klassen und Schichten, Berufs- und Altersgruppen der Jahrgänge bis 1930, verschiedener Konfessionen und Städte Nordrhein-Westfalens in mehrstündigen Interviews befragt wurden.

Zusammenfassung einiger Ergebnisse:

Leider kann ich hier nur sehr grob und nur die Haupttendenzen der Ergebnisse aus den Befragungen vorstellen. Zunächst einmal: es gibt offensichtlich zwei Folien in der Geschichtsbetrachtung, die zu berücksichtigen sind, will man eine umfassende Sicht der Geschichte vornehmen. Es gibt die geschriebene Hochschul- und Schulgeschichte, und es gibt die erlebte Geschichte – beide sind keineswegs identisch, obwohl sie zusammengehören. Aber die meisten historischen Schulen halten die erlebte Geschichte für irrelevant, obwohl sich gerade jetzt und hier in Österreich einmal mehr zeigt, welche politische Brisanz akkumuliert wird, wenn man reale historische Erfahrungen an den Stamm- oder Familientisch verdammt, also unaufgearbeitet läßt.

Und umgekehrt sprechen Zeitzeugen den Historikern in Hochschulen und Medien ihr Mißtrauen mit der Erklärung aus, man erlebe die Geschichte zweimal, zum einen, wie man sie erfahren habe, zum anderen, wie man sie hinterher lesen müsse. Sehr häufig taucht daher in unseren Interviews der folgende oder ähnliche Satz auf:

„Das kann man niemandem heute mehr begreiflich machen, was damals war. Das kann nur verstehen, wer damals dabei war."

Wie erbittert einige wegen dieser Hoffnungslosigkeit auf Verstandenwerden geworden sind, soll folgendes Beispiel zeigen.

Herr M., Jahrgang 1913, niemals Mitglied der NSDAP, Etappen-Soldat, damals kleiner KFZ-Zubehörhändler, fängt mitten im Interview an zu weinen, als er sagt:

„Heute wird ja nur kritisiert, ob einer in der Partei war oder nicht. Ob er auch fleißig war und (sehr laut) sich nicht unterkriegen ließ und den Beruf für die Zukunft aufrecht erhielt – davon wird nicht gesprochen. Aber das war das Wichtigste! (...) Das kann man der heutigen Generation nicht mehr so klar machen, nicht... Es war eine große Zeit! Das hat nichts damit zu tun, ob man überhaupt die Zeit bejaht. Wir waren keine Nationalsozialisten. Wir haben gearbeitet! Wir waren fleißig! Das war unser Weltbild! Fleißig sein. Nicht nur unser – Millionen Frauen und Männer. Die haben doch schon da die Voraussetzungen geschaffen, daß es nach dem Kriege wieder aufwärts ging. Denn es war doch alles zerschlagen. Nur dieser Mut, dieser Fleiß, der war nicht zerschlagen." (Es entsteht eine Pause, da Herr M. leise vor sich hinweint.)

Soweit von der Trauer des Herrn M. und seiner Verbitterung darüber, daß die 30er Jahre heute nur nach den großen und kleinen Globkes bzw. Waldheims abgeklopft werden. Ist diese Verbitterung nur gespielt, um sich von der Verantwortung im Nationalsozialismus zu entschulden? Oder ist sie aus der Erfahrung darüber geboren, daß von den Alliierten bis zur heutigen Jugend allesamt die Rolle der Menschen in der damaligen Zeit verkennen? Oder beides?

Diese genannten zwei Folien in der Geschichtsbetrachtung, die erlebte und die geschriebene Geschichte, zeigen sich auch in der Art und Weise der Zeiteinteilungen: Während wir Historiker uns angewöhnt haben, „die" Geschichte insbesondere nach den politischen Wechseln einzuteilen (Kaiserreich, Weimarer Republik, Nationalsozialismus, Nachkriegszeit, Bundesrepublik z.B.), wird in den lebensgeschichtlichen Interviews die Vergangenheit eher nach den „guten" bzw. den „schlechten" Jahren unterschieden[3]). Die „guten Jahre" waren in Deutschland im Gegensatz zu unserer heutigen Einschätzung des terroristischen NS-Regimes die zwischen 1935, dem fühlbaren Aufschwung der Kriegswirtschaft, und 1941, dem spürbaren Bombenkrieg, dann wieder die Jahre nach 1948, der Währungsreform und dem Beginn des sogenannten „Wirtschaftswunders". Die schlechten Zeiten waren die Inflationsjahre um 1923, die Weltwirtschaftskrise mit der großen Arbeitslosigkeit zwischen 1929 und 1934 und die Kriegs- und Nachkriegsjahre zwischen 1941 und 1948, wobei insbesondere die Jahre zwischen 1945 und 1948 betont werden, weil die Versorgungslage unter den Nazis besser war als unter den Besatzungsmächten.

Häufig wird die Einteilung der Vergangenheit auch nach biographischen Stationen vorgenommen: So werden der Schulabschluß, die Heirat, Geburten oder Krankheiten zu festen Pfählen der Orientierung auch in der politisch-nebulösen Vergangenheit. Bemerkenswert für meine Fragestellung ist z.B. die folgende Antwort auf die Frage nach Hitlers Machtantritt:

„Hitler, Hitler, wann war der doch gleich? Ach ja, 2 Jahre vor meiner Hochzeit."

Aus diesen wenigen Andeutungen, aber auch aus unserer gesamten Arbeit wird ersichtlich, daß „die" Politik für die beteiligten Zeitzeugen nicht die entscheidende Bedeutung hatte, wie sie uns im Nachhinein erscheint. Und in unseren eigenen Köpfen findet ein merkwürdiger Wechsel statt: für die Gegenwart akzeptieren wir, daß die Liebe, die Arbeit, Krankheiten usw. gegenüber der Politik in unserem eigenen Leben zu dominieren scheinen, daß die Politik nicht dauernd präsent in unseren Köpfen ist und unser Handeln bestimmt; für die Vergangenheit sind wir Historiker aber erstaunt, wenn wir hören, daß KPD-Mitglieder mit waschechten Katholiken des Zentrums oder mit NS-Wählern Skat spielen, Samen für Gärten austauschen oder gar gemeinsam Werkzeug von der Arbeitsstelle klauen.

Trotzdem wurden ganze Theoriegebäude aufgebaut, die die scharfe Trennung der Bevölkerung – und nicht nur ihrer Aktivisten – in „politische Lager" zu einer der wesentlichsten Voraussetzungen für den Sieg des Nationalsozialismus machten: indem sie getrennt voneinander ihre politische Abgrenzung hochspielten, hätten sie die Gefahr des Nationalsozialismus unterschätzt, der als lachender Dritter diese „Lagermentalitäten" beiseiteräumte. (Eine Theorie, die für die Funktionäre der Parteien durchaus Bedeutung gehabt haben dürfte.)

Und auch heute sind wir geneigt, die Frage des politischen Verhältnisses zum Nationalsozialismus zum entscheidenden Kriterium der Beurteilung von Verhaltensweisen zu machen. Die Frage ist jedoch, wieweit es legitim ist, den damals beteiligten Personen ein Raster überzustülpen, das nicht das ihre war. Denn unsere Untersuchungen zeigen, daß politische Haltungen nur bei Aktivisten der politischen Lager bewußt persönliches Handeln (mit)bestimmten, aber umso weniger bedeutungsvoll werden, je tiefer man in sozial-kulturelle Milieus schaut.

Dann wird deutlich, daß z.B. die scharfen Trennungen zwischen SPD-, KPD- oder Zentrums- bzw. NS-Wählern kaum möglich sind. Dann zeigt sich, daß politische Betrachtungsweisen weit hinter „lebenspragmatischen" Haltungen zurückstehen: Man versuchte, sich durch die Zerklüftungen der in Deutschland zahlreichen politischen Wechsel zu schlagen, die Vorzüge für sich zu nutzen und nicht allzusehr von der Politik gebeutelt zu werden, die einem eher als Fremdes, aber Anspruchliches gegenübertrat.

Diese Bedeutung der Politik als etwas Fremdes manifestiert sich auch in der Sprache, in den ewig wiederkehrenden Einleitungsfloskeln, als da sind: *„Dann hieß es auf einmal"*, *„dann kam die Aufforderung"*, *„dann mußten wir"*, *„plötzlich ging es ab nach..."* usw. usf. Wer sich so als fremdbestimmt begreift, kann auch nur wenig von Verantwortung sprechen, z.B. ob man in der Kriegsproduktion tätig war und wofür, welche Folgen die eigene NS-Wahlstimme hatte oder ob man als Frontsoldat töten mußte oder nicht: verweigern konnte man sich eh' nicht. Und je höher man in der gesellschaftlichen Hierarchie kommt, desto wichtiger wird – nicht etwa „die" Politik in den Berichten unserer Zeitzeugen, sondern die Nutzung der politischen Sphäre für die Karriere und das persönliche Fortkommen oder den Aufschwung des eigenen Geschäftes.

Trotzdem wäre es natürlich falsch zu behaupten, daß die Politik keine oder nur geringe Bedeutung für das Leben der Menschen gehabt hätte. Unsere Ergebnisse bedeuten nur, daß Politik für sie einen anderen Stellenwert besitzt: sie war und ist offensichtlich weniger existentiell bedeutungsvolles Credo in den Köpfen der Beteiligten oder etwas, für das man als passives oder aktives Subjekt verantwortlich zeichnet, sondern etwas, das man im Lebenspragmatismus zu nutzen hat oder dem auszuweichen ist. Dem politischen Credo steht das subalterne Glaubensbekenntnis des *„Nur nicht auffallen, nur nicht anecken"* als eine der Haupttendenzen bei unseren Befragten gegenüber.

Oder anders ausgedrückt: Untersuchen wir Gestapo-Akten, dann werden wir jene aktiven Gegner in den Blick bekommen, die mit dem NS-Regime in Konflikt geraten sind, häufig aus politischen Gründen; untersucht man dagegen die heute Überlebenden, erwischt man vor allem die sogenannte „schweigende Mehrheit", die sich durch die Geschichte mehr schlecht als recht gewieselt hat, froh, überhaupt in den politischen Wirrnissen der Zeitläufe überlebt zu haben, für die man sich nicht verantwortlich fühlt; daher stand man „der" Politik nach 1945 noch mißtrauischer als zuvor gegenüber.

Für diese Menschen wurde Politik im engeren Sinne, trotz ihrer ständigen Bedeutung auch für das Private, nur dann in dieser Gewichtung wahrgenommen und akzeptiert, wenn sie unmittelbar in das Alltagsleben eingriff, sei es positiv im Sinne des wachsenden Konsums in der Mitte der 30er Jahre bzw. in der „Blitzkriegsphase", oder nach der Währungsreform; sei es brutal im Bombenkrieg, als *„die ganze Geschichte von oben hereinbrach"* – wie eine Interviewpartnerin zusammenfaßte. Politik wird allerdings – das sollte man nicht unterschätzen – auch dann von sehr vielen wahrgenommen und abgelehnt, wenn sie sichtbar, d.h. auch im privaten Bereich, „unmenschlich", „verrückt" oder „fanatisch" wird. Dann wird gerade bei denen, die sich der Politik „eigentlich" fern fühlen, scharf geurteilt, und es scheint häufig auch im privat menschlichen Sinne gehandelt worden zu sein, wie die zahllosen Episoden über die „kleinen Menschlichkeiten", die man im Nationalsozialismus betrieb, nahelegen.

Beide Blickwinkel – das ist selbstverständlich, wird aber gerade in zugespitzten Situationen vergessen –, also sowohl der Blick von oben in die politischen Entscheidungszentren als auch der Blick von unten in die Erfahrungsdimension der verschiedenen Teile der Bevölkerung, sind notwendig, wenn man nicht einen dogmatischen Begriff von Politik vertreten will, sondern einen umfassenden Begriff der „Hegemonie" bestimmter Anschauungsweisen, politischer Wirksamkeiten und der Wechselwirkung von politisch-gesellschaftlichen Eliten und unterschiedlichen Bevölkerungsgruppen.

Nachdem ich bisher eher formal die Haupttendenzen im Verhältnis unserer Befragten zur Politik beschrieben habe, will ich nun zu den wichtigsten Konsens- bzw. Dissenselementen im Nationalsozialismus kommen.

Die Hochzeit des Konsenses war die sogenannte Blitzkriegsphase. Insgesamt waren die hauptsächlichen konsensstiftenden Elemente, wie man sich in Kenntnis der Nachkriegsmythen unschwer vorstellen kann:
- die Abschaffung des „Millionenheers" der Arbeitslosen; die allgemeine Verbesserung der Lebensbedingungen vom Lohn über den Urlaub mit der HJ, BDM, KDF, oder auch privat die ersten Autos bis hin zu prinzipiell gewachsenen Zukunftshoffnungen;
- die Gemeinschaftserfahrungen vor allem in den Jugendorganisationen, aber auch in den klassen- oder generationsübergreifenden Gemeinschaftsprojekten bzw. dem RAD, wie Sümpfetrockenlegen, Deichbau u.ä., in denen – glaubt man den Berichten – Bürger- mit Arbeiterkindern, Tagelöhner mit Ärzten, Dienstmädchen mit Lehrerinnen zusammengekommen sein sollen;
- befriedigter Nationalstolz nach dem „Versailler Schandvertrag";
- Zufriedenheit mit dem „Recht-und-Ordnungstaat" nach dem „Weimarer Chaos". Sogar am Ende des Krieges funktionierte die Versorgung besser als unter den Alliierten, was sicherlich eine Belastung für alle Demokratisierungsversuche der Besatzungsmächte war. Vom Nationalsozialismus angezogen waren eher Menschen in höheren Funktionen als Arbeiter, mehr damals Jüngere als Ältere, eher Männer als Frauen. Seit Mitte der 30er Jahre, besonders zwischen 1938 und 1941 scheint der Nationalsozialismus auch wachsende Teile der Arbeiterschaft, die zuvor dem NS-Regime mit größerer Reserve gegenübergestanden hatte, und Frauen der jüngeren Jahrgänge gewonnen zu haben.

Insgesamt kann man sagen, daß die Zuwendung zum Nationalssozialismus erstens von der sozialen Lage abhing, zweitens von der Generation, drittens vom Geschlecht – und zwar in dieser Reihenfolge.

N e g a t i v wird der Nationalsozialismus vor allem in drei Bereichen gesehen:
- die Judenvernichtung wird – sogar bei Interviewpartnern mit antisemitischem Einschlag – verurteilt; auch der Antisemitismus selbst wird bei den meisten Befragten mindestens im Nachhinein abgelehnt, manchmal mit Tendenzen zum betonten Philosemitismus. Dagegen sind die Millionen toter sowjetischer Kriegsge-

fangener oder Ost-Zwangsarbeiter weitgehend unbekannt – ein Zeichen dafür, daß in der Nachkriegszeit, im Kalten Krieg, diese zuletzt genannten NS-Verbrechen verdrängt werden konnten.
- Verurteilt wird auch der Krieg, besonders seine Niederlage;
- und aus heutiger Sicht werden die „Überorganisierung des Privaten" und der Drill in den NS-Organisationen abgelehnt.

Diese Positiva und Negativa in Bezug auf den Nationalsozialismus werden zumeist gleichzeitig vertreten, wie zum Beispiel: *„Hitler hat was getan für den kleinen Mann, nur hätte er den Krieg gegen Rußland nicht beginnen dürfen."* Oder: *„Außenpolitik war Mist, Innenpolitik hat was gebracht." „Die Juden hätten sie nicht umbringen dürfen, alles andere war nicht so schlecht."* ⁴)

Betrachtet man nun diese Positiva und Negativa in ihrer Bedeutung für die weitere Nachkriegszeit, so springen folgende Aspekte ins Auge:
1. Gerade deshalb, weil man „ja nicht einfach dafür oder dagegen gewesen war", fühlte man sich nach 1945 zutiefst getroffen, wenn man „nur" auf die zustimmenden Haltungen zum Nationalsozialismus festgelegt wurde, obwohl man sich selbst ohne Verantwortung sah und überdies „Mensch geblieben" war, soll heißen, niemandem etwas Böses angetan hatte. Die Lehre daraus war: noch weniger faßbar zu sein, gerade auf politischem Gebiet. Die „politische Mitte", was das auch immer den verschiedenen Zeitläuften gewesen sein mag, wird die politische Heimat der so einseitig Kritisierten, und die Extreme werden noch suspekter als zuvor.

2. Der Nationalsozialismus war am Ende des Krieges nicht als System desavouiert, sondern er wurde wegen seines Scheiterns oder seiner „Auswüchse" kritisiert, d.h. vor allem wegen seiner Niederlage im Krieg und wegen seiner meist erst nachträglich geglaubten industriellen Ermordung der Juden. Als System hat der Nationalsozialismus zunächst in den Augen der Mehrheit der Befragten offensichtlich funktioniert, und zwar zum Wohle der Bevölkerung.

3. Es war gerade die damals jüngere Generation, die ihre ersten öffentlichen Erfahrungen im Nationalsozialismus machte und von ihm angetan oder gar begeistert war, die die tragende Aufbau-Generation der Bundesrepublik nach der anfänglichen Dominanz der Alten wurde. Hier wird deutlich, daß der Nationalsozialismus eben auch Vorgeschichte der Bundesrepublik war.

4. Zur Entschuldigung der eigenen, mindestens objektiven Involviertheit in den Nationalsozialismus, auch zur Abwehr aller Verurteilungen durch die Kollektivschuld-These bis zu der Kritik von den eigenen Kinder, werden folgende Hauptargumente benutzt:
Das erste Argument: „man habe von allem nichts gewußt". Das Nichtwissen wird zur konstitutiven politischen Lebensphilosophie eines großen Teils unserer Befragten und wird auch zur Hauptlehre für die weitere Nachkriegszeit: Verstärkung der Bastion des Privaten, weg von der „schmutzigen Politik".

211

Die umgekehrte Lehre wird von einer kleinen Gruppe gezogen: nämlich die, daß auch das Nichtwissen bzw. die passiv-unpolitische Haltung mitverantwortlich gemacht habe und nach 1945 zur politisch-kritisch informierten Wachheit verpflichte.

Überdies ist mit Nichtwissen zumeist allein die Unkenntnis über das Ausmaß der Judenvernichtung gemeint; von der Reichskristallnacht, dem Judenstern, der Kommunistenverfolgung, dem „Abholen" von Mißliebigen haben sehr viele gewußt. Daß man das überwiegend nicht unter das Wissen über die NS-Verbrechen subsumiert, zeigt eine weitere Brutalisierung der Gesellschaft, die zusammen mit dem Aufstiegswillen auch für die Nachkriegszeit Bedeutung gehabt haben dürfte.

Aber gerade an dieser Stelle müssen die Ambivalenzen hervorgehoben werden: Trotz oder wegen der Subalternitäts-Erfahrungen gelten innerhalb der privat-unpolitischen Haltungen besonders bei Frauen zumindest auch menschlich-fürsorgliche Maßstäbe, die viele – zumeist im Nachhinein – vom Nationalsozialismus verletzt sahen. Vielleicht deshalb strotzen unsere Interviews von den kleinen Menschlichkeiten, wie z.B. den Butterstullen, die man heimlich den Fremdarbeitern gereicht habe oder der halbaufgerauchten Zigarette, die man mit Angst und Vorsicht in eine KZ-Kolonne warf.

Ein zweites Entschuldungs-Argument liegt in der Absetzung des unverdächtigen pragmatischen Privatmenschen vom Politischen, des Idealisten vom machtbesessenen Dämon. Der pragmatische Privatmensch ist unschuldig, weil dessen Interessen um Familie und privates Bessergehen verstehbar und akzeptabel sind, auch dann, wenn man um dieser Interessen willen, also z.B., um das Geschäft voranzubringen oder sich Aufträge zu verschaffen, in die Partei gegangen ist; sogar derjenige, der um seiner Karriere willen in die SS ging, ist in diesem „unschuldigen" Sinne auch in der weiteren Nachkriegszeit verstehbar, ebenso wie der Idealist, der an die Ziele des Nationalsozialismus – über die nicht mehr gesprochen zu werden braucht – glaubte und in seinem Idealismus „verheizt" wurde.

Ein drittes Entschuldigungsargument: man konnte nichts machen, Widerstand hätte ins KZ geführt. So real hinter diesem Satz die Subalternitäts-Erfahrung steht, so suspekt wird er, wenn er aus dem Munde von Leuten kommt, die gerade erklärt hatten, niemals vor 1945 von KZs gehört zu haben oder die aus Opportunitätsgründen in die NSDAP gegangen waren.

Ein viertes Argument: „Wir haben genug gebüßt" für die Verbrechen der Nazis durch Verwundung, Ausbombung, Heimatverlust, verlorene Freunde und Freundinnen usw., aber auch durch Orientierungsverluste, durch die Individualisierung in den Städten, nachdem die Wärme der alten Nachbarschaften oder des alten Milieus weitgehend verloren war. Dieses Argument – „wir haben genug gebüßt" – ist wahrscheinlich das gewichtigste, denn die Verluste waren real. Die Verbitterung wuchs, je mehr man über die Verbrechen der Deutschen redete, aber über die Verbrechen an den Deutschen bzw. über deren große Verluste, die man gerade im privaten Raum erlitten hatte, schweigen mußte.

Zugleich wußte man, daß man Dresden nicht gegen Coventry, die ermordeten Juden nicht gegen die toten Flüchtlinge aufrechnen durfte: *„Was also blieb übrig? Man hielt die Schnauze und verzehrte sich vor Wut und Schmerz"*, wie es ein Gesprächspartner ausdrückte. So wird in der weiteren Nachkriegszeit die subalterne Opfer-Mentalität der pflichterfüllten, fleißigen Mitläufer, die von nichts gewußt, aber viel gelitten haben und den privaten Vorteil mit dem Nimbus des unschuldig Unverdächtigen umhüllen, zu der bestimmenden Aufbaumentalität.

Es gibt darüberhinaus auch die Entschuldigungsfiguren, die eher den Sündenfall Adams und Evas für die Verbrechen des Nationalsozialismus verantwortlich machten als das NS-System; also z.B., daß der „Mensch an sich schlecht" sei, besonders in „Ausnahmesituationen", daß „nicht nur die Deutschen" Verbrechen begangen hätten, sondern alle anderen auch usw. usf. Wo soll innerhalb eines solchen Wustes von Beschuldigung und Abwehr Raum bleiben für eine analytische Sicht auf den Nationalsozialismus sowohl in seiner politisch-öffentlichen wie in seiner scheinbar privaten Dimension?

Und ein letztes zu dem Verhältnis von Nationalsozialismus und Nachkriegszeit: Es gibt eine erstaunliche Parallelität in den Maßstäben dessen, was in den „guten 30er Jahren" ebenso wie in den „guten 50er Jahren" für positiv gehalten wurde: es war der wirtschaftliche Aufschwung, die bessere Bezahlung, die Abschaffung der Not und der Arbeitslosigkeit, die allgemeine Bereitschaft, in großem Arbeitsethos zuzupacken, die Ordnung, das Recht und die Sicherheit, sei es die Sicherheit des Arbeitsplatzes, sei es die der Zukunft; (mit dem Slogan „Keine Experimente" gewann die CDU eine Bundestagswahl). Auch darin, daß man nach einer Zeit der Verunsicherung wieder Orientierungssicherheit gewann, die wiederum mit einer Anerkennung der Deutschen im internationalen Kräftespiel einherging, zeigt Parallelen zwischen den 30er und den 50er Jahren. Sogar der Begriff des „Wirtschaftswunders" wurde bereits für den Aufschwung der Kriegsproduktion in den 30er Jahren geprägt. Die beteiligten Personen wissen sehr wohl von diesen Parallelen gerade im Bereich des privaten Bessergehens und im Bereich der Normen und Konventionen: denn geschniegelter ging man in den 30ern als in den 20ern, besser angezogen in den 50ern als in der Nachkriegszeit – und die äußere anständige Form wurde umso wichtiger, je mehr man gerade dem Ausland zeigen wollte, daß man trotz Braunhemd persönlich sauber geblieben war. Oder, frei nach den Worten des früheren FDP-Majors Erich Mende:
„Der Weg vom Braunhemd zum schwarzen Anzug war nicht leicht."

Aber fast jeder hatte in sehr unterschiedlichem Sinn Dreck am Stecken, entweder als aktiver Nazi oder als Anpaßler, oder auch nur deshalb, weil man „mal geschwiegen hatte"; am Ende hatten auch alle irgendwie im Dreck an der Front oder in der Heimat gelegen. Und später hatte man gelernt, sich auch bei den Besatzern durchzumogeln, hatte in der Entnazifizierung gelogen und gleichzeitig gewußt, daß es so fast alle machten: man lebte – wie Hannah Arendt meinte – in einer Interessensgemeinschaft, in der man aufgrund der Vergangenheit enger zusammenrückte[5]) – man könnte es auch als „Verschweigensgemeinschaft" bezeichnen. Oder mit den Worten eines Interviewpartners: Es gab eine „Solidarität innerhalb der beteiligten Generation", d.h. man fühlte sich nur heimisch im Kreise der eigenen Generation mit ähnlichen, aber so häufig mißverstandenen Erfahrungen, ob das der bekannte UFA-Schauspieler war, der auch Kriegspropaganda-Filme gemacht hatte, oder der „göttliche" Schauspieldirektor der Vor- und Nachkriegszeit, oder der pflichtbewußte, ehrenhafte Wehrmachtsoffizier, der die Bundeswehr mit aufbaute, oder der anständige Jungenschaftsführer von nebenan, der „Pimpfengeneral", der nach 1945 in einer sozialen Organisation Karriere machte, oder „das Blitzmädel" aus der Nachbarschaft, das als „Krankenhaus-Dragoner" die Patienten der 50er Jahre einschüchterte.

Und diese Erfahrungen verbanden sich mit der neuen Orientierungssicherheit im Kalten Krieg: Mit dem Kampf gegen die sogenannte „linke Spielart des Totalitarismus", also den Kommunismus, konnte man sich von den Verbrechen des rechten Totalitarismus exculpieren; der Kalte Krieg wird so – durchaus verständlich – zum Initiationsritus der Aufnahme in die „freie Völkergemeinschaft" und zugleich zum Bollwerk gegen die kritische Verarbeitung des Nationalsozialismus.

Schluß:

Alle diese Verantwortungs-Abwehren, Durchmogeleien oder Entschuldigungen, alle die halblauten Witze aus der „Verschweigensgemeinschaft" und ihr solidarischer Zusammenhalt gegen die Nestbeschmutzer, aber auch das Wissen um die „positiven Erfahrungen" im Nationalsozialismus, besonders in den NS-Jugendorganisationen gehören zum Standardrepertoire der Nachkriegsmythen.

Aber – und hier komme ich zu meinen Schlußüberlegungen – diese Charakterisierung wäre zu kurz gegriffen: Diese Mythen wurden Einverständnisbrücken zwischen Menschen, die „eigentlich" in getrennten gesellschaftlichen Bereichen lebten, die „eigentlich" in ihrer materiellen Lebenslage sehr unterschieden waren, die „eigentlich" auch sehr unterschiedlich in die NS-Vergangenheit involviert waren: jetzt konnten die echten Nazis auf Sympathie bei den sogenannten Mitläufern rechnen, wenn sie sich auch als Menschen mit privaten Interessen, die von „vielem nichts gewußt", die nur ihre Pflicht getan hatten bzw. nur ihre ökonomischen Interessen oder „nur" ihre Familie im

Sinn hatten, als sie sich mit den Nazis einließen, verstanden; der nationalsozialistische Industrie-Mandarin konnte plötzlich von „tragischer Verstrickung" sprechen ebenso wie der passive Lehrer, der in die „innere Emigration" gegangen war und über die „existentielle Geworfenheit des Menschen in Ausnahme-Situationen" nachdachte; der Ortsgruppenleiter, wenn er nicht gar zu „verrückt" und „fanatisch" war, konnte mit dem Argument der „ohnmächtigen Hilflosigkeit" gegenüber seiner NS-Führung auf die Verschwiegenheit oder sogar Sympathie rechnen bei jenen, die wirklich ohnmächtig gewesen waren, sich nun aber einer Kollektiv-Schuld-These ausgesetzt sahen. Sowohl Herr S., ein bedeutungsvoller Industrieller in einem Rüstungsbetrieb und Mitglied der NSDAP, als auch Frau D., die als Unpolitische in subalterner Ohnmacht lebte, lehnen gleichermaßen jedwede Schuldzuweisung ab.

Frau D.: *„Wir (unsere Jahrgänge) fühlen uns nicht schuldig. Wir konnten es von hier aus nicht abwenden. Das einzige, wenn Sie vielleicht jemanden hätten verstecken können, als Einzelperson. Das wäre vielleicht das gewesen, was Sie hätten machen können. Aber sonst konnten Sie von hier aus (sie meint ihre Privatsphäre) nichts verhindern. Und ich hab auch kein Schuldgefühl deswegen. Wenn ich das auch alles sehe, ich find es furchtbar – aber ich hab kein Schuldgefühl dabei. Ich bin für das deutsche Volk nicht verantwortlich."*

Was den Nachkriegs-Antifaschismus so ohnmächtig machte, war die Tatsache, daß er sich in seiner Wut über die Verdrängungen des Nationalsozialismus trotz aller verbal anderen Verlautbarungen so schwer tat, zwischen diesen verschiedenen Weisen der Involviertheit in den Nationalsozialismus und in die Verschwiegensgemeinschaft der Nachkriegszeit zu unterscheiden; damit verstärkte er die Tendenz in dem besetzten Deutschland, die Verschwiegensgemeinschaft zu festigen. Dieses stille Einverständnis oder sogar die offene Solidarität in der Verschwiegensgemeinschaft wurde sicherlich ein wichtiges Element in dem dauerhaften Konsens der Aufbauzeiten der Bundesrepublik; es wurde aber auch zugleich ein Element des Bruches zu den jüngeren Generationen. Denn dieses Konglomerat solcher Verständnisbrücken kann nur funktionieren zwischen Menschen mit ähnlicher Erfahrung und muß scheitern ohne diesen Erfahrungshintergrund.

Gerade diese Schwierigkeit der Unterscheidung scheint mir Erfahrungsgeschichte in der weiteren Nachkriegszeit besonders notwendig zu machen; denn man muß den Erfahrungshorizont der NS-Generation begreifen, um – bei aller Heterogenität – deren Konsistenz und Dauerhaftigkeit bis heute analysieren zu können. Und dies ohne jede Anpassung an deren politische Auffassungen, aber auch ohne den früheren ratlosen Antifaschismus, der selten zwischen den Beteiligten differenzieren konnte und die „positiven Erfahrungen" im Nationalsozialismus, die gerade deshalb so wirkungsmächtig waren, weil sie scheinbar so wenig mit dem NS-System zu tun hatten, kaum in seiner Gesamtkritik erklären konnte.

Andererseits sind die 50er Jahre in der Bundesrepublik deshalb so erfolgreich, weil die ökonomischen und internationalen Aufschwung-Erfahrungen aus Nationalsozialismus, Krieg und Nachkriegszeit stark beschleunigt wurden.

Oder etwas anders, mit den Worten Hannah Arendts, ausgedrückt: *"Wenn man die Deutschen beobachtet, wie sie geschäftig durch die Ruinen eines Jahrtausends ihrer eigenen Geschichte stolpern, die Schultern über die zerstörte Landschaft zucken oder es einem verübeln, wenn man sie an die Schreckenstaten erinnert, von denen die ganze umliegende Welt heimgesucht wurde, dann erkennt man langsam, daß ihre Geschäftigkeit zur Hauptverteidigung gegen die Wirklichkeit geworden ist. Und man möchte ausrufen: Aber das ist nicht wirklich!"* [6])

So vielschichtig dieser Text von Hannah Arendt auch ist und in vielem den vorgenannten Ergebnissen ähnlich, so sehr möchte man entgegnen: Wirklich waren nicht nur die Ruinen, wirklich waren auch die Erfahrungen der Subalternität, die von der Verantwortung für die Politik der Kabinette zu befreien schien, real waren auch die Leiden in der Weltwirtschaftskrise, im Krieg und in der unmittelbaren Nachkriegszeit; real war das Fremdheitsgefühl in einer neuen, noch nicht verstehbaren Welt nach 1945; real war der Kampf um Wohnung, Arbeit und Brot, der wichtiger und drängender schien als alles andere. Alles nur Entschuldigungen? Alles nur Unfähigkeit zu trauern? Müssen sich nicht die mißverstanden fühlen, die gerade über den gefallenen Vater, Mann, Bruder oder Sohn getrauert haben, über Heimatverlust oder Gewalt der Sieger? Und muß dieses Mißverstandenwerden nicht wirklich zu Verbitterung und Abkapselung führen bzw. das stille Einverständnis innerhalb der Betroffenen festigen und damit Abschottung von Lernprozessen fördern? Oder ist der Nationalsozialismus in den 50er Jahren nur „verdrängt" worden nach dem Motto: „Sargdeckel zu und ab in die Grube?" Auch bei der Behandlung dieses Problems müßten neben den sehr unterschiedlichen Erfahrungen die verschiedenen Weisen des Vergessens berücksichtigt werden: das reicht vom schuldbewußten und absichtlichen Wegschieben über das unbewußte Verdrängen einer subjektiv empfundenen Schuld bis hin zum Vergessen von Vorgängen, die man in Subalternität und in Dominanz des Privaten nicht wahrgenommen hat oder für die man sich auch im Nachhinein nicht oder nur begrenzt verantwortlich fühlte.

Im übrigen glaubte man ja gelernt zu haben, wenn dies auch nur von wenigen als Lernprozeß explizit gemacht wird und deshalb Skepsis verursachte: Man verteidigte nun in den Fünfzigern die Privatsphäre vor der großen Politik und deren Anforderungen auf umfassende Organisierung; man lehnte nun die großen gesellschaftlichen Welterklärungen und Gesellschaftsentwürfe ab und konnte diese „Totalitarismus-Abwehr" mit dem Kampf gegen den Kommunismus verbinden. Gerade weil dieses Lernen einer Totalitarismus-Theorie von unten entsprach, konnte es sich so schnell mit der Totalitarismus-Theorie von oben im Kampf gegen den Kommunismus vereinigen; und man hatte gelernt, Pragmatismus, Menschlichkeit und parlamentarische, repräsentative Demokratie zu betonen, in der sich die dumpfe Abwehr und politische Passivität der Stellvertretenen mit der „Wir-werden-wieder-wer"-Aktivität der Stellvertreter zusammenfand.

Andererseits muß das Begreifen des Erfahrungshintergrunds der NS-Generationen nicht zur Bagatellisierung des Zusammenhangs von Subalternitätserfahrung und Autoritarismus oder der reaktionär spießigen Grundhaltungen führen, nicht zu einem Herunterspielen der brutal verharmlosenden Betrachtung der NS-Vergangenheit oder der mangelhaften Be- und Verarbeitung des Nationalsozialismus. Aber es könnte z.B. dazu führen, den „sozialen Kitt", die Konsenselemente der nachfaschistischen Gesellschaften, zu analysieren und aufzubrechen, oder das Verhältnis von privater Trauer um Verwandte einerseits und mangelhafter öffentlicher Trauer um die Opfer politischer Verbrechen andererseits zu thematisieren, oder das Verhältnis von Verantwortung in der politischen Geschichte für alle Beteiligten zu klären mit der Chance des Begreifens für die Kritisierten.

Beide Betrachtungsweisen scheinen mir notwendig, sowohl die moralisch-politische einer Hannah Arendt oder der Mitscherlichs als auch der analytische Blick auf die Erfahrungsdimension der Betroffenen, um den Nationalsozialismus und den Nachkriegskonsens analysieren zu können und die Verschiedenheit dessen herauszufinden, was sich da unter gemeinsamer Decke zusammenfand. Die jeweilige Reduktion auf die eine oder andere Betrachtung kann in einer merkwürdigen Verbindung entweder zu einer Unterschätzung der langfristig wirkenden konsensstiftenden Elemente des Nationalsozialismus und damit zu seiner Verharmlosung führen oder zur affirmativen Verdrängung. In der Bundesrepublik ist es meiner Ansicht nach in der unmittelbaren und weiteren Nachkriegszeit nicht gelungen, eine solche Erfahrungs-Geschichte des Nationalsozialismus zu schreiben oder gar den nachfaschistischen Konsens bei gleichzeitiger Berücksichtigung der gemeinsamen wie auch der unterschiedlichen Erfahrungen der NS-Generationen aufzubrechen.

Vielleicht haben Sie hier in Österreich jetzt dank Waldheim bessere Chancen…

Anmerkungen

1) ZDF-Sendung vom 13.3.1988, 22 Uhr 05: Der Anschluß.
2) Seit 1980 wurden an der Universität Essen Gesamthochschule bzw. an der Fernuniversität Hagen unter der Federführung Lutz Niethammers lebensgeschichtliche Projekte durchgeführt, die von der Stiftung Volkswagenwerk finanziert wurden. Vgl.:
   Lutz Niethammer (Hg.): „Die Jahre weiß man nicht, wo man die heute hinsetzen soll." Faschismus-Erfahrungen im Ruhrgebiet, Berlin/Bonn 1983;
   ders. (Hg.): „Hinterher merkt man, daß es richtig war, daß es schiefgegangen ist." Nachkriegserfahrungen im Ruhrgebiet, Berlin/Bonn 1983;
   ders. und Alexander v. Plato (Hg.): „Wir kriegen jetzt andere Zeiten." Auf der Suche nach den Erfahrungen unseres Volkes in nachfaschistischen Ländern, Berlin/Bonn 1985;
   Alexander v. Plato: „Der Verlierer geht nicht leer aus." Betriebsräte geben zu Protokoll, Berlin/Bonn 1984. Viele der hier geäußerten Gedanken sind in dem jetzt laufenden Forschungsprojekt „Nachkriegseliten in Nordrhein-Westfalen" gemeinsam von Nori Möding, Lutz Niethammer und mir diskutiert worden.
3) Vgl. Ulrich Herbert: „Die guten und die schlechten Zeiten". Überlegungen zur diachronen Analyse lebensgeschichtlicher Interviews, in L. Niethammer (Hg.): „Die Jahre weiß man nicht...", a.a.O., S. 67–69.
4) Das alles scheint auch in seiner Grobschlächtigkeit den schwer erträglichen Nachkriegsmythen zu entsprechen, wird jedoch sofort weniger grob, wenn man in die einzelne Biographie geht; dann wird in der persönlichen Trauer, in den Schilderungen der Bombennächte oder der Evakuierungen bzw. der Flucht verstehbar, welche Quellen diese Mythen speisten und warum sie so akzeptiert bzw. bis heute so wirksam sind in den beteiligten Generationen.
5) Hannah Arendt: Besuch in Deutschland, 1950, in: „Befreiung", Heft Nr. 26, 12/82, S. 17–36, Berlin, November 1982.
6) ebenda S. 22.

PROTESTIERE AUF GUT DEUTSCH

RETTE DEIN VOLK!

AUSLÄNDER 'RAUS!

1683
1983

ÖSTERREICH — DEUTSCHLAND — EUROPA
MOBILMACHUNG: 1142 WIEN/Postfach 11

WIR ÖSTERREICHER WÄHLEN WEN *WIR* WOLLEN!

JETZT ERST RECHT

DAS EWIGE ARCHIV

Grafik:
Peter Putz
Protestiere auf gut deutsch

SHOAH

Der Genozid an den europäischen Juden

Jonny Moser

Holocaust in Österreich

Holocaust bedeutet realiter ein Brandopfer; er ist etymologisch im Zusammenhang mit der Vernichtung der Juden durch das NS-Regime nicht ganz korrekt, zumal es sich hierbei um einen Völkermord, um einen Genozid handelt. Die hebräische Bezeichnung für den Genocid an den Juden ist Shoah und ist viel zutreffender, ebenso wie der jiddische Begriff Unkum, wie ihn Manès Sperber verwendet hat. Aber der Begriff Holocaust ist durch die TV-Serie eben zu dem Begriff für den Judenmord geworden und wird sicherlich nicht mehr aus dem Sprachgebrauch verschwinden.

Ehe man das Thema eingehender erörtern kann, muß man sich die Frage stellen, was die Ursache war für diesen Genozid an den Juden.

Die Antwort darauf lautet: die Judenhetze, der Antisemitismus, der seit dem Ende des vergangenen Jahrhunderts zu einem Politikum in Österreich und Deutschland geworden ist. Der Antisemitismus, wie der moderne Judenhaß heute allgemein bezeichnet wird, ist als ein Komplex mehrerer mit- und ineinander verwobener Wurzeln zu verstehen. Es wird stets auf die drei Wurzeln: religiöse Voreingenommenheit und Unwissenheit, Intoleranz, ökonomische Konkurrenz und Brotneid, sowie nationale Überheblichkeit und eingebildete rassische Überlegenheit hingewiesen. Historisch und soziologisch wird der Antisemitismus auch immer nur von diesen drei Quellen her behandelt. Lassen Sie mich einmal einen neuen Weg beschreiten und den Antisemitismus nach den Kriterien behandeln, wie er in der nationalsozialistischen Judenpolitik zur Anwendung kam. Es sind dies die Kategorie der Diffamierung, der Verdrängung, der Ausweisung, der Vertreibung, der Enteignung, der Abschließung und Absonderung, der Sterilisierung und schließlich der Tötung. Alle diese Kategorien sind von Antisemiten im Verlaufe der letzten 150 Jahre im Kampf gegen die Juden, einzeln aber oft auch alle gemeinsam angewendet worden; sie wurden von den Nationalsozialisten gern aufgegriffen und erstmals nicht nur als politisches Propagandainstrument verwendet, sondern vielmehr auch praktisch ausgeführt.

Die Verdrängung, die Zurückdrängung der Juden in Österreich aus allen Bereichen des Lebens war ein wesentlicher Punkt der politischen Programme der Deutschnationalen – das Linzer Programm von 1882 mit dem Judenpunkt von 1885 – wie auch der der Christlichsozialen.

Besonders deutlich ersieht man das aus dem Wahlprogramm vom 24.12.1918 der christlich-sozialen Partei. Die Diffamierung, die Verunglimpfung der Juden wurde sehr oft von Klerikern betrieben. Von Sebastian Brunner, dem Herausgeber der Wiener Kirchenzeitung seit 1848 bis zu Josef Deckert, Pfarrer von Wien-Weinhaus spannt sich dieser Bogen. In diese Gruppe reiht sich auch August Rohling, seines Zeichens Professor an der Karls-Universität zu Prag, der in seinem „Der Talmudjude" viele Stellen des Talmuds falsch übersetzte und unrichtig interpretierte und damit eine ungeheuer diffamierende Wirkung gegen die Juden erzielte.

Für eine Absonderung und Sondergesetzstellung der Juden trat Georg Ritter von Schönerer 1887 im Reichsrat zu Wien ein. Für ihn war der Antisemitismus ein Grundpfeiler des nationalen Gedankens, ein Hauptforderungsmittel volkstümlicher Gesinnung, ja sogar die größte Errungenschaft des 19. Jahrhunderts überhaupt. Leopold Kunschak, christlichsozialer Arbeiterführer und nach 1945 erster Erster Präsident des österreichischen Nationalrates, hatte schon 1919 ein Sondergesetz gegen die Juden konzipiert. Es wurde jedoch aus opportunistischen Gründen von Dr. Ignaz Seipel, dem er den Entwurf vorlegte, zurückgehalten.

Theodor Billroth, der große Chirurg, hatte 1876 in einem Studienführer für angehende Mediziner mit dem Titel „Das Lehren und Lernen der medizinischen Wissenschaften an den deutschen Universitäten" offen ausgesprochen, er könne Juden nicht als Deutsche bezeichnen, selbst wenn sie reiner und schöner sprächen und schrieben als die meisten Deutschen vom reinsten Wasser, weil sich die Juden für Billroth schon äußerlich so sehr von den Deutschen unterschieden. Er meinte klipp und klar, für ihn bestünde auch 1876 noch ein so großer Unterschied zwischen einem Deutschen und einem Juden wie einst zwischen einem Teutonen und einem Phönikier bestanden haben mag.

Neben dieser ethnischen und rassischen Differenzierung der Juden wurden ihnen auch noch Welteroberungsgelüste zugeschrieben. In der „Protokollen der Weisen von Zion", übrigens eine Fälschung der Ochrana, der zaristischen Geheimpolizei, werden jüdische Welteroberungspläne aufgezeigt, die bis in unsere Zeit geglaubt werden und in den Ausdrücken: die Juden Amerikas beherrschen die Presse, die Juden der Welt dirigieren die Weltwirtschaft, die Juden beherrschen die Banken, uns allen bekannt sind. Diese Protokolle der Weisen von Zion hatte Houston Stewart Chamberlain, ein Engländer, der zwischen 1888 und 1908 in Wien lebte, in seinem Werk „Die Grundlagen des 19. Jahrhunderts" schon vorweggenommen. In diesem pseudowissenschaftlichen Werk, aller wissenschaftlichen Kriterien bar, meinte Chamberlain in den Juden das einzige reinrassige Volk der Welt zu erblicken, das alle seine Rasseneigenschaften einsetze, um die Welt zu erobern. Dem müsse die nordische Rasse Einhalt gebieten, und Hartwig von Hundt-Radowsky hatte schon 1821 in „Der Judenspiegel" den Ausweg gefunden: die Sterilisierung der Juden, um der jüdischen Gefahr Herr zu werden. Und der Österreicher Jörg Lanz von Liebenfels hat in seinen Publikationen, den Ostara-Heften, den Pogrom gegen die Juden gefordert und ist für den Rassenkampf gegen die Juden „bis auf's Kastrationsmesser" eingetreten Von der Sterilisierung bis zum Mord ist es nur mehr ein Schritt.

Für Hundt-Radowsky war die Tötung eines Juden weder eine Sünde noch ein Verbrechen, es war lediglich ein Vergehen. Und der Wiener christlichsoziale Landtagsabgeordnete im niederösterreichischen Landtag, Ernst Schneider, verlangte, daß man für den Abschuß von Juden Prämien bezahle. Ähnliche Gedanken schien insgeheim selbst Prälat Josef Scheicher aus St. Pölten gehabt zu haben, die er versteckt in seinem utopischen Buch „Wien 1920" niederschrieb. „Wir haben aufgeräumt," schreibt er darin. „An einem Tag haben wir 300 Juden und einen Arier gehängt", „Wien ist judenfrei". Alle diese Äußerungen und Meinungen hat Hitler in seiner Wiener Zeit zwischen 1907 und 1910 in Wort und Schrift vernommen. Sein bereits stark, ausgeprägtes antisemitisches Vorurteil wurde durch diese Ideen endgültig fixiert. Unter dem Einfluß von Wagners Heldengestalten im Ring der Nibelungen sah Hitler die ariogermanischen Menschen verklärend, die Juden, die er lediglich als ärmlich gekleidete Straßenhändler in Wien gesehen und kennengelernt hatte, nahm er als degeneriert wahr.

Und diese dekadenten Juden strebten die Weltherrschaft an, vermeinte Hitler aus allen jenen von ihm verschlungenen mystischen und pseudowissenschaftlichen Schriften zu erkennen. Hinzu kamen die Gedanken und Lehren der deutschen Sozialdarwinisten. Das Prinzip des Stärkeren in der Natur und die natürliche Auslese verbanden sich in ihm mit dem Antisemitismus. Das Resultat dieser vermixten Ideen wurde zu einem späteren Zeitpunkt sichtbar.

Im Parteiprogramm der NSDAP von 1920 wurde lediglich die Enteignung großer jüdischer Vermögen, die Ausweisung der ostjüdischen Kriegsflüchtlinge des 1. Weltkrieges aus Deutschland und die Zurückdrängung der Juden auf allen Gebieten gefordert. Und auch nach der Machtübernahme der Nationalsozialisten in Deutschland 1933 wurde die antijüdische Politik lediglich in der Diffamierung, Erniedrigung und Demütigung sichtbar. Beruflich wurden die Juden lediglich aus dem Bereich des öffentlichen Lebens ausgeschaltet. Die ethnische Trennung wurde erst 1935 mittels der sogenannten Nürnberger Gesetze durchgeführt. Eine radikale Verschärfung erfuhr die deutsche Judenpolitik erst nach der Besetzung Österreichs, wobei sie scheinbar durch das antijüdische Vorgehen der österreichischen Nationalsozialisten dazu sogar noch animiert wurde.

Die Zeit des „Anschlusses" ist durch pogromartige Ausschreitungen gegen die Juden geprägt. G.E.R. Gedye hat in „Die Bastionen fielen" diese unrühmliche Vorgangsweise Wiener Nazis gegen die Juden erschütternd beschrieben. Hausdurchsuchungen und Beschlagnahmungen bei der jüdischen Bevölkerung waren gang und gebe, sie dienten zur persönlichen Bereicherung der Nazis. Verhaftungen prominenter jüdischer Persönlichkeiten sorgten für Angst und Schrecken unter den Juden. Im Burgenland begann man sogleich mit der Vertreibung der Juden. Bei Nacht und Nebel wurden die Juden ganzer Dörfer in Autobusse verfrachtet und über die ungarische oder jugoslawische Grenze gestellt. Viele dieser Juden befanden sich wochen-, ja monatelang im Niemandsland zwischen den Grenzen. Lediglich der Aufschrei der internationalen Presse stoppte diese Verfahrensweise, um die „Judenfrage" schnellstens zu lösen. In Wien benützte man die Zeit des „Anschlusses " auch, um verdiente Nazis mittels jüdischen Vermögens zu versorgen. Wer nicht in der Hoheitsverwaltung einen Posten fand, wurde als kommissarischer Verwalter in jüdischen Betrieben eingesetzt. Als solcher setzte er sein Gehalt selbst fest und teilte sich noch andere Werte in Form von Deputaten, Zuschüssen oder Rechten zu. Diese Vorgangsweise führte bei reichsdeutschen Stellen zu einem Unmut gegen die österreichischen Nazis, zumal das jüdische Vermögen in Österreich für den Ausbau der deutschen Rüstungsindustrie verwertet werden sollte.

Dies äußert sich klar nach den „Anschluß"- und Volksabstimmungsaktivitäten, als sich das Leben normalisierte und die deutsche Knute spürbar wurde. Eine erste antijüdische Verordnung begann mit der Anmeldung des jüdischen Vermögens per 28. April 1938. Damit sollte der Vergeudung jüdischer Vermögenswerte durch österreichische Nationalsozialisten Einhalt geboten werden. Es begann die systematische Arisierung, und es kam zur regelrechten Entrechtung der Juden in den Folgemonaten, wie zu einer sukzessiven Ausschaltung der Juden aus dem Wirtschaftsleben Österreichs. Die Juden wurden gezwungen den Zusatzvornamen – Israel oder Sarah – anzunehmen; sie hatten sich eine Zwangskennkarte zu lösen, die sie als Juden kenntlich machte und die sie bei jeder Vorsprache bei Ämtern und Behörden unaufgefordert vorzuweisen hatten. Per Ende Juni 1938 wurden in Österreich alle jüdischen Arbeiter und Angestellte entlassen , die Arbeitslosigkeit sollte derart behoben werden. Ärzten und Rechtsanwälten wurde die Berufsausübung untersagt, Beamte, Lehrer, Künstler, Journalisten und Musiker waren schon seit dem „Anschluß" mit einem Arbeitsverbot belegt. Und zudem wurden die Reisepässe der Juden mit einem „J" gekennzeichnet.

Die Vertreibung und Ausweisung der Juden erfolgt in dieser Zeit durch eine forcierte Auswanderung. Trotz vieler ungeheurer Schwierigkeiten gelingt es dank der Unterstützung durch ausländische, zumeist jüdische Hilfsorganisationen, immer wieder Möglichkeiten für eine Emigration zu finden. Bis zum November 1938 sind 55.000 österreichische Juden vertrieben oder ausgereist.

Eine Verschärfung in die deutsche Judenpolitik bringt der angeordnete Pogrom vom 10. November 1938, bei der in Wien allein 43 Synagogen zerstört und in Brand gesteckt werden. Im Kreis I in Wien (I., VI., VII., VIII., und IX. Bezirk) werden 1.800 Wohnungen von Juden beschlagnahmt und sogleich geräumt. Alle jüdischen Geschäfte werden gewaltsam geschlossen, viele werden total ausgeplündert und zerstört. Das geflügelte Wort von den „Novemberverhältnissen" versetzt die NS-Führer auch später in Angst und Schrecken, zumal ihnen dabei die Kontrolle über die Parteigenossen entglitten war. Im Verlauf dieses Pogroms werden 7.800 Juden festgenommen, rund die Hälfte von ihnen wird in das Konzentrationslager Dachau eingewiesen und in Innsbruck kommt es sogar zum Mord an drei Juden.

Von nun an sind die Juden von der deutschen Bevölkerung gänzlich ab- und aus dem Wirtschaftsleben ausgeschlossen. Den Juden wird zudem eine Kontribution von 1 Milliarde Reichsmark auferlegt. In einer Verordnung wird ihnen aufgetragen, über Zuschrift oder Anordnung der Behörde ihr Eigentum einem Arier zu verkaufen. Sollte dem nicht nachgekommen werden oder werden können, wurde ein amtlich autorisierter Treuhänder bestellt, der diesen Verkauf durchführte. Dem jüdischen Eigentümer blieb von diesem Zwangsverkauf, wie die Arisierung auch bezeichnet werden kann, nichts. Denn nach Abzug der vorgeschriebenen Judenvermögensabgabe, Reichsfluchtsteuer und anderer Abgaben wurde das restliche Geld einem Sperrkonto zugewiesen, aus dem der jüdische Verkäufer nur einen äußerst kleinen Teil zum Bestreiten seines Lebensunterhaltes entnehmen durfte. Die Juden wurden auch angehalten, alle ihre Wertgegenstände dem Dorotheum in Wien zum Verkauf anzubieten. In einer anderen Verordnung wurden sie des letzten ihnen verblieben Hortes, ihrer Wohnung, beraubt. In dieser Regelung über die Mietenverhältnisse mit Juden sollte das Wohnungsproblem in Wien endgültig gelöst werden, denn Wohnungen haben die Nationalsozialisten überhaupt nicht gebaut, sondern vielmehr den bequemen Weg beschritten, Juden ihrer Wohnungen zu berauben und diese Wohnungssuchenden zuzuweisen. Dabei ging man so vor, daß gesetzlich festgelegt wurde, daß Juden über Wunsch des Hausherren oder des Wohnungsamtes ihre Wohnungen räumen mußten und in die ihnen zugewiesenen Räume zu übersiedeln hatten.

In dieser Zeit der vollkommenen Ausschaltung der Juden aus dem Wirtschaftsleben drängten sie auf Möglichkeiten für eine Emigration. Und es gelingt auch vielen auszureisen. Bis zum Ausbruch des II. Weltkrieges gelingt es mehr als 100.000 österreichischen Juden dem NS-Regime zu entfliehen. Der Kriegsausbruch ist begleitet von einer großen Verhaftungsaktion, die sich gegen Ostjuden richtet und der mehr als 1.000 Personen zum Opfer fallen. Sie werden in das Konzentrationslager Buchenwald eingewiesen, wo die Mehrzahl von ihnen binnen weniger Wochen umkommt. Der Plan für die Errichtung eines jüdischen Reservates in Polen wird mit den Wiener Juden ausprobiert. 1.584 jüdische Männer aus Wien werden nach Polen deportiert und sogleich nach der

Ankunft über die Demarkationslinie in das russisch besetzte Polen getrieben. Sie werden später nach Sibirien verschickt oder fallen 1941 wieder in deutsche Hände und werden Opfer des Genocids. Diese Vorfälle bewegen weiterhin viele Wiener Juden, trotz aller Schwierigkeiten, die der Kriegsausbruch für eine Auswanderung mit sich gebracht hatte, dem NS-Regime zu entfliehen. Die Auswanderung, die früher monatlich fast 8.000 Personen umfaßte, fällt auf ein Zehntel oder weniger zurück, sie wird im November 1941 endgültig verboten.

Der Wechsel in der Reichstatthalterschaft in Österreich – Bürckel geht in die Pfalz zurück und Baldur von Schirach tritt an seine Stelle – bringt für die Juden Wiens wieder Unangenehmes. Die erste Handlung Schirachs ist, bei Hitler die Verschickung von 5.000 Juden in das Generalgouvernement zu erwirken, um deren Wohnungen freizubekommen. In dieser Zeit hat Hitler auch den Befehl an seine Generäle gegeben, den Angriff auf die Sowjetunion vorzubereiten. Im Zusammenhang damit erteilte er Heinrich Himmler, dem Reichsführer SS, Vollmachten in neueroberten Gebieten alle Juden und Kommunisten zu erschießen. Als nach dem Angriff auf die Sowjetunion im Juni 1941 auch bei den Reichsstellen in Berlin erkannt wurde, wie leicht es war, zehntausende von Juden zu erschießen, kam man, animiert durch die bereits seit September 1939 laufende Euthanasie, auch auf den Gedanken, die Juden aus dem Reich und den westlichen Ländern zu töten. In der Gegend von Lublin wurden Vernichtungslager ausgebaut, in denen ab dem Frühjahr 1942 die dahin verschickten Juden mittels Autoabgasen umgebracht wurden. In Auschwitz hatte man mit dem Cyangas experimentiert und Gaskammern eingerichtet.

Diese verschärfte Situation zeigt sich auch deutlich in Österreich. Ab 16. September 1941 werden die Juden gezwungen, den gelben Stern als Judenkennzeichen zu tragen, zudem wird ihnen untersagt, ohne behördliche Genehmigung ihren Wohnort zu verlassen. Ab Oktober 1941 beginnt der Abtransport von rund 5.000 Juden aus Wien in das Ghetto von Lodz (Litzmannstadt). Diese Deportation wird weitergeführt in das Gebiet um Minsk und Riga, wo die ankommenden Wiener Juden Opfer der SS-Einsatzgruppen und erschossen werden. Die zurückgebliebenen Juden werden weiter entrechtet und weiteren Schikanen unterworfen. Seit Oktober 1941 unterstehen die Juden in Österreich der Polenstrafrechtsordnung. Bei Vergehen sind für sie nur die Sondergerichte zuständig, die drakonische Strafen verhängen. Die Juden müssen alle ihre elektrischen Geräte, Pelze und Wollkleider, Skier und Ferngläser, ihre Fahrräder und Schreibmaschinen abliefern. Sie dürfen keine Fernsprechzellen und keinen Friseur aufsuchen. Sie dürfen selbst über ihre geringfügigen Besitztümer nicht mehr verfügen.

Und die Deportation geht 1942 weiter. Ab 1942 gehen rund 6.000 Juden aus Wien in das Gebiet um Izbica bei Lublin mit dem Endzielpunkt Vernichtungslager Sobibor ab. Ab Juni gehen ältere Personen oder Personen, die sich um den Staat verdient gemacht haben, die hohe Auszeichnungen als Frontsoldaten im I. Weltkrieg erhalten haben oder aber schwer kriegsverletzt waren, in das Altersghetto nach Theresienstadt ab, von wo sie dann später nach Auschwitz weiterdeportiert wurden.

Ende 1942 ist Wien praktisch judenfrei. Der Wunsch Görings, im März 1938 geäußert, Wien bis 1942 judenfrei zu haben, ist erfüllt. Von den 201.000 österreichischen Juden im Sinne der Nürnberger Rassengesetze, die am 13. März 1938 in Österreich lebten, befinden sich Ende 1942 nur noch 8.100 in Österreich. Die Mehrzahl von ihnen lebt in einer Ehe mit einem arischen Partner. Sie alle sind dienstverpflichtet und haben jede ihnen zugewiesene Arbeit anzunehmen. Die geringsten Vergehen, z.B. Zuspätkommen, werden mit der Verschickung nach Auschwitz geahndet, denn ab Herbst 1943 sind die Juden vogelfrei. Sie unterstehen nicht mehr der Justiz, sondern lediglich dem Polizeistrafrecht. Jeder Polizeibeamte kann über Leben und Tod eines Juden entscheiden. Die Deportationen nach Theresienstadt und Auschwitz gehen in regelmäßigen Abständen bis zum März 1945 weiter. Als Wien im April 1945 befreit wurde, waren insgesamt von dieser verhältnismäßig großen jüdischen Minderheitsgruppe nur 5.800 Personen übriggeblieben.

Das Resultat jahrzehntelanger Judenhetze ist während der nationalsozialistischen Herrschaft in Österreich vollbracht worden: die Vernichtung der österreichischen Judenschaft. 65.469 österreichische Juden fielen dem nationalsozialistischen Völkermord an den Juden zum Opfer, rund 125.000 gelang die Flucht ins Ausland.

Was dies für die österreichische Wirtschaft nach dem Kriege bedeutete, wurde nie untersucht. Aber eines kann gesagt werden, der Wiederaufbau und die Neugestaltung der österreichischen Wirtschaft wäre mit Hilfe der österreichischen jüdischen Wirtschaftsfachleute, die aus Österreich vertrieben oder gar umgebracht wurden, wesentlich schneller und um Jahre früher vollbracht worden, denn die Juden stellten in Österreich immer ein sehr wesentliches Potential bei der Bewältigung wirtschaftlicher Probleme dar.

Und was die österreichische Wissenschaft und Kultur mit der Vernichtung und Vertreibung der Juden verlor, die im 20. Jahrhundert geradezu die meisten fruchtbringenden Leistungen auf diesen Gebieten erbrachten, ist bis heute noch nicht ausgeglichen. Es dauerte Jahrzehnte, diese Lücke in der österreichischen Kultur halbwegs zu schließen und es wird sicherlich noch bis zur Jahrtausendwende dauern, bis sie ganz geschlossen werden kann.

Gerhard Botz

Die Rolle der Wehrmacht im „Dritten Reich" und im Zweiten Weltkrieg

Das vorherrschende Geschichtsbild von der Rolle der Wehrmacht im Herrschaftssystem des „Dritten Reichs" und während des Zweiten Weltkriegs besagt etwa: „Das Militär war nicht mehr wie früher die eine Säule des Staates neben der anderen [d.h. der „zivilen Gewalt"], sondern ein bloßes Mittel der Staatsgewalt ohne Eigenständigkeit geworden."[1]) Ein Opfer also des Nationalsozialismus, unbeteiligt an dessen Politik und Untaten, abgesehen bestenfalls von einigen wenigen Generälen, die sich in die unmenschliche Kriegspolitik Hitlers hätten verstricken lassen. Die deutschen Soldaten des Zweiten Weltkriegs seien nicht nur militärisch sehr gut gewesen, sondern auch moralisch integer; hart, aber ritterlich. An den Verbrechen der SS hätten sie sich die Hände nicht beschmutzt. Als Unterworfene des Führerstaats hätten sie ihre Pflicht erfüllt, einerseits aus der (positiv bewerteten) Tradition des preußisch-deutschen Staats[2]) heraus, andererseits vom Führerstaat erzwungen. Dementsprechend wird auch der Putsch- und Attentatsversuch des 20. Juli 1944 gedeutet, und in diesem Zusammenhang – solchen Mythos selbst enthüllend – betont, wie schwer es den konservativen Eliten und Militärführern gewesen sei, den „Eid auf Hitler" zu brechen und zum Widerstand zu finden.

So ungefähr war bis in die 70er Jahre der Tenor der deutschen Geschichtsschreibung, so tradiert es im günstigeren Fall, wenn nicht gar „paranazistische" Identifikationen mit der gesamten NS-Politik durchkommen, eine breite Populartradition nicht nur in Deutschland, sondern auch in Österreich, hier noch kräftig unterstützt durch manche Historiker-Dilettanten in Presse, elektronischen Medien und in der „Historikerzunft". Die durchaus ernsthaften Ansätze zu einer wissenschaftlich besser fundierten und mit liberal-demokratischen Prinzipien vereinbaren Interpretation der Rolle der Wehrmacht fanden bisher hierzulande kaum Beachtung.

Gebannt auf ferne Guerilla-Modelle blickend, hat sich auch die westdeutsche und österreichische (neo-)marxistische Linke selten auf das mühsame Geschäft einer differenzierten Beschreibung politischer Strukturen jenseits direkter kapitalistischer Einflußverhältnisse und auf eine Analyse der Militärpolitik im NS-System eingelassen[3]). Sowjet- und DDR- marxistische Interpretationen von der Verschmelzung von Wirtschaftsmacht und faschistischer Staatsgewalt bewerteten zwar die Rolle der Wehrmacht im NS-System beim deutschen Expansions- und Vernichtungskrieg im Osten grundsätzlich anders, schufen jedoch auch wenig Anreiz, sich mit der ganzen Komplexität wechselnder Distanz, Autonomie und Kollaboration des deutschen Militärapparats im NS-Regime auseinanderzusetzen. Wenn eine Identität zwischen Kapital, Regime und Wehrmacht vorlag, warum sich dann noch mit den Einzelheiten beschäftigen?

In merkwürdiger Parallele dazu stand (und steht) das zunächst auch die Wissenschaft dominierende Geschichtsbild der westeuropäischen und nordamerikanischen Gesellschaften: die deutschen Soldaten als fanatische Nazis, blutrünstige Schlächter; so eben wie noch 1987 ein Hollywood-Film Wehrmachtssoldaten in SS-Uniform, darunter eine dem österreichischen Bundespräsidenten ähnelnde Gestalt, an der amerikanischen Westküste landen ließ. Es ist offenkundig, daß eine solche Interpretationslinie direkt auf die westliche propagandistische Kriegsvorbereitung im Zweiten Weltkrieg zurückgeht. Daneben gibt es ein heute noch weiter verbreitetes Interpretationsmodell, das eine klare Trennung zwischen dem „guten" Wehrmachtssoldaten und dem „bösen" Nazi vornimmt. Es entspricht der erwähnten deutschen Interpretationslinie und verdankt wohl dem „Kalten Krieg" seine Entstehung. Es ermöglichte auch die NATO-Integration der Bundesrepublik Deutschland und erklärt die spezifische Heftigkeit der Debatte in den USA um den Referenzerweis Präsident Reagans auf dem Soldatenfriedhof Bitburg im Mai 1985; Stein des Anstoßes waren die dort begrabenen SS- Angehörigen, nicht die offenkundig als frei von Involvierung in Kriegsverbrechen erachteten Wehrmachtssoldaten[4]).

Noch vor wenigen Monaten (oder Jahren) hätte sich für eine Veranstaltungsreihe zu Österreichs Zeitgeschichte das Thema dieses Beitrags kaum gestellt. Abgesehen von den eben beschriebenen interpretatorischen Scheuklappen wäre die Frage nach der Rolle der Wehrmacht im Nationalsozialismus entrüstet mit dem Hinweis auf deren deutschen Charakter abgewiesen worden; überdies seien die Österreicher „Opfer" des Nazismus und des Zweiten Weltkriegs gewesen[5]) und damit solche Themen tabu.

Da Universitäten hierzulande die Aufgabe haben (und auch weitgehend erfüllen), offiziöse und konsensuale Geschichts- und Gesellschaftsbilder zu verbreiten, wäre wohl eine Beschäftigung mit jenem Erbe der NS-Vergangenheit unterblieben, das – wie jeder Österreicher weiß – im trauten Familienkreise, beim Heurigen und im Biergarten weiterlebt. Erst die Affäre Waldheim hat hier eine gewisse Sensibilisierung der wissenschaftlichen und der breiteren Öffentlichkeit bewirkt. Gerade weil Waldheim weder ein Kriegsverbrecher noch ein fanatischer Nazi oder großer Kommandeur war[6]), kann die „Aufarbeitung" von Österreichs Beteiligung am Nationalsozialismus ernsthaft weitergehen. Gerade all die in der politischen Auseinandersetzung gefallenen Aussprüche um „Pflichterfüllung" und Rolle der Wehrmacht im Balkankrieg legen besser als alle „politische Bildung" es bisher vermochte, die eigentlichen Bruchlinien des österreichischen Zeitgeschichtsverständnisses offen. Waldheim sprach eben doch für „Hunderttausende Österreicher", vielleicht wirklich für nahezu die ganze Kriegsgeneration[7]).

Die Zeitgeschichtsforschung und -schreibung in Österreich kann sich – erstmals seit 1945 – wieder jenen Fragestellungen zuwenden, die bisher allzu oft „den Deutschen" zugeschoben worden waren, weil wir Österreicher ja damit nichts zu tun hätten. Schon in dem einen Jahr, das seit der Verlautbarung der amerikanischen „watch list"-Entscheidung vergangen ist, hat sich zweifelsohne das Wissen von der Problematik rund um die deutsche Wehrmacht auf dem Balkan etwas verbreitet. Auch sind erste kritische Untersuchungen angelaufen und veröffentlicht[8]). Dennoch ist eine tiefgreifende Wirkung des „Berichts der internationalen Historikerkommission" über Waldheim in der Öffentlichkeit ausgeblieben, wohl weil immer noch die wissens- und wertmäßigen Voraussetzungen für ein Gefühl der Betroffenheit bei breiten Segmenten der österreichischen Öffentlichkeit, auch bei guten Patrioten und Demokraten, fehlen. Als ein Versuch zur Klärung dieses Problembereichs, wie er sich heute für kritisch-demokratische Österreicher stellten könnte, sind die folgenden Ausführungen zu verstehen. Sie befassen sich zunächst (I.) mit der politischen Funktion der Wehrmacht bei der Machtübernahme und im NS-System, sodann (II.) mit dem Verhältnis weltanschaulicher und praktisch- politischer Ferne oder/und Nähe zum Nationalsozialismus, (III.) mit den kriegsverbrecherischen Befehlen und Handlungen der Wehrmacht und (IV.) mit deren Involvierung in Verbrechen gegen die Menschlichkeit, d.h. in die „Endlösung" der Judenfrage.

I

Weit über die bloße Unterstützung der „wirklichen Herrschaft" (Max Weber)[9]) in modernen Staaten kam der Wehrmacht die Funktion der politisch-gesellschaftlichen Absicherung des NS- Regimes zu. Die Reichswehr, die den Übergang vom Wilhelminischen Kaiserreich zur Demokratie weitgehend unverändert überstanden hatte, war in der Weimarer Republik immer ein politischer Fremdkörper geblieben[10]). Im Heer behielt das Junkertum seine dominante Stellung. Es blieb daher auch ein Hort antidemokratischer, rechtsnationalistischer und elitärer Einstellungen in der auch sonst von Geburtsfehlern nicht freien deutschen Demokratie. Zu recht wird deshalb der Reichswehr und der mit ihr verknüpften reaktionären Kaste aristokratischer preußischer Grundbesitzer[11]) ein ganz wesentlicher Beitrag zur Zerstörung der Weimarer Republik zugeschrieben.

Es ist unbestreitbar, daß erst die „Kollaboration zwischen den konservativen Gegnern

233

Voraussetzungen und Krisenfolgen übersehen werden, die diese „Allianz konservativ-obrigkeitsstaatlicher und technizistischer, nationalistischer und diktatorischer Faktoren" ermöglichten[13]). Die Reichswehr war nicht nur abseits gestanden, wenn nationalistische und reaktionäre Gefahren der jungen Republik drohten, sondern sie hatte sogar systematisch auf die Ablösung des liberal-demokratischen „Systems" durch einen „starken Staat" und eine geschlossen-autoritäre Gesellschaft hingearbeitet[14]). Zwar verhinderte gerade die Furcht der traditionalen Reichswehreliten vor der „sozialrevolutionären" Radikalität der nationalsozialistischen Bewegung lange Zeit ein glattes Zusammengehen mit Hitler, doch Anfang 1933 war es so weit, daß der konservative „Ersatzkaiser", Hindenburg, einwilligte, „diesen österreichischen Gefreiten zum Reichskanzler"[15]) zu berufen. Und der Chef der Heeresleitung, General Kurt Frh. v. Hammerstein-Equord bestätigte Hitler noch in seiner Taktik der scheinlegalen Machtübernahme: „Wenn Sie legal zur Macht kommen, soll es mir recht sein. Im anderen Falle lasse ich schießen."[16])

Gerade in der Schlußphase der Weimarer Demokratie arbeiteten führende Reichswehrgeneräle aktiv darauf hin, daß eine Einigung mit Hitler und dessen Bündnis mit Franz v. Papen und Hugenberg, den Deutschnationalen und dem „Stahlhelm" und den hinter ihnen stehenden Großagrarier- und Industriekreisen zustande kam. Die Reichswehr wurde deshalb am 30. Jänner 1933 durch die Ernennung des Generals Werner v. Blomberg zum Reichswehrminister belohnt. Dieser erklärte den Militärbefehlshabern vier Tage später: „Eintritt der Nazi in Reg[ierung] sei entschieden gewesen, als sich akt[iver] General [d.h. Blomberg selbst] zur Mitarbeit unter Hitler bereit fand."[17])

Blombergs bedingungslose „Hingabe" an die neuen Männer, die, wie erwartet, „festes Herz und glückliche Hand" bei der Verwirklichung „breiten nationalen Wollens" bewiesen, wurde zwar nicht von allen Offizieren geteilt, sie fand aber vor allem bei den jüngeren starken Widerhall. Die Reichswehr unter Blomberg widersetzte sich zunächst erfolgreich einer Teilung ihres Gewaltmonopols mit der nationalsozialistischen Bürgerkriegsarmee, SA, und der Parteipolizei, SS, und verhinderte dadurch ihr sofortiges „Herabsinken zur Parteitruppe", doch erblickte sie in einer „Untermauerung und Stärkung der Wehrmacht durch breite Wehrhaftmachung des breiten Volkes"[18]) die Grundlage ihrer Zusammenarbeit mit der NSDAP.

In dem noch stark autoritätsstaatlich und quasipluralistisch geprägten Übergangsregime Hitlers der ersten Monate und Jahre nach der NS-Machtübernahme wurde die Reichswehr in der Tat eine tragende Säule des Hitlerregimes. Dies wurde symbolträchtig im „Tag von Potsdam" (21. März 1933), in Hitlers Ergebenheitsgeste vor dem Reichspräsidenten Hindenburg besiegelt und mit militärischem Pomp vor dem Sarg des preußischen Soldatenkönigs, Friedrich I., aller Welt vor Augen geführt. Als es der Reichswehr Ende

Juni 1934 in Zusammenarbeit mit Hitler, der NS-Bewegung und der SS gelang, die Gefahr eines „Volksheeres" unter SA-Führung und einer „zweiten Revolution" blutig aus dem Weg zu räumen (sog. „Röhm-Putsch")[19]), schien die Machtstellung der Reichswehr im NS-System so zementiert, wie es Leni Riefenstahls „Triumph des Willens" massenwirksam inszenierte[20]). Die Wehrmacht leistete deshalb umso williger den Eid auf Hitler, als dieser nach dem Tod Hindenburgs (2. Aug. 1934) auch die Funktion des Staatsoberhaupts übernahm.

Doch dieser Triumph der alten Militärkaste sollte sich als Pyrrhussieg herausstellen. Je größer die Reichswehr-Wehrmacht nach der Einführung der allgemeinen Wehrpflicht (16. März 1935) wurde, desto mehr nahm ihre innenpolitische Stärke ab. Die zum „Volksheer" sich wandelnde Reichswehr wurde als eigenständiger Regimeträger immer mehr von Himmler und seiner SS beiseitegedrängt[21]), die schließlich nicht nur eine eigene Rüstungswirtschaft, sondern auch eine Konkurrenz-Armee (Waffen-SS) aufbauen und das Ersatzheer unter ihre Kontrolle bringen konnten. Der Konflikt verschärfte sich 1938 in der Blomberg-Fritsch-Krise und zog sich bis zu den OKH-Krisen 1941/42 hin. Zunächst übernahm Hitler im Februar 1938 unmittelbar den Oberbefehl über die gesamte Wehrmacht und setzte an die Spitze des neu eingerichteten „Oberkommandos der Wehrmacht" (OKW) ihm noch stärker ergebene Generäle ein, als Chef des OKW Wilhelm Keitel und als Oberbefehlshaber des Heeres Walter v. Brauchitsch. Nach den ersten entscheidenden Rückschlägen an der Ostfront zog Hitler im Dezember 1941 auch die Funktion Brauchitschs an sich. Die Luftwaffe war ohnehin seit ihrem Aufbau in den Händen Görings, und die Flotte wurde von besonders ergebenen Admiralen geführt.

Damit wurde zwar die politische Sonderstellung des Militärs, die es bisher in Deutschland jahrzehnte-, ja jahrhundertelang innegehabt hatte, stufenweise aufgelöst und eine Verschärfung und Beschleunigung der nationalsozialistischen Expansions- und Kriegspolitik eingeleitet, doch hätte immer noch „eine massive Verweigerung der Mitarbeit durch Wehrmacht und Wirtschaft den Krieg verhindern können"[22]).

Die später noch zunehmende Identifikation jüngerer Offiziere mit dem Nationalsozialismus bewirkte, daß die Wehrmacht mit dem Wegfall gewisser Bremsfaktoren, die im konservativ-preußischen Wertgefüge vorhanden gewesen waren, ein umso willfährigeres Instrument abgab. Nur der Generalstabschef des Heeres, Ludwig Beck, um den sich in der Folge politische Widerstandsbestrebungen kristallisierten, trat im August 1938 aus Protest gegen bestimmte Aspekte von Hitlers Kriegspolitik zurück und wurde von Franz Halder (bis 1942 in dieser Funktion) ersetzt. Daß dieser Schritt Becks auch später nicht in einem größeren Umfang im Heer Nachahmung fand, beweist, wie weitgehend die innere Gleichschaltung des deutschen Militärs schon am Vorabend des Zweiten nach dem Eintreten hoffnungsloser militärischer Rückschläge im eigenen Kreise noch stieß und weshalb schließlich der Putschversuch vom 20. Juli 1944 scheitern mußte[23]).

II

Das reibungslose Funktionieren der Wehrmacht im Dritten Reich, sei es als Bündnispartner, sei es als gleichsam willenloses Instrument, ist ohne eine Präzisierung der weltanschaulichen und praktischen Distanz und zugleich Akzeptanz der Vorstellungen und Ziele des Nationalsozialismus auf den verschiedenen Führungs- und Ausführungsebenen der Wehrmacht nicht verständlich.

Schon vier Tage nach der Machtübernahme, am 3. Februar 1933, hatte Hitler den Befehlshabern des Heeres und der Marine seine politischen Ziele dargelegt, wobei er kaum angenommen haben dürfte, daß seine Ausführungen von den Zuhörern nicht akzeptiert wurden. Ein Protokoll darüber lautet:

„Ziel der Gesamtpolitik allein: Wiedergewinnung der politischen Macht. Hierauf muß gesamte Staatsführung eingestellt werden (alle Ressorts!).

1. Im Innern. Völlig Umkehrung der gegenwärtigen innenpolitischen Zustände in Deutschland. Keine Duldung der Betätigung irgendeiner Gesinnung, die dem Ziel entgegensteht (Pazifismus!) Wer sich nicht bekehren läßt, muß gebeugt werden. Ausrottung des Marxismus mit Stumpf und Stiel. Einstellung der Jugend und des ganzen Volkes auf den Gedanken, daß nur der Kampf uns retten kann und diesem Gedanken gegenüber alles zurückzutreten hat. (Verwirklicht in den Millionen der Nazi-Bewegung. Sie wird wachsen.) Ertüchtigung der Jugend und Stärkung des Wehrwillens mit allen Mitteln. Todesstrafe für Landes- und Volksverrat. Straffste autoritäre Staatsführung. Beseitigung des Krebsschadens der Demokratie!
2. Nach außen. Kampf gegen Versailles. Gleichberechtigung in Genf; aber zwecklos, wenn Volk nicht auf Wehrwillen eingestellt. Sorge für Bundesgenossen.
3. Wirtschaft! Der Bauer muß gerettet werden! Siedlungspolitik! Künftige Steigerung der Ausfuhr zwecklos. Aufnahmefähigkeit d. Welt ist begrenzt u. Produktion ist überall gesteigert. Im Siedeln liegt einzige Mögl., Arbeitslosenheer z.T. wieder einzuspannen. Aber braucht Zeit u. radikale Änderung nicht erwarten, da Lebensraum für d(eutsches) Volk zu klein.
4. Aufbau der Wehrmacht wichtigste Voraussetzung für Erreichung des Ziels: Wiedererringung der pol. Macht. Allg. Wehrpflicht muß wieder kommen. Zuvor aber muß Staatsführung dafür sorgen, daß die Wehrpflichtigen vor Eintritt nicht schon durch Pazif., Marxismus, Bolschewismus vergiftet werden oder nach Dienstzeit diesem Gifte verfallen.

Wie soll pol. Macht, wenn sie gewonnen ist, gebraucht werden? Jetzt noch nicht zu sagen. Vielleicht Erkämpfung neuer Export-Mögl., vielleicht – und wohl besser – Eroberung neuen Lebensraums im Osten u. dessen rücksichtslose Germanisierung. Sicher, daß erst mit pol. Macht u. Kampf jetzige wirtsch. Zustände geändert werden können. Alles, was jetzt geschehen kann – Siedlung – Aushilfsmittel. Wehrmacht wichtigste u. sozialistischste Einrichtung d. Staates. Sie soll unpol. u. überparteilich bleiben. Der Kampf im Innern nicht ihre Sache, sondern der Nazi-Organisationen. Anders wie in Italien keine Verquickung v. Heer u. SA beabsichtigt."²⁴)

Daß die Reichswehrführung und der Großteil des Offizierskorps dagegen nicht viel einzuwenden hatten, ja ihm aufgrund ihrer antidemokratischen Tradition und der versprochenen Sonderstellung voll zustimmte, ist vielfach dokumentarisch belegt. Nicht nur Hitlers Reichswehrminister, Blomberg, begrüßte das neue Kabinett als „Ausdruck breiten nationalen Wollens und Verwirklichung dessen, was viele der Besten seit Jahren angestrebt". Blombergs Stabschef, Walther von Reichenau, bejahte „die ‚Machtergreifung' Hitlers aus vollem Herzen" und selbst Beck schrieb noch im März 1933 über den eingetretenen politischen Umschwung, den er „seit Jahren erhofft" habe: „es ist der erste große Lichtblick seit 1918". Für viele Offiziere war die NS-Machtübernahme die „Erlösung aus den Gewissenskonflikten [...], die für sie in der Systemzeit entstanden" waren²⁵).

Die weitgehende Übereinstimmung auf seiten der Reichswehr mit dem nationalsozialistischen Staat und seinen Zielen knüpfte an folgende weltanschauliche Gemeinsamkeiten an: an das positiv verstandene Frontkämpfererlebnis des Ersten Weltkriegs; an die Ablehnung der Weimarer Republik als „Systemzeit"; an den Kampf gegen die gemeinsamen Gegner Bolschewismus, „Marxismus", Pazifismus, Liberalismus, Demokratie, Freimaurer und Juden; Übereinstimmung ergab sich mit dem Nationalsozialismus, dessen militaristisches Prinzip ihn den traditionell-konservativen Offizieren als wesensverwandt erscheinen ließ, vor allem auch in der verkündeten Herstellung der „Wehrhaftigkeit" des deutschen Volkes, in dessen autoritätsstaatlicher Kontrolle und im Führerprinzip, in der Überwindung des „Klassenkampfes" und vor allem in der Vorstellung der „Volksgemeinschaft". Damit ging schon 1933 eine prinzipielle Bejahung der NS-Rassenpolitik und der Ost- und Lebensraumpolitik einher.

So konnte Blomberg im Mai 1933 feststellen:

„Die weitere Entwicklung der inneren Lage hat alles gehalten, was der große Anfang versprochen. Sie darf jeden Deutschen mit Stolz erfüllen. Der Begriff der ‚Nationalen Revolution' ist darin zu suchen, daß in völliger Abkehr von den veralteten Methoden früherer gouvernementaler Regierungen der Wille der Führung von breitesten Volkskreisen aufgenommen und akzeptiert wird. Daß bei einer Aktivierung in diesem Umfange an mancher Stelle auch Übergriffe vorkommen, ist selbstverständlich; sie stehen in keinem Vergleich zu dem Gewinn, der in der Schnelligkeit der Durchführung der Aktionen und in der staatspolitischen Interessierung der einzelnen Bürger liegt.

237

Durch strafferes Anziehen der autoritären Führung wird jetzt die Beseitigung von Auswüchsen, die Wiedereinsetzung zu Unrecht abgesetzter Beamten u.a.m. herbeigeführt werden [...]. Daß die Umstellung der für revolutionären Kampf aufgebauten Verbände [d.h. SA] auf die neuen Aufgaben sich nicht überall ohne Reibung vollzieht, daß auch gegenseitige Eifersüchteleien zwischen unteren Stellen der SA und der Wehrmacht zu verzeichnen waren, ist verständlich."

Auch in der „Judenfrage" stimmte der Reichswehrminister mit der angelaufenen NS-Judenverfolgung überein, wenngleich er noch Vorbehalte bezüglich der Radikalität und der Art der Durchführung machte: „Die auf eine ‚totale' Verdrängung [der Juden aus der Wirtschaft und Gesellschaft] hinzielenden Wünsche weiter Volkskreise haben durch gesetzgeberische Maßnahmen starke Einschränkungen erfahren. Es ist sichergestellt, daß Frontkämpfer und alle als wertvoll befundenen Teile der alteingesessenen Judenschaft für ihre Person und für ihren Nachwuchs vor Härten geschützt werden."[26]) Dennoch übernahm die Reichswehr schon in den nächsten Monaten die Richtlinien der antisemitischen Politik im Staat; sie schloß Juden prinzipiell von der Aufnahme aus und entließ Juden, später selbst solche, die Frontkämpfer im Ersten Weltkrieg gewesen waren, aus ihren Reihen.

Vorbehalte und Differenzen hatten aber auf seiten des Militärs in erster Linie nur in Fragen der Mittel und Wege bestanden, gelegentlich auch hinsichtlich der letzten Radikalität der kommenden NS-Politik, solange das Zwei-Säulen-Prinzip, d.h. die Arbeitsteilung und Wahrung der gegenseitigen Interessen zwischen Wehrmacht und NSDAP, nicht allzusehr angetastet wurde; und als dies geschah, war der Erosionsprozeß konservativ-traditioneller Ethik und Politikvorstellungen so weit fortgeschritten, daß sich auch eine weitergehende Identität der Ziele mit dem radikalisierten Nationalsozialismus im Krieg ergeben konnte. Dementsprechend war die Schulungs- und Propagandatätigkeit in der Wehrmacht ausgerichtet.

Einer der innenpolitischen Brennpunkte der Übereinstimmung zwischen Militär und Nationalsozialismus war, wie schon angedeutet, die Idee der „Volksgemeinschaft", ohne die im Zeitalter der industriellen Gesellschaft und der politischen Mobilisierung der Massen ein „totaler Krieg", wie es der Erste Weltkrieg die Militärs gelehrt hatte, nicht erfolgreich zu führen war. Schon im Interesse der „Wehrhaftmachung" des gesamten deutschen Volkes war die Wehrmacht bereit, Hitler dieselben diktatorisch-autoritären Mittel und die gewaltsame „Gleichschaltung" der abweichenden gesellschaftlichen und politischen Kräfte zu akzeptieren. Erschien dies der Reichswehr-Führung als eine bloße Wiederaufnahme der „Burgfriedenspolitik" des Ersten Weltkriegs mit anderen Mitteln, so verweisen auch die Elemente des Führerprinzips, des Ordnungsstaats und des „Kriegssozialismus" auf die starken Kontinuitätslinien im Denken der Offiziere mit dem kaiserlichen Deutschland vor 1918. Der „funktionale

Militarismus" in Wirtschaft, Gesellschaft und geistigem Leben hatte schon im Ersten Weltkrieg breite Zustimmung auch außerhalb der Militärs gefunden, von Walther Rathenau, Friedrich Naumann und Werner Sombart bis zu manchen sozialdemokratischen Parteiführern. Solche Denktraditionen brauchten vom Nationalsozialismus nur noch radikalisiert und gesteigert zu werden[27]).

Die „Volksgemeinschaft" sollte den Gegensatz zwischen Individuum und Gesellschaft aufheben, der Einzelne sollte in einen überindividuellen Volkskörper verschmolzen werden. Nicht ein westlich-liberales Konzept von „Gesellschaft" mit ihrem politischen Pluralismus und ihren sozialen Konflikten, sondern „Gemeinschaft" als eine mystische Einheit von Führer und Geführten war in den Augen der konservativ-nationalen Militärs dem deutschen Volk angemessen. Ein solches Gesellschaftsmodell vertrug sich vorzüglich mit den Prinzipien militärischer Führerschaft und Unterordnung. Die „Kameradschaft", in der die sozialen Barrieren zwischen Offizieren und Soldaten überwunden wurden, erschien ihnen als ein konkretes Beispiel dieser „Volksgemeinschaft" im Militär[28]).

Weder in der „Vision" noch in der Praxis der „Volksgemeinschaft" als „Wehrgemeinschaft" gab es Platz für „Störer" und „Schädlinge". Dementsprechend gnadenlos und in der Endphase des Krieges keineswegs dem „Volksgerichtshof" nachstehend, war die Wehrmachtsjustiz. Deren Verschärfung begann 1934 und führte bis 1945 zum Ausbau der „Kriegssonderstrafrechtsverordnung" von 1938 zu einem riesigen Disziplinierungs- und Unterdrückungsapparat. Manfred Messerschmidt schätzt, daß bis Kriegsende rund 2,4 Millionen Strafverfahren gegen Soldaten und noch einmal rund 400.000 Militärstrafverfahren gegen Zivilisten und Kriegsgefangene abgewickelt wurden. Aufgrund der von deutschen Militärgerichten gefällten Urteile wurden insgesamt ca. 16.000 Soldaten hingerichtet. Das Ausmaß dieser vom Militär selbst getragenen Terrorjustiz wird vollends deutlich, wenn man bedenkt, daß diese Zahl etwa auch der Zahl der nach zivilen Strafverfahren im Dritten Reich gesprochenen und vollstreckten politischen Todesurteile entspricht[29]).

Bei der Militärjustiz wird die besondere Problematik der Teilidentität der Ziele des alten rechtskonservativen Militarismus des Wilhelminischen Kaiserreichs mit jenen des Nationalsozialismus erkennbar, es wird aber auch dessen Tendenz zur vor 1918 noch nicht möglichen Steigerung der Repressionsmaßnahmen gegen Gegner jeder Art deutlich, eine Tendenz, die sich allerdings schon im Deutschland (und Österreich-Ungarn) des Ersten Weltkriegs angedeutet hatte. Noch deutlicher sind die Momente der Kontinuität zwischen Kaiserreich und NS-Regime (bei manchen Diskontinuitäten) auf dem Sektor der außen- und kriegspolitischen Ziele. Wie die schon zitierten Darlegungen Hitlers von Anfang Februar 1933 zeigten und wie man in seinen programmatischen

„Führers" weit über eine bloße Revision des Friedensvertrags von Versailles und eine nationale Einigungspolitik (unter Anschließung Österreichs) hinaus. In dieser Hinsicht war die NS-Außenpolitik in den ersten Jahren nach 1933 nichts als eine, wohl beschleunigte und forschere, aber doch konsequente Fortsetzung der Revisionspolitik der Weimarer Regierungen und der Präsidialkabinette seit 1930. Schon Stresemanns unterschiedliche West- und Ostpolitik hatte mehr oder minder starke Elemente eines Hinausgreifens über „bloß" nationalpolitische Ziele enthalten. Dies zeigte sich auch in den während der 30er Jahren von deutscher Seite verstärkt betriebenen österreichischen Anschlußbestrebungen. Doch die konservativ-nationalistischen Vertreter solcher deutschen Großraumpläne in der Industrie, im Außenamt und in der Reichswehr verstanden ihr Ziel primär als wirtschaftlich- imperialistisches, im Gegensatz zu den von vornherein auf „Blut- und-Boden" ausgerichteten Wunschvorstellungen Darrés und Himmlers.

Aber gerade im Fernziel eines deutschen „Ostimperiums" ergaben sich wieder fatale Anknüpfungspunkte von Hitlers Außenpolitik an die Vorstellungen der konservativen Eliten Deutschlands. Denn gerade dieses „Ostimperium" war nach der Russischen Revolution und dem deutschen Diktatfrieden von Brest-Litowk 1918 einige Monate lang eine Realität gewesen und die Erinnerung daran, die nicht nur in radikal „völkischen" Kreisen zu Beginn der 20er Jahre alles andere denn bloße Phantasievorstellung war, prägte Hitlers damals in den Grundzügen sich festigende weltanschaulichen Ziele[30]). Der frühe Nationalsozialismus spiegelte nichts anderes als die „völkischen" Siedlungs- und Kolonisierungspläne wider, die an manche sozialdarwinistische Ideen der deutschen „Ostpolitik" vor 1914 anknüpften. Unter der „dritten Obersten Heeresleitung" Hindenburgs und Ludendorffs hatten solche Ideen vollends die militärische und politische Führung des zu Ende gehenden deutschen Kaiserreichs dominiert[31]); und sie hatten in der Reichswehr weitergelebt, wie ein Vorschlag des dem Nationalsozialismus gegenüber resistenten Ludwig Beck aus dem Jahre 1934 belegt: nach dem Tod Hindenburgs wollte er durch Hitler den Kriegshelden des Kaiserheeres, Erich Ludendorff, als Feldmarschall einsetzen lassen. Ludendorffs 1935 erschienenes Buch über den „totalen Krieg", ein von ihm am Beispiel des Ersten Weltkriegs entwickeltes Konzept[32]), war untrennbar mit radikalem völkischen Nationalismus und unerbittlichem Kampf gegen dieselben Gegner, die der Nationalsozialismus bekämpfte, verbunden[33]).

Davon nicht so grundsätzlich verschieden, zielte Hitlers außen- und kriegspolitisches „Programm", wie Andreas Hillgruber formulierte, „auf die totale Umgestaltung der europäischen Lebensordnung nach rassen-ideologischen Prinzipien (mit einem radikalen, universalen Antisemitismus als Kern) und war auf das europäische Rußland als Objekt (‚Lebensraum'), auf Großbritannien als ‚Juniorpartner' und auf die USA als Hauptgegner der ferneren Zukunft im Kampf um die ‚Weltherrschaft' gerichtet. Es wurde über alle Krisen und Rückschläge hinweg, die temporäre Anpassungen und

Schwankungen erforderlich machten, immer mehr und seit 1937/38 ausschließlich zum alles bestimmenden ‚Bewegungsgesetz' des Deutschen Reiches in der internationalen Politik, zunächst in der Pseudo-Friedenszeit und dann, in einem immer rasanteren Tempo in der Abwicklung der urspünglich längerfristig angesetzten Phasen während des Krieges bis zum Scheitern dieses zweiten ‚Anlaufes' zu einer deutschen ‚Weltvorherrschaft' im Herbst 1941".[34])

Zweites Kernstück dieses „Programms" und mit der „Weltherrschaft" verbunden war die rassistische, auf die Vernichtung des Judentums abzielende Politik des Nationalsozialismus, worauf im übernächsten Abschnitt zurückzukommen ist.

Solche umfassenden außenpolitischen Vorstellungen Hitlers und des Nationalsozialismus überschnitten sich also mit jenen der konservativen Oberschichten des Deutschen Reiches, auch mit jenen in der Wehrmacht. In vielem schickte sich das Dritte Reich an, nur deren alte Wunschvorstellungen zu verwirklichen, auch wenn viele Konservative der älteren Offiziersgeneration vor den qualitativ neuen Elementen dieser Politik (massenhafter Judenvernichtung, radikalem Anti-Bolschewismus und exzessiv empfundenen „Lebensraum"-Gedanken) zurückschreckten. Die gravierendsten Bedenken innerhalb des Militärs gegen Hitlers Expansionspolitik bezogen sich jedoch überwiegend auf die Art und Weise dieser Politik, auf den Zeitpunkt und Hitlers Risikobereitschaft, da sie die deutsche militärische Stärke pessimistischer als der „Führer" einschätzten. Diese Bedenken wurden daher um 1938 schon zu einem Ansatzpunkt einer gewissen Oppositionsströmung[35]), doch der Erfolg der „Feldzüge" und „Blitzkriege" Hitlers brachte die meisten Bedenken der Kritiker an seiner Politik zum Verstummen.

Man kann allerdings nicht sagen, die Wehrmacht sei in den Jahren unmittelbar vor 1939 der stärkste kriegstreibende Faktor im Gefüge des Dritten Reichs gewesen. Dies gilt jedoch nicht für die ersten Jahre der Regierung Hitler, in denen gerade die Armee und Außenminister Neurath „in engster Zusammenarbeit mit der Großindustrie die Aufrüstung rücksichtsloser betrieben als Hitler selbst"[36]). Es war den Offizieren weithin klar, daß die entstehende Wehrmacht als Offensivinstrument konzipiert war. Schon 1936 rechnete ein Armeegeneral namens Erich Fromm seinen Vorgesetzten vor, daß dieses teure Instrument nach Erreichen des Endpunkts der Aufrüstung auch benutzt werden müsse; ein so hoher Rüstungsstand lasse sich finanziell nicht lange durchhalten und man müsse andernfalls zu einer Reduktion der astronomischen Kosten durch Rüstungsabbau kommen[37]).

Man könnte nun einwenden, diese Kontinuität und Teilidentität der NS-Außen- und –Kriegspolitik mit jener der konservativen Eliten seien ein Hemmfaktor gegen radi-

NS-Politik im Äußeren wie Inneren auch den konservativen Militärs in vielem vertraut war, machten viele von diesen den „qualitativen Sprung" vom Kriegshandwerk zum Vernichtungskrieg bedenkenlos mit. Ein typisches Beispiel hierfür ist der Generaloberst v. Küchler, der unmittelbar nach dem Überfall auf Polen mit vielen anderen Wehrmachtsoffizieren noch gegen das Vorgehen von SS und Polizei gegen die polnische Zivilbevölkerung protestiert hatte. In der Euphorie nach dem siegreichen „Frankreichfeldzug" von 1940 ging er aber so weit, Vernichtungsmaßnahmen im Osten als notwendig zu bezeichnen: „Ich bitte ferner dahin zu wirken, daß sich jeder Soldat, besonders der Offizier, der Kritik an dem im Generalgouvernement durchgeführten Volkstumskampf, z.B. Behandlung der polnischen Minderheiten (!), der Juden und kirchlichen Dingen, enthält. Der an der Ostgrenze seit Jahrhunderten tobende Volkstumskampf bedarf zur endgültigen völkischen Lösung einmaliger, scharf durchgreifender Maßnahmen. Bestimmte Verbände der Partei und des Staates sind mit der Durchführung dieses Volkstumskampfes im Osten beauftragt worden. Der Soldat hat sich daher aus diesen Aufgaben anderer Verbände herauszuhalten. Er darf sich auch nicht durch Kritik in diese Aufgaben einmischen."[38])

Es mag vorgebracht werden, solche Aussagen seien weder 1940 noch später repräsentativ für die Wehrmacht gewesen. Gewiß war die Wehrmachtsführung in vielerlei Hinsicht nicht homogen und die älteren und höheren Ränge unterschieden sich deutlich von den jüngeren, noch rangniedrigeren Offizieren[39]). Doch standen gerade diese der nationalsozialistischen Weltanschauung noch näher. In einem besonderen Maß trug die weltanschauliche Schulungsarbeit der Wehrmacht dazu bei, allenfalls bestehende konservative Vorbehalte gegen den Nationalsozialismus an der Basis der Wehrmacht auszuhöhlen. Zahlreiche interne Schulungserlässe machten in der Tat die Wehrmacht im Krieg auch zu einem ideologischen Vollzugsinstrument von Hitlers Politik.

III

„Seit Beginn der Planung des Rußlandkrieges und während seines Ablaufs ist ein noch engeres Zusammenwirken von Wehrmacht, Hitler und SS feststellbar. Es kulminierte in der Beteiligung der Wehrmacht an verbrecherischen Planungen und Aktionen. Proteste einzelner Offiziere und mancher Generale können an dem Gesamteindruck nur wenig ändern, zumal derartige Proteste bestenfalls vor Brauchitsch artikuliert wurden, nicht gegenüber Hitler. Der Komplex der verbrecherischen Befehle, der die Wehrmacht endgültig aus der Zuschauerrolle in die aktive Teilhabe an der ideologisch geforderten Vernichtungspraxis hineinmanövrierte, wirft die Frage auf, wo die Heeres- und Wehrmachtführung überhaupt eine Grenze zwischen ihren Maßstäben für die Kriegsführung und den Zumutungen Hitlers sowie den Praktiken der SS zu ziehen gedachte."[40])
Dieses Urteil Messerschmidts bezieht sich vor allem auf drei berüchtigte Befehle, auf

den sogenannten „Kommissarbefehl", den „Barbarossabefehl" und den „Kommandobefehl" sowie auf die Mitwirkung der Wehrmacht an der „Endlösung der Judenfrage". Der „planvolle Abschied der militärischen Führung vom Völkerrecht" erfolgte mit der Vorbereitung des Überfalls auf die Sowjetunion, der, wie E. Nolte – anders als er seit 1986 meint – 1965 schrieb, „der ungeheuerlichste Eroberungs-, Versklavungs- und Vernichtungskrieg, den die moderne Geschichte kennt",[41]) war.

Fest steht, daß es sich dabei nicht einfach um einen Präventivkrieg, sondern um ein Kernstück der außenpolitischen Zielvorstellungen Hitlers und des Nationalsozialismus handelt, auch wenn im einzelnen unter bundesdeutschen Historikern über die Dominanz des Geplanten oder des Ungeplanten in dieser Politik lange und heftig debattiert wurde. Einerlei, ob man nun den „Ostkrieg" als die erste, noch auf Europa beschränkte Phase von konkreten Weltherrschaftsplänen Hitlers, die erst in einer späteren Phase voll verwirklicht werden sollten, ansieht[42]), oder ob man sie als Ergebnis einer im einzelnen inhalts- und ziellosen Bewegung auch der Außenpolitik des Dritten Reichs auffaßt, die von dessen gesellschaftlicher und innenpolitischer Eigendynamik gespeist und nur ideologisch überhöht wurde[43]); im „Ostkrieg" verschmolzen macht- und militärpolitische Ziele und die kriegerischen Mittel, die selbst zur Verwirklichung des rassenpolitischen Dogmas wurden. Es ging dabei um vier mehr oder weniger explizite Zielvorstellungen (Ich folge hier weithin den Forschungsergebnissen Andreas Hillgrubers, die sich mit denen anderer westdeutscher Historiker decken):
1. die Ausrottung der „jüdisch-bolschewistischen" Führungsschicht einschließlich ihrer angeblich biologischen Wurzel, der Millionen Juden in Ostmitteleuropa;
2. die Gewinnung von Kolonialraum für deutsche Siedler in den vermeintlich besten Teilen Rußlands...;
3. die Dezimierung der slawischen Massen und ihre Unterwerfung unter die deutsche Herrschaft in vier „Reichskommissariaten" bis zum Ural[44]). Gemäß dem „Generalplan Ost" von 1941/42 sollten später zwei Drittel der slawischen Einwohner des fruchtbaren südlichen Teils des europäischen Rußlands nach Norden und nach Sibirien deportiert werden, während möglicherweise 30 Millionen Slawen der Vernichtung und dem Hungertod anheim fallen sollten[45]). Diese Vernichtungspolitik war von Anfang an mit der „Partisanenbekämpfung" verbunden, noch bevor der Partisanenkrieg überhaupt entstanden war[46]).
4. „Schließlich sollte... die Autarkie eines blockadefesten ‚Großraums' in Kontinentaleuropa unter deutscher Herrschaft vollendet werden, für den die eroberten Ostgebiete das vermeintlich unerschöpfliche Reservoir an Rohstoffen und Lebensmitteln darbieten sollten [...]. Daß allein die Absicht, die Wehrmacht ausschließlich aus Rußland zu versorgen, dazu führen würde, daß 'zig Millionen Menschen verhungern[47]) müßten", war auch der deutschen militärischen Führung schon vor dem 22. Juni 1941 bewußt.

Der Entschluß Hitlers, diese neue Art von Krieg im Osten zu beginnen, festgelegt in seiner Weisung Nr. 21, „Fall Barbarossa", vom 18. Dezember 1940, wurde auch zum

243

größer werdende Militärapparat (1943: 9,5 Millionen Soldaten) ein integraler Teil der NS-Vernichtungspolitik gegen alle Arten von „Untermenschen" wurde. Von nun an waren auch die bis dahin noch relativ klar getrennten Aufgabenbereiche zwischen SS und Wehrmacht nicht mehr deutlich zu unterscheiden.

Schon im „Polenfeldzug" war die Wehrmacht Mitwisser der NS-Ausrottungs- und Versklavungspolitik geworden, doch sie hatte noch zum Teil Hitlers Versuchen widerstrebt, sie in diese Politik einzubeziehen, während ein anderer Teil der Wehrmachts- und Heeresführung, zunächst aus der traditionellen militärischen Vorstellungswelt heraus, selbst die Initiative ergriff. Aber „zwischen März und Juli 1941 entstanden im OKW und OKH – mit ständig radikaler werdender Tendenz – eine Reihe von Erlässen, die in der Klarheit, mit der sie gegen fundamentale Grundsätze des Kriegsvölkerrechts verstießen, in der deutschen Heeresgeschichte ohne Beispiel sind"[48]).

Hier seien nur die drei wichtigsten Erlässe angeführt:

- Die *„Richtlinien auf Sondergebieten zur Weisung Nr. 21 (Fall Barbarossa)"* vom 13.März 1941, durch die der Reichsführer SS im Operationsgebiet des Heeres im Zuge des „endgültig auszutragenden Kampf[es] zweier entgegengesetzter politischer Systeme" politische „Sonderaufgaben" übertragen erhielt[49]); damit war im rückwärtigen Armeegebiet die enge Zusammenarbeit der SS mit der Wehrmacht bis hinunter auf Divisionsebene (via den Ic) mit den Einsatzgruppen der SS festgelegt; erprobt wurde dieser „Einsatz von Sonderkommandos der Sicherheitspolizei" gegen „staatsfeindliche Organisationen... sowie von besonders wichtigen Einzelpersonen (Emigranten, Kommunisten, Juden, Saboteuren, Terroristen usw.)" bereits beim Unternehmen „Marita", dem am 6. April 1941 beginnenden Angriff auf Jugoslawien und Griechenland[50]);

- Der *Führererlaß über die Einschränkung der „Kriegsgerichtsbarkeit im Gebiet ‚Barbarossa'"* vom 14. Mai 1941[51]), wodurch eine Kette von Befehlen zu blutigen Vergeltungsmaßnahmen gegen Partisanen und Zivilbevölkerung in Gang gesetzt wurde. Im wesentlichen ging es in diesem Führererlaß, der auch die militärgerichtliche Verantwortlichkeit von Wehrmachtsangehörigen bei Straftaten an „feindlichen Zivilpersonen" einschränkte, um Folgendes, wie ein Offizier des OKH notierte: „Kriegsgerichtsbarkeit gegen Landeseinwohner wird aufgehoben. Nur Kampf mit der Waffe. Jeder Freischärler wird erschossen. Keine Rückführung zur Verwahrung. Kollektive Gewaltmaßnahmen z.B. gegen Ortschaften, aus denen geschossen wird. Unzuträglichkeiten sind möglich (vorn Kampf, hinten Ruhe). Strafbare Handlungen von Soldaten gegen Landeseinwohner: Verfolgung nur, wenn Manneszucht Einschreiten erfordert. (Motiv ist entscheidend, Erbitterung gegen Greueltaten.)"[52])

Kurz: im Kampf gegen den Bolschewismus war alles erlaubt. Es habe „Rechtsempfinden u.U. hinter Kriegsnotwendigkeit zu treten". Die konkrete Entscheidung für

„kollektive Gewaltmaßnahmen" wurde den Offizieren vom Bataillonskommando aufwärts übertragen. Aber es sollte „kein unnötiges Scharfmachen" der Truppe geben und die Soldaten sollten nicht „im Blutrausch" handeln. In erster Linie solle die „Manneszucht" gewahrt werden.

Dies war auch offensichtlich der Fall bei besonders blutigen „Sühnemaßnahmen" gegen die Zivilbevölkerung in Partisanengebieten auf dem Balkan. Für die Tötung von Wehrmachtssoldaten und für Sabotageakte der Partisanen wurde etwa in Kraljevo und Kragujevac (15./16. bzw. 18./19. Oktober 1941) und Kalavrita (13. Dezember 1943) die zehn- und mehrfache Zahl von „Geiseln" aus der unbeteiligten Zivilbevölkerung erschossen, und zwar nur von Wehrmachtseinheiten. Im Südosten waren besonders viele Österreicher in der Wehrmacht als Generäle, Offiziere und einfache Soldaten tätig; – dasselbe gilt im übrigen für die Höheren Polizei- und SS-Führer dieser Region[53]) –, ohne daß diese Art von Involvierung in NS-Kriegsverbrechen bisher im österreichischen Geschichtsbewußtsein (und in den Schulbüchern) einen adäquaten Niederschlag gefunden hätte.

Der sogenannte *„Kommissarbefehl" des OKW vom 6. Juni 1941*, der unter anderem anordnete: „Im Kampf gegen den Bolschewismus ist mit einem Verhalten des Feindes nach den Grundsätzen der Menschlichkeit oder des Völkerrechts nicht zu rechnen. Insbesondere ist von den politischen Kommissaren aller Art als den eigentlichen Trägern des Widerstandes eine haßerfüllte, grausame und unmenschliche Behandlung unserer Gefangenen zu erwarten. [...] Die Urheber barbarischer asiatischer Kampfmethoden sind die politischen Kommissare. Gegen diese muß daher sofort und ohne weiteres mit aller Schärfe vorgegangen werden. Sie sind daher, wenn im Kampf oder Widerstand ergriffen, grundsätzlich sofort mit der Waffe zu erledigen."[54])

Schon am 30. März 1941 machte Hitler etwa 200 bis 250 Wehrmachtsbefehlshabern in einer Rede klar, worum es dabei wirklich ging: Generalstabschef Halder notierte darüber im Kriegstagebuch:

„Kampf zweier Weltanschauungen gegeneinander. Vernichtendes Urteil über Bolschewismus, ist gleich asoziales Verbrechertum. Kommunismus ungeheure Gefahr für die Zukunft. Wir müssen von dem Standpunkt des soldatischen Kamderadentums abrücken. Der Kommunist ist vorher kein Kamerad und nachher kein Kamerad. Es handelt sich um einen Vernichtungskampf. Wenn wir es nicht so auffassen, werden wir zwar den Feind schlagen, aber in 30 Jahren wird uns wieder der kommunistische Feind gegenüberstehen. Wir führen nicht Krieg, um den Feind zu konservieren.

Kampf gegen Rußland: Vernichtung der bolschewistischen Kommissare und der kommunistischen Intelligenz. Die neuen Staaten müssen sozialistische Staaten sein, aber ohne eigene Intelligenz. Es muß verhindert werden, daß eine neue Intelligenz sich bildet.

Der Kampf muß geführt werden gegen das Gift der Zersetzung. Dies ist keine Frage der Kriegsgerichte. Die Führer der Truppe müssen wissen, worum es geht. Sie müssen in dem Kampf führen. Die Truppe muß sich mit den Mitteln verteidigen, mit denen sie angegriffen wird. Kommissare und GPU-Leute sind Verbrecher und müssen als solche behandelt werden.

Deshalb braucht die Truppe nicht aus der Hand der Führer zu kommen. Der Führer muß seine Anordnungen im Einklang mit dem Empfinden der Truppe treffen [Randnotiz Halders: Der Kampf wird sich sehr unterscheiden vom Kampf im Westen. Im Osten ist Härte mild für die Zukunft.]
Die Führer müssen von sich das Opfer verlangen, ihre Bedenken zu überwinden. [Randnotiz Halders: ObdH Befehl.]"[55])

Diese grundlegenden Ausführungen Hitlers und die darauf aufbauenden Erlässe und Befehle wurden in der Wehrmacht ohne große Widerstände bis unten durchgegeben. In ihrer allgemeinsten Form wurden sie als „Richtlinien an die Truppe mit Eingang des Angriffsbefehls" zur Einstimmung auf den Kampf bekanntgemacht.

Auffällig an den Ausführungen des „Führers" vor der Generalität ist, daß Hitler hierbei weniger rassenideologisch argumentierte; er appellierte vielmehr an die traditionelle Vorstellungswelt preußisch-deutscher Militärs, vor allem an deren Antibolschewismus, Ostpolitikvorstellungen und militärisches Expertenwissen. Bemerkenswert ist auch, wie es ihm gelang, das antizipierte Unbehagen vieler konservativer Offiziere gegen eine solche Verletzung ihrer „Standesethik" durch den Hinweis auf die Einmaligkeit und den Ausnahmecharakter dieser Maßnahmen zu besänftigen; es entspreche gerade der militärischen Ethik, solche humanitären Bedenken zu überwinden. Deshalb auch die Verschiebung der „Opfer"-Eigenschaft von den Zu-Ermordenden auf die Täter, die ihre eigenen Bedenken dem Volksganzen zu opfern hätten, eine Argumentation, die auch in den Nachkriegsrechtfertigungen der ehemaligen Wehrmachtsangehörigen aller Rangstufen bis heute wiederholt wird. Auf diese Weise wurden die verbliebenen Reste traditionaler preußisch-deutscher (wie auch kaiserlich-österreichischer) Offiziersethik gebrochen.

Das wechselseitige bindende Prinzip der Gehorsamspflicht gegenüber Befehl und gemeinsamen moralischen Grundwerten entartete zum bedingungslosen Gehorsam des beliebig einsetzbaren „unpolitischen Militärtechnikers".[56]) Ein solcherart verändertes Verständnis von Pflichterfüllung erleichterte es den meisten Wehrmachtsoffizieren, ihre ohnehin sich verringernde Distanz zur NS-Weltanschauung und zur Politik des Dritten Reichs zu überwinden. Hierfür gibt es zahlreiche mehr oder weniger prominente Beispiele.

Ein Österreicher, der als Wehrmachtssoldat auf dem Balkan eingesetzt war, berichtete 1988, wie sich für ihn das Verhältnis von Befehl und Freiwilligkeit bei solchen kriegsverbrecherischen Aktionen stellte:

„Ein Personenzug mit [...] Begleitschutz ist von Partisanen überfallen worden, und von dieser Begleittruppe sind zehn Soldaten gefallen [...]. Als Reaktion auf diesen Überfall hat man 30 Geiseln genommen, keine im Kampf gefangenen Partisanen, sondern Geiseln [...]. Ich war damals noch Rekrut [...]. Wir [...] mußten aber schon hinaus für verschiedene Aktionen... Das Verhältnis der Erschießung war damals 1:3. Sie hatten manchmal 1:100, 1:10 oder 1:3... [...]. Das ist plakatiert worden. Als Vergeltung für die Ermordung, Erschießung von zehn deutschen Soldaten waren es 30 Partisanen, Geiseln, die wurden erschossen. [...]
Dieser Rekrutenzug [...], das waren ungefähr 30 Mann, mußte in der Früh antreten. Der Oberfeldwebel hat einen Vortrag gehalten... ‚Also ihr seid ausersehen, das Exekutionskommando zu bilden, 30 Partisanen zu erschießen, aber nur, wenn ihr euch freiwillig dazu meldet.' Da sind 30 Hände hochgegangen. Die Exekution hat am nächsten Tag stattgefunden. Die Schilderung der Exekution lassen wir."[57])

Welche Fragen sich dieser ehemalige Wehrmachtssoldat, fern von jeder unreflektierten Bezugnahme auf „Pflichterfüllung" und in dem Bemühen, das grausame Geschehen nicht völlig aus seinem Bewußtsein zu verdrängen, heute stellt, soll am Ende dieses Beitrags zitiert werden.

Alle von Wehrmachtsoffizieren vorgebrachten Begründungen solcher planmäßigen Verletzungen des internationalen Kriegsrechts waren nur fadenscheinige Versuche zur Beruhigung des letzten Rests ihres soldatischen „Gewissens", auch wenn die immanente besondere Grausamkeit jedes Partisanenkriegs, und insbesondere die auf dem Balkan verübten Greueltaten – auch der Partisanen – bei allen Kriegsteilnehmern eine tiefgreifende Beunruhigung und Emotionalisierung, die oft heute noch spürbar ist, bewirkt hat. Bei den Kommissaren der Roten Armee, die tatsächlich vollwertige und uniformierte Angehörige der kämpfenden Truppe waren, handle es sich nicht um „richtige Soldaten" im Sinne der Haager Landkriegsordnung von 1907, argumentierten die Juristen der Wehrmacht. Diese und das Genfer Abkommen über den Schutz von Kriegsgefangenen von 1929 seien von der Sowjetunion nicht anerkannt worden, was sogar formell wenige Wochen nach Beginn des „Ostfeldzuges" geschah; auch daß generell die deutschen völkerrechtswidrigen Befehle mit der schon im vorhinein als inhuman bezeichneten Kriegsführung des Gegners begründet wurden, waren unzulässig[58]).

Wie es in Wirklichkeit war, enthüllte Hitler am 16. Juli 1941 im engsten Führungskreis, nachdem zwei Wochen zuvor Stalin zum Partisanenkampf gegen die deutschen Invasoren aufgerufen hatte:

„Die Russen haben jetzt einen Befehl zum Partisanenkrieg hinter unserer Front gegeben. Dieser Partisanenkrieg hat auch wieder seinen Vorteil: er gibt uns die Möglichkeit auszurotten, was sich gegen uns stellt."[59])

In voller Absicht verletzte die deutsche Kriegsführung somit die Haager Landkriegsordnung, nicht bloß Hitler, sondern auch die Wehrmachtsführung, die dessen Erlässe nicht nur willig weitergab und „gewissenhaft" ausführte, sondern auch noch verschiedentlich verschärfte. Allerdings muß gesagt werden, daß es auch Truppenkommandeure gab, die sich solchen kriegsverbrecherischen Befehlen widersetzten und die dagegen offen ethische oder fachliche Bedenken vorbrachten, ohne daß sie deswegen gemaßregelt worden wären.

Insgesamt kamen nach Schätzungen Hans-Adolf Jacobsens auf diese Weise allein von den über 5 Millionen russischen Kriegsgefangenen (bis April 1944) mindestens 1,3 Millionen um. Sie „verschwanden" in deutschen Durchgangslagern, in KZs oder wurden „auf der Flucht erschossen". Zusätzlich dazu registrierte die deutsche Kriegsgefangenenstatistik fast 2 Millionen „Abgänge" durch Verhungern oder tödliche Krankheiten[60]).

IV

Doch dies war nicht der einzige Bereich, auf dem die Wehrmacht in die NS-Verbrechen involviert war. Die genannten Befehle stehen in einem untrennbaren Zusammenhang mit der Judenvernichtung. So formulierte Generalfeldmarschall v. Reichenau, nun Oberbefehlshaber der 6. Armee, in einem Befehl vom 10. Oktober 1941, immer noch an das national-konservative Feindbild „Juden und Kommunisten" anknüpfend:

„Das wesentlichste Ziel des Feldzuges gegen das jüdisch-bolschewistische System ist die völlige Zerschlagung der Machtmittel und die Ausrottung des asiatischen Einflusses im europäischen Kulturkreis. Hierdurch entstehen auch für die Truppe Aufgaben, die über das hergebrachte einseitige Soldatentum hinausgehen. Der Soldat ist im Ostraum nicht nur ein Kämpfer nach den Regeln der Kriegskunst, sondern auch Träger einer unerbittlichen völkischen Idee und der Rächer für alle Bestialitäten, die deutschem und artverwandtem Volkstum zugefügt wurden. Deshalb muß der Soldat für die Notwendigkeit der harten, aber gerechten Sühne am jüdischen Untermenschen volles Verständnis haben... Nur so werden wir unserer geschichtlichen Aufgabe gerecht, das deutsche Volk von der asiatisch-jüdischen Gefahr ein für allemal zu befreien."[61])

Die „Endlösung" wäre in vielen Gebieten des deutschen Herrschaftsbereichs durch die SS allein nicht herbeizuführen gewesen. Hierzu bedurfte es des Zusammenwirkens besonders vieler Faktoren, nicht nur unterschiedlicher Formen der passiven bis aktiven Hinnahme dieser Verfolgungsmaßnahmen durch die jeweiligen, auch nicht-deutschen Zivilbevölkerungen, sondern auch der aktiven Mitwirkung der bürokratischen Apparate im Großdeutschen Reich und in den besetzten und abhängigen Territorien, nicht zuletzt der Reichsbahn und eben vor allem der Wehrmacht. Die Wehrmacht war gleich auf vielfache Weise an der Realisierung des ungeheuerlichen Massenmords beteiligt, wechselnd je nach Umständen und Region.

Zunächst ist darauf hinzuweisen, daß eine Armee, die sich, trotz ihrer im Großen und Ganzen willigen Integration in den Vernichtungskrieg des Nationalsozialismus, immer noch auf eigene Disziplin und Ordnungsfunktionen im „Osten" berief, als nicht interessiert zeigte, sobald durch Einheimische und von diesen gestellte „Hilfsorganisationen" massenhaft Juden massakriert wurden. So ereignete sich schon am 25./26. Juni 1941, kurz nach der Einnahme von Kowno (Kaunas), ein Judenpogrom, dem rund 2300 Juden zum Opfer fielen. Ausgeführt wurde er über Anstiftung von Heydrich von vorgeblichen litauischen „Partisanen", buchstäblich vor den Augen der Armeeführer. In aller Öffentlichkeit wurden die zusammengetriebenen Juden von den litauischen Kollaborateuren zu Hunderten der Reihe nach erschlagen. Wehrmachtsgeneräle meinten dazu gleichsam achselzuckend: „Das ist eine politische Auseinandersetzung, die uns nicht interessiert; d.h. sie interessiert uns schon, aber wir dürfen ja nicht; was sollen wir denn machen?" In der Tat gab es dementsprechend Absprachen mit der SS, wie auch der SS-General Walter Stahlecker zugab: „Durch Unterrichtung der Wehrmachtsstellen, bei denen für dieses Vorgehen durchweg [?] Verständnis vorhanden war, liefen die Selbstreinigungsaktionen reibungslos ab." Und ein anderer Wehrmachtsgeneral berichtete: „Unsere deutschen Soldaten waren ruhige Zuschauer; hatten keinen Befehl, das Blutgericht irgendwie aufzuhalten." Wenn aus den Reihen der Militärs dennoch Bedenken an höchster Stelle vorgebracht wurden, wurden sie – bezeichnenderweise – mit Argumenten wie dem folgenden besänftigt: „Der Soldat solle nicht mit diesen politischen Fragen belastet werden; es handle sich dabei um eine notwendige ‚Flurbereinigung'"[62])

Ähnliches ereignete sich unter wechselnden Bedingungen und Feindbildern immer wieder im „Osten" und „Südosten", nicht zuletzt auch bei den „verbündeten" Rumänen und Kroaten und den „befreiten" Ukrainern. Wo die „Exekutionen" durch die Einsatzgruppen und Sonderkommandos der SS im Hinterland und an abgeschiedenen Plätzen oder gar mitten im Operationsgebiet durchgeführt wurden, wurden zahlreiche Wehrmachtssoldaten Augenzeugen dieser Vorgänge. Nicht immer ging das einher, ohne Aufsehen oder Abscheu zu erwecken. Gerade das wollte die Wehrmachtsführung aber vermeiden. So hieß es in einem Befehl der 11. Armee vom 22. Juli 1941 an die Truppe: „Bei der in Osteuropa herrschenden Auffassung vom Wert des Menschenlebens können deutsche Soldaten Zeugen von Vorgängen werden (Massenhinrichtungen, Ermordung von Zivilgefangenen, Juden u.a.m.), die sie im Augenblick nicht verhindern können, die aber zutiefst gegen das deutsche Ehrgefühl verstoßen.

Es ist eine Selbstverständlichkeit für jeden gesund empfindenden Menschen, daß von solchen abscheulichen Ausschreitungen keine fotografischen Aufnahmen angefertigt werden oder über sie in Briefen an die Heimat berichtet wird. Das Anfertigen oder Verbreiten solcher Fotografien oder Berichte über solche Vorgänge werden als Untergraben von Anstand und Manneszucht in der Wehrmacht angesehen und streng bestraft. Alle etwa vorhandenen Bilder oder Berichte über solche Ausschreitungen sind zusammen mit den Negativen einzuziehen und unter Angabe des Herstellers oder Verbreiters dem Ic/A.O. der Armee einzusenden.

Ein neugieriges Begaffen solcher Vorgänge liegt unter der Würde des deutschen Soldaten."[63])

Nicht „unter der Würde des deutschen Soldaten" war es, daß die Wehrmacht bei der Massenerschießung von Juden, Zigeunern und anderen „rassisch Minderwertigen" mitwirkte. Da Juden (und andere „Rassefeinde") in der NS-Rassenideologie per se schon eine Gefahr für die politische Sicherheit des Dritten Reiches darstellten und als die eigentlichen Träger des Bolschewismus galten, wurden sie von vornherein als potentielle oder reale Partisanen behandelt. Da der Wehrmacht jedes Mittel im Partisanenkampf recht war, wurden ihre Offiziere und Soldaten, als Ganzes gesehen, über diese Argumentationskette dazu gebracht, an der „Endlösung" mitzuwirken, noch bevor diese ihre höchste „Rationalisierungsstufe" in den Gaskammern der Vernichtungslager erreicht hatte. Einerseits wurden dadurch antisemitische und antikommunistische Sentiments der konservativen Offiziere und mindestens von Teilen der Mannschaft angesprochen, andererseits den Heeresangehörigen ein „Beruhigungsmittel" für ihre „Soldatenehre" angeboten; denn sie wollten im Weltanschauungkrieg keineswegs immer so weit, wie sie es seitens der SS erlebten, gehen: Vernichtung der Juden, nicht aus rassistischen Gründen, sondern aus militärisch-weltanschaulichen. Dennoch wirkte die Wehrmacht zunächst auf dreierlei Weise aktiv an den Massenerschießungen von Juden mit, denen insgesamt rund 1,4 Millionen Juden zum Opfer fielen.

Am häufigsten geschah dies durch Übergabe der jüdischen Zivilbevölkerung in die Hände der Einsatzgruppen. Dies bedeutete, daß Wehrmachtsoffiziere vorher entschieden, wer Jude war, wobei es für sein Los gleichgültig war, ob er unter dieser Bezeichnung, als „Krimineller", „Kommissar", „Asiate", oder „minderwertiges Element" in die Hände der SS fiel. Den Juden wurden vor allem anfangs absichtlich Sabotageakte und Überfälle zugeschrieben, um die nicht-russischen „Ostvölker" durch Repressionsmaßnahmen nicht ins Lager des militärischen Hauptgegners zu treiben. Wo es Partisanenaktivität gab oder wo sie zu erwarten war, waren im Osten Repressalien immer auch potentielle Aktionen im Rahmen der „Endlösung". Immer wieder „durchkämmten" daher Wehrmachtsoffiziere in Zusammenarbeit mit der SS Städte, Dörfer,

Sümpfe und Gefangenenlager nach dieser Kategorie von „Feinden". Größere „Aktionen" der SS-Einsatzgruppen gegen die Juden, getarnt als „Vergeltungsmaßnahmen", wurden wie beim Massenmord von Babi Jar nicht nur mit Wissen, sondern mit Billigung der deutschen Besatzungsbehörden ausgeführt. Dies gilt im besonderen auch für den Kriegsschauplatz Balkan, wo es nach dem raschen Sieg der deutschen (und italienischen) Armee über drei Jahre lang praktisch nur den einen Feind gab: Partisanen und „Partisanenverdächtige".

Im vermeintlichen oder vorgeblichen Interesse „militärischer Sicherheit" initiierten Wehrmachtsstellen immer wieder geradezu ein solches Vorgehen gegen Juden. Wo Sabotageakte und Partisanenüberfälle vorgekommen waren, riefen Kommandobehörden der Wehrmacht nach dem Eingreifen von Einsatzkommandos und verlangten die Vernichtung der Juden. Manche Armeekommandeure verhängten sogar „vorsorglich" Maßnahmen gegen Juden, bevor überhaupt Anzeichen von Widerstand aufgetreten waren[64]). Ja, auf der Krim beschloß 1941 die 11. Armee sogar, daß die Erschießungen der Juden bis Weihnachten beendet sein sollten. Sie unterstützte daher die Einsatzgruppe D, der sie mit Kraftfahrzeugen und Personal aushalf, die Erschießungen rechtzeitig zu beenden, um das Weihnachtsfest in einer Stadt ohne Juden begehen zu können[65]).

Und schließlich verrichteten Wehrmachtssoldaten selbst, in einem weitaus größeren Ausmaß als zugegeben und gemeinhin angenommen, das schmutzige Geschäft der „Exekutionen". Nicht nur die Geheime Feldpolizei, sondern reguläre Truppenteile wurden zu den Massenerschießungen herangezogen, als geschlossene Einheiten oder gemischt mit SS. Selbst in den Gebieten hinter der Ostfront, in denen die vier Einsatzgruppen der SS agierten, reichte das SS- Personal für die zu erfüllenden „rassepolitischen" Aufgaben nicht aus. Umso mehr war dies auf dem Balkan der Fall, wo abgesehen von kleinen Stäben und einzelnen Beauftragten fast keine SS vorhanden war. Vor allem in Serbien „liquidierte" die Wehrmacht auf Anweisung Eichmanns bis Frühjahr 1942 alle Juden, zunächst 4.000 bis 5.000 männliche Juden, bevor etwa 15.000 jüdische Frauen und Kinder in den angeforderten Vergasungswagen der SS getötet wurden.

Ein leitender Beamter der Militärverwaltung berichtete hierüber im Oktober 1941 an einen SS-Freund, der immerhin wußte, „daß hier der Teufel los ist". Er habe fünf Wochen zuvor die ersten 600 Männer, dann schon 2.000 und kürzlich wieder 1.000 Menschen „an die Wand gestellt und zwischendurch habe ich dann in den letzten 8 Tagen 2.000 Juden und 200 Zigeuner erschießen lassen nach der Quote 1:100 für bestialisch hingemordete deutsche Soldaten und weitere 2.200, ebenfalls fast nur Juden, werden in den nächsten 8 Tagen erschossen. Eine schöne Arbeit ist das nicht! Aber immerhin muß es sein, um einmal den Leuten klar zu machen, was es heißt, einen deutschen Soldaten überhaupt anzugreifen, und zum anderen löst sich die Judenfrage auf diese Weise am

251

schnellsten."⁶⁶)

Ein Kompaniechef, der eine solche „Sühneerschießung" bei Belgrad leitete, als „prima Mensch" und durchwegs nicht als Unmensch beschrieben, berichtete darüber Anfang November 1941: „Während die Kompanie ihre Opfer aus dem Lager abholte, versammelten sich vor den Lagertoren die Frauen der internierten Juden und ‚heulten und schrien', als wir abfuhren. Gepäck und Wertsachen der Opfer wurden eingesammelt und per Lastwagen an die NSV [Nationalsozialistische Volkswohlfahrt] geliefert." Als Sicherung der Tötungsstätte wurden drei leichte Maschinengewehre und zwölf Scharfschützen aufgestellt. „Das Ausheben der Gruben nimmt den größten Teil der Zeit in Anspruch, während das Erschießen selbst sehr schnell geht (100 Mann in 40 Minuten). [...]
Das Erschießen der Juden ist einfacher als das der Zigeuner. Man muß zugeben, daß die Juden sehr gefaßt in den Tod gehen, – sie stehen sehr ruhig, – während die Zigeuner heulen, schreien und sich dauernd bewegen, wenn sie schon auf dem Erschießungsplatz stehen. Einige sprangen sogar vor der Salve in die Grube und versuchten, sich tot zu stellen. Anfangs waren meine Soldaten sehr beeindruckt. Am 2. Tage jedoch machte sich schon bemerkbar, daß der eine oder andere nicht die Nerven besitzt, auf längere Zeit eine Erschießung durchzuführen. Mein persönlicher Eindruck ist, daß man während der Erschießung keine seelischen Hemmungen bekommt. Diese stellen sich jedoch ein, wenn man nach Tagen abends in Ruhe darüber nachdenkt."⁶⁷)

Als die Deportationen in die Vernichtungslager im „Generalgouvernement" begonnen hatten, unterstützte die Wehrmacht auch diese neue, noch inhumanere „Perfektionsstufe" der „Endlösung", und zwar in den schon skizzierten Formen der Kooperation. Ein besonders trauriges Kapitel stellt dabei wiederum der Balkan, insbesondere Griechenland, dar, wo in der Heeresgruppe E, angefangen von deren Chef, Alexander Löhr, besonders viele Österreicher, so auch der heutige Bundespräsident Waldheim, dienten. Gerade hier wirkte die Wehrmacht, selbst unter den Bedingungen des knapp werdenden Transportmaterials und Begleitpersonals der letzten Kriegsjahre, direkt an den Judendeportationen nach Auschwitz mit. Wurden 46.000 Juden Thessalonikis und Nordgriechenlands noch sozusagen in Eigenregie der SS „ausgesiedelt", so waren es Offiziere der Heeresgruppe E, die bezüglich der restlichen jüdischen Gemeinden in Mittel- und Inselgriechenland die Initiative ergriffen.
So veranlaßte die Korpsgruppe Joannina im April 1944 bei ihrer übergeordneten Stelle, eben der Heeresgruppe E, die Deportation der noch auf der Insel Corfu (Kerkyra) vorhandenen Juden, insgesamt 2000 Personen: „Ihr Abtransport würde [...] eine nicht unerhebliche Erleichterung der Ernährungslage darstellen. SD [=Sicherheitsdienst der SS] und GFP [=Geheime Feldpolizei] sind z.Zt. dabei, Vorbereitungen für einen Abtransport der Juden zu treffen [...]. Zwecks Regelung der Judenfrage bittet Korpsgruppe

Durchführungsmaßnahmen beim SD erwirken zu wollen."⁶⁸)

Von dieser und anderen griechischen Inseln, so auch von Kreta und Rhodos, wurden die Juden sozusagen noch im letzten Augenblick in die Gaskammern deportiert, oft über Anregung von Wehrmachtsstellen und überall mit deren Hilfsmitteln. Denn überall, wo es weder stationäre noch mobile SD-Kommandos gab, sprang die Wehrmacht ein: ihre Dienststellen und ihr Personal veranlaßten die Registrierung der Juden und ihres Eigentums, die räumliche Zusammendrängung der Opfer an den Abgangsplätzen, die Organisierung der Transportmittel, selbst der Schiffe, und der Begleitmannschaften. Die Wehrmacht war hier wahrhaft instrumental für den Deportationsprozeß⁶⁹).

Somit war der deutsche Militärapparat von einem auf Wahrung national-konservativer Eigeninteressen bedachten Bündnispartner mit den radikal nationalsozialistischen Bewegungskräften zu einem gut funktionierenden Ausführungsorgan im „Vernichtungskampf" gegen Bolschewismus und Judentum geworden. Es bedurfte dazu gar nicht in erster Linie des Vordringens ausgesprochen nationalsozialistisch-ideologischer Offiziere innerhalb der Wehrmacht, sondern auch jene militärischen Führer und Kader, die mit dem Nationalsozialismus und dem „Dritten Reich" nur eine Teilidentität der Ziele verband, funktionierten meist reibungslos in der riesigen Tötungsmaschinerie. Öfter noch als Sand im Getriebe und Widerstandsfaktoren waren sie Schmieröl und Antriebsräder. Viele Wehrmachtsoffiziere, nur im Bewußtsein dessen, was sie von der NS-Ideologie im vollen Sinn trennte und nicht, was sie auch damit verband, dürften nicht einmal wahrgenommen haben, weder damals noch heute, wie ihre traditionelle „Offizierehre" und ihr konservatives „Standesbewußtsein" ausgehöhlt wurden von ihrer Ergebenheit an den „Führer" und einem blinden Gehorsam. Schritt für Schritt ließ sich die Wehrmacht auf diesen „Vernichtungskrieg" ein. Sie übernahm dessen Ziele und Methoden, einem Zirkel der Selbstradikalisierung aus Karrieredenken, Konkurrenzdruck, vorauseilendem Gehorsam und echtem Terror nachgebend.

Wie zunächst nur auf dem Papier, scheinbar militärisch-rational, geplant worden war, „so ist dann gehandelt worden, und Wehrmachtstruppen haben teils direkt, teils indirekt Beihilfe geleistet. Nur wenige lehnten die Ausführung verbrecherischer Befehle ab. Aber nicht nur die Wehrmacht war in das Verbrechen verstrickt, auch die Reichsbahn, Zivilbeamte, im Grunde jeder, der wegsah und doch wußte, daß das Schreckliche geschah."⁷⁰)
„Hitlers Ostkrieg zerstörte [...] die bis dahin noch mühevoll durchgehaltene Fiktion von der Trennung zwischen der militärischen Kriegsführung im Stile ‚europäischer Normalkriege' und den Maßnahmen von Sicherheitspolizei und SD in den besetzten Gebieten: er verknüpfte vielmehr SS-Aktion und militärischen Kampf als verschiedene Seiten

eines einzigen großen Vernichtungskrieges zu einem unlösbaren Ganzen."[71])
Die so reibungslos verlaufende Integration der Wehrmacht in die Vernichtungspolitik des Dritten Reiches beruhte auf einem Paradoxon, das ich die *funktionelle Instrumentalisierung der Nicht-Nazis* nennen möchte. Gerade weil das NS-Regime keine wirklich total gleichschaltende Herrschaft war, räumte es zahlreichen recht unterschiedlichen Lebensbereichen und Organisationen, wie Stammtischen, Vereinen, bürokratischen Apparaten oder den Kirchen, ein gewisses Eigenleben ein, solange diese nicht-nazistischen Enklaven sich den großen Zielen des Nationalsozialismus einordneten. So behielt auch die Wehrmacht innerhalb des NS-Staates immer noch einen Rest von militärisch-technischer, sozial-klassenmäßiger und weltanschaulicher Eigenständigkeit bei. Deshalb konnte auch die große Mehrheit des Offizierskorps, oft durchaus subjektiv ehrlich, Distanz zu den radikalen Zielvorstellungen und Mitteln des Nationalsozialismus wahren und ihre moralische Verantwortlichkeit ablehnen. Denoch verrichtete sie aus „blindem" militärischen Obrigkeitsglauben jene Aufgaben, die ihr das Regime zuteilte.

Die konkrete Vernichtungs-„Arbeit" im Krieg (und bei der „Endlösung") konnte nur verrichtet werden, wenn sich die Ausführenden mit den radikalsten Vernichtungszielen gegen „Juden" und „Bolschewiken" nicht total zu identifizieren brauchten. Und es ist zu vermuten, daß auch das Umgekehrte der Fall war, wie das Beispiel Himmlers zeigt, dem übel wurde beim bloßen Zusehen bei jenen Massakern, die er selbst angeordnet hatte. Die radikalen Vernichtungsphantasien konnten nur realisiert werden, weil der „Führer" und seine „Paladine" und die anderen „Unterführer" das blutige Geschäft nicht selbst zu verrichten, nicht einmal anzusehen brauchten. Dies gilt auch für das Verhältnis von SS und Wehrmacht bei den Kriegsverbrechen.

Nicht bloß Opportunismus, sondern die Arbeitsteilung zwischen ideologischen Nazis und Halb-Distanzierten oder Halb-Zustimmenden bzw. Befehlenden und Ausführenden ermöglichte es dem Gesamtsystem, die ungeheuerlichsten Verbrechen zustandezubringen. Die einen redeten von ihren Vernichtungsvorstellungen eher nur abstrakt und metaphorisch, brauchten aber nicht selbst Hand anzulegen, die anderen aber taten es, konnten aber ihr Tun nur ertragen, weils sie sich mit dem Gesamtzusammenhang ihres Tuns *nicht* identifizierten und so die (Mit-)Verantwortung nach oben abschieben konnten.

Derselbe Mechanismus der Verantwortungsverweigerung und Schuldabwehr wirkt offenkundig auch im Bewußtsein der meisten Wehrmachtsangehörigen bis heute weiter. Er blockiert die Annahme jener Erkenntnisse von Historikern, wie sie in den zuletzt gebrachten Zitaten zum Ausdruck kommen. Die Zitate stammen von Michael Stürmer und Hans-Adolf Jacobsen und belegen, daß sich die Urteile von „progressiven" Historikern über die Rolle der Wehrmacht nicht allzusehr von jenen der Exponenten der „Revisionisten" im deutschen Historikerstreit unterscheiden. Nur in Österreich fällt es unter Historikern, in der politischen Öffentlichkeit und erst recht im weniger öffentlichen Geschichtsbewußtsein besonders schwer, jene Wort zu finden, die geschichtswissenschaftlich wie demokratiepolitisch angemesssen wären: daß die deutsche Wehrmacht keine österreichische war und daß dennoch die Österreicher der Zweiten Republik die in der Wehrmacht begangenen Verbrechen als solche ihrer eigenen Vergangenheit anerkennen sollten. Dann könnte es sein, daß sich mehr und prominentere Angehörige der Weltkriegsgeneration jene Fragen stellen, die der schon oben zitierte österreichische Wehrmachtssoldat, sich an seine Mitwirkung an kriegsverbrecherischen „Partisanenerschießungen" erinnernd, aufgeworfen hat:

„Also, inwieweit bin ich da mitschuldig? Wie soll ich die Sache weitergeben? Mein Sohn, der ist 42 Jahre alt, der weiß es nicht, aber mein Enkel, der ist neun Jahre, der fragt mich: ‚Opa, wie war's im Krieg? Wie hast Du geschossen? Auf wen hast Du geschossen? Welche Auszeichnung hast Du gekriegt?' Und jetzt geht's um die Aufarbeitung, um der nächsten Generation das weiterzugeben; sie zu bitten, daß sie Verständnis hat. Soll man sühnen?"[72])

Die Antwort auf diese Frage hat dieser einfache Wehrmachtssoldat schon gegeben; sie liegt im Sich-Stellen den Problemen höchst persönlicher Schuld und kollektiver Verantwortlichkeit, im Nicht-Vergessen des Schrecklichen.

Anmerkungen

1) Siehe etwa: Herbert Michaelis: Der Zweite Weltkrieg 1939-1945, in: Leo Just (Hg.), Handbuch der Deutschen Geschichte, Bd. 4, 2. Teil, 5. Abschnitt, Konstanz 1965, S. 326.
2) Hans-Ulrich Wehler: Das Deutsche Kaiserreich 1871-1918, 5. Aufl., Göttingen 1983, S. 105ff.; 158ff.
3) Vgl. jedoch: Theodor Körner: Auf Vorposten, Wien 1977; Ilona Duczynska: Der demokratische Bolschewik, München0n 1975.
4) Geoffrey H. Hartman (Hg.): Bitburg in Moral and Political Perspective, Bloomington, Ind. 1986.
5) Gerhard Botz: Eine deutsche Geschichte 1938 bis 1945?, in: Zeitgeschichte 14.1 (1986), S. 19-38; ders., Ernst Hanisch und Gerald Sprengnagel (Hg.): Kontroversen um Österreichs Zeitgeschichte, erscheint Frankfurt a.M. 1988.
6) Siehe nunmehr: Hanspeter Born: Für die Richtigkeit Kurt Waldheim, München 1987; Robert Edwin Herzstein: Waldheim. The Missing Years, New York 1988 und: Bericht der internationalen Historikerkommission über die Kriegsvergangenheit Kurt Waldheims (BKA, Wien, 8.2.1988, unveröffentlichtes Manuskript).
7) Gerhard Botz: Le nazisme dissumulé dans le passé de l'Autriche et le cas Waldheim, erscheint in: Les juifs autrichiens de l'ère Francis Joseph jusqu' à Kurt Waldheim, Brüssel 1988/89.
8) Siehe: Walter Manoschek und Hans Safrian: Österreicher in der Wehrmacht, in: Emmerich Talos u.a. (Hg.): NS-Herrschaft in Österreich 1938-1945, Wien 1988, S. 331-360.
9) Max Weber: Wirtschaft und Gesellschaft, 2 Bde., Köln 1964, S. 1047.
10) Francis L. Carsten: Reichswehr und Politik 1918-1933, 3. Aufl., Köln 1966; Ulrich Kluge: Die deutsche Revolution 1918/1919, Frankfurt a.M. 1985, S. 138ff.
11) Francis L. Carsten: Geschichte der preußischen Junker, Frankfurt a.M. 1988, S. 164ff.
12) Martin Broszat: Der Staat Hitlers, Frankfurt a.M. 1969, S. 423.
13) Karl-Dietrich Bracher, Die deutsche Diktatur, Köln 1969, S. 534; ders.: Die Auflösung der Weimarer Republik, Düsseldorf 1984, S. 620ff.
14) Vgl. etwa die „Richtlinien für die Ausbildung im Heere" von 1931, zit. nach: Manfred Messerschmidt: Das Verhältnis von Wehrmacht und NS-Staat und die Frage der Traditionsbildung, in: Aus Politik und Zeitgeschichte, B 17/81 (25.4.1981), S. 11.
15) Zit. nach Francis L. Carsten: Die Reichswehr und die Diktatur, in: Gotthard Jasper (Hg.), Von Weimar zu Hitler 1930–1933, Köln 1969, S. 180.
16) Wolfgang Michalka und Gottfried Niedhart (Hg.): Die ungeliebte Republik, München 1980, S. 354.
17) Zit. nach: Carsten, Reichswehr, S. 182.
18) Zit. nach: Manfred Messerschmidt: Die Wehrmacht im NS-Staat, in: Karl-Dietrich Bracher u.a. (Hg.): Nationalsozialistische Diktatur 1933-1945, Bonn 1986, S. 466.
19) Klaus-Jürgen Müller: Reichswehr und „Röhm-Affäre", in: Militärgeschichtliche Mitteilungen 1 (1968), S. 107-144.
20) Vgl. David B. Hinton: The Films of Leni Riefenstahl, Metuchen, N.J. 1978.
21) Peter Hüttenberger: Nationalsozialistische Polykratie, in: Geschichte und Gesellschaft 2 (1976), S. 417-442.
22) Ebenda, S. 435.
23) Klaus Hildebrand: Das Dritte Reich, München 1979, S. 53f., 101ff.; Peter Hoffmann: Widerstand, Staatsstreich, Attentat, München 1970; Kurt Finker: Probleme des militärischen Widerstandes und des Umsturzversuches vom 20. Juli 1944 in Deutschland, in: Christoph Kleßmann und Falk Pingel (Hg.): Gegner des Nationalsozialismus, Frankfurt a.M. 1980, S. 153-186.
24) Zit. nach Michalka und Niedhart, Republik, S. 372f.
25) Zit. Nach Carsten, Reichswehr und Diktatur, S. 183ff.; Messerschmidt, Wehrmacht im NS-Staat, S. 465f.
26) Carsten, Reichswehr und Politik, S. 184f.
27) Michael Geyer, Der zur Organisation erhobene Burgfriede, in: Klaus Jürgen Müller und E. Opitz (Hg.): Militär und Militarismus in der Weimarer Republik, Düsseldorf 1978, S. 15-100.
28) Manfred Messerschmidt: The Wehrmacht and the Volksgemeinschaft, in: Journal of Contemporary History 18(1983), S. 724ff.
29) Manfred Messerschmidt: Die Wehrmachtjustiz im Dienste des Nationalsozialismus, Baden-Baden 1987, S. 50f., 63f.

30) Eberhard Jäckel: Hitlers Weltanschauung, Tübingen 1969;
    Klaus Hildebrand: Hitlers „Programm" und seine Realisierung 1939–1942,
    in: Manfred Funke (Hg.): Hitler, Deutschland und die Mächte, Düsseldorf 1976, S. 63-94.
31) Andreas Hillgruber: Germany and the Two World Wars, Cambridge, Mass. 1981, S. 46f.
32) Erich Ludendorff: Der totale Krieg, München 1935.
33) Messerschmidt, Wehrmacht and the Volksgemeinschaft, S. 725f.
34) Andreas Hillgruber: Die gescheiterte Großmacht, Düsseldorf 1980, S. 77; vgl. auch:
    Hildebrand, „Programm", S. 68f.
35) Harold C. Deutsch: Verschwörung gegen den Krieg, München 1969.
36) Fritz Fischer: Bündnis der Eliten, Düsseldorf 1979, S. 88ff.
37) Volker R. Berghahn: Modern Germany, Cambridge 1982, S. 154f.
38) Zit. nach Messerschmidt, Verhältnis, S. 16f.
39) Reinhard Stumpf: Die Wehrmacht-Elite, Boppord a.R. 1982, S. 298ff.
40) Messerschmidt, Verhältnis, S. 17.
41) Ernst Nolte, Der Faschismus in seiner Epoche, 2. Aufl., München 1965, S. 436.
42) Klaus Hildebrand: Deutsche Außenpolitik 1933-1945, Stuttgart 1971, S 107ff.; Andreas Hillgruber:
    Hitlers Strategie, Frankfurt 1965, S. 377ff.; weitere Arbeiten der beiden zum Thema in: Manfred
    Funke (Hg.): Hitler, Deutschland und die Mächte, Düsseldorf 1976, S. 63-93 und 94-114.
43) Martin Broszat: Soziale Motivation und Führer-Bindung des Nationalsozialismus, in: Vierteljahrshefte
    für Zeitgeschichte 18.4 (1970), S. 392-409; Hans Mommsen: Ausnahmezustand als Herrschaftstechnik
    des NS-Regimes, in: Funke, Hitler, S. 30-45.
44) Andreas Hillgruber: Die „Endlösung" und das deutsche Ostimperium,
    in: Vierteljahrshefte für Zeitgeschichte 20.2 (1972), S. 140.
45) Der Prozeß gegen die Hauptkriegsverbrecher vor dem Internationalen Militärgerichtshof,
    Bd. 4, Nürnberg 1947, S. 539; Helmut Heiber: Der Generalplan Ost, in: Vierteljahrshefte für
    Zeitgeschichte (1958), S. 281-325; Alexander Dallin: Deutsche Herrschaft in Rußland 1941-1945,
    Düsseldorf 1958; Gerald Reitlinger: Ein Haus auf Sand gebaut, Hamburg 1962; vgl. auch Gerhard Botz:
    Österreich und die NS-Vergangenheit, in: Dan Diner: Ist der Nationalsozialismus Geschichte?,
    Frankfurt a.M., 1987, S. 141-152.
46) Christian Streit: Keine Kameraden, Stuttgart 1978, S. 26f.
47) Prozeß gegen die Hauptkriegsverbrecher, a.a.O., Bd. 31, S. 84 (PS 2718);
    Hillgruber, „Endlösung", S. 140.
48) Streit, Kameraden, S. 28; siehe vor allem auch Jürgen Förster: Das Unternehmen „Barbarossa" als
    Eroberungs- und Vernichtungskrieg, in: Das Deutsche Reich und der Zweite Weltkrieg,
    Bd. 4, Stuttgart 1983, S. 413–447.
49) Zit. nach: Hans-Adolf Jacobsen: Kommissarbefehl und Massenexekutionen sowjetischer Kriegsge-
    fangener, in: Hans Buchheim u.a.: Anatomie des SS-Staates, Bd. 2, München 1967, S. 166ff., 170f.
50) OKH, 2.4.1941, Geheime Kommandosache, Bundesarchiv- Militärarchiv, Freiburg i.Br., RH 31-1Jv.23.
51) Jacobsen, Kommissarbefehl, S. 182ff.
52) Streit, Kameraden, S. 42f.
53) Manoschek u. Safrian, Österreicher, S. 331ff.
54) Jacobsen, Kommissarbefehl, S. 188ff.
55) Zit. nach Streit, Kameraden, S. 34; ausführlicher auch in: Hans-Adolf Jacobsen: Der Zweite Weltkrieg,
    Frankfurt a.M. 1965, S. 109f.
56) Manfred Messerschmidt: Völkerrecht und „Kriegsnotwendigkeit" in der deutschen militärischen
    Tradition seit den Einigungskriegen, in: German Studies Review 6.2 (1982), S. 237–270; siehe auch
    K. Demeter: Das deutsche Offizierskorps in Staat und Gesellschaft 1650-1945, Frankfurt a.M. 1965;
    Klaus-Jürgen Müller: 20. Juli 1944. Der Gewissenskonflikt der Soldaten, in: 1944-1939–1944.
    Schicksalsjahre deutscher Geschichte, Boppard a.R. 1964, zit. nach Hillgruber, „Endlösung", S. 149f.
57) Video-Mitschnitt eines ungenannt bleiben wollenden Diskutanten nach einem Vortrag des Verf.
    am 4. Februar 1988 in Wels (Privatbesitz G.B.)
58) Jacobsen, Kommissarbefehl, S. 148ff.
59) Zit. nach Hillgruber, „Endlösung", S. 145f.
60) Jacobsen, Kommissarbefehl, S. 163.
61) Zit. nach Messerschmidt, Verhältnis, S. 19.
62) Helmut Krausnik und Hans-Heinrich Wilhelm: Die Truppe des Weltanschauungskrieges,
    Stuttgart 1981, S. 205ff.

63) Zit. ebenda, S. 214.
64) Ich folge hier vor allem Krausnick u. Wilhelm, Truppe, und Raul Hilberg: The Destruction of the European Jews, New York 1961, S. 196ff.
65) Siehe Hilberg, Destruction, S. 199.
66) Zit. nach Hilberg (dt. Ausgabe, Berlin 1982), S. 473.
67) NOKW-905, zit. ebenda, S. 472.
68) Bericht der „Waldheim-Kommission" (s. Anm. 6), S. 89.
69) Ebenda, S. 88ff.; Hilberg, Destruction, S. 449ff.; Born, Richtigkeit, S. 126ff.
70) Michael Stürmer: Mitten in Europa, zit. nach Hermann Glaser: Totschweigen, entlasten, umschulden, in: Jörg Friedrich und Jörg Wollenberg (Hg.): Licht in den Schatten der Vergangenheit, Berlin 1987, S. 51.
71) Jacobsen, Weltkrieg, S. 109f.
72) Video-Aufzeichnung (siehe Anm. 57) im Besitz des Verfassers.

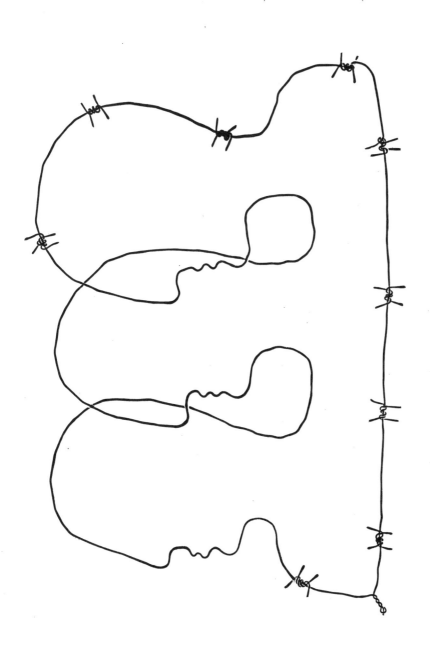

Grafik:
Heiko Bressnik
o.T.

Ulrich Herbert

Zwangsarbeiter in der deutschen Kriegswirtschaft

Im August 1944 waren auf dem Gebiet des „Großdeutschen Reiches" 7,8 Millionen ausländische Zivilarbeiter und Kriegsgefangene als im Arbeitseinsatz beschäftigt gemeldet, sowie etwa 500.000 überwiegend ausländische KZ-Häftlinge, sodaß zu diesem Zeitpunkt knapp 30% aller in der gesamten Wirtschaft des Reiches beschäftigten Arbeiter und Angestellten Ausländer waren, die größtenteils zwangsweise zum Arbeitseinsatz ins Reich gebracht worden waren[1]). Dieser in der modernen Geschichte, jedenfalls der westlichen Welt, beispiellose und umfangreichste Fall der Zwangsarbeiterbeschäftigung stellte bei den Nürnberger Prozessen einen der vier Hauptanklagepunkte dar. Dennoch ist er mehr als 40 Jahre lang weder in der Bundesrepublik noch in Österreich je Gegenstand öffentlicher Auseinandersetzung gewesen, ja nicht einmal erforscht worden.

Dafür gibt es verschiedene Gründe.

Zum einen standen die Massenverbrechen der Nationalsozialisten während des Krieges generell nicht im Zentrum der Forschungstätigkeit der deutschsprachigen Historiographie zum Dritten Reich, vergleicht man dies etwa mit der Zahl und Qualität der Untersuchungen zur Machtergreifung, zum nationalsozialistischen Herrschaftssystem oder zum Widerstand. Dies gilt besonders für diejenigen Bereiche, wo sich die nationalsozialistische Vernichtungspolitik mit sozialpolitischen und wirtschaftlichen Fragen berührt. Dagegen sei aber doch gefragt, ob die Geschichte des Dritten Reiches von 1933 her historisch und politisch richtig untersuchbar ist, oder ob nicht der Fluchtpunkt des Regimes eher 1941/42 liegt. Anders gesagt: Muß nicht der Ansatz historischer Forschung über den Nationalsozialismus bei den *Massenverbrechen* während des Krieges, symbolisch formuliert: bei Auschwitz, liegen, um das Spezifische dieser Diktatur zu erkennen, das sie von allen anderen unterschied?

In weiten Bereichen stehen wir erst am Anfang.
Zum zweiten sind hier in hohem Maße Interessen im Spiel. Interessen der Täter und Nutznießer vor allem, die sich jedoch beileibe nicht auf Reichssicherheitshauptamt und

261

Gestapo beschränken, sondern sich z.B. auf Industrie, Landwirtschaft, Handwerk, eine Unzahl unverdächtig erscheinender Behörden (vom Arbeitsamt bis zum Gesundheitsamt), auf die Wehrmacht und – nicht zuletzt – auf Teile der deutschen Bevölkerung erstrecken.

In der Erinnerung der Älteren in der Bevölkerung aber tauchen die Zwangsarbeiter in der Regel eher als beiläufige Selbstverständlichkeit auf, sind im Gedächtnis nicht bei Krieg, Nationalsozialismus oder NS-Verbrechen sortiert, sondern eher unter „Privates", das mit Krieg und Nationalsozialismus gar nicht in unmittelbarem Zusammenhang zu stehen scheint. Der Arbeitseinsatz von Millionen zivilen und kriegsgefangenen Zwangsarbeitern hat in der westdeutschen Öffentlichkeit gewissermaßen nicht den Status des Historischen als etwas Besonderem, als etwas, das Geschichte gemacht hat. Eine Auseinandersetzung mit diesen Themen stößt daher auf einige Probleme und Widerstände, auch weil hier in unerhörtem und unerwartetem Maße Kontinuitäten weit über das Jahr 1945 hinweg in den Blick kommen und weil es gerade diese Entwicklungen während des Krieges sind, die als Vorgeschichte der Gegenwart die Nachfolgegesellschaften des Dritten Reiches in so erheblichem Maße geprägt haben. Die von hier ausgehenden Traditionen und Kontinuitäten aber wirken um so stärker, je weniger sie als solche begriffen werden.

Gegenstand meines Beitrages ist also die Entwicklung des Arbeitseinsatzes von ausländischen Zivilarbeitern und Kriegsgefangenen sowie von KZ-Häftlingen und Juden während des Krieges. Im Zentrum der folgenden Ausführungen steht dabei das Spannungsverhältnis zwischen wirtschaftlichen Interessen und weltanschaulichen Zielsetzungen.

In einem Memorandum des Wirtschafts- und Rüstungsamtes wurde kurz vor Kriegsbeginn festgestellt, daß es bei den rüstungswirtschaftlichen Vorbereitungen auf den Krieg drei große Engpässe gebe: Devisen, bestimmte Rohstoffe und Arbeitskräfte. Für Devisen und Rohstoffe gab es eine Lösung: nach dem Konzept der „Blitzkriege" sollten die Ressourcen des Reiches sukzessive durch die Vorräte der eroberten Länder erweitert werden. Dieses Konzept hatte sich in den Fällen Österreich und Tschechoslowakei bereits bewährt und sollte sich in den Jahren 1939 bis 1941 erneut bestätigen. Die Frage der Arbeitskräfte war schwieriger, denn hier spielten außer wirtschaftlichen auch sicherheitspolizeiliche und vor allem weltanschauliche Faktoren eine Rolle. Etwa 1,2 Millionen Arbeitskräfte fehlten im Großdeutschen Reich, ein weiterer Anstieg dieses Bedarfes nach Beginn des Krieges war zu erwarten.

Zwei Möglichkeiten standen zur Debatte: entweder man beschäftigte – wie im Ersten Weltkrieg – deutsche Frauen in großem Umfang in der Wirtschaft oder man importierte aus den zu erobernden Ländern in großer Anzahl Arbeitskräfte. Beides aber stieß in der

Regimeführung auf Ablehnung. Die Dienstverpflichtung deutscher Frauen während des Ersten Weltkrieges hatte zu erheblicher innenpolitischer Destabilisierung und Unzufriedenheit geführt; zudem hätte sie einen eklatanten Verstoß gegen das frauen- und sozialpolitische Konzept der Nationalsozialisten dargestellt. Millionen ausländischer Arbeiter, insbesondere aus Polen, ins Reich zur Arbeit zu bringen, kollidierte vehement mit den völkischen Prinzipien des Nationalsozialismus, wonach auch eine massenhafte Beschäftigung von "Fremdvölkischen" im Reich die „Bluteinheit" des deutschen Volkes bedroht hätte. Die Entscheidung fiel erst nach Kriegsbeginn; im Vergleich zweier Übel schien der Ausländereinsatz gegenüber der Dienstverpflichtung deutscher Frauen das geringere zu sein, weil man hier die erwarteten Gefahren leichter repressiv eindämmen zu können glaubte.

Die etwa 300.000 in deutsche Hand gefallenen polnischen Kriegsgefangenen wurden nun sehr schnell vorwiegend in landwirtschaftliche Betriebe zur Arbeit gebracht; gleichzeitig begann eine massive Kampagne zur Anwerbung polnischer Arbeiter, die an die langen Traditionen der Beschäftigung polnischer Landarbeiter in Deutschland anknüpfte, aber nach kurzer Zeit zu immer schärferen Rekrutierungsmaßnahmen überging und seit dem Frühjahr 1940 zu einer regelrechten Menschenjagd im sogenannten Generalgouvernement wurde, wo mit jahrgangsweisen Dienstverpflichtungen, kollektiven Repressionen, Razzien, Umstellungen von Kinos, Schulen oder Kirchen Arbeitskräfte eingefangen wurden. Bis zum Mai 1940 waren auf diese Wiese mehr als eine Million polnischer Arbeiter ins Reich gebracht worden. Gleichwohl wurde der sogenannte „Poleneinsatz" nach wie vor als Verstoß gegen die „rassischen" Prinzipien des Nationalsozialismus empfunden; den daraus erwachsenden „volkspolitischen Gefahren", so Himmler im Februar 1940, sei mit entsprechend scharfen Maßnahmen entgegenzuwirken. Daraufhin wurde gegenüber den Polen ein umfangreiches System von repressiven Bestimmungen entwickelt: sie mußten in Barackenlagern wohnen – was sich allerdings auf dem Lande bald als undurchführbar erwies –, erhielten geringere Löhne, durften öffentliche Einrichtungen (vom Schnellzug bis zur Badeanstalt) nicht benutzen, den deutschen Gottesdienst nicht besuchen, sie mußten länger arbeiten als Deutsche und waren verpflichtet, an der Kleidung ein Abzeichen – das „Polen-P" – zu tragen. Umgang mit Deutschen außerhalb der Arbeit war verboten, geschlechtlicher Umgang mit deutschen Frauen wurde mit öffentlicher Hinrichtung des beteiligten Polen geahndet. Um „das deutsche Blut zu schützen", war zudem bestimmt worden, daß mindestens die Hälfte der zu rekrutierenden polnischen Zivilarbeiter Frauen zu sein hatten.

Für die deutschen Behörden war der Modellversuch „Poleneinsatz" insgesamt ein Erfolg: es gelang sowohl, binnen kurzer Zeit eine große Zahl von polnischen Arbeitern gegen ihren Willen nach Deutschland zu bringen, als auch im Deutschen Reich eine nach „rassischen" Kriterien hierarchisierte Zweiklassengesellschaft zu installieren.

Bereits im Mai 1940 aber wurde deutlich, daß auch die Rekrutierung der Polen den Arbeitskräftebedarf der deutschen Wirschaft nicht zu befriedigen vermochte. So wurden denn bereits während und alsbald nach dem sogenannten „Frankreichfeldzug" etwas mehr als 1 Million französischer Kriegsgefangener als Arbeitskräfte ins Reich gebracht. Darüberhinaus wurde in den verbündeten Ländern und besetzten Gebieten des Westens verbreitet um freiwillige Arbeiter geworben. Auch für diese Gruppen wurden je besondere, allerdings im Vergleich zu den Polen weitaus günstigere Vorschriften für Behandlung, Lohn, Unterkunft etc. erlassen, sodaß ein vielfach gestaffeltes System der nationalen Hierarchisierung entstand, eine Stufenleiter, auf der die damals bereits so genannten „Gastarbeitnehmer" aus dem verbündeten Italien ganz oben und die Polen ganz unten plaziert wurden.

Der weit überwiegende Teil der ausländischen Zivilarbeiter und Kriegsgefangen der sogenannten „Blitzkriegsphase" bis Sommer 1941 wurde in der Landwirtschaft beschäftigt. Bei den Industrieunternehmen spielten Ausländer zu dieser Zeit keine bedeutende Rolle; die Industrie setzte vielmehr darauf, bald nach Abschluß der „Blitzkriege" ihre deutschen Arbeiter vom Militär zurückzuerhalten. Zugleich waren die ideologischen Vorbehalte gegen eine Ausweitung des Ausländereinsatzes so groß, daß festgelegt wurde, die Zahl der Ausländer auf dem Stand vom Frühjahr 1942 – knapp 3 Millionen – einzufrieren. Dieses Konzept ging solange auf, wie die Strategie kurzer, umfassender Feldzüge eine Umstellung auf einen langen Abnutzungskrieg nicht erforderte. Seit dem Herbst 1941 aber entstand hier eine ganz neue Situation. Die deutschen Armeen hatten vor Moskau ihren ersten Rückschlag erlebt, von einem „Blitzkrieg" konnte nicht mehr die Rede sein. Vielmehr mußte sich nun die deutsche Rüstungswirtschaft auf einen länger andauernden Abnutzungskrieg einstellen und ihre Kapazitäten erheblich vergrößern. Auch mit heimkehrenden Soldaten war nicht mehr zu rechnen – im Gegenteil: eine massive Einberufungswelle erfaßte jetzt auch die Belegschaften der bis dahin geschützten Rüstungsbetriebe. Durch die nun einsetzenden verstärkten Bemühungen um Arbeitskräfte aus den westeuropäischen Ländern aber konnten diese Lücken nicht geschlossen werden. Nur der Einsatz von Arbeitskräften aus der Sowjetunion konnte eine weitere, wirksame Entlastung bringen. Der Arbeitseinsatz russischer Kriegsgefangener oder Zivilarbeiter im Reich aber war vor Beginn des Krieges explizit ausgeschlossen worden. Dabei waren es nicht nur Parteiführung, Reichssicherheitshauptamt und SS, die sich aus „rassischen" und sicherheitspolitischen Gründen gegen jede Beschäftigung von Russen in Deutschland ausgesprochen hatten. Vielmehr war die Siegesgewißheit im überwiegendenTeil der an der Vorbereitung des Krieges beteiligten Stellen der Regimeführung und der Wirtschaft so groß, daß ein solcher Einsatz von vornherein als nicht notwendig angesehen wurde, sodaß anders als bei der Beschäftigung von Polen die ideologischen Prinzipien des Regimes durchschlugen. Darüber hinaus gab es auch in der deutschen Bevölkerung starke, durch die ersten Wochenschaubilder vom Krieg in der Sojwetunion noch verschärfte Vorbehalte gegen einen „Russeneinsatz", wie der nationalsozialistische Geheimdienst berichtete: „Es wurde mit Sorge gefragt, was wir mit diesen ‚Tieren' in Zukunft anfangen wollten. Viele Volksgenossen stellten sich vor, daß sie radikal ausgerottet werden müßten. Zusammen mit Gewalttaten entflohener russischer Kriegsgefangener bildete sich eine gewisse Angst davor heraus, daß diese Gestalten und Typen in größerer Zahl in das Reichsgebiet kommen könnten und gar als Arbeitskräfte Verwendung finden sollten."

Die Folgen dieser weitgehenden Übereinstimmung zwischen Volk und Führung in der Ablehnung des „Russeneinsatzes" waren entsetzlich. Da keine kriegswirtschaftliche Notwendigkeit ihrer Beschäftigung im Reich zu bestehen schien, wurden die Millionen sowjetischen Kriegsgefangenen in den Massenlagern im Hinterland der deutschen Ostfront ihrem Schicksal überlassen. Mehr als die Hälfte der bis Ende des Jahres 1941 in deutsche Hand geratenen 3,3 Millionen sowjetischen Kriegsgefangenen verhungerten, erfroren, starben vor Erschöpfung oder wurden umgebracht. Insgesamt kamen bis Kriegsende von den etwa 5,7 Millionen sowjetischen Kriegsgefangenen 3,5 Millionen in deutschem Gewahrsam ums Leben.

Als sich aber im Spätsommer 1941 und verstärkt dann im Herbst des Jahres die militärische und damit auch die kriegswirtschaftliche Lage Deutschlands rapide wandelte, entstand erneut ein kriegswirtschaftlicher Druck zur Beschäftigung auch der sowjetischen Gefangenen, der sich im November in entsprechenden Befehlen äußerte. Die Initiative dazu ging *diesmal* von der Industrie, insbesondere vom Bergbau aus, wo der Arbeitermangel bedrohliche Formen angenommen hatte.

Die überwiegende Mehrzahl der sojwetischen Gefangenen aber stand für einen Arbeitseinsatz gar nicht mehr zur Verfügung. Von den bis dahin mehr als 3 Millionen Gefangenen kamen bis März 1942 nur 160.000 zum Arbeitseinsatz ins Reich. Daher mußte nun auch hier in großem Stile auf die Rekrutierung sowjetischer Zivilarbeiter umgeschaltet werden. Die Beschaffung von so vielen Arbeitskräften in so kurzer Zeit wie möglich wurde zur vordringlichen Frage und zur Hauptaufgabe des im März neu eingesetzten „Generalbevollmächtigten für den Arbeitseinsatz", Sauckel, der seine Aufgabe mit ebensoviel Effizienz wie schrankenloser Brutalität erfüllte. In knapp 2 1/2 Jahren wurden von den Einsatzstäben der Wehrmacht den deutschen Arbeitsämtern 2,5 Millionen Zivilisten aus der Sowjetunion als Zwangsarbeiter ins Reich deportiert, 20.000 Menschen pro Woche.

Parallel zu der Entwicklung beim Beginn des „Poleneinsatzes" wurde auch diesmal der kriegswirtschaftlich motivierte Verstoß gegen die ideologischen Prinzipien des Nationalsozialismus durch ein System umfassender Repression und Diskriminierung der sowjetischen Zivilarbeiter kompensiert, das die Bestimmungen gegenüber den Polen an Radikalität allerdings noch weit übertraf. Wenn es durch den Kriegsverlauf schon unumgänglich wurde, Russen im Reich zur Arbeit einzusetzen, so könnte man die Logik der Behörden umschreiben, dann mußte man sie wenigstens schlecht behandeln.

Innerhalb des Reiches war mittlerweile ein regelrechter Lagerkosmos entstanden, an jeder Ecke in den großen Städten wie auf dem Lande gab es Ausländerlager, allein in einer Stadt wie Wien etwa 200, insgesamt mögen es im Reich über 20.000 gewesen sein, sodaß weit mehr als 100.000 Deutsche in verschiedenen Funktionen, vom Lagerleiter bis zum Ausländerbeauftragten einer Fabrik, direkt in die Organisation des Ausländereinsatzes einbezogen waren. Die Lebensbedingungen der einzelnen Ausländergruppen waren durch eine strikte, bis in Kleinigkeiten reglementierte nationale Hierarchie differenziert. Während die Arbeiter aus den besetzten Westgebieten und den sogenannten befreundeten Ländern zwar überwiegend in Lagern leben mußten, aber etwa dieselben Löhne und Lebensmittelrationen wie die Deutschen in vergleichbaren Stellungen erhielten und auch denselben Arbeitsbedingungen unterlagen, waren die Arbeiter aus dem Osten, vor allem die Russen, erheblich schlechter gestellt. Die Rationen für offiziell „Ostarbeiter" genannte sowjetische Zivilarbeiter waren so gering, daß sie oft schon wenige Wochen nach ihrer Ankunft völlig unterernährt und arbeitsunfähig waren.

Schon im Frühsommer 1942 berichteten zahlreiche Unternehmen, daß der „Russeneinsatz" völlig unwirtschaftlich sei, weil eine effektive Beschäftigung nicht nur eine bessere Verpflegung und ausreichende Ruhepausen, sondern auch dem Arbeitsvorgang entsprechende Anlernmaßnahmen voraussetzte. Solche Maßnahmen hatten bei den Franzosen dazu geführt, daß die Arbeitsleistungen nach relativ kurzer Zeit beinahe das Niveau der deutschen Arbeiter erreicht hatten. Die sehr unterschiedliche Lage vor allem der sowjetischen Arbeitskräfte in den verschiedenen Betrieben seit 1942 verweist aber darauf, wie groß der Handlungs- und Ermessensspielraum der einzelnen Unternehmen war. Es kann überhaupt keine Rede davon sein, daß die schlechten Arbeitsbedingungen der Arbeiter aus dem Osten allein auf die bindenden Vorschriften der Behörden zurückzuführen gewesen seien.

Zu wirksamen Verbesserungen der Lebensverhältnisse der Ostarbeiter in breitem Maße kam es allerdings erst nach der Niederlage von Stalingrad Anfang 1943, eine umfassende Leistungssteigerungskampagne setzte ein, verbunden mit einer Bindung der Ernährungsmenge an die Arbeitsleistung; zugleich begannen umfangreiche Qualifizierungsmaßnahmen, wodurch es tatsächlich gelang, die Arbeitsleistungen beträchtlich zu erhöhen. Eine qualifizierte Beschäftigung mußte aber auch zwangsläufig Auswirkungen auf das Verhältnis der deutschen zu den ausländischen Arbeitern haben. So war denn schon in den entsprechenden Vorschriften der Behörden alles getan worden, um die bevorzugte Stellung der deutschen Arbeiter gegenüber allen Ausländern, insbesondere aber den Russen, in allen Bereichen durchzusetzen. Gegenüber den Ostarbeitern hatten die Deutschen prinzipiell eine Vorgesetztenfunktion, in manchen Betrieben erhielten die deutschen Arbeiter, die die Ostarbeiter anlernen sollten, sogar die Funktion von Hilfspolizisten.

Um wenigstens an einem Beispiel zu illustrieren, wie nun die tatsächliche Lage der Zwangsarbeiter aus der Sowjetunion in Deutschland war, sei hier kurz aus dem Bericht eines Berliner Ministerialbeamten vom Sommer 1943 zitiert, der bei dem Besuch verschiedener Ostarbeiterlager in Berlin folgende durchaus exemplarische Beobachtungen machte:

„Trotz der den Ostarbeitern offiziell zustehenden Rationen ist einwandfrei festgestellt worden, daß die Ernährung in den Lagern folgendermaßen aussieht: Morgens einen halben Liter Kohlrübensuppe. Mittags, im Betrieb, einen Liter Kohlrübensuppe. Abends einen Liter Kohlrübensuppe. Zugleich erhält der Ostarbeiter 300 g Brot täglich. Hinzu kommen wöchentlich 50-75 g Margarine, 25 g Fleisch oder Fleischwaren, die je nach Willkür der Lagerführer verteilt oder vorenthalten werden. Größere Mengen von Lebensmitteln werden verschoben. Die größte Geißel der Lager aber bildete die Tuberkulose, die sich auch unter den Minderjährigen sehr stark ausbreitet. Im Rahmen der sanitären und gesundheitlichen Lage, in der sich die Ostarbeiter befinden, muß unterstrichen werden, daß es den deutschen und russischen Ärzten von den Betriebskrankenkassen verboten wird, irgendwelche Medikamente den Ostarbeitern zu verabfolgen. Die an Tuberkulose Erkrankten werden nicht einmal isoliert. Die Erkrankten werden mit Schlägen gezwungen, ihrer Arbeit nachzugehen, weil die Lagerbehörden die Zuständigkeit der behandelnden Ärzte anzweifeln. Es entzieht sich meiner Kenntnis, aus welchen Gründen die deutschen Stellen eine große Anzahl Kinder aus den besetzten Ostgebieten nach Deutschland „importierten". Es steht jedoch fest, daß sich zahlreiche Kinder von 4–15 Jahren in den Lagern befinden, und daß sie in Deutschland weder Eltern noch sonstige Verwandte besitzen. Der größte Teil der Kinder ist erkrankt und erhält als einzige Aufbauernährung dieselbe Kohlrübensuppe wie die älteren Ostarbeiter."

Der Ausländereinsatz gehörte in Deutschland mittlerweile wie selbstverständlich zum Kriegsalltag, und angesichts der eigenen Sorgen war für die meisten Deutschen das Schicksal der ausländischen Arbeiter von durchaus geringem Interesse.

Im Sommer 1944 befanden sich 7,8 Millionen ausländische Arbeitskräfte auf Arbeitsstellen im Reich: 5,7 Millionen Zivilarbeiter und knapp 2 Millionen Kriegsgefangene. 2,8 Millionen von ihnen stammten aus der Sowjetunion, 1,7 Millionen aus Polen, 1,3 Millionen aus Frankreich – insgesamt waren zu dieser Zeit Menschen aus fast 20 europäischen Ländern im Reich zur Arbeit eingesetzt. Mehr als die Hälfte der polnischen und sowjetischen Zivilarbeiter waren Frauen, im Durchschnitt etwa 20 Jahre alt. 26,5% aller Beschäftigten im Reich waren damit Ausländer, in der Landwirtschaft waren es

46%, in der Industrie knapp 40%, in der engeren Rüstungsindustrie etwa 50%, in einzelnen Betrieben mit hohem Anteil an Ungelernten bis zu 80% und 90%.

In der „Ostmark", dem ehemaligen Österreich, waren von 2,4 Millionen insgesamt beschäftigen Arbeitern und Angestellten 736.000 ausländische Zivilarbeiter und Kriegsgefangene, 30,2%. Im Arbeitsamtsbezirk Wien waren es 165.000 (21%), im Bezirk Niederdonau 208.000 (38,1%) usw. Die Beschäftigung von ausländischen Zwangsarbeitern beschränkte sich dabei durchaus nicht auf Großbetriebe, sondern erstreckte sich, von der Verwaltung abgesehen, auf die gesamte Wirtschaft vom Kleinbauernhof über die Schlosserei mit sechs Beschäftigten bis zur Reichsbahn und den großen Rüstungsbetrieben, aber auch vielen privaten Haushalten, die eines der mehr als 200.000 überaus begehrten, weil billigen, russischen Dienstmädchen im Haushalt beschäftigten.

Seit Anfang 1944 aber zeigte sich, daß selbst solche in der Tat erheblichen Zahlen für den Arbeiterbedarf insbesondere der großen Rüstungsprojekte des Reiches nicht mehr ausreichend waren, zumal infolge der militärischen Entwicklung die Arbeiterrekrutierung vor allem in der Sowjetunion zurückging und so die durch weitere Einberufungen immer größer werdenden Arbeitskräftelücken nicht mehr ausgefüllt werden konnten. Daraufhin wandte sich das Interesse zunehmend der einzigen Organisation zu, die noch über ein erhebliches Potential an Arbeitskräften verfügte: den Konzentrationslagern der SS. In den ersten Kriegsjahren hatte der Arbeitseinsatz von KZ-Häftlingen (ich spreche hier zunächst nur von den „nichtjüdischen" Häftlingen) eine kriegswirtschaftliche Bedeutung nicht besessen; zwar gab es bereits seit 1938 SS-eigene Wirtschaftsunternehmen – vor allem Steinbrüche, Ziegeleien und Ausbesserungswerkstätten – der Charakter der Arbeit als Strafe, „Erziehung" oder „Rache" blieb aber auch hier erhalten und nahm gegenüber den in der politischen und „rassischen" Hierarchie der Nazis besonders tief stehenden Gruppen bereits vor 1939 und verstärkt danach die Form der Vernichtung an.

In Buchenwald lag die Todesrate im Jahr 1940 bei 21% aller Häftlinge, in Dachau 1941 bei 38% und in dem schlimmsten aller Lager innerhalb des Reiches, Mauthausen, 1940 bei 76%. Erst im Frühjahr 1942 begann die SS in stärkerem Maße Häftlinge für Rüstungszwecke einzusetzen. Dennoch starben in der zweiten Hälfte des Jahres 1942 von 95.000 registrierten KZ-Häftlingen 57.503, also mehr als 60%. Der Wert der KZ-Rüstungsproduktion war verschwindend gering, die Produktivität lag bei 17% im Verhältnis zur übrigen Wirtschaft. Bei den Auseinandersetzungen zwischen den verschiedenen Interessensgruppen innerhalb der SS setzte sich der Gedanke der „Strafe" und Vernichtung gegenüber dem von Arbeit und Produktivität weiterhin durch – vor allem deshalb, weil durch die Massendeportationen sowjetischer Arbeitskräfte nach Deutschland, die zu dieser Zeit einsetzten, ein kriegswirtschaftlicher Druck auf die

Konzentrationslager nicht entstanden war. Erst seit dem Spätherbst 1942 wurde hier auf Veranlassung Speers ein neues System eingeführt. Nunmehr wurden KZ-Häftlinge auf Anforderung der Betriebe in 500er- Gruppen den privaten Unternehmen leihweise und gegen Gebühr zur Verfügung gestellt und dazu in eigens zu errichtende KZ-Außenlager in den jeweiligen Städten gebracht. Dieses System aber entwickelte sich nur langsam; im Sommer 1943 waren von den 160.000 registrierten Gefangenen der KZ-Lager etwa 100.000 zur Arbeit außerhalb der Lager eingesetzt; aber noch für das Frühjahr 1944 ging das Rüstungsministerium lediglich von 32.000 tatsächlich eingesetzten KZ-Häftlingen in der Rüstungsindustrie des Reiches aus.

Gegenüber den *Juden* hingegen hatte es bis 1944 eine Politik des systematischen Arbeitseinsatzes nicht gegeben – im Gegenteil. Trotz erheblicher Einwände und Proteste der verschiedenen Behörden und Unternehmen waren die Juden sowohl im Reich als auch in den besetzten Gebieten selbst aus kriegswirtschaftlich hochwichtigen Arbeitsplätzen deportiert und in die Vernichtungslager gebracht worden. Der Ankündigung Heydrichs auf der Wannseekonferenz, die Juden würden „im Osten" zum Arbeitseinsatz gebracht, lagen keinerlei konkrete Planungen über entsprechende Einsatzmöglichkeiten zugrunde. Von wenigen Ausnahmen abgesehen, deren bekannteste der Aufbau des IG-Farben-Werkes Auschwitz ist, bei dem etwa 25.000 Häftlinge umkamen, hat es nach der Deportation einen längerfristigen Einsatz von Juden in der Rüstungsindustrie bis 1944 nicht gegeben. Seit Ende 1941 war das politische Ziel der NS-Führung gegenüber den europäischen Juden die Vernichtung, nicht der Arbeitseinsatz. Die Juden wurden aufgrund ihrer rassischen Veranlagung als schärfster Feind des nationalsozialistischen Deutschlands, ja Europas, betrachtet, den zu vernichten eines der herausragenden Ziele des Krieges darstellte; nur auf Grundlage der Beseitigung des Judentums waren nach der Überzeugung der nationalsozialistischen Regimeführung die anderen Kriegsziele wie die Errichtung eines nach völkischen Prinzipien aufgebauten, deutsch dominierten Europas zu erreichen. Dagegen war die kurzfristige – und rassenpolitisch gefährliche – Verwendung von Juden als Arbeitskräfte ein zu vernachlässigender Faktor.

Erst also, als gegenüber den Juden das politische Hauptziel des Nationalsozialismus erreicht war, kam es hier aufgrund des sich dramatisch verschärfenden Arbeitskräftemangels in der letzten Kriegsphase zu einer Änderung. Rüstungsminister Speer hatte sich im Februar 1944 an Himmler gewandt mit der Bitte, „der Rüstung in noch stärkerem Maß als bisher durch den Einsatz von KZ-Häftlingen an Stellen, die ich für besonders dringlich ansehe, zu helfen", da „seit einiger Zeit der Zufluß von Arbeitern aus dem Ausland nachgelassen habe" habe. Der weit überwiegende Teil der KZ-Arbeitskommandos, die direkt in der Privatindustrie beschäftigt wurden, entstand erst in dieser Phase; die größte Bedeutung kam dabei der Luftfahrtindustrie und, damit zum Teil eng verknüpft, dem Programm zur Verlagerung wichtiger Rüstungsfertigung in unterirdischen Produktionsstätten zu. Die Flugzeugindustrie hatte – als relativ neuer Industriezweig mit geringerem Anteil an Stammarbeitern – früher und in größerem Umfang als andere Branchen KZ-Häftlinge in der Produktion beschäftigt. Anfang 1944 waren etwa 36.000 KZ-Häftlinge in 45 Betrieben in der Luftfahrtindustrie tätig, darunter Siemens, Heinkel, Junkers, Messerschmitt, Dornier sowie für die Flugzeugmotorenindustrie BMW und Daimler-Benz. Welches Ausmaß die Verwendung von KZ-Häftlingen dabei annahm, zeigt sich etwa am Beispiel der Firma Messerschmitt, an deren Gesamtproduktion Häftlinge aus den KZs Flossenbürg und Mauthausen/Gusen im Jahre 1944 mit etwa 35% beteiligt waren. Bereits im August 1943 war zudem in der Führungsspitze des Regimes die Entscheidung gefallen, die Produktion der Raketenwaffe A 4, der sogenannten V-Waffen, mit Hilfe von KZ-Häftlingen in unterirdischer Produktion durchführen zu lassen. Dieses unter enormen Zeitdruck vorangetriebene Projekt hatte schreckliche Auswirkungen für die hierbei eingesetzten KZ-Häftlinge.

Gerade in der Aufbauphase im Herbst und Winter 1943/44 waren die Todeszahlen immens. Leichte Ersetzbarkeit der Häftlinge bei überwiegend einfachen, aber körperlich schweren Arbeiten, hoher Zeitdruck, mangelnde Ernährung und denkbar schlechte Lebensbedingungen waren die Ursachen für die hohen Todesraten, die erst zu sinken begannen, als das Wohnlager fertiggestellt und die Produktion aufgenommen worden war. Bis dahin jedoch waren die Häftlinge schon wenige Wochen nach ihrem Eintreffen „abgearbeitet".

Auf der Basis der Erfahrungen mit der unterirdischen V-Waffen-Produktion wurde im Dezember 1943 der verstärkte Ausbau unterirdischer Höhlen und Stollen für die Rüstungs-, insbesondere für die Flugzeugproduktion, angeordnet. Innerhalb eines Jahres wurden auf diese Weise 425.000 qm unterirdische oder bunkergeschützte Produktionsfläche geschaffen, wohin unmittelbar nach Fertigstellung die Verlagerung ganzer Fabriken oder Fabrikteile begann. Projekte dieser Art, zu der Zehntausende, ja Hunderttausende von Arbeitskräften in drei Tagesschichten gebraucht wurden, waren nur noch mit KZ- Häftlingen durchführbar, denn allein die SS besaß noch Arbeitskraftreserven in solchen Größenordnungen. Aber auch die reichten zur Erfüllung der gestellten Aufgaben bald nicht mehr aus, sodaß im Fühjahr 1944 der Arbeitseinsatz auch von Juden diskutiert wurde. Bis dahin war die Beschäftigung von Juden innerhalb des Reiches explizit verboten, schließlich galt es als Erfolg des RSHA, das Reich „judenfrei" gemacht zu haben. Nun aber änderte sich dies: Offenbar ausgehend von einer Anfrage der Organisation Todt bestimmte Hitler im April 1944, für Rüstungsverlagerung und Großbunkerbau seien „aus Ungarn die erforderlichen etwa 100.000 Mann durch Bereitstellung entsprechender Judenkontingente aufzubringen."
Als die deutsche Wehrmacht im März 1944 Ungarn besetzt hatte, waren dadurch etwa 765.000 Juden in die Hände der Deutschen gefallen, von denen bis zum Juli etwa 485.000 nach Auschwitz gebracht wurden. Aufgrund des Führerbefehls wurden 108.000 ungarische Juden nun nicht, wie die anderen 350.000, sofort umgebracht, sondern zum

Arbeitseinsatz ins Reich „verschoben"; der größte Teil von ihnen in Arbeitsstellen bei privaten Unternehmen, die dazu entsprechende KZ-Außenlager errichtet hatten. Andere Gruppen von Juden und andere KZ-Häftlinge wurden in der Folgezeit in großer Zahl vor allem in den Höhlenbau zur Produktionsverlagerung gebracht. Die Zahl der Arbeitskommandos der KZ-Außenlager wuchs seit dem Frühjahr 1944 rapide (auf etwa 1.600) an, die Liste der deutschen Unternehmen, die KZ-Häftlinge und Juden beschäftigte, wurde immer länger und umfaßte Hunderte von renommierten Firmen.

Am Ende des Jahres 1944 lag die Gesamtzahl der KZ-Häftlinge – jüdische und nichtjüdische – bei etwa 600.000, von denen 480.000 tatsächlich arbeitsfähig waren. Nach Schätzungen des WVHA der SS waren davon etwa 140.000 bei den unterirdischen Verlagerungen eingesetzt, etwa 130.000 weitere bei den Bauvorhaben der OT, und ca. 230.000 waren in der Privatindustrie beschäftigt.

Die Arbeits- und Lebensbedingungen der Häftlinge waren bei den verschiedenen Firmen sehr unterschiedlich und abhängig von der Art der Beschäftigung, der Stellung des einzelnen in der rassischen Hierarchie der SS, nicht zuletzt aber auch vom Verhalten der Betriebsleitungen sowie der Lagerführer, Bewacher, Vorarbeiter und Meister. Vor allem die jüdischen Häftlinge, die in besonderen Kolonnen separiert waren, hatten dabei unter besonders schlechten Bedingungen zu leiden. Insgesamt aber kann man – mit aller Vorsicht – davon ausgehen, daß diejenigen, die in der Produktion der Rüstungsstammbetriebe selbst beschäftigt wurden, größere Überlebenschancen besaßen als die Häftlinge, die in den großen Bauvorhaben und insbesondere beim Ausbau unterirdischer Produktionsstätten sowie bei der Fertigstellung in den Höhlen und Stollen nach der Betriebsverlagerung eingesetzt wurden. Bei den Bauprojekten und dem sogenannten Höhlenprojekt war aber Schnelligkeit der oberste Grundsatz; entsprechend schrecklich waren die Verhältnisse für die Häftlinge, wobei die völlig unzureichende Ernährung, die gesundheitsschädliche Unterbringung in den Höhlen, das mörderische Arbeitstempo und vor allem der unablässige Zustrom neuer Häftlinge in die oftmals bereits überbelegten Lager sich gegenseitig verstärkten, sodaß in den Lagern der Bauprojekte gegen Ende des Jahres 1944 ein wahres Inferno herrschte – mit Todesraten, die die Überlebenszeit des einzelnen Häftlings durchschnittlich auf wenige Monate begrenzte. Der Wert eines Menschen war hier nicht höher, als seine Körperkraft für einige Wochen hergab. Arbeit und Vernichtung waren für Hunderttausende von Menschen zu Synonymen geworden.

Betrachtet man nun die historische Bedeutung des sogenannten „Ausländereinsatzes" insgesamt, so wird deutlich, daß die deutsche Kriegswirtschaft spätestens seit Anfang 1942 ohne Alternative auf die ausländischen Zwangsarbeiter angewiesen war, ohne Ausländer wäre in der Landwirtschaft seit Ende 1940, in der Rüstungsindustrie seit Ende 1941 eine Produktion im geforderten Umfang nicht mehr möglich gewesen. Nur durch den Ausländereinsatz war es zudem möglich, die Lebensmittelversorgung der deutschen Bevölkerung bis Ende 1944 auf dem höchsten Stand aller kriegsführenden europäischen Mächte zu halten. Und schließlich: Während des Krieges ist das Bruttoanlagevermögen der deutschen Industrie um rund 20% angewachsen, ein gigantischer Wachstums- und Modernisierungsschub. Es ist nicht schwer nachzurechnen, wie hoch der Anteil der Arbeit der Zwangsarbeiter an dieser Grundlegung des deutschen Nachkriegswirtschaftswunders gewesen ist.

Gleichwohl ist die Behandlung der Zwangsarbeiter nicht allein von wirtschaftlichen, sondern durchgehend ebenso von weltanschaulichen Faktoren bestimmt worden. Darauf geht die Art und Weise ihrer Behandlung zurück; je besser die militärische Lage des Reiches, desto brutaler die nach rassischen Leitlinien differenzierten Behandlungsvorschriften. Nur in dem Maße, wie unter dem Druck der militärischen Ereignisse die Produktivität gesteigert werden mußte, kam es hier zu Verbesserungen.

Insbesondere aber wurde hier bereits vorweggenommen, was nach siegreicher Beendigung des Krieges für ganz Europa hätte Wirklichkeit werden sollen: die Installierung einer nach „rassischen" Kriterien hierarchisierten nationalsozialistischen Gesellschaft in Europa. Dabei kam der deutschen Bevölkerung eine besondere Rolle zu. Denn die Zwangsarbeit von Millionen ausländischen Arbeitern und später auch von KZ-Häftlingen geschah nicht in isolierten Lagern außerhalb des Wahrnehmungskreises der Deutschen, sondern buchstäblich vor der eigenen Tür. Daß der nationalsozialistische Ausländereinsatz im wesentlichen als Erfolg im Sinne der Machthaber bezeichnet werden kann, liegt vor allem daran, daß ein überwiegender Teil der Deutschen die ihnen zugemutete Rolle annahm. Dabei kann man feststellen, daß sich an Mißhandlungen der Zwangsarbeiter nur wenige beteiligten, ebenso wie es nur wenige waren, die sich für die Zwangsarbeiter einsetzten. Für die meisten aber waren die Ausländer einfach da und gehörten zum Kriegsalltag wie Lebensmittelkarten oder Luftschutzbunker, und die Diskriminierung der Russen oder der Polen wurde dabei ebenso als gegeben hingenommen wie die eigene bevorzugte Stellung ihnen gegenüber. Eben das aber macht das Funktionieren des Rassismus aus: daß seine Praktizierung zur täglichen Gewohnheit, zum Alltag wurde, ohne daß sich der Einzelne notwendig in Form von Diskriminierung oder Unterdrückung daran beteiligen mußte.

Eine abschließende Bemerkung: Ausländische Zwangsarbeiter sind in der Bundesrepublik Deutschland ebenso wie in Österreich „nicht entschädigungsfähig". Die vom Bundesverwaltungsamt Köln in solchen Fällen verschickten vorgedruckten Ablehnungsbescheide haben den folgenden, dem Schreiben an den ehemaligen sowjetischen Zwangsarbeiter Edmund Petraschkowitsch vom 28. November 1966 entnommenen Text:

„Seine Verbringung zum Arbeitseinsatz erfolgte nicht wegen seiner Zugehörigkeit zu einem fremden Staat oder zu einem nicht-deutschen Volkstum. Sie war vielmehr eine Maßnahme zur Beseitung des kriegsbedingten Mangels an Arbeitskräften, von der Personen aller Nationalitäten betroffen waren. Die von dem Antragsteller vorgetragenen Umstände des Arbeitseinsatzes sind nach eingehender Würdigung auf die allgemeine Verschlechterung der Lebensbedingungen während des Krieges zurückzuführen. Der Antrag war daher abzulehnen."

Anmerkungen

1) Zur Literatur vgl. Ulrich Herbert, Fremdarbeiter. Politik und Praxis des „Ausländer-Einsatzes" in der Kriegswirtschaft des Dritten Reiches, Berlin/Bonn 1985; ders., Geschichte der Ausländerbeschäftigung in Deutschland, 1880 bis 1980. Saisonarbeiter – Zwangsarbeiter – Gastarbeiter, Berlin/Bonn 1986; ders., Arbeit und Vernichtung. Ökonomisches Interesse und Primat der „Weltanschauung" im Nationalsozialismus, in: D. Diner (Hg.), Ist der Nationalsozialismus Geschichte? Frankfurt/M. 1987, S. 198-236; Jochen August u.a., Herrenmenschen und Arbeitsvölker. Ausländische Arbeiter und Deutsche 1939-1945, Berlin 1986; Klaus-Jörg Siegfried, Rüstungsproduktion und Zwangsarbeit im Volkswagenwerk 1939-1945, Frankfurt/New York 1986; Sklavenarbeit im KZ (Dachauer Hefte 2), Dachau 1986; für die Entwicklung in Österreich vgl. Florian Freund, Bertrand Perz, Industrialisierung durch Zwangsarbeit, in: E. Tálos u.a. (Hg.), NS-Herrschaft in Österreich 1938-1945, Wien 1988, S. 95-114; Zur Frage der „Wiedergutmachung" vgl. Ulrich Herbert, „Nicht entschädigungsfähig". Ausländische NS-Verfolgte und die Frage der Wiedergutmachung, in: L. Herbst (Hg.), Wiedergutmachung, ersch. 1988.

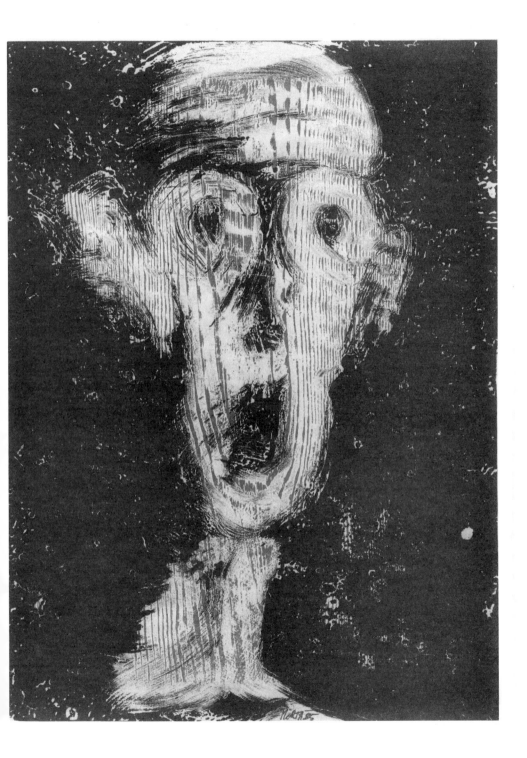

Grafik:
Alexander Mörth
Verwandlungsschrei

Henry Friedlander

Das nationalsozialistische Euthanasieprogramm

Der Völkermord im Großdeutschen Reich fing 1939 mit dem Massenmord an den Patienten der Heil- und Pflegeanstalten an, und deshalb kann keiner bestreiten, daß in der Reihenfolge des entstehenden Nazi-Genozids die Euthanasiemorde zeitlichen Vorrang vor denen der Endlösung hatten. Aber obwohl die wesentlichen Tatsachen über die Morde der sogenannten Euthanasie schon seit dem Nürnberger Ärzteprozeß der späten 40er Jahre bekannt waren[1]) und die Frankfurter Staatsanwälte beim Heydeverfahren in den frühen 60er Jahren die noch verborgenen Einzelheiten entdeckten[2]), haben die Wissenschaftler bis vor wenigen Jahren diese historischen Tatsachen nicht untersucht, und bis jetzt haben nur vereinzelte Historiker, z.B. der Kollege Wolfgang Scheffler, die Euthanasie im Zusammenhang mit dem Völkermord erwähnt[3]).

Ganz kurz der Vorgang[4]). Diese Mordaktion war von Anfang an ein Ziel der nationalsozialistischen Führung, das aber in Friedenszeiten nicht leicht durchgeführt werden konnte. Doch schon im Jahre 1935 versprach Adolf Hitler dem Reichsärzteführer Dr. Gerhard Wagner, daß er die „Euthanasie-Fragen" im kommenden Krieg „aufgreifen und durchführen" würde[5]). Auch waren die in diese Mordaktion einzubeziehenden Menschen schon in den 30er Jahren im Laufe der Sterilisationsverfahren ausgesucht worden, da der in dem „Gesetz zur Verhütung erbkranken Nachwuchses"genannte Personenkreis ungefähr dieselben Menschen umfaßte, die später in der Euthanasieaktion getötet wurden[6]).

Das sogenannte Euthanasieprogramm umfaßte zwei verschiedene, aber miteinander verbundene Aktionen. Die erste war der Kindermord, die zweite der Mord an den erwachsenen Patienten. Hitler ernannte zwei junge Männer, Dr. Karl Brandt, den Begleitarzt des Führers, und Philipp Bouhler, den Chef der Kanzlei des Führers (KdF), zu den verantwortlichen „Euthanasiebeauftragten"[7]). Die tägliche Verwaltungsarbeit für diese Mordaktionen wurde von der KdF unter der Aufsicht des auch sehr jungen Viktor Brack geleistet[8]). Um zu verhüten, daß die Rolle des Führers und seiner Kanzlei bekannt wurde, oder daß die Partei die Verantwortung für die Aktion übernehmen mußte[9]), gründete die KdF verschiedene Tarnorgansationen: den Reichsausschuß zur wissenschaftlichen Erfassung von erb- und anlagebedingten schweren Leiden, die Reichsarbeitsgemeinschaft Heil- und Pflegeanstalten (RAG), die Gemeinnützige Stiftung für Anstaltspflege, die Gemeinnützige Kranken-Transport GesmbH (Gekrat) und die Zentralverrechnungsstelle Heil- und Pflegeanstalten. Am Anfang saßen die Mitarbeiter in der KdF, dann im Berliner Columbus-Haus, und schließlich mietete sich die Mordzentrale in einer Villa auf der Tiergartenstraße 4 ein und wurde daher kurz T 4 genannt[10]). Die KdF und die T 4 arbeitete in Euthanasiefragen eng mit der Gesundheitsabteilung des Reichsinnenministeriums zusammen, wo Staatssekretär Dr. Leonardo Conti diese Aufgabe an den Ministerialdirigenten Dr. Herbert Linden, der später zum Reichsbeauftragten für Heil- und Pflegeanstalten ernannt wurde, weitergab[11]).

Mißgebildete und retardierte bzw. zurückgebliebene Kinder wurden von drei Ärzten – Werner Catel, Hans Heinze und Ernst Wentzler – anhand von Fragebögen begutachtet und nach der Entscheidung zum Töten in eine der sogenannten Kinderfachabteilungen eingewiesen[12]). Dort wurden sie mit Medikamenten, meistens Luminal, Veronal und Morphium, umgebracht[13]). Es gab mindestens 22 solche Tötungsabteilungen; die berüchtigsten waren Görden in Brandenburg an der Havel, Eglfing-Haar bei München, Eichberg in Hessen, Kalmenhof im Taunus, Kaufbeuren in Bayern und „Am Spiegelgrund" in Wien[14]). Das fing schon 1939 an und dauerte bis zum Ende des Krieges.

Der Mord an den erwachsenen Kranken schloß sich an die Kinderaktion an. Eine Reihe von Psychiatern als Gutachter und Obergutachter entschied über Leben und Tod von Anstaltspatienten, ohne die Kranken je selbst untersucht oder zumindest gesehen zu haben. Sie entschieden anhand von ausgefüllten Meldebögen, die das Reichsinnenministerium an alle Anstalten geschickt hatte[15]). Prof. Dr. Werner Heyde, ein junger Psychiater, der durch seine Freundschaft mit Theodor Eicke in der SS Karriere gemacht hatte, leitete diese Medizinabteilung der T 4[16]); später wurde er durch den älteren Anstaltsdirektor Prof. Dr. Paul Nitsche abgelöst[17]). Die Patienten wurden in den Gaskammern von sechs Tötungsanstalten umgebracht: Brandenburg an der Havel, Grafeneck in Württemberg, Hartheim bei Linz, Bernburg an der Saale, Sonnenstein in Pirna und Hadamar in Hessen[18]). Und wir dürfen nicht vergessen, daß die Wissenschaftler, die diese Mordaktion als fortschrittliche Therapie begrüßten, die Opfer auch als Versuchsobjekte ausbeuteten. Das fing mit den Kranken, besonders den kranken Kindern, in Heidelberg, Görden und anderen Orten an und wurde später mit den Juden und Zigeunern in den KZ-Lagern fortgesetzt[19]). Die erste Etappe der Euthanasiemorde, die mindestens 70.000 Opfer gekostet hatte, hörte im August 1941 auf und wurde durch die sogenannte wilde Euthanasie, die noch mehr Opfer forderte und bis zum Ende des Krieges dauerte, ersetzt.

Die Opfer der T 4 waren nicht nur die durch die NS-Propaganda immer wieder verleumdeten Geisteskranken und Mißgebildeten. In diese Mordaktion wurden z.B. auch Epileptiker, Blinde, Stumme und Taube, sowie Retardierte, Senile und Alkoholiker miteingeschlossen. Die von Hitler gebrauchte Bezeichnung „Gnadentod" war für diese sogenannte Euthanasie, die man ja auch „Vernichtung lebensunwerten Lebens" nannte, ganz und gar verlogen[20]). In den Tagesereignissen dieses Monats (März 1988) können wir das besonders gut erkennen. Die Studenten der Gallaudet Universität in Washington, der einzigen Hochschule für Taube in der Welt, demonstrierten gegen die Ernennung einer nicht-tauben Universitätspräsidentin. Ihr Kampf hat vor ungefähr zehn Tagen die USA begeistert, und unterstützt vom Kongreß und den Medien erreichten sie auch ihr Ziel, da die Präsidentin zurücktrat und ein Tauber zum ersten Mal in der über 100 Jahre alten Universität ihr Nachfolger wurde. Im Großdeutschen Reich wären diese Studenten die Opfer der rassenhygienischen Euthanasie geworden[21]).

Die Euthanasie war Vorspiel für die sogenannte Endlösung, dem Völkermord an den Juden und Zigeunern. Sie war der Massenmord, an dem man die Technik des Tötens großer Menschenmengen ausprobierte. Und diese Euthanasie zeigt uns auch, daß der Antisemitismus nicht alles erklären kann. Der Massenmord an den Kranken beweist, daß Judenhaß allein nicht ausreicht, um den Ursprung des NS-Genozids zu erklären. Für den Versuch einer solchen Erklärung müssen wir den Kern der NS-Euthanasie im Zusammenhang mit den anderen Tötungsaktionen der Nazis analysieren. Eine solche Analyse enthüllt die Gemeinsamkeiten, die alle NS-Mordunternehmen verband.

I: Das Ziel der NS-Rassenideologie

Wie ich schon in meinem Aufsatz über die jüdischen Patienten knapp darstellte[22]), kann man die Tötungsunternehmen des NS-Regimes als Endstadium eines gesellschaftlichen Planungsprozesses deuten. Das Regime wollte eine auf der sogenannten Volksgemeinschaft basierende Gesellschaft errichten, die „gesund an Geist und Körper" sein sollte und auch den ideologischen Anforderungen der nationalsozialistischen Revolution entsprechen würde[23]). Und die Vision einer rassisch homogenen, körperlich robusten und geistig gesunden Gesellschaft wurde von vielen Gruppen und Einzelpersonen – nicht nur auf der völkischen Rechten[24]) und nicht nur in Deutschland[25]) – durchaus geteilt. Für bestimmte Gruppen war in einer solchen utopischen Gesellschaft schlicht kein Platz. Das galt erstens für Menschen, die geistig bzw. körperlich behindert waren, zweitens für Verbrecher und sogenannte Asoziale und drittens für Menschen, die als rassisch andersartig eingestuft wurden.

Diese drei Gruppen – also Kranke, sozial „Auffällige" (was man auf Englisch „deviants" nennt) und Juden (auch Zigeuner) – hatten eines gemeinsam: man betrachtete sie als Fremde. Obwohl verschiedene Staatsbehörden für jede dieser Gruppen zuständig waren – die Gesundheitsverwaltung für die Kranken, die Kripo für die Verbrecher und die Asozialen, die Gestapo für die Juden – zeigte sich, daß die Trennlinien zwischen ihnen verschwommen waren. Insoweit man z.B. sozialen Strukturen den Vorrang vor rassisch definierten gab, wurden Zigeuner etwa, die wie die Juden als rassisch Fremde galten, in den tagtäglichen Verwaltungsverfahren wie die Gruppe der Gewohnheitsverbrecher behandelt[26]). Und Staatsbehörden wie Parteistellen entwickelten ähnliche Strategien, die auf alle drei Gruppen angewendet werden sollten. Die Ziele waren dabei immer dieselben. Das Streben nach einer homogenen und total gesunden Gesellschaft gebot das Ausschließen des Fremden. Wir müssen hier nicht unterscheiden, ob dieses Ziel in erster Linie von der spezifischen NS-Rassenideologie oder auch weitgehend durch die traditionelle Gesellschaftsplanung der Staatsbehörden vorgegeben war. Jedenfalls wurden beide Strömungen von der Wissenschaft untermauert und legitimiert. Wie der Kollege Benno Müller-Hill[27]) schon bewiesen hat, forderten die in der sogenannten Rassenhygiene forschenden Psychiater und Anthropologen sowie andere Naturwissenschaftler (z.B. Konrad Lorenz) die Aussonderung und Ausschließung, schließlich auch die „Ausmerzung" der „Andersartigen". Und diese Strategie der Ausgrenzung wurde während der 30er Jahre zur offiziellen Politik.

Obwohl also die Zielsetzung für alle drei Gruppen identisch war, praktizierte man die Ausschließung auf ganz unterschiedliche Weise. Die Juden wurden gezwungen, aus Deutschland auszuwandern; aus der Sicht der Partei- und Staatsbürokratie erschien das damals als die erfolgversprechendste und ausführbarste Form der Ausgrenzung[28]). Sie ließ sich auf die beiden anderen Gruppen freilich nicht anwenden. So konnten etwa weder „Gewohnheitsverbrecher" noch geistig Kranke leicht Visa für Übersee erlangen, und deshalb wurden beide Gruppen innerhalb der Grenzen Deutschlands eingesperrt. Die Kranken wurden in Anstalten eingewiesen und, besonders wenn eine Dauerhaft nicht gewährleistet werden konnte, sterilisiert; damit fing man bereits 1933 an[29]). Verbrecher und sogenannte Asoziale, die manchmal ebenfalls sterilisiert oder sogar kastriert wurden, steckte man in Konzentrationslager; diese Praxis begann zwar schon 1933, fand aber erst 1937 größere Verbreitung[30]). Die Trennungslinien zwischen diesen zwei Gruppen – also zwischen Kranken und sozial „Auffälligen" – waren in keiner Phase klar und präzise gezogen. Und wir dürfen nicht vergessen, daß man auch im Falle der Juden die Auswanderung, besser Austreibung, nie als eine perfekte Lösung angesehen hat und eine Massensterilisation – wäre sie nur durchführbar gewesen – vorgezogen hätte. Diese Lösung wurde denn auch während des Krieges, als die Auswanderung schon verboten war, erneut vorgeschlagen (z.B. in dem Brief Bracks an Himmler) und ausprobiert (z.B. durch die Experimente des Dr. Schuhmann)[31]), dann jedoch – da immer noch nicht allgemein durchführbar – nur bei den Grenzfällen der sogenannten Mischlinge vereinzelt praktiziert[32]).

Die Ähnlichkeit zwischen den Ausschließungsverfahren, die während der 30er Jahre bei allen drei Gruppen angewandt wurden, wird auf dem Gebiet der Gesetzgebung und der Sozialfürsorge am deutlichsten sichtbar. Das NS-Regime erließ recht schnell eingreifende Bestimmungen zur Ausschließung aller Fremden: Kranke, sozial „Auffällige" und Juden wurden durch neue Gesetz deutlich sichtbar isoliert, ausgeschlossen und mit Strafe belegt. Für die Kranken gab es das „Gesetz der Verhütung erbkranken Nachwuchses" vom Juli 1933[33]), und das „Gesetz zum Schutze der Erbgesundheit des deutschen Volkes (Ehegesundheitsgesetz)" vom Oktober 1935[34]). Für sozial „Auffällige" wurden „Maßregeln der Sicherung und Besserung" im November 1933 in das Strafgesetzbuch eingeführt[35]). Für Juden galt das „Gesetz zur Wiederherstellung des Berufsbeamtentums" vom April 1933[36]) bzw. dann das „Reichsbürgergesetz"[37]) und das „Gesetz zum Schutz des deutschen Blutes und der deutschen Ehre"[38]), die als Nürnberger Rassengesetze im September 1935 verkündet wurden. Mit der Ausarbeitung all dieser Gesetze waren dieselben Staats- und Parteibeamten befaßt. Arthur Gütt vom Reichsinnenministerium und Walter Gross vom Rassenamt der NSDAP, die beide eine wichtige Rolle bei der Verabschiedung der Eugenik-Gesetzgebung gespielt hatten, waren beispielsweise auch an der Formulierung der Nürnberger Rassengesetze beteiligt[39]).

Die öffentliche Sozialfürsorge, kostspielig und zentral geleitet, erfüllte eine ähnliche Funktion. Während die örtlichen Fürsorgestellen ihre Belastungen auf andere abzuwälzen suchten, unternahmen die Reichsdienststellen, die für alle die Sozialfürsorge betreffenden Bestimmungen zuständig waren, ihr möglichstes, um diese im Sinne der Ausschließung aller unerwünschten Gruppen zu benutzen[40]). So finden wir, daß die Beschränkungen, die bei der Fürsorge für Juden galten und sich auf alle Gebiete der Fürsorge erstreckten, von der Unterstützung jüdischer Pflegekinder[41]) und Schwerkriegsbeschädigter[42])bis zur Bestattung der Verstorbenen[43]), auch auf Zigeuner und ähnliche Gruppen ausgedehnt wurden[44]). Der Streit darüber, wer bezahlen sollte, hörte nicht einmal nach der Ermordung der Fürsorgeberechtigten auf[45]). Und ähnlich, wie die Wohlfahrtsleistungen für Juden, besonders Leistungen für jüdische Anstaltspfleglinge[46]), drastisch beschnitten wurden, verschlechterten sich die Lebensbedingungen für alle Kranken, auch für die sogenannten Arischen, in den Heil- und Pflegeanstalten dramatisch während der 30er Jahre[47]).

Das nationalsozialistische Rassen- und Eugenikprogramm, das die Staatsbeamten auf Reichs- und Landesebene mit Begeisterung umsetzten, beschränkte sich nie auf nur ein Ziel, immer sollte es der Durchsetzung zweier miteinander verknüpfter Ziele dienen. Die ideologische Zielsetzung propagierte die Reinhaltung der sogenannten arischen Rasse; sie erforderte den Ausschluß von Juden, Zigeunern und anderen Fremden aus der rassischen und nationalen Gemeinschaft der Deutschen. Aber über dieses ideologische Ziel hinaus ging es den NS-Machthabern um soziale Lenkung durch die Behörden, mit dem Ziel, alle Menschen zu erfassen, die als kriminell, asozial, sozial „auffällig" oder krank eingeschätzt wurden[48]). Die von den Parteikadern durchgesetzte NS-Ideologie und die von der Beamtenschaft initiierte Sozialplanung wirkten also gemeinsam auf das Ziel hin, aus der nationalen Gemeinschaft komplette Gruppen auszuschließen: Juden, Zigeuner,

Gewohnheitsverbrecher, Prostituierte, Homosexuelle, Bettler und Landstreicher, dazu die Arbeitsunfähigen, die Behinderten, die Krüppel und die geistig Kranken.

Als sich das NS-Regime dann stabilisierte und auf den Krieg zusteuerte, verlegten sich die Staats- und Parteiplaner von der geschilderten Art des Ausschließens mittels erzwungener Auswanderung, Einweisung in Anstalten und Zwangssterilisation auf die radikalere Lösung des Tötens. Es lag auf der Hand, daß ihr als erste Gruppe die Kranken unterworfen wurden. Sie mußte man in Anstalten betreuen; man konnte sie nicht auf dem Wege der Auswanderung abschieben. Ihr Ausschluß hinter Anstaltsmauern war eine kostspielige Sache; selbst noch bei den stark eingeschränkten Leistungen erschienen ihre Unterbringungskosten als zu hoch. Also führte der Weg in logischer Stufenfolge von der Einweisung in die Anstalt und Zwangssterilisation zur Tötung der Kranken im Rahmen der sogenannten Euthanasieaktion.

Die zweite Gruppe unerwünschter Personen – Verbrecher, Asoziale, sozial „Auffällige" – konnte bei dieser Aktion ebenfalls erfaßt werden: diejenigen von ihnen, die per Gerichtsbeschluß in eine Anstalt eingewiesen worden waren, gehörten zu den ersten, die umgebracht wurden[49]); weitere Mitglieder dieser Gruppe wurden später durch die Euthanasieärzte im Laufe der sogenannten Aktion 14f13 in den Konzentrationslagern „selektiert"[50]).

Die Euthanasietötungsaktion erstreckte sich natürlich auch auf Obdachlose, also unerwünschte Menschen der untersten Schicht. Ein Fall kann hier als Beispiel angeführt werden: die halb-blinde Frau Marie Wlach, deren Mann als Jude in ein Konzentrationslager verschleppt worden war, lebte in Wien als Obdachlose auf der Straße, was man in Amerika eine „bag lady" nennt. 1940 verlangte der SD-Leitabschnitt von dem Hauptgesundheitsamt des Reichsgaues Wien, daß die Wlach in die Anstalt „Am Steinhof" überführt werde, was damals Tötung bedeutete[51]).

Eine Art Brücke zwischen allen Gruppen bildeten die Zigeuer: sie sperrte man zunächst als „Verbrecher" ein, um sie am Ende zusammen mit den Juden als „rassisch Minderwertige" umzubringen[52]). Während die radikale Lösung des Tötens bei den Kranken bereits 1939 und 1940 angewandt wurde, lief bei den Juden noch die Strategie der Ausschließung durch Zwangsauswanderung weiter; die Staats- und SS-Beamten versuchten auch noch im ersten Kriegsjahr, alle Juden auf die Insel Madagaskar abzuschieben oder sie wenigstens im Kreis Lublin des östlichen Generalgouvernements zu konzentrieren[53]). Aber als dann die internationalen Rahmenbedingungen, das Fortschreiten des Krieges und die Kapazitäten der Tötungsmaschinerie die radikalste Ausschließungsmethode ermöglichten, wurde die Tötungsaktion auf die Juden ausgedehnt[54]).

282

II: Das Personal der Mordaktion T4

Die Leitung der sogenannten Euthanasie übten mittlere Verwaltungsbeamte aus, die in der Partei Karriere gemacht hatten. Keiner war Mediziner, und nur zwei (Allers und Bohne) waren Juristen. Diese in der KdF beschäftigten oder von der Kanzlei für die T 4 engagierten jungen Männer hatten ihre „jobs" meistens durch persönliche Beziehungen erhalten. Viele kamen ohne vorherige Ausbildung aus der Parteiarbeit, wie z.B. Viktor Brack, dessen Familie mit den Himmlers befreundet war; wenige hatten vorher in untergeordneter Stellung in der staatlichen Verwaltung oder der Geschäftswelt gearbeitet.

Die Ärzte der T 4, sowohl diejenigen, die die Opfer aussuchten als auch die, die sie töteten, wurden scheinbar sorgfältig von der KdF ausgesucht[55]). Man kann über diese Ärzte nicht verallgemeinernd sprechen. Das sieht man beispielsweise an den zwei Chefs der medizinischen Abteilung der T 4. Heyde machte als junger Parteiarzt Karriere, der Obermedizinalrat Nitsche jedoch, der seine Approbation schon 1901 erhielt und lange eine fortschrittliche Anstalt in Sachsen leitete, war scheinbar nie in der Partei aktiv[56]). Unter den ärztlichen Mitarbeitern der T 4 traten die meisten erst nach der sogenannten Machtübernahme in die NSDAP ein: z.B. Hans Heinze, Ernst Illing und Hermann Pfannmüller am 1. Mai 1933, und Werner Catel erst im Jahre 1937. Aber auch die schon früher Eingetretenen waren meist nicht alte Kämpfer der 20er Jahre und traten der Partei, wie z.B. Carl Schneider und Friedrich Mennecke 1932, erst kurz vor dem Ende der Weimarer Republik bei[57]).

In der sogenannten Ostmark war das anders. Dort hatten sich die später in der Euthanasie tätigen Ärzte öfters schon in den frühen 30er Jahren in die Nazi-Partei eingetragen (z.B. 1932 Emil Gelny und 1933 Hans Czermak und Franz Niedermoser) und waren ihr in der Illegalität treu geblieben. Aber auch dort gab es Opportunisten, die wie Erwin Jekelius und Maximilian Thaller gleich nach dem Anschluß Parteimänner wurden. Und zwei österreichische Ärzte, die schon früh der Partei angehörten, machten im Reich eine große Euthanasiekarriere. Prof. Dr. Max de Crinis aus der Steiermark, Bonhoeffers Nachfolger als Chef an der Charité in Berlin, war seit dem November 1931 in der Partei, und Irmfried Eberl aus Bregenz, der berüchtigste aller T 4-Ärzte, trat 1931 schon als 21jähriger in die österreichische NS-Partei ein[58]).

Die meisten Euthanasieärzte waren Schreibtischtäter, die ihre Opfer nie selbst umbrachten. Sie nahmen an Beratungen teil, begutachteten die Meldebogen, bildeten junge Tötungsärzte aus, und profitierten in ihren wissenschaftlichen Versuchen als Leichenfledderer der Nation. Nur wenige T 4-Ärzte töteten selbst. Zwei Beispiele können genügen: Hermann Pfannmüller und Friedrich Mennecke. Pfannmüller, der als Gutachter Opfer für die Erwachseneneuthanasie aussuchte und auch eine Kinderfachabteilung betreut[59]), war einer der älteren Herren der T 4, der schon 1913 seine Approbation erhielt, 1918 seine Prüfung in dem Fach Nervenkrankheiten bestand und als Direktor die große Anstalt Eglfing-Haar bei München leitete[60]). Trotzdem war er eine der miesesten Gestalten dieser Mordaktion. In seiner bekannten Nürnberger Aussage hat der deutsche Soldat Ludwig Lehner beschrieben, daß Pfannmüller in Eglfing-Haar die für die Euthanasie vorgesehenen Kinder verhungern ließ, und daß er diese Tötungsmethode Besuchern vorführte. Lehnert schilderte den Eindruck, den diese Vorführung auf ihn machte: „Den Anblick des fetten, grinsenden Mannes, in der fleischigen Hand das wimmernde Gerippe, umgeben von den anderen verhungernden Kindern, kann ich nimmer vergessen."[61]). In seiner Nürnberger Zeugenaussage hat Pfannmüller als Antwort nur behauptet, daß er nie „fleischige Hände" gehabt habe[62]).

Friedrich Mennecke, Jahrgang 1904, kam wie so viele andere ohne große Fachkenntnisse zur T 4. Er erhielt seine Approbation erst 1935 und konnte vor Kriegsende nicht einmal die Vorbedingungen für sein Fach Psychiatrie bestehen[63]). Dennoch avancierte er zum Chef einer Anstalt mit Kinderfachabteilung, arbeitete als Gutachter in der Erwachseneneuthanasie mit und suchte als reisender Euthanasiearzt in den KZ-Lagern Häftlinge zum Töten aus[64]). Aus den KZ-Lagern schrieb er köstliche Briefe an seine Frau, in denen er ihr von den schönen Reisen, dem guten Essen und den prominenten Kollegen erzählte und nur nebenbei die Rekordnummer der selektierten Häftlinge erwähnte[65]). In seiner Anstalt Eichberg ging es so schrecklich zu, daß eine Patientin, die später Häftling in Auschwitz und Ravensbrück war, nach dem Krieg bekundete, daß Eichberg genauso schlimm wie die KZs gewesen sei[66]).

Die Ärzte, die ihren Dienst für die T 4 in den Tötungsanstalten leisteten waren beinahe immer junge Leute am Anfang ihrer medizinischen Laufbahn. Man hatte ihnen versprochen, daß sie in diesen Vernichtungsanstalten nicht nur töten müßten, sondern daß sie sich dort auch durch Forschung weiter ausbilden könnten. Aber daraus wurde nichts[67]). Die profiliertesten dieser Tötungsärzte waren die zwei ältesten: die Österreicher Dr. Rudolf Lonauer und Dr. Irmfried Eberl. Lonauer, 1907 in Linz geboren, erhielt seine Approbation 1931 und etablierte sich in seinem Fach Psychiatrie 1937. Er trat im August 1931 in die NSDAP ein, trat aus ihr im Februar 1932 wieder aus, kam im Mai 1933 wieder zu ihr zurück und gehörte auch zur illegalen österreichischen SS. Seine Frau, eine gebürtige Grazerin, galt als „fanatische Nationalsozialistin". Nach dem Anschluß machte Lonauer schnell Karriere. 1938 wurde er zum Leiter der Heil- und Pflegeanstalt Niedernhart in Linz ernannt, und 1940 übernahm er auch die Leitung der Tötungsanstalt Hartheim. Bis Kriegsende leitete er die Vernichtungsanstalt Hartheim und die als Zwischenstation fungierende Anstalt Niedernhart. Hartheim war auch eine der Euthanasieanstalten, in denen KZ-Häftlinge getötet wurden und dort wurden auch viele Häftlinge aus dem naheliegenden Mauthausen umgebracht. Am 5. Mai 1945 verübten er und seine Frau Selbstmord[68]).

Imfried Eberl, 1910 in Bregenz geboren, erhielt seine Approbation 1935, war aber nicht für die Psychiatrie anerkannt. Mitglied der österreichischen Nazi-Partei sei 1931, war er einer der ersten Ärzte, die von der T 4 in den Tötungsanstalten eingesetzt wurden. Zuerst leitete er die Vernichtungsanstalt Brandenburg, wo die ersten Probevergasungen im Winter 1939-1940 vorgenommen wurden. Nach der Schließung von Brandenburg versetzte ihn die T 4 an die Tötungsanstalt Bernburg, wo Kranke und KZ-Häftlinge getötet wurden. Als eifriger T 4-Mitarbeiter und genialer Verwalter des Mordens wurde er als einziger Arzt der T 4 in die Vernichtungslager für Juden abgeordnet und kam 1942 als Kommandant nach Treblinka. Da er aber die Massenarbeit dort nicht bewältigen konnte, wurde er wieder nach Bernburg zurückversetzt. Seine Frau, wie die Gattin Lonauers eine „fanatische" Nationalsozialistin, kam bei einem Bombenangriff am Ende des Krieges um, und Eberl verübte nach der Kapitulation Selbstmord[69]).

Abgesehen von den Ärzten wurde das Personal für die Euthanasietötungen eher zufällig ausgewählt. Viele wurden von ihren Dienststellen als unbeliebte Mitarbeiter abgeschoben, andere wurden von Verwandten oder Freunden vorgeschlagen, während wieder andere, die irgendwie etwas über Anstellungen bei der Reichskanzlei gehört hatten, sich selbst um eine Stelle bewarben[70]). Ein Beispiel kann hier genügen.

Der Österreicher Vinzenz Nohel, 1902 in Mähren geboren, wurde als Maschinenschlosser ausgebildet. Nachdem er 1919 während eines Sturmes von einem umfallenden Baum am Kopf verletzt worden war, litt er an Gedächtnisschwäche und teilweiser Lähmung der rechten Körperseite und war daher öfters arbeitslos. Im Jahre 1939 arbeitete er für eine Firma mit einem Wochenlohn von 25 RM. Davon mußte er Frau und vier Kinder ernähren und war deshalb „immer auf der Suche, mehr zu verdienen". Aus seiner Vernehmung im Jahr 1945 kann man nicht ersehen, ob er Parteimitglied war, aber sein Bruder war ein SA-Brigadeführer, der 1938 aus dem Reich in die sogenannte Ostmark zurückkehrte. Nohel hoffte, daß dieser Bruder ihm eine bessere Arbeitsstelle verschaffen würde, was dieser aber zuerst nicht tat. Endlich, im Jahre 1939 oder 1940, bestellte der Bruder Nohel in seine Kanzlei nach Linz, wo er durch den T 4-Beamten Adolf Gustav Kaufmann zur Arbeit in der Tötungsanstalt Hartheim angestellt wurde. 1945 erinnerte sich Nohel vor der Kriminalpolizei an diese Anwerbung:

„Es waren dort mehrere Personen anwesend... Mein Bruder ging mit mir und den anderen Leuten ins Landhaus zu einem gewissen Kaufmann. Dort wurde gefragt, was ich bis jetzt verdient habe. Als man von mir hörte, daß ich wöchentlich nur 25 RM verdiene, lachte man darüber. Mir und den anderen wurde dann eröffnet, daß wir nach Hartheim kommen und dort mehr verdienen würden. Was wir dort machen sollten, wurde uns nicht gesagt. Es wurde nur angedeutet, daß wir zu einer besonderen Arbeit verwendet würden."

Nohel kam in die Tötungsanstalt Hartheim, als das Schloß noch umgebaut wurde, und blieb dort bis zum Ende als sogenannter Heizer. Das von dem Bruder versprochene gute Gehalt bekam er: 170 RM per Monat und dann noch 50 RM Trennungszulage, 35 RM Heizerzulage und 35 RM Stillhalteprämie. Und weiter: „Da die Arbeit (als Leichenverbrenner) sehr anstrengend und, wie schon gesagt, nervenzermürbend war, bekamen wir pro Tag 1/4 Liter Schnaps."[71]).

Wie gesagt hörte die erste Phase der Euthanasietötungen im August 1941 auf. Aus verschiedenen Gründen – Durchbrechung der Geheimhaltung, öffentliche Unruhe, Widerstand der Kirchen – gab Hitler an Dr. Karl Brandt den mündlichen Befehl zum sogenannten „Stop" der Euthanasie, den dieser dann telefonisch an Philipp Bouhler weiterleitete[72]). Die Quote war somit erfüllt worden: 70.000 bis 100.000 ermordete Anstaltsinsassen hatten genügend Krankenhausbetten geräumt[73]). Die groß angelegte Tötungsaktion in den Gaskammern der Vernichtungsanstalten endete, aber die zweite Phase, als sogenannte wilde Euthanasie bekannt, in der Anstaltsinsassen in verschiedene, meistens an der Ostgrenze des Reiches gelegene Anstalten verlegt und dort durch Spritzen und Verhungern umgebracht wurden, fing bald an und dauerte bis zum Ende des Krieges[74]).

Die Euthanasietötungen gingen also in anderer Weise und in anderen Anstalten weiter, sodaß das eingearbeitete Personal der Vernichtungsanstalten, abgesehen von den Leuten, die für die Tötung von KZ-Häftlingen in der Aktion 14f13 oder später für die Tötung von an Tbc erkrankten Ostarbeitern[75]) gebraucht wurden, nicht mehr nötig war. Aber die Manager der Euthanasie waren überzeugt, daß die systematischen Tötungen in den Vernichtungsanstalten nach dem sogenannten Endsieg, diesmal mit Gesetzeskraft, wieder anlaufen würden. Daher wollten sie die überflüssig gewordenen Angestellten der Vernichtungsanstalten als Gruppe zusammenhalten[76]). Verschiedene Gruppen des Personals wurden dann im Winter 1941-1942 unter der Führung von T 4-Managern und -Ärzten im Rahmen der Organisation Todt an der Ostfront eingesetzt[77]). Die Forschung ist noch immer nicht sicher, was für Aufgaben diese T 4-Leute wirklich an der Ostfront erfüllen sollten; auch die erhaltenen Briefe des Tötungsarztes Imfried Eberl, die einzigen aus dem Osten von der Organisation Todt (OT), die wir besitzen, haben nichts Aufklärendes über diesen Einsatz vermittelt[78]). Angeblich waren sie damit beschäftigt, kriegsverletzten Soldaten Beistand zu leisten. Obwohl Forscher schon lange vermutet haben, daß das ausgesuchte Personal in diesem Einsatz schwerverletzte Soldaten oder unerwünschte Zivilisten umbrachte, hat man bisher für diese Vermutung keine Beweise gefunden.

Der Einsatz bei der OT, welcher Art er auch gewesen sein mag, war nur eine provisorische Beschäftigung, da schon eine viel wichtigere Aufgabe für das Tötungspersonal vorbereitet wurde. Mit dem Überfall auf die Sowjetunion im Juni 1941 hatten die NS-

Machthaber ihre Tötungsaktion auf die Juden in den eroberten Gebieten der UdSSR ausgedehnt. Aber die für die Durchführung der Endlösung zuständigen Stellen waren schon im Begriff, die polnischen Juden sowie alle anderen nach dem Osten deportierten Juden in diese Tötungsaktion miteinzubeziehen. Für dieses große Unternehmen brauchte man eine neue Tötungsmethode. Das Erschießen, das bei den SS-Einsatzgruppen angewendet wurde, war dafür zu öffentlich, unrationell und psychologisch schwierig[79]). Wie wir sehen werden, wählten die Manager der Endlösung das in der Euthanasie erprobte und ausprobierte Verfahren.

Hitler hatte seine Kanzlei des Führers (KdF) mit der Ausführung der Euthanasie beauftragt, und genauso beauftragte er später den Reichsführer-SS (RFSS), die Endlösung durchzuführen. Aber wie wir schon durch den berüchtigten Brief Görings an Heydrich[80]) erfahren haben, konnten diese Tötungsaktionen nicht ohne die Mitarbeit aller Ämter bewältigt werden. Und genauso wie die SS bei der von der KdF gelenkten Euthanasie mitgeholfen hatte, bot nun die KdF der SS ihre aus der Euthanasie gewonnenen Fachkenntnisse an, um bei der Endlösung mitzuhelfen. Am Anfang geschah dies nur am Rande. Die Chemiker Dr. Albert Widmann und Dr. August Becker vom Kriminaltechnischen Institut im RKPA, die schon früher mit der KdF an den Euthanasielösungen zusammengearbeitet hatten[81]), wurden jetzt beauftragt, die Tötungsmöglichkeiten mittels Sprengstoff oder Gas für die Einsatzgruppen auszuprobieren[82]). Der Gaswagen als Tötungsinstrument, durch Auspuffgase und nicht wie 1940 mit Gasflaschen, war das Resultat dieser Zusammenarbeit[83]). Diese Gaswagen wurden dann im westpolnischen Chelmno (auf deutsch Kulmhof) im Dezember 1941 eingesetzt[84]). Das SS-Personal dieses ersten Vernichtungslagers – HStF. Herbert Lange, später HStf. Hans Bothmann[85]) und ihre Leute – hatten ihr Handwerk 1940 in Ostpreußen gelernt, wo sie Patienten, die man nicht zu den weit entfernten Tötungsanstalten der Euthanasie transportieren wollte, umbrachten[86]). Obwohl Versuche, solche örtlich begrenzten Vernichtungsstätten in anderen Landesteilen zu errichten, nicht durchgeführt wurden, können wir aus dem bekannten Briefe Wetzels vom Ostministerium an den Reichskommissar Lohse im Ostland über eventuelle Vergasungen in Riga erkennen, daß die KdF mit den „Brackschen Hilfsmitteln" bereit war, ihre Fachkenntnisse und ihre Fachkräfte an die örtlichen Behörden für solche Unternehmen abzugeben[87]). So sieht man, daß die KdF bei vielen der sich entwickelnden Versuchen, die Endlösung zu rationalisieren, Pate stand.

Es ist daher nicht verwunderlich, daß die KdF an dem größten Vernichtungsunternehmen der Endlösung mitarbeitete. Im Herbst 1941 fiel die Entscheidung, den Massenmord an den Juden in groß angelegte Vernichtungslager zu verlegen, und mit dem Mord an den polnischen Juden im Generalgouvernement anzufangen. Den Hauptauftrag, diesen Massenmord durchzuführen, erteilte Himmler Odilo Globocnik, ehemaliger Gauleiter in Wien und damals SSPF in Lublin[88]). Um den Tötungsteil dieses Auftrages durchzuführen, erbaute Globocnik die Vernichtungslager Belzec, Sobibor und

Treblinka[89]). Und für dieses gräßliche Verbrechen, später zu Ehren des erschossenen Heydrich Aktion Reinhard genannt, brauchte er die Mitarbeit der in diesen Sachen erfahrenen KdF.

Im September 1941 besuchten Philipp Bouhler, der Chef der KdF-Beamten und Viktor Brack, der für die Euthanasie zuständige KdF-Beamte, den SSPF Globocnik in Lublin. Obwohl Brack in Nürnberg bestritt, daß dieser Besuch irgendwie mit der Ausführung der Endlösung im Zusammenhang stand, ist es doch wahrscheinlich, daß dort die Mitarbeit der KdF erörtert wurde[90]). Und tatsächlich kommandierte die KdF ihre eingeübten Leute nach Lublin ab, wo sie zuerst beim Aufbau der Vernichtungslager technische Hilfe leisteten und dann den Betrieb dieser Lager übernahmen[91]).

Zum Aufbau wurden zuerst besondere Fachkräfte abkommandiert. Der Maurer Erwin Lambert, der für die KdF in den verschiedenen Tötungsanstalten der T 4 die für die Vergasung nötigen Umarbeitungen vorgenommen hatte, wurde als „Spezialist für den Bau von Gaskammern" zweimal nach Lublin abgeordnet, wo er in Treblinka und vielleicht auch in den anderen zwei Lagern dieselbe Arbeit verrichtete[92]). Der Chemiker Dr. Helmut Kallmeyer kam durch die Vermittlung seiner Frau, die gebürtige Gertrud Froese, die in der KdF als Bracks Schreibkraft angestellt und dann auch in der Tötungsanstalt Grafeneck tätig war, als Fachmann für Vergasungen zur T 4. Nachdem, wie schon erwähnt, Bracks Angebot, seinen Chemiker Kallmeyer nach Riga zu schicken, durchfiel, fuhr Kallmeyer nach Lublin, um dort in den Lagern der Aktion Reinhard technische Hilfe zu leisten[93]).

Mit wenigen Ausnahmen kamen also die meisten Angehörigen des deutschen Lagerpersonals der Aktion Reinhard von der T 4-Organisation. Sie wurden von Berlin in zwei Wellen – die erste am Anfang und die zweite etwas später[94]) – nach Lublin abgeordnet. An „erster Stelle" standen die als Lagerkommandanten vorgesehenen, und als erster unter ihnen Christian Wirth[95]). Der 1885 geborene Wirth trat schon vor dem ersten Weltkrieg in die Schutzpolizei ein und war 1939 Kriminalkommissar bei der Kripoleitstelle Stuttgart. Er gehörte schon vor 1923 der NSDAP an, trat aber nach dem Putsch aus der Partei aus, um dann 1931 als sogenannter „alter Kämpfer" wieder in die NSDAP einzutreten. Seit 1933 gehörte er auch zur SA, wechselte dann aber 1939 zur SS als Obersturmführer[96]). Von der Kripo als Kriminalkommissar 1939 an die T 4 zeitweise ausgeliehen, spielte Wirth in der Euthanasie als Organisator eine verhältnismäßig große Rolle. Maßgeblich an der ersten Probevergasung in Brandenburg beteiligt, fungierte er nachher als Büro- und Personalchef in Grafeneck und Hartheim und war anscheinend auch als „trouble-shooter" in anderen Tötungsanstalten tätig[97]). Von der T 4 ging er dann zur Aktion Reinhard und brachte auch mindestens zwei der Lagerkommandanten – seine Hartheimer Nachfolger, die Ostmärkler Franz Reichleitner und Franz Stangl – aus Hartheim nach Lublin mit[98]). In Lublin war er zuerst Kommandant von Sobibor, dann Inspekteur aller Lager der Aktion Reinhard, und viele Zeugen beschrieben ihn als die von allen gefürchtete, treibende Kraft der Vernichtungsaktion[99]). Für die Ausführung dieses sogenannten Sonderauftrages wurde der inzwischen zum Kriminalrat avancierte Wirth zusammen mit den „verdientesten Führern und Männern" von Himmler zum Hauptsturmführer und dann zum Sturmbannführer befördert[100]).

Die von der KdF nach Lublin abgeordneten Leute – es waren mindestens 92 Männer[101]) – kamen von allen Euthanasieanstalten sowie von der Euthanasiezentrale in Berlin. Wir wissen nicht genau, warum gerade diese Männer für den Vernichtungseinsatz im Osten ausgesucht wurden. Ärzte und Pfleger, die man im Reich für die „wilde" Euthanasie gebrauchen konnte, wurden meistens nicht gewählt. Nur ein Tötungsarzt, der fanatische Dr. Irmfried Eberl, wurde nach Lublin abgeordert, um dort der erste Kommandant von Treblinka zu werden. Da er aber die Verwaltungsarbeit dieser viel größeren Vernichtungsaktion organisatorisch nicht bewältigen konnte, wurde er schnell wieder nach Hause geschickt[102]). Die nach Lublin versetzten Männer gehörten also den unteren Funktionsgraden des nichtmedizinischen Personals der T 4 an und waren wahrscheinlich ausgesucht worden, weil die Vorgesetzten ihnen die Tötungsarbeit im Osten deshalb zutrauten, weil sie ihren Dienst für die T 4 gewissenhaft ausgeführt hatten, oder einfach, weil einer der leitenden Männer der T 4 auf sie aufmerksam geworden war. Jedenfalls waren sie meistens alte Partei-, SA- oder SS-Genossen[103]). Nur ein paar Beispiele von halbwegs bekannten, nach Lublin abkommandierten T 4 Männern:

Der nach dem Krieg in München verurteilte Josef Oberhauser kam von der SS-Verfügungstruppe zur T 4 und wurde dort als Leichenverbrenner in Grafeneck, Brandenburg und Bernburg eingesetzt. In Lublin tat er Dienst zuerst in Belzec und dann als Adjutant von Wirth in der Zentrale[104]). Der in Düsseldorf verurteilte Kurt Franz kam auch von der SS zur T 4. Er arbeitete in Grafeneck, Hartheim, Sonnenstein und der T 4-Zentrale als Koch, konnte aber dann in Belzec und Treblinka in einer anderen Funktion glänzen und rückte zum Untersturmführer und letzten Kommandanten des Vernichtungslagers Treblinka auf[105]).

Der aus Lanzmans Film „Shoah" bekannte Franz Suchomel stammte aus dem Sudetenland und betrieb dort eine von seinem Vater geerbte Schneiderei. Ein praktizierender Katholik, trat er in seiner Heimat zuerst der SPD und dann der Sudetendeutschen Partei bei und wurde nach dem Anschluß des Sudentenlandes Mitglied des NSKK, aber nie der NSDAP. Nachdem er aus der Wehrmacht nach dem Feldzug im Westen entlassen worden war, kam er, möglicherweise von schon dort angestellten Landsleuten vorgeschlagen, zur T 4, wo er als Fotograf in der Zentrale und für eine kurze Zeit auch in Hadamar die Bildaufnahmen der getöteten Kranken entwickelte. Suchomel wurde dann 1942 zum Osteinsatz nach Lublin versetzt und dort zuerst dem Lager Sobibor und dann dem Lager Treblinka zugeteilt. In Treblinka war er zuerst auf der Rampe tätig, übernahm dann die Aufsicht über verschiedene jüdische Arbeitskommandos und wurde am Ende Aufseher über die jüdischen Arbeiter, die das aus den Gebissen der Ermordeten gestohlene Gold umarbeiten mußten[106]).

Obwohl die KdF ihre T 4-Leute an den SSPF Globocnik abgab, wurden sie auch in Lublin von ihrer alten Euthanasiebehörde versorgt. Sie erhielten ihr Gehalt, ihre Post und ihre Zuschläge von der Berliner Behörde, die ihnen alles per Kurier nach Lublin schickte[107]). Obwohl der SSPF Globocnik gegenüber dem T 4-Personal die Befehlsgewalt ausübte, unterstanden die abkommandierten Männer noch immer der KdF und wurden auch von ihr in den Urlaub ins Erholungsheim der T 4 am Attersee geschickt. Und als die Lager der Aktion Reinhard 1943 aufgelöst wurden, wurde das T 4-Personal geschlossen an der Adriatischen Küste eingesetzt[108]).

III: DieTechnik des Massenmordes

Die Entwicklung der Gaskammer und die Anwendung von Gas als Tötungsmittel war eine einzigartige Erfindung der NS-Verbrecher. Aber eine noch viel wichtigere Erfindung war das Verfahren, das die Menschen zu den Gaskammern führte, sie dann fabrikmäßig tötete, und ihre Leichen verarbeitete. Wenn wir auf diesem Gebiet die heutige Computersprache anwenden, können wir die Gaskammer als Tötungs-„hardware" beschreiben und das Abwicklungsverfahren als Tötungs-„software". Zusammengenommen waren diese „hard"- und „software" die Vernichtungsmethode, die der deutsche Faschismus der Welt hinterließ.

In den Vernichtungslagern der Endlösung wurde kein neues Tötungsverfahren erfunden, sondern nur das schon in den Euthanasieanstalten ausprobierte Verfahren kopiert. Und diese Mordtechnik wurde vom Personal der T 4 in den Lagern der Aktion Reinhard eingeführt. Ein Zeuge aus den Reihen des deutschen Personals, der an den Euthanasietötungen in Hartheim teilnahm und danach auch bei den Endlösungstötungen in den Lagern Belzec und Sobibor mitarbeitete, hat in seiner Aussage einen zutreffenden Vergleich zwischen dem in der Euthanasie und in der Endlösung angewandten Verfahren für uns hinterlassen: „In den beiden genannten Lagern vollzog sich dasselbe wie im Schloß Hartheim, nur handelte es sich bei den dort Umgebrachten ausschließlich nur um Juden."[109]). Es genügt hier den Vergleich der Technik der Euthanasie und der Endlösung, die ja jetzt den meisten bekannt ist, in groben Zügen anzustellen[110]).

1) Die Verharmlosung bei der Ankunft, die die Opfer heimtückisch täuschen sollte: In den Tötungsanstalten der Euthanasie wurde der Alltag einer Anstalt zur Beruhigung vorgetäuscht und die Lager der Endlösung wurden zur Beruhigung als Durchgangslager dargestellt. Die Opfer mußten sich zuerst zum vorgetäuschten Baden

290

ausziehen und ihre Kleider wurden zur scheinbaren Aufbewahrung für Nachher bezettelt, aufgezeichnet und numeriert. In der Endlösung wurden den Opfern die Wertsachen abgenommen und die Haare geschnitten; sie wußten natürlich nicht, daß diese zur Verwertung nach dem Tode bestimmt waren. In der Euthanasie wurden die Opfer fotografiert und markiert; sie wußten aber nicht, daß die Kennzeichnung die Verarbeitung nach dem Tode erleichtern sollte.

2) Das Töten in Gaskammern:
In beiden Tötungsverfahren wurden die Gaskammern als Duschräume verkleidet. In den Lagern der Endlösung wurden so viele Menschen wie möglich in die Gaskammern getrieben; die Gaskammern der Euthanasie wurden nur manchmal mit Menschen derart vollgestopft. In den Kammern wurden die Menschen dann durch das Eindringen des tödlichen Gases umgebracht. Natürlich gab es Unterschiede zwischen den Euthanasieanstalten und den Lagern der Aktion Reinhard. Man hatte z.B. im Reich das in Flaschen von der IG Farben stammende reine Kohlendioxyd verwendet, während man in den östlichen Lagern, wo das Herbeischaffen der Flaschen zu teuer und zu schwierig war, die unreinen Abgase von Dieselmotoren verwendete. Nachdem der Tod eingetreten war, wurden die Leichen weggeschafft und die Kammern entlüftet und gereinigt. In der Euthanasie mußte das deutsche Personal diese Arbeit verrichten, aber in den Lagern im Osten wurden dazu jüdische Häftlinge gezwungen.

3) Die Verbrennung und Verwertung der Leichen:
In der Euthanasie und in der Endlösung wurden die Leichen verbrannt. Das machten in der Euthanasie das Personal und in der Endlösung die Häftlinge. In den Euthanasieanstalten führte man auch die Leichenfledderei ein. Man zog den Leichen die Goldzähne, um das in dieser Weise gesammelte Gold in die Kassen des Großdeutschen Reiches zu überführen. Genauso bereicherte man das Reich in den Lagern der Endlösung.

In Auschwitz-Birkenau wurde dieses in der Euthanasie zuerst erprobte Vernichtungsverfahren noch verbessert. Statt Kohlendioxyd gebrauchte man dort das schneller wirkende Zyklon B-Gas. Außerdem selektierte man, um die noch arbeitsfähigen Opfer für eine kurze Zeit auszubeuten[111]). Aber auch das hatte man in der Euthanasie, wo man noch arbeitsfähige Patienten zurückstellte, schon praktiziert.

Zusammenfassend möchte ich also folgendes zur Diskussion stellen: Die NS-Vernichtungsaktionen wurden durch die Rassenideologie der Nazis und die Gesellschaftsplanung der Staatsbürokratie vorbereitet und, sobald Hitler das Tötungsunternehmen mit seinem Befehl deckte, von den Partei- und Staatsbeamten begeistert ausgeführt. Es gab keinen ursächlichen Unterschied zwischen den Vernichtungsaktionen gegen Kranke, Zigeuner und Juden. Der Patientenmord der sogenannten Euthanasie kam zuerst, und dort wurden die Tötungsverfahren erprobt. Dort hatten die Täter auch die Grenzen des Möglichen erkannt und deshalb die Tötungen zur Beruhigung der Bevölkerung aus dem

Reich in den Osten verlegt. Aber die entwickelte Tötungsmethode hatte sich bewährt und wurde immer wieder angewandt. Und die Haupttäter hatten erkannt, daß man willkürlich ausgesuchten Leuten zutrauen konnte, diese gräßlichen Verbrechen „ohne Skrupel"[112]) auszuführen. Zuerst wurden die erprobten Tötungsspezialisten eingesetzt, aber bald fanden sich auch andere unmittelbare Täter an anderen Tatorten, z.B. in Birkenau, für die Ausführung dieser Mordtaten.

DAS NATIONALSOZIALISTISCHE EUTHANASIEPROGRAMM

Anmerkungen:

1) Vgl. United States Military Tribunal, Official Transcipt of the Proceedings in Case 1, United States, v. Karl Brandt et al. (Medical Case).
2) Vgl. GStA Frankfurt, Anklageschrift gg. Werner Heyde, Gerhard Bohne und Hans Hefelmann, Ks 2/63 (GStA) [Js 17/59 (GStA)], 22.5.1962.
3) Wolfgang Scheffler, Rassenfanatismus und Judenverfolgung, in: Deutschland 1933. Machtzerfall der Demokratie und nationalsozialistische „Machtergreifung", Hrsg. Wolfgang Treue und Jürgen Schmädeke, Berlin 1984, S. 32-34.
4) Vgl. darüber die zusammenfassenden Arbeiten von Alexander Mitscherlich und Fred Mielke (Hrsg.), Medizin ohne Menschlichkeit. Dokumente des Nürnberger Ärzteprozesses, Frankfurt 1960; Alice Platen-Hallermund, Die Tötung Geisteskranker, in: Deutschland. Aus der deutschen Ärztekommission beim amerikanischen Militärgericht, Frankfurt 1948; Friedrich Karl Kaul, Nazimordaktion T 4: Ein Bericht über die erste industriemäßig durchgeführte Mordaktion des Naziregimes, Berlin 1973; Klaus Dörner u.a., Der Krieg gegen die psychisch Kranken, Rehburg-Loccum 1980; Wolfgang Neugebauer, „Zur Psychiatrie in Österreich 1938-1945: 'Euthanasie' und Sterilisierung", in: Justiz und Zeitgeschichte. Symposium „Schutz der Persönlichkeitsrechte am Beispiel der Behandlung von Geisteskranken, 1780-1982", Veröffentlichungen des Ludwig-Boltzmann-Institutes für Geschichte der Gesellschaftswissenschaften, Hrsg. Erika Weinzierl und Karl R. Stadler, Wien 1983, S. 197-285; Willi Dressen, „Euthanasie", in: Nationalsozialistische Massentötungen durch Giftgas. Eine Dokumentation, Hrsg. Eugen Kogon, Hermann Langbein, und Adalbert Rückerl, Frankfurt 1983, S. 27-80, 303-10; Ernst Klee, „Euthanasie" im NS-Staat.„Die Vernichtung lebensunwerten Lebens", Frankfurt 1983; Ernst Klee (Hrsg), Dokumente zur „Euthanasie", Frankfurt 1985; und „Heilen und Vernichten im Mustergau Hamburg. Bevölkerungs- und Gesundheitspolitik im Dritten Reich", Hrsg. Angelika Ebbinghaus, Heidrun Kaupen-Haas und Karl Heinz Rotz, Hamburg 1984.
5) U.S. Military Tribunal, Case 1, Transcript, S. 2482: Aussage Brandt; GStA Frankfurt, Anklage Heyde, Bohne und Hefelmann, Ks 2/63 (GStA) [Js 17/59 /GStA)], 22.5.1962, S. 40.
6) Vgl. Gisela Bock, Zwangssterilisation im Nationalsozialismus. Studien zur Rassenpolitik und Frauenpolitik, Opladen 1986; Kurt Nowak, „Euthanasie" und Sterilisierung im „Dritten Reich", 2. Aufl., Weimar 1980.
7) U.S. Military Tribunal, Case 1, Transcript, S. 2396 (Aussage von Brandt), und S. 24113; Zentrale Stelle Ludwigsburg (zit. als ZStL), Heidelberger Dokumente, 127.398-401:Entscheidungen der beiden Euthanasie-Beauftragten hinsichtlich der Begutachtung, Berlin 30.1.1941, und Entscheidungen der beiden Euthanasie-Beauftragten hinsichtlich der Begutachtung (unter Einbeziehung der Ergebnisse der Besprechung in Bertesgaden am 30.3.1941); Nürnberger Dokumente NO-475 (Eidesstattliche Erklärung Brandt), und NO-834; Bundesarchiv Koblenz (zit. als BAK), R18/3810, und R 22/4209 (Bouhler an Gürtner, 5.9.1940); Berlin Document Center (zit. als BDC), Personalakten Brandt und Bouhler.
8) U.S. Military Tribunal, Case 1, Transcript, S. 7532-33: Aussage Brack.
9) Vgl. StA Hamburg, Anklageschrift gg. Friedrich Lensch und Kurt Struve, 147 Js 58/67, 24.4.1973, S. 94.
10) Vgl. GStA Frankfurt, Anklageschrift gg. Reinhold Vorberg und Dietrich Allers, Js 20/61 (GStA), 15.2.1966, S. 47-51. Vgl. auch Landesarchiv Berlin (zit. als LA Berlin), Bauakten, Tiergartenstraße 4: Zeichnung T 4 zum Neubau eines Wohnhauses sowie eines Bürogebäudes auf dem Grundstück Tiergartenstraße Nr. 4 Herrn Banquier Weissbach gehörig.
11) BAK, R18/3356: RMdI RdSchr. 31.8.1939 (Contis Ernennung), R18/3672 (Lindens Beförderung): R18/3768 und GStA Frankfurt, Sammlung Euthanasie: RMdI RdErl. 23.10.1941, Bestellung eines Reichsbeauftragten für die Heil- und Pflegeanstalten (RGBl. I, 653).
12) Vgl. StA Hamburg, Anklage Bayer, Catel u.a., 14 Js 265/48, 7.2.1949, S. 51-52; LA Berlin, Rep. 214, Acc. 2740, Nr. 154-55: RMdI RdErl, 1.7.1940.
13) Vgl. National Archives and Record Administration (zit. als NARA), RG 238, M-1019, Roll 52, Vernehmung Dr. Hermann Pfannmüller, 21.9.1946, S. 23-24; StA Hamburg, Anklage Bayer, Catel, 14 Js 265/48, 7.2.1949, S. 27; Dokumentationsarchiv des österreichischen Widerstandes (zit. als DÖW), 18282: LG Wien, Vernehmung Dr. Marianne Türk, 25.1.1946; Gerhard Schmidt, Selektion in der Heilanstalt 1939-1945 (Suhrkamp Taschenbuch), S. 115.
14) Vgl. GStA Frankfurt, Anklage Heyde, Bohne und Hefelmann, Ks 2/63 (GStA) [Js 17/59 (GStAL], 22.5.1962, S. 147ff.
15) Vgl. U.S. Military Tribunal, Case 1, Transcript, S. 7572-73: Aussage Brack; GStA Frankfurt, Anklage Vorberg und Allers, Js 20/61 (GStA), 15.2.1966, S. 62, 64; DÖW 18229; und StA Hamburg, Verfahren 147 Js 58/67 Gesundheitsbehörde Bd. 1.
16) BDC, Personalakte Heyde.

17) LG Dresden, Urteil gg. Hermann Paul Nitsche u.a., 1 Ks 58/47, 7.7.1949, S. 3.
18) GStA Frankfurt, Anklage Vorberg und Allers, Js 20/61 (GStA), 15.2.1966, S. 55-58; GStA Frankfurt, Anklage Heyde, Bohne und Hefelmann, Ks 2/63 (GStA) [Js 17/59 (GStA)], 22.5.1962, S. 261-87; StA Hamburg, Anklage Lensch und Struve, 147 Js 58/67, 24.4.1973, S. 201-31.
19) Vgl. die verschiedenen Untersuchungen über dieses Thema in den Bänden: Beiträge zur nationalsozialistischen Gesundheits-und Sozialpolitik, Hrsg. Götz Aly u.a., Berlin, Rotbuch Verlag, 1985.
20) Vgl. z.B. Meldebogen 1, in: GStA Frankfurt, Anklage Vorberg und Allers, Js 20/61 (GStA), 15.2.1966, S. 62.
21) Vgl. New York Times, 8.3.1988. Über die „Behandlung" von tauben (sowie blinden und stummen) Kindern im Dritten Reich, vgl. z.B. U.S. Military Tribunal, Case 1, Transcript, S. 7304: Aussage Pfannmüller; Bundesarchiv-Militärarchiv, H20/463+465: Planungsbericht Württemberg, Nov. 1942, Zusammenfassung Feb. 1943, S. 21 über das Heim für Hilfsschulkinder der Ziegler'schen Taubstummenanstalt Wilhelmsdorf.
22) Henry Friedlander, Jüdische Anstaltspatienten im NS-Deutschland, in: Aktion T 4, 1939-1945: Die „Euthanasie"-Zentrale in der Tiergartenstraße 4, Hrsg. Götz Aly, Berlin 1987, S. 34-44.
23) Vgl. z.B. Götz Aly, Der saubere und der schmutzige Fortschritt, in: Beiträge zur nationalsozialistischen Gesundheits- und Sozialpolitik, Bd. 2, 1985, S. 9-78.
24) Vgl. z.B. betr. Sozialdemokraten, die diese Ansichten teilten: Karl Heinz Roth, Schein-Alternativen im Gesundheitswesen: Alfred Grotjahn (1869-1931) – Integrationsfigur etablierter Sozialmedizin und nationalsozialistischer „Rassenhygiene", in: Erfassung zur Vernichtung. Von der Sozialhygiene zum „Gesetz über Sterbehilfe", Hrsg. Karl Heinz Roth, Berlin 1984, S. 31-56.
25) Betr. der Eugenikbewegung in den USA vgl. Stephan L. Chorover, From Genesis of Behavior Control, Cambridge (MA) 1980, und betr. den amerikanischen Rassismus vgl. C. Vann Woodward, The Strange Career of Jim Crow, New York 1955.
26) Betr. der Verfolgung der Zigeuner, vgl. Tilman Zülch, Sinti und Roma in Deutschland: Geschichte einer verfolgten Minderheit, in: Aus Politik und Zeitgeschichte: Beilage zur Wochenzeitung „Das Parlament", B34/82 (30.10.1982), S. 27-45; Selma Steinmetz, Österreichs Zigeuner im NS-Staat, Wien, Frankfurt und Zürich 1966; Erika Thurner, Nationalsozialismus und Zigeuner in Österreich, Wien und Salzburg 1983.
27) Vgl. Benno Müller-Hill, Tödliche Wissenschaft: Die Aussonderung von Juden, Zigeunern und Geisteskranken 1933-1945, Reinbek bei Hamburg 1984.
28) Betr. der NS-Politik gegenüber den Juden in den 30er Jahren vgl. Uwe Dietrich Adam, Judenpolitik im Dritten Reich, Düsseldorf 1979.
29) Vgl. Anmerkung 6.
30) Vgl. Martin Broszat, Nationalsozialistische Konzentrationslager 1933-1945, in: Hans Buchheim u.a., Anatomie des NS-Staates, 2. Bde., München 1967, Bd. 2, S. 11-133;
Henry Friedlander, The Nazi Concentration Camps, in: Human Responses to the Holocaust, Hrsg. Michael Ryan, New York und Toronto 1981, S. 33-69.
31) Vgl. z.B. NARA, RG 238, Film M-1019, Roll 8: Vernehmung Brack, 13.9.1946.
32) Vgl. John S.A. Grenville, Die „Endlösung" und die „Judenmischlinge" im Dritten Reich, in: Das Unrechtsregime, Hrsg. Ursula Büttner mit Werner Johe und Angelika Voß, 2 Bde., Hamburg 1986, Bd. 2, S. 91-121.
33) RGBl 1933, 1:529.
34) RGBl 1935, 1:1246.
35) RGBl 1933, 1:995; RStGB § 42 a-n.
36) RGBl 1933, 1:175
37) RGBl 1935, 1:1146.
38) Ebenda.
39) Vgl. Jeremy Noakes, Wohin gehören die „Judenmischlinge"? Die Entstehung der ersten Durchführungsverordnung zu den Nürnberger Gesetzen, in: Das Unrechtsregime, Bd. 2, S. 69-89.
40) Vgl. z.B. die Akten im BAK, R 36/1022 & 1023: Fürsorge für Juden und Zigeuner.
41) BAK, R36/1023: Stadt Mayen an Deutschen Gemeindetag (DGT) 13.9.1939; Stadt Chemnitz an DGT 12.10.1939; DGT Gutachten 20.6.1940; DGT Vorsitzender an DGT 6.9.1940; DGT an DGT Vorsitzender 28.9.1940; Briefe an DGT von Stadt Berlin 11.10.1939 und 6.11.1939, Stadt Breslau 12.2.1940, und DGT Gutachten Okt. 1940.
42) BAK, R 36/1022: DGT Dresden an DGT 4.4.1941 und DGT Antwort 22.4.1941; Israelische Kultusgemeinde Dresden an Stadt Dresden 22.7.1941; DGT Dresden an DGT 29.7.1941 und DGT Antwort 5.8.1941.

43) Vgl. die Akten in BAK, R36/2118.
44) Vgl. z.B. BAK, R36/1022: Stadt Breslau an DGT 25.8.1942 und DGT Antwort 17.10.1942; DGT Aktennotiz 3.11.1942; R36/1442: DGT Vermerk 17.1.1945.
45) BAK, R36/1022: Stadt Freiburg i.Br. an DGT 15.10.1940.
46) BAK, R36/1022: Oberpräsident Pommern an DGT 26.4.1939; Schriftwechsel Wohlfahrtsamt Berlin und Wohlfahrtsamt Zwickau 1939-40; Oberpräsident Hannover an DGT 2.8.1939, Oberpräsident Hannover an RMdI 10.7.1939, und DGT an Oberpräsident Hannover 8.8.1939; DGT Sachsen an DGT 14.8.1939; Vorsitzender DGT (München) an DGT Geschäftsführung (Berlin) 11.4.1940 mit Schriftwechsel Vorsitzender DGT und Stellvertreter des Führers; Landrat Kreis Delisch an DGT 26.9.1940; DGT an Oberbürgermeister Bocholt 23.11.1940; Landrat Deutsch Krone an DGT 30.1.1941; Stadt Stettin an DGT 16.10.1940.
47) Vgl. BAK, R36/881: „Verpflegungskosten in Heil- und Pflegeanstalten", 28.2.1939. Vgl. auch Angelika Ebbinghaus, Kostensenkung, „Aktive Therapie" und Vernichtung, in: Heilen und Vernichten im Mustergau Hamburg, S. 136-46.
48) Vgl. z.b. Karl Heinz Roth, Ein Mustergau gegen die Armen, Leistungsschwachen und „Gemeinschaftsunfähigen", in: Heilen und Vernichten im Mustergau Hamburg, S. 7-17; Götz Aly und Karl Heinz Roth, Die restlose Erfassung. Volkszählen, Identifizieren, Aussondern im Nationalsozialismus, Berlin 1984.
49) BAK, R22/5021: GStA Naumburg (Saale) an Staatskretär Freisler 13.9.1940; GStA Dresden an Freisler 24.8.1940, mit Brief Anstalt Brandenburg (Dr. Meyer) an GStA Dresden 29.2.1940; OStA Chemnitz an GStA Dresden 3.12.1940; GStA Dresden an RJM 17.12.1940, mit Bericht des OStA Zwickau vom 8.12.1940, GStA Düsseldorf an RJM 16.5.1941 und Antwort des RJM 15.7.1941 mit Stellungnahme der KdF; GStA Jena an RJM 17.7.1941; GStA Frankfurt, Sammlung Euthanasie: Reichsbeauftragter Heil- und Pflegeanstalten (Dr. Linden) an Pflegeanstalt Weinsberg 20.4.1943; RJM RdSchr. an alle Generalstaatsanwälte 2.7.1943; RMdI RdSchr. (Dr. Linden) an alle Heil- und Pflegeanstalten 8.8.1943; BAK, R18/3768: RMdI RdSchr. (Dr. Linden) 17.4.1944.
50) Vgl. Nürnberger Dokument NO-2908; und Broszat, Konzentrationslager, S. 104-5; Friedlander, Concentration Camps, S. 47-48; und jetzt auch Walter Grode, Die „Sonderbehandlung 14f13" in den Konzentrationslagern des Dritten Reiches. Ein Beitrag zur Dynamik faschistischer Vernichtungspolitik, Frankfurt, Bern und New York 1987.
51) DÖW, E 19198.
52) Vgl. Ute Bruckner-Boroujerdi und Wolfgang Wippermann, Das „Zigeunerlager" Berlin-Marzahn 1936-1945, in: Pogrom. Zeitschrift für bedrohte Völker, Jrg. 18, Nr. 130, 1987, S. 77-80; Joachim S. Hohmann, Zigeuner und Zigeunerwissenschaft. Ein Beitrag zur Grundlagenforschung und Dokumentation des Völkermordes im „Dritten Reich", Marburg/Lahn 1980.
53) Vgl. z.B. Jonny Moser, Nisko: The First Experiment in Deportation, in: Simon Wiesenthal Center Annual, Bd. 2, 1985, S. 1-30; und Christopher R. Browning, The Final Solution and the German Foreign Office. A Study of Referat DIII of Abteilung Deutschland, New York 1978.
54) Vgl. z.B. Gerald Reitlinger, The Final Solution. The Attempt to Exterminate the Jews of Europe, 1939-1945, New York 1953; Raul Hilberg, Die Vernichtung der europäischen Juden. Die Gesamtgeschichte des Holocaust, Berlin 1982; H.G. Adler, Der verwaltete Mensch. Studien zur Deportation der Juden aus Deutschland, Tübingen 1974; und jetzt auch Wolfgang Scheffler, Wege zur „Endlösung", in: Antisemitismus. Von der Judenfeindschaft zum Holocaust, Hrsg. Herbert A. Strauss und Norbert Kampe, Bonn 1984, S. 186-212.
55) Die KdF forderte z.B. politische Beurteilungen über ausgesuchte Ärzte von den örtlichen NSDAP Stellen an. Vgl. BDC, Personalakten Prof. Dr. Gottfried Ewald: NSDAP Gauleitung Süd-Hannover-Braunschweig an NSDAP Kreisleitung Göttingen, 11.9.1939.
56) In der BDC Personalakte Nitsche befinden sich keinerlei Parteiunterlagen, auch keine NSDAP-Mitgliedskarte, und im Urteil des Nitscheprozesses (LG Dresden, Urteil Nitsche 1 Ks 58/47, 7.7.1947) wird eine Parteiaktivität auch nicht erwähnt.
57) BDC, Personalakten Werner Catel, Hans Heinze, Ernst Illing, Friedrich Mennecke, Hermann Pfannmüller und Carl Schneider.
58) BDC, Personalakten Hans Czermak, Max de Crinis, Irmfried Eberl, Emil Gelny, Erwin Jekelius, Franz Niedermoser und Maximilian Thaller.
59) ZStL, Heidelberger Dokument 127.890-3; Schmidt, Selektion in der Heilanstalt, S. 99f.

Vgl. auch StA München I, Anklageschrift gg. Hermann Pfannmüller, 1b Js 1791/47, 16.6.1948, und Nürnberger Dokumente NO-1129, NO-1130.
60) BDC, Personalakte Pfannmüller.
61) Nürnberger Dokument, NO-863: Eidesstattliche Erklärung von Ludwig Lehner, London 25.8.1946 und St. Wolfgang 30.3.1947. Vgl. auch U.S. Military Tribunal, Case 1, Transcript, S. 7305-6.
63) BDC, Personalakte Mennecke; Hessisches Hauptstaatsarchiv Wiesbaden (zit. als HHStA), 461/32442/14: Mennecke an Ärztekammer Hessen-Nassau, 25.2.1940.
64) U.S. Military Tribunal, Case 1, Transcript, S. 1866-1945: Aussage Mennecke; HHStA, 461/32442/2: Vernehmung Mennecke.
65) Vgl. Peter Chroust (Hrsg.), Friedrich Mennecke: Innenansichten eines medizinischen Täters im Nationalsozialismus. Eine Briefauswahl, in: Beiträge zur nationalsozialistischen Gesundheits-und Sozialpolitik, Bd. 4, 1987, S. 67-122.
66) HHStA, 461/32442/3: Brief eines ehemaligen Fürsorgezöglings an den OStA Frankfurt, 22.11.1946.
67) GStA Frankfurt, Eberl Akten, II/210/1-210/3 (1:1-3): Eberl an Nitsche, 16.4.1942.
68) BDC, Personalakte Lonauer; DÖW E18370/3: Bericht des Krim.Rev. Inspektor Haas an das LG Linz, 25.7.1946.
69) BDC, Personalakte Eberl, GStA Frankfurt, Eberl Akten, II/149 (1:119-21): Irmfried Eberl Personalbogen 18.3.1943; I/673 (2:153-58): Ruth Eberl an BdS Paris 27.3.19; and III/656 (7:125-28), III/683/1 (7:136-39),III/683/2 (7:140-41), III/683/3 (7:142-43), III/683/4 (7:144-46), III/683/5 (7:147-48), III/683/8 (7:153), III/683/9 (7:154-55): Briefe Irmfried an Ruth Eberl, 1938 und 1942.
70) Vgl. z.B. die Vernehmungen im DÖW, E18370/1; E18370/2; und E18370/3.
71) DÖW, E18370/3: Kriminalpolizei Linz, Vernehmung Vinzenz Nohel, 4.9.1945 .
72) U.S. Military Tribunal, Case1, Transcript, S. 2530-31: Aussage Brandt.
73) Vgl. GStA Frankfurt, Anklage Heyde, Bohne und Hefelmann, Ks 2763 (GStA) [Js 17/59 (GStA)], 22.5.1962, S. 695f.
74) VGl. StA Hamburg, Anklage Lensch und Struve, 147 Js 58/67, 24.4.1973.
75) Betr. der Aktion 14f13, vgl. Grode, Sonderbehandlung 14f13. Betr. der Aktion gegen kranke Ostarbeiter, vgl. NARA, Suitland branch, RG 338, Records of U.S. Army Commands, 1942, United States v. Alfons Klein et al. [Hadamarprozeß] (Case File 12-449), 8-15.10.1945.
76) Nürnberger Dokument NO-426: Eidesstattliche Erklärung von Brack.
77) U.S. Military Tribunal, Case 1, Transcript, S. 75044-5: Aussage Brandt.
78) Vgl. Anmerkung 69.
79) Vgl. Helmut Krausnick und Hans-Heinrich Wilhelm, Die Truppe des Weltanschauungskrieges. Die Einsatzgruppen der Sicherheitspolizei und des SD 1938-1942, Stuttgart 1981.
80) Nürnberger Dokument PS-710: Göring an Heydrich, 31.7.1941.
81) ZStL. Vernehmung August Becker, 16.5.1961.
82) Vgl. StA Stuttgart, Anklageschrift gg. Albert Widmann, (19) 13 Js 328/60, 29.8.1962; StA Düsseldorf, Anklageschrift gg. Albert Widmann u.a., 8 Js 7212/59, 13.9.1960; LG Düsseldorf, Urteil gg. Albert Widmann, 8 Ks 1/61, 16.5.1961.
83) Vgl. StA Düsseldorf: Vernehmung von Albert Widmann, 15.1.1960; ZStL. Vernehmungen von August Becker, 10.3.1960, 26.3.1960, 8.10.1963.
84) Vgl. den Kulmhofprozeß vor dem LG Bonn 1963, in: Justiz und NS-Verbrechen. Sammlung deutscher Strafurteile wegen nationalsozialistischer Tötungsverbrechen, Hsrg. Adelheid L. Rütler-Ehlermann und C.F. Rüter, 22. Bde., Amsterdam 1968f., Bd. 21, Nr. 594.
85) BDC, Akten Lange und Bothmann.
86) Nürnberger Dokumente NO-2908, NO-2909, NO-2911, NO-1073, NO-1076.
87) Nürnberger Dokumente NO-365 und NO-997.
88) Nürnberger Dokumente NO-056 bis NO-064.
89) Betr. der Geschichte der Vernichtungslager der Aktion Reinhard, vgl. StA Düsseldorf, Anklageschrift gg. Kurt Franz u.a., 8 Js 10904/59, 29.1.1963; LG Düsseldorf, Urteil gg. Kurt Franz u.A., 8 I Ks 2/64, 3.9.1965; StA Düsseldorf, Anklageschrift gegen Franz Stangl, 8 Js 1045/69, 29.9.1969; LG Düsseldorf, Urteil gg. Franz Stangl, 8 Ks 1/69, 22.12.1970; LG Hagen, Urteil gg. Werner Dubois u.A., 11 Ks 1/64, 20.12.1966.

90) U.S. Military Tribunal, Case 1, Transcript, S. 7514: Aussage Brack.
91) Ebenda, S. 7512, und Nürnberger Dokument NO-205: Brack an Himmler 23.6.1942.
92) ZStL: Vernehmungen Erwin Lambert, 26.4.1961, 4.5.1961, 3.4.1962. Vgl. auch LG Düsseldorf, Urteil Kurt Franz, 8 I Ks 2/64, 3.9.1965, S. 477f.
93) ZStL: Vernehmungen von Helmut Kallmeyer, 20.6.1961, 15.9.1961; Vernehmungen von Gertrud Kallmeyer geb. Froese, 31.5.1960, 27.2.1961, 17.8.1961, 5.9.1961, 20.9.1961, 7.12.1961, 10.2.1966.
94) Nürnberger Dokument NO-205: Brack an Himmler, 23.6.1942.
95) BDC, Akten der Aktion Reinhard: Globocnik an SS-Personalhauptamt, 22.5.1943.
96) BDC, Personalakten Christian Wirth.
97) Betr. Wirths Tätigkeit in Grafeneck, vgl. U.S. Military Tribunal, Case 1, Transcript, S. 7704, 7733: Aussage Brack; betr. Tätigkeit in Hartheim, vgl. DÖW E18370/1: LG Linz, Vernehmung Heinrich Barbl, 16.11.1964; Kreisgericht Wels, Vernehmung Stefan Schachermeyer, 11.3.1964; E18370/2: Bezirksgericht Ybbs, Vernehmung Franz Sitter, 20.3.1947; E18370/3: Anstalt Ybbs an Anstalt Niedernhart, 21.5.1946; Gendarmeriepostenkommando Gmunden, Vernehmung Gertraud Dirnberger 13.8.1946. Betr. andere Anstalten, vgl. z.B. GStA Frankfurt, Eberl Akten II/151 (7:58-62): Aktenvermerk von Dr. Bunke, 9.7.1941, über das Auftreten Wirths am 8.7.1941 in Bernburg.
98) Vgl. DÖW, E18370/2: Polizeidirektion Linz, Schlußbericht über Hartheim, 29.7.1946; StA Düsseldorf, Anklage Stangl, 8 Js 1045/69, 29.9.1969.
99) Vgl. z.B. Adalbert Rückerl, NS-Vernichtungslager im Spiegel deutscher Strafprozesse, München 1977, S. 78, 319f.
100) BDC, Akten der Aktion Reinhard: Beförderungsliste und Schriftwechsel.
101) Rückerl, NS-Vernichtung, S. 295f.
102) GStA Frankfurt, Eberl Akten, III/683/4-5 (7:144-48): Irmfried Eberl an Ruth Eberl, 19.4.1942, 29.6.1942. Vgl. auch ZStL: Vernehmung Josef Oberhauser, 18.11.1968; Vernehmung Franz Suchomel, 14.9.1967.
103) Rückerl, NS-Vernichtungslager, S. 295f.
104) ZStL: Vernehmungen Josef Oberhauser, 2.3.1961, 18.11.1968.
105) ZStL: Vernehmungen Kurt Franz, 9.5.1962 und 5.12.1962.
106) ZStL: Vernehmung Franz Suchomel, 24.10.1960, 25.10.1960, 5.2.1963, 24.4.1964, 14.9.1967, 18.9.1967, Vgl. auch LG Düsseldorf, Urteil Franz, 8 I Ks 2/64, 3.9.1965, S. 395-98.
107) ZStL: Vernehmung Erich Fettke [Kurier der T 4], 2.9.1965.
108) Vgl. die in Anmerkungen 104-106 genannten Vernehmungen.
109) DÖW, E18370/1: LG Linz, Vernehmung Heinrich Barbl, 5.10.64.
110) Über die Tötungsmethode der Euthanasie vgl. DÖW, E18370/3: Kriminalpolizei Linz, Vernehmung Vinzenz Nohel, 4.9.1945; über die Methode der Aktion Reinhard vgl. LG Hagen, Urteil gg.Karl Frenzel, 11 Ks 1/64, 4.10.1985, S. 98-104.
111) Vgl. Hermann Langbein, Menschen in Auschwitz, Frankfurt, Berlin und Wien 1980.
112) StA Düsseldorf, Anklage Kurt Franz, 8 Js 10904/59, 29.1.1963, S. 98.

Yehuda Bauer

Die jüdischen Eliten unter der Naziherrschaft

Der Mord an den Juden betrifft die Täter, die Opfer und die Zuschauer, und ich möchte mich deshalb dem zweiten Thema der Opfer etwas eingehender widmen. Das Verhalten der jüdischen Opfer des Nationalsozialismus ist ein wichtiger Bestandteil der Entwicklung dieses wohl schrecklichsten Verbrechens, das wir bis jetzt in der Geschichte kennengelernt haben. Dabei ist die Reaktion der Juden auch von allgemeiner Bedeutung, denn sie kann uns zeigen, wie sich Opfer eines Massenmordes überhaupt benehmen, und das wieder kann uns als Warnung, eventuell sogar als Lehre dienen. Der Holocaust, um dieses Wort, das mir auch nicht gefällt, zu gebrauchen, war der versuchte totale Massenmord an allen Juden – ob sie nun im damaligen Bereich des Nationalsozialismus lebten oder nicht. Nach 1941 bestand eben die Absicht, früher oder später sämtliche Juden, also alle, die von drei jüdischen Großelternteilen abstammten, zu töten, wo immer sie auch lebten. Nur die Niederlage des Tausendjährigen Reiches nach 12 Jahren vermied die Ausführung dieser Absicht.

Die Einzigartigkeit des Holocaust liegt demnach nicht in der Anzahl der Opfer, auch nicht in der Art des Mordes – es wurden zwar hauptsächlich Juden vergast, aber Tausende von Roma, also Zigeunern, sowjetischen Kriegsgefangenen und polnischen Häftlinge teilten das Schicksal von Millionen von Juden. An die 2 Millionen Juden wurden auch durch Maschinengewehre niedergemetzelt. Die Einzigartigkeit besteht in der Motivation der Mörder. Für die Nazis, die den christlichen Antisemitismus auf ihre eigene, anti-christliche Art übernahmen, waren die Juden eine teuflische, unnatürliche, unmenschliche Erscheinung, die verschwinden mußte, damit die Menschheit überhaupt überleben konnte. Die Juden waren für sie nicht ein Feind, sondern der Feind überhaupt, der sich hinter allen Feinden verbarg.

Der Zweite Weltkrieg wurde weder durch wirtschaftliche noch durch militärische oder politische Gründe vom Zaun gebrochen, sondern er war ein ideologischer Kampf. Um den Sieg der nordisch-arischen Rasse in Europa und in der Welt herbeizubringen, mußte man Frankreich, England, die Sowjetunion und Amerika besiegen, doch waren alle diese Mächte von den Juden beherrscht, also war der Weltkrieg ein Krieg gegen die Juden. Der

Mord an den Juden war nicht einfach Bestandteil der Nazipolitik, sondern ihr Kern. Es geht also nicht an, etwa von 11 Millionen zu sprechen, 6 Millionen Juden und 5 Millionen Nichtjuden, die im Holocaust angeblich umgekommen wären – die Bezeichnung Holocaust ist sowieso schlecht, aber wir befassen uns ja nicht mit Semantik –, doch der Genozid an den Polen, Tschechen, Russen oder Roma hat nicht dieselbe ideologische Charakteristik wie der Mord an den Juden. Die verschiedenen Arten des nazistischen Massenmordes sind deshalb nicht zu vermischen, weil verschiedene Krankheiten, obwohl alle gefährlich oder sogar tödlich, doch verschiedenartig behandelt werden müssen. Wenn wir vom Holocaust sprechen, sprechen wir von einem spezifischen Massenmord, begangen an einem spezifischen Volk. Gerade die Tatsache, daß wir es mit einem historischen, also spezifischen Geschehnis zu tun haben, erlaubt es uns, ins Universelle umzuschlagen und zu behaupten, daß eben weil der Holocaust in der Geschichte liegt, er zwar einzigartig, also erstmalig, aber nicht unbedingt einmalig ist. Er kann eben entweder eine Warnung oder ein Präzedent sein, das hängt von uns ab.

Das Erstmalige der Entwicklung machte es für die Opfer schon von vornherein praktisch unmöglich, sich auf das Kommende vorzubereiten. Es gab zwar hier und da „Propheten", hauptsächlich Dichter und Schriftsteller, die voraussagten, was da kommen würde – von Heinrich Heine über den hebräischen Dichter Uri Zvi Grünberg und den Nobelpreisträger Schaj Agnon kann man einige Geister nennen. Für die Allgemeinheit, im Glauben an Fortschritt erzogen, war irrationaler industrieller Massenmord un-glaublich. Das war doch das Volk von Beethoven, Goethe, Mozart und Schiller. Leider lauteten die Namen der Mitglieder der deutschen diktatorischen Führerschaft von 1933 anders.

Bis 1941 waren die Ziele der Nazi-Politik gegenüber den Juden den Nazis selbst nicht klar. Bis 1938 war die Politik auf Emigration ausgerichtet. Die Juden Deutschlands verfügten bis dahin über keine einheitliche Vertretung. Wie in den meisten Ländern, also zum Beispiel in Polen, dem Baltikum, Frankreich, Ungarn gab es überhaupt kein einheitlich organisiertes Judentum. Unter dem Druck der Ereignisse errichteten die deutschen Juden im September 1933 auf eigene Initiative eine Reichsvertretung. Der Druck der Nazis wurde langsam stärker, und die liberale, also assimilatorische Majorität unter den Juden wurde mehr behindert von den Nazis als die Zionisten, die ihre Emigration nach Palästina vorbereiteten. Der Umschwung in der Nazipolitik im Jahr 1938 brachte eine radikale Veränderung. Bis dahin wurden relativ wenig Juden in KZs gebracht, meist nur, wenn sie als oppositionelle Politiker tätig gewesen waren.

Ende 1937/Anfang 1938 richtete sich die Nazi-Politik mehr und mehr auf den kommenden Krieg aus. Man konnte ja nicht gegen ausländische Feinde ankämpfen, wenn der schlimmste Feind zu Hause war. Also wurde eine Politik eingeschlagen, die zur raschesten Auswanderung führen sollte. Diese Radikalisierung kann man klar in Österreich nach dem Anschluß beobachten. Tausende wurden in KZs geschickt, und dann kam der November-Pogrom. Der Pogrom war noch nicht auf Massenmord ausgerichtet, sondern auf Auswanderung. Wer Ausreisepapiere hatte, wurde vom KZ befreit, soweit er noch lebte.

Unter Eichmanns Leitung wurde ein Regime in Wien eingerichtet, das die jüdische Leitung zwang, Helfersdienste zu leisten. Der erste eigentliche Judenrat also kam in Wien zum Leben. Die Wiener israelitische Kultusgemeinde vertrat vor 1938 die Mehrheit der in Wien lebenden an die 180.000 Juden. Nach einigem Hin und Her wurde von Eichmann Dr. Joseph Löwenherz bevorzugt. Die Einstellung Löwenherz' ist eigentlich typisch für eine Reihe von Judenrats-Führungen. Er glaubte, durch seine Kooperation mit Eichmann die Auswanderung, also die Rettung der Juden, zu fördern. Da dies auch die Absicht der Nazis war, konnte er behaupten, daß die große Mehrheit der Wiener Juden sich retten konnte und daß er das Seine dazu beigetragen habe. Nach 1938 bis ungefähr Mitte 1941 war die Politik der Nazis gegenüber den Juden eine Mischung von Auswanderung und Austreibung. Gleichzeitig damit gingen Pläne einer Konzentrierung der Juden in Südostpolen in der Gegend von Nisko, und als das fehlging in Madagaskar. Einige Tausend Wiener Juden wurden nach Nisko transportiert, einigen Hundert davon gelang es, nach Rußland zu flüchten, wo sie zwar sehr schlecht behandelt wurden, aber zu einem Teil doch überlebten.

Der Entschluß der Nazis, die Juden umzubringen, fiel wahrscheinlich in einigen Etappen zwischen März 1941 und dem Herbst desselben Jahres. Im Spätherbst 1941 und dann 1942 und 1943 gingen Transporte Wiener Juden nach Lodz, Riga und Minsk, wo sie teils durch Massenerschießungen, teils durch Vergasungen umkamen. Andere gingen in die inzwischen errichteten Vernichtungslager von Auschwitz und Sobibor, andere wieder nach Theresienstadt, von wo sie zum großen Teil nach Auschwitz kamen, teilweise aber in Theresienstadt blieben und überlebten. Die 49.000 von Wien deportierten Juden wurden von einer durch Terror errichteten jüdischen Ordnungspolizei, der sogenannten Jupo, zusammengetrieben. Der Verantwortliche unter Löwenherz war der Rabbiner Dr. Benjamin Murmelstein, der dann auch von den Nazis zum Judenältesten von Theresienstadt ernannt wurde. Einmal auf der Kooperationslinie mit der Gestapo gelandet, warnten weder Löwenherz noch Murmelstein die Juden je vor bevorstehenden Aktionen und walteten unter ihnen mit Terrormitteln, Murmelstein mehr als Löwenherz.

Hätte man in Wien anders vorgehen können? Sehen wir uns andere Reaktionen der Opfer an. Wie gesagt hatten die Nazis 1939 und 1940 den Beschluß zum Massenmord noch nicht gefaßt. Am 21. September 1939 schickte Heydrich, der Leiter des Reichssicherheits-Hauptamtes, also der Polizeichef unter Himmler, einen Schnellbrief an seine Leute, in dem er die Errichtung von Judenräten in jeder jüdischen Gemeinde befahl. Ghetti waren als selbstverständlich angenommen. Diese Ghetti waren als eine vorläufige Einrichtung gedacht, bis zur Austreibung der Juden nach Nisko oder Madagaskar. Da die

Juden Hungerrationen bekommen würden, würden durch Epidemien und Hunger je mehr desto besser umkommen. Von der Sicht der Nazis her sollten diese Judenräte Befehle entgegennehmen und auf das Genaueste und Schnellste ausführen, andernfalls sie vernichtet würden. Von jüdischer Sicht aus waren es zumeist die bis jetzt existierenden jüdischen Gemeindeführer, die die Vertretung der jüdischen Interessen bei dieser neuen furchterregenden Macht übernehmen sollten. Die jüdischen Leiter, gewöhnlich bewährte Gemeindepolitiker, Ärzte, Ingenieure, Vertreter von Handwerkern und Kaufleuten, versuchten monatelang, mit den deutschen Stellen aufgrund rationeller Argumente zu verhandeln, bis es ihnen langsam klar wurde, daß es sie hier mit einer völlig neuen Art der Regierung zu tun hatten. Daß sie das versuchten, ist kaum verwunderlich. Die Nazis sperrten die Juden in Ghetti ein, verboten jede Verdienstmöglichkeit, jeden Kontakt mit der Außenwelt, machten die Zwangsarbeit zur einzig erlaubten Arbeit überhaupt, oder, wie es ein deutscher Feldwebel einem Warschauer Juden gegenüber sagte: „Du bist kein Mensch, du bist kein Hund, du bist ein Jude." Ghetti gab es nur in Polen, dann nach dem Angriff auf die UdSSR ab Juni 1941 auch in den baltischen Staaten und in den Sowjetgebieten. Die Ghetti 1944 in Ungarn waren nur Übergangslager für einige Wochen bis zur Deportation nach Auschwitz, und das Ghetto von Theresienstadt war eigentlich eine Art von Familien-Konzentrationslager. Anderswo wurden Judenräte ernannt, die für Gemeinden oder jüdische Bevölkerungen in ganzen Ländern ernannt wurden. So gab es Judenräte in Amsterdam für ganz Holland, in Budapest für Ungarn, in Brüssel für Belgien. Frankreich hatte einen Judenrat, der geteilt war in eine Gruppe, die für den besetzten Norden zuständig war und eine, die verantwortlich war für den bis zum November 1942 unbesetzten Süden.

Aber das Gros der jüdischen Bevölkerung war doch in Osteuropa. Bis zum Juni 1941 gab es an die 1,7 Millionen Juden in den von den Deutschen besetzten polnischen Gebieten, dann kamen noch die 2,5 bis 3 Millionen in den sowjetischen Gebieten dazu. In Polen waren die Judenräte meistens die alten Gemeinderäte von vorher. Hier und da aber kamen neue Menschen dazu, gewöhnlich von den Nazis, nicht von den Juden bestimmt. In Lublin war es der Gemeindevorstand, der noch andere Gruppen hinzuzog, in Warschau war es der noch von den Polen ernannte jüdische Sozialrat unter Adam Czerniakow, der von den Deutschen einfach übernommen wurde. In Lodz hingegen setzte sich ein herrschsüchtiger alter Mann als vorheriges Mitglied des jüdischen Gemeinderates, Chaim Rumkowski, als alleiniger Herrscher durch.

Die Deutschen raubten, mordeten und plünderten ziellos schon gleich beim Einmarsch und verlangten sofort Zwangsarbeiter, die sie meistens von der Straße her in Razzias wegnahmen. Um irgendwelche Ordnung zu schaffen, erklärten sich die meisten Judenräte sofort bereit, den Deutschen Arbeiter zu liefern, wenn die Razzias nur aufhörten. Razzias gingen zwar in kleinen Maßstäben weiter, aber die Judenräte waren jetzt für die Lieferung von Zwangsarbeitern verantwortlich. Dann forderten die Deutschen Möbel,

Wohnungen, Musikinstrumente, Kleider, hauptsächlich warme Winterkleider, Geld, Waren, kurz alles, was nicht niet- und nagelfest war. Unter unglaublichem Terror lieferten die Judenräte, was immer verlangt wurde. Im Jahr 1942, als man schon halbwegs verstand, mit wem man es zu tun hatte, versuchte man auszuweichen, zu bestechen, Auswege zu suchen. Manchmal gelang es für eine Zeit.

Der Beschluß der Nazis, die Juden zu morden, wurde diesen erst ganz allmählich bewußt. Die Massenmorde fanden zuerst in den von den Sowjets eroberten Gebieten statt und fingen in Polen durch Vergasungen im Vernichtungslager von Chelno im Dezember 1941 an. Im März 1942 begann der Mord an den Lubliner und Lemberger Juden im Vernichtungslager von Belzek, dann wurden die anderen Vernichtungslager tätig, Sobibor im Mai, Treblinka und Majdanek im Juli. Auschwitz, wo die erste Vergasung schon im Dezember 1941 stattgefunden hatte, benützte Zyklon B, in den anderen Lagern wurden andere Gase und Methoden angewandt. In Auschwitz wurden während der ersten Hälfte des Jahres 1942 Juden aus der Slowakei und aus Schlesien ermordet. Die Judenräte in Polen bekamen die ersten Gerüchte im Frühling 1942 zu Ohren, aber man glaubte nicht daran. Es war, wie schon gesagt, un-glaublich. Für die Transporte in die Vernichtungslager wurden manchmal von den Judenräten Listen angefordert, oder man forderte sie auf, durch die jüdische Ordnungspolizei den Nazis behilflich zu sein. Doch an vielen Orten waren die Deutschen selbst tätig, und die Judenräte wurden überhaupt nicht vor dieses Dilemma des Mittuns an den Deportationen gestellt. Oft wurden nur die Ordnungspolizisten hinzugezogen, manchmal auch sie nicht. Man muß sagen, daß in den meisten Ghettos die jüdischen Ordnungspolizisten einen üblen Ruf hatten, denn das waren diejenigen, die durch Versprechen ihres eigenen Lebens zu diesen Aktionen hinzugezogen wurden. Oft gab es Orte, wo die Judenräte solchen Forderungen nachkamen, anderswo weigerten sie sich und bezahlten dafür mit dem Leben. Die Reaktion dieser Führungsgruppen, also der Judenräte, lief von einem Extrem zum anderen, bis zum bewaffneten Widerstand. Lassen Sie mich dies an zwei Beispielen zeigen.

In Lodz, als es Rumkowski klar wurde, daß die Juden von den Deutschen ermordet wurden, entwickelte er eine Ideologie, die besagte, daß die Juden sich zu Arbeitssklaven machen müßten, denn die Deutschen würden ihre nützlichen Sklaven doch nicht ermorden. Es würde sich einfach nicht lohnen. Im Namen dieser Ideologie, die wir durch die erhaltenen Reden Rumkowskis genau kennen, forderte Rumkowski die jüdischen Eltern auf, ihre Kinder den Nazis abzugeben, damit die jungen Menschen, die doch sicher nicht getötet werden würden, am Leben bleiben könnten. Er organisierte im Ghetto kriminelle Elemente, die als Polizei dienten und seinen Befehlen nachkamen. Diese entrissen den Eltern die Kinder. Die Deutschen verlangten Kinder und Alte und Kranke, die dem Moloch zugeführt wurden mit Rumkowskis Beihilfe. Doch schien Rumkowski recht zu haben.

Im Juli 1944, im letzten Ghetto in Polen – Lodz war außerhalb des Generalgouvernements –, als die Sowjets nur 100 Kilometer entfernt von Lodz an der Weichsel standen, gab es in Lodz von den ursprünglichen etwa eine Viertelmillion Juden noch 69.000, weil die Deutschen wirklich die jüdischen Arbeitssklaven der von Rumkowski rücksichtslos geführten Werkstätten brauchten. Der sowjetische Vormarsch hielt an der Weichsel an. Im Jänner 1945 erneuerte sich der sowjetische Angriff, und Lodz wurde binnen drei Tagen erobert. Doch inzwischen wurden die Juden im August 1944 nach Auschwitz deportiert, wo die meisten, auch Rumkowski, umkamen. In Lodz blieb nur ein Aufräumkommando von einigen Hundert Menschen, die alle von den Sowjets gerettet wurden. Die Deutschen hatten einfach keine Zeit, sich mit den Juden abzugeben.

Nehmen wir nur an, dasselbe hätte sich im Juli 1944 abgespielt und 69.000 oder eine ähnliche Zahl Lodzer Juden wäre durch die Rote Armee befreit worden. Würden wir dann dem Rumkowski ein Denkmal bauen, weil er als Einziger Tausende von Juden gerettet hätte, oder würden wir ihn zum Schafott bringen, weil er wissentlich jüdische Kinder in den Tod geführt hat?

Nehmen wir ein entgegengesetztes Beispiel. Im Juli 1941 eroberten die Deutschen Minsk. Ein Ghetto mit 84.000 weißrussischen Juden wurde errichtet. Es gab noch ein zweites Ghetto von reichsdeutschen Juden. Die Deutschen befahlen einem jüdischen Wasseringenieur namens Ilja Myschkin einen Judenrat zu errichten und zu leiten. Vom ersten Tag des Ghettos an bauten Myschkin und seine Ordnungspolizei einen Widerstandsapparat auf, der Waffen beschaffte und mit den in den nahen Wäldern kämpfenden Partisanen in Verbindung stand. An die 7.000 jüdische Kämpfer verließen das Ghetto. Auch eine in der Stadt organisierte Widerstandsgruppe wurde mehr oder weniger vom Ghetto aus geleitet. Myschkin wurde von den Nazis im Feber 1942 ermordet. Sein Nachfolger, ein Advokat, der aus Wilno nach Minsk geflüchtet war, Moshe Jaffe, setzte Myschkins Politik auch weiter fort. Er wurde am 28. Juli 1942 aufgefordert, die zur Aktion versammelten Juden des Ghettos zu beruhigen. Statt dessen rief er ihnen zu, daß die Deutschen sie alle töten wollen und sie weglaufen sollten. Er wurde sofort erschossen.

Die verschiedenen Judenräte sowohl in Polen als anderswo fallen gewöhnlich zwischen diese beiden Extreme. Einer unserer Historiker hat eine Tafel aufgestellt zum Verhalten der Leiter der polnischen Judenräte nach Aussagen der Überlebenden. 146 Ghetti, aus denen eine annehmbare Anzahl von Überlebenden-Aussagen vorhanden war, wurden untersucht. Jeder Leiter eines Judenrates, der mithalf, Juden an die Deutschen auszuliefern, wurde negativ beurteilt. Jeder Leiter eines Judenrates, der von den Überlebenden negativ beurteilt wurde, wurde auch von unserem Historiker negativ beurteilt. Von den 146 Männern wurden 100 positiv beurteilt, und zwar 45, weil sie versuchten, der Gemeinde zu helfen, sie vor deutschen Aktionen zu warnen oder sich weigerten, deutsche Befehle auszuführen und keine Juden ausgeliefert haben. 11 haben sich zurückgezogen, weil sie sich weigerten, deutsche Befehle zu erfüllen, 26 wurden von den Nazis abgesetzt wegen ähnlicher Weigerungen, 18 wurden deswegen hingerichtet. Von den restlichen 46 Männern waren 25 unklare Fälle, und 21 wurden negativ bewertet. Aktive Teilnahme an bewaffnetem Widerstand wie in Minsk war selten, passive Unterstützung des Widerstandes viel mehr verbreitet.

Es gab auch Fälle, wo man ganz andere Maßstäbe ansetzen müßte. Lassen Sie mich einen solchen Fall kurz darstellen. Es handelt sich um den slowakischen Judenrat, Ústredna Zidov. Im Jahr 1942, als die Deportationen von der Slowakei stattfanden, tat sich eine kleine Gruppe von jüdischen Persönlichkeiten zusammen und versuchte, durch Bestechung sowohl der korrupten slowakischen Faschisten als auch des deutschen Gestapo-Experten für jüdische Angelegenheiten in der Slowakei, Dieter Wisliceni, die Deportationen aufzuhalten. Die Deportationen hörten im Oktober 1942 wirklich auf, und der Rest der slowakischen Juden, etwa 25.000, konnte noch etwa 2 Jahre in der Slowakei verbleiben, nachdem die Mehrheit – 58.000 – deportiert worden war. Anscheinend hatten die Bestechung der Slowaken, schwache Proteste des Vatikans und der slowakischen Kirche und vielleicht auch das Desinteresse Wislicenis geholfen.

Die jüdischen Führer, die sich „Arbeitsgruppe" nannten, wandten sich nun einem Versuch zu, Juden anderer Länder durch Bestechung der SS vor der Deportation in den Tod zu bewahren. Verhandlungen in diesem Sinne fanden zwischen November 1942 und September 1943 in Bratislava statt. Sie führten zu nichts, aber der Versuch der Arbeitsgruppe ist ein Beispiel einer mutigen Einstellung, die nicht nur lokale Interessen im Auge hatte, sondern sich für Juden aller von den Nazis besetzten Länder einsetzte. Die Tatsache, daß die Arbeitsgruppe aus Mitgliedern einander gewöhnlich bekämpfender jüdischer Gruppen bestanden, von einer Frau, die sich mit Sozialarbeit beschäftigte, geleitet wurde, orthodoxe Zionisten und Assimilanten daran beteiligt waren, zeigt, daß die gesellschaftliche Verantwortung hier den Vorrang hatte.

Ein anderes Beispiel ist das Verhalten der jüdischen Leiter in Rumänien, wo über die Hälfte der Juden, nämlich hauptsächlich die Juden Bessarabiens und der Bukowina, entweder von den rumänischen Truppen mit Beihilfe der Nazis ermordet oder nach der eroberten Ukraine verschleppt wurden. Die meisten der Deportierten starben dann in den hungernden Ghetti von Transnistrien, d.h. in dem Gebiet, das zwischen den Flüssen Djnepr und Bug liegt. In Bukarest war Dr. Wilhelm Fildermann der Leiter der Union jüdischer Gemeinden Rumäniens, und in einem unglaublich mutigen und zähen Kampf von Interventionen, Memoranda, Eingaben und Bestechungen von verschiedensten Stellen gelang es ihm, die rumänische Politik gegenüber dem Rest der Juden im Lande etwas zu beeinflussen. Die Juden des Rega, also Altrumäniens, überlebten zum großen Teil den Krieg, was wenigstens teilweise Fildermann zuzuschreiben ist. Allerdings war

Rumänien ein korrupter, von einer pro-nazistischen Militär-Clique beherrschter Staat, eben nicht Nazi-Deutschland, wo Interventionen und Memoranda nicht den geringsten Einfluß gehabt hätten.

Wir kommen also zu einigen wichtigen Schlüssen. Das Verhalten der Opfer, und bis jetzt habe ich noch nicht vom bewaffneten Widerstand gesprochen, war durchaus uneinheitlich, besonders bei den führenden Persönlichkeiten und Schichten. Man kann da keine klaren Antworten bekommen, denn sowohl im Osten als auch im Westen und Süden Europas kann man Beispiele für alle erwähnten Reaktionsformen bringen. Man muß auch die Verhaltensweisen mit denen der nichtjüdischen Völker vergleichen. Unter tschechischen, polnischen oder französischen Bürgermeistern und Stadträten, nicht zu sprechen von lokalen Politikern, gab es wenige, die sich in irgendeiner Weise offen gegen den Naziterror aussprachen. Gewöhnlich „wurstelte" man sich irgendwie durch und balancierte auf dem dünnen Seil zwischen Kooperation und stummem Widerstand. Man bemerkt dasselbe Kontinuum zwischen voller Kooperation und aktiver Revolte, nur waren die Juden in einer ganz anderen Lage. In der ersten Periode, bis Ende 1942, also bis zum Massenmord, waren sie sich natürlich nicht bewußt, daß sie in eine Völkermord-Situation hineingeworfen werden würden. Nachdem ihnen das nach und nach bewußt wurde, standen sie vor unmöglichen Dilemmen. Den Nazi-Befehlen nachzukommen, hieß anfangs einen Teil, dann die Majorität der ihnen anvertrauten Bevölkerung dem Mord preiszugeben. Die Befehle nicht auszuführen, hieß nicht nur, das eigene Leben und das Leben der Familie zu verwirken, sondern auch die Gemeinde unmittelbar zu gefährden und die Nazi-Schergen in das Ghetto oder in die Gemeinde geradezu einzuladen und Massenmord, Sadismus und Erniedrigung walten zu lassen. Wegzulaufen, irgendwie abzudampfen oder Selbstmord zu begehen – und nicht wenige wählten diese Wege – hieß, die Gemeinde im Stich zu lassen. Es verwundert nicht, daß in diesen Situationen verschieden veranlagte Individuen sich ganz verschieden benahmen. Von den Judenräten oder den Judenrätlern zu sprechen, ist deshalb eine unzulässige Verallgemeinerung.

Bewaffneter Widerstand war eigentlich unmöglich. Die Juden waren Bevölkerungsteile von mehr oder weniger geordneten Staaten und hatten als Gruppen keinen Zugang zu Waffen. Und bis 1943 und 1944 stand es nicht im Interesse der besetzten Völker, offene Aufstände zu organisieren, denn diese wären von den Nazis blutig niedergeschlagen worden. Die Ausnahme, nämlich Titos Partisanen, fand im gebirgigen Gelände Jugoslawiens statt, und die fürchterlichen Verluste der Aufständischen sprechen für sich. Nichtjüdische Unterstützung jüdischer Aufstände kam also kaum in Frage. Der Ghetto-Aufstand in Warschau im April 1943 war der erste städtische Aufstand in Europa überhaupt, und er wurde vom polnischen Untergrund nur symbolisch unterstützt. Im Falle der polnischen Heimarmee durch zwei kleine Gruppen, die die Ghettomauer von außen angriffen. Und das muß auch gesagt werden: die Waffen, die der polnische Untergrund den Juden zukommen ließ, waren lächerlich – es waren 90 Pistolen, die teilweise nicht schossen, und Anweisungen, wie man hausgemachte Brandbomben werfen solle. Ein leichtes Maschinengewehr wurde von einer polnischen Untergrundgruppe in das Ghetto hereingeschmuggelt, das war aber von der polnischen Heimarmee nicht erlaubt, sondern wurde gegen ihren Willen gemacht, obgleich sie über große Waffenkontingente in Warschau verfügte. Auch muß man sagen, daß die Juden als Gruppe keine einheitlichen politische, geschweige denn militärische Organisation hatten. Entgegen den antisemitischen Vorstellungen, die bis heute überall walten und die über ein Weltjudentum sprechen, existiert ein solches leider nicht. Denn wenn so etwas existiert hätte, hätte der Massenmord vielleicht vermieden werden können. In Europa war jede jüdische politische Richtung oder jede Gemeinde oder Gruppe von Gemeinden autonom, selbständig, unverbunden mit den anderen. Zwischen deutschen Juden und polnischen, zwischen französischen und holländischen, zwischen rumänischen und ungarischen Juden gab es keinen organisatorischen Zusammenschluß, obwohl man sich der jüdischen Gemeinsamkeit irgendwie mehr oder weniger bewußt war. Die polnischen Untergrundbewegungen hatten Exil-Zentralen in London oder Moskau, die sowjetischen Partisanen wurden von Moskau geleitet, Tito war stark genug, sich auf niemanden völlig verlassen zu müssen, obwohl auch er ohne die Hilfe der englischen Waffen kaum überlebt hätte, die Franzosen hatten De Gaulle usw. Die Juden hatten niemanden. Auch waren Aufstände völlig hoffnungslos. Die nichtjüdische Bevölkerung war verschüchtert, verängstigt oder antijüdisch eingestellt. Die Juden wurden von vielen Nichtjuden den Nazis ausgeliefert. Sowjetische Partisanen mordeten Juden in vielen Fällen oder verlangten von ihnen das Unmögliche, nämlich mit Waffen in die Wälder zu kommen. Die Waffen wurden dann oft von den Partisanen beschlagnahmt, die Juden ermordet.

Die Nazis bedienten sich kollektiver Vergeltungsmaßnahmen, die gewöhnlich auf Massenmord hinausliefen. Eine bewaffnete Aktion wurde durch den Mord der gesamten oder manchmal eines Teils der Gemeinde gesühnt. Deswegen fanden zum Beispiel die Aktionen der jüdischen Kampfgruppen in Krakau außerhalb des Ghettos statt, damit die Deutschen glaubten, daß es sich um polnische Partisanen handelte und das noch bestehende Ghetto in Krakau nicht gefährdet würde. Die erste Sprengung eines deutschen Zuges in Litauen wurde von einem jungen jüdischen Mädchen vollbracht – außerhalb des Ghettos, damit die Deutschen glaubten, daß es sie es mit sowjetischen Partisanen und nicht mit der in Wilno entstandenen jüdischen Kampfgruppe zu tun hatten. In Dolhynov in Weißrußland wurden zwei junge Juden verhaftet, die sich Partisanen in den naheliegenden Wäldern anschließen wollten. Die beiden entkamen und versteckten sich im Ghetto. Die Deutschen machten dem Vorsteher des Judenrates klar, daß wenn sich die zwei nicht stellten, das Ghetto vernichtet werden würde. Der Vorsteher, der wußte, wo sich die beiden versteckten, gab den beiden die Wahl, sich zu stellen oder in den Wald zu fliehen. Die beiden Jungen flohen in den Wald. Am nächsten Tag wurden 1500 Männer, Frauen und Kinder aus Dolhynov ermordet. Die beiden leben in Israel.

Unter diesen Umständen muß man zu erklären versuchen, warum es trotzdem 17 Versuche eines bewaffneten Aufstandes oder bewaffneter Flucht in die Wälder in Zentral- und Westpolen gab, und warum ähnliche Organisationen in 63 von den 105 Ghetti Weißrußlands entstanden, warum an die 40.000 jüdische Partisanen in den Wäldern kämpften, warum es jüdische Widerstandsgruppen in Frankreich, Belgien und Deutschland gab, warum über 6.000 Juden in der Tito-Armee kämpften, warum 700 griechische Juden und Hunderte bulgarische Juden in den respektiven Ländern am Kampf gegen die Nazis teilnahmen usw. Die Antwort liegt gewiß zum Teil darin, daß die Juden mehr gefährdet waren als andere und deshalb eine stärkere Motivation zum Widerstand – wo er eben möglich war – hatten.

Manchmal, obwohl selten, konnte man zwischen verschiedenen Arten des Todes wählen. Eine große Überlebenshoffnung bestand nicht, und die meisten jüdischen Kämpfer haben ja auch nicht überlebt. Der bewaffnete Widerstand war eine marginale Erscheinung, gemessen an dem Tremendum des Holocaust, und konnte auch nicht mehr sein als das, doch ist er von großer moralischer Bedeutung als sichtbarer Protest der wenigen, die irgendwie Waffen ergattern konnten gegen den Massenmord ihres Volkes – nicht mehr als das, aber auch nicht weniger. Die jüdische Bevölkerung, abgesehen von den Leitern und Vorstehern, versuchte zu überleben. Im Warschauer Ghetto errichtete eine Untergrundorganisation Hauskomitees, die Kinderecken einrichteten, kulturelles Leben durch Konzerte, Vorträge, Vorlesungen von Gedichten, Schauspielabende, ja auch Komödienvorstellungen pflegte, soziale Hilfe organisierte und anderes mehr. Kinder wurden in geheimen Schulklassen unterrichtet, die Lehrer bekamen als Lohn ein Stück Brot. Die zionistische Jugendbewegung hatte eine Mittelschule, im Untergrund natürlich, in der die Jugendlichen im Geheimen für die Matura vorbereitet wurden und Prüfungen ablegten. Kinderheime versuchten wenigstens einen Teil der Kinder vor dem Hungertod zu bewahren. Eine Krankenschwesterschule lernte Schwestern an bis zur Verschickung in die Gaskammern. Ähnliches gab es in vielen Ghetti und Gemeinden. Ich würde das als unbewaffneten Widerstand bezeichnen. In einer ausweglosen Situation waren das die einzigen Paliative, zu denen man greifen konnte.

Lassen Sie uns einige mögliche Schlußfolgerungen ziehen. Die Einzigartigkeit des Holocaust brachte es mit sich, daß im Moment, wo eine überwältigende militärische Macht in Europa aus ideologischen Gründen den Mord an allen Juden befahl, die Lage der Verfolgten ausweglos war. Hier haben wir es nicht mit Ungerechtigkeit oder einem Völkerstreit oder sogar dem selektiven Massenmord an slawischen Völkern zu tun, sondern mit dem Beispiellosen, daß Menschen dafür mit dem Tod bestraft wurden, daß sie geboren waren, nämlich als Juden zur Welt gekommen. Die Reaktionen der Opfer waren mannigfaltig, doch kann man verallgemeinern, daß sie grosso modo Menschen blieben, obwohl eine Minderheit jüdischer Gestapo-Agenten, Spitzel und Polizisten in den Ghetti sich moralisch korrumpieren ließ. In einem Regime, das darauf aus war, alle

Juden vollkommen zu entmenschlichen, das also einen Totalitätsanspruch vertrat, wäre ein einziger Fall der Verweigerung, sich entmenschlichen zu lassen, ein völliges Fiasko des Regimes gewesen, denn der Anspruch war ja total und totalitär. Es gab aber Tausende, Zehntausende, vielleicht Millionen, bei denen es nicht gelang. Sie haben nicht überlebt, wir wissen es ja nicht. Die meisten Juden verwandelten sich nicht in Nazi-Kreaturen, sie versuchten vielfach, einander zu helfen., manchmal auch nicht, lehrten einander, sogar in den KZs, wehrten sich, wo es ging, gingen mit Würde in den Tod. Nicht alle, sicher, aber doch viele.

Für das jüdische Volk, das nach dem Holocaust durch das Holocaust-Trauma tief verwundet ist, ist das wichtig. Ist es wichtig für Menschen, wo immer sie leben? Ich glaube schon. Es bedeutet nämlich, daß sogar in dem schlimmsten Regime, das je die Erde verunglimpft hat, es nicht gelang, eine positive Gesellschaftlichkeit oder eine positive individuelle Moral völlig zu vernichten. So wie der Mensch auch offenbar im Stande ist, ein Nazi zu sein, so ist er doch gleichzeitig unverwüstbar als ein um Moralität kämpfendes Subjekt. Freuds Super-Ego erweist sich doch als stärker als der Meister es glaubte. Wir sind zu beidem fähig, alle von uns. Das Ziel des Studiums des Holocaust ist, daß er eine Warnung und nicht ein Präzedenzfall werden soll. Vielleicht sollte man zu den zehn Geboten drei weitere hinzufügen: Du darfst kein Täter werden. Du darfst kein Opfer werden. Und Du darfst kein passiver Zuschauer eines Völkermords sein.

Simon Wiesenthal

Die Rolle der Justiz

Kriegsverbrecher in Österreich nach 1945

Einleitend zu meinem Vortrag möchte ich über zwei Begriffe sprechen. Zunächst über den Begriff des „Kriegsverbrechers": Dieser wurde 1941 von Goebbels in seiner Wochenzeitschrift „Das Reich" geprägt, 1943 von den Alliierten übernommen und 1945 von der ganzen Welt. Der Begriff ist eine Verharmlosung, und er ist falsch. Die Verbrechen der Nazis haben sehr wenig mit dem Krieg zu tun. Sie begannen schon 1933 mit der Gründung der Konzentrationslager, 1934 war die sogenannten „Nacht der langen Messer", dazwischen gab es zahlreiche Morde, Verhaftungen unschuldiger Leute ohne Richterbeschluß. 1935 wurden die Nürnberger Gesetze beschlossen, die ersten Gedanken für die künftige Endlösung kamen auf. 1938 war die Reichskristallnacht. Das war alles noch vor dem Krieg.

Erst 1939 wurden zahlreiche Verbrechen im Zusammenhang mit dem Krieg, mit der Invasion Polens, an der polnischen Intelligenz, an den Juden, verübt. Aber die Vernichtungslager, in denen Millionen Menschen, unschuldige Menschen, umgebracht wurden, waren 1942 und 1943 etwa 1.000 km von einer Front entfernt. Das Frontgeschehen hatte darauf überhaupt keinen Einfluß, und der Krieg entschuldigt nichts. Der Krieg vergrößerte nur rein numerisch die Zahl der Opfer immer mehr.

Diese Verbrechen haben 1944 – zur Zeit, als die Nazis in Ungarn waren und die Front noch etwa 100 oder 120 km entfernt – den Krieg seinem Ende entgegen getrieben. Denn damals hatten die Transporte nach Auschwitz Priorität vor den Zügen, die Munition, Essen und Ausrüstung an die Front brachten.Die Nazis wußten, daß sie den Krieg verlieren würden, aber an dieser einen „Front" wollten sie gewinnen.

Es gab natürlich auch Kriegsverbrechen; von beiden Seiten. Die Bombardierungen offener Städte wie Warschau, Belgrad, Rotterdam – schon nach der Kapitulation –, Coventry, aber auch Dresden und Hiroshima waren Kriegsverbrechen.

Doch man kann das nicht vergleichen mit dem Prinzip, dessen die Nazis sich bedienten. Auf einer industriellen Basis trieb man Menschen aus ganz Europa – weil sie Juden oder Zigeuner waren, weil sie Volksgruppengruppen angehörten, die die Nazis einfach nicht brauchten – , zusammen und vernichtete sie. Wie z.B. 40.000 Polen im Gebiet von Ljublin, deren Häuser und Felder die Nazis für jene Volksdeutschen aus Rumänien benötigten, die sie ins Generalgouvernement evakuieren wollten.

Der zweite Begriff, über den ich sprechen möchte, ist der des „Rechts". Der Staatkodex – in einer der heutigen ähnlichen Form – ist, natürlich mit gewissen Novellierungen, etwa 120 Jahre alt. Was war ein Massenmörder zu jener Zeit, als man das Strafgesetz beschlossen hat? Es war halt einer, der Amok lief und paar Leute mit einem Dolch ermordete auf einem Weg, es war einer, der im Affekt nach einem Streit seine Schwiegereltern, seine Frau, seine Kinder umbrachte. Oder wie in den zwanziger Jahren der Matuschka, ein zu früh aus einer Nervenheilanstalt Entlassener. Er konstruierte einen kleinen Explosivkörper, warf ihn in einen Zug und tötete 20 oder 24 Leute. In jedem Fall handelte es sich hier um kranke Menschen; irgendwie krank geworden nach einem Streit.

Und was war das Charakteristische dabei? Die Täter sahen ihre Opfer und die Opfer sahen ihre Täter. Die Nazizeit produzierte einen neuen Typ des Verbrechers, der bisher unbekannt war: den Verbrecher am Schreibtisch. Da saß ein Mann, der mit einem Telefonanruf oder einer Unterschrift oder einem Telegramm in einer Entfernung von 500 km 50.000 Menschen tötete. Er hatte die Leute nicht gesehen, sie wußten nicht, wer ihren Tod angeordnet hat. Und gegen diese Leute haben wir nur unser altes insuffizientes Recht.

Ich kam in der Vergangenheit oft zu Prozessen nach Deutschland. In diesen alten Gerichtshäusern aus dem vorigen Jahrhundert ist im Gerichtssaal oft gegenüber dem Gesicht des Richters oder der Geschworenen, der Schöffen, ein Emblem der Justitia, eine hübsche Dame mit einer Schleife über den Augen, mit einer Waage in den Händen. Und wenn ich Gelegenheit hatte, mit dem Richter zu sprechen, dann sagte ich ihm: „Schauen Sie, ich kenne den Fall, das ist so ein mittlerer Mann, der hat nur 400 Leute umgebracht. Aber das, was Sie gegenüber sehen, zwingt Sie, ein ausgewogenes Urteil zu fällen. Denn diese Waage bedeutet ja auf einer Seite das Verbrechen, auf der anderen Seite die Strafe. Wenn Sie das sehen, wie können Sie an diesem Mann die 400 Fälle sühnen, für die er verantwortlich ist? Können Sie das sühnen, können Sie ein ausgewogenes Urteil sprechen?". „Herr Wiesenthal, ich will mich nicht in gewisse Diskussionen einlassen. Ich entscheide ja nicht allein, Sie wissen, da sind ja drei Schöffen, und da sind noch die drei anderen…". Die Leute sind mir immer ausgewichen, und ich sagte: „Hören Sie zu, Sie können es nicht, und ich bin ihnen nicht böse. Jedes Gericht, in dem so etwas stattfindet, das Sühne für ein solches Verbrechen zu sprechen hat, hat nur einen symbolischen Charakter."

DIE ROLLE DER JUSTIZ

Ich werde Ihnen zuerst einen Fall erzählen, bevor ich alles andere ausführe. Der paßt genau hinein.
Im Jahre 1962 wurde der Transportführer Eichmanns, Franz Novak, von Beruf ein Druckergeselle, in Wien verhaftet. Ich ging zum Chef der Staatsanwaltschaft, Hofrat Mayer-Maly, ein hochanständiger, wunderbarer Mensch, und fragte ihn: „Wie wollen Sie diesen Prozeß vorbereiten? Dieser Mann brachte 1,700.000 Menschen aus verschiedenen europäischen Ländern nach Auschwitz." Mayer-Maly sagte mir: „Herr Wiesenthal, wir werden nur das letzte Kapitel anklagen, das ungarische, d.h. 400.000." Ich fragte: „Und was ist mit den Transporten aus Frankreich, aus Griechenland, von überall, aus ganz Europa?" „Ja", sagte er, „ich kann den Mann nicht Jahre in Untersuchungshaft halten, um erschöpfend alle diese Geschehen im Zusammenhang mit seinen Transporten durch Zeugen zu erfragen. Aber das ungarische Kapitel werden wir durchnehmen." Und dann sagte er mir ganz treuherzig: „Glauben Sie mir, das Urteil für 400.000 und für 1,700.000 wird genau das selbe sein."

Das erinnerte mich daran, wie ich in Nürnberg war, beim Prozeß gegen die Hauptkriegsverbrecher. Damals kam ich in ein Gespräch mit einem SS-Hauptsturmführer, der Zeuge der Anklage war, und er erzählte mir von einem Vorfall im Herbst 1944 in Budapest. Er sagte: „Es war etwa Oktober, bevor die SS Ungarn geräumt hat. Da war eine Gruppe von SS-Führern. Ich war auch dabei. Und Eichmann war dabei. Einer, ein Sturmbannführer oder Obersturmbannführer, fragte ihn: ‚Wieviel?' Da sagte er:‚Über fünf.' Wir alle haben verstanden, daß er über fünf Millionen meint. Und ein anderer Hauptsturmführer, der etwas jünger war als ich, fragte: ‚Was wird sein, wenn nach dem Krieg die Welt nach den Millionen fragen wird?' Darauf antwortete Eichmann: ‚Mein Freund, 100 Tote sind eine Katastrophe, eine Million Tote sind eine Statistik.' "

Ich habe vieles gelesen und vieles gesehen, was Eichmann niedergeschrieben hat, und von vielen Zeugen seine Aussprüche gehört.Und ich war mit keinem seiner Aussprüche einverstanden. Aber mit dem einen Ausspruch bin ich einverstanden. Er hatte recht, er hatte absolut recht.

Nun, wie war es gleich nach dem Krieg? Es waren damals meistens Militärgerichte, in Holland, Italien, Deutschland, amerikanische Militärgerichte, vor denen es zu Prozessen kam. In solchen Fällen wurde sofort die Todesstrafe verhängt. Und da konnte man sagen: Ja, der Mann, der sich schuldig gemacht hat, hatte nur ein Leben, und mit diesem einen Leben hat er für seine Verbrechen bezahlt. Ich persönlich bin gegen die Todesstrafe. Ich sage nur, wie die Leute sprechen konnten. Es gibt zwei Staaten in Europa, in denen „Lebenslänglich" eine wirkliche lebenslängliche Haft bedeutet. Das sind Holland und Italien. Auch hier kann man sagen: Solange der Mann, der die Verbrechen begangen hat, noch lebte, war er hinter Gittern. Aber in dem Moment, wo eine Strafe mit einer limitierten Anzahl von Jahren verhängt wird, ändert sich das Bild.

Ich werde Ihnen nun von dem Prozeß gegen Novak erzählen. Es gab drei Prozesse gegen ihn. Im ersten Prozeß wurde er zu 8 Jahren verurteilt. Er war vielleicht der frechste Angeklagte, den ich in meinem Leben erlebt habe. Als ihn der Richter frage: „Herr Novak, Sie haben so viele Menschen in diesen kleinen Ort – da war eine Landkarte –, nach Auschwitz, gebracht. Was haben Sie sich dabei gedacht?", antwortete er: „Für mich war Auschwitz nur eine stark frequentierte Bahnstation." „Und was mit allen diesen Hunderttausenden Menschen geschah?" „Hm, keine Ahnung." Seine eigene Sekretärin, die als Zeugin auftrat, sprach ihm ins Gesicht: „Wir alle von der Dienststelle wußten, daß die Leute in den Tod gehen. Herr Novak, Sie haben ja auch selber noch erzählt, wieviele auf dem Weg – Kranke und Invalide –, wieviele krepierten. Krepieren, das ist doch Ihr Ausdruck." Er kann sich an nichts erinnern. Das war die typische Arroganz der Leute vom Stabe Eichmanns. So wie Brunner, der jetzt in Damaskus lebt, und der in einem Interview sagte, die Wiener sollten ihm danken, daß er Wien judenrein gemacht habe.

Novak appellierte an den Obersten Gerichtshof. Dieser hat das Urteil annulliert. In einem zweiten Prozeß vor anderen Geschworenen wurde Novak freigesprochen. Der Staatsanwalt appellierte, der Oberste Gerichtshof hob aus formellen Gründen das Urteil auf, und es kam es zum dritten Prozeß. Und hier haben schon beide Seiten aufgepaßt und Novak bekam 9 Jahre, und nach 6 Jahren ging er nach Hause. Jetzt nehmen Sie diese 6 Jahre, teilen Sie auf diese 6 Jahre die 1,700.000 auf. Da werden Sie sehen, daß der Mann irgendwie eine halbe Minute pro Opfer bekommen hat.

Nun muß man sich fragen: Ist das Gerechtigkeit, oder sind wir an eine Grenze gelangt, wo wir nicht vielleicht ein kosmisches Recht brauchen? Ich bin von meiner Ausbildung her Architekt, und oft habe ich noch dieses Ingenieurdenken in mir, obwohl ich mich seit dem Krieg nicht mehr damit befaßt habe. Die Relation solcher Anklagen zu den Strafen, zu den ganzen Verfahren, kommt mir genau so vor, als würde man ein Erdbeben mit baupolizeilichen Vorschriften bekämpfen. Das ist genau die Relation wie im Fall Novak. Und dennoch sage ich: Wir brauchen diese Prozesse. Diese Prozesse haben nicht nur eine juridische Bedeutung, sie haben vor allem eine historische und eine erzieherische. Der Schuldspruch, wieviele Jahre einer bekommt, spielt keine Rolle. Bestrafen kann man das sowieso nicht. Und für eine gerechte Strafe reicht das Leben eines Verbrechers überhaupt nicht aus.

Lassen Sie mich jetzt zum eigentlichen Thema kommen: Kriegsverbrecher in Österreich.
Ich habe nie die Bezeichnung österreichische Nazis gebraucht, sondern immer Nazis aus Österreich gesagt. Diese Leute waren gegen Österreich. Sie lebten hier, sie waren anfänglich österreichische Staatsbürger. Später sind sie in das Dritte Reich übergewechselt und fühlten sich dort wohl. Hitler, der es in Österreich zu nichts gebracht hat, hatte

immer eine besondere Beziehung zu Österreich, er wollte in diesem Land anerkannt werden. Und daher unterstützte man die Nazibewegung in Österreich mit allen Mitteln. Und diese Leute gingen – besonders knapp vor und direkt nach der Machtergreifung – über die Grenze nach Deutschland, um den sogenannten Anschluß vorzubereiten. Ich kenne eine Reihe von Leuten von einem Linzer SS-Sturm, die dorthin gingen. Ich wohnte nach dem Krieg 16 Jahre in Linz. Da war der Eichmann, da war der Kaltenbrunner, da war der Reder und da war der Haider, ich glaube der Vater von Jörg Haider. Und viele, viele andere, aus Tirol, von überall. Sie wurden dort aufgenommen, freudig aufgenommen, kamen in das braune Haus. Eichmann hat sofort eine Aufgabe bekommen. Er sollte eine Kartei der Freimaurer anlegen. Er war vortrefflich. Daraufhin sagte man ihm: Jetzt machst du eine Judenkartei. Und 1938 kamen alle zurück – mit Ausnahme von Reder und Kaltenbrunner, die blieben in Deutschland. Die Zurückgekommenen hatten hohe Funktionen, in der Partei, im Sicherheitsdienst. Haider wurde Jugendreferent für Oberdonau, d.h. für Oberösterreich.

Eichmann kam nach Wien, und in der Prinz-Eugen-Straße, im Rothschildpalais, eröffnete er sein Büro unter dem nichtssagenden Titel „Zentralstelle für jüdische Auswanderung". In punkto Juden haben die Nazis nämlich eine Entwicklung durchgemacht, von der Vertreibung bis später zur Vernichtung. Anfangs wollten sie nur alle Juden weghaben aus dem großdeutschen Reich. Als sie aber später darangingen, ganz Europa zu besetzen, gab es für die Juden keine Platz mehr. Diese Stelle in der Prinz-Eugen-Straße, die ausschließlich von Österreichern im Dienste Eichmanns besetzt war – da waren die beiden Brunner, da war Weisel, da waren viele, viele dieser Leute – bildete etwas Ganzes, das bei Himmler großen Gefallen gefunden hat. Nachdem das Protektorat Böhmen und Mähren ins Dritte Reich eingegliedert wurde, schickte man Eichmann mit seinem Stab nach Prag. Eichmann persönlich nahm sich die Wohnung des Schriftstellers Egon Erwin Kisch. Ich weiß nicht, ob das bekannt ist. Und nachher ging er nach Berlin. Und die Leute aus seinem Stab, von denen achtzig Prozent gebürtige Österreicher waren, gingen dann in seinem Auftrag nach Holland, nach Frankreich, nach Griechenland, in die Slowakei, später auch nach Italien.

Es gibt noch eine zweite Gruppe von Leuten aus Österreich, von der man wissen muß, um das ganze Problem zu verstehen. 1938 wollten die Nazis Österreich auf allen Gebieten gleichschalten. Also hat man eine ganze Reihe deutscher Beamter nach Österreich gebracht, um die Österreicher im neuen Geist und in den neuen Durchführungsbestimmungen usw. zu unterweisen. Und man brachte eine größere Anzahl österreichischer Beamter in das Altreich. Aber ein Jahr später ist der Krieg ausgebrochen. Die Nazis haben Polen besetzt und es mit den Sowjets geteilt. Man hatte nun diese Österreicher im Dritten Reich, die hatten sich noch nicht so eingelebt. Und dann hat das deutsche Innenministerium gesagt: Ja, wir haben jetzt den Großteil Polens. Ein Teil Polens war seinerzeit die österreichisch-ungarische Monarchie. Wir schicken alle diese Beamten aus

315

Österreich dorthin. Und dorthin kamen sie alle. Sie übernahmen, ob sie bei der SS waren oder nur Landräte oder überhaupt Beamte, viele Funktionen im sogenannten Generalgouvernement. Und als man auf der Wannseekonferenz am 20. Januar 1942 beschlossen hat, alle europäischen Juden ins Generalgouvernement zu bringen, um sie dort umzubringen, waren alle Schlüsselpositionen von Österreichern besetzt.

Ich gebe Ihnen ein Beispiel. Warschau, das Warscheuer Ghetto, eine halbe Million Juden. 400.000 Juden stammten aus Warschau selber. Man hat die Provinz „judenrein" gemacht und etwa 100.000 weitere Juden aus der Provinz in das Ghetto Warschau hineingepfercht. Der SS-Polizeiführer von Warschau war ein Rechtsanwalt aus Steyr, Dr. Ferdinand Sammern-Frankenegg, Brigadeführer. Der Gestapochef von Warschau war Franz Kutschera aus Oberwaltersdorf. Der Mann, der die sogenannte Aussiedlung der Juden aus Warschau in die Vernichtungslager Treblinka und Sobibor durchgeführt hat, war Hermann Höfle aus Salzburg. Dieser wurde bald darauf auch Stabschef der sogenannten Aktion Reinhard, einer Aktion mit den drei Vernichtungslagern Belzec, Sobibor und Treblinka, die zwischen 1,800.000 und 2,200.000 Juden das Leben gekostet hat. Der Chef der Judenvernichtung im ganzen Generalgouvernement wurde der Kärntner und spätere Wiener Gauleiter Odilo Globocznik, und zu seinem Stabe gehörten etwa 60 Personen aus Kärnten. Jeder nahm sich gewöhnlich solche Leute, die er kannte. Es gab auch Deutsche. Aber ich spreche von diesen Personen, weil die Sühne für deren Taten später zur Aufgabe für die österreichische Justiz wurde.

Herman Höfle erhängte sich im Landesgericht in Wien. Franz Kutschera, der ja nicht nur gegen Juden, sondern auch gegen die polnische Intelligenz schwere Verbrechen begangen hat, wurde vom polnischen Untergrund erschossen. Sommern-Frankenegg kam nicht aus dem Krieg zurück. Odilo Globocznik vergiftete sich im Juni 1945 im Gefängnis, es war entweder Villach oder Klagenfurt.

Alle diese Leute, die dabei waren, die Majorität der Kommandanten der Vernichtungslager, kamen über die sogenannten Mörderschulen, die Euthanasieanstalten. Die Leute aus Treblinka und Sobibor kamen aus Schloß Hartheim, wo sie das Handwerk der Vergasungen erlernt haben an der Vergasung der sogenannten „unnützen Esser". Es waren viele Ärzte, die sogenannten Kreuzerlschreiber, die auf den Krankengeschichten ein Kreuz machten, worauf diese Kranken dann in eine der vier Euthanasieanstalten abtransportiert wurden. In Österreich war eine derartige Anstalt in Schloß Hartheim. Das begann schon im Jahre 1940. Später, aufgrund der Proteste von Bischöfen, sah sich Hitler gezwungen, die Euthanasieanstalten einzustellen. Aber das Personal dort war schon ausgebildet und diese Leute kamen wie Franz Stangl aus Linz als Kommandanten nach Treblinka, Dr. Empfrid Eberl, ein Arzt, auch nach Treblinka, Gustav Wagner, ein Mann, der 1936 in der österreichischen olympischen Mannschaft war, ich glaube als Diskus- oder Speerwerfer, nach Sobibor.

Gleich nach dem Krieg begannen – Österreich wurde aufgeteilt in Zonen – Prozesse, für die sofort Zeugen greifbar waren, vor allem Prozesse wegen der Vorfälle in Theresienstadt. Dann gab es Prozesse gegen Leute vom Volkssturm oder gegen kleine SS-Chargen, die die ungarischen Juden in den letzten Kriegstagen durch Österreich getrieben haben: wer nicht gehen konnte, den haben sie auf dem Weg erschossen. Ich habe eine Landkarte gemacht von den Massengräbern in Österreich. Besonders das Burgenland, Niederösterreich und ein Teil Oberösterreichs waren übersät mit Punkten, wo immer wieder ein Grab gefunden worden ist. Wir haben uns Jahre hindurch bemüht, alle diese Gräber zu finden. Aber manchmal wurden die Leute auf einem Feld erschossen und die Körper dort verscharrt. Die Bauern haben es nicht gemeldet, um nicht ein Stück Land zu verlieren. Ich bin nach dem Kriege mit Landeshauptmann Dr. Gleißner, der selber ein Jahr in Dauchau war, herumgefahren, von Platz zu Platz und von Ort zu Ort. Und immer wieder befragten wir die Bürgermeister oder die Dorfältesten, und immer wieder kamen neue Plätze dazu. Wir haben später alle diese Leute exhumiert und sie in zentrale Friedhöfe verbracht.

In den ersten zwei Jahren nach dem Kriege wurden 36 Österreicher zum Tode verurteilt. Sie wurden im Landesgericht hingerichtet. Eine Reihe von Strafen wurden ausgesprochen. Wenn Sie sich aber eine Broschüre des Justizministeriums anschauen, dann werden Sie irregeführt. Ich habe im vergangenen Oktober ein längeres Gespräch mit dem neuen Justizminister Foregger geführt, der mir sagte, diese Broschüre über die Prozesse in Österreich werde neu aufgelegt. Ich sagte: „So, dann ist es ein willkommener Anlaß für mich, Sie zu bitten, aus den 13.000 Verurteilungen, von denen Sie sprechen, die 600 Verurteilungen herauszunehmen, 600 oder 650, diese Prozesse, die wirklich wegen Kapitalverbrechen geführt worden sind." Das war ihm neu. Bei uns war Generalanwalt Karl Marschall, er fragte er ihn: „Karl was sagst Du dazu?" Und Karl Marschall antwortete sehr ruhig: „Ja, aber wir haben das alles zusammengenommen." Ich sagte: „Sehen Sie, wenn die Deutschen ihre Spruchkammerfälle hineinnehmen, dann können sie sagen, wir haben 2 Millionen oder 3 Millionen Fälle gehabt." Nun, das ist wichtig, und ich weiß nicht, ob es bekannt ist.

1945 wußte man, daß am 13.März 1938 die laufende Nummer in der Nazipartei die Nummer 6,600.000 war, und die erste Regierung und auch die provisorische wußte, daß jede Nummer unter dieser Nummer ein Illegaler gewesen sein mußte. Was stellte sich heraus? Nach dem Einmarsch gab es ein „G'riß" um niedrige Parteinummern, vielleicht nur zu vergleichen mit dem „G'riß" um niedrige Autonummern heute. Die Leute benötigten die niedrigen Parteinummern. Warum? Sie galten als Personen, die sich schon früher für die Partei eingesetzt hatten. Um bei Arisierungen und bei anderen Dingen teilzunehmen, um am Vermögen von Leuten, die geflüchtet sind oder zur Auswanderung gezwungen worden sind, sich zu laben, brauchten sie die niederen Parteinummern. Und die bekamen sie, in dem sie zwei Personen fanden, die Nazis waren und ihnen beschei-

317

nigten, daß sie vorher schon für die Partei gewisse Dienste geleistet hatten. Nach 1945 ging das wieder in umgekehrter Richtung. Jetzt suchten sie zwei Zeugen, um zu beweisen, daß sie die Partei betrogen hatten.

Es gab wirklich viele Illegale in Österreich, illegale SS, illegale SA, und diese alle wurden wegen der Illegalität belangt. Die Illegalität war nach dem Verbotsgesetz mit dem Stigma des Hochverrates oder des Landesverrates verbunden. Diese Leute wurden automatisch verurteilt, ohne daß sie persönlich irgendein Verbrechen begangen hatten, mit Ausnahme davon, daß sie sozusagen Teile der 5. Kolonne der Nazis bildeten. Die ersten Prozesse endeten sehr bald mit dem Beginn des kalten Krieges. Sie endeten nach der Berliner Blockade vom August 1948 in der Bundesrepublik. Damals gab es noch keine deutschen Gerichte. Die deutschen Gerichte sind erst 1949 errichtet worden. Die alliierten Gericht beendeten ihre Tätigkeit, und in Österreich paßte man sich dem an. Es begann eine ungefähr 10- oder 12jährige Schonzeit für Mörder.

Ich lebte damals, wie gesagt, in Linz. Wir haben viele Leutegefunden. Wir wußten, welche Verbrechen sie begangen haben. Es gab Hunderte, Tausende Flüchtlinge, die aus Lagern und Ghettos kamen. Sie warteten auf ihre Emigration und waren Zeugen gegen diese Leute. Immer wieder ging ich zu den Gerichten: „Hören Sie zu, Sie müssen das Verfahren gegen den oder den führen. Es sind Zeugen da. Wo werden wir sie später suchen? Sie wandern aus nach Australien, Neuseeland, nach den USA oder gehen nach Israel." Es ist mir nie gelungen, daß die Gerichte diese Leute einvernahmen. „Ja, natürlich. Ja, wir werden sie schon finden, wenn man sie braucht." Und 10 Jahre lang, ungefähr bis 1960 – bis 1959 in der Bundesrepublik und in Österreich bis zum Jahr 1961 – bis zum Eichmannprozeß, ist de facto nichts geschehen oder nur sehr, sehr wenig. In der Zwischenzeit verjährte eine Reihe von Verbrechen. Totschlag verjährt nach 15 Jahren. Plünderungen, Denunziationen, all das konnte nicht mehr verfolgt werden.

Ich war beim Eichmannprozeß. Österreich entsandte wie die Bundesrepublik Beobachter. In der Bundesrepublik war schon die zentrale Stelle in Ludwigsburg gegründet. Die Bundesrepublik entsandte einige Staatsanwälte, Österreich zwei Polizeibeamte, den Polizeirat Wiesinger und den Kriminalbeamten Leon Maier. Es ging darum aufzupassen, welche österreichischen Namen hier während des Prozesses fallen würden. Und es ist eine Reihe von Namen gefallen. Vor allem Murer, der Judenreferent in Wilna war.

1947 habe ich Murer in Gaishorn verhaftet. Die österreichische Gendarmerie überstellte ihn nach Graz zur FSS – Field security Service – der Briten. Die lieferten ihn in die Sowjetunion aus, und in Wilna, dem Ort, wo er tätig gewesen war, wurde er zu 25 Jahren Haft verurteilt. 1955 aber, nach dem Staatsvertrag, kam er als nicht Amnestierter nach Österreich zurück, das sich verpflichtet hatte, nicht nur ihn, sondern eine ganze Reihe von Schutzpolizisten, die mehrere Verbrechen in Galizien und in anderen Orten begangen hatten, vor Gericht zu stellen. In sehr vielen Fällen kam es zu keinen Prozessen. Durch Abolitionsakt des Bundespräsidenten wurden alle diese Verfahren niedergeschlagen, mit Ausnahme von zwei Leuten, Leopold Mitas und dessen Gehilfe. Die beiden hatten 50 Kinder in Borislav erschossen. Leopold Mitas bekam lebenslänglich, der zweite bekam 20 Jahre.

Der Prozeß gegen Murer fand im Jahre 1963 statt. Man hat seine Rolle als praktischer Ghettochef von Wilna nicht mehr behandelt, nur noch 37 Einzelfälle, wo Augenzeugen persönlich am Prozeß teilnahmen. Ich war bei diesem Prozeß, und ich habe Murer praktisch das Leben gerettet. Es gab in diesem Prozeß einen Zeugen, der in den USA lebte, den Vater eines Jungen, den Murer vor den Augen seines Vaters erschossen hat. Ich habe mich sehr bemüht um diesen Zeugen. Der Prozeß dauerte einige Wochen, und der Zeuge kam. Als ich ihn im Hotel in Graz besuchte, sagte er mir: „Ich bin nicht gekommen, auszusagen. Ich weiß von anderen Zeugen, wie seine Söhne oder wie sein Sohn in der ersten Reihe sitzt und jedem Zeugen ins Gesicht lacht." (Ich habe mich damals beim Vorsitzenden des Gerichtes beschwert. Der Richter sagte, er habe nichts bemerkt.) „Ich werde Murer umbringen, vor den Augen seiner Familie, genauso wie er meinen Sohn vor meinen Augen erschossen hat." Nach zwei Stunden nahm ich ihm das Messer ab, und ich habe zu ihm gesagt: „Aus dem Prozeß muß Murer als Mörder herauskommen, aber nicht du." Ich sehe ihn noch vor mir, als Murer freigesprochen wurde. Er hat durch mich hindurchgesehen, als wäre ich Luft. Der oberste Gerichtshof hob diesen Freispruch auf und ordnete eine neue Verhandlung an. Diese Verhandlung fand niemals statt. Es gab eine Reihe solcher Verhandlungen, die mit Freispruch endeten, wie die Verhandlung gegen Verbelen, der in Belgien, in seinem Heimatland, zum Tod in Abwesenheit verurteilt wurde.

In der Bundesrepublik wurde, ich sagte es vorher, die zentrale Stelle gegründet, außerdem in drei weiteren Bundesländern ebenfalls solche zentralen Stellen. In Österreich hat man als erste Vorstufe, bevor die Sache dem Gericht übergeben wird, eine Abteilung mit etwa 4 Beamten beschlossen. In der Bundesrepublik waren sechzig Strafanwälte tätig, in Österreich zwei. Ich habe immer, bei allen meinen Vorsprachen, besonders bei Justizminister Broda, um mehr Staatsanwälte gebeten. Der damals zuständige Staatsanwalt Kocka sagte mir: „Herr Wiesenthal, ich habe 100 Fälle. Ich kann das nicht." Dann hat man noch einen Staatsanwalt dazugegeben.

In den 60er Jahren gab es etwa 1.100 Fälle. Wie kamen diese 1.100 Fälle zusammen? Die Bundesrepublik hat mit deutscher Gründlichkeit die Fälle vorangetrieben. Die Staatsanwälte wurden historisch ausgebildet, das hat jeweils 2 oder 3 Jahre gedauert. Sie hatten eine kolossale Bibliothek, alle Archive in der Bundesrepublik wurden zusammengelegt, um sozusagen auf den Kern der Sache zu kommen. Und was stellte sich heraus?

Es gab gemeinsame Gruppen. Österreicher und Deutsche in der selben Kompanie oder gemeinsame Kompanien in den Einsatzgruppen.
Die Deutschen konnten keine Österreicher anklagen. Sie haben die Ergebnisse der Untersuchungen, die auch Österreicher betroffen haben, dem Innenministerium oder dem Justizministeruim geschickt. Ich fuhr nach Ludwigsburg. Und ich sprach hier mit dem Innenministerium. Ich sagte: „Schauen Sie, wir müssen diese Nachforschungen gemeinsam betreiben. Es gibt in Österreich Zeugen gegen die deutschen Angeklagten und auch umgekehrt." Und so wurde vereinbart, daß man die Sache durchführt, ohne den ganzen bürokratischen Kram. Denn normalerweise müßte Ludwigsburg die Sache dem Justizministerium in Bonn mitteilen, das Justizministerium dem Außenministerium, das Außenministerium dem deutschen Botschafter in Wien, der deutsche Botschafter dem österreichischen Außenministerium, das österreichische Außenministerium dem Justizministerium, respektive dem Innenministeruim. In summa sind das etwa 30 Personen, die von der Sache wissen, bevor noch jemand einvernommen wird.

Es stellte sich bald heraus, daß viele der Angeklagten, sowohl in der Bundesrepublik wie auch in Österreich, aktiv bei der Polizei tätig waren. In Deutschland gründete man die Sonderkommissionen. Das waren junge Leute mit dem Recht, in jedem Bundesland tätig zu werden. Aufgrund der Absprache kamen die Mitglieder der Sonderkommission nach Wien, gingen ins Innenministerium und brachten eine Liste von Zeugen, die sie einvernehmen wollten. Die Deutschen konnten österreichische Beschuldigte nur als Zeugen einvernehmen. Da hat man folgendes gemacht: Nachdem die Richter, respektive die Verteidiger der Angeklagten, mit der Sache nicht einverstanden waren, hat das deutsche Justizministerium das österreichische Justizministerium verständigt, es bat, die Zeugen nach Passau zu bringen. Jeder bekam einen eisernen Brief, daß er von den Deutschen wegen der Verbrechen nicht belangt werde. Aber ein Österreicher konnte nicht gezwungen werden, im Ausland auszusagen, und so kam keiner rüber. Und alle diese Leute waren bei der Polizei.

Ich habe mit verschiedenen Innenministern darüber gesprochen, auch mit Czettel. Czettel wollte mich nie empfangen. Er wollte mit mir nicht sprechen, weil ich einmal seine Gedichte, seine Durchhaltegedichte, publiziert habe. Er war nämlich Parteimitglied. Ich sagte den Leute: „Schauen Sie, wie sieht das aus. Die Leute sind hier, es läuft eine Vorerhebung gegen sie." Nach 1955, nach dem Staatsvertrag wurden sie ja alle wieder in die Polizei aufgenommen. Im Jahre 1965 wurde in Österreich die Verjährung für Mord aufgehoben. Was nun also verfolgbar war, war Mord oder Beihilfe zum Mord. Leute, gegen die solche Untersuchungen geführt wurden, haben als Polizisten Waffen getragen. Das ist etwas, was niemand glauben will. Aber das war die Wahrheit.

Ich werde nie ein Gespräch mit Justizminister Broda über Minsk vergessen. In der Bundesrepublik wurde damals ein Prozeß gegen Dr. Georg Heuser, den Kommandeur der Sicherheitspolizei in Minsk, vorbereitet. Er war für den Tod von ca. 40.000 Menschen verantwortlich, darunter auch 15.000 Wiener Juden. Ich hatte damals alle Transportlisten und wurde als Zeuge geladen. Vorher aber ging ich zu Justizminister Broda, und ich sagte ihm: „30 Leute, die bei diesem Kommandeur der Sicherheitspolizei in Minsk waren, sind Österreicher. Es werden bestimmt Namen fallen, vor allem der seines Vorgängers, des Oberpolizeirat Dr. Johannes Kunz, heute aktiver Oberpolizeirat in Graz. Schicken Sie doch einen Staatsanwalt, der dabei ist." „Ich habe kein Budget", sagte er. Ich sagte ihm darauf: „Im vorigen Jahr war ein Prozeß in Stuttgart. Der Angeklagte war laut Anklage unter anderem für den Tod von 22 Italienern verantwortlich. Während des ganzen Prozesses waren zwei italienische Staatsanwälte dabei." „Na," sagte Broda, „ich kann keinen Staatsanwalt schicken." Und darauf ging mir die Galle hoch. Ich sagte: „Herr Minster, diese 15.000 Juden, die nicht mehr Wähler sind, verdienen das letzte Geleit, daß ihr vormaliger Staat ihnen geben kann. Ein Staat, der sie nicht schützen konnte, weil er nicht mehr existiert hat." Seine Antwort lautete: „Sie arbeiten auf meinen Sturz hin." Und erst als der Name Kunz im Prozeß gefallen ist, wurde er vom damaligen Innenminister Olah außer Dienst gestellt. Und wir hatten in Österreich nie einen Prozeß wegen Minsk.

Im Jahre 1965, als die Verjährung aufgehoben wurde —sowohl in Deutschland als auch in Österreich – verdreifachte man in Deutschland die Zahl der Staatsanwälte, um die Zeit auszunützen. Und auch die Zahl der Angehörigen der Sonderkommissionen wurde aufgestockt und verdoppelt. Im österreichischen Innenministerium wurde die Zahl der Beamten der für diese Fälle zuständigen Abteilung 18 von 10 auf 6 reduziert, von den drei zuständigen Staatsanwälten wurde einer ins Justizministerium abgezogen. Alle meine Interventionen in dieser Sache waren in den Wind gesprochen.

1966 begann die Alleinregierung der ÖVP. Der Justizminister, der mich sofort eingeladen hat, sagte mir: „Ich bin Justizminister von Seiten der ÖVP. Aber ich bin Universitätsprofessor. Wenn ich nicht mehr Minister bin, bin ich noch immer Universitätsprofessor." Da haben wir dann etwas besprochen, nämlich die Ursache oder wenigstens einen Zipfel der Ursachen für die gefällten Freisprüche. Die Geschworenen wurden ausgelost. Und wenn das Pech es wollte, dann waren in einem Prozeß mit 8 Geschworenen 5 davon ehemalige Nazis. Es gab niemanden, mit dem man sprechen konnte. Dr. Broda sagte mir, das Geschworenengericht sei eine große Errungenschaft des vorigen Jahrhunderts. An dem dürfe nichts geändert werden. Ich sagte: „Na, was wollen Sie. Dann soll man doch diese Sachen überhaupt aus der Zuständigkeit der Geschworenengerichte herausnehmen. In der Bundesrepublik entscheiden 3 Schöffen und drei Berufsrichter. In Österreich entscheiden ja nur die Geschworenen." Prof. Klecatsky, mit dem ich die Sache besprach, sagte: „Dazu ist ein Verfassungsgesetz notwendig. Wir brauchen dazu die SPÖ." Aber im Parlament sagte Broda genau das, was er mir ein Jahr zuvor schon gesagt hatte: „Nein." In dieser Situation, es war das Jahr 1966, schrieb ich auf Anraten von Klecatsky einen Brief an Bundeskanzler Klaus. Ich habe ihm die ganze Situation geschildert, wie sie war. Dr. Klaus, den ich dann später traf, sagte: „Wissen Sie, ich habe eine schlaflose Nacht gehabt, als ich das alles gelesen habe." Ich antwortete ihm: „Das bringt nichts. Ich will Schritte sehen."

Damals gab es gerade einen neuen Fall, einen Mann, den wir in São Paulo ausgeforscht hatten, den Kommandanten von Treblinka. Ein Österreicher, der im Fahndungsbuch stand. Ich kam zu Klecatsky und sagte ihm: „Österreich muß die Auslieferung verlangen." Er antwortete: „Das machen wir selbstverständlich." Er ließ sofort einige Beamte des Ministeriums zu sich rufen. Die versuchten dann, die Sache irgendwie mies zu machen: „Wir müssen ja vielleicht tausend Seiten ins Portugiesische übersetzen. Wie sollen wir das machen? Wie ist es hier mit der Geheimhaltung? Wir haben keine Flugverbindung zwischen Brasilien und Österreich. Wie bringen wir den Mann rüber?", und noch solche Sachen. Auf alle Fälle, Prof. Klecatsky gab mir einen Wink, nicht zu antworten. Ich habe es erreicht, Österreich verlangte die Auslieferung. Aber vorsorglich baute ich vor, damit auch die Bundesrepublik die Auslieferung verlangte. Und nachdem schon einmal ein Treblinka-Prozeß in Deutschland durchgeführt worden war, wurde Stangl in die Bundesrepublik ausgeliefert.

Genau 25 Jahre nach der Befreiung trat das Minderheitskabinett des Bundeskanzlers Kreisky die Regierung an. Es war fast genau der Tag der Befreiung. Im April, nach den Wahlen, schaute ich in die Liste der Minister. Unter elf Ministern waren vier ehemalige Nazis. Als einer, der in Linz 16 Jahre gelebt hatte, war ich ja schon einiges von der VOEST und den Stickstoffwerken gewohnt. Aber ich dachte mir: Die Leute sollen ruhig Generaldirektoren sein, aber regieren sollen sie uns nicht. Und ich publizierte gleichzeitig die Parteinummern dieser vier Minister. Es folgte ein Aufschrei des Bundeskanzlers gegen mich am nächsten Parteitag. Das war im Juni. Es traten zahlreiche Redner gegen mich auf. Herr Gratz nannte meine Arbeit Feme und fragte: „Wie lange braucht unsere Demokratie noch diese private Spitzelpolizei?" Ihm sekundierte treu Lanc, der spätere Außenminister. Der Mann, der mich verteidigte, war Hindels, der sich danach zu Wort meldete. Er fand die richtigen Worte. Aber die Drohung, das Dokumentationszentrum zu schließen, ging um die Welt. Denn in allen diesen Fälle waren, auch wenn die Täter nur aus Österreiche kamen, die Opfer Angehörige vieler Staaten. Und das machte alle diese Fälle zu internationalen Fällen.

Heute sind wir Zeugen davon, daß man im Ausland im Zusammenhang mit dem Fall Waldheim massiv gegen Österreich in den Zeitungen, im Fernsehen und im Radio auftritt. Aber das Fundament dafür wurde Jahre vorher gelegt. Damals, 1970, kamen aus dem Ausland etwa 3.000 Telegramme an den Bundeskanzler und an Gratz. Wir bekamen die Abschriften davon. Natürlich, man konnte nichts gegen uns machen, wir hatten nichts Ungesetzliches getan. Die ÖVP stellte eine Anfrage an den Bundesminister für

Justiz, was das Dokumentationszentrum, was Simon Wiesenthal Ungesetzliches gemacht hätten.. Der Bundesminisrter für Justiz war wieder Broda. Die Antwort lautete: „Gar nichts." Aber die Zusammenarbeit mit dem Innenministerium war zu Ende. Beamte, mit denen ich 20 Jahre lang zusammengearbeitete, und wo sich eine Art Freundschaft entwickelt hatte, wollten mich nicht sehen, wenn sie mir auf der Straße begegneten. Sie glaubten, es wäre ihrer Karriere nicht förderlich.

Ein paar Jahre später kam der Fall Peter. Er ist ja hier allen bekannt. Ich hatte ein Monat vor den Wahlen ein Dossier über Peter zusammengestellt. Ich wollte aber vor den Wahlen die Sache nicht platzen lassen. Ich ging mit dem kompletten Dossier zu Bundespräsidenten Kirchschläger und sagte: „Hier haben Sie alles. Vielleicht müssen Sie diesen Mann als Vizekanzler anschwören. Dann sollen Sie wissen, in welcher Brigade er war. Ob er persönlich etwas gemacht hat, weiß ich nicht." In einem Brief schrieb ich, ich häte noch keine Beweise. Kreisky benötigte Peter nicht, er hatte eine hauchdünne Majorität. 5 Tage nach den Wahlen gab ich eine Pressekonferenz und erzählte alles. Peter wurde gezwungen, mich zu klagen. Und was klagte er? Er klagte das Wort „noch". Weil ich gesagt hatte, ich hätte „noch" keine Beweise, das heißt, weil ich ihm zugemutet hatte, daß er in der Brigade genau das gemacht hätte, was alle anderen in der Brigade gemacht hatten. Wenn Peter mich nicht geklagt hätte, hätte er nicht Parteivorsitzender bleiben können. Wir hatten eine Verhandlung im Januar 1976, und bis 1983 war keine Verhandlung mehr. Im Jahre 1983 rief der Anwalt von Peter meinen Anwalt an und sagte ihm: „Herr Peter hat kein Interesse mehr an dem Prozeß."

Während meiner Auseinandersetzung mit Kreisky – er meinte, 30 Jahre wären genug – klagte ich ihn zweimal. Er sagte, daß er, wenn man ihn nicht auslieferte, sein Mandat zurücklege, um sich mit mir vor Gericht zu treffen. Aber man bedeutete ihm, das Parlament liefere wegen Ehrenbeleidigungen nicht aus. Er nannte meine Arbeit Mafia. Er ließ durchblicken, er habe seine Zweifel, wie ich es geschafft hätte, den Krieg zu überleben. Immer in seiner typischen Art, nur in Halbsätzen. Er spricht keinen dieser Sätze zuende. Er läßt die Journalisten die Sätze weiterführen. Nun aber fand der damalige Klubobmann Fischer einen Ausweg. Man macht einen Untersuchungsausschuß des Parlamentes gegen einen Staatsbürger. So etwas hatte es bis jetzt noch nicht gegeben. Sofort brach ein Streit der Juristen aus, ob das durch die Verfassung gedeckt ist. Manche meinten ja, manche nein. Journalisten befragten Kreisky danach, wann er sein Mandat zurücklegen werde. Und da sagte er auf einmal: „Das Mandat gehört ja nicht mir.", was auch nicht stimmte.

Ich zog die Klagen gegen Kreisky zurück. Warum? Weil meine Frau das alles absolut nicht durchhalten konnte. Jeden Tag sprach Kreisky gegen mich. Die Kronen-Zeitung fand jeden Tag irgendetwas, das ich vor Jahren gesagt oder geschrieben hatte. Diese Sachen wurden jetzt als Neuigkeiten wieder publiziert. Auch unter den Wiener Juden übte man, weil die Transporte der Juden aus der Sowjetunion über Wien nach Israel gingen, auf mich Druck aus. Da zog ich die Klage zurück und Kreisky erklärte im Parlament, daß er mich niemals Kollaborateur genannte hätte. Das hätten nur die Journalisten gemacht. Was natürlich nicht stimmte. Die Sache war zu Ende.

Das Wichtigste aber war noch vor dem Fall Peter geschehen: 1971, 1972 wurden mehrere hundert Verfahren in Österreich eingestellt, Verfahren wegen Auschwitz, wegen Verbrechen in Konzentrationslagern in Mauthausen, wegen der Einsatzgruppen, wegen Verbrechen, die von Leuten der geheimen Feldpolizei begangen worden waren, und vielen, vielen anderen. Acht Fälle ließ man zurück. Sechs dieser acht Fälle endeten mit Freisprüchen. Darunter waren im Jahr 1973 die beiden Ingenieure der Bauzentralleitung in Ausschwitz, die die Gaskammern projektiert, gebaut und repariert hatten, Walter Dejako aus Reutte und Josef Ertl aus Linz. Ertl hatte sich schnell abgemeldet von Auschwitz. Dejako blieb bis zum Kriegsende dort. Nach dem Kriege baute er Kirchen in Tirol und bekam eine Belobigung vom Bischof Rusch. Beide wurden freigesprochen.

Dann kam der letzte Fall in Wien vor Gericht. Es war der Prozeß gegen Vinzenz Gogl, einen rabiaten Mörder in Mauthausen, der alliierte Flieger, die abgeschossen worden waren und die nach Mauthausen gebracht worden waren, Holländer, Engländer, Amerikaner. Er quälte sie zu Tode und warf sie dann aus einer Höhe von 80 m in den sogenannten Wiener Graben hinunter. Er war schon einmal in Linz mit 8:0 freigesprochen worden. Aber der oberste Gerichtshof kassierte den Freispruch, und jetzt, während der Auseinandersetzung mit mir, wollte man scheinbar beweisen, daß die Republik nur gegen mich war, aber nicht gegen einegerechte Bestrafung der Naziverbrecher. Husch, husch wurde der Prozeß gemacht und Herr Gogl wurde freigesprochen.

Das war der letzte Prozeß. Seit 1975 leben wir in Österreich in einer kalten Amnestie. Wie bemerken es immer wieder, wenn wir etwas finden und um eine Wiederaufnahme bitten. Letztens gab es einen Fall, einen Mann, der 72 Kinder in einen Gaswagen gesteckt und sie umgebracht hatte. Die Staatsanwaltschaft schrieb uns: „Das Verfahren kann nicht wieder aufgenommen werden, weil der Vorfall bekannt war." Ich schickte einen Journalisten zu diesem Mann. Und er, der als aktiver Polizeibeamter in Pension gegangen war, sagte: „Schauen Sie, hier haben Sie eine Belobigung für treue Dienste für die Republik." Darunter waren 7 Jahre Einsatzkommando, Gestapo u.s.w.

Im Jahre 1983 verlor die SPÖ die Wahlen und es wurde eine kleine Koalition gebildet. Der Justizminister hieß Ofner. Ich hatte mit diesem Justizminister nichts zu tun. Aber während eines Besuches in der Bundesrepublik erfuhr ich folgendes: Für die Prozesse in der Bundesrepublik Deutschland kamen noch immer Leute von der Sonderkommission, um in Österreich Zeugen einzuvernehmen Das Zusammenspiel mit dem Innenministerium ging noch weiter. Davon erfuhr Minister Ofner und erlaubte es nicht mehr. Und er sagte: „Wenn die Deutschen etwas brauchen, geht das nur über das Justizministerium und die Gerichte." Ich schrieb einen Brief an Bundeskanzler Sinowatz. Schauen Sie, es wird doch ein Kampf gegen die Zeit. Die Leute werden als Zeugen einvernommen. Wenn ein Richter in Mistelbach auf Verlangen der Staatsanwaltschaft in Köln einen Zeugen befragen soll, wird dieser Zeuge noch vor dem Jahr 2000 befragt werden? Sicherlich nicht.

Das ist die Bilanz. Vielleicht hatten manche von der laxen Erledigung dieser Angelegenheit einen politischen Nutzen. Ich weiß es nicht. Ich weiß nicht, wer die Leute sind, die man Liberale, die ein Stück Weges zusammen gehen wollen, nannte. Wahrscheinlich sind sie 1983 müde geworden.

Aber was geschehen ist, wird die Geschichte Österreichs belasten.

MASSENWAHN UND VERDRÄNGTE SCHULD

Hermann Broch als Denker und Dichter

Hans Georg Zapotoczky

Hermann Brochs Massenwahntheorie

Einleitung

Hermann Broch wurde am 13. März 1938 in Altaussee verhaftet. Anlaß dazu war nicht etwa seine 1937 erarbeitete „Völkerbund-Resolution", in der er anregte, daß sich der Völkerbund zur Neudeklarierung der Menschenrechte aufraffen sollte, eine Resolution, die er in 14 Exemplaren verschicken ließ – unter anderem an Thomas Mann, Stefan Zweig, Aldous Huxley und Albert Einstein, eine Resolution, die auch nicht veröffentlicht wurde; Hermann Broch war zu dieser Zeit nicht so bekannt. Anlaß zur Verhaftung war das Abonnement der kommunistischen Volksfrontzeitschrift „Das Wort", die Hermann Broch kostenlos aus Moskau erhielt, was der örtliche Briefträger „brav", d.h. aus dem üblichen Staatsdienergeist heraus, gemeldet hatte. Die Verhaftung bedeutete für Broch einen Schock, der sich unter anderem in Darmblutungen äußerte, da Broch überzeugt war, daß er in ein Konzentrationslager überstellt und dieses nicht überleben werde. Die Todesahnungen sind auch in sein Hauptwerk „Der Tod des Vergil" (Erzählungen vom Tode) eingeflossen.

Nach der Haftentlassung am 31. März kehrte Hermann Broch nach Wien zurück; durch Bemühungen von James Joyce, Stephen Hudson und seines Verlegers Daniel Brody erlangte Broch ein englisches Visum, durch die Verwendung von Ruth Norden, Albert Einstein und Thomas Mann erhielt er Affidavits, die zur Einreise in die USA notwendig waren, und am 24. Juli verläßt Hermann Broch „mit bloß Reichsmark 20 in der Tasche" Österreich, das er nie wieder betreten sollte. Abschied nehmend überschreibt er das während des Fluges entstandene Gedicht „Nun da ich schweb im Ätherboot".

Nun da ich schweb im Ätherboot
Und ich aufatmen kann
Da packt sie mich
Da packt sie mich
Da packt sie mich noch einmal an
Die rohe Flüchtlingsnot.

Ein Herz, das mir zum Abschied schlug
Blieb ohne Trost zurück
Ich spürte bloß
Ich spürte bloß
Ich spürte bloß den Schlingenstrick
Den um den Hals ich trug.

Da drunten ist nun nichts mehr groß
Die Straße ist ein Strich
Doch plötzlich weiß ich von dem Moos
Und weiß den Wald, dess' Harz ich riech'
Und weiß, da drunten lag einst ich
Und lag in meiner Heimat Schoß
Die weite Straße ist ein Strich.

Wie pfeilgrad endlos ist der Strich
Hier ist nur stählernes Gebraus
Pfeilgerade geht der Flug
Dort drunten steht ein Bauernhaus
Ich weiß, dort drunten geht ein Pflug
Ganz still und langsam, schnell genug
Fürs stille Brot, jahraus.
Pfeilgrad und stählern geht der Flug.

Brochs Massenwahntheorie

Mit Massenphänomenen hat sich Hermann Broch sowohl in seinem Roman „Die Verzauberung" als auch in der nachfolgenden „Massenwahntheorie" auseinandergesetzt. An dem theoretischen Werk schrieb Broch von seiner Emigration in die USA im Jahre 1938 an bis 1948, also fast ein Jahrzehnt. Er gliedert seine Theorie in drei Teile: Im ersten Teil wird die Antinomie zwischen Dämmerstrom und Erkenntnisvorstoß aufgezeigt, im zweiten Teil geht es um das „Gesetz der psychischen Zyklen", um eine Gesetzmäßigkeit, die Broch im Geschichtsablauf gesehen hat, und in einem dritten Teil um den Kampf gegen den Massenwahn.

Der Grundgedanke, der im ersten Teil zum Ausdruck kommt, besteht darin, daß das gesamte Leben des Menschen – sein individuelles wie das der gesamten Menschengemeinschaft im Geschichtsablauf – von einer Flut des Dahindämmerns durchströmt werde. Dieses Dahindämmern sei dadurch charakterisiert, daß ein Mangel an Ich-Bewußtheit eintrete, somit die Fähigkeit zur freien Willensentscheidung getrübt sei. Nach außen hin werde dieses Verhalten dadurch sichtbar, daß sich der dahindämmernde Mensch dem Prinzip des kleinsten Kraftaufwandes unterwerfe (eben um einer Erkenntnisanstrengung auszuweichen!) und Umweltbedingungen „bewußtseinsbefreit" akzeptiere, also sich Handlungen, ohne zu reflektieren, überlasse, mitmache, ohne nachzudenken. Broch setzt dieses Verhalten in Analogie zur tierischen Haltungsinvarianz. Diesem Dahindämmern nun stehe der Auftrag des Menschen zur Erkenntnisanstrengung, zum Erkenntnisvorstoß entgegen. Zu diesem Auftrag sei einzig und allein der Mensch berufen und befähigt. Er allein sei schon in der Lage, dieses Dahindämmern überhaupt wahrzunehmen; überlasse sich der Mensch seiner Massenqualität, verharre er weiterhin in dem gemeinsamen Dämmerungswillen, dann übersehe er die prometheische Pflicht zur Wachheit, zur Ich- und Welterkenntnis, die ihn über den Status eines Tieres hinausheben könne und ihm den Weg zur freien Handlung eröffne. Dem Versinken in die Stumpfsinnigkeit einer „jeden Lebensinhaltes entblößten" physiognomischen Herdenhaftigkeit, „dem Unerwecktsein und Unerwecktbleiben im Dämmerstrom" stellt Broch die Verpflichtung zur Erkenntnis, zur Weisheit, die Erweckbarkeit des Menschen und des Menschlichen durch den prometheischen Funken gegenüber.

Die Bedrohung, die apokalyptisches Ausmaß annehmen könne, bestehe also in der Unerweckbarkeit der menschlichen Seele, im fehlenden Streben nach Wachheit und Erkenntnis, im Verlust des einen großen Erkenntniszieles der Wirklichkeit – nämlich der Liebe: Liebe, selbst noch dämmerungsumfangen, doch schon erweckende Hilfe, beginnende Erweckung – „Wirklichkeit ist Liebe" (Tod des Vergil).

Über dieses antinomische Prinzip, Dämmerungsperioden versus Erkenntnisvorstöße, wolle sich der Mensch nun unaufhörlich hinwegtäuschen. Er spüre die Lebensfeindlichkeit, die in Erkenntnisfunktionen mitschwinge; wie ein Zerrissener bewege er sich nun, ob als einzelner, ob in Gemeinschaft, von einer Dämmerungsperiode zur nächsten, unterbrochen lediglich von Erkenntnisvorstößen, zu denen jeweils nur ein Einzelindividuum fähig sei, denn nur Individuen als solche, nicht Masse, nicht Gesellschaft, besäßen Erkenntnis. So stellen sich Erkenntnisvorstöße und Dämmerungsperioden als Gezeiten dar, die den Humanisierungsprozeß des Einzelnen wie der menschlichen Gemeinschaft hochtragen, aber auch verschlingen können. Jede Erschütterung der Erkenntnishierarchie bedrohe den mühsam eingeleiteten Humanisierungsprozeß der Menschheit, entblöße den einzelnen seines distinkten Menschenantlitzes und mache ihn unfähig, der apokalyptischen Bedrohung zu begegnen, geschweige denn, sie zu bewältigen.

Diese Antinomie zeichnet Broch bereits in seinem Roman „Die Verzauberung", dem romanhaften Vorläufer der „Massenwahntheorie", voraus. Marius, ein mit mephistophelischer Unwissenheit geschlagenes Subjekt, taucht in einem Bergdorf auf und fordert Sühne. Er findet ein unschuldiges Opfer in der unberührten Gestalt eines Bergbauernmädchens namens Irmgard und arrangiert einen Mord, während die Menge der Bauern mit dem Schrei „Das Opfer, das Opfer" assistiert. In der Massenwahntheorie wird Broch den Charakter von Marius näher definieren, dessen mephistophelische Unweisheit als eine witzige Erkenntnislosigkeit der Selbstsucht benennen, eine erkenntnislose Erkenntnisvermessenheit, ein Absinken des Menschen ins Untierhafte, unbewußt der Natur, unbewußt des Gottes, unbewußt des eigenen Seins. Es ist unschwer zu erkennen, wer mit Marius gemeint sein kann. Und der Erzähler, Broch, muß eingestehen: *„Die Ernte war dem Närrischen zugefallen, einem Narren waren wir nachgetanzt – wir, das vielköpfige Tier, das Mutterlose, ... von dem ich ein Teil, von dem wir alle, die wir leben und tanzen, Teile sind. Mann oder Frau, Führer oder Geführte, Weise oder Narren, Teile des Nachttieres."*

In der Massenwahntheorie führt Broch dann aus, wie mit Hilfe solcher Scheinbegründungen und ihres echten Erkenntnismangels der Vergewaltigung, der Unterdrückung, dem Mord, dem Leid ansich der Rang eines wesentlichen, womöglich einzig menschenwürdigen Lebenswertes zu verleihen getrachtet wird.

Mit dem Phänomen Masse – Dämmerperioden – Erkenntnisvorstöße hat sich Broch bereits während seiner Teesdorfer Zeit, als er als leitender Industrieller mit Wirtschaftsproblemen der Weltwirtschaftskrise, der Massenarbeitslosigkeit und dem Klassenkampf konfrontiert war (Suchy), auseinandergesetzt. Broch hat auch in der Praxis mit entsprechenden sozialen Angeboten reagiert: Mittagstischaktion für bedürftige Kinder, Eröffnung einer Volksbibliothek, eines Freibades. Sicherlich spielen auch Gespräche mit Canetti und die gemeinsamen Reflexionen über die Vorgänge in der Ersten Republik eine Rolle. Seine Zeit bezeichnet Broch selbst als so aufnahmsfähig für massenpsychische Bewegungen (Kommentar zur „Verzauberung"). Und in eben diesem Kommentar, 1941 schon während der Arbeit an der Massenwahntheorie geschrieben, bestätigt Broch auch, daß er in diesem Roman „das deutsche Geschehen mit all seinen magischen und mystischen Hintergründen, in seinem massenwahnartigen Treiben" aufdecken wollte. Und er habe sich ans Dichten gemacht, „wohl auch von dem Wunsch getrieben, die Bestialität der Welt zu formen" (Brief an Willa Muir vom 18. März 1935). Broch hat mehr als nur eine Facette dieser bestialischen Welt aufgezeigt, er sieht den Menschen als ein Wesen, das ungleich dem Tier dem Dahindämmern nicht unlenkbar anheimgegeben ist. Auch dem dahindämmernden Menschen ist es möglich, sich selbst zur Weisheit zu erziehen; nach jedem Absturz ins Unmenschlich-Tierische der Dämmerungsperiode wieder zur Weisheit des Seins, zur Erkenntnis der Wirklichkeit, zur Liebe zurückzufinden.

Damit bringt Broch evolutionstheoretische Überlegungen zum Anklingen, wie sie zur selben Zeit auch von Alfred Adler geäußert worden sind; Adler appelliert an den Zwang des Menschen zur Evolution und an seine Fähigkeit dazu seit Bestehen des Lebens (zur Massenpsychologie). Bereits in den physiologischen Vorgängen im frühen Leben eines Individuums enthülle sich das Gefühl für Gemeinschaft. Es genüge nicht, so Adler, zu konstatieren, einer könne sehen; man müsse in seinem Blick das Interesse suchen, das ihn mit dem Menschen seiner Umwelt verbinde, sein Wohlwollen oder sein Übelwollen suchen, sein außerordentlich vertieftes Interesse für den anderen suchen, sein „Common sense" als Ideal eines Gesamtverständnisses aus den Erfahrungen der ganzen Menschheit (Sinn des Lebens). Gemeinschaftsgefühl also als ein humanitäres Ziel, als eine Errungenschaft der Evolution über Jahrmillionen hinweg, die nur durch gemeinsame Anstrengungen aller erreicht werden kann (Über den Ursprung des Strebens nach Überlegenheit und des Gemeinschaftsgefühls).

Neuere Ergebnisse der Verhaltensforschung scheinen den Ansatz Brochs zu bestätigen; das Merkmal der tierischen Haltungsinvarianz findet eine nähere Ausformung in den Ergebnissen von Ploog und Gottwald, die nachgewiesen haben, daß es die bestimmenden Variablen der Umwelt sind, welche die Verhaltensweise eines Tieres in einer ganz bestimmten Situation ausmachen. Damit wird ausgeformt, was Broch mit animalischem Dahindämmern gemeint hat.

Auch Ergebnisse der modernen Schlaf- und Psychopharmakaforschung bestätigen Ansätze der Broch'schen Erkenntnishierarchie. Sie unterstreichen nämlich, daß der Mensch einem Prozeß immer größerer Wachheit zu unterliegen scheint, zumindest bis zu einem gewissen Lebensalter ist die Zunahme von Aufmerksamkeit und Vigilanz im Leben nachweisbar. Erst recht bestätigen moderne Evolutionstheorien die Überlegungen Brochs und Adlers. Darwins Wettkampfargument scheint überwunden zu sein, man kennt Organisationsprinzipien des Lebens, die über die genetische Steuerung hinausgehen, wie sich in neuartigen Lebensweisen zeigt, die ein solches Organisationsprinzip darstellen können. Man spricht heute von einem anagenetischen Prinzip (nicht eugenetisch!), welches darin gesehen wird, daß sich mit dem Fortschritt gleichzeitig eine permanente Zunahme der Komplexität des Lebens vollziehe und damit Evolution selbst eng verbunden ist mit der Entwicklung sozialer Prozesse.

Dieses evolutiv-emotionale Moment ist das tragende Ereignis der Broch'schen prometheischen Prophetie. Im „Tod des Vergil", im Gespräch zwischen Kaiser Augustus und Vergil, dem Dichter, wird dieses Reich der Erkenntnis allerdings eingegrenzt; es könne nicht eines der Volksmassen sein, sondern nur eines der Menschengemeinschaft, erfüllt von Menschen, die sich im Wissen befinden. Sich im Wissen befinden – das kann nicht als Gegebenheit, das muß als Finalität verstanden werden, als ein Ziel einer idealen Gemeinschaft der ganzen Menschheit, als letzte Erfüllung der Evolution, wie dies auch

Adler ausgedrückt hat. Doch zeigt Broch gleichzeitig immer wieder die Verlockung des Menschen auf, in die tieferen, animalischen Schichten der Dämmerperioden zurücksinken zu wollen, um sich eben über diese Verpflichtung zur prometheischen Wachheit hinüberzuschwindeln. Als die Bauern in seinem Roman „Die Verzauberung" vor der Gebirgswand lauthals das Opfer fordern (und das war längst vor dem bekannt berüchtigten Aufmarsch am Heldenplatz 1938, längst vor dem Jubelschrei auf Goebbels' Frage nach dem totalen Krieg), hält der Erzähler ausdrücklich fest, es möge sein, daß auch er mitgeschrien habe. Er wisse es nicht mehr. Das wurde 3 Jahre vor Hitlers Einmarsch in Österreich geschrieben! Im Kommentar zur „Verzauberung" hebt Broch später hervor, innerhalb des Massenpsychischen sei der Mensch ohne weiteres bereit, „die plumpsten Lügen als Wahrheit zu nehmen". In diesen wenigen Sätzen offenbart sich sowohl Brochs Verständnis für massenpsychologische Vorgänge als auch seine Toleranzbereitschaft gegenüber menschlichen Schwächen – Toleranzbereitschaft eben als Ausdruck eines Erkenntnisvorstoßes, als Erkenntnisziel. Broch erweist sich als der wissende Skeptiker, als der Mensch, der sich im Wissen befindet, d.h. als derjenige, der die Antinomie von Dämmerungsperioden und Erkenntnisvorstößen als ständige Gefährdung des Humanen in der Niedertracht und Einsamkeit seines Emigrantenschicksals an sich erfahren, doch längst vorher als Abgrund in sich selbst entdeckt hat.

Geschichtliche Überlegungen

Im Gesetz der psychischen Zyklen, dem zweiten Teil der Broch'schen Massenwahntheorie, wird eine Abfolge verschiedener Phasen im Geschichtsablauf dargestellt: Zunächst gelange ein zentraler Wert zur Herrschaft, unter dessen Leitung der Kulturaufbau erfolgt. In der zweiten Phase erschöpfe sich dieses Wertsystem, was dann der Fall ist, wenn die Theologie des Systems ihre Unendlichkeitsgrenzen erreicht hat. Dann setze die Epoche des Hypertrophiewahns ein. In einer dritten Phase komme es zur Wiederetablierung der Realität; damit vollziehe sich eine zweite Normalitätsperiode sowohl der inneren wie der äußeren Strukturen. In einer letzten Phase trete eine Wertzersplitterung ein, die bisherigen Normen werden gesprengt, ein Zerrissenheitswahn breite sich aus, der letztlich von neuer Suche nach einem zentralen Wert gefolgt sei. Broch will damit eine unentrinnbare Pendelbewegung des psychischen Geschichtsablaufes, insofern er die Massenseele betrifft, darstellen. Ihm kam es darauf an, das Hin- und Herpendeln zwischen einem psychotischen Pol und einem Zerrissenheitspol zu formulieren. Für den Österreicher ist es unschwer möglich, dieses Gesetz der psychischen Zyklen in den letzten 100 bis 150 Jahren der eigenen Geschichte wiederzuerkennen. Broch geht es aber nicht darum, Bewegungen im psychischen Geschichtsablauf darzustellen und bewußt zu machen, sondern nach „richtunggebenden Kräften" Ausschau zu halten, die im massenpsychischen Geschehen ablaufen und bewußtmachende Funktion besitzen. Ein fast militanter Broch fordert, *„nur wirklich richtunggebende Kräfte mit voller Bewußtma-*

chungsfunktion sind noch imstande, dem Wahnsinnstreiben gegenüber sich zu behaupten und ihm ein Ende zu bereiten. Sie sind hiezu ebenso wichtig wie die physischen Waffen." Zu diesem Zeitpunkt war der Ausgang des Zweiten Weltkrieges noch nicht entschieden. Broch geht es auch hier um das Aufwachen aus dem Dämmerstrom, diesmal aus dem Dämmerstrom einer schier unentrinnbaren Pendelbewegung, die sich im Geschichtsablauf – im kollektiv Psychischen – abspielen könnte.

Therapeutische Ausblicke

Der dritte Teil ist dem Kampf gegen den Massenwahn gewidmet. Haben schon die beiden vorangegangenen Abschnitte gezeigt, wie aktuell Broch'sches Denken heute ist, so zeigt sich dieses Phänomen auch im letzten Kapitel; dabei geht Broch weit über die Bekämpfung des Faschismus hinaus. Der Kampf gegen den Massenwahn rankt sich um die Theorie der Bekehrung; die Massenwahnbekämpfung habe sich in erster Linie mit einer „Entwertung des Siegers" zu beschäftigen. Hier tritt uns erneut eine der vielen Broch'schen Antinomien entgegen: „Besiegung des Sieges"! Broch ist von Fragen gequält wie dieser: Wird die prinzipielle Bewältigungsfähigkeit auch die praktische nach sich ziehen? Wird die Aufforderung an die Politik, nun an die Lösung ihrer psychologischen Aufgabe zu schreiten, praktischen Erfolg haben? Fragen also, die auch den Österreicher von heute bewegen. Die Massenwahnbekämpfung gelte dem Wahne als solchem, der Siegesbesessenheit als solcher. Es geht also um die Überwindung des Überlegenheitsstrebens und um die Etablierung eines Gemeinschaftsgefühls, wie dies Adler ausgedrückt hat (vergleiche Adler: „Bolschewismus und Seelenkunde", 1918/19). „Die Besiegung des Sieges" ist kein Sieg im althergebrachten Sinne mehr, „sondern lediglich Erfüllung einer schmerzlichen, einer schmerzlich-ernsten Pflicht; ... der gewohnte Siegesjubel (müßte) fortab durch Siegestrauer ersetzt werden, damit die notwendige ‚Entwertung des Sieges' tatsächlich erreicht werde." Besiegung des Sieges heißt Umstrukturierung der Siegermentalität, heißt letztlich Neustrukturierung des Siegers. Die moderne Psychologie der Aggressivität, wie sie etwa von Herbert Selg, Ulrich Mees und Detlev Berg beschrieben wird, stützt sich auf derartige Überlegungen. Broch ist somit auch ein Wegbereiter der modernen Psychologie der Aggressivität. In den Vorschlägen zur Reduktion der Aggressivität fordert zum Beispiel Eron (1980): Wer Aggression reduzieren will, muß alle Kinder wie die aggressionsärmeren Mädchen erziehen; das heißt, sie zu sozial positiverem, kooperativ-emphatischem, tolerantem Verhalten ermuntern und ermutigen.

Die Besiegung des Sieges hat zur Voraussetzung, daß neue pädagogische Wege beschritten werden, Wege, die das altruistische Training des Menschen miteinbeziehen sollten. Hier manifestiert sich noch einmal Brochs Erkenntnisziel der Wirklichkeit – die Liebe zum Mitmenschen, die Wirklichkeit der Liebe.

Schlußbemerkungen

Brochs Emigrationszeit war erfüllt von ungeheurer Arbeitsintensität; Broch berichtet darüber in einem Brief an Ivan Goll vom Dezember 1944 (also noch vor Kriegsende!):
"Aber bei mir sieht es halt so aus, daß ich 17 bis 18 Stunden täglich an der Arbeit bin (– teilweise recht unfruchtbare Arbeit –) und doch mit nichts fertig werde. Es ist eben nicht leicht, ein neues Leben zu beginnen, wenn man an die 60 ist. Und doch: Ich halte es für eine ungeheure Gnade, zu diesem zweiten Leben verdammt zu sein (ganz abgesehen von der Gnade der Rettung vor Hitler); ich bin für jeden Tag dankbar, den ich auf dieser Erde noch verbringen darf, bin umso dankbarer, als unsere Rettung ja noch keineswegs eine definitive ist, und wenn es uns und unserer Arbeit außerdem noch vergönnt ist, irgendeinen Beitrag zur Verhütung einer Wiederkehr dieser steinzeitlichen Verhältnisse, wie Sie sie nennen, beizutragen, so hat es sich immerhin gelohnt."

Brochs äußere Situation zu Beginn der Nachkriegszeit war folgende: Der Verbreitung des Vergils standen Nachkriegshandelsrestriktionen entgegen; seine Massenwahntheorie versuchte Broch abzuschließen in der Hoffnung, dadurch eine Professur zu erreichen. Diese Hoffnung zerschlug sich. Die Breitenwirkung der „Schlafwandler" war unterblieben, da ein Verkauf dieses Romans durch politische Ereignisse bereits vor dem Zweiten Weltkrieg behindert war. Broch stand unter enormer körperlicher, psychischer, aber auch finanzieller Belastung, da er – offenbar aus dem Erkenntnisziel der Liebe heraus, dem er sich verpflichtet fühlte – Pakete an Hungernde in Österreich und Deutschland verschickte und allein zwischen dem 1. und 16. November 1946 123 Briefe verfaßte. Broch dachte auch an eine Rückkehr, wenn schon nicht nach Österreich, so doch immerhin nach Europa. 1951 kam ihm der Tod zuvor. Aber er war sich auch vorher schon unschlüssig. In einem Brief an Volkmar von Zühlsdorff vom 5. Juli 1947 schreibt Broch: *"Und in diesem Zusammenhang: Die Einladungen für mich nach Deutschland häufen sich. Natürlich muß ich erst mit meinem Buch (– Massenwahntheorie –) fertig sein, denn sonst wird es angesichts meines Alters niemals fertig – aber dann? Halten Sie es für erlaubt und angebracht? Sie wissen, daß nach der spanischen Judenaustreibung die Juden über 300 Jahre, gemäß einer von Tradition weitergegebenen allgemeinen Parole, das Land gemieden haben. Und heute sind die Dinge noch weit zugespitzter. Von den neuen antisemitischen Demonstrationen in Wien werden Sie ja wahrscheinlich nichts wissen: Die Leute „beneiden" die Juden, weil sie „gescheit gewesen sind, rechtzeitig weggegangen zu sein" und haben jetzt das Gefühl, daß diese Überschlauen zurückkommen, um ihnen Arbeit und Brot wegzunehmen. Es ist also keine einfache Entscheidung."*

Österreich hat Broch diese Entscheidung auch nicht erleichtert. 1949 wurde Broch für den Literaturpreis der Stadt Wien vorgeschlagen, doch wie er selbst erwähnt, erschien er zu wenig „Österreich-verbunden", was gerade im Hinblick auf die Massenwahntheorie sehr zu bezweifeln ist, sodaß den Preis die Tirolerin Alma Holgersen erhielt. Am 18. Februar 1950 wurde Broch vom Österreichischen Pen-Club für den Nobelpreis vorgeschlagen, allerdings – wie Viktor Suchy erwähnt – erhielt das Nobelpreiskomitee von der Wiener Akademie der Wissenschaften, als es sich über Person und Werk von Hermann Broch informieren wollte, als Antwort eine Postkarte, auf der zu lesen stand, daß ein Dichter Hermann Broch hier unbekannt sei. Den Nobelpreis für Literatur 1950 erhielt übrigens Bertrand Russell. Und Hermann Broch ist hier weiterhin unbekannt.

1938 wurde Hermann Broch eingekerkert. Nach 1945 haben wir Hermann Broch mit den Mauern unseres Wiederaufbaus ausgekerkert! Eingekerkert – ausgekerkert!
So gesehen gewinnt der Vers in seinem Gedicht „Da drunten ist nun nichts mehr groß..." eine verhängnisvolle, ja bestürzende Dimension.

Margarita Pazi

Hermann Broch „Die Schuldlosen"

Wie sehr „Die Schuldlosen" Hermann Broch bereits 1933, fast zwei Jahrzehnte vor ihrer Veröffentlichung als Roman, am Herzen lagen, zeigt sein Brief an Peter Suhrkamp vom 20. Juli 1933, mit dem er ihm „zögernd" die Novelle „Heimkehr" sandte; zu diesem Zeitpunkt sollte diese Erzählung „das Mittelstück eines „Novellenromans" bilden...
„*Es ist dies ein Buch, das mir recht am Herzen liegt, ein Versuch, Ur-Symbole, Archetypen aus dem seelischen und erkenntnismäßigen Erleben herauszuentwickeln, also gewissermaßen Neuland der Dichtung, ...*"

Wie Broch am 29. Juli schreibt, waren von den 13 geplanten Novellen sechs fertig, „und bis zum Spätherbst hoffe ich, die ganze Arbeit beendet zu haben." Diese beiden Briefe verdeutlichen nicht nur die Intensität, mit der Broch an die Fertigstellung des Romans ging, und die lebenslange Überforderung seiner Arbeitskraft, frappieren muß auch, trotz der damals üblichen Verschleierungsmethoden, der Inhalt des Briefes. Zwei Monate zuvor hatten die Scheiterhaufen der Bücherverbrennungen die Ära des deutschen Kulturniederganges beleuchtet; verbrannt worden waren Werke jüdischer und anderer von Broch sehr geschätzter und ihm zum Teil persönlich bekannter Autoren. Daß Ärgeres folgen würde, daß die Zerstörung des Geistes „nur ein Vorspiel (war)", befürchteten viele, daß auch die weiteren Worte Heines „Dort wo man Bücher verbrennt, verbrennt man am Ende auch Menschen!" sich bewahrheiten würden, wagte kaum jemand zu denken. Die Diskontinuität des Daseins nach 1933, die mühsame Suche nach einer Neuorientierung geistlicher Anhaltspunkte, erforderte für die nach 1949 hinzugefügten Romanteile eine völlig veränderte Stellungnahme zu den fast zwei Jahrzehnte vorher erhobenen Fragen nach „Gleichgültigkeit, betriebsamer Trägheit, Schuld."

In seinem Brief an Daisy Brody vom 9. Juni 1949 erklärt Broch die ihm notwendig scheinende Veränderung in seinem Schaffen: „Der alternde Mensch, der alternde Künstler, der keine Zeit mehr vor sich sieht, will aus allem, was er macht, die ganze Erkenntnistotalität gewinnen...", die Reduzierung auf das „absolut Wesentliche" erfordert Abstraktion, und: „Bei meinen neuen Novellen muß ich mich geradezu zähmen, um nicht ins Abstrakte zu geraten." (KW 13/3, 335)

Also weg vom „Geschichtl-Erzählen", wie er Torberg schrieb, und daher auch die Unzufriedenheit mit dem Roman, über die er am 15.5.1950 dem Verleger Willi Weismann klagt:
„... *diese Novellen waren ursprünglich nichts anderes als experimentierte Romananfänge und -bruchstücke, die zwar zur Zeit ihres Entstehens einen gewissen Wert hatten (...), heute aber – nach allem, was in der Welt geschehen ist – kein Gewicht mehr haben...*"

Im Brief an Daniel Brody vom folgenden Tag führt Broch aus, daß der Zyklus durch drei weitere Novellen größeres Gewicht erhalten soll, und den bestehenden soll „*die idiotische Geheimnistuerei, die in ihnen webt, weggenommen werden, nicht aber ihre Traumhaftigkeit, denn auch die neuen Teile werden traumhaft sein. Und das ist möglich, weil ja all diese Erzählungen nichts anderes als Konkretisierung einer einzigen Traumsituation sind, die mich mein ganzes Leben und auch heute noch begleitet...*"

Im Gegensatz hierzu hob Broch am 8.2.1950 im Brief an Weismann in seinen Vorschlägen zur Propagierung des Buches die „scharfe(r) politische(r) Tendenz" hervor und die von ihm, Broch, hierfür gefundene „eigene Form..., die man recht wohl als ‚metaphysische Satire' bezeichnen dürfte." Betont sollte aber auch werden, daß hier ein „vollkommen gemeinverständliches Buch" vorliege. Diese Ansicht hatte Broch bereits im November 1933 in seinen Ausführungen zur „Technik der Darstellung" geäußert: wohl bleibe – anders als in einem Roman – die Darstellungstotalität auf eine bestimmte Erlebnissituation beschränkt, doch müsse „*die Erzählung als solche, trotz aller Anreicherung mit allen Motiven der Symbolbildung im Rahmen des Mittelbaren, also letzten Endes des Sozialen bleibe(n). Um es trivial auszudrücken: auch der literarisch nicht interessierte Leser muß die Erzählung zumindest dem äußeren Geschehen nach lesen und verstehen können, ...*"

Die drei Hauptebenen der Darstellung, die Broch 1933 anvisierte, waren die des äußeren Geschehens als Ebene des Unbewußten, zweitens die psychologische Ebene und drittens die erkenntnistheoretische, die auch die des Autors oder des Kommentars sei, „auf welcher er die dunkle und allgemeine Logik des Erlebnisses in die rationale Logik rationalen Verstehens umsetzt."[1])

In den Erklärungen Brochs zur Darstellungsmethode von 1950 wird diese Skala nicht beibehalten, und in der Reihenfolge der Attribute, die sich der Autor beilegt – „Mathematiker, Philosoph und Dichter" – ist die Veränderung seiner Ausgangsposition angedeutet, und die Aufschlüsselung der Darstellungshilfsmittel in den hinzugefügten Novellen bietet Verständnishinweise für die ihnen nun aufgebürdete Aufgabe der „Schilderung einer ganzen Epoche" an.

Brochs Ausführungen in den Entstehungsberichten und in zahlreichen Briefen fügen sich zu einem Labyrinth von Interpretationsmöglichkeiten; die erfahrungsbedingten Veränderungen der Bezugs- und Deutungsebenen des Autors, die sich manchmal mit dem erzählten Geschehen nicht decken oder sogar in Widerspruch treten, verunsichern den Leser und verzögern die Rezeption. Dabei mag auch ein technisch begründeter Umstand eine Rolle spielen. Broch hatte sich im amerikanischen Exil als jüdischer Autor deklariert und hatte sehr energisch gegen Darstellungen in Nachschlagewerken protestiert, die diese Tatsache verschwiegen, wie er am 12.1.1950 an Waldo Frank schrieb: „... Ich bin übrigens daran, diesen Katholizismus-Rest auszumerzen; das hat noch vor meinem Absterben zu geschehen..."

Brochs Zugehörigkeitsgefühl zum Judentum wird in sehr vielen Briefstellen bestätigt, und unübersehbar ist sein Interesse und seine Kenntnis des jüdischen Kanons, der jüdischen Lehre, mit der er sich seit den 20er Jahren beschäftigt hatte. Wer als jüdischer Autor zu bezeichnen ist, wird von verschiedenen Literaturhistorikern unterschiedlich gesehen, und hier soll keine weitere Interpretation hinzugefügt werden. Aber sicherlich können bestimmte Charakteristiken eines Textes hierfür wichtige Schlüssel geben, und eine dieser Charakteristiken ist eine spezifisch jüdische Anwendungsweise von Allusionen, Begriffen und Worten, denen dadurch eine weitere Bedeutung verliehen wird und sie manchmal sogar zu Metaphern macht. Roland Barthes nannte diese Form einen „kulturellen Kode", und dieser Kode oder diese Gruppensemiotik, wie ich es vereinfachend bezeichnen möchte, läßt sich in Brochs Buch klar verfolgen. Damit wird der oben erwähnten erkenntnistheoretischen Ebene eine weitere Dimension verliehen, das führt aber auch dazu, daß Broch für viele Leser manchmal zum „unverläßlichen Erzähler" wird. Naturgemäß sind die profiliertesten Handlungsgestalten hierfür das beste Beispiel.
So heißt es in den Erklärungen Brochs vom April 1950 (S. 301), daß Zerline, „wenn man überhaupt von einer Hauptperson reden darf", dies sei; diese Stellungsbestimmung steht nicht nur anderen Interpretationshinweisen des Autors entgegen, auch aus erzähltechnischem Grund ist ihr nicht zuzustimmen, da A. und nicht Zerline die Einschaltung und Funktion der anderen Handlungsgestalten bedingt: ohne A. wären weder Zacharias noch Melitta oder der Imker, dem Broch so entscheidende Bedeutung zuweist, mit dem Handlungsgeschehen verbunden, und Hildegard wäre nicht die Möglichkeit gegeben, ihre Bosheit und Bösartigkeit in die Tat umzusetzen, die für die Darstellungstotalität von A.s wie von Zerlines Erlebnisreaktion unerläßlich ist. Aber Zerline ist die einzige wirklich handelnde Gestalt des Romans und wird dadurch, bestimmt von der in Broch nachwirkenden jüdischen Vorstellungs-Gruppensemiotik der Gott-Gesetz-Mensch-Abhängigkeitserfassung und dem daraus resultierenden Postulat der Tat, das durchgehend in der Anprangerung der Passivität in den Novellen wirksam bleibt, zur Hauptperson. Die Bedeutung Zerlines in dem Inhaltsmanuskript vom Oktober 1950 (S. 319) als „treibendes Element" und „Movens" kann als Bestätigung dieser Deutung gelten.

In den Anschuldigungen Zerlines in der „Erzählung der Magd Zerline" wird die „usurpierte Mutterschaft" der Baronin als eine der Haßquellen impliziert, nur um in dem ausdrücklichen Hinweis *„wenn ... ein Mädel in den Dienst geht, muß sie sich solche Gedanken (eigene Kinder haben) aus dem Kopf schlagen; ... ein Kind ist ihr ein Unglücksfall, vor dem sie sich zu fürchten hat..."* (S. 98), negiert zu werden, und ob es sich hier um einen gesellschaftskritischen Einschub handelt, bleibt fraglich, da Zerline mit solcher Liebe und Verehrung von der „Exzellenzfrau", ihrer ersten Herrin, spricht. Doch ein wiederkehrendes und schuldhafte Verstrickungen auslösendes Motiv der jiddischen und natürlich auch der chassidischen Erzählungen, die Broch bekannt waren, ist der mit Neid verbundene Gram der kinderlosen Frau, der hier vielleicht – wieder als Gruppensemiotik der Begriffe – auf Brochs Zerline-Schilderung einwirkt. Diese Interpretationsmöglichkeit findet Unterstützung darin, daß Broch in der Gestaltung Zerlines das Sexual- und Gefühlskonkurrenzmotiv zwischen Herrin und Dienerin aus der in der österreichischen romantisierenden Darstellung üblichen von „gnädiges Fräulein" und „süßes Mädel" löst, aber die sozialen Implikationen nicht verstärkt. Er kann daher in der „komplizierten Einfachheit" (S. 301) der Handlung den nie gestillten Haß Zerlines gegen die Baronin, obwohl sie ihr den Gatten und Geliebten wegnimmt, und die Übertragung des Hasses auf die Tochter Hildegard nicht überzeugend motivieren. In Zerlines Anklage werden die Gedankengänge bloßgelegt, die ihren Versuchen zugrunde liegen, Hildegard zu möglichster Ähnlichkeit mit ihrem offiziellen Vater zu erziehen, um dadurch in anvisierter Unvereinbarkeit von Ererbtem und Anerzogenem ihr Leben zu einem „Sühneweg" für die Schuld ihrer Mutter wie auch für die eigene zu gestalten.

Daß in Zerlines Haßvorstellungen die Schuld der Baronin „ewiglich im Unbüßbaren" (S. 119) bleibt, also weder durch Beichte noch Buße verziehen werden kann, deutet auf einen dem kulturellen Kode des Autors entnommenen Begriff hin: Broch übernimmt eine der schwersten Verurteilungen des jüdischen Gesetzeskodex': es gibt dem jüdischen Gesetz zufolge kein „uneheliches Kind", denn einzig die Mutter ist für die Zugehörigkeit des Kindes zum jüdischen Volk ausschlaggebend. Der Begriff des Bastards, des „Bankerts" – Ausdrücke, die von Zerline angewandt werden – hingegen, der sich nur auf das Kind einer verheirateten Frau, dessen Vater nachweisbar oder zugegeben nicht der Ehemann dieser Frau ist, beziehen kann, beinhaltet eine untilgbare Schuld, nicht nur der Mutter, sondern auch des Kindes.[2]) Auf diese Schulderfassung deutet auch die „Weitergabe der Knechtschaft" (S. 119) hin, und wenn Zerline dem entrüsteten Zwischenruf des A. mit Nachdruck entgegenhält, daß die menschliche Schlechtigkeit und die menschliche Verantwortung „größer" als das reflektierende Ich sind (S. 120), klingt eine gegenläufige Erfassung der chassidischen Anschauung mit, derzufolge die Prüfung des Menschen in seinem über das Ich „Hinauswachsen", seiner Fähigkeit hierzu, liegen kann. Daß dann nicht nur Hildegard die „Bestrafte" ist, und ihre Gefühlsunfähigkeit auch zur Strafe für die in ihr Gefühlserwiderung Suchenden wird, entspricht der Brochschen Verknüpfung von Versucher-Handelnder-Erdulder im „Bergroman", aber auch dem

„Schuldig-sein" aller Handlungsgestalten in diesem und im wesentlichen allen Romanen Brochs, da die dargestellten Personen eines aufrichtigen Liebesgefühls nicht fähig sind. Wenn auch die schuldfreie und liebesbereite Melitta ein Opfer – und ein mit dem Leben zahlendes Opfer – wird, liegt dies in dem Gewebe von schuldloser Schuld des Romans, in der diese „märchenhafte" Gestalt die Funktion einer Kontrastfigur erfüllt.

Bei der Gestalt des A. verstellen und verwirren die Widersprüche zwischen der Personengestaltung in den Novellen und den vom Autor angebotenen Deutungshinweisen fast absichtlich die Rezeptionsperspektive: A. steht in der Vor-Geschichte „Mit leichter Brise segeln" keineswegs „am Anfang seiner Karriere", wie Broch im Oktober 1950 angibt (S. 319); er hat bereits ein beträchtliches Vermögen erworben, und wie aus seinen Gedankenreaktionen auf die Unterhaltung am Nebentisch hervorgeht, ist er sich auch genau der Wirkungsweise des Geldes auf Gefühle bewußt. Darauf weist Broch auch in seinem Brief an den damaligen Lektor des Weismann-Verlages, Rudolf Hartung, am 2.1.1950 hin.

Von besonderer Bedeutung für diese Untersuchung ist es, daß sich in dieser 1933 entstandenen Erzählung die Gruppensemiotik deutlich in der Namenssymbolik verfolgen läßt: die Aufmerksamkeit des „jungen Mannes" wird dreimal von dem Andreaskreuz, das er auf dem Marmorfußboden zu sehen glaubt, gefesselt; das dritte Mal ist sie von der Angstvorstellung des „Hingeschmettert"-Seins auf das Andreaskreuz, „als ob ich daran angeheftet werden soll, angeheftet an meinen Namen", begleitet (Sn. 20, 21, 30), die sich in „Steinerner Gast", 1949, verwirklicht: „... da war er auch schon mit durchgeschossener Schläfe hingeschlagen, ... als sollte er an ein Andreaskreuz geheftet werden." (S. 275)

Die mäanderartige Linie, die in der Novelle von 1933 die Vorstellungen von Name – Gefahr – Namensaufgabe – Namensverlust – Ichverlust – neuer Name verfolgen, weist auf eine Begriffssemiotik hin, der hier aufschlüsselnde Bedeutung zukommt: Einerseits ist es die Wertstellung des Namens im jüdischen religiösen Gebrauchskodex, beim Gottesdienst z.B., andererseits wird eine jüdische, auch im assimilierten Westjudentum nicht vergessene Gepflogenheit evoziert – das „Ausmerzen" des Namens bei gefährlichen Erkrankungen, vor allem bei Kindern, durch eine Namensänderung. Der Todesengel wurde damit irregeführt, denn mit der Aufgabe des Namens wurde auch das bisherige Ich aufgegeben. Man konnte nicht mehr „gerufen" werden, weil der Zusammenhang von Name und Identität nicht mehr bestand.

In den vordergründig wirren und verwirrenden Überlegungen des „jungen Mannes" vermengt sich das Vorstellungsdreieck von Geliebte–Mutter–Heimkehr mit dieser Begriffssemiotik: ein am Nebentisch geäußerter Satz ruft in A. die Überlegung hervor „... hätte ich keinen Namen gehabt, sie (die Mutter) hätte mich nicht rufen können, so

aber muß man ihr folgen..." (S. 24), die auf der folgenden Seite durch die Übertragung in den Indikativ intensiviert wird: „Es gibt nur einen einzigen Schutz, und das ist Namenlosigkeit. Wer keinen Namen mehr hat, der kann nicht gerufen werden, den können sie nicht rufen..." und in der auf das Paar am Nebentisch bezogenene Erwägung über die „Gefährlichkeit der Namen" nochmals in den Vordergrund kommt. Der Gast an der Theke, in dem die Gedankenverbindung von Prozeß–Richter–Strafe und auch von Namen–Geschehen–Schicksal exemplifiziert ist (S. 29), ruft überraschenderweise die Muttererinnerung wach, die ein Aufbegehren gegen die Mutterbindung – die Mutter, die „den Namen gerufen hat" – einschließt, aber auch die Zusammenhänge von namenlos–heimatlos herstellt.
"Heimgehen ... ohne Ich? Ohne Namen? Das gibt's nicht, das hat's noch nie gegeben." (S. 29)

A.s Interpretation des Gesprächs am Nebentisch führt zu seinem Entschluß, „namenlosen Abschied" zu nehmen: „Ich werde die Kette aller Namen an mein Ich hängen. Ich werde mit A beginnen, auf daß ich als erster geprüft werde, geprüft auf Herz und Nieren, geprüft auf Leben und Tod..." (S. 99)
Die anschließende monologische Frage „Hieß ich nicht schon einmal Andreas?", auf die die vordergründig unlogische Konklusion „Jedenfalls fängt Andreas mit einem A an..." und die Bitte „Fortab sollt Ihr mich A nennen" folgt, stellt durch die Textstelle in „Steinerner Gast", an der „der Ur-Ahne, ... (A.) zum dritten Mal beim Namen rufend, als wollte er vätergleich das Kind aus der Namenlosigkeit heben..." (S. 27) A. auf den Tod vorbereitet, eine Zusammenhangskette her, die durch die mittelbar folgende Aufforderung „Bedecke dein Haupt vor dem Ewigen" eine geschlossene jüdische Bedeutung erhält. Hier wird auch der kausale Zusammenhang von Namen und Prüfung aus der Vorgeschichte von 1933 zur metaphysischen Bedeutungsebene erhoben, von der Broch in seinen Darstellungserläuterungen spricht.

Es gibt keine ersichtliche Zweckberechtigung dafür, daß Broch in A.s inneren Monolog betont jüdische Phrasen einfließen läßt: „sich zum Guten (aus)kehren" und „zum Guten ausschlagen" (Sn. 94, 96), und die Überlegungen in „Steinerner Gast", in denen Emigration und damit verbundene finanzielle Schritte erwogen werden, haben nichts spezifisch jüdisches. Auch die Konklusion Thomas Koebners, daß der Prozeß Andreas' auch der Prozeß Brochs sei, weil beide vor dem „Prüfergeist" flohen, und der Vorwurf des Imkers „Du wolltest nicht Vater, du wolltest ausschließlich und für immer Sohn sein..." (S. 258) auf A. wie auf seinen Autor angewandt werden könnte, wird bereits durch biologische Tatsachen widerlegt.[3]) Hingegen dürfte in der „Beichte" A.s die Selbstbezichtigung wegen des „politischen und sozialen Verhalten(s)" wie auch die vorhergehende „das politische Untier Hitler kam vor meinen Augen Schritt für Schritt zur Herrschaft und ich machte Geld" (Sn. 265, 264) Rückschlüsse auf ein latentes Schuldgefühl des Autors gestatten. Broch „machte wohl nicht Geld" in dieser Zeit, aber der Vorwurf, sich nicht früh genug der Gefahr bewußt gewesen zu sein und dagegen gekämpft zu haben, ist im Hintergrund der Erwägungen fast all dieser Autoren jüdischer Herkunft präsent. Im intertextuellen Gefüge des Romans wird im weiteren die in der Gleichgültigkeit inhärente Schuldhaftigkeit, die sich in den „Vier Reden des Studienrats Zacharias" in der abschließenden Überlegung des A. offenbart „Was ging's ihn schließlich auch an? Er brauchte sich darum nicht zu kümmern." (S. 172), in Erinnerung gebracht; die abgelehnte Verantwortung oder selbst die nicht als Verantwortung erfordernd erkannte Situation kommt einer Unterlassungssünde gleich.

Im Aufbau des Zacharias gelang Broch nicht nur eine vollendete Karrikaturgestalt, auch die Absicht, in Zacharias den „Spießergeist" bloßzustellen, wird erreicht. In Zacharias ist die „kleinbürgerliche Selbstgefälligkeit" Rattis intensiviert, und der in der Charakteristik des „Spießbürgers" implizierte „Herd für die Vorstellungen und Ziele der NS-Führer" entspricht der Ansicht, die von einigen Exilautoren geteilt wurde, z.B. von Ernst Weiß in seinem Hitler-Roman „Ich – Der Augenzeuge".

Wichtig für das Verständnis der Gestaltenzeichnung ist die Hervorhebung Paul Michael Lützelers, daß Broch bereits in „Die Schlafwandler", also lange vor dem alle anderen Eindrücke und Einwirkungen überlagernden Erlebnis des Holocaust, in Huguenau die Gleichgültigkeit und Kontaktlosigkeit angeprangert hatte; ein Widerhall sind die „schlafbefangenen Gedanken", die A. sofort nach Zerlines Suade überfallen (S. 121) und auf der psychologischen Ebene der Brochschen Darstellungsintention als Gleichgültigkeit für den Nebenmenschen und das Umweltgeschehen gedeutet werden müssen. Die „betriebsame Tätigkeit" (S. 95) des A. bezieht sich nur auf seine finanziellen Interessen, für sein eigentliches Problem, seine Asozialität, ist sie wirkungslos, wie Broch am 2.1.1950 Rudolf Hartung in einem ausführlichen Brief erklärte, in dem er auch von der „ungemeine(n) Komplexität" der Gestalt spricht, die er für „immerhin gelungen" gehalten hatte, aus Hartungs Äußerungen aber erfahren mußte, daß dies nicht ganz der Fall war. Broch bürdet dieser Gestalt Rückschlüsse und Erkenntnisse auf, ohne die hierfür erforderlichen geistigen und emotionalen Fähigkeiten plausibel zu machen und vermindert dadurch auch die Glaubhaftigkeit des in „Steinerner Gast" fast überbetonten Läuterungswillen des A. In dem oben erwähnten Brief führt Broch A.s zwiespältiges Verhältnis zu Frauen auf seine Mutterbeziehung zurück und leitet davon A.s latenten Wunsch nach Impotenz ab, von dem „der Weg zu dem nach Selbstmord nicht weit ist". Damit wird aber wieder der Freitod des A. als Abschluß seines Läuterungsprozesses in Frage gestellt und durch die weitere Erklärung Brochs in diesem Brief, daß A. nach und nach in Trancezustände gerät und sich „in einem solchen schließlich wirklich (erschießt)" noch weiter entwertet. Der noch hinzugefügte Satz „es gelingt ihm in der Sterbestunde nochmals und definitiv ins Metaphysische vorzustoßen" bleibt eine Hypothese des Autors: „die Entsprechung des inneren und äußeren Erlebens" (S. 295) ist in die „rationale Logik" nicht überzeugend einzubeziehen. Auch die Läuterung des A.

läßt sich nicht widerspruchslos als Sühne akzeptieren: die vorhergehenden Selbstbeschuldigungen A.s, nie wirkliche Arbeit geleistet zu haben, hätten, in Fortsetzung des Broch'schen Pflichtpostulats, das dem Menschen aus seiner Ebenbildhaftigkeit erwächst und auch in „Stimmen 1933" geltend gemacht wird, ein Agieren, Schaffen für die Menschheit, als der Läuterung vorausgehende Sühne erwarten lassen.

1918 hatte Broch „jede Gemeinschaft als eine menschliche Entartung" erfaßt, da „das Wesentliche der Gemeinschaft ... das gemeinsame metaphysische Wahrheitsgefühl in der modernen Masse gar nicht mehr vorhanden (ist)..."[4])

In dem Novellenroman ist diese radikale Anschuldigung auf die fehlende Authentizität der Reflexionen des Einzelnen erweitert. Dadurch wird auch die Überzeugungskraft der monologischen Versuche der Gestalten gelähmt, von ihrer psychologischen Problemkonstante auf die metaphysische Ebene zu gelangen. Daß Broch die Diktion seiner Handlungsgestalten, sobald sie die „naturalistische Ebene" verlassen, „unbedenklich" aus dem Bereich der ihnen sonst möglichen Ausdrucksweise heraushebt (S. 309), ist unerläßlich, fördert aber nicht das Verständnis des „literarisch nicht interessierten Lesers", den Broch auch erreichen will. Zerline als Verkünderin rigoroser Rache- und Gerechtigkeitsbegriffe und A. als Sprachrohr der ethischen und gnostischen, mit sozialen Überlegungen angereicherten Gedanken des Autors wirken fast marionettenhaft; andererseits wird der Imker durch die sehr plastisch geschilderte und fast ins Karrikaturistische übergehende Erdgebundenheit, besonders in dem Gespräch mit Zerline, in der Annahme ihres Angebots einer Mahlzeit, nicht glaubhafter. Die Wunschvorstellung des Autors, in der Konfrontationsszene des Imkers mit A. das Dilemma der Kunst, die ethische Absicht dem ästhetischen Effekt unterordnen zu müssen, durch den Übergang des Ästhetischen ins Ethische zu lösen, wird nur teilweise realisiert. Brochs Streben nach Authentizität, das in der Schuldlast der Pseudo-Gefühle des A. mitklingt, unterliegt in der Gestalt des Imkers den Bemühungen des Autors, seine eigenen Postulate der inhaltlichen Sinnimmanenz dieser nach anderen Begriffsvorstellungen konzipierten Gestalt aufzuoktruieren. Die Annahme, der Imker verdanke manches der Buberschen Darstellung der chassidischen Rabbis, trägt einem entscheidenden Unterschied nicht Rechnung: wo Buber die chassidische Vorstellung des Gott-Erfühlens des einfachen Menschen dem Wissen des Lernenden, in der jüdischen Lehre Versierten, gleichstellt, kommt Broch mit seiner Feststellung, daß „auch allein der Handwerker wahrhaft fähig sei, Gottes Natur aufzunehmen und zu lobpreisen" (S. 87), fast in die Nähe einer Parodie. Broch erhebt den Imker auf die hohe Stufe des „Hören – Erkennen", obwohl sich die Frage stellt, ob der Imker wirklich schuldlos ist, wie Broch in dem Brief vom 15.11.1949 an Daisy Brody sagt, da er seiner freiwillig übernommenen Verantwortung für die als lebensunfähige Märchengestalt konzipierte Melitta nicht gerecht wird.

Broch kam seinem Darstellungsziel in dem die Gestalt des Imkers vorausdeutenden Gedicht von 1946 „Der Urgefährte", in dem er wieder von der erwähnten Assoziations- und Begriffssemiotik Gebrauch macht, wesentlich näher. So erweckt die „offene Tür" die Assoziation mit dem Propheten Elijahu, für den bei der Sedermahlzeit ein Stuhl bereitgestellt und an einer Textstelle der Pessach Haggadah die Tür für seinen erwarteten Eintritt leicht geöffnet wird. Und die Zeilen *„Zwischen ihm und mir gesponnen / ist was keiner mehr versteht, / mir genommen, mir vernommen / ..."* scheinen mir auf den Vorwurf des Entzugs von jüdischer Tradition und jüdischem Wissen hinzuweisen, den nicht nur Kafka in seinem „Brief an den Vater" hatte laut werden lassen. Eine Bestätigung dieser Deutung liegt in der Alliteration *„Hand wird flockenleichte Handlung,/ Wissen stetes Eingeständnis; ..."*, in der die durch Jahrhunderte stets nur mündliche Weitergabe jüdischer Lehre evoziert wird und das „Wissen – Eingeständnis" ebenso wie die Ermahnung „zur strengen Reise" das Nebo-Gedicht vorausdeuten, und auch die scheinbare Inkonsequenz „weckte er mich auf zum Greise", die Dreiecks-Widerspiegelung der Alter–Erkennen–Wissensperspektive in dem Nebo-Gedicht wie in dem Propheten-Gedicht andeutet.

Aus diesem Assoziationsbereich kommt auch die Bedeutung, die in den beiden Imkernovellen dem Gesang unterlegt wird. Der Chassidismus erachtet den Gesang als die reinste und höchste Form des Gebets, und von Rabbi Nachman von Bratzlav, dem Urenkel des Baal Shem, sagte man, er könne durch seinen Gesang, der bis zum Thron Gottes aufsteige, Wunder wirken.[5])

Aus der Einflußsphäre des kulturellen Kodes, eines ethnisch bedingten Verhaltens, kommen wahrscheinlich auch manche Darstellungsschwächen in den zentralen Handlungsträgern; sowohl in der jiddischen wie in der jüdischen Literatur und teilweise im Talmud ist ein stark ausgeprägter Hang zur Personifizierung von Begriffen und Theorien zu bemerken. Im wesentlichen liegt diese Absicht auch dem Roman „Die Schuldlosen" zugrunde, auch hier sind die Personen „soweit nur irgendwie angängig, nicht als Einzelfälle, sondern als Typen gewählt und gezeichnet, so daß ... eine Reduzierung des Psychologischen aufs Schematische sichtbar wird..." (S. 308), doch Broch muß in der Personifizierung-Schematisierung auch die Entwicklung veranschaulichen, und seine Gestalten werden von den manchmal abrupten Übergängen zu einem anderen System gültiger Anhaltspunkte und Wertungen überfordert. Das Erkenntnisstreben des Autors, seine „Ungeduld der Erkenntnis", wie Broch das Vorauseilen vor rationaler Erkenntnis nennt, drängt ihn, „die jeweilige Welttotalität in Gestalt der Darstellung eines Menschenlebens zu erfassen..." (S. 310), denn darin liegt für ihn die „eigentlichste Aufgabe" des Romans. Er war sich auch der Forderung des Verständnis-Übens in diesen Novellen sehr bewußt und schreibt darüber einige Male an seine Freunde. Deshalb maß er den lyrischen Teilen des Buches so große Bedeutung zu: sie sollten nicht nur der geistige Mittelpunkt sein, sie (zeigen) „letztlich den abstrakten Himmel ..., atheistisch, wenn man will, dennoch eine mögliche neue Form der neuen Gläubigkeit...", wie er in dem Brief vom 15.11.1949 an Daisy Brody erläutert, und vor allem ermöglichen sie die Vermittlung einer Zeittotalität, die nur im Gedicht gegeben ist. (Brief vom 29.9.1950 an Hermann Salinger) Aber trotz der deklarierten atheistischen, agnostischen und „einen möglichen neuen Glauben" andeutenden Bedeutungsinhalte werden die Begriffe und Vorstellungen der ethnischen Gruppensemiotik wirksam und führen – vor allem in „Stimmen 1933" zu einer perspektivischen Rückwendung zu der nachwirkenden Gott- und Diesseitserfassung der jüdischen Schriften; auch zu den Spuren einer den jüdischen Denkern und Gelehrten inhärenten und im Talmud exemplifizierten Denk- und Ausdrucksform, deren mathematische Präzision und Knappheit des Schriftlichen in der Erinnerung gespeicherte Wissensquellen voraussetzt. Sehr deutlich wird dies in der „Parabel von der Stimme", der die gleiche verständnisfördernde Funktion zugemessen ist wie den „Stimmen", und in beiden ist es – trotz der langen Überlegungen, ehe die lyrischen Teile „Stimmen" genannt wurden – die Sinnimmanenz des Wortes „Stimme", in der sich die dichterische Motivation und die Rezeptionszielsetzung letztlich treffen.

Der methodologische Versuch, das Geschilderte durch synästhetische Verbindung von akkustischen und optischen Assoziationsvorstellungen anzureichern, läßt sich in den fünf Büchern Moses' verfolgen. Das Gehörte und sein Medium der Übermittlung – die Stimme – steht am Ausgangspunkt der jüdischen Gottesvorstellung, die auf auditiver Erfassung beruht. Die Stimme Gottes, durch die sich sein Geist, sein Gesetz, sein Segen und sein Zorn offenbart, begleitet das jüdische Volk, nachdem sie es zu einem Volk gemacht hatte; die Stimme Gottes, die durch das Verbot des „sich ein Bild machen" von diesem Gott eine ungeheure Bedeutungssteigerung erlangte, schließt den Bund mit dem auserwählten Volk. Die Gott-Mensch-Beziehung der Thora, die manchmal eines Mahners, aber nie eines Vermittlers bedarf und in der Gott seine Wirksamkeit nicht in einem versprochenen Jenseits, sondern im zeitlichen Geschehen, im Menschen hat, ist auf der Stimme Gottes aufgebaut.

Aus diesem Bund, der auch im jüdischen Gesetzeskodex seinen Ausdruck fand, indem er in seine Rechtskategorien auch die Beziehung zwischen Mensch und Gott einschließt und mit juristischen Bezeichnungen belegt, entsprießen die Postulate des Handelns, der Gottesfurcht und Ehrfurcht; mit diesem Bund-Vertrag hat der Mensch die Verpflichtung auf sich genommen, die ihm aus seiner Gott-Ebenbildhaftigkeit erwächst und mit ihr das Bewußtsein, dieser Verpflichtung nicht gewachsen zu sein – soweit auch Broch in „Erkennen und Handeln", S. 204 f. Aus dieser Erfassung entstand die „Parabel von der Stimme": erst wenn der Mensch in seiner Ebenbildhaftigkeit fähig und bereit ist, seine damit übernommene Verpflichtung mit Anspannung all seiner geistigen und emotionellen Kräfte auf sich zu nehmen, hat er seine Bestimmung erreicht und kann die „Doppeleigenschaft der Zeit – Stimme und Schweigen zugleich" (S. 11) im „Schweigen des Herrn" erfühlen, erkennen. Von hier führt die Vorstellungskette zu der „leere(n)

Nicht-Stummheit" Gottes in dem „agnostischen" Prophetengedicht (S. 242), die aus der „Stimme zarten Schweigens", in der sich der Herr offenbart (in dem ersten Buch der Könige 19/12) kommt.[6])

Bei Heranzug der Interpretation Erich Kahlers von Brochs das „Reine Ich" betreffender Vorstellung – das „Reine Ich", zusammengesetzt aus „Denk-Ich", „Fühl-Ich" und „Erkenntnis-Ich", wobei Erkenntnis als die vom Denken erlangte und vom Gefühl bejahte Wahrheit definiert ist –[7]) lösen sich die „barocken" Bildvorstellungen mit ihren christologischen Begriffsverquickungen in „Stimmen 1913" wohl nicht in eindeutige Postulate oder Erfahrungssituationen auf, aber das „Gestrüpp des Richtungslosen" wird durchschaubarer. Um nur ein Beispiel anzuführen: die Zurückweisung des Geistes „da schon Unendliches ihm winkte ... zum Raum des Diesseits...", um in der Wiederholung des „gleichen Spiels" das „ketzerisch verwirkte Wissen" doch nur „zum Rande der Erkenntnis" hinweisen zu lassen.

Auch in „Stimmen 1923" wird bereits in den ersten Zeilen die dichterische Zielsetzung als „um unser aller Versäumnis zu berichten" expliziert; einbezogen werden muß aber auch die Einwirkung der Erfahrungsetappen zwischen 1923 und 1949 – der Entstehung des Gedichts –, die zu dem Schuldig-Schuldlos-Verständnis beitragen und in der „Unerfüllbarkeit ... frommer Wünsche" am Ende des Gedichts auch die Frage nach einer außermenschlichen Schuld nicht ausschließen, eine Frage, die in der Lyrik einiger jüdischer Autoren aus dem ersten Weltkrieg als mittelbare Schuld Gottes erfaßt wurde.[8]) Der letzte Gedichtsatz – *„doch wer für eigenen Vorteil die Menschenschuld ausnützt, dessen Schuld wird geahndet werden: es trifft ihn der Fluch der Verworfenheit"* – deutet auf Zerline wie Zacharias hin, die in dem Prosatext des Romans zu Nutznießern ihrer „Schuld" werden.

Die „Stimmen 1933" sind in ihrer Vielschichtigkeit von einer Bedeutungs- und Deutungskomplexität, der hier nicht Rechnung getragen werden kann. Paul Michael Lützeler hat in der Entstehungschronologie des Romans auf die Einwirkung chassidischen Gedankenguts auf das Prophetengedicht und die „Parabel von der Stimme" bereits hingewiesen (S. 348). Hier sollen nur die weiteren Einwirkungen und einige Vorstellungen und Assoziationen aufgezeigt werden, die aus der Gruppensemiotik kommen und auf die die „Ahnung tieferer Schichten" in den ersten Zeilen hindeuten mag. Die Aufforderung „Entblöße das Haupt und gedenke der Opfer" wirkt auf den jüdischen Leser durch den Widerspruch zu dem jüdischen Gebot des Kopfbedeckens zuerst als Verdrängung der Shoa. Jedoch das auch im weiteren beibehaltene Aufgehen des Individuellen in dem Universellen entspricht den Vorstellungen des Autors von einem „neuen Glauben", es deckt sich aber auch völlig mit der jüdischen Messiasvorstellung, die eine universelle ist: das Leben des Diesseits geht weiter, aber *„zu dieser Zeit wird kein Hunger sein und kein Krieg und kein Neid und kein Haß. Die Güte wird herrschen und die Welt wird von nichts anderem wissen als von Gottkenntnis."*[9])

In „Der Schnitt im Irdischen" wird die Erfassung des Exils als jüdisches Schicksal, wie sie auch der Broch-Freund Friedrich Torberg vertrat, in den Zeilen „... nie ist heimwärts, immer Treffen..." angedeutet und in „Darum suche nicht, doch blicke..." wiederholt. Auch intertextuelle Zusammenhänge in der ursprünglich den „Tierkreis-Novellen" zugedachten Erzählung von 1933 „Der Meeresspiegel" schließen an diese Vorstellung an, z.B. „... fremd, aber kein Heimweh...".

Eine Begriffsvorstellung aus Brochs erkenntnistheoretischen Schriften, das vom „Gefühl-Ich" bejahte Denken, wird in den Zeilen „... *größer als du ist dein Wissen; sporne dein Erkennen an, / nochmals, / daß es dein Wissen erreiche, ehe der Abend sich senkt."* (S. 241 f.) angesprochen, und Broch läßt hier im Gegensatz zu den Mitnagdim, die einzig in dem zu „Wissen" führenden Weg des „Lernens" den Weg zu Gott sehen, in Anlehnung an die chassidische Erfassung, das fühlende Erkennen zur Vorstufe des Wissens–Lernens werden und präzisiert diese Vorstellung durch die Zeitbeschränkung. Das verurteilende Adjektiv in „angemaßtes Wissen" in dem folgenden Prophetengedicht nimmt eine durchgehende Ermahnung der jüdischen Schriften auf und wird in der Wertskala, in der Erkennen ein Pflichtpostulat ist, verdeutlicht – so in dem Befehl „Schütze deine Erkenntnis" – und in der Gleichsetzung von Erkenntnis mit Ebenbildhaftigkeit im folgenden verschärft (S. 242 f.). Der in die Ebenbildhaftigkeit eingesenkte Splitter des göttlichen Wesens ermöglicht die Stufe, das Gebot „auf daß / dein Erkennen zur Ahnung deines Wissens gelange". Die unmittelbar anschließende Aufforderung „*erkenne dein Erkennen-können, frage dein Fragen-können, / ..."* ist nicht bloß eine auf die dem Menschen gesetzten Erkenntnisgrenzen hinweisende Anforderung, sie beinhaltet eine dem kulturellen jüdischen Kode inhärente Vorstellungsverbindung von „Fragen-können", die in den vier Fragenden der Pessach-Haggadah personifiziert ist. Der Vierte, der „fragen kann", im allgemeinen der jüngste Teilnehmer des feierlichen Sedermahls, stellt die Frage nach der historischen Bedeutung des gemeinsamen Mahls.

Broch hat in seinem Brief vom 11.4.1951 an Karl August Horst erläutert, daß die Erzählung „Eine leichte Enttäuschung" das Vakuum, „die leere Zeit als Zentrum eines Geschehenssystems", auch das „moralische Zentrum" ist, *„denn daraus ergibt sich der Agnostizismus des Prophetengedichtes, das seinerseits wieder durch die ‚Parabel' des Eingangs und die ‚Vorüberziehende Wolke' im Sinnzusammenhang gehalten wird..."*

Diese letzte Erzählung, in der Broch eine metaphysische Zeitaktualität in der Lebensleere Hildegards und ihrer flüchtigen Begegnung mit Zacharias als Erlebnis schuldhafter Gleichgültigkeit verdichtet, erweckt im eigentlichen die Vorstellung einer Unmöglichkeit jedes Zusammenhangs mit der Parabel, da die in der Ebenbildhaftigkeit des Menschen gegebenen ethischen und geistigen Wertvorstellungen in der Novelle nicht mehr existent sind. Die folgende Erklärung in Brochs Brief – „*All das wäre jedoch kaum möglich gewesen, wenn ich nicht etwa 1941 (es war 1946, M.P.) dem ‚Imker' begegnet wäre; ich habe ihn damals in einem Gedicht festgehalten. Erst durch ihn – weil er eben ‚Person' ist – konnte der Vorstoß ins Moralische gelingen.*" – gestattet auch den Heranzug des Nebo-Gedichts, und dann erschließt sich der Sinnzusammenhang mit der Parabel aus der Gedankenkette Wissen–Erkennen–Können, die in dem vorhergehenden Prophetengedicht mit „nochmals" und „ehe der Abend sich senkt" symbolhaft das Alter, auch Brochs Alter, anvisiert. Die Wissensreife und die Stadien der geistigen Erfahrungskompetenz sind in den jüdischen Schriften genauso definiert und benannt: die für diese Ausführungen und für Brochs Alter relevanten Altersetappen von 50 Jahren werden dem Begriff „Rat", der Fähigkeit, Rat zu geben, gleichgestellt, 60 Jahre dem des Alters in der Bedeutung von weise und erfahren[10]. Hier schließt sich die in der Parabel gegebene Erklärung Rabbi Levi bar Chemjos – „*... aber wenn wir alt werden und nach rückwärts zu lauschen lernen..., hören wir die Zeit, die wir verlassen haben...*" (S. 11) – nahtlos an die Zeilen des Nebo-Gedichts an, in denen „*... wir (in unserem Alter) beides in einem sehen, wundersam das Geschenk der Gleichzeitigkeit...*" (S. 244)

Auf das im Alter näherkommende „Abschiednehmen", das dem Menschen schwer fällt, folgt die Aufforderung, „den Berg Pisgah zu erklimmen" (S. 244). Die menschliche Vorahnung–Angst vor dem Abschied–Tod beinhaltet die Angst vor dem Abberuf – in der Imkergestalt in „Steinerner Gast" dargestellt – ehe die Pflicht–Verpflichtung der Ebenbildhaftigkeit erfüllt worden ist, zu der in dem Nebo-Gedicht aber das Erkennen-Stadium des Alters befähigt. Verdeutlicht wird diese Erhebung auf die Stufe der „Begnadigten" durch die linguistische Bedeutung von „Pisgah" – die wörtliche Bedeutung ist „Gipfel" und im übertragenen Sinn „Höhepunkt". Dieser Höhepunkt liegt in dem Gedicht in dem Aufschwung von „Ich" zu „Wir", der sich parallel zu dem Aufstieg auf den Berg Nebo darstellt: dieser Höhepunkt, in dem die „Diesseitigkeit" der jüdischen Weltvorstellung mit der Messiasvorstellung zusammentrifft, ist in dem „glückhaft hoffnungsbefrei(en)" – da hier der Begriff der Hoffnung gegenstandslos geworden ist – Warten der „Begnadeten" angezeigt. Die „Begnadeten", das „auserwählteste Geschlecht inmitten der erneuten höchst / mächtigen Wandlung..." (S. 244), evozieren in der Vorstellungssemiotik eines mit den jüdischen Schriften Vertrauten die „Gerechtigkeit aller Völker", die „Anteil haben an der kommenden Welt, d.h. der ewigen Seligkeit", wie es in den Ausführungen vom Kommen des Messias heißt.[11]) Die „Wir"-Philosophie, in „deren Mittelpunkt ... ein ‚irdisch Absolutes' steht" (S. 348), wie Paul Michael Lützeler sagt, scheint dieser Vorstellungssemiotik manches zu verdanken.

Zum Abschluß sei noch auf den vordergründigen Widerspruch in den Zeilen des Prophetengedichts – „Mir jedoch gelte kein Gebet: Ich höre es nicht: sei fromm um Meinetwillen, selbst ohne Zugang zu Mir; ..." (S. 243) – hingewiesen; diese Verwarnung entspricht ganz der in der jüdischen Lehre oft wiederholten Anrufung, nicht in die

351

Erreichung des Ziels, sondern in jeden Schritt des Weges zu dem Ziel den Willen und die Kraft zu setzen; dieses stete Bemühen hat die gleiche Wertstellung wie Erreichung, Vollendung des Angestrebten.

Brochs Meinung, geäußert in seinem Brief vom 23.9.1949 an seinen Verleger Weismann, „daß das Buch in Deutschland ausgesprochen sensationell wirken könnte", erwies sich nicht als richtig. Die Ursachen hierfür sind mannigfaltig, sie liegen auch darin, daß Broch, wie Manfred Durzak feststellte, nicht Hans Erich Nossacks Meisterschaft besaß, „Metaphysisches mit physischen Vokabeln" zu verdeutlichen.[12]) Broch war sich der Schwierigkeit dieser Aufgabe zu sehr bewußt, und wo Nossack wertfrei schildert, strengte er Erklärungen an. Aber sein großartiger Versuch, „das unauflöslich Irrationale" wenigstens anzudeuten, auch wenn er sich dessen bewußt war, daß diese „für jeden anderen unzulängliche Realitätsschichten aufzudecken" nur Kafka gelungen war, liegt in der Linie der oben erwähnten Anrufung wie in der des Faustschen Bemühens; das ethische Wirkungsanliegen, das Broch in dem Brief vom 11.4.1951 formulierte – „*... gelingt es mir also, im Leser eine neue Realitätsahnung zu erwecken, so helfe ich ihm auch, eine neue Moralitätsahnung zu gewinnen, ...*" – konnte realisiert werden, um wieviele Leser es sich aber handelt, ist eine andere Frage. Sie könnte auch nichts über den immanenten Wert des Buches aussagen, das vielleicht eben durch die offen gebliebenen Widersprüche im Sinne der jüdischen Didaktik den Leser auf den vom Autor gewünschten Weg lenkt – die moralische Konsequenz aus der neuen Realitätsaufdeckung zu ziehen.

Anmerkungen

1) Hermann Broch, Die Schuldlosen, Roman in elf Erzählungen, Frankfurt/Main 1981, S. 298 f. Im weiteren werden bei Zitaten aus diesem Buch nur die Seitenzahlen angegeben.
2) Das fünfte Buch Moses 23/3 und viele andere Stellen; zu beachten ist die Bedeutungsverschiebung in den verschiedenen Bibelübersetzungen.
3) Thomas Koebner, Hermann Brochs Leben und Werk, Bern–München 1965, S. 106.
4) Brief von Hermann Broch an Franz Blei, in: Rettung, 20.12.1918, Wien.
5) Mit dieser Rabbigestalt mußte Broch bereits aus den Buberschen Erzählungen vertraut sein; siehe dazu „Die Geschichten des Rabbi Nachman ihm nacherzählt von Martin Buber", Leipzig (ohne Datum).
6) Die „Stimme zarten Schweigens" ist die wörtliche Übersetzung des Urtextes, wobei „zart" für „dünn" steht.
7) Erich Kahler, Die Philosophie von Hermann Broch, Schriftenreihe wissenschaftlicher Abhandlungen des Leo Baeck Instituts, 9–1962, New York, London, Jerusalem.
8) vor allem Ernst Weiss, Das Versöhnungsfest, in: Der Mensch, Brünn 1918.
9) nach „Hilchot Melachim", Jod/Beth, Rambam.
10) Zitiert nach Birkej Awoth, 5, Kav/Gimel, Rabbi Temia.
11) Der Talmud, Tosefta Sanhedrin 13/2.
12) Manfred Durzak, Hermann Brochs Dichtung und Erkenntnis, Stuttgart 1978, S. 198.

Paul Michael Lützeler

Aufklärerische Ethik und romantischer Mythos

Hermann Broch als Gegner des Nationalsozialismus

Der Biograph eines Autors lernt, falls er sie noch nicht besitzt, eine Tugend besonders zu entwickeln: Bescheidenheit. Mit den Informationen über eine Person und ihre Zeit wachsen proportional die Fragen, und was man am Ende der Recherchen in Form einer Lebensbeschreibung vorlegt, ist nicht nur die Gesamtheit der Kenntnisse über die sogenannten Fakten, sondern auch die Summe offener Fragen. Diese Einschränkung vorangestellt, glaube ich doch sagen zu dürfen, daß Broch in seinem Leben wenig so gefreut und geehrt hätte wie die Einladung der Österreichischen Hochschülerschaft zu einer Diskussion bzw. zu einem Vortrag.

Zur Universität Wien hatte Broch ein ausgesprochen zwiespältiges Verhältnis, eine Einstellung, die zwischen Faszination und Abwehr, Liebe und Haß, Anhänglichkeit und Flucht schwankte bzw. wechselte. Schon 1904 geriet dem Achtzehnjährigen der erste Ausflug an die Geisteswissenschaftliche Fakultät der Wiener Universität zur großen „metaphysischen Enttäuschung", da ihm auf seine eminent philosophischen Fragen nach dem Sinn menschlicher Existenz keine Antworten gegeben wurden. 1921, als er mit dem Gedanken spielte, noch einmal das Philosophiestudium an der Universität seiner Heimatstadt zu beginnen, schreckte ihn, den Autodidakten, die Beamtenmentalität der Professoren ab. 1928 frustrierte ihn die philosophische Selbstbeschränkung des Wiener Kreises, dessen kritischer Student er drei Jahre lang gewesen war, derart, daß er Abschied nahm von seinem alten Wunsch, sich als Philosoph einen Namen zu machen und einen Berufswechsel vollzog: er wurde Schriftsteller, Romancier. Und 1938, also in jenem Jahr, dessen wir uns hier erinnern, brachten ihn der Opportunismus und die menschliche Kälte, der er an der Universität Wien begegnete, zur schieren Verzweiflung. Brochs Beziehung zu Academia war die eines unglücklich Liebenden, eines abgewiesenen Verehrers. Er hat öfters unverholen bekannt, daß ihm nichts wichtiger sei als die Anerkennung und das Lob von Wissenschaftlern, sei es von Fachphilosophen oder von Philologen. Zu Lebzeiten wurde es ihm selten genug zuteil. Mit unterschiedlichem Erfolg bemühten sich einige seiner Freunde nach 1945 darum, ihm eine Anstellung an

Hochschulen wie der Yale University, der Universität München oder der Universität Jana zu verschaffen. Hätte es in Wien vergleichbare Bemühungen gegeben, er hätte sich glücklich geschätzt und seine Heimkehrpläne wären gewiß nicht bis 1951 aufgeschoben worden, als er, mitten in den Reisevorbereitungen, einem Herzschlag erlag.

Daß man heute, ein halbes Jahrhundert nach seiner Flucht aus Wien, Hermann Brochs und seines Werkes an dieser Hochschule gedenkt, ist ein gutes Zeichen. Es spricht für die Universität und besonders für ihre Studenten. Dieses Symposion „Geschichte und Verantwortung", das die Österreichische Hochschülerschaft zusammenberufen hat, ist – im internationalen Vergleich – eine der beachtlichsten Leistungen studentischer Selbstverwaltung in den achtziger Jahren. Wenn man sich die Aufsätze Brochs aus den Kriegs- und Nachkriegsjahren zur Rolle der kritisch-unabhängigen Intelligenz und zur Reform der Universität anschaut, wird einem deutlich, daß diese – nicht nur für Österreich – wichtige Tagung ganz im Sinne Brochs wäre.

Der 13. März 1938 war der wohl schicksalsträchtigste Tag im Leben Hermann Brochs. Entscheidungsschwierige persönliche Krisen hatte er schon häufig durchgestanden. Den Beruf eines wohlhabenden Fabrikdirektors gibt man nicht ohne weiteres zugunsten der unsicheren Existenz eines Universitätsstudenten im zweiten Bildungsweg auf, und von dem über Jahrzehnte hin gehegten Wunsch, Philosoph zu werden, nimmt man nicht leichtherzig Abschied, um sein Glück als Romancier zu versuchen. Aber im März 1938 ging es nicht um freie persönliche Entschlüsse, sondern darum, sich eines Mordanschlags zu erwehren, es ging ums bare Überleben. Nach dem Einmarsch der deutschen Wehrmacht in Österreich wurde Broch am Morgen des 13. März 1938 in Altaussee verhaftet. Er rechnete mit Konzentrationslager und Todesurteil.

Würde man sich heute Hermann Brochs erinnern, wenn er wie zahllose andere in die Todesmühle der nationalsozialistischen Lager geraten, wenn ihm nicht die Flucht nach England und dann in die USA gelungen wäre? Für Broch war der 13. März 1938 der End- und Tiefpunkt in einem seit 1933 fortschreitenden Prozeß der Isolierung.
Seit Jahren hatte er in einer Art Vor-Exil gelebt. Die Verhaftung provozierte in ihm die Mobilisierung seines Überlebenswillens, und ihm gelang nicht nur nach drei Wochen die Befreiung aus dem Gefängnis, sondern auch nach etwas mehr als vier Monaten, am 24. Juli 1938, ein Entkommen aus Wien und Hitlers Machtbereich.

Die Daten des 13. März und des 24. Juli 1938 stellen die beiden großen Wendepunkte in Brochs Biographie, nicht jedoch in seinem Werk dar. Wie betäubt erreichte der Autor London, und er konnte es zunächst nicht fassen, daß sein Schicksalslos Freiheit und Leben statt Kerkerhaft und Tod waren. Broch war einundfünfzig Jahre alt, als sein Exil begann, aber die Energien, die das Bewußtsein des Neubeginns in ihm freilegte, machten – bei aller äußerlich demonstrierten Skepsis – aus ihm einen jungen Mann, der das

Gefühl hatte, daß das eigentliche Leben gerade erst begonnen habe. Die Übersiedlung nach New York im Herbst des gleichen Jahres verstärkte den Optimismus und die geradezu unerschöpfliche Schaffenskraft. Dieser über Jahre andauernde Energieschub ist psychologisch durchaus zu erklären. Denn Broch bot sich im Exil die für ihn einmalige Chance, all jene Projekte auszuführen und für sie gar Unterstützung zu gewinnen, die er während des halben Jahrzehnts zwischen 1933 und 1938 im deutschen Sprachraum begonnen hatte, ohne sie publizieren zu können.

Fast alle im amerikanischen Exil entstandenen Arbeiten sind lediglich die Fortführung von Projekten, die Broch unter dem Eindruck der Hitlerdiktatur bereits in Angriff genommen hatte. Das betrifft die Fertigstellung des Vergilromans, die zahlreichen politischen Schriften inklusive der *Massenwahntheorie*, als deren Grundlage der Autor immer die „Völkerbund-Resolution" bezeichnet hat, das ist der Fall bei den meisten der literatur- und kulturkritischen Aufsätze oder Reden zu Themen wie Mythos, Kitsch und politisches Engagement, so war es beim „Roman in elf Erzählungen" *Die Schuldlosen*, den er ähnlich bereits 1935 konzipiert hatte, und das betrifft schließlich sein Alterswerk, die dritte (Fragment gebliebene) Fassung seines Romans *Die Verzauberung* von 1951. Eine Ausnahme bildet die Studie „Hofmannsthal und seine Zeit", zu der es keine Pläne aus der Zeit zwischen 1933 und 1938 gibt. Als Broch Ende der vierziger Jahre nach Einflüssen des Exils auf sein Werk gefragt wurde, konnte er mit Recht behaupten, daß es die eigentlich nicht gebe. So entscheidend das Jahr 1938 in Brochs äußerer Biographie gewesen ist, von so einschneidender Bedeutung war für sein Werk das Jahr 1933. Ohne Hitler, Nationalsozialismus und Krieg hätte Brochs Schriftstellerkarriere einen ganz anderen Verlauf genommen. In den Jahren zwischen 1928 und 1932 war der Autor Broch vor allem daran interessiert, dem Medium des Romans neue Erkenntnismöglichkeiten abzugewinnen, ihn zu einem intellektuellen Instrument auszubilden, das der zeitgenössischen philosophischen Reflexion, von der Broch sich enttäuscht abgewandt hatte, überlegen sein sollte. Die internationale literarische Avantgarde mit Gide, Kafka, Dos Passos und – vor allem – Joyce galt ihm als Lehrmeisterin. In einem Prozeß der Weiterentwicklung ihrer Ansätze war er auf dem besten Wege, sich vom Schüler zum Meister des Modernismus zu entwickeln. Das zeigen auch die 1933 veröffentlichen Novellen des Autors.

Hitlers Anti-Intellektualismus und die nationalsozialistische Unterdrückung und Verfolgung der künstlerischen Avantgarde trieb Broch in eine Krise, die alle seine weiteren ästhetischen und politischen Reflexionen bestimmte. Bei dieser Krise sind drei Stadien zu unterscheiden, in deren Chronologie die Daten Herbst 1934, Herbst 1936 und Frühjahr 1937 eine wichtige Rolle spielen. Im Herbst 1934 entscheidet Broch sich gegen den esoterisch werdenden Roman-Modernismus von James Joyce. Mit dessen *Finnegans Wake* vermochte er immer weniger anzufangen. Ihm kam diese Art von Dichtung, die auf jede Breitenwirkung verzichtete, wie eine Flucht in den Elfenbeinturm vor, wie ein Ausweichen vor der öffentlichen Verantwortung, der sich ein Schriftsteller gerade in Zeiten politischer Barbarei nicht entziehen dürfe. Broch sah im Faschismus eine politische Ersatzreligion, einen Pseudo-Mythos, und er führte den Erfolg Hitlers, der wie ein nationaler Messias gefeiert wurde und sich auch als solcher verstand, auf die Krise der christlichen Religion und ihrer zu Ende gehenden Kultur zurück. Brochs antifaschistische Position der dreißiger Jahre läßt sich so umreißen: Er gehört weder zum Lager der politisch Konservativen, noch zu dem der Sozialisten oder Kommunisten. Er versteht sich als Mitglied der unabhängigen kritischen Intelligenz im Sinne Karl Mannheims und ist, was seine Ethik betrifft, Kantianer und Schüler der Aufklärung. Aber er ist in vielem auch der deutschen Frühromantik verbunden, wie seine Nähe zu Novalis in der Essayfolge „Zerfall der Werte" in den *Schlafwandlern* zeigt und wie seine Vorstellungen vom neuen Mythos belegen, die er in seinen Essays der dreißiger Jahre entwickelt.

Seine Gegenposition zum Nationalsozialismus in juristischer, ethischer und politischer Hinsicht basiert auf dem Erbe der Aufklärung und ist begründet in den im 18. Jahrhundert formulierten Menschenrechten. Wie viele Intellektuelle aus dem jüdischen Bürgertum – Hermann Cohen, der Broch beeinflußt hat, ist nur das prominenteste Beispiel – fand auch Broch seine geistige Heimat im Kantianismus. Keine der vielen Geistesströmungen, mit denen Broch sich auseinandersetzte, hat ihn so stark geprägt, wie der Neukantianismus. Von daher rührte auch in den Jahren 1918/19 seine Sympathie für den Austromarxismus, weil er hier eine Symbiose kritischer Gesellschaftslehre und kantischer Ethik vorfand. Aufgeschlossen zeigte sich Broch vor allem gegenüber einer Soziologie, wie sie von Max Weber begründet war. Aber als Religionsphilosoph genügte ihm das Instrumentarium nicht, das Aufklärungsethik und moderne Sozialwissenschaft ihm in die Hand gaben.

So eindeutig sich von der Ethik Kants und von den Menschenrechten her der Nationalsozialismus kritisieren ließ, so schwierig war dies von Brochs frühromantisch inspiriertem religionsphilosophischen Standpunkt aus, der besagte, daß die bestehende Religion durch eine neue, noch unbekannte abgelöst werden würde. Fest stand für Broch, daß die neue Religion nichts mit dem Nationalsozialismus und dessen Mythos-Aspirationen zu tun hatte. In den dreißiger Jahren bestimmt die Parallelität der einerseits politisch-ethisch (d.h. aufklärerischen), andererseits religiös-mythologisch (d.h. romantisch) ausgerichteten Kritik am Nationalsozialismus das gesamte dichterische und essayistische Werk des Autors. 1935 ist das Jahr, das vor allem im Zeichen der dichterisch-romantischen Kritik steht: es ist die Zeit, in der Broch seinen Roman *Die Verzauberung* schreibt. 1936 greift er mit Argumenten, die in der Tradition aufgeklärter Staatsphilosophie stehen, die faschistischen Diktaturen in seiner „Völkerbund-Resolution" an. Beide Unternehmen sieht Broch noch vor der Emigration als gescheitert an und bricht sie ab. 1937 thematisiert er in den ersten Fassungen des Vergil-Romans das Problem dichterischer Arbeit in Zeiten des Kulturbruchs, der Religionssuche, der Diktatur und des

Massenwahns, wobei – wie bis zu einem gewissen Grad bereits in der *Verzauberung* – die romantischen und die aufklärerischen Tendenzen miteinander verbunden werden.

Zunächst zum romantisch-mythologischen Versuch von 1935: In einem ausführlichen Brief vom Herbst 1934 an seinen Verleger hat Broch das neue ästhetische Programm umrissen, welches der Konzeption seines Romans *Die Verzauberung* zugrundeliegt. Er will erstens ein lesbares, auf Publikumswirkung abzielendes Buch schreiben, das auf die modernistischen Experimente, wie er sie in den *Schlafwandlern* durchgeführt hatte, verzichtet. Zweitens sollen die zeitgeschichtlichen politischen Vorgänge behandelt werden, und drittens geht es – vor allem – darum, die Religions- und Mythossuche zu gestalten. „Neue Religion" und „neuer Mythos" sind Termini, die bei Broch identisch gebraucht werden. Dabei geht es nie um inhaltliche Vorstellungen, sondern um formale Begriffe. Mit Religion und Mythos verbinden sich für Broch formale Vorstellungen von einem kulturellen Einheitsband, von einer gemeinsamen moralischen Basis, einem allgemein akzeptierten ethisch-weltanschaulichen Nenner. Aussagen materieller Art über diesen Religions- und Mythosbegriff finden sich nicht bei Broch.

In den *Schlafwandlern* hatte Broch als Erzähler den Intellektuellen Bertrand Müller eingeführt, der es nicht unterlassen kann, die in philosophischer Fachsprache geschriebene Abhandlung vom „Zerfall der Werte" dem Romanleser zuzumuten. In der *Verzauberung* dagegen überträgt Broch die Rolle des Erzählers einem älteren Landarzt, dessen Erinnerungen unverhältnismäßig leichter zu rezipieren sind. Dieser Erzähler ist die Hauptfigur des Romans. Alle Kenntnisse über Vorgänge und Personen im Buch werden durch ihn vermittelt. Er schildert die Ankunft eines Fremden (Marius Ratti) in einem österreichischen Bergdorf und berichtet über dessen Aktivitäten, Erfolge und Schwierigkeiten beim Werben um die Gunst der Dörfler. Und nur über den Landarzt erfahren wir von der anderen Hauptfigur (Mutter Gisson), der Gegenspielerin des Fremden. In Marius Ratti und Mutter Gisson stehen sich eine Reihe von Kosmologien, Weltanschauungen, Ordnungsvorstellungen, Charakterzügen und Leidenschaften antagonistisch gegenüber: Patriarchat und Matriarchat, Naturunterwerfung und Naturverehrung, Herrschaft und Miteinander, Haß und Liebe, Manipulation und Toleranz, Ideologien und Religion, um nur einige der polaren Bezüge zu nennen. In der Weltanschauung und Lebensauffassung der Mutter Gisson erkennt der Landarzt eine Symbiose von vorchristlicher Naturverehrung (sie ist eine Demeter-Figur) und christlicher Religiosität. Ratti, die Hitler-Figur des Romans, ist der entwurzelte Wanderer, dem antikes Erbe und christliche Natur nichts bedeuten. Wem und was immer er begegnet, es wird in das Kalkül der Macht einbezogen. Dem Fremden geht es von Anfang an darum, die Dörfler auf seine Seite zu ziehen, um die geistige Macht Mutter Gissons zu brechen und die weltliche Herrschaft an sich zu reißen. Mutter Gisson durchschaut die Absicht Rattis und lehnt es ab, ihn, der vorgibt in ihre Lehre gehen zu wollen, in ihr Wissen einzuweihen.

Die Dörfler weiß der Fremde bei ihren Wünschen, Nöten und Interessen, seien sie materieller oder metaphysischer Art, zu packen. Erfolgreich vermag er allen alles zu versprechen und so ihre Gunst zu gewinnen. Besonders anfällig für seine Vagheiten über das zukünftig Neue und ganz Andere sind die Dorfbewohner, die von Zweifeln am Sinn der christlichen Religion geplagt werden. Auf symbolisch-parabelhafte Weise will Broch in seinem Roman Vorgänge analysieren, die er als signifikant für das Zeitgeschehen hält.

Broch wollte mit diesem Buch nicht bloß die zeitweise Verdrängung einer etablierten Religion durch einen politischen Ersatzmythos darstellen. Er möchte sich vielmehr mit diesem Buch selbst an der Suche nach dem neuen Mythos beteiligen. Durch die Beschreibung des Konflikts zwischen Marius Ratti und Mutter Gisson wird im Roman nicht die Vorstellung von einer neuen Religion vermittelt. Am Ende des Buches ist Mutter Gisson gestorben. Daß ihre Zeit und ihre Herrschaft zu Ende sind, hat sie selbst erkannt. Die Regierung im Dorf hat Ratti übernommen. Das Resümee des Erzählers ist deprimierend. Die Inhumanität, die Lüge, der Egoismus, die Manipulation und die Gewalt haben über ihre Weisheit, Toleranz, Liebe und Menschlichkeit den Sieg davon getragen. Besteht der neue Mythos in der Inhumanität? Hat er sich mit Ratti/Hitler etabliert? Das könnte man als das Fazit des Buches deuten, übersähe man die spezifische Funktion des Erzählers. Der erzählende Landarzt erinnert die geschilderten Vorgänge und will sich über sie Klarheit verschaffen. Der Roman hat einen Rahmen, der aus einem Vorwort und einem Nachwort besteht. Im Vorwort kommt der Erzähler auf den Grund zu sprechen, warum er sich an die Niederschrift seiner Erinnerungen über die ihn verstörenden Geschehnisse der jüngsten Zeit gemacht hat. Er ist mit den Vorfällen, die er in den letzten Monaten erlebt hat, nicht fertig geworden, vermag sie noch nicht zu bewerten.

Im Hauptteil des Buches, den vierzehn Kapiteln, hält der Landarzt seine Erinnerungen fest. In ihnen spielt das Verwiesensein auf das eigene Ich als dem letzten menschlichen Bezugspunkt und Urteilsgrund die wichtigste Rolle. Eingebaut in die Erzähler-Erinnerungen ist mit der Barbara-Novelle eine Retrospektive auf ein Jahre zurückliegendes Liebeserlebnis des Arztes mit seiner Kollegin Barbara. Die Tragik der Ärztin Barbara besteht darin, daß sie ihrer innersten Stimme nicht vertraut, und daß sie ideologische Konzepte höher einstuft als persönliche Neigungen. An diesem Konflikt zerbricht sie. Wie in einem Brennspiegel sind in der Barbara-Novelle, die gleichsam die Engführung des Romans darstellt, die Probleme des Buches gebündelt. Der neue Mythos, nach dem die Zeitgenossen fahnden und der das Thema von Brochs Roman ist, besteht nicht aus einer ideologisch oder dogmatisch formulierbaren Botschaft. Er ist nicht mehr in Legenden und Mythen überlieferbar, und aus ihm lassen sich keine als allgemeingültig betrachteten Gesetze, Postulate und Imperative ableiten. Das einzige, was dem Menschen geblieben ist, ist ein Verwiesensein auf das eigene Ich. Erfahrung und Erinnerung, so zeigt der Roman, sind die beiden Hilfen, die dem Ich bei seiner Entscheidungsfindung gegeben sind. Broch nimmt hier bis zu einem gewissen Grad den Existentialismus der vierziger Jahre vorweg, der ohne die Herausforderung durch den Faschismus ebenfalls nicht denkbar ist. Im „Nachwort" des Romans zieht der Erzähler das Fazit seiner erinnerten Erfahrungen: Anfänglich war er so verwirrt wie die Dörfler, ja er verfiel momenthaft wie sie dem durch Ratti inszenierten Massenwahn. Am Ende des Buches hat er seine Position geklärt, und er bekennt sich zu seiner Gegnerschaft zu Ratti. Seine Hoffnung setzt er auf die nächste Generation, die nach Überwindung der Kulturkrise den Rattischen Irrweg nicht betreten wird.

Warum brach der Autor 1936 die Arbeit an diesem damals so aktuellen und wichtigen Buch ab? Die Antwort auf diese Frage hat Broch in vielen Briefen unmißverständlich gegeben: 1936 wurde ihm der literarische Antifaschismus immer suspekter. Ob zu Recht oder zu Unrecht, das sei dahingestellt: Broch sah keinen Sinn mehr darin, gegen den Nationalsozialismus mit einem Roman zu streiten. Das Mittel der Literatur erschien ihm unangemessen beim Kampf mit einem solchen Gegner. Für Broch war der Roman immer in erster Linie Erkenntnisinstrument, nicht politische Propagandaschrift.

In einem Akt des Zorns und der Verzweiflung – die Briefe Brochs geben davon lebhaft Zeugnis – warf er gleichsam seinen Dichterschreibtisch um und suchte nach einem Mittel, um direkter, unmittelbarer und wirkungsvoller etwas gegen die weitere Etablierung und Expansion der faschistischen Herrschaft zu unternehmen. Wie viele seiner antifaschistischen Zeitgenossen hielt er nach einer internationalen Institution oder Organisation Ausschau, die mit rechtlichen und politischen Aktionen gegen die Aggressionsakte der Mittelmächte einschreiten könnte. Zahlreich waren die Versuche, den Völkerbund in Genf zu unterstützen, und ihn als Instrument einer europäischen Politik des Friedens und der Rechtsstaatlichkeit anzurufen. Auch Broch setzte seine Hoffnung auf den Völkerbund und entwarf 1936 eine Resolution, in der die Organisation aufgefordert wird, dem Kriegstreiben, der Rechtsverletzung und dem Emigrationszwang Einhalt zu gebieten. Das umfangreiche Werk ist eigentlich kein politisches Pamphlet, sondern eine staatsphilosophische und rechtstheoretische Arbeit.

Broch versuchte, die wichtigsten europäischen und amerikanischen Friedensorganisationen sowie bekannte westliche Intellektuelle und Politiker als Befürworter bzw. Unterzeichner der Resolution zu gewinnen, was ihm nicht gelang. Broch war kein Politiker; er war ein introvertierter Philosoph und Dichter, und obgleich er keine Mühe scheute, Unterstützung für seine Resolution mittels Reisen und Briefwechsel zu gewinnen, blieb er damit ohne Erfolg. Ohne das gewünschte Ziel zu erreichen, korrespondierte er mit Diplomaten, Persönlichkeiten des öffentlichen Lebens, Nobelpreisträgern, Philosophen und Schriftstellern. Nach einem Jahr vergeblicher Qual und Mühe mußte er einsehen, daß er mit dieser Aktion gescheitert war.

Obgleich er sich eigentlich entschlossen hatte, das Dichten aufzugeben, trieb es ihn nach dem glücklosen Ausflug in die große Politik 1937 wieder zur literarischen Tätigkeit. Seit dem Frühjahr schrieb er am Vergil-Roman. Broch hat dieses Buch später häufig als private Aufzeichnung charakterisiert, und es ist tatsächlich das Protokoll seiner persönlichen Dichtungskrise. Die Problemstellung ist anders als in der *Verzauberung* und doch mit ihr verwandt. Mit der *Verzauberung* war es Broch darum zu tun, sich auf literarische Weise an der Suche nach der neuen Religion, dem neuen Mythos zu beteiligen. Die Zielsetzung des *Vergil* ist gleichzeitig begrenzter und umfassender. Sie ist begrenzter, weil das Buch selbst nicht den Ehrgeiz hat, eine Antwort auf die Frage nach dem neuen Mythos zu geben, und sie ist umfassender, weil hier die Frage nach dem Sinn, den Möglichkeiten und den Grenzen von Dichtung überhaupt gestellt wird. Bei dem Buch handelt es sich um ein meta-literarisches Werk, dessen Gegenstand und Problem die Dichtung selbst ist.

Auch hier sieht der Literaturgeschichtler Nachwirkungen frühromantischer Einflüsse zutage treten. Die Fragen, die aufgeworfen werden, sind allerdings Broch-spezifisch. Dem Autor geht es nicht um die Demonstration der Möglichkeit von Universalpoesie im 20. Jahrhundert, sondern um die Bewältigung seines sehr persönlichen Problems, dem jedoch überpersönliche Bedeutung zukommt: Darf und kann man sich angesichts des Kulturtodes, der Re-Barbarisierung und der Kriegstreiberei überhaupt ausschließlich der Kunst und Literatur widmen? Sind Dichtung und Ästhetik nicht in solchen Zeiten als unethisch und damit als verwerflich einzuschätzen? In zahlreichen Briefen aus jenen Jahren hat Broch der Dichtung kategorisch das Existenzrecht abgesprochen.

Diese Äußerungen summierten sich zu dem, was man Brochs negative Ästhetik zur Zeit des Nationalsozialismus nennen könnte, und diese negative Ästhetik hat im *Tod des Vergil* eine kräftige Spur hinterlassen. So fest Broch auch in der brieflichen Kommunikation jener Jahre behauptete, daß alles Literarische in der gegebenen historischen Situation unzeitgemäß und verwerflich sei (hier wirkten auch Skrupel nach, die die frühe Kierkegaard-Lektüre bei ihm hinterlassen hatte), und daß das einzig Angemessene die politische Aktion bzw. die unmittelbare menschliche Hilfe wäre, so unsicher, gespalten und ambivalent war im Innersten seine Haltung zu dem ihn umtreibenden Problem des politischen Engagements. *Der Tod des Vergil* wurde in den ersten Jahren seiner Entstehung zur Auseinandersetzung des Autors mit dieser ihn bis in die Wurzeln seiner Existenz berührenden Frage nach dem Sinn von Dichtung, einer Frage, die seine Selbstachtung als Autor auf die bisher größte Zerreißprobe stellte. Die Antwort, die Broch im *Tod des Ver gil* findet, scheint auf den ersten Blick wenig konsequent zu sein. Denn von politischem Engagement ist im positiven Sinne hier nicht die Rede. Der Roman schließt in gewisser Weise an die Thematik der *Verzauberung* an. Obgleich nämlich die Suche nach dem neuen Mythos nicht in der Absicht des Vergil-Buches liegt, wird doch im historischen Modell vorgeführt, wie die Ahnung der neuen Religion das Grundproblem des römischen Dichters ist. Brochs Vergil macht es sich gerade zum Vorwurf, daß er seine Begabung nicht ganz in den Dienst dieser Aufgabe gestellt hat, daß er sein Talent an Arbeiten verschwendet, die der eigenen Karriere und dem Ruhm eines vergänglichen und zum Untergang bestimmten Reiches dienten. Die Ankündigung des Heilsbringers in der vierten Ekloge spielt deswegen im Roman eine so große Rolle, weil sie – im Sinne mittelalterlicher Vergil-Exegese – den Dichter als Propheten des neuen christlichen Zeitalters ausweist. Vergil (und dahinter steht Broch selbst) rechnet ab sowohl mit den Eitelkeiten eines verantwortungslosen Ästhetentums, das sich mit der Freude am Spiel schöner Worte begnügt, als auch mit einer Politik, die sich Dichtung nur als Dekoration und Glorifikation der Macht vorstellen kann. Den sterbenskranken, von Reue erfüllten Vergil peinigt der Gedanke, daß er in seiner Laufbahn als angesehenster Dichter Roms zu viele Zugeständnisse einerseits an die Forderungen des Publikums nach Schönheitsgenuß und andererseits an die politischen Erwartungen Cäsars gemacht habe.

Broch läßt Vergil seine eigenen Dichtungsintentionen aussprechen. Schon im Epilog der *Schlafwandler*-Trilogie wurde klar, daß Broch den Roman als Medium der Suche nach der neuen Religion, dem neuen kulturellen Einheitsband benutzen will. In jenem Werk hatte er sich darauf beschränkt, das Thema ex negativo anzugehen, d.h. den Zerfall der alten Kultur in drei Ansätzen literarisch zu analysieren. Mit der *Verzauberung* wagte er das Experiment, sich auf direkte, positive Weise an dieser Suche zu beteiligen. Und im meta-literarischen *Tod des Vergil* schließlich wird die Thematisierung des neuen Mythos zur zentralen Aufgabe der Dichtung erklärt. Diktiert wird diese Aufgabe durch die Zeitumstände, deren Signum der politische Religionsersatz und der Pseudo-Mythos ist. Hier liegt der Zusammenhang von Brochs einerseits metaphysisch orientierter und anderseits zeitkritisch-antifaschistisch ausgerichteter Dichtung. Die unverhüllt zum Ausdruck gebrachte Verachtung des falschen Propheten bzw. des politischen Ersatz-Messias sowie die Abscheu vor Führerkult und Massenwahn haben die Romane *Die Verzauberung* und *Der Tod des Vergil* gemeinsam. Und beide Bücher artikulieren – wie schon die *Schlafwandler*-Trilogie – die Hoffnung auf eine Überwindung der epochalen Kulturkrise und den Beginn eines neuen Zeitalters des Friedens und der Humanität.

Um wie vieles freier konnte sich Brochs Arbeit gegen den Hitlerismus entfalten, als im Herbst 1938 sein amerikanisches Exil begann. Es sind vor allem die aufklärerischer Denktradition verpflichteten menschenrechtlichen und staatstheoretischen Aspekte seiner bisherigen antifaschistischen Arbeiten, die er hier weiterentwickelt. Von Österreich aus war es ihm zwei Jahre zuvor unmöglich gewesen, Gleichgesinnte für eine antifaschistische Aktion zu gewinnen. In den USA gelang ihm dies gleich auf Anhieb. Gemeinsam mit dem italienischen Autor Guiseppe Antonio Borghese sowie einer Zahl bekannter amerikanischer Intellektueller und europäischer Emigranten verfaßte er 1939 das (ein Jahr später in New York erschienene) Buch *The City of Man*, in dem den Hitlerschen Unterwerfungs- und Versklavungsplänen das Konzept einer Weltdemokratie entgegengesetzt wird, die auf der Respektierung der Menschenrechte und einer internationalen Friedenspolitik basieren sollte. Weitsichtig wird hier noch vor Eintritt der Vereinigten Staaten in den Krieg die Niederlage Hitlers und der Sieg der westlichen Demokratien vorausgesagt.

Der Mitarbeit an dieser Schrift war Brochs Studie mit dem provokanten Titel „Zur Diktatur der Humantität innerhalb eine totalen Demokratie" vorausgegangen, in der er Ideen seiner „Völkerbund-Resolution" aufgriff und weiterentwickelte. Mit ihr beginnt Broch während der amerikanischen Emigrationszeit eine ganze Serie von Aufsätzen und Untersuchungen, die Teile seiner umfassenden „Theorie der Demokratie" sind. Ohne die Bedrohung durch den Nationalsozialismus in den Jahren 1933 bis 1938 hätte Broch diese „Theorie der Demokratie" nicht ausgearbeitet. Sie ist eine der wichtigsten antifaschistischen Dokumente des österreichischen Exils, und sie sei hier kurz umrissen. Brochs „Theorie der Demokratie" umgreift juristische, ökonomische, edukatorische und massenpsychologische Teile.

Zunächst zu den juristischen Aspekten: In dem Pamphlet „Zur Diktatur der Humanität innerhalb eine totalen Demokratie" plädierte er dafür, mit Mitteln der Gesetzgebung die Demokratie gegen Angriffe zu schützen. Broch suchte nach einem juristischen Mittel, mit dem das verhindert werden konnte, was er im Deutschland der dreißiger Jahre beobachtet hatte, daß nämlich eine Demokratie von innen her auf formal-demokratische Weise in einen totalitären Staat verwandelt werden konnte. Mit Begriffen wie „Diktatur der Humanität" und „totale Demokratie" wollte der Autor verdeutlichen, daß die Demokratie die Menschenrechte so entschieden verteidigen müsse, wie der Nationalsozialismus sie verachtete. Expressis verbis verstand Broch die juristischen Ausführungen innerhalb seiner Theorie der Demokratie als Antwort auf die Nürnberger Gesetze von 1935. In die Verfassung demokratischer Staaten, so forderte er, sei ein „Gesetz zum Schutz der Menschenwürde" aufzunehmen. Mit ihm könne eine Propaganda verhindert werden, mit der die Nationalsozialisten ihre Wahlen vorbereiteten und gewannen. Mehrfach gab Broch während der vierziger Jahre seiner Befürchtung Ausdruck, daß auch die USA sich in ein faschistisches Land verwandeln könne. Als er 1940 den Film *Gone with the Wind* sah, verfaßte er die ideologiekritische Rezension „'Gone with the Wind' und die Wiedereinführung der Sklaverei in Amerika". *Vom Winde verweht* war einer der Lieblingsfilme Hitlers – was Broch nicht wissen konnte –, und der Autor hatte zu Recht die unterschwellige rassistische Tendenz sowie die Blut- und Bodenideologie des Streifens aufgedeckt.

Wenige Monate vor Kriegsbeginn verschickte Broch seine Ausführungen zum Thema „Gesetz zum Schutz der Menschenwürde" an seine Freunde, und kurze Zeit nach Kriegsende, im Herbst 1945, sandte er ihnen seine „Bemerkungen zur Utopie einer ‚International Bill of Rights and of Responsibilities' ". Der äußere Anlaß war die inzwischen erfolgte Gründung der Vereinten Nationen in San Francisco. Wieder stand der Schutz der Menschenrechte im Mittelpunkt seiner juristischen Überlegungen. 1939 lag ihm die verfassungsmäßige Verankerung eines Strafgesetzes zum Schutz der Humanität am Herzen; jetzt ging das Thema des internationalen Schutzes der Menschenrechte durch die Vereinten Nationen. Hatte Broch früher beanstandet, daß die Menschenrechte nicht unter strafrechtlichem Schutz standen, so störte ihn nun, daß der UNO keinerlei Handhabe zur Verfügung stand, Menschenrechtsverletzungen in den Mitgliedsländern zu ahnden. Die UNO müsse sich nicht nur zu einer „International Bill of Rights" bekennen, sondern auch eine „Bill of Duties" für die ihr angehörigen Staaten verbindlich machen. Kernstück dieser „Bill of Responsibilities" sollte das bereits erwähnte Gesetz zum Schutz der Menschenwürde sein.

Brochs ökonomische Beiträge zur Theorie der Demokratie entstanden während der Mitarbeit am *City of Man*-Projekt. Der Autor übernahm jenen Teil des Buches, in dem es um die wirtschaftspolitischen Vorschläge ging. Er plädierte dafür, daß die „Bill of Rights" durch eine „Bill of Economic Rights" ergänzt werden solle. In Roosevelts New Deal-Programm sah Broch einen evolutionistischen und der Demokratie angemessenen Weg zur Überwindung ökonomischer Krisen. In der Demokratie müsse verhindert werden, was in den totalitären Staaten eingetreten sei, nämlich die Massenversklavung. Den demokratischen Ländern sei es aufgetragen, einen „dritten Weg"' zwischen Links und Rechts, zwischen Kommunismus und Faschismus, zu finden, eine Richtung, deren Ziel die krisenbefreite Wirtschaft sein müsse. Es ist eine Mischung aus Plan- und Marktwirtschaft, die Broch als die der Demokratie adäquate ökonomische Ordnung versteht.

Seine edukatorischen und wissenschaftstheoretischen Teile der Theorie der Demokratie hat der Autor 1944 und 1946 in Aufsätzen zum Thema „Internatonale Universität" verfaßt. Als sich 1944 die Gründung der Vereinten Nationen abzeichnete, arbeitete Broch eine Skizze zur Etablierung einer Akademie aus, die den United Nations angeschlossen werden könnte. (Mehr als ein Vierteljahrhundert später wurde eine vergleichbare Institution dann tatsächlich in Tokio ins Leben gerufen.) Die Internationale Universität (Broch gebraucht für sie auch die Bezeichnung „Akademie für Demokratie") habe zwei Klassen einzurichten: die erfahrungswissenschaftliche für Humanitätstheorie und Demokratie und die philosophische für Methodologie und Wissenschaftsunifikation. In der ersten Klasse müßten all jene Gebiete behandelt werden, auf die wir bereits zu sprechen kamen: Recht, Ökonomie, Internationalismus; in der zweiten gehe es um Wissenschaftstheorie. Mit der letzteren strebte Broch die theoretische Grundlegung interdisziplinärer wissenschaftlicher Arbeit an. Im Hinblick auf den Ausdifferenzierungsprozeß im System Wissenschaft will Broch keinen materialen Zentralwert oder eine Dachwissenschaft (etwa die Philosophie) als neues Synthetisierungsmittel anbieten. Die neue Einheitsstiftung könne vielmehr nur eine methodologische sein, nämlich eine allen

365

Disziplinen gemeinsame Einstellung gegenüber Erkenntnissubjekt und -objekt. Als Charakteristikum der Methode, die allen Wissenschaften gemeinsam sei, stellt er das Sich-selbst-als-Objekt-Sehen heraus.

Die Internationale Universität sollte aber nicht nur eine Akademie, ein Forschungszentrum, sondern auch eine Lehranstalt beherbergen. Wichtigstes Studienfach würde die Theorie vom Frieden sein. Was das Berufsprofil ihrer Absolventen betrifft, so hat Broch die Tätigkeiten in Öffentlichkeit, Diplomatie und Politik im Auge. Im Interesse des Kosmopolitismus und der Internationalität liege es, Studenten- und Professorenaustausch zu organisieren.

Der einzige Aspekt von Brochs Theorie der Demokratie, der während der Emigrationszeit umfassend ausgearbeitet wurde, ist der massenpsychologische. Broch schrieb während der vierziger Jahre das umfassende Buch *Massenwahntheorie*, das schon vom Titel her die antifaschistische Stoßrichtung verdeutlicht. Von den seinerzeit diskutierten Massenpsychologien Gustave Le Bons, Jose Ortega y Gassets, Sigmund Freuds und Wilhelm Reichs unterscheidet sich Brochs *Massenwahntheorie* dadurch, daß er die „Bekehrung" der faschisierten Massen zur Demokratie ins Zentrum des Buches rückt. Das Werk besteht aus drei Teilen: einem methodologischen Teil, in dem es um die Analyse des sogenannten „Dämmerzustandes" der Massen geht; einem geschichtstheoretischen Teil, in dem psychische Zyklen, wiederkehrende Wahnbewegungen in der Geschichte beschrieben werden, und schließlich einem politologischen Teil, in dem die politische Willensbildung in der Massengesellschaft thematisiert wird.

Brochs Theorie der Demokratie, wie er sie im amerikanischen Exil erarbeitete, geht es also zum einen – im Hinblick auf die USA – um den Schutz der Demokratie vor dem Faschismus und andererseits – im Hinblick auf Europa – um die Demokratisierung der faschisierten Staaten nach dem Kriege. Das Schicksal des Autors Broch war, daß er nie unmittelbar und direkt mit seinen Arbeiten gewirkt hat. Aber durch Initiativen wie jene der *City of Man,* seine Mitarbeit in einem Menschenrechtskomitee der UNO, sowie durch seine pamphletistischen Aktivitäten und brieflichen Kontakte in der Nachkriegszeit, in der seine Sorge der Demokratisierung Deutschlands und Österreichs galt, hat er doch einen, wenn auch schwer meßbaren Beitrag zur Bekämpfung des Nationalsozialismus und seiner Folgen geleistet.

Die romantisch-dichterische Komponente seiner Faschismusgegnerschaft trat im amerikanischen Exil zugunsten der aufklärerisch-rationalen Kritik zurück. Sieht man von der Weiterarbeit an der *Verzauberung* und dem Vergil-Roman während der Emigration ab, setzt Broch die romantisch-mythische Kritik in zwei literarischen Arbeiten der vierziger Jahre fort. Der einzige literarische Text Brochs, in dem es ausschließlich und unmittelbar um die Person Hitlers geht, ist die im Sommer 1944 entstandene fiktive

Radio-Ansprache „Letzter Ausbruch eines Größenwahnes. Hitlers Abschiedsrede", die noch im gleichen Jahr auf Englisch veröffentlicht wurde. Broch läßt es sich nicht nehmen, Hitler zehn Monate vor seinem tatsächlichen Ende in den Orkus zu befördern. Wahrscheinlich hat die Schrift des Romantikers Joseph Görres „Napoleons Proklamation an die Völker Europas vor seinem Abzug auf die Insel Elba" von 1814 Pate gestanden. Wie dort Napoleon gibt sich hier Hitler als Anti-Christ zu erkennen. Die Rede gipfelt in einem Irrenhaus-Stakkato des Diktators, in dem der Haß als entscheidende menschliche Triebfeder gefeiert wird.

Sehr viel subtiler ist der Zusammenhang von Faschismuskritik und der Suche nach der neuen Religion in Brochs Spätwerk, dem „Roman in elf Erzählungen" *Die Schuldlosen*, gestaltet. Wie aus mehreren Selbstdeutungen des Buches durch den Autor hervorgeht, war es ihm darum zu tun, die Konditionierung und Anfälligkeit der Deutschen für den Faschismus in den beiden Jahrzehnten vor Hitlers Machtübernahme zu schildern. Mit der Darstellung von Einzelschicksalen wollte er verdeutlichen, wie Gleichgültigkeit im persönlichen zu Deformierungen im politischen Bereich führt.

Was das Thema „neue Religion" betrifft, hat Broch hier direkt ausgesprochen, was er in der *Verzauberung* verklausuliert zur Sprache gebracht hatte, nämlich die metapyhsische Verwiesenheit des Menschen auf das Selbst, auf das „innerste Innen" des Ich. Der romantische neue Mythos entpuppt sich bei Broch als aufklärerische Utopie, als die Idee von der Selbstverantwortung des autonomen Ichs. In einer Reversion romantischer Tendenzen wird nicht dem Irdischen Unendlichkeit zugesprochen, sondern das Absolute ins Irdische geholt. Während des Exils erarbeitet sich Broch als Ethiker eine Theorie des „Irdisch-Absoluten". Die neuen ethischen Verbindlichkeiten, so meinte der Autor, könne man in einer Demokratie, deren Kennzeichen die Garantie des Wertepluralismus sei, nicht mehr positiv ausdrücken. Die Erfahrungen mit dem Hitlerismus aber hätten gezeigt, daß es nichtsdestoweniger notwendig sei, moralische Normen zu definieren. Diese könnten aber nur negativ beschrieben werden.
Das Verbot der Versklavung ist innerhalb von Brochs Theorie des „Irdisch-Absoluten" die negative Minimal- und Grundforderung schlechthin, die in allen noch so unterschiedlichen Wertsystemen zu akzeptieren sei. Und aus dieser Forderung leite sich auf selbstverständliche Weise das Verbot bzw. die Abschaffung der Konzentrationslager ab.

Die theoretischen und literarischen Anstrengungen Brochs zur Bekämpfung des Nationalsozialismus bzw. zur Verhinderung künftiger faschistischer Bewegungen verdienen wegen ihrer Tiefgründigkeit, Weitsicht und Subtilität eine stärkere Beachtung – auch in seinem Herkunftsland Österreich. Wohl kaum ein anderes denkerisch-dichterisches Werk als das Hermann Brochs stand in der ersten Hälfte unseres Jahrhunderts so stark im Zeichen von Ethik und Politik, von Geschichte und Verantwortung.

Anmerkungen

Die hier genannten Arbeiten finden sich sämtlich in: *Hermann Broch. Kommentierte Werkausgabe*, 13 Bde., hrsg. v. Paul Michael Lützeler (Frankfurt a.M.: Suhrkamp, 1974-1981).
Verwiesen sei auch auf: Paul Michael Lützeler, *Hermann Broch. Eine Biographie* (Frankfurt a.M.: Suhrkamp, 1985; Taschenbuchausgabe 1988).

Grafik:
Wolfgang Pavlik
La Fin du Voyage

DER KRIEG IN OST-MITTELEUROPA

Völker unter nationalsozialistischer Hegemonie

Arnold Suppan

Die Zerstörung Ost-Mitteleuropas

Zur Expansionspolitik Hitler-Deutschlands 1933–1939

Hitlers Außenpolitik zielte von 1933 an auf die „Eroberung neuen Lebensraums im Osten und dessen rücksichtslose Germanisierung". Diese bereits am 3. Februar 1933 vor den Befehlshabern des Heeres und der Marine geäußerte Willenserklärung war gedanklich und argumentativ auf „Mein Kampf" und dem sogenannten „Zweiten Buch" aus dem Jahre 1928 aufgebaut und zeigte auch gleich Hitlers Streben nach einer kriegerischen Risikopolitik. Wie er sich das im einzelnen vorstellte, erläuterte er dann seinen Oberbefehlshabern am 5. November 1937:
„Zur Verbesserung unserer militär-politischen Lage müsse in jedem Fall einer kriegerischen Verwicklung unser 1. Ziel sein, die Tschechei und gleichzeitig Österreich niederzuwerfen, um die Flankenbedrohung eines etwaigen Vorgehens nach Westen auszuschalten... Wenn auch die Besiedelung insbesondere der Tschechei keine dünne sei, so könne die Einverleibung der Tschechei und Österreichs den Gewinn von Nahrungsmitteln für 5–6 Millionen Menschen bedeuten unter Zugrundelegung, daß eine zwangsweise Emigration aus der Tschechei von zwei, aus Österreich von einer Million Menschen zur Durchführung gelange..."[1])

Allein schon diese Argumente für eine Aggression gegen Österreich und die Tschechoslowakei verraten ebensoviel hemmungslosen Zynismus wie blanke Ignoranz, denn sowohl Böhmen und Mähren als auch Österreich waren noch 1938 ernährungswirtschaftlich Zuschußgebiete. Im übrigen dürfte Hitler für die Deportation aus Böhmen und Mähren in erster Linie Tschechen und Juden vorgesehen haben, während aus Österreich offensichtlich auch Deutsch-Österreicher deportiert werden sollten, denn die Minderheiten in Österreich zählten vor dem „Anschluß" etwa 400.000 Personen – 200.000 Juden, 80.000 Tschechen und Slowaken, je 50.000 Slowenen und Kroaten, je 10.000 Magyaren und Zigeuner.

Der vorliegende Beitrag soll eine Einleitung zu den Abhandlungen über das schwere Schicksal der Tschechen, Polen, Magyaren und Südslawen im Zweiten Weltkrieg

373

darstellen. Hierbei steht die Revisions- und Expansionspolitik Hitlers im Mittelpunkt der Betrachtungen, wobei allerdings auch nicht zu übersehen ist, daß viele „Ingredienzien" des eklektischen „Programmgebräus" Hitlers – wie z.B. wirtschaftliches Großraum- und Lebensraumdenken, völkisches Denken und rasse-biologischer Antisemitismus, Sozialdarwinismus und „natürliche Auslese" durch Kampf, der „naturgegebene" Führungsanspruch der germanischen Rasse, germanisches Überlegenheitsgefühl gegenüber den „slawischen Untermenschen", Annexionismus und Expansionismus nach Osten – bereits im politischen Denken und in der politischen Praxis Deutschlands (und nicht nur Deutschlands) seit der zweiten Hälfte des 19. Jahrhunderts nachzuweisen sind und von wesentlichen Teilen der ehemals wilhelminischen Eliten mitgetragen wurden. Die eigentlich nationalsozialistische Außenpolitik verband dann programmatisch „Raum" und „Rasse", Antibolschewismus, Antisemitismus und rückwärtsgewandte Agrarutopie. Da es auch Hitler klar war, daß die geplante „Ostkolonisation" in dicht besiedelten Gebieten überall auf erbitterten Widerstand stoßen würde, war der Krieg mit zwingender Logik die „Orientierungsmarke seiner Außenpolitik".[2])

Nur wenige deutsche und wenige europäische Politiker, Diplomaten und Publizisten erkannten die Gefährlichkeit der Ernennung Adolf Hitlers zum Reichskanzler am 30. Jänner 1933, obwohl die „Sunday Times" zugab: „Niemand weiß, was Hitler bedeutet." Am eindringlichsten hatte ein früherer Putschgefährte Hitlers, General Erich L u d e n d o r f f , besser bekannt als Generalquartiermeister der Deutschen Obersten Heeresleitung, seinen ehemaligen Chef, Generalfeldmarschall Hindenburg, den nunmehrigen Reichspräsidenten, gewarnt:
„Sie haben durch die Ernennung H i t l e r s zum Reichskanzler unser Heiliges Deutsches Vaterland einem der größten Demagogen aller Zeiten ausgeliefert. Ich prophezeie Ihnen feierlich, daß dieser unselige Mann unser Reich in den Abgrund stürzen und unsere Nation in unfaßbares Elend bringen wird."[3])

Wohl warnte auch der aus Berlin scheidende britische Botschafter, Sir Horace Rumbold, vor dem NS-Antisemitismus und Terrorismus, und sein französischer Kollege François-Poncet nannte die Regierung Hitler ein Abenteuer für Deutschland und Europa. Aber Foreign Office und Quai d'Orsay glaubten zwischen Propaganda und Realpolitik unterscheiden zu können. François-Poncet konstatierte dagegen schon ein halbes Jahr später, daß der Nationalsozialismus eine Wegstrecke, für die der italienische Faschismus fünf Jahre benötigte, in fünf Monaten zurückgelegt hatte.[4])

Auch die Staatskanzleien in Warschau, Prag, Budapest und Belgrad verfolgten natürlich mit großer Aufmerksamkeit die „Machtergreifung" Hitlers und die Errichtung einer totalitären nationalsozialistischen Diktatur. Sie registrierten und kommentierten den Reichstagsbrand und das „Ermächtigungsgesetz", den Festakt in der Potsdamer Garnisonkirche und die „Verbrennung undeutschen Schrifttums", Boykottmaßnahmen gegen die Juden und die „Nürnberger Gesetze", besonders auch den „Neuen Plan" des Reichsbankpräsidenten und Reichswirtschaftsministers Hjalmar Schacht mit einer am 24. September 1934 in Kraft getretenen „Verordnung über den Warenverkehr", die eine Bilateralisierung des Außenhandels, quantitative Importbeschränkungen und Einfuhrplanung nach einer nationalwirtschaftlichen Dringlichkeitsskala und die Förderung der Ausfuhr auf der Grundlage von Austausch- und Kompensationsgeschäften vorsah. Gerade dieser Clearing-Verkehr führte ab 1935 in zunehmendem Maße zu außenwirtschaftlichen Abhängigkeiten der meisten ost-mittel- und südosteuropäischen Staaten vom Deutschen Reich, das deren wichtigster Handelspartner wurde. Weniger beachtet wurde freilich, daß mit der Verkündung des „Vierjahresplanes" im August 1936 Außenhandel und Industrie verstärkt in den Dienst der Kriegsvorbereitung gestellt wurden, denn Hitler hatte die klare Forderung erhoben, „den Krieg im Frieden vorzubereiten".[5]

Das Hauptinteresse der ost-mitteleuropäischen Diplomaten galt selbstverständlich der nationalsozialistischen Außenpolitik, weil die NSDAP als Speerspitze des deutschen Revisionismus angesehen wurde. Das in „Mein Kampf" und im unveröffentlichten „Zweiten Buch" entworfene außen- und rassenpolitische Programm war allerdings wenig bekannt und noch weniger ernst genommen, die Zielrichtungen Antisemitismus und Antibolschewismus dürften viele ost-mitteleuropäische Außenpolitiker auch gar nicht besonders gestört haben; gefährlicher war für sie freilich die Forderung nach „Eroberung neuen Lebensraumes im Osten", die ja nicht nur gegen die Sowjetunion gerichtet sein konnte. Auch die Gewinnung der Vorherrschaft in Mittel- und Ost-Mitteleuropa, die Unterwerfung Europas unter eine globale „Pax Germanica", eines die Welt „in den Dienst einer höheren Kultur nehmenden Herrenvolkes", konnten die Staaten zwischen Ostsee, Adria und Schwarzem Meer durchaus auf sich beziehen. Insgesamt aber orientierten sich die ost-mitteleuropäischen Außenministerien mehr an den öffentlichen Auftritten Hitlers und seiner unmittelbaren Außenpolitik. Lediglich in Moskau herrschte besondere Beunruhigung.[6]

Die Berufung des Freiherrn von N e u r a t h an die Spitze des Auswärtigen Amtes in der Regierung der „nationalen Konzentration" am 30. Jänner 1933 vermittelte der internationalen Öffentlichkeit noch den Eindruck einer Kontinuität in der deutschen Außenpolitik im Sinne einer friedlichen Revision Versailler Bestimmungen, von denen bereits zwei – die Reparationen und die Benachteiligung im Rüstungsbereich – aufgehoben worden waren. Daß Hitler vor den ranghöchsten Offizieren der Reichswehr am 3. Februar 1933 bereits von der „Eroberung neuen Lebensraumes im Osten" und dessen „rücksichtsloser Germanisierung" als Ziele der Außenpolitik des Dritten Reiches sprach, drang freilich nicht nach außen. Hingegen unterstützte Hitler in einer Reichstagsrede am 23. März 1933 den Vorschlag M u s s o l i n i s auf Abschluß eines Viererpaktes zwischen Großbritannien, Frankreich, Italien und Deutschland und hielt – nach

Verlängerung des Berliner Vertrages mit der Sowjetunion von 1926 – am 17. Mai 1933 eine große „Friedensrede". In dieses Bild paßte es freilich nicht, daß Deutschland am 14. Oktober 1933 die Abrüstungskonferenz verließ und mit der Forderung nach „wirklicher Gleichberechtigung" aus dem Völkerbund austrat, um sich der Fesseln gegen eine geplante Aufrüstung zu entledigen. Andererseits sah Hitler im Jahre 1933 noch durchaus die Gefahr, daß Frankreich in der Zeit der deutschen Aufrüstung mit seinen ost-mitteleuropäischen Bündnispartnern (Hitler: „Ost-Trabanten") – Polen, die Tschechoslowakei, Rumänien und Jugoslawien – über Deutschland herfallen könnte, woran freilich das von wirtschaftlichen und innenpolitischen Krisen geschüttelte Frankreich auf polnische Anfrage hin nicht interessiert war.[7])

Die erste sensationelle Abkehr von der Ostpolitik der Weimarer Republik vollzog Hitler mit dem Abschluß eines Nichtangriffspaktes mit Polen auf zehn Jahre, womit sich Deutschland aus der bisherigen Umklammerung der französischen Bündnisse zu lösen begann und der Selbstisolierung nach dem Rückzug aus Genf entging. Große propagandistische Wirkung – nicht zuletzt auf die deutschen Minderheiten in Ost-Mitteleuropa – zeitigte Anfang 1935 auch die Volksabstimmung im Saarland für die Rückkehr ins Reich, ein Erfolg, der den Rückschlag des Nationalsozialismus nach dem gescheiterten NS-Putsch in Österreich am 25. Juli wieder wettmachte, gegen den die drei Westmächte gemeinsame Erklärungen abgegeben hatten.[8])

Unangenehmer als ein offensichtlich deutschnationales Revisionsprogramm war den ost-mitteleuropäischen Staaten – mit Ausnahme Ungarns – die Wiedereinführung der allgemeinen Wehrpflicht in Deutschland am 16. März 1935, da nun die militärischen Bestimmungen des Versailler Vertrages aufgehoben waren. Großbritannien wurde mit einem bilateralen Flottenabkommen, nach dem das Deutsche Reich nur bis zu 35% des Bestandes der britischen Seestreitkräfte (bei U-Booten bis zu 45%) aufrüsten dürfe, beruhigt; damit war auch die „Stresafront" der Westmächte vom April 1935 wieder durchbrochen. Und der Krieg Italiens gegen Äthiopien von Oktober 1935 bis Mai 1936 sowie der Spanische Bürgerkrieg sollten die Weltöffentlichkeit von der Expansionspolitik Hitlers ebenso ablenken, wie der bereits 1931 von den Japanern gegen China vom Zaun gebrochene Konflikt um die Mandschurei und der Angriff Japans auf China im Juli 1937.[9])

Daher gab es auch kaum nennenswerten internationalen Widerstand, als Hitler am 7. März 1936 – unter Hinweis auf den französisch-sowjetischen Beistandspakt vom 2. Mai 1935 – die Wehrmacht in die entmilitarisierte Zone des Rheinlandes einmarschieren ließ, schon gar nicht, als Berlin und Wien am 11. Juli 1936 ein Abkommen über die Wiederherstellung freundschaftlicher Beziehungen unterzeichneten. Denn Mussolini – der während seines Äthiopien-Abenteuers zunehmend auf deutsche Kohle- und Materiallieferungen angewiesen war, um die Völkerbundsanktionen auszugleichen –

hatte schon am 6. Jänner 1936 dem deutschen Botschafter von H a s s e l erklärt, Italien habe nichts dagegen einzuwenden, daß Österreich ein „Satellit" des Reiches werde. Die ost-mitteleuropäischen Außenpolitiker konnten aber nicht übersehen, daß sich die österreichische Regierung im öffentlichen Teil des „Juli-Abkommens" dazu verpflichtete, in ihrer Politik der Tatsache Rechnung zu tragen, „daß Österreich sich als deutscher Staat bekennt". Was sie nicht wissen konnten, war das österreichische Versprechen im vertraulichen Teil der Abmachungen, die Außenpolitik „unter Bedachtnahme auf die friedlichen Bestrebungen der Außenpolitik der deutschen Reichsregierung zu führen." Das implizierte bereits eine weitgehende Anpassung Wiens an Berlin.[10])

Als sich Großbritannien trotz einer breit angelegten NS-Propaganda-Kampagne gegen den Weltkommunismus, gegen die Volksfrontpolitik und gegen die UdSSR im August und September 1936 nicht für ein Einvernehmen mit Deutschland gewinnen ließ, wählte Hitler mit der von Mussolini in seiner Mailänder Rede vom 1. November 1936 proklamierten „Achse Berlin–Rom" und mit dem am 25. November 1936 abgeschlossenen „Antikomintern-Pakt" eher Aushilfslösungen, denn er hatte R i b b e n t r o p im August 1936 als Botschafter nach London geschickt, um ihm endlich das englische Bündnis zu bringen und um Verständnis für Deutschlands Ostpolitik zu werben. Gleichzeitig aber formulierte Hitler in seiner Denkschrift zum „Vierjahresplan": „Die deutsche Armee muß in vier Jahren einsatzfähig sein. Die deutsche Wirtschaft muß in vier Jahren kriegsfähig sein."[11])

Die außenpolitischen Entwicklungen des Jahres 1936 hatten die Schwäche Frankreichs als Garantiemacht des „Cordon sanitaire" in Ost-Mitteleuropa zu Tage treten lassen und hatten den Beginn einer „Appeasement-policy" Großbritanniens enthüllt. Ab Juli 1937 lenkte der chinesisch-japanische Kriegsschauplatz die britische Aufmerksamkeit noch stärker nach Ostasien, ebenso die amerikanische. Immerhin hatte Präsident R o o s e v e l t in seiner „Quarantäne-Rede" in Chicago am 5. Oktober 1937 eine Warnung an die revisionistischen Staaten der Welt ausgesprochen, den Zusammenschluß aller friedlichen Nationen gefordert und mit dem Ausschluß der Rechtsbrecher aus der Völkerfamilie gedroht. Aber Lord H a l i f a x kam am 19. November 1937 als Emissär der Regierung C h a m b e r l a i n auf den Berghof bei Berchtesgaden und stellte Hitler territoriale Veränderungsmöglichkeiten in Ost-Mitteleuropa – Regelung der österreichischen, tschechischen und Danziger Frage im deutschen Sinne – in Aussicht, wenn sich das Deutsche Reich dafür in eine dauerhafte europäische Friedensordnung einbinde. Hitler jedoch verlangte „Alles oder Nichts": das Bündnis mit Großbritannien und „freie Hand" im Osten. Zu einer stillschweigenden Tolerierung der Ostpolitik Hitlers aber war Chamberlain nicht bereit.[12])

Hitler hatte dagegen in einer geheimen Ansprache vor dem Reichsaußenminister und dem Reichskriegsminister sowie den Oberbefehlshabern des Heeres, der Kriegsmarine und der Luftwaffe am 5. November 1937 – vgl. die „Niederschrift" des Obersten Hoßbach – bereits seine Expansionsziele für den Sommer 1938 genannt: „blitzartige Zerschlagung Österreichs und der Tschechoslowakei". Mit der Entlassung Schachts als Reichswirtschaftsminister Ende November 1937, der Ablöse des Reichskriegsministers B l o m b e r g und des Oberbefehlshabers des Heeres F r i t s c h Ende Jänner 1938 und der Ersetzung Neuraths durch Ribbentrop als Reichsaußenminister am 4. Februar 1938 wurden auch die internen Voraussetzungen für eine Politik gewaltsamer territorialer Veränderungen in Ost-Mitteleuropa geschaffen.[13])

Noch Ende Dezember 1937 meinte Hitler, in der österreichischen Frage keine „Brachiallösung" herbeiführen zu wollen, während sein außenpolitischer und propagandistischer Apparat bereits intensiv an einer Isolierung Österreichs arbeitete. Nach Aufdeckung eines NS-Umsturzplanes in Österreich im Jänner 1938 aber vermittelte der deutsche Botschafter in Wien, Franz von P a p e n, ein Treffen zwischen Hitler und S c h u s c h n i g g auf dem Berghof, das für den österreichischen Bundeskanzler mit Erniedrigungen und für die international bereits isolierte österreichische Republik mit einer einseitigen Vereinbarung endete. Nun waren die österreichischen Nationalsozialisten an der Regierung zu beteiligen, ihnen das Innenministerium zu übergeben und der NSDAP freie Betätigung zu erlauben, die österreichische Außen- und Wirtschaftspolitik an die des Reiches anzupassen. Schuschnigg versuchte noch, einer NS-Machtübernahme durch eine Volksabstimmung am 13. März 1938 zuvorzukommen: „Für ein freies und deutsches, unabhängiges und soziales, für ein christliches und einiges Österreich!" Nun erfolgten am 10. März die Weisung Hitlers zum bewaffneten Einrücken in Österreich, am 11. März mehrere deutsche Ultimaten, die Volksabstimmung abzusetzen und den Wiener Nationalsozialisten S e y ß - I n q u a r t zum Bundeskanzler zu ernennen. Als die Appelle des Ballhausplatzes an die Staatskanzleien der europäischen Großmächte ergebnislos verhallten, trat Schuschnigg am Abend des 11. März zurück; Hitler gab dennoch den Einmarschbefehl. Als Vorwand diente ein von Göring veranlaßtes, aber von der Regierung Seyß-Inquart nie abgesandtes Hilfetelegramm nach Berlin. Auch der österreichische Bundespräsident M i k l a s trat noch vor Beschlußfassung des Anschluß-Gesetzes am 13. März zurück.[14])

Ribbentrop konnte telephonisch aus London dem preußischen Ministerpräsidenten G ö r i n g versichern, daß Großbritannien nicht intervenieren werde, Frankreich befand sich gerade in einer Regierungskrise, Mussolini hatte bereits am 11. März seine Zustimmung gegeben. Die Sowjetunion beschränkte sich auf Warnungen ihres Volkskommissars für Auswärtige Angelegenheiten, Litvinov, an das ZK der KPdSU und vor der Presse: „Die Besetzung Österreichs stellt das größte Ereignis nach dem Weltkrieg dar, höchst gefährlich nicht zuletzt auch für unsere Union." Die ost-mitteleuropäischen Staaten, vor allem die Staaten der Kleinen Entente, die noch bei der Einführung der Bundesdienstpflicht in Österreich am 1. April 1936 heftig protestiert hatten, hüllten sich in Schweigen bzw. hatten bereits ihre schweigende Zustimmung gegeben. Dabei mußte allen Staatskanzleien klar sein, daß der „Anschluß" vom 13. März 1938 dem Deutschen Reich einwohner- und flächenmäßig die Verluste von 1919 mehr als ausgeglichen hatte, daß das Deutsche Reich mit der Übernahme österreichischer Rohstoff-, Devisen- und Goldreserven seinen Expansionskurs wieder verschärfen konnte, und daß mit der Übernahme der österreichischen Außenhandelsanteile das Deutsche Reich gegenüber den Staaten Ost-Mittel- und Südosteuropas vielfach bereits ein Außenhandelsmonopol erreicht hatte.[15])

Der „Anschluß" Österreichs stellte somit in mehrfacher Hinsicht einen Wendepunkt in der Geschichte Ost-Mitteleuropas dar, der in seiner ganzen Tragweite am ehesten von der „Neuen Zürcher Zeitung" erkannt wurde:

1) Deutschland erzielte eine erste echte territoriale Revision der Verträge von Versailles und Saint-Germain und vergrößerte sich sogar gegenüber 1914 (ohne Kolonien).
2) Deutschland wurde im Besitz der europäischen „Schlüsselposition" Österreich politische, militärische und wirtschaftliche Führungsmacht in Ost-Mittel- und Südosteuropa und konnte seine Kriegszielpolitik noch wirkungsvoller fortsetzen.
3) Das Bündnissystem der Kleinen Entente hatte sich aufgrund der unterschiedlichen Haltungen zum „Anschluß" praktisch bereits aufgelöst. Damit ging auch jede Solidarität gegen künftige Aktionen Hitlers verloren. Das europäische Gleichgewicht war gestört.[16])

Hinter dem „Anschluß" waren also machtpolitische, strategische, vor allem aber wehrwirtschaftliche Ziele gestanden, denn mit Hilfe der traditionellen kommerziellen und finanziellen Drehscheibe Wien konnte nun die ökonomische Ausrichtung des „Großwirtschaftsraumes Südosteuropa" als Ergänzungsraum auf den „Großdeutschen Wirtschaftsraum" gestaltet werden. Aus wehrwirtschaftlichen und geostrategischen Gründen ließ Hitler – unter dem wirkungsvollen Deckmantel des Selbstbestimmungsrechtes der Sudetendeutschen – auch die „tschechische Frage" in Angriff nehmen, den „Fall Grün" ausarbeiten, und am 28. Mai 1938 teilte er vor Vertretern von Wehrmacht, Partei und Staat in der Reichskanzlei seinen unabänderlichen Entschluß zur Zerschlagung der Tschechoslowakei mit – also nicht nur die Annexion der deutsch besiedelten Gebiete. Gegen die Skepsis seiner Militärs und seiner Diplomaten argumentierte Hitler u.a. mit dem Interesse Warschaus und Budapests an einer Beteiligung an der „Beute". Mit der taktischen Weisung Berlins an die Sudetendeutsche Partei – „Wir müssen also immer so viel fordern, daß wir nicht zufriedengestellt werden können" – wurden die sudetendeutschen Autonomieforderungen hochgetrieben und sollte der tschechoslowakische Staat „chemisch" aufgelöst werden. Hitlers Kriegspolitik wurde zwar noch einmal durch die Appeasement-Politik Chamberlains, aber auch anderer Großmächte, gebremst, dennoch gewann die deutsche Wehrwirtschaft durch die Eingliederung der Sudetengebiete weitere wichtige Industriezweige, Erz- und Kohlelagerstätten.[17])

Die Schockwirkung von München lieferte die 2. Tschechoslowakische Republik völlig dem deutschen Einfluß aus, so daß Hitler bereits am 21. Oktober 1938 die Weisung über die „Erledigung der Rest-Tschechei" erteilte. Tatsächlich sollte die militärische Aggression nur bis zum 15. März 1939 auf sich warten lassen, und das neu geschaffene „Protektorat Böhmen und Mähren" brachte reiche Armeebestände, hochentwickelte Industriekapazitäten, umfangreiche Gold- und Devisenvorräte und viele Metallvorräte ein. Außerdem waren nun der Donauraum und Südosteuropa zur Gänze unter deutschen Einfluß geraten, was sich etwa in engen Wirtschaftsverträgen mit Ungarn und Rumänien niederschlug: Ungarn profitierte neuerlich mit einem territorialen Zugewinn.[18])

Im Oktober und November 1938 hatte Hitler auch schon die „Inbesitznahme" des bisher litauischen Memellandes und Danzigs angeordnet, und im März 1939 forderte Berlin eine exterritoriale Auto- und Bahnverbindung durch den polnischen „Korridor" nach Ostpreußen. Aber die polnische Regierung lehnte eine enge Anlehnung an das Dritte Reich als Satellit für einen „Lebensraumkrieg" nach Osten ab, und Großbritannien und Frankreich garantierten die polnische Unabhängigkeit (nicht „integrity"). Daraufhin befahl Hitler die Ausarbeitung des Angriffes gegen Polen, wobei eine Reihe von innen- und außenpolitischen Krisenerscheinungen beinahe für eine „Flucht in die Aggression" sprechen. Aber erst der auf zehn Jahre geschlossene deutsch-sowjetische Nichtangriffsvertrag mit dem geheimen Zusatzabkommen über die „vierte Teilung" Polens und die Aufteilung der beiderseitigen Interessenssphären besiegelte das Schicksal der Länder zwischen Ostsee und Schwarzem Meer – zuerst Polens, dann Finnlands, der baltischen Staaten, Ungarns, Rumäniens, Bulgariens und Jugoslawiens.[19])

Die Schuldfrage bei der „Entfesselung" des Zweiten Weltkrieges ist eindeutig. Hitler hatte von Anfang an den Weg der Gewalt vorgezeichnet. Freilich haben auch Mangel an internationaler Sicherheitspartnerschaft und Solidarität gegenüber dem Aggressor die von Hitler befohlenen Angriffsaktionen erleichtert. Dies gilt einerseits für die Hegemonial-Politik der Großmächte, andererseits für die Schaukelpolitik der Kleinstaaten im Donauraum, die ihre konkreten gemeinsamen Interessen kaum auf einen gemeinsamen Nenner bringen konnten. So ermöglichten sie es Hitler, sie gegeneinander auszuspielen. Dennoch kann über das wesentlichste Faktum nicht hinweggesehen werden: Erst der Revisionismus und Expansionismus der NS-Außenpolitik brachte das System der internationalen Sicherheit in Ost-Mitteleuropa zum Einsturz. Das nationale Krisenmanagement der im Nationalstaatsdenken befangenen Staatsmänner scheiterte in den bilateralen Geschäften mit dem Aggressor, Ost-Mitteleuropa wurde Teil des nationalsozialistischen Großwirtschaftsraumes und in die NS-Vernichtungsstrategie voll miteinbezogen.[20])

Anmerkungen

1) Handschriftliche Aufzeichnung des Generalleutnants Liebmann, 3.2.1933; Thilo Vogelsang, Neue Dokumente zur Geschichte der Reichswehr 1930–1933, in: Vierteljahreshefte für Zeitgeschichte 2, 1954, S. 434f.
2) Manfred Messerschmidt, Außenpolitik und Kriegsvorbereitung, in: Das Deutsche Reich und der Zweite Weltkrieg, Band 1: Ursachen und Voraussetzungen der deutschen Kriegspolitik, Stuttgart 1979, S. 537ff.
3) Hans-Ulrich Thamer, Verführung und Gewalt. Deutschland 1933–1945, Berlin 1986; vgl. auch Bernd-Jürgen Wendt, Großdeutschland. Außenpolitik und Kriegsvorbereitung des Hitler-Regimes, München 1987.
4) Documents Diplomatiques Francais 1932–1939, Ière série (1932–1935), Bd. III, Paris 1966, S. 822.
5) Vgl. Wolfram Fischer, Deutsche Wirtschaftspolitik 1918–1945, Opladen ³1968; Dieter Petzina, Autarkiepolitik im Dritten Reich. Der nationalsozialistische Vierjahresplan, Stuttgart 1968.
6) Klaus Hildebrand, Das Dritte Reich, München/Wien ²1980, S. 171ff.
7) Thamer, Verführung und Gewalt, S. 313–317; Hildebrand, Reich, S. 17ff.
8) Gerhard L. Weinberg, The Foreign Policy of Hitler's Germany. Diplomatic Revolution in Europe 1933–1936, London/Chicago 1970.
9) Hans-Adolf Jacobsen, Nationalsozialistische Außenpolitik 1933–1938, Frankfurt/Main 1968; Wendt, Großdeutschland, S. 96ff.
10) Hildebrand, Reich, S. 27; Thamer, Verführung und Gewalt, S. 535ff.
11) Thamer, Verführung und Gewalt, S. 546; Jens Petersen, Hitler – Mussolini. Die Entstehung der Achse Berlin – Rom 1933–1936, Tübingen 1973; Wendt, Großdeutschland, S. 187–191.
12) Hitler, Deutschland und die Mächte. Materialien zur Außenpolitik des Dritten Reiches, hg. von Manfred Funke, Düsseldorf 1976.
13) Thamer, Verführung und Gewalt, S. 559f.; Hitler. Reden und Proklamationen 1932–1945, hg. von Max Domarus, Bd. 1, München 1965, S. 748f.
14) Kurt v. Schuschnigg, Ein Requiem in Rot–Weiß–Rot, Zürich 1946, S. 39–60; Thamer, Verführung und Gewalt, S. 572–576.
15) Gaetano Ciano, Tagebücher 1937/38, Hamburg 1949, S. 124; Geschichte der sowjetischen Außenpolitik 1917 bis 1945, Berlin-Ost 1980; Norbert Schausberger, Der Griff nach Österreich, Wien 1978.
16) Neue Zürcher Zeitung, 15.3.1938.
17) Vgl. Geschichte der Tschechoslowakischen Republik 1918–1948, hg. von Victor S. Mamatey und Radomir Luza, Wien–Köln–Graz 1980; Alice Teichova, Kleinstaaten im Spannungsfeld der Großmächte, Wien 1988.
18) Wendt, Großdeutschland, S. 151, 156, 166; Jörg K. Hoensch, Der ungarische Revisionismus und die Zerschlagung der Tschechoslowakei, Tübingen 1967; György Ránki, Economy and Foreign Policy. The Struggle of the Great Powers for Hegemony in the Danube Valley 1919–1939, New York 1983.
19) Czeslaw Madajczyk, Faszyzm i okupacje 1938–1945. Wykonywanie okupacji przez pánstwa Osi w Europie / Faschismus und Okkupation. Okkupationsausübung durch die Achsenmächte in Europa 1938–1945 /, 2 Bde, Poznán 1984.
20) Walther Hofer, Die Entfesselung des Zweiten Weltkrieges. Eine Studie über die internationalen Beziehungen im Sommer 1939, Frankfurt ³1964; Kriegsbeginn 1939. Entfesselung oder Ausbruch des Zweiten Weltkrieges?, hg. von Gottfried Niedhart, Darmstadt 1976; Sommer 1939. Die Großmächte und der europäische Krieg, hg. von Wolfgang Benz und Hermann Graml, Stuttgart 1979; The Fascist Challenge and the Policy of Appeasement, hg. von Wolfgang J. Mommsen und Lothar Kettenacker, London 1983.

Miroslav Tejchman

Die Tschechoslowakei im Zweiten Weltkrieg

Bereits im Augenblick als Großbritannien den „großen Condottiere" für den Feldzug gegen den Bolschewismus, den konkret die Sowjetunion darstellte, zu suchen begann, wurde im Prinzip das Schicksal der Tschechoslowakei besiegelt. Die Briten haben faktisch die Tschechoslowakei während des Besuches von Halifax bei Hitler im Jahre 1937 abgeschrieben, die Franzosen dann Anfang April 1938. Die CSR war bis dahin verhältnismäßig gut politisch und militärisch abgesichert. Sie hatte ein umfangreiches System der Sicherheitsverträge, das sich auf die Bündnisverträge mit Frankreich und der UdSSR und auf eine Reihe von Militärabkommen mit Jugoslawien und Rumänien (im Rahmen der Kleinen Entente) stützte. Sie verfügte auch über eine beträchtliche Militärkraft in einer Stärke von 34 Divisionen. Als jedoch die Westmächte die Appeasementspolitik akzeptierten und damit den Grundstein zerschlugen, auf dem das tschechoslowakische Sicherheitssystem erbaut wurde, war dies tatsächlich bedroht.

Etwa seit November 1937 bis Ende September 1938 dauerte dann die tschechoslowakische Krise, die nicht nur ein kompliziertes nationales oder staatliches Problem war, sondern auch ein wichtiges internationales Ereignis wurde. Der entschlossene Widerstand des ganzen tschechoslowakischen Volkes sowie der anwachsende Unwillen dem Appeasement gegenüber in einigen britischen und besonders französischen Kreisen verursachten dann, daß die Krise so lange dauerte und daß sich die von Hitler ersehnte Entscheidung auf diese Weise hinausschob.Übrigens, selbst die Nationalsozialisten haben zuletzt begriffen, daß die Frage nicht auf dieselbe Weise wie die Frage Österreich gelöst werden kann.
Deutschland selbst war nicht imstande, ohne die Hilfe der Westmächte die tschechoslowakische Frage zu lösen. Die traditionelle Appeasementspolitik reichte nicht mehr, und so begann ihre neue Etappe der Vorgeschichte von München, die mit Chamberlains Reisen zu Hitler eröffnet wurde. Laut Zeitdokumentation der KPTsch wurde die „Münchener Politik" als „Tätigkeit Englands, die sich nicht nur mit dem einfachen Zurückweichen vor den faschistischen Aggressoren und der nachträglichen Billigung der von ihnen geschaffenen vollzogenen Tatsachen" zufrieden gibt, sondern direkt hilft, solche „vollzogenen Tatsachen" zu schaffen[1]), charakterisiert.

Am 29. September 1938 verwirklichte sich eine der niederträchtigsten Taten der modernen Diplomatie. Chamberlain und Daladier hörten sich bereitwillig Hitler und seine Lügen über den tschechoslowakischen Terror gegen die deutsche Bevölkerung in der Tschechoslowakei an, und genauso bereitwillig entschieden sie über das Abtreten der tschechoslowakischen Grenzgebiete an das nationalsozialistische Deutschland. Sie entschieden auf diese Weise über das weitere Schicksal des Landes, dessen Repräsentanten nicht einmal zu den Verhandlungen zugelassen wurden, und man entschied ohne es und gegen es. Den tschechoslowakischen Delegierten wurde lediglich im Vorzimmer das Resultat des Abkommens der vier Westmächte, ergänzt mit der Information, daß es sich faktisch um ein Urteil handelt, wogegen es keine Berufung gibt, mitgeteilt.

Es ist wahr, daß die tschechoslowakischen Verteidigungschancen in der Zeit Münchens ein wenig geringer wurden. Ein Teil der Bevölkerung – die Nationalitäten – wurde deutlich feindlich. Die militärischen Vorbereitungen waren nicht völlig abgeschlossen. Die Appeasementgegner in Großbritannien und Frankreich konnten sich in der damals herrschenden pazifistischen Psychose kaum durchsetzen, die Regierungen der verbündeten Länder gerieten in Panik, wie z.B. die rumänische Regierung, andere verließen direkt die Tschechoslowakei, wie z.B. die Regierung Jugoslawiens.

Eine bestimmte Rolle spielten dabei auch die Bereitschaft zur Kapitulation bei einem Teil der tschechoslowakischen Bourgeoisie und der slowakische Seperatismus. Der einzige äußere Verbündete, der der Tschechoslowakei übrig blieb, war die Sowjetunion, die erneut ihre Verbündetenverpflichtungen für den Fall des militärischen Konfliktes zwischen der Tschechoslowakei und Deutschland bestätigte. In der Tschechoslowakei selbst hat sich eine breite Front der Widersacher gegen die Kapitulation herausgebildet, die jedoch durch den Pessimismus der herrschenden Demokratengruppe um Benes, der buchstäblich zusammenbrach, nachdem ihn die Briten, aber besonders die Franzosen verlassen hatten, unterlaufen wurde. Die entschiedensten Widersacher gegen die Kapitulation blieben die Volksmassen, geleitet von den Kommunisten, ein Teil der bürgerlichen Politiker der jüngeren Generation und sozusagen fast das ganze Armeekommando.

Für einen konkreten Widerstand blieb jedoch keine Zeit, und so wurde das Münchener Diktat zuletzt auch deswegen in einem Maße erfolgreich, da es so plötzlich und in einer bestimmten Weise unerwartet war, daß es die öffentliche Meinung, aber auch die, die gern den eventuellen Widerstand organisiert hätten, überraschte. Die einzige kompakte und in den letzten Konsequenzen bereitwillige Verteidigungskraft der tschechoslowakischen Unabhängigkeit im September 1938, also die Kommunisten, blieb zuletzt allein; das einzige was ihnen übrig blieb, war das Gefühl, daß sie Recht hatten, und der Befehl zum Rückzug in die „zweite Linie", das heißt, verteidigen, was man nach München noch verteidigen konnte. Ein Teil der bürgerlichen Politiker und einige der Generäle dachten an einen Militärputsch, der eine Militärregierung an die Macht brächte, die Widerstand gegen die aufmarschierende Wehrmacht leisten würde. Sie ließen sich jedoch von Benes zur Ruhe „überreden".

München selbst ist eines der wichtigsten Ereignisse der ganzen europäischen, aber vor allem der tschechoslowakischen Geschichte. In der Tschechoslowakei dieser Zeit entstand buchstäblich ein „Münchener Komplex", der die meisten Politiker, Soldaten und andere mit Schuldgefühl getroffen hat und zugleich das Bedürfnis hervorgerufen hat, ihre bisherige Handlung zu begründen. Es entstand eine komplizierte Psychologie des Schuldigen, konkret am Beispiel von Doktor Benes nachweisbar, der sich mit ihr immer wieder auseinandersetzte, und noch im Jahre 1948 hielt er sie für sein einziges großes Vergehen gegen sein Land.

Der Münchener Komplex wurde jedoch zu einer fixen Idee der ganzen tschechoslowakischen, vor allem aber der tschechischen Bourgeoisie. Sie war von der tschechoslowakischen Seite der Hauptschuldige der Katastrophe, aber gleichzeitig büßte sie am meisten – mit dem Verlust der über ein Jahrhundert andauernden Hegemonie in unserer Gesellschaft. Durch die Kapitulation verriet die Bourgeoisie das eigene Ideal, ihre bessere Vergangenheit, wie sie ideologisch der „Masarykismus" zum Ausdruck brachte – daß heißt, den ideologischen Aufbau der staatlichen Selbständigkeit vor München. München war der Anfang des historischen Scheidewegs der Nation. München schrieb sich nicht nur tief in ihr Denken ein, besonders der tschechischen Nation. In ihrem nationalen Bewußtsein spielten die natürlichen Grenzen, dargestellt durch die Grenzgebirge, die man Jahrhunderte lang als einen natürlichen Schutz gegen die deutschen Expansionsbestrebungen betrachtete, immer eine große Rolle. Jetzt wurden diese Grenzen zerstört. Der „Schutzdamm" der Existenz der tschechischen Nation verschwand, und sie fühlte sich bedroht. Gleichzeitig untergrub Hitler mit Hilfe der Slowakischen Volkspartei eine nicht weniger bedeutende Stütze der tschechischen nationalen Existenz, wie es die engen Bande mit den Slowaken waren.

Durch das Münchener Diktat wurde die Tschechoslowakei insofern schwer betroffen, daß sie als Machtfaktor und unabhängiger Staat völlig ausgeschaltet wurde. Zugunsten Deutschlands und seiner Satelliten verlor sie ein Drittel des Territoriums und eigentlich jedwede Möglichkeit der militärischen Verteidigung. Sie wurde auch wirtschaftlich etwa eines Drittels des industriellen Potentials beraubt. Und auf diese Weise hatte die Tschechoslowakei nach München samt ihrer ganzen Struktur und Stellung keine andere Wahl, als ebenfalls zum Satelliten Deutschlands zu werden.

Die Nazisten gewannen durch München die Schlacht um die Tschechoslowakei, und die sogenannte zweite Republik, die ihre unrühmliche Ära in den letzten Septembertagen begann, war eigentlich nur die Vorbereitung zum endgültigen Anschluß der Reste der

Tschechoslowakei an Deutschland. Hitler schaffte sich dann durch die Beherrschung der Tschechoslowakei eine Voraussetzung für weitere Expansionen. Das Zerschlagen der Tschechoslowakei war der letzte Nagel in den Sarg des Systems von Versailles, und dessen begannen sich auch die westlichen „Münchener" bewußt zu werden.

Aktiv trat jedoch keiner dagegen auf. Nicht einmal die Betroffenen. Die tschechische Nation geriet in eine tiefe Krise der Hoffnungslosigkeit. Es stürzte das bisherige System zusammen, es fiel auch das letzte demokratische Regime in Mitteleuropa, und gemeinsam damit fiel auch die bisherige führende politische Garnitur, es glitt buchstäblich der ganze Bau und die Struktur der bürgerlichen Tschechoslowakei zu Boden. An die Macht gelangte die reaktionäre Garnitur des tschechischen Großbürgertums. Und das Volk schwieg, auch wenn sein Schweigen eher Ausdruck des Protestes und nicht des Zusammenstürzens oder der Kollaboration, wie bei der Bourgeoisie, war. Die neue Regierung, die in Prag die Repräsentanten der extremen Rechten, insbesondere des Finanzkapitals, gebildet haben, bereitete geschäftig eine totale Unterordnung der jetzt „föderalisierten" Tschecho-Slowakei unter Hitler vor.

Der 15. März 1939 erfüllte in hohem Maße das Schlimmste, was München verhieß. An diesem Tage besetzten die nazistischen Truppen die Reste der böhmischen Länder, die durch das Statut vom 16. März an Deutschland angegliedert wurden; sie wurden der Selbständigkeit beraubt und zu einer neuzeitlichen Kolonie des Hitlerschen Imperialismus unter der Bezeichnung Protektorat Böhmen und Mähren verwandelt. Seit dem 15. März wurden die Deutschen in unserem Lande zur herrschenden Kaste mit einer privilegierten und übergeordneten Stellung der tschechischen Bevölkerung gegenüber, die in ihrer Heimat zum zeitweilig geduldeten Element wurde.

In den nationalsozialistischen Plänen setzte man voraus, daß das Protektorat nach dem siegreichen Krieg zum integralen Teil Deutschlands werde, während die „Tschechen", wie damals Göring erklärte, „auf dem deutschen Hof leben und sie deswegen vertilgt werden müssen"[2]. Vorläufig bemühten sich die Nazis jedoch, ihrer Vorherrschaft eine legale Basis zu verschaffen, und zwar durch die Herausbildung des Anscheins, als ob die Souveränität nur zeitweilig eingeschränkt wäre. Das unmittelbare Ziel dessen war, das industrielle Potential der böhmischen Länder zu nutzen, um sie ökonomisch auszusaugen und aus ihnen der deutschen Kriegswirtschaft die dringenden stärkenden ökonomischen Spritzen zu geben.

In den ersten Wochen der Okkupation übernahmen deutschen Institutionen die Verwaltung über die tschechischen Banken und Betriebe, was sie dann im Juni „Arisierung" nannten. Davon wurde vor allem die tschechischen Bourgeoise betroffen, die schon vorher politisch unmöglich gemacht wurde. Auf diese Weise verlor innerhalb der kurzen Zeit von ein paar Monaten die tschechische Bourgeoisie die bisherige mächtige Position einer der führenden mitteleuropäischen herrschenden Klassen. Ein Teil davon, in der Bemühung zu retten, was zu retten ist, geriet auf die schiefe Bahn der Kollaboration. Ein Teil der Bourgeoisie begab sich auf den Weg des Widerstandes, er bildete das sogenannte „zweite Eisen im Feuer". Die Grundlage des wachsenden Widerstandes wurden jedoch die Volksmassen, und zum Grundziel aller künftigen Widerstandskämpfer wurde dann die Rettung der nationalen Existenz der tschechischen Nation selbst und die Wiederherstellung ihrer nationalen Freiheit und staatlichen Selbständigkeit. Zum gesellschaftlichen Grundwiderspruch dieser Zeit erwuchs der Widerspruch zwischen der Nation und dem Okkupanten.

Eine andere Situation hat sich in der Slowakei herausgebildet, wo die Erklärung des „selbständigen" Staates am 14. März 1939 einen Teil der Bevölkerung durch die geschickte Propaganda der einheimischen Faschisten und Rechten irre führte, indem sie auf die Vorteile der slowakischen Zustände im Vergleich zur Stellung der tschechischen Nation im Protektorat hingewiesen hat. Selbst die Anfänge der tschechischen Widerstandsbewegung waren bescheiden. Die Nation als Ganzes war nicht auf die strengen Okkupationsverhältnisse vorbereitet. Deshalb brachen spontan entstehenden Formen der Widerstandsbewegung aus, zuerst die nationale Negation, Satire, Boykott gegen alles, was deutsch war, Possen... Aus kleinen Konflikten mit der Okkupationsmacht, dann mit großen nationalen Demonstrationen und Wallfahrten wuchs allmählich eine spontane Widerstandsbewegung, und zwar von unten, zugleich aber von oben geleitet.

Die entstehende Widerstandsbewegung hatte nicht nur unterschiedliche Formen, sondern sie unterschied sich auch wesentlich, was die Auffassung der Widerstandsaktivität betraf – und darin widerspiegelte sich die politische Struktur der Gesellschaft. Allmählich kristallisierten sich zwei Hauptlinien heraus – die bürgerliche, die sich auf die Vorbereitung des Umsturzes und der Machtübernahme im Augenblick der militärischen Niederlage der Nationalsozialisten hin orientierte, und die kommunistische, die sich auf den permanenten Kampf und Zerfall der nationalsozialistischen Vorherrschaft orientierte. Die Hauptfront des nationalen Befreiungsringes bildete der Widerstand im eigenen Land, während die Widerstandsbewegung im Ausland nur ihren abgeleiteten Strom darstellte, obwohl er dann in der Zeit des Kriegsendes bei den politischen Lösungen entscheidend war.

Sehr schnell und gut wurde das illegale Netz der kommunistischen Widerstandsbewegung gebildet, das den erwähnten zweiten und später auch den Hauptstrom der Widerstandsbewegung bildete. Die Spitze der bürgerlichen Widerstandsbewegung bildete das sogenannte Politische Zentrum, das aus professionellen Politikern bestand. Die Offiziere gründeten eine umfangreiche , vor allem nachrichtendienstliche Organisation, die „Verteidigung der Nation".

Die Entfesselung des Weltkrieges aktivierte wesentlich die tschechische Widerstandsbewegung, wobei auch einige neue Züge, vor allem die organisierte Vorbereitung von Aktionen und deren Intensivierung,deutlich wurden. Besonders die Massenkundgebungen vom 28. Oktober und 15. November stellten damals nach dem militärischen Widerstand der Polen die größte antinationalsozialistische Tat im damaligen Europa dar. Eine verhältnismäßig komplizierte Lage in der tschechischen Widerstandsbewegung rief der Abschluß des sowjetisch-deutschen Abkommens im Sommer 1939 hervor. Einen großen Einfluß auf diese Widerstandsbewegung übte auch die Niederlage Frankreichs aus, die zeigte, daß die Kraft der Nationalsozialisten nicht unterschätzt werden durfte, und daß es im Gegenteil notwendig war, dagegen alle Kräfte zu konzentrieren und einzusetzen. Mit Spannung und Sympathien verfolgte das tschechische Volk den Widerstand der Briten in der Luftschlacht um England, obwohl es sich keine große Illusionen machte, daß Großbritannien allein imstande wäre, Hitler zu schlagen. Die Sympathien wendeten sich in dieser Situation immer mehr der UdSSR zu, die zusammen mit den USA zu einer immer bedeutenderen Hoffnung der okkupierten Nationen wurde.

Auf diese Veränderungen mußte auch die nichtkommunistische Widerstandsbewegung reagieren, die bis dahin die Vorstellung ablehnte, daß die künftige Freiheit vom Osten kommen könnte. Auf diese Weise überwogen auch in diesem Teil der Widerstandsbewegung immer mehr antifaschistische und Befreiungsfaktoren, die die Möglichkeit für den künftigen gemeinsamen Kampf gegen die Okkupanten schufen.

Die weitere Entwicklung der tschechischen Widerstandsbewegung wurde jedoch vom sehr effektiven nationalsozialistischen Repressionsapparat gebremst, dem es in den Jahren 1940-1941 durch die Verhaftung der 1. illegalen Leitung der KPTsch und der Führung der bürgerlichen Organisation gelang, der Zentralen Leitung der einheimischen Widerstandsbewegung, und damit der ganzen Widerstandsbewegung, einen bedeutenden Schlag zu versetzen. Zugleich begannen jedoch die Nazis, aufgeputscht von den Resultaten der „Blitzkriege" im Norden und im Westen Europas, die grundsätzlichen Fragen der „tschechischen Politik" zu lösen. Das Hauptresultat dieser Erwägungen war Hitlers Entscheidung vom Oktober 1940 über die Auflösung der tschechischen Nation: gemäß dieser Vorstellung, die von der alten Plattform der Sudetendeutschen Partei Heinleins ausging, sollte die tschechische Nation einerseits durch Germanisierung, andererseits durch Deportationen und physische Austilgung liquidiert werden.
Die Widerstandsbewegung in der Slowakei entwickelte sich in Folge der speziellen Bedingungen, die durch die Existenz des „Slowakischen Staates" gebildet worden waren, bis zum Sommer 1941 nur sehr langsam.

Der Eintritt der Sowjetunion in den Krieg im Sommer 1941 bedeutete den gründlichen Umsturz auch in der Entwicklung des nationalen Befreiungskampfes des tschechoslowakischen Volkes – besonders nachdem auch die Vereinigten Staaten in den Krieg eingetreten waren und schrittweise die Anti-Hitler-Koalition der Nationen entstanden war, die gegen die faschistische Achse kämpfte. Durch die Entstehung der Koalition stieg wesentlich nicht nur die Hoffnung in die Niederlage der Nationalsozialisten und deren Verbündeten, sondern auch in die Wiederherstellung der tschechoslowakischen Selbständigkeit. Nachdem die sowjetische Regierung mit der tschechoslowakischen Regierung im Exil einen Vertrag über den gemeinsamen Kampf abgeschlossen und sie zugleich als Repräsentanten der unterworfenen Tschechoslowakei anerkannt hatte, nahmen diese Hoffnungen zu. Die gleichzeitige Anerkennung der Benes-Regierung auch von der Seite Großbritanniens war ein unbestrittener Sieg der Widerstandsbewegung im Ausland.

Die tschechische Resistenz begriff ihre neuen Möglichkeiten. Die Widerstandsbewegung erweiterte sich auf wirksame Sabotagen und Diversionen, es gab immer mehr Streiks in militärisch bedeutenden Betrieben. Es begannen auch die ersten bewaffneten Kampfgruppen zu wirken. Aktiv waren die Kommunisten sowie die nichtkommunistischen Organisationen, und letzten Endes haben sich im September 1941 beide Flügel der Widerstandsbewegung im Zentralen nationalen revolutionären Ausschuß vereinigt. Die hohe Welle des Widerstandes beunruhigte die Nationalsozialisten. Hitler schickte deshalb den gefährlichsten und fähigsten Mann der Waffen-SS, R. Heydrich, nach Prag. Dieser begann seine Wirkung mit einem grausamen aber sehr wirksamen Eingreifen, das praktisch alle damals bestehenden Widerstandsorganisationen betraf, vor allem jedoch die bürgerlichen, die immer weniger konspirativ als z.B. die Kommunisten waren.

Trotz der Repressalien Heydrichs erhob Anfang 1942 die tschechische Widerstandsbewegung wieder ihr Haupt. Für die Gefallenen traten neue Kämpfer an, es bildeten sich neue Organisationen heraus. Die Verluste der bürgerlichen Widerstandsbewegung wollte die Londoner Regierung durch die Entsendung von Fallschirmjägergruppen mit nachrichtendienstlichen, Diversions- und auch Verbindungsaufgaben ersetzen. Eine dieser Gruppen führte in Verbindung mit der einheimischen Widerstandsorganisation „Jindra" am 27. Mai 1942 ein erfolgreiches Attentat auf Heydrich durch. Dieser wurde dann zum höchsten Funktionär des „Dritten Reiches", der während des Krieges von den Widerstandskämpfern getötet wurde, und deshalb nahm sowohl die tschechische Nation als auch die Weltöffentlichkeit die Nachricht über die tapfere Tat der tschechischen Fallschirmjäger mit großer Genugtuung und Bewunderung auf.

Die Vergeltung der Nationalsozialisten für die Tötung Heydrichs war eine neue Welle der Gewalttaten, der Lidice und Lezaky zum Opfer fielen, wobei die Nationalsozialisten die Austilgung dieser Gemeinden als Bestandteil des „normalen" nazistischen Rechts proklamierten. Im Laufe des Krieges wurden viel mehr Gemeinden, insbesondere in der UdSSR, in Polen, Jugoslawien und Griechenland niedergebrannt und ausgetilgt, doch der beispiellose menschliche und Rechtszynismus, womit die Austilgung von Lidice und Lezaky begründet wurde, machte aus ihnen den eigenartigen Fall, der die ganze Welt entrüstete. Die Verhaftungen nach dem Attentat dezimierte buchstäblich die Reste der kommunistischen und nichtkommunistischen Widerstandsbewegung, die in eine kritische Lage geriet. Der bürgerliche Widerstandsflügel konnte sich praktisch bis zum Kriegsende nicht mehr erheben. In eine neue Etappe trat nach dem Jahre 1941 auch die Widerstandsbewegung in der Slowakei. Ab Frühjahr 1942 erschienen in den Bergen die ersten Partisanen.

Stalingrad, Kursk, El Alamein und große Seeschlachten im Pazifischen Ozean bedeuteten einen Ansporn für die tschechoslowakische Widerstandsbewegung zu Hause. Ein Impuls waren auch die Nachrichten über den tapferen Kampf der tschechoslowakischen Soldaten fast auf allen Kriegsfronten – in Frankreich, Großbritannien, Afrika und zuletzt auch in der Sowjetunion.

Im Jahre 1943 gelangte die Widerstandsbewegung als Ganzes an einen wichtigen Scheideweg. Die Kommunisten in der Emigration charakterisierten die Widerstandsbewegung als eine Bewegung, die den „Charakter des nationalen Befreiungskampfes hat, dessen Ziel die nationale Befreiung aus der Hitlerschen Vorherrschaft ist", und erklärten daß die kommunistische Partei diesen Kampf in der nationalen Front aller antifaschistischen Kräfte ohne Rücksicht auf die politische Angehörigkeit und nationale Herkunft führt [3]). Die Benes-Fraktion, die die bürgerliche Strömung der tschechoslowakischen Widerstandsbewegung im Exil darstellte, gelangte zu der gleichen Schlußfolgerung, d.h., sie akzeptierte die Notwendigkeit einer Zusammenarbeit mit den Kommunisten und mit der UdSSR. Beide Seiten, die Kommunisten und Benes' Bourgeoisie, entschlossen sich also für das gemeinsame Vorgehen, wobei selbstverständlich keine von ihnen die Verteidigung der Interessen ihrer Klasse außer Acht ließ.

Die Resultate der politischen Entwicklung in der ausländischen Widerstandsbewegung waren zuletzt die Verhandlungen Dr. Benes' in Moskau im Dezember 1943. Damit endete der Kampf um den neuen tschechoslowakisch-sowjetischen Bündnisvertrag erfolgreich. Der tschechoslowakisch-sowjetische Vertrag, der am 12. Dezember 1943 unterzeichnet wurde, beendete den langen Kampf der Kommunisten um die außenpolitische Orientierung der Widerstandsbewegung sowie des künftigen selbständigen Staates. Sie war zugleich Ergebnis von Benes' politischen Realismus und der unbestrittenen Weitsicht dieses bürgerlichen Politikers, mit der er erkannte, was für eine Rolle die UdSSR am Kriegsende und danach spielen würde. Das Ergebnis von Benes' Verhandlungen mit den Repräsentanten der tschechoslowakischen Kommunisten war der Kompromiß, der unbestritten für beide Seiten vorteilhaft war, denn er legte faktisch die Fundamente jenes Revolutionsweges, der nach dem Kriege zum Sieg der sozialistischen Revolution auf friedlichem Wege führte. Zugleich sicherte dieser Kompromiß dem nicht kollaborierenden Teil der Bourgeoisie einen beträchtlichen Teil an der politischen

Macht im befreiten Staat, er gab ihm also auch eine bestimmte Chance. Der erwähnte Kompromiß beider Flügel der tschechoslowakischen ausländischen Widerstandsbewegung ist auf seine Weise ein einmaliger Typ in der ganzen europäischen Resistenz.

Seit dem Sommer 1943 orientierte die Leitung der KPTsch den Widerstand des Volkes auf höhere Formen der Resistenz, vor allem auf die Gründung von Partisanengruppen. Sie war sich vom Anfang an dessen bewußt, daß sich für diese Form des Widerstandes die Berge der mittleren und nördlichen Slowakei am besten eigneten. Auch hier war das Jahr 1943 ein Jahr wesentlicher Veränderungen. An den Gedanken des „Slowakischen Staates" glaubte fast niemand mehr, und einzelne Bestandteile des Machtapparates begannen auseinanderzufallen. Die Gesellschaft stand vor einer offenen Krise und es mußte reagiert werden. Einige bürgerliche Politiker begannen aktiv zu werden. Es entstanden neue illegale militärische Organisationen. Mit den Repräsentanten dieser Gruppen und Organisationen begannen die Kommunisten zu verhandeln, bis zuletzt eine Vereinbarung über die Bildung eines gemeinsamen nationalen Organes der Widerstandsbewegung – des slowakischen Nationalrates – erreicht wurde. Er verpflichtete sich mit dem sogenannten Weihnachtsprogramm dazu, einheitlich den Kampf der slowakischen Nation bis zum bewaffneten Aufstand zu führen, im geeigneten Augenblick, die Macht zu übernehmen und sich zum gemeinsamen Staat der Tschechen und Slowaken zu bekennen.

Mit der militärischen Vorbereitung des Aufstandes wurde das militärische Zentrum mit Oberst Golian an der Spitze beauftragt, das an das Londoner Verteidigungsministerium angeschlossen, den Aufstand im Prinzip als Militärputsch, der von der Armee durchgeführt werden sollte, plante. Die Kommunisten, die ursprünglich den Aufstand als Aufstand des gesamten Volkes planten und sich auf die Massenbewegung der Partisanen stützen wollten, gingen auf die Taktik des militärischen Zentrums deswegen ein, um große Partisanengruppen als Reserve der aufständischen Armee aufbauen zu können. Der Slowakische Nationalaufstand begann am 29. August 1944, wobei er vom Anfang an durch die Entwaffnung von zwei Elitedivisionen in der Ostslowakei durch die Nationalsozialisten gehandikapt war, und zugleich auch dadurch, daß er sich sehr schnell auf die Verteidigung von zwei Dritteln des slowakischen Territoriums beschränkte. Vom Anfang an hatte der Aufstand einen politischen Aspekt. Er war nicht nur der nationale Befreiungskrieg, sondern stellte auch infolge der Durchsetzung der Hegemonie der kommunistischen Führung und der Arbeiterklasse einen wichtigen politischen Umbruch in der Geschichte der slowakischen Nation dar, die auf diese Weise für das Selbstbestimmungsrecht und den Wunsch, in einem gemeinsamen Staat mit den Tschechen zu leben, kämpfte.

Der Slowakische Nationalaufstand ist in einem internationalen Kontext zu sehen. In besonders engem Zusammenhang steht er mit den siegreichen sowjetischen Offensiven, aber auch mit dem antifaschistischen Aufstand in Rumänien. Der Aufstand reihte sich in die Welle der antifaschistischen bewaffneten Aufstände ein, die im August und Anfang September in Warschau, Paris, Bukarest und zuletzt auch in Sofia ausbrachen. Die einzelnen Aufstände unterschieden sich durch die Art der Vorbereitungen, die Methoden, Zielstellungen, militärischen und politischen Resultate voneinander. Aus militärischer Sicht haben alle diese Aufstände objektiv die faschistische Achse geschwächt. Schon am 1. September 1944 erklärte der Slowakische Nationalrat die Wiederherstellung der Tschechoslowakischen Republik und verkündete, daß er das einzige Organ ist, das berechtigt ist, im Namen er slowakischen Nation aufzutreten, und daß er in der ganzen Slowakei die legislative und exekutive Macht übernimmt. Er forderte das gesamte Volk zum Kampf gegen die nationalsozialistischen Okkupanten und deren einheimische Helfershelfer auf.

Die kommunistische Partei trat aus der Illegalität, sie vereinte sich mit der Sozialdemokratie und wurde sehr schnell zu einer Massenpartei. Es wurden die Grundlagen für die Herausbildung von einheitlichen Gewerkschaften gelegt, und zu einem neuen Element im politischen Leben wurden die Nationalausschüsse als örtliche Machtorgane des Volkes. Beträchtliche materielle und militärische Hilfe gewährte die Sowjetunion, obwohl der Aufstand selbst die militärischen Pläne des sowjetischen Oberkommandos störte, das ursprünglich den slowakischen Raum über die polnische Ebene nach Berlin und über die ungarische Ebene nach Wien umfassen wollte.

Die Hauptkraft des Aufstandes war von Anfang an die aufständische Armee, umbenannt jetzt in die 1. tschechoslowakische Armee, an deren Spitze sich der aus London geschickte General Wiest stellte. Diese Armee hatte 55.000 Soldaten, doch deren Ausrüstung und Ausstattung, die Führungskraft des Offizierskorps sowie die Fachkenntnisse der Mannschaft, überwiegend Reservisten, erreichten nicht immer das beste Niveau. Zum bewaffneten Potential des Aufstandes gehörten auch 16.000 Partisanen, die ihr eigenes Oberkommando hatten, das nicht immer seine Aktivität mit der Armee koordinierte. Der Slowakische Nationalaufstand hatte dennoch eine militärische Bedeutung, denn er band bestimmte nationalsozialistische Kräfte und blockierte Zugangsstraßen zur Ostfront. Er war jedoch vor allem von politischer Bedeutung, denn er stellte den Höhepunkt des antifaschistischen Kampfes des slowakischen Volkes und den Anfang der nationalen und demokratischen Revolution in der Tschechoslowakei dar. Mitte Oktober bedrohten die Nazis mit einem überraschenden Angriff mit einer großen Übermacht, insbesondere vom Süden her, den Rest des befreiten Territoriums in der Mittelslowakei. Die aufständische Armee zerfiel, und nur ein kleiner Teil der Soldaten ging mit den Partisanen in die Berge. Im Laufe der Kämpfe fielen etwa 4.000 Aufstandskämpfer und über 15.000 wurden in Gefangenenlager verschleppt. Unter dem Schutz der Nationalsozialisten gelangte in der Slowakei die zynischeste Garnitur des Klerikofaschismus an die Macht, die dann Hitler-Deutschland bis zum Ende treu blieb.

Der Slowakische Nationalaufstand fand auch in den böhmischen Ländern ein großes Echo. Die führenden Repräsentanten des nazistischen Regimes befürchteten, daß sich der Partisanenkampf auf Mähren ausdehnen könnte. Aus diesem Grunde haben Elitetruppen der SS die Westslowakei und die slowakisch-mährische Grenze besetzt, um sie hermetisch abzuschließen. Um die Jahreswende 1944-1945 begannen die sowjetischen Truppen schrittweise vom Osten her die tschechoslowakischen Gebiete zu befreien. Überall ergriffen die tschechoslowakischen Organe, also die Nationalausschüsse, die Macht. Die Frage der Nachkriegsgestaltung des Staates wurde immer aktueller. Und auf diese Weise, obwohl der Kampf gegen den Faschismus immer noch die Hauptaufgabe des nationalen Befreiungskampfes war, begannen sich die verschiedenen Widerstandsfraktionen immer intensiver mit Fragen der künftigen Gestaltung des Staates und der Zusammensetzung der künftigen Regierung zu befassen.

Die Londoner Regierung, die bis zum letzten Augenblick hoffte, daß in der Tschechoslowakei die britisch-amerikanischen Truppen vor den sowjetischen eintreffen würden, begriff jetzt, daß für sie der Weg in die Heimat nur über Moskau und über ein Abkommen mit den Kommunisten führen konnte. Deshalb reiste Benes nach Moskau ab, wo er am 22. März 1945 mit der dortigen Führung der kommunistischen Partei über das Regierungsprogramm und über die Bildung der ersten Regierung zu verhandeln begann. Die Grundlage der Verhandlungen bildete der Entwurf der Kommunisten. Aus der damaligen Sicht waren die Teile des neuen Regierungsprogrammes, die sich mit der weiteren Aktivierung des antifaschistischen Kampfes befaßten, am wichtigsten. In den Kapiteln über die Nachkriegsgestaltung des befreiten Staates wurde verankert, daß er eine Volksdemokratie sein sollte, die die grundlegenden politischen, ökonomischen und sozialen Veränderungen sichern soll und die Rückkehr der Vorherrschaft der kompromittierten Bourgeoisie nicht zulassen solle. Der Entwurf lehnte die einseitige Vorkriegsorientierung auf die westlichen Großmächte ab und verlangte ein festes Bündnis mit der UdSSR und freundschaftliche Beziehungen zu allen demokratischen Staaten. Außerordentliche Aufmerksamkeit wurde der Nationalfrage geschenkt. Der Entwurf beinhaltete vor allem die Gleichberechtigung der Tschechen und Slowaken; die Frage der Minderheiten sollte durch die Vertreibung des Großteils der deutschen Bevölkerung, eines Teiles der ungarischen Bevölkerung und durch die Gewährleistung der Garantien der polnischen und ukrainischen Minderheit gelöst werden.

Offiziell wurde das neue Regierungsprogramm in Kosice am 5. April 1945 verkündet. Es war im Prinzip ein Kompromiß und stellte für die Kommunisten den Anfang des Nachkriegsweges zur neuen gesellschaftlichen Gestaltung und für die Bourgeoisie das Äußerste an Zugeständnissen, zu denen sie bereit war, dar. Ansonsten war das Kaschauer Regierungsprogramm ein komplexes Programm der nationalen und demokratischen Revolution.

Das tschechische Volk begrüßte das neue Jahr 1945 in der Überzeugung, daß der endgültige Zusammenbruch der Nationalsozialisten unmittelbar bevorstand. Böhmen und Mähren stellten jedoch für die Nazis einen allzu wichtigen Raum dar, um ihn freiwillig aufzugeben. Es waren hier über 35% der restlichen deutschen Industrie, etwa 700.000 deutsche Zivilisten und Flüchtlinge aus dem Osten konzentriert. Außerdem befanden sich hier etwa eine Million Soldaten der Heeresgruppen der Generale Rendulic und Schörer.

Schon seit Ende 1944 zog die tschechische Widerstandsbewegung verschiedene Formen der Aktivitäten zu Kriegsende in Erwägung. Es waren besonders die Kommunisten, die teilweise ihre Organisationen wiederhergestellt und sogar eine neue, bereits die vierte zentrale Führung gebildet hatten. Diese Führung sah im Prinzip zwei Alternativen des Schlußkampfes vor: die Massenguerilla im Falle, daß die Sowjetarmee nicht stark genug das Protektoratsterritorium betreten sollte, oder den Aufstand des gesamten Volkes in dem Augenblick, wenn die nationalsozialistischen Kräfte umzingelt sein sollten und den Widerstand einstellen. Anfang Januar 1945 hat die neue Führung im illegalen Blatt Rudé právo eine grundsätzliche Richtlinie veröffentlicht, die am besten deren letzter Satz charakterisiert: „Arbeitet mit einem Tempo, als ob der Krieg bereits morgen enden sollte, seid vorsichtig, als ob der Krieg noch ein Jahr dauern sollte."[4]) Über den Abschluß des Krieges machten sich die Repräsentanten einiger neu entstehender bürgerlicher, reformistischer oder gewerkschaftlicher Widerstandsorganisationen Gedanken. Zu einer einheitlichen Vorstellung kam es jedoch nicht. Die Grundtendenz innerhalb der Bevölkerung, vor allem der Arbeiterschaft und Intelligenz, aber auch der mittleren Schichten, die in der Tschechoslowakei traditionell stark, zahlreich und einflußreich waren, richtete sich auf die offene kämpferische Abrechnung mit dem Nationalsozialismus.

Ende Januar 1945 gelang es, das oberste Organ des tschechischen Widerstandes – den tschechischen Nationalrat – zu konstituieren, der die Aktivitäten der einzelnen Organisationen koordinieren sollte. Die Beteiligung der Kommunisten im tschechischen Nationalrat verlieh ihm Autorität und bereicherte ihn um die Erfahrungen, die die Kommunisten im nationalen Befreiungskampf gewonnen hatten. Ein Bestandteil der abschließenden Kampfaktion der tschechischen Nation war, hauptsächlich aufgrund der Initiative der Kommunisten, die beschleunigte Herausbildung der Nationalausschüsse und der Aufbau der Kampfgruppen in den Städten und der Partisanengruppen. Anfang Mai 1945 waren die Tage der nazistischen Vorherrschaft gezählt. Die Sowjetarmee eroberte Berlin und bereitete den Schlag der 1., 2. und 4. Ukrainischen Front von Dresden nach Böhmen vor. Vom Westen her ging schon seit April die 3. amerikanische Armee vor. Bereits Ende April wuchs der nationale Befreiungskampf der tschechischen Nation zu einem Partisanenkrieg an, an dem sich etwa 8.000 Partisanen in 95 Gruppen beteiligten, und Anfang Mai wuchs er zum Aufstand des gesamten Volkes.

Zu den ersten revolutionären Aktionen kam es in den Ortschaften, die in der Nähe der Front lagen, oder dort, wo größere Partisanentruppen operierten oder wo entschlossene Nationalausschüsse wirkten. Bereits am 1. Mai brach der Aufstand in Prerov und dann in einer Reihe von Ortschaften des nordöstlichen Böhmens, am 4. Mai in Kladno und Umgebung aus. Am 5. Mai hat sich der Schwerpunkt der Ereignisse nach Prag verschoben. Der Aufstand brach spontan aus, vor der geplanten Zeit. Der tschechische Nationalrat nahm sich dessen Leitung an. Die Militärangelegenheiten befehligte das sogenannte Kommando Bartos. Der Überraschungsmoment, der offensive Antritt, eine hohe Kampfmoral der Aufständischen führten zu großen Anfangserfolgen. Bereits am ersten Tag bemächtigten sich die Aufständischen einer ganzen Reihe von strategisch bedeutsamen Gebäuden und Punkten in der Stadt. An den direkten Kampfaktionen waren etwa 30.000 Kämpfer beteiligt, die etwa 1.600 Barrikaden, die in der Nacht vom 5. auf den 6. Mai errichtet wurden, besetzten. Aus anderen Städten und Gemeinden strömte Hilfe aller Art nach Prag. Seit den ersten Minuten des Aufstandes wurden die Aufständischen auch von politischen Motiven geleitet. Im Aufstand bemühte sich die tschechische Bourgeoisie, ihre Ziele zu erreichen. Die Kommunisten im Gegenteil lehnten alle Versuche, ihn für politische Zielsetzungen zu mißbrauchen oder zu diskreditieren, ab (z.B. Versuch der Zusammenarbeit mit den sogenannten Wlassowtruppen). Dazu kam es aus dem Grunde, daß sie ihre Hegemonie im Tschechischen Nationalrat durchgesetzt hatten, der die politische Führung des Aufstandes übernahm und die Autorität der Regierung in Kosice anerkannte. So hatte der Aufstand einen gesamtnationalen und fortschrittlichen Charakter. Er schränkte die Stoßkraft der nationalsozialistischen Fronttruppen beträchtlich ein, zersetzte deren Verteidigungssystem und bedrohte auf diese Weise die Rückzugspläne in Richtung Westen. Obwohl in der Nacht vom 6. zum 7. in Reimes das nazistische Oberkommando die Kapitulation unterzeichnete, wurde in Prag und Umgebung hart gekämpft, wobei sich der Schwerpunkt der Kämpfe ins Stadtzentrum verschoben hatte, und die Aufständischen begannen, ihre Kräfte zu verlieren.

Am 9. Mai früh erschienen in Prag die ersten sowjetischen Panzer und in den darauffolgenden Tagen beendete die Sowjetarmee die Befreiung Böhmens. Die Tschechoslowakei, die in München als erster Staat dem nazistischen Deutschland preisgegeben worden war, wurde als das letzte der okkupierten Länder befreit. Manchmal sagt man, daß in Böhmen eigentlich der zweite Weltkrieg begonnen hat, auf alle Fälle ist jedoch wahr, daß er hier beendet wurde, soweit es sich um Europa handelt. Von der tschechischen Seite beteiligten sich in dessen Abschlußphase etwa 100.000 Aufstandskämpfer, 8.000 davon sind im Kampf gefallen oder von den Nazis ermordet worden, davon in Prag allein 3.700. Mit der Befreiung Prags endete auch die erste Etappe der nationalen und demokratischen Revolution. Es wurde die nationale Freiheit der Tschechen und Slowaken und die staatliche Selbständigkeit der Tschechoslowakei wieder hergestellt. Die Tschechoslowakei verlor im Laufe des 2. Weltkrieges über 300.000 ihrer Bürger. Mehr als 25.000 davon waren Kommunisten.

Anmerkungen

1) Zitiert nach: J. Kren, Do emigrace, Západní zahranicní odboj 1938-1939, Praha 1963, S. 42
2) Chteli nás vyhubit, Praha 1961, S. 35
3) Zitiert nach: Dejiny KSC, Studijní prírucka, Praha 1967, S. 172
4) Rudé právo, 1939-1945, Praha 1971, S. 531

Grafik:
Christian Marmorstein
Wien – 13. März 1938 – HEIL
Wien – 25. November 1945 – HALLO
Wien – 1988 – HEILI-HEILO

Tone Ferenc

Jugoslawien im Zweiten Weltkrieg

Trotz ihrer Neutralitätspolitik mußte die jugoslawische Regierung unter dem Druck Deutschlands und Italiens den Beitritt Jugoslawiens zum Dreimächtepakt unterzeichnen. Das löste Massendemonstrationen aus, den Sturz der Regierung und Hitlers Beschluß, Jugoslawien anzugreifen und als militärische Macht und Staatsgebilde zu zerschlagen. Das auf den Krieg sehr schlecht vorbereitete Jugoslawien, ein Land, zerrissen von nicht zuletzt nationalen Gegensätzen, unterlag in 11 Tagen der deutschen und italienischen Aggression, und rund 350.000 jugoslawische Soldaten gerieten in Gefangenschaft. Der König und die Regierung flüchteten ins Ausland, und das Land war den Aggressoren auf Gedeih und Verderb ausgeliefert. Besonders die Serben und Slowenen sollten in Zukunft zu leiden haben.

Noch während der Kriegshandlungen hat Hitler mit seinen Richtlinien vom 3. und 12. April 1941 Jugoslawien zerstückelt. Die Aufteilung wurde entsprechend dem Grundsatz „divide et impera" in einem Ausmaß vorgenommen, wie es in keinem anderen besetzten Land vorkam. Der größte Teil des jugoslawischen Bodens (39,1%) wurde dem neugegründeten Staate Kroatien zugeteilt, das deutsche Besatzungsgebiet umfaßte 28,9%, das italienische 15,6%, das bulgarische 11,4% und das ungarische 5% des ehemaligen jugoslawischen Staatsgebietes. Hitler führte seine Neuordnung des Balkans so durch, daß von einer friedlichen Nachbarschaft zwischen den beteiligten Mächten keine Rede sein konnte. Niemand war zufrieden, nicht einmal die deutsche Besatzungsmacht. In der tiefgreifenden Zerstückelung des jugoslawischen Gebietes – einem der Grundmerkmale der Besetzung – kamen die sich seit Jahren überschneidenden imperialistischen Interessen der Nachbarstaaten am klarsten zum Ausdruck. Die Okkupationsgrenzen zerschnitten nicht nur das jugoslawische Staatsgebiet, sondern auch das Gebiet jeder jugoslawischen Nation. So wurde z.B. das Siedlungsgebiet der slowenischen Nation zwischen Deutschland, Italien und Ungarn aufgeteilt, die schon vorher größere oder kleinere Flächen des slowenischen Nationalgebietes beherrscht hatten.

Das zweite Grundmerkmal der faschistischen Okkupation ist *der Annexionismus* der Besatzungsmächte. Jede von ihnen war nämlich bemüht, die besetzten Gebiete möglichst schnell auch formalrechtlich ihrem Staate anzuschließen und in ihre eigene Gesellschaftsordnung einzugliedern. Die italienische Besatzungsmacht führte das am 3. und 18. Mai 1941 durch, Deutschland hatte das für den 1. Oktober 1941 geplant, doch wurde die Annexion nach zweimaliger Aufschiebung aus personellen Gründen und schließlich wegen des Volksbefreiungskampfes endgültig fallen gelassen. Doch betrachtete auch die deutsche Besatzungsmacht die besetzten slowenischen Gebiete als tatsächlich angeschlossen. Dieselbe Haltung legte auch Bulgarien an den Tag. Auch die zwei sogenannten selbständigen Staaten, Kroatien und Montenegro, sollten unter italienischer Hoheit stehen und italienische Könige haben.

Der nächste Schritt war der Versuch der einzelnen Besatzungsmächte, die nationalen Grenzen an die neuen Staatsgrenzen anzupassen bzw. die Bevölkerung der besetzten und angeschlossenen Gebiete zu entnationalisieren. Es gab unter den Besatzungsmächten keine, die die Entnationalisierung nicht auf irgendeine Weise betrieben hätte. Die Methoden, mit denen diese Zielvorstellung erreicht werden sollte, reichten bis zum Völkermord: es kam zur gewaltsamen Vertreibung von hunderttausenden Serben und Slowenen und Massenmassakern an Serben, Zigeunern und Juden. Durch diese Methoden wollte man eine möglichst rasche Germanisierung, Magyarisierung, Italienisierung, Bulgarisierung erreichen. Auch versuchte man, die Rivalitäten der einzelnen jugoslawischen Nationalitäten für die eigenen Zielsetzungen auszunützen. Die Besatzungsmächte schreckten, wie schon gesagt wurde, auch vor Massendeportationen nicht zurück. Dabei zeichneten sich besonders die deutsche Besatzungsmacht in Slowenien und der kroatische Ustasa-Staat aus. Als Illustration soll die Angabe genügen, daß die deutsche Besatzungsmacht plante, innerhalb von wenigen Monaten ein Drittel der 260.000 Slowenen, die in dem von ihr besetzten Gebiet lebten, zu vertreiben; der Rest sollte in drei bis fünf Jahren germanisiert werden. Man plante auch eine Sterilisation der rassisch „minderwertigen" Bevölkerung. In diesen Kontext gehört auch die massenhafte Aussiedlung der Kärntner Slowenen im April 1942.

Die Ausbeutung des menschlichen Potentials, der Naturschätze und der wirtschaftlichen Produktion in den besetzten Gebieten war ein weiteres Grundmerkmal der faschistischen Okkupation von Jugoslawien. In dieser Hinsicht waren die Okkupanten nicht in derselben Lage, nicht nur, da einigen reichere und anderen ärmere Gebiete zugefallen waren, sondern auch, weil sie unterschiedliche Bedürfnisse hatten. Deutschland und Ungarn führten in ihren Besatzungszonen, gegen das internationale Recht verstoßend, sogar die allgemeine Wehrpflicht ein. Alle waren aber bemüht, die Naturschätze der jugoslawischen Gebiete möglichst rasch und exzessiv auszubeuten, wobei sich Deutschland durch verschiedene Verträge auch die Ausbeutung der Naturschätze auf dem Gebiet der anderen Besatzungsmächte und in Kroatien sicherte. In einigen Wirtschaftszweigen sorgten die Besatzungsmächte auch für Innovationen (durch agrotechnische Maßnahmen, Einführung von neuen Technologien in Industrie und Bergwerken usw.), was in der jugoslawischen Geschichtsschreibung bisher noch nicht in genügende Maße erforscht worden ist. Das gleiche gilt auch für die Auswirkungen der faschistischen Sozialdemagogie in einigen Regionen.

Ein weiteres Merkmal der faschistischen Okkupation von Jugoslawien ist *der Terror* der Besatzungsmächte und ihrer Helfer. Er erwuchs aus dem chauvinistischen, rassistischen und inhumanen Wesen des Faschismus, aus den Okkupationssystemen, Entnationalisierungsabsichten und -methoden und aus der Repression infolge des bewaffneten Aufstandes und des Partisanenkrieges. Die schon erwähnten Massenaussiedlungen von Slowenen und Serben, die Massenmassaker der Ustasa an Serben, die Zwangsumtaufungen von serbisch-orthodoxer Bevölkerung, die Ausrottung von Zigeunern und Juden (die erste sogenannte Endlösung in Serbien im Sommer 1941), Massenmassaker an der Bevölkerung in Kragujevac, Kraljevo, Novi Sad, die Inhaftierung und Tötung von Geiseln im Verhältnis 1:100 oder 1:50 für gefallene oder verwundete deutsche Soldaten, die Massaker in den Konzentrationslagern, vor allem im Ustascha-Lager in Jasenovac usw. sind nur die augenfälligsten Beispiele für den Terror der Besatzungsmächte und ihrer Helfer in Jugoslawien.

Im militärischen und zivilen Besatzungsapparat in Jugoslawien wurden neben Deutschen auch viele Österreicher eingesetzt. Die prominentesten Militär- und Polizeioffiziere aus dem ehemaligen Österreich waren die Generäle Alexander Löhr, Dr. Lothar Rendulic, Franz Böhme, Maximilian De Angelis, Edmund Glaise von Horstenau, Adalbert Lontschar, Josef Brauner, Alois Windisch, Josef Mickl, Otto Kumm, Siegfried Conrade, August Meyszner, Konstantin Kammerhofer, Odilo Globocnik, Alfred Rodenbücher. Der zivile Verwaltungsapparat in Nordslowenien unter den Chefs der Zivilverwaltung Dr. Sigfried Uiberreither und Dr. Friedrich Rainer bestand fast ausschließlich aus Österreichern. Positiv hervorzuheben ist der Wiener Dr. Oskar von Kaltenegger, der im Jahre 1941 als Mitglied des Stabes des OdZ in Bled (Veldes) versuchte, die Vertreibung der Slowenen zu verhindern, und der es im Herbst 1943 ablehnte, wieder nach Slowenien zurückzukehren, da er die deutsche Besatzungspolitik in Slowenien verurteilte.

Für Jugoslawien im zweiten Weltkrieg ist es bezeichnend, daß bald nach der Okkupation ein Krieg gegen das Besatzungsregime begann, der bis zum Frühling 1945 tobte. Für die jugoslawischen Völker war das ein Befreiungskrieg, der mancherorts auch einige Charakteristika eines Bürgerkrieges trug.

Nach dem raschen Zusammenbruch des Königreiches Jugoslawien war *die Kommunistische Partei Jugoslawiens* (KPJ), durch ihre bisherige illegale Arbeitsweise mit ihren 12.000 Mitgliedern und den 30.000 Mitgliedern der kommunistischen Jugendorganisationen (SKOJ), die einzige politische Kraft im Lande, die ungeachtet der Besatzungsgrenzen auf dem gesamten ehemaligen jugoslawischen Staatsgebiet ihre Organisationseinheit und politische Ausrichtung beizubehalten vermochte. Wenn sie auch Mitglied der Kommunistischen Internationale war, hatte sie trotz des Hitler-Stalin-Paktes infolge der unmittelbaren Gefährdung Jugoslawiens durch die faschistischen Nachbarstaaten, ihre antifaschistische Ausrichtung beibehalten. Sie trat sofort gegen die faschistische Okkupation auf und protestierte gegen das verbrecherische Tun und Wesen der Besatzungsmächte und ihrer Helfer. Ein erweitertes Zentralkomitee unter der Leitung des Generalsekretärs Josip Broz-Tito im Mai 1941 in Zagreb legte die Richtlinien für die Politik in den nächsten Jahren fest: den *bewaffneten Aufstand* gegen die Okkupanten und ihre Helfer und seine Ausweitung zu einem *bewaffneten Kampf* des ganzen Volkes mit dem Ziel, die Okkupanten und ihre Helfer zu vertreiben, bzw. vernichten, den jugoslawischen Staat auf neuen Grundlagen – der Gleichberechtigung aller jugoslawischen Nationen und der echten Volksdemokratie – aufzubauen. Parallel dazu solte es zu einer sozialen Umwandlung der Gesellschaft kommen. Der Umstand, daß nach grundsätzlichen Vorbereitungen die KPJ sowohl den Aufstand im Juli 1941 als auch den Volksbefreiungskrieg organisierte und leitete, gab diesem Kampf ein *revolutionäres Gepräge* und eröffnete die Möglichkeit, das Sozialgefüge Jugoslawiens grundlegend zu ändern. Die Tatsache, daß zu diesem Kampf breite Volksmassen hinzugezogen wurden, verlieh dem Volksbefreiungskrieg einen *allgemeinen Volkscharakter*. Die Führung der KPJ sah im Volksbefreiungskampf eine Etappe der sozialistischen Revolution, sie unterstützte aber revolutionäre Maßnahmen nur insofern, als sie die breiten Volksmassen zu verstehen und akzeptieren vermochten. Sie war sich der Tatsache bewußt, daß jede Überforderung des revolutionären Bewußtseins der Bevölkerung der Revolution selbst nur schaden und den Befreiungskampf einengen könnte, ohne den auch keine Revolution möglich wäre. Wo immer man damals anders handelte, hat man der Bewegung großen Schaden zugefügt (Montenegro, Herzegowina, Ostbosnien). Man kann feststellen, daß die Leitung der KPJ damals von der Revolution nicht viel sprach, sie als ihre eigentliche Zielsetzung aber auch nicht verheimlichte.

Der Führung der KPJ gelang es nicht, geschlossene Gruppen aus den einstigen politischen Parteien in den Befreiungskampf einzubinden; lediglich Einzelpersonen schlossen sich an. Nur die KP Sloweniens konnte Ende April 1941 mit den christlichen Sozialisten, dem demokratischen Flügel des liberalen Turnvereins Sokol (Falke) und mit progressiven Kulturarbeitern *die Befreiungsfront des slowenischen Volkes* gründen, der sich noch im Jahre 1941 etwa 15 neue, größere oder kleinere fortschrittliche Gruppen anschlossen; sie blieb allerdings die einzige Organisation dieser Art im besetzten Jugoslawien.

Der Führung der Volksbefreiungsbewegung gelang es auch nicht, im Herbst 1941 zu einem Einvernehmen mit Dragoljub Mihailovi´c, dem Leiter der Cetnici, zu kommen. Die Strategie der Cetnici-Bewegung, die anfangs nur in Serbien Fuß faßte, war es, die

Kräfte zu sammeln und in einer günstigen Zeit, d.h. bei Eröffnung einer alliierten Balkanfront oder einem Zusammenbruch der Achsenmächte, den bewaffneten Aufstand durchzuführen und das Königreich Jugoslawien mit seinem kapitalistischen System und seiner großserbischen Führung wiederherzustellen. Ein offensiver Guerillakrieg erschien ihr wegen der damit verbundenen Opfer an Menschenleben als zu riskant. Mihailovic wurde bald zu einem Exponent der jugoslawischen Exilregierung in London und in den Jahren 1942-1944 sogar ihr Kriegsminister, obwohl die ihm untergeordneten Cetnici-Truppen mit dem italienischen und auch mit dem deutschen Okkupanten offen kollaborierten.

Die große Entschlossenheit der KPJ zum bewaffneten Kampf, der besonders den vom Genozid bedrohten Volksgruppen als einziger Ausweg erschien, und das Reformprogramm der KPJ in gesellschaftlicher Hinsicht verschafften ihr einen größeren Rückhalt bei der Bevölkerung als ihn die Cetnici-Bewegung und andere bürgerliche Widerstandsgruppen hatten. Die Volksbefreiungsbewegung unter der Leitung der KPJ war die einzige Bewegung, die während des zweiten Weltkrieges die Angehörigen aller jugoslawischen Nationen in allen Gebieten, auch jenen, die vor 1941 nicht zu Jugoslawien gehörten (Istrien, Slowenisches Küstenland, Kärnten), schon von Anfang an breit einbezog. Während die Besatzungsmächte und ihre Helfershelfer den Nationalhaß schürten und die Tschetniki großserbisch eingestellt waren, bezog die Volksbefreiungsbewegung mit der Parole Brüderlichkeit und Einigkeit (bratstvo i jedinstvo) die Angehörigen aller jugoslawischen Völker und auch einiger Minderheiten ein und argumentierte, daß nur dieser Kampf ihr Weiterbestehen gewährleiste.

Die Eingliederung der Bevölkerung in diesen Kampf verlief nicht überall gleichmäßig. Besonders die von den Okkupanten und der Ustasa gefährdeten Völker schlossen sich dem Kampf schneller an als die anderen. Mancherorts fiel es schwer, den Einfluß des reaktionären Teils der einstigen bürgerlichen Parteien, in Kroatien z.B. der Kroatischen Bauernpartei, abzuschütteln, die den Besatzungsmächten versöhnlich gegenüber traten oder zumindest die Politik des Abwartens befürworteten. Einige nationale Minderheiten befreiten sich nur allmählich vom Einfluß der nationalen Demagogie der gleichstämmigen Besatzungsmacht. Die Mehrzahl der Jugoslawien-Deutschen ist z.B. bis zum Kriegsende auf der Seite der Besatzungsmacht geblieben.

Alle Gesellschaftsschichten beteiligten sich am Volksbefreiungskampf, absolut gesehen selbstverständlich in größtem Maße die Bauern und Arbeiter, worin die damalige soziale Zusammensetzung der jugoslawischen Gesellschaft zum Ausdruck kommt. Er erfaßte auch beide Geschlechter, besonders bei der Jugend; der Anteil der Frauen betrug ca. 2 Millionen, sogar in Partisaneneinheiten kämpften ca. 100.000. Die antifaschistischen Jugend- und Frauengruppen und -organisationen vereinten sich Ende 1942 in den vereinten Bünden der antifaschistischen Jugend und Frauen Jugoslawiens (USAOJ und AFZ).

Einer der strategischen Hauptgrundsätze der Führung der Volksbefreiungsbewegung war die Entscheidung, daß der bewaffnete Kampf in allen Gebieten und Bereichen geführt werden müsse, d.h., daß ein totaler Krieg entwickelt werden müsse. Um schwere Verluste zu vermeiden, wurden von allem Anfang an die Kampfabteilungen vor allem auf dem Lande gegründet. Die Terrainorganisationen in den Städten erlitten manchmal schwere Verluste. Als der Partisanenkampf besonders seit Frühjahr 1942 immer intensiver wurde, schlug sich in der sozialen Zusammensetzung von Partisaneneinheiten die Sozialstruktur der jugoslawischen Gesellschaft nieder.

Das Hauptkampfinstrument der Volksbefreiungsbewegung in Jugoslawien war die *Partisanen-* bzw. *Volksbefreiungsarmee* unter der Leitung des Obersten Stabes, der am 27. Juni 1941 in Belgrad gegründet wurde. In einzelnen Gebieten wurden noch im Jahr 1941 Oberkommandos der Partisaneneinheiten gegründet (in Slowenien schon am 22. Juni 1941), die dann ihre Einheiten bis zum Kriegsende führten. Die aufgrund der Gebietszugehörigkeit aufgebauten nationalen Partisanenarmeen stellten eines der ersten und zugleich grundlegenden Elemente des Entstehens des jugoslawischen Föderalismus dar, sie gehörten auch zu den ersten Ausdrücken der Souveränität der einzelnen Nationen.

Jede jugoslawische Nation mit ihrer Partisanenarmee kämpfte auf eigenem Territorium. Ende 1941 begann der Oberste Stab auch eigene operative Einheiten zu gründen, die im Frühling 1943 einige Divisionen zählten und die Tito direkt leitete. Sie bewegten sich in Kerngebieten Jugoslawiens (Montenegro, Bosnien, Herzegowina, Sandzak), führten die größten operativen Aufgaben durch und zogen von Zeit zu Zeit große militärische Kräfte der Besatzungsmächte und ihrer Helfer an sich. Wenn ein Gebiet dann besonders unter dem Druck der feindlichen Operationen litt, führte die Befreiungsarmee in einem anderen Gebiet ihre eigene Offensive durch. Große Mobilität und Angriffslust waren die wichtigsten Elemente der Partisanentaktik.

Anfangs bestand die Partisanenarmee fast ausschließlich aus Freiwilligen, später wurden allgemeine Wehrpflicht und Mobilisation eingeführt. Neben Territorialeinheiten wurden seit Dezember 1941 Brigaden, Divisionen, Armeekorps gegründet, so daß bei der Kapitulation Italiens die Partisanenarmee schon 16 Divisionen bzw. 6 Armeekorps und viele selbständige Brigaden, Abteilungen usw. zählte. Die Mehrheit dieser Einheiten kämpfte unter der Führung des nationalen Oberkommandos. Anfang 1945 wurden dann 4 weitere Armeen aufgestellt, so daß am Kriegsende die neue jugoslawische Armee mit ihren zahlreichen Heeres- , Marine- und Luftwaffeneinheiten schon rund 800.000 Mann zählte (die Zahl der Angehörigen der Besatzungsmächte und Kollaborateure betrug damals ca. 433.000 Mann).

Die Partisanenarmee band zahlreiche Besatzungseinheiten der Achsenmächte und Kollaborateure, von 25 bis 55 Divisionen. Sie wehrte deren Offensiven ab, überstand die zwei größten und schicksalsvollen Schlachten an der Neretva und Sutjeska, schuf immer wieder neue befreite Gebiete, entriß den Okkupanten und Kollaborateuren wichtige Wirtschaftsquellen und fügte ihnen auch große Menschenverluste zu. Nach eigenen Angaben verloren die Feinde ca. 447.000 Mann und hatte 559.432 Verwundete, während die Partisanen 304.948 Tote und 399.880 Verwundete hatten. Die Volksbefreiungsbewegung war aber nicht nur auf dem Schlachtfeld präsent, sondern auch gesellschaftspolitisch aktiv, und zwar mit dem Aufbau einer neuen Verwaltung in der Form von Volksbefreiungsausschüssen und in Slowenien vor allem in der Form von Ausschüssen der Befreiungsfront. Wo immer das möglich war, wurden die Ausschüsse von der Bevölkerung gewählt. Bis Ende November 1942 war der Oberste Stab der Volksbefreiungsarmee zugleich auch das höchste politische Gremium der Volksbefreiungsbewegung. Dann wurde in Bihac der Antifaschistische Rat der Volksbefreiung Jugoslawiens (AVNOJ) gewählt. Nach den entscheiden Siegen vor und nach der Kapitulation Italiens erklärte sich obengenannter Rat auf seiner zweiten Sitzung in Jajce am 29. November 1943 zum obersten Vertretungs– und Gesetzgebungsorgan. Er wählte ein Vollzugsorgan – das Nationalkommitee der Befreiung von Jugoslawien (NKOJ) mit Marschal Josip Broz-Tito als Präsidenten. Gerade in dieser Sitzung wurden mit den Beschlüssen über die Gesetzmäßigkeit der Volksbefreiungsausschüsse und über den föderativen Aufbau des neuen Jugoslawien die Grundlagen des neuen *demokratischen und föderativen Jugoslawien* gelegt; die Frage Republik oder Monarchie sollte nach dem Krieg gelöst werden.

Im Jahre 1943 wurden auch in einzelnen Gebieten, den künftigen Republiken, die Vertretungsorgane dieser Gebiete, sogenannte Antifaschistische Landesräte der Volksbefreiung gewählt. Diese und die niedrigeren Organe wurden allmählich in immer größeren Maße auch für Verwaltungs- und Wirtschaftsaufgaben herangezogen. So wurden bis zum Jahre 1944 die oben erwähnten Ausschüsse zugleich politische und Verwaltungsorgane. Ende 1944 wurde für ganz Jugoslawien die Einheitliche Volksbefreiungsfront von Jugoslawien (Jedinstveni narodnooslobodilacki front) gegründet, und zwar als eine allgemeine politische Organisation.

Die Kommunistische Partei Jugoslawiens hatte während des Krieges ständig Radioverbindung mit dem Exekutivausschuß der Komintern in Moskau. Aus Tiflis oder Moskau berichtete regelmäßig der Radiosender „Slobodna Jugoslavija" (Freies Jugoslawien) über den Partisanenkampf in Jugoslawien. Diese und die anderen Quellen nutzte die linksorientierte Weltpresse für die Verbreitung der Wahrheit über die Ereignisse in Jugoslawien und für die Entlarvung des Märchens von Mihailovic als einzigen Guerillaführer; die Kommunisten wurden von den Alliierten und der Exilregierung anfänglich als Trotzkisten abgestempelt.

Als die Wahrheit der Weltöffentlichkeit bekannt wurde, und als der Balkanraum nach der deutschen Niederlage in Stalingrad und alliierten Erfolgen in Nordafrika größere Bedeutung bekam, verbesserte sich auch die Reputation der Volksbefreiungsbewegung Jugoslawiens im westlichen Ausland. Besonderes Interesse an Jugoslawien zeigten die Briten, deren langfristige politische Ziele – die Aufrechterhaltung der bürgerlichen Gesellschaftsordnung in Jugoslawien – zwar eine Unterstützung Mihailovic erforderten, deren kurzfristige Zielsetzung – die Niederwerfung NS-Deutschlands –, aber eine Unterstützung der Partisanen als einzigen ernsten Militärfaktor, der gegen die Okkupation kämpfte, notwendig machte. Wichtig waren auch machtpolitische Erwägungen: die Partisanen sollten nicht ausschließlich von der Sowjetunion abhängig sein, und die Briten wollten Jugoslawien nicht nur den Russen und Amerikanern überlassen. So wurden im Frühling 1943 erstmals alliierte Militärmissionen zu den Partisanen entsandt, und sie erhielten auch zum ersten Mal materielle Unterstützung.

Die alliierte Konferenz in Teheran im November 1943 beschloß, den jugoslawischen Partisanen jede mögliche Unterstützung zu leisten. Anfangs 1944 fing die persönliche Korrespondenz zwischen Tito und Churchill an. Letzterer versuchte eine Versöhnung zwischen König Peter II. Karadjordjevic und den Partisanen herbeizuführen. Nachdem die Cetnici-Kollaboration mit den Achsenmächten nachgewiesen wurde, riefen die Briten ihre Mission von Tschetniki ab und stellten auch jegliche Hilfe für sie ein. Auf energischen britischen Druck wurde in London die neue jugoslawische Regierung mit dem kroatischen Ministerpräsidenten Dr. Ivan Subasic gebildet (er war der erste Kroate als Premier einer jugoslawischen Regierung). Ein Zusammentreffen mit ihm befürwortete auch die sowjetische Regierung, und in Titos Hauptquartier auf der Insel Vis wurde am 17. Juni 1944 ein Abkommen (Abkommen Tito-Subasic) unterzeichnet. Damit anerkannte die königliche Regierung die AVNOJ Beschlüsse und verpflichtete sich, die jugoslawischen Völker aufzufordern, sich in die Partisanenarmee einzugliedern und alle Kollaborateure, geheime wie öffentliche, zu verurteilen. Die aus demokratischen Elementen gebildete königliche Regierung sollte jede mögliche Hilfe für die Partisanenarmee leisten, und das Volk sollte nach dem Krieg über die künftige Staatsform, Republik oder Monarchie, entscheiden.

Eine Militärmission der Volksbefreiungsarmee wurde schon Anfang Dezember 1943 zum alliierten Hauptquartier im Nahen Osten nach Alexandria und später nach Algier und London gesandt; im Frühling 1944 ging eine andere nach Moskau. In Bari in Italien wirkte auch eine Militärbasis der jugoslawischen Partisanen. Ausgewählte Partisaneneinheiten wurden von westalliierten und sowjetischen Offizieren für Flieger-, Panzer-, Artillerie- und andere spezielle Einheiten ausgebildet. Manche Soldaten der jugoslawischen königlichen Armee gliederten sich in die Titoarmee ein. Kriegsgefangene italienische Soldaten, slowenischer und kroatischer Nationalität (ca. 30.000) wurden aber für den Dienst in der Partisanenarmee nicht freigelassen. Die jugoslawische Handels- und Kriegsmarine wurde von den Westalliierten auch nicht an die Partisanen übergeben.

Die erste sowjetische Militärmission landete Ende Februar 1944 in Jugoslawien erst. Sie versprach die regelmäßige Versorgung der Partisanenarmee, aber erst im Herbst 1944, als die Volksbefreiungsarmee und die Rote Armee zusammen in Serbien operierten und die Hauptstadt Belgrad befreiten, konnte der Großteil der sowjetischen Materialhilfe, auch die notwendigen schweren Waffen, dem neuen Jugoslawien geliefert werden. Ab Herbst 1944, als die dalmatinische Küste befreit wurde, weitete sich auch die Materialhilfe der westlichen Alliierten aus. Besonders wichtig war die Evakuierung der verwundeten und erkrankten Partisanen mit alliierten Flugzeugen nach Italien, wo sie in alliierten Krankenhäusern ärztlich betreut wurden. Die Flüchtlinge aus Dalmatien wurden nach Ägypten transportiert und im Lager El Shat untergebracht.

Im Sommer 1944 begannen die Zusammentreffen des Marschalls Tito mit den führenden Politkern und Militärs der Verbündeten. Mitte August 1944 traf er sich in Neapel mit Churchill, Ende September 1944 und im April 1945 mit Stalin in Moskau. Er entzog sich aber dem von Churchill gewünschten Treffen mit dem jugoslawischen König und widerstand auch dem britischen Druck, die gemeinsame jugoslawische Regierung sofort zu bilden. Tito wich damit einer Gefahr, in die in jener Zeit die griechische Befreiungsbewegung geriet, aus.

Das Eintreffen einer amerikanischen Nachrichtenmission bei Mihailovic, die Verschlechterung der Beziehungen zwischen den Partisanen und Westalliierten nach Titos geheimen Abflug nach Moskau, Befürchtungen, daß es zu einer nicht nur politischen, sondern auch militärischen Intervention in Jugoslawien kommen könnte, Befürchtungen, die sich nach der britischen Landung in Griechenland noch verstärkten, usw. beschäftigten damals die Führung der Volksbefreiungsbewegung. Erst nach mühsamen und mißverständnisvollen Verhandlungen wurden mehrere Abkommen über die Versorgung der Zivilbevölkerung und über die Marine-und Luftbasen in Dalmatien abgeschlossen. Ein Abkommen mit dem Oberkommando der Roten Armee in Moskau ermöglichte die Operationen der Roten Armee auf jugoslawischen Gebiet, es sollte als ein Präzedenzfall für eine etwaige alliierte Landung dienen. Auch der bulgarischen Armee sowie der Volksbefreiungsarmee Albaniens wurde die Möglichkeit für eine Teilnahme an der Operation in einigen jugoslawischen Gebieten gegeben. Die Idee der Gründung eines gemeinsamen Balkanstabes ist seinerzeit von Tito verworfen worden, die Pläne zur Errichtung einer südslawische Föderation wurden aber im April 1945 lediglich auf später vergeschoben.

Erst nach der Befreiung der östlichen Hälfte von Jugoslawien mit Belgrad (20. Oktober 1944) wurde das zweite, sogenannte Belgrader Tito-Subasic Abkommen über die Bildung einer einheitlichen Regierung und des Regentschaftsrates sowie über die Wahlen in die Konstituante abgeschlossen (1.12.1944). Wegen des Widerstandes des Königs verzögerte sich die Bildung beider Organe bis zum 7. März 1945; die neue Regierung führte Tito, in ihr waren 4 königstreue Minister vertreten, Subasic war Außenminister. Bald darauf folgte ihre Anerkennung durch die Verbündeten und auch die Bildung der Regierungen in den einzelnen Gebieten der künftigen Republiken.

Im Frühling 1945 fingen die Schlußoperationen der Jugoslawischen Armee für die Befreiung der westlichen Hälfte von Jugoslawien an. Die Operationen verliefen stufenweise und waren mit heftigen Kämpfen verbunden. Die deutsche Wehrmacht und die Ustasa-Truppen zogen sich nur langsam zurück, während sich die anderen südslawischen Kollaborateure (serbische von Milan Nedic und Dimitrije Ljotic, Cetnici aus Mittel- und Westjugoslawien usw.) unter dem Oberbefehl des deutschen höheren SS und Polizeiführers im Adriatischen Küstenland sammelten und Mihailovic mit seiner Cetnici-Gruppe in Ostbosnien blieb. In den Operationen wurden Ende April und Anfang Mai 1945 auch die Gebiete mit slowenischer und kroatischer Bevölkerung, die früher nicht zu Jugoslawien gehörten, befreit. Die Kämpfe dauerten bis zum 15. Mai 1945 an, als die letzten feindlichen Truppen ihre Waffen niederlegten.

Aufgrund der internationalen Solidarität hatte die jugoslawische Volksbefreiungsbewegung enge Verbindungen mit den Widerstandsbewegungen in den Nachbarstaaten. Auf jugoslawischem Gebiet wurden viele Einheiten anderer europäischer Völker gebildet, z.B. italienische Garibaldi-Divisionen und -Brigaden, mehrere österreichische Bataillone, eine deutsche Kompanie usw.. Eine noch nicht genau festgestellte Zahl von Österreichern kämpfte auch in jugoslawischen Einheiten. Es gab einige Arbeitergruppen aus den steirischen Industriegebieten, die im Jahre 1944 geschlossen nach Slowenien kamen, um in der Partisanenarmee zu kämpfen. Auch größere österreichische Partisanengruppen, z.B. die Gruppe „Avantgarde", die auf österreichischem Boden operierte, standen in enger Verbindung mit der jugoslawischen Befreiungsbewegung. Andererseits kämpften Jugoslawen in den Widerstandsbewegungen anderer Völker in ganz Europa und gingen in Gefängnissen, Konzentrationslagern (rund 171.000 Mann), Kriegsgefangenenlagern (rund 300.000 Mann) usw., zugrunde.

Quantitative Angaben über den Widerstand habe ich schon gegeben. Ich möchte noch hinzufügen, daß Jugoslawien zu den Ländern zählt, die im zweiten Weltkrieg am meisten gelitten haben. Seine Menschenverluste – den Ausfall der Bevölkerungszunahme eingerechnet – betrugen 1,7 Millionen. Das Land litt auch sehr unter Zerstörungen; rund 3,5 Millionen Menschen wurden obdachlos. Der materielle Schaden, den die Besatzungsmächte Jugoslawiens zufügten, wurde auf 46,9 Milliarden Dollar (nach den Preisen des Jahres 1938) geschätzt.

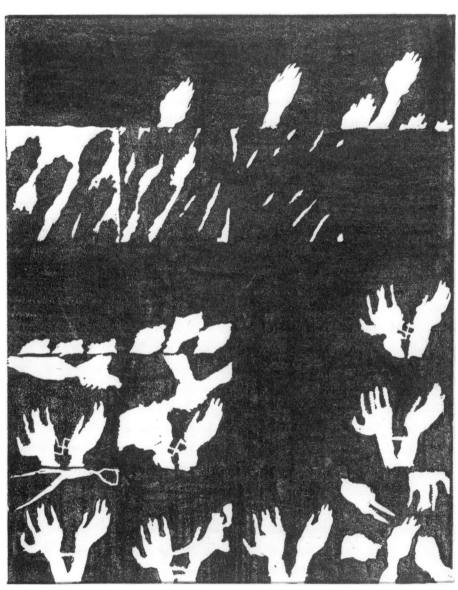

Grafik:
Helmut Dorfner
Wie es dazu kam – was daraus wurde

Marian Zgórniak

Polen im Zweiten Weltkrieg

Die Einverleibung Österreichs in das Deutsche Reich, deren 50. Jahrestag eben begangen wird und die im Prinzip der hauptsächlichste Gegenstand des gegenwärtigen Symposions ist, ging nur um 18 Monate der Aggression Hitler-Deutschlands gegen Polen voraus, die den Ausbruch des Zweiten Weltkrieges bedeutete. Polen war der erste Staat, der sich trotz einer deutlichen militärischen, wirtschaftlichen und geostrategischen Überlegenheit Deutschlands dazu entschloß, Hitler mit Waffengewalt gegenüberzutreten.

Polen, das im Ergebnis des Ersten Weltkrieges nach 123 Jahren seine Unabhängigkeit erlangt hatte, wurde in der Zeit nach Versailles zum Hauptgegenstand der Anfgriffe des deutschen Revisionismus, die hauptsächlich gegen die neuen Ostgrenzen gerichtet waren, gegen den sogenannten „Korridor", der Polen den Zugang zur Ostsee ermöglichte, gegen das Statut der Freien Stadt Danzig sowie die Zuerkennung von Teilen Oberschlesiens an Polen. Im Laufe der Nachkriegsjahre waren die polnisch-deutschen Beziehungen daher gespannt. Es mehrten sich Zwischenfälle verschiedener Art, und manchmal kam es auch zu militärischen Demonstrationen oder zu Gerüchten von einem angeblich von Polen vorbereiteten Präventivkrieg (1933). Die Machtübernahme Hitlers in Deutschland verschärfte zunächst die deutsch-polnischen Spannungen. Im Jahre 1934 erfolgte jedoch die Unterzeichnung eines auf 10 Jahre vorgesehenen polnisch-deutschen Nichtangriffspaktes, was eine gewisse Entspannung der Beziehungen zwischen Polen und dem Dritten Reich mit sich brachte. Hitler wollte auf dem Wege einer einstweiligen Besänftigung der polnisch-deutschen Spannungen Zeit für die Remilitarisierung Deutschlands gewinnen und betrachtete das Abkommen von Anfang an als eine rein taktische Maßnahme, an die er sich nicht später gebunden fühlte.In Polen, das im Jahre 1932 auch mit der Sowjetunion einen Nichtangriffspakt abschloß, gab man sich dennoch keinen Illusionen hin: man wußte, daß es um die Sicherheit der 2. polnischen Republik trotz dieser Verträge nicht gut bestellt war. „Wir sitzen auf zwei Stühlen," sagte im Jahre 1934 der Marschall Pilsudski zu seinen Mitarbeitern, „wir müssen nur wissen, von welchem und wann wir zuerst fallen werden." Das sollte jedoch fast gleichzeitig erfolgen und zwar im September 1939.

In der Zeit des Anschlusses Österreichs und der tschechoslowakischen Krise im Jahre 1938 täuschte die Diplomatie des Dritten Reiches die polnische Regierung noch mit der Perspektive einer Beständigkeit der gutnachbarlichen Beziehungen, doch kurz nach dem Münchener Vertrag am 24. Oktober 1938 erhob J.v. Ribbentrop Forderungen bezüglich Danzigs. Am 21. März 1939 schließlich stellte das Dritte Reich Polen de facto ein diesbezügliches Ultimatum. Wie bekannt, wies Polen entschieden die Gebietsansprüche des Reiches zurück. Der formale Befehl zur Ausarbeitung von Plänen eines Angriffes auf Polen, der irgendwann nach dem 1. September 1939 erfolgen sollte, wurde den Stäben der deutschen Wehrmacht am 3. April erteilt, und am 15. Juni erließ das Oberkommando des Heeres die endgültigen Weisungen zum „Fall Weiss". Von Mitte August an begannen die Bewegungen großer Massen von heimlich mobilisierten deutschen Truppen zu den Ausgangsstellungen zum Angriff auf Polen.

Am 1. September um 4.45 Uhr wurde Polen ohne eine formelle Kriegserklärung von der deutschen Wehrmacht angegriffen. Der „Fall Weiss" sah an der Ostfront den Einsatz der Hauptkampfkräfte der Wehrmacht vor, d.h. aller leichten, motorisierten und Panzerdivisionen sowie die überwältigende Mehrheit der aktiven Infanteriedivisionen. Fünf Armeen (14., 10., 8., 4. und 3. Armee), gegliedert in zwei Armeegruppen, unterstützt von der mächtigen Luftwaffe in der Gestalt von zwei Luftflotten, sollten Polen vom Südwesten (Heeresgruppe „Süd") sowie vom Nordwesten und Norden (Heeresgruppe „Nord") angreifen und das polnische Heer in einer doppelten Umzingelung am westlichen und östlichen Ufer der Weichsel und des San vernichten. Hinter jeder der fünf Armeen operierten Einsatzgruppen der Polizei und des SD mit der Aufgabe, die Zivilbevölkerung zu terrorisieren und ein Netz von Polizeiorganisationen in den okkupierten Gebieten zu errichten.

An der Westfront wurde gegen das mit Polen verbündete Frankreich und Großbritannien die Armeegruppe „C" eingesetzt, die den sogenannten Westwall gegen eine eventuelle französische Offensive verteidigen sollte. Großbritannien und Frankreich erklärten zwar am 3. September dem Reich den Krieg, nahmen jedoch keine größeren Angriffshandlungen auf, sodaß das polnische Heer de facto völlig auf sich allein gestellt blieb.

Die polnischen Streitkräfte bestanden aus 39 Infanteriedivisionen, 11 Kavalleriebrigaden, 2 motorisierten Brigaden sowie 6 Fliegerregimentern. Diese Einheiten waren nur schwach mit Artillerie, Panzerabwehrkanonen und Flaks ausgerüstet, besaßen nur eine geringe Anzahl von Panzern, Panzerwagen und besonders wenige motorisierte Fahrzeuge. Die polnische Luftwaffe verfügte nur über ungefähr 400 Flugzeuge der I. Linie, von denen nur gegen 10% moderne Maschinen waren. Es gelang, ungefähr 1,200.000 Mann zu mobilisieren, was ca. 80% des Mobilmachungsplanes ausmachte, jedoch konnten sich die Armeen nicht völlig konzentrieren und erlagen den überlegenen deutschen Kräften, die zum ersten Mal die Taktik des Blitzkrieges anwandten. Die gegen Polen eingesetzten ausgewählten Divisionen der Wehrmacht besaßen gegenüber den Polen ungefähr eine 70%ige zahlenmäßige Überlegenheit, aber dabei ein mehrfaches – und falls es sich um motorisierte Fahrzeuge handelte – sogar ein mehr als 20faches Übergewicht. Schon im Laufe von einigen Tagen wurde die polnische Front durchbrochen, die Armeen befanden sich auf dem Rückzug; die deutsche Luftwaffe erlangte die volle Herrschaft in der Luft und belegte Flugplätze, Truppengruppierungen, Verkehrsknoten, Städte und die Zivilbevölkerung mit Bomben. Einen längeren Widerstand gegen die deutschen Truppen iteten befestigte Stellungen an der Ostsee, Warschau und Modlin. Die polnische Hauptstadt wurde zum Ziel brutaler Bombenangriffe und wurde zu einem großen Teil vernichtet. Die polnischen Truppen unternahmen einige Gegenangriffsoperationen (die Schlacht an der Bzura). Schlußendlich unterlagen sie jedoch bis zu den ersten Oktobertagen des Jahres 1939 der deutschen Übermacht. Am 17. September 1939 überschritten auch sowjetische Truppen die Grenze Polens und nahmen die östlichen Wojewodschaften des Landes bis zu den Flüssen San, Bug und Narew ein. Diese Gebiete, ein Raum von 201.000 km², waren vor dem Kriege von 13,4 Millionen Menschen bewohnt, 8,7 Millionen Ukrainern, Weißrussen, Juden und Litauern sowie 4,7 Millionen Polen. Die polnische Regierung, der Oberste Befehlshaber und sein Generalstab versuchten noch in der Nähe der Grenze des mit Polen verbündeten Rumäniens einen Widerstand zu organisieren, doch auf die Nachricht vom Herannahen der sowjetischen Einheiten überschritten sie diese Grenze in der Absicht, den Krieg an der Seite der westlichen Verbündeten weiter zu führen. Doch unter dem Druck der Diplomatie Hitlers wurden die polnische Regierung und der Führungsstab von den rumänischen Behörden interniert. Dennoch gelang es den Polen, die Fortdauer der Staatsmacht zu bewahren. Der zurücktretende Präsident ernannte anhand der Verfassung seinen Nachfolger, der eine neue Regierung mit General Wladyslaw Sikorski an der Spitze ernannte. In Frankreich, und nach dessen Niederlage in Großbritannien, organisierte er aufs Neue die polnischen Streitkräfte und setzte den Krieg gegen das Dritte Reich fort.

Im Verlauf der Septemberkampagne erlitt die polnische Armee Verluste von ungefähr 66.000 Gefallenen, 135.000 Verwundeten, 400.000 Gefangenen in deutscher und über 200.000 in sowjetischer Gefangenschaft. Ungefähr 90.000 Offizieren und Soldaten gelang es, nach Rumänien, Ungarn und Litauen zu entkommen. Der Rest des polnischen Heeres löste sich auf. Die deutschen Verluste betrugen ungefähr 50.000 Mann, darunter 16.572 Gefallene, und eine ziemlich bedeutende Menge an Kriegsmaterial.

Das Gebiet der Zweiten Polnischen Republik wurde nach der Niederlage in zwei Teile geteilt. Am 28. Oktober wurde auf einem Treffen Rippentrops mit Molotov in Moskau der deutsch-sowjetische Nichtangriffspakt vom 23. August ergänzt und eine neue Demarkationslinie bestimmt. Die östlichen Wojewodschaften wurden den Sowjetrepubliken Ukraine und Weißrußland einverleibt, Wilna samt Umgebung wurde an Litauen übergeben, das übrigens im Juli 1940 sowieso von der Sowjetunion eingenommen wurde. Unter deutscher Besatzung befanden sich 186.000 km² mit einer Bevölkerung von 22,521.000 Einwohnern, darunter 18,6 Millionen Polen, 1,263.000 Deutschen, 2,1 Millionen Juden und 526.000 Ukrainern und Weißrussen. Von diesem Gebiet wurde fast die Hälfte (91.974 km²) mit einer Bevölkerung von 10,139.000 Einwohnern, darunter le diglich 607.000 Deutschen, 8,9 Millionen Polen und 600.000 Juden, sowie das Gebiet der Freien Stadt Danzig unmittelbar in das Reich eingegliedert. Aus Zentralpolen (94.000 km²) mit einer Bevölkerung von 12,382.000 Einwohnern, davon 9,7 Millionen Polen, 656.000 Deutschen, 1,5 Millionen Juden und 526.000 Ukrainern und Weißrussen, wurde das sogenante Generalgouvernement mit der Hauptstadt in Krakau errichtet.

Auf den in das Reich einverleibten Gebieten wurde mit strengen Repressalien gegen die polnische und jüdische Bevölkerung begonnen. Es fanden massenhaft Exekutionen und Verhaftungen statt. Diese Gebiete wurden als urdeutsch angesehen, alle polnischen Schulen geschlossen, die polnische Bevölkerung jeglichen Eigentums beraubt, aus Wohnungen und Wirtschaften entfernt, in Lager, zur Zwangsarbeit nach Deutschland verschleppt oder in die nicht in das Reich einverleibten Gebiete umgesiedelt. An ihrer Stelle wurden Deutsche angesiedelt, die aus dem Reich, den baltischen Ländern und aus der Bukowina und der Dobrudscha stammten.

Auf dem Gebiet des Generalgouvernements konnten die Polen beschränkte und von den Deutschen kontrollierte Produktionsmittel, das Grundschulwesen und Berufsschulen beibehalten, dagegen wurden Hochschulen und Gymnasien geschlossen. Schon im November 1939 wurden 183 Professoren und Dozenten der Jagiellonen Universität in Krakau in das Konzentrationslager Sachsenhausen gebracht; verhaftet und in Konzentrationslager verschickt wurden bald tausende Polen, vor allem Angehörige der polnischen Intelligenz, die von den Nazis besonders verfolgt wurden. Vom Beginn der Annexion an, wurden alle Personen jüdischer Herkunft besonders verfolgt, sie wurden zum Tragen von Armbinden mit dem Davidstern gezwungen, allmählich wurde ihr Vermögen konfisziert, sie selbst in besonderen Ghettos oder Lagern eingeschlossen, von wo aus sie zur Arbeit geführt wurden. Die Juden bekamen Hungerrationen an Lebensmittel und jede Erteilung von Hilfe oder ihr Verbergen durch Polen wurde mit Todesstrafe bedroht.

Das Problem der nationalsozialistischen Judenpolitik in Polen wurde im Rahmen dieses Symposions von Prof. Scheffler aus Berlin erörtert. Ich beschränke mich nur auf die wichtigsten Punkte. Von Beginn der Okkupation an wurden Konzentrationslager als Mittel zur Massenvernichtung eingesetzt. Anfangs wurden Polen in schon früher auf dem Gebiet des Reiches errichtete Lager verschleppt, allmählich aber wurde mit dem Ausbau eines Netzes von Lagern auch in den besetzten Gebieten begonnen. Im Juni des

Jahres 1940 wurde das berüchtigte Konzentrationslager Oswiecim (Auschwitz) errichtet, in dem später über 3 Millionen Menschen vernichtet wurden, später die Lager in Majdanek, Cholm am Ner, Sobibór, Belzec und Treblinka. Im Jahre 1942 begannen die Nazis mit der Aktion der sogenannten Endlösung der Judenfrage, d.h. der physischen Liquidation der in den Ghettos eingeschlossenen Juden. Ein Teil von ihnen wurde auf der Stelle getötet, die übrigen in Vernichtungslager gebracht, dort in Gaskammern umgebracht und ihre Leichen in Krematorien oder auf Scheiterhaufen verbrannt. Die endgültige Liquidation des Warschauer Ghettos fand im Frühjahr 1943 statt. Ein Teil seiner Bevölkerung nahm, geleitet von der Jüdischen Kampf-Organisation, den bewaffneten Widerstand auf, der jedoch von der SS blutig niedergeschlagen wurde. Ein Aufstand brach gleichfalls im Ghetto von Bialystok aus. Nur wenige polnische Juden entgingen der Vernichtung. Das Schicksal der Juden teilte auch die Zigeunerbevölkerung.

In der Epoche der größten militärischen Erfolge des Dritten Reiches wurden Arbeiten an der Generallösung der Ostfrage (Generalplan Ost) aufgenommen. Es wurde geplant, aus den die polnischen Länder umfassenden Gebieten, den baltischen Republiken, der Ukraine und Weißrußland den größten Teil der Bevölkerung zu entfernen, um einen Raum für die Ansiedlung deutscher Kolonisten vorzubereiten. Ein Teil der ansässigen Bevölkerung sollte einer Germanisierung, ein anderer Teil der Vernichtung unterliegen, der Rest aber sollte nach Sibirien umgesiedelt werden. Zu einer Verwirklichung dieses Planes kam es jedoch nicht – und zwar als Folge der militärischen Mißerfolge des Dritten Reiches; in einem kleineren Maßstab versuchte man ihn im Rayon von Zamósc zu realisieren, wo über 100.000 polnische Bauern ausgesiedelt und ihre Höfe deutschen Kolonisten übergeben werden sollten. Doch infolge des aktiven Widerstandes der Bevölkerung und von Partisanenabteilungen blieb diese Aktion völlig erfolglos und mußte abgebrochen werden.

Vom Beginn der Okkupation an entwickelte sich in den polnischen Gebieten eine Widerstandsbewegung, die den Charakter einer Volksbewegung annahm und in verschiedener Gestalt auftrat: von dem Nichtbefolgen der Verordnungen der Okkupationsbehörden, über Verlangsamung des Arbeitstempos, wirtschaftliche Sabotage, bis zur Schaffung konspirativer Organisationen und dem bewaffneten Kampf. Organisiert wurden auch geheime Gymnasial-Lehrgänge und Universitätsstudien sowie, als Parallele zu der deutschen, eine geheime territoriale Verwaltung. Die zu Beginn spontan entstehenden geheimen Organisationen vereinten sich mit der Zeit und schufen den Verband Bewaffneter Kämpfer (ZWZ), der das ganze Land umfaßte, darunter auch die von der Sowjetunion einverleibten Gebiete. In den polnischen Ostgebieten wurde jedoch die Schaffung und Arbeit einer konspirativen Organisation durch Massendeportationen erschwert, die etwa 1,4 Millionen Personen umfaßte, darunter ungefähr 1 Millionen Polen. Im Februar 1942 wurde der Verband Bewaffneter Kämpfer, der die Kampforganisation der Exilregierung in London darstellte, in die „Armia Krajowa" (Landes-Armee) umbenannt. Sein

Personalstand betrug im Jahre 1944 bis zu ungefähr 400.000 Mann, die jedoch nur über eine mangelhafte Ausrüstung verfügten. Trotz Polizei-Terror, der oft einzelne Gruppen der Landes-Armee vernichtete, entstand ein ganzer Untergrundstaat, der über eine ziemlich straffe Organisation verfügte und eine geheime Presse herausgab. Konspirativ waren auch politische Parteien tätig, die oft über eigene militärische Organisationen verfügten. Es entstand auch eine Vertretung der Londoner Regierung, die im allgemeinen das politische Organ dieser Regierung in den besetzten Gebieten war. Der erfolgreich arbeitende Nachrichtendienst der Landes-Armee erwies den Alliierten wertvolle Dienste, insbesondere zur Zeit der deutschen Vorbereitungen zum „Fall Barbarossa" sowie bei der Bekämpfung der fliegenden Bomben „V-1" und „V-2".

Der deutsche Angriff auf die Sojwetunion schuf in den polnischen Ländern eine neue Lage. Dem Generalgouvernement wurde der sogenannte Distrikt Galizien mit der Hauptstadt Lemberg einverleibt, und die polnischen konspirativen Organisationen erweiterten ihre Tätigkeit nach Osten und waren bestrebt, dort ihre kämpferische Anwesenheit besonders zu betonen. Im Juli 1941 unterzeichnete die polnische Regierung in London mit dem Botschafter der Sojwetunion, Majski, einen Vertrag über die Zusammenarbeit, der u.a. die Bildung einer polnischen Armee auf dem Gebiet der Sojwetunion vorsah, die operativ dem sojwetischen Kommando, aber organisatorisch der polnischen Regierung in London unterstellt sein sollte. Der Londoner Vertrag enthielt keine Feststellung hinsichtlich der künftigen polnisch-sowjetischen Grenze und dieses Problem sollte nur zu bald zu einem Streitobjekt werden. Die polnische Regierung blieb auf dem Standpunkt der Unantastbarkeit der Ostgrenze Polens aus dem Jahre 1939, dagegen wollte die Sojwetregierung die eingenommenen Gebiete behalten und war höchstens zu geringfügigen Grenzkorrekturen zugunsten Polens bereit. Rund um die in der UdSSR formierte polnische Armee, die mehrere zehntausend Mann zählte, begannen Konflikte zu entstehen, die schließlich dazu führten, daß sie im Sommer 1942 das Gebiet der Sowjetunion verließ und sich in den Nahen Osten begab. Das dort entstandene II. Korps der Polnischen Armee stand unter britischem Kommando.

Der polnischen Regierung gelang es in Frankreich bis zum Frühjahr 1940 eine ungefähr 80.000 Mann zählende Armee zu organisieren, deren Einheiten an der Expedition in Norwegen und an den Kämpfen um Narvik teilnahmen und später auch bei der Verteidigung Frankreichs eine Rolle spielten. Nach der Kapitulation Frankreichs konnten nur ungefähr 25.000 Soldaten nach Großbritannien evakuiert werden. Polnische Flieger nahmen dann an der Luftschlacht um England teil und erzielten namhafte Erfolge. Auch die polnische Kriegsmarine nahm während der ganzen Dauer des Krieges an Operationen der alliierten Flotte teil.

Die Niederlagen der deutschen Wehrmacht bei Stalingrad und Kursk, die sowjetische Gegenoffensive und die Erfolge der Roten Armee, die im Winter 1943/44 die östliche

Vorkriegsgrenze Polens überschritt, änderten sowohl die Kräfteverhältnisse innerhalb der polnischen Widerstandsbewegung als auch die internationale Stellung der polnischen Regierung in London. Angesichts der Unnachgiebigkeit der polnischen Regierung in der Frage der polnischen Ostgrenze verschlechterten sich die polnisch-sowjetischen Beziehungen allmählich. Im Frühjahr 1943 wurden sie schließlich in Folge des Konfliktes um Katyn völlig abgebrochen. Im März des Jahres 1943 entdeckten die Deutschen in der Ortschaft Katyn bei Smolensk Gräber von über 4.000 polnischen Offizieren, die sich seit dem Jahre 1939 in sowjetischer Gefangenschaft befunden hatten. Die polnisch e Regierung wandte sich an das Internationale Rote Kreuz in Genf mit dem Ersuchen um die Klärung dieser Angelegenheit. Die Sowjetregierung interpretierte dies als einen feindseligen Akt und nahm es zum Vorwand, die diplomatischen Beziehungen zu der Regierung von Sikorski abzubrechen. Gleichzeitig wurde in Moskau der Bund Polnischer Patrioten ins Leben gerufen, der Anstrengungen zur Schaffung polnischer Militärkräfte unternahm, die an der Seite der Roten Armee kämpfen sollten. In Kürze entstand die 1. Infanteriedivision, die im Oktober 1943 an dem blutigen Kampf bei Lenino teilnahm und später zu einem Korps und dann zu einer ungefähr 100.000 Mann zählenden Armee ausgebaut wurde. In der zweiten Hälfte des Jahres 1944 – schon nach dem Einmarsch der Roten Armee in polnisches Gebiet – wurde gleichfalls die 2. Armee des polnischen Heeres aufgestellt, die in der Endphase des Krieges an den Kämpfen an der Ostfront teilnahm.

Auch die Lage der polnischen Widerstandsbewegung änderte sich. Im Januar des Jahres 1942 entstand die Polnische Arbeiterpartei (PRP), die bestrebt war, außer den Kommunisten auch die gesamte Linke um sich zu sammeln. Diese Partei versuchte sofort den aktivenKampf gegen die Okkupanten aufzunehmen. Sie schuf eigene Kampfeinheiten, die Volksgarde, die im Jahre 1944 in Volksarmee umbenannt wurde. Die Polnische Arbeiterpartei führte auch während einer gewissen Zeit Verhandlungen mit der Delegatur der Londoner Regierung, jedoch kam es zu keiner Einigung. Mit dem Herannahen der Ostfront traten die Differenzen zwischen den Anhängern der polnischen Londoner Regierung und der Linken noch deutlicher zu Tage. Das Generalkommando der Landes-Armee erarbeitete den sogenannten „Burza" (Sturm)-Plan. Er beruhte darauf, Kampfaktionen und Aufstände gegen die deutschen Truppen in der Frontnähe aufzunehmen und nach der Einnahme einzelner Ortschaften gegenüber den einrückenden Sowiets in der Rolle der Herren dieser Gebiete aufzutreten. Angesichts der feindlichen Einstellung der Sowjetbehörden gegenüber der Landes-Armee war dieser Plan schon im voraus zum Scheitern verurteilt. Nach dem Versuch der Eroberung von Wolynien, Wilna und Lemberg hatten die Einheiten der Landes-Armee nach dem Einmarsch der Sowjettruppen die Wahl, entweder in die Polnische Volksarmee einzutreten oder entwaffnet und interniert zu werden. Viele Mitglieder der polnischen Widerstandsbewegung, besonders in den Ostgebieten, wurden von der Roten Armee liquidiert, ein Teil von ihnen trat in die Volksarmee ein.

Im Juli 1944, nach den großen sowjetischen Siegen in Weißrußland, überschritten die Einheiten des linken Flügels der I. Weißrussischen Front, zu denen gleichfalls die 1. Armee der Polnischen Volksarmee gehörte, den Bug, nahmen Lublin ein und drangen bis zur mittleren Weichsel vor. Am 22. Juli wurde in Cholm ein Manifest des eben geschaffenen Polnischen Komitees der Nationalen Befreiung veröffentlicht, das von der Sowjetregierung praktisch als provisorische polnische Regierung angesehen wurde. Das Manifest verkündete die Fortsetzung des Kampfes um die Befreiung des Landes an der Seite der Roten Armee sowie demokratische und soziale Reformen, insbesondere eine radikale Bodenreform. Die Sowjetregierung schloß mit dem von ihr unterstützten Komitee eine Reihe von Verträgen ab, die den Aufenthalt sowjetischer Truppen auf polnischem Territorium zum Thema hatten. Das entschied schon im voraus die künftige Rolle dieses Komitees als tatsächliche polnische Regierung, obwohl es von der bisherigen polnischen Regierung in London und der Führung der Landes-Armee nicht anerkannt wurde. Auch verschlechterte sich die Position der Londoner Exil-Regierung auf dem internationalem Forum zusehends. Nach dem Tode General Sikorskis bei einer Flugzeugkatastrophe in Gibraltar (Juli 1943) gaben Roosevelt und Churchill auf der Konferenz von Teheran praktisch ihre Zustimmung zu den territorialen Forderungen Sowjetrußlands gegenüber Polen und akzeptierten die von den Sowjets geschaffenenTatsachen ohne größere Widersprüche. Angesichts dieser Situation wollte die polnische Londoner Regierung ihre Bedeutung und Macht durch Aktionen der Landes-Armee unter Beweis stellen. Am 1. August 1944 brach in Warschau – als schon der Kanonendonner der sich nähernden Front zu hören war – ein Aufstand aus. Ein bedeutender Teil der Stadt wurde von den Aufständischen eingenommen, die jedoch vergebens auf eine wirksame Hilfe seitens der Alliierten und vor allem seitens der am rechten Ufer der Weichsel stehenden sowjetischen Truppen warteten. Nach 63 Tagen erbitterten Kampfes mußten die Aufständischen kapitulieren, und auf Grund eines besonderen Befehls Hitlers sollte Warschau völlig vernichtet werden. Die gesamte am Leben gebliebene Bevölkerung wurde ausgesiedelt und besondere Pionierabteilungen zerstörten der Reihe nach alle Gebäude. Im Warschauer Aufstand verloren fast 200.000 Menschen ihr Leben, in der Mehrheit Zivilbevölkerung. Die Stadt wurde zu 80% zerstört.

Unter Vermittlung der britischen Regierung fanden im August und Oktober des Jahres 1944 in Moskau Unterredungen zwischen dem Ministerpräsidenten der polnischen Regierung in London, Mikolajczyk, und Stalin bzw. dem Polnischen Komitee der Nationalen Befreiung statt. Sie führten jedoch zu keinen positiven Ergebnissen. Schließlich stimmte Mikolajczyk den Grenzänderungen im Osten und der Errichtung einer gemeinsamen Regierung mit dem Lubliner Komitee zu. Nach seiner Rückkehr nach London fanden diese Zugeständnisse jedoch nicht den Sanktus der übrigen Regierungsmitglieder und Mikolajczyk mußte sein Amt niederlegen. Am 31. Dezember 1944 wurde aus dem Komitee der Nationalen Befreiung die Provisorische Regierung Polens geschaffen, die sofort von der Sowjetunion anerkannt wurde.

Am 12. Januar 1945 begann eine große sowjetische Offensive, die im Laufe von wenigen Wochen die restlichen polnischen Gebiete befreite. Die Landes-Armee, deren Abteilungen das ganze Jahr 1944 hindurch in den verschiedenen Landesteilen kämpfte, wurde aufgelöst, und auf den befreiten Gebieten ergriffen Organe der provisorischen Regierung die Macht.

Im Endabschnitt des Zweiten Weltkrieges hatten verschiedene Formationen des polnischen Heeres einen verhältnismäßig bedeutenden Anteil an den Kämpfen. In Italien eroberte das II. Polnische Korps Monte Cassino und Ancona und hatte auch namhaften Anteil an den Kämpfen um Bologna. Die 1. polnische Panzerdivision kämpfte erfolgreich in der Normandie, in Belgien und in Holland, wo in einer mißglückten Luftlandungsoperation bei Arnheim auch eine polnische Fallschirmjäger-Brigade eingesetzt wurde. An der Ostfront nahm die 1. Armee der Polnischen Volksarmee an den Kämpfen um Warschau teil, kämpfte um die sogenannte Pommernstellung und zwischen Oder und Elbe; die 2. Armee nahm an den Kriegshandlungen an der Neisse und bei Prag teil. Bei Kriegsende zählte die Polnische Volksarmee ungefähr 400.000 Soldaten und die polnischen Streitkräfte im Westen gegen 200.000 Mann.

Die allgemeine Bilanz des für Polen formal siegreich abgeschlossenen Krieges stellt sich jedoch nicht günstig dar. Der durch Hitlers Aggression begonnene Zweite Weltkrieg brachte Polen ungeheure menschliche, materielle und territoriale Verluste. Beim Anlagevermögen werden sie auf 38% des Vorkriegsstandes geschätzt, und die gesamten materiellen Verluste belaufen sich auf die Summe von ungefähr 50 Milliarden damalige Dollar. Bedeutend waren auch die territorialen Verluste. Zugunsten der Sowjetrepubliken wurden Gebiete von 180.000 km^2 abgetreten, im Norden und Westen erhielt Polen im Austausch auf Kosten Deutschlands 103.000 km^2. Das polnische Staatsgebiet erfuhr also eine Verminderung um 77.000 km^2.

In Folge der Kriegshandlungen verlor Polen 644.000 Menschen; durch Exekutionen, Pazifikationen und in Konzentrationslagern wurden ungefähr 3,577.000 Menschen umgebracht, zum größten Teil jüdischer Herkunft. Als Folge von Epidemien, Krankheiten und Entkräftung starben in Gefängnissen und Lagern 1,286.000 Menschen. Außerhalb der Lager gingen an Krankheiten und Entkräftung 521.000 Personen zugrunde. Die Gesamtverluste werden auf 6,028.000 Menschen geschätzt, das sind 22% der Gesamtbevölkerung Polens aus dem Jahre 1939. Im Verhältnis zur Bevölkerungsanzahl erlitt Polen also die größten Verluste in Europa (in der Sowjetunion auf 1.000 Einwohner – 116, in Jugoslawien – 108, in Frankreich – 15, in den USA – 2,9).

Miklós Szinai

Ungarn im Zweiten Weltkrieg

Als ich die Aufgabe bekam, über die Geschichte Ungarns während des Zweiten Weltkrieges – in einer Zeitspanne von 40 Minuten – zu sprechen, da habe ich selbstverständlich sofort erkannt, daß dies eine sehr ehrenvolle, aber unlösbare Aufgabe darstellt. Deshalb faßte ich den Entschluß, daß ich nur über die Tätigkeit der wichtigsten konservativen politischen Gruppen sprechen werde. Dies ist zwar keineswegs mit der Geschichte Ungarns identisch, aber es ist – auf alle Fälle – ohnedies schwer verständlich, wie sich die Geschichte meines Vaterlandes zwischen 1939 und 1945 gestaltet hatte. Diese um das Staatsoberhaupt Horthy herum entstandene Gruppe hat den größten Einfluß auf die Politik der ungarischen Kriegsregierungen ausgeübt. Die Mitglieder dieser Gruppe – vor allem Graf István Bethlen, Graf Pál Teleki, Graf Gyula Károly, Graf Móric Esterházy, Miklós Kallay – vertraten die Interessen der ungarischen Großgrundbesitzer-Aristokratie[1]), der traditionellen ungarischen politischen Elite, und sie stützten sich bei der Realisierung ihrer Politik – obwohl mit stets wachsenden Schwierigkeiten – auf die ebenfalls traditionelle Gentry, in der Staatsverwaltung und im Offizierskorps.

Am Anfang des Krieges verfügten die Konservativen über eine Konzeption bezüglich der Kriegsteilnahme Ungarns. Demnach dürfte das Land keinesfalls, wie es im Ersten Weltkrieg geschah, für fremde Interessen mit voller Kraft an opfervollen Kämpfen teilnehmen. Ungarn sollte seine Kräfte für das Ende des Krieges bewahren, wenn es dann zwischen den gegenseitig erschöpften Kriegsparteien den Hüter und die Stütze der konservativen Ordnung im Donaubecken darstellen könnte. Aber auch bis dahin sollte die revisionistische Außenpolitik womöglich fortgeführt werden. In Ungarn verstand man unter Revision die Revision der territorialen Bestimmungen der nach dem Ersten Weltkrieg diktierten Pariser Vorortverträge, soweit sie Ungarn betrafen. Die ungarischen Regierungen brachen jedoch 1939 zu einem Zeitpunkt mit der bis dahin befolgten festeren deutschfreundlichen Politik, als in Mitteleuropa das Übergewicht Nazi-Deutschlands schon absolut geworden war. Darin bestand die erste Schwierigkeit dieser Politik. Die zweite Schwierigkeit bildete jener Umstand, daß – wenn früher Österreich und die Tschechoslowakei von den westlichen Demokratien gegen die Deutschen – keinen entsprechenden Beistand erhalten hatten – auch Ungarn nicht mit westlichem Beistand rechnen konnte.

Neben den äußeren Umständen spielten auch die innenpolitischen Faktoren bei der Realisierung dieser konservativen Konzeption eine bedeutende Rolle. 1939 war in Ungarn schon seit 20 Jahren ein in der Konterrevolution geborenes antidemokratisches System an der Macht. In Horthy-Ungarn gab es zwar ein Parlament, es gab politische Parteien, Gewerkschaften, man fand oppositionelle Zeitungen, und doch konnte das über autokratische Züge verfügende politische System die Durchsetzung der Meinung der großen Mehrheit der Bevölkerung, der demokratischen Opposition, verhindern. Das Hauptübel bestand darin, daß die Lösung des auch noch am Vorabend des Zweiten Weltkrieges mit großer Brisanz verbundenen ungarischen Problems, des "Morbus Hungaricus" – d.h., die Beseitigung der absoluten Herrschaft des Großgrundbesitzes, die Durchführung einer demokratischen Bodenreform – eben von diesen Konservativen mit allen Mitteln verhindert wurde. Horthy-Ungarn war das einzige Land in Mitteleuropa, wo nach dem Ersten Weltkrieg kein demokratisches Wahlsystem, wie in Österreich oder in der Tschechoslowakei, bestanden hatte, und wo auch keine Bodenreform, wie in Rumänien, in Jugoslawien oder in der Tschechoslowakei, durchgeführt worden war. Den in Ungarn bis 1937 eine durchaus unbedeutende Rolle spielenden rechtsextremistischen Parteien, den sogenannten Pfeilkreuzlern ist es – nachdem Nazi-Deutschland durch den „Anschluß" die Westgrenze Ungarns erreicht hatte – eben mit der Hilfe ihrer Bodenreform-Demagogie gelungen, 1939, bei den letzten Parlamentswahlen, Erfolge zu erzielen und erstmals in der Geschichte mit 49 Abgeordneten in das ungarische Parlament einzuziehen.

Der Teleki-Regierung waren besondere Vollmachten erteilt worden, was sich aber nicht nur gegen die Linke, sondern auch gegen die extreme Rechte richtete. Die Regierung mußte nämlich im Parlament nicht nur mit der rechtsextremistischen Opposition rechnen, sondern auch mit einem bedeutenden Teil der Regierungspartei, welcher mehr zur pfeilkreuzlerischen Opposition hielt, als zur Regierung. Ja, sogar die Presse der Regierungspartei befand sich zum größten Teil in den Händen dieser rechtsextremistischen Elemente der Regierungspartei. Diese Kräfteverhältnisse charakterisierten durchwegs im Laufe des Krieges die Lage der konservativen Regierung, sie beeinträchtigten ihre Handlungsfähigkeit.

Sofort bei Kriegsbeginn deklarierte die Teleki-Regierung, daß Ungarn ein nicht-kriegsführender Staat sei, mit wohlgesinnter Neutralität gegenüber den Achsenmächten. Noch vor dem Ausbruch des Krieges, aber nach dem sowjetisch-deutschen Pakt, Ende August sandte Ministerpräsident Teleki an den englischen Außenminister Halifax eine geheime Botschaft, in der er mitteilte, Ungarn werde nicht mit Deutschland gemeinsam gegen Polen vorgehen. Ungarn strebe nach Neutralität, werde aber keine Neutralitätserklärung abgeben [2]). In den folgenden Monaten war die Teleki-Regierung bestrebt, sich an diese Politik zu halten. Am 9. September 1939 hatte die Teleki-Regierung den Deutschen ihren Wunsch, daß Ungarn die deutschen Truppen über Nordungarn durchlassen möge, um die sich zurückziehende polnische Armee deutscherseits auch vom Süden her einkreisen zu können, abgeschlagen ³). Nach dem polnischen Zusammenbruch nahm dann die ungarische Regierung 130.000 Polen, mehrheitlich Soldaten auf, die die ungarische Grenze in voller Ausrüstung überschreiten konnten. Die ungarische Regierung ermöglichte, daß der Großteil dieser Leute, ungefähr 100.000 polnische Soldaten, zu den westlichen Verbündeten ins Exil ging. Diese bildeten die Basis der späteren polnischen Anders-Armee. Die ungarische Regierung sicherte durch regelmäßige staatliche Unterstützungen den Unterhalt der zahlreichen polnischen Flüchtlinge in Ungarn, für die Kinder errichtete man polnische Schulen und ein polnisches Gymnasium, und man hat diese durchwegs während des Zweiten Weltkrieges aufrechterhalten⁴). Anfang 1940 beschäftigte sich Teleki mit einem Plan, demzufolge man, falls die Deutschen Ungarn besetzen sollten, in den Vereinigten Staaten eine Emigrantenregierung bilden sollte. Zu diesem Zwecke hat Teleki auch 5 Millionen Dollar nach Amerika geschickt.

Aber danach, im Herbst von 1940, steigerte sich der deutsche Druck auf Ungarn. Die ungarische Regierung war gezwungen, mit den Deutschen ein Abkommen zu unterzeichnen, das der deutschen Minorität in Ungarn außerordentliche Recht sicherte. Die Regierung entließ den Führer der rechtsextremistischen Opposition, Ferenc Szálasi, aus dem Gefängnis. Der Leiter der sogenannten herrschaftlichen Rechtsradikalen, der ehemalige Ministerpräsident Imrédy, schied aus der Regierungspartei aus und gründete eine neue rechtsextremistische Partei. Die Quellen widerspiegeln, welch eine Panik in den Regierungskreisen unter dem Eindruck der von den Deutschen unterstützten rechtsextremistischen Offensive geherrscht hat ⁸). Die Pfeilkreuzler (die äußerste Rechte) organisierten im Kreise der Bergleute einen Streik gegen die Regierung. Nach der Niederwerfung dieses Streiks trat Teleki eine Reise nach Deutschland an, um dort den Vertrag über den ungarischen Beitritt zum deutsch-italienisch-japanischen Bündnis, zum Dreimächtepakt, zu unterzeichnen.

Es ist auffallend, daß nach der Berliner Reise Telekis das aggressive Auftreten der ungarischen äußersten Rechte gegen die ungarische Regierung aufhörte. Diese Treuga Dei währte mehr als zwei Jahre hindurch, bis zum Frühling 1943, bis die Deutschen Informationen über die Sonderfriedens-Diplomatie der Kállay-Regierung in Richtung der Angelsachsen erhalten haben. Einige Wochen nach der Berliner Reise Telekis ließ Hitler seine innenpolitischen Verbündeten in Rumänien genauso im Stich und duldete, daß im Januar 1941 der sich an der Regierung befindende General Antonescu mit seinen in der Eisernen Garde versammelten Gegnern blutig abrechne. Die die industrielle Produktion störenden rechtsextremistischen Streiks oder die die deutsche Getreideversorgung störende rechtsextremistische ungarländische Bodenreform-Demagogie lagen nicht im Interesse der sich auf den Krieg gegen die Sowjetunion vorbereitenden Nazi-Führung. Und die über jahrzehntelange Unterdrückungserfahrungen verfügenden ungarischen, rumänischen konservativen Führungen stellten verläßlichere Verbündete für einen antisowjetischen Kreuzzug dar [9]). Teleki hat aber seine größere Bewegungsfreiheit sofort ausgenützt, und wechselte mehrere deutschfreundliche Minister seiner Regierung aus, und dann, im Dezember 1940, schloß er einen Vertrag Ewiger Freundschaft mit dem einzi gen noch verhältnismäßig unabhängigen mitteleuropäischen Lande, mit Jugoslawien.

Aber am 6. April 1941 griff das faschistische Deutschland Jugoslawien an. Vorher forderte Hitler Ungarn zum Kriegsbeitritt auf. Als Protest gegen den Krieg verübte der Ministerpräsident Ungarns, Pál Teleki, am 3. April 1941 Selbstmord. In seinem Abschiedsbrief schrieb er an Horthy wie folgt: „Euer Durchlaucht!... Wir haben uns auf die Seite der Schurken gestellt – weil von den an den Haaren herbeigezogenen Atrozitäten kein einziges Wort wahr ist! Ich habe Dich nicht zurückgehalten. Ich bin schuldig...Sollte auch meine Tat nicht völlig gelingen, und ich bliebe noch am Leben, hiemit danke ich ab...Pál Teleki."[10]) Horthy folgte aber dem ungarischen Generalstab. Er ernannte sofort einen neuen Ministerpräsidenten, László Bárdossy, und schloß sich der gegen Jugoslawien begonnenen deutschen Aggression an. Er ließ die angreifenden deutschen Truppen durch Ungarn, und als die im deutschen Solde stehenden Ustasi die Lostrennung Kroatiens von Jugoslawien deklariert hatten, besetzte die ungarische Armee die ehemals zu Ungarn gehörenden Batschka. Ungarn trat in den Zweiten Weltkrieg ein.

Im Laufe des Zweiten Weltkrieges bildete der Tod von Pál Teleki einen Wendepunkt in der Geschichte von Ungarn. Sein Tod bedeutete nicht nur für das Land einen schweren Verlust, auch für die bis dahin geführte konservative Politik war es ein Schlag. Danach folgte ein Jahr schwerster Entscheidungen. Zwei Monate später, am 26. Juni 1941, vier Tage nach der Aggression Hitlers, erklärte die Regierung des kleinen Ungarn der Sowjetunion den Krieg. Im August 1941 deportierte die Bárdossy-Regierung ungefähr 18.000 Juden, davon wurden ungefähr 10.000 Leute ermordet [11]). Am 7. Dezember 1941 ist der Kriegszustand zwischen England und Ungarn eingetreten, vier Tage später erklärte die ungarische Regierung den Vereinigten Staaten den Krieg. Im Verlauf von kaum einem halben Jahr war Ungarn mit den drei größten Reichen der Welt in den Kriegszustand geraten. Nach der Schlacht bei Moskau stellten die Nazis neue Forderungen gegenüber der ungarischen Regierung. Bis dahin hatte am Krieg gegen die Sowjetunion nur das ungarische schnelle Korps, mit 40.000 Mann teilgenommen, jetzt forderten aber die Deutschen den Einsatz der ganzen ungarischen Armee[12]). Zur Zeit des deutsch-ungarischen Kuhhandels, im Januar 1942, organisierte die ungarische Soldateska auf höheren Befehl ein Blutbad in der von Jugoslawien zu Ungarn gelangten Batschka. Mehr als 3.300 Menschen, zum größten Teil Serben und Juden, fielen dem Gemetzel zum Opfer [13]). Schließlich ging die Bárdossy-Regierung darauf ein, daß die 2. Ungarische Armee, 200.000 Soldaten, als Beistand für Nazi-Deutschland an die Front geschickt wurde.

Die ungarische Opposition, sowohl die legale als auch die illegale Opposition, erhob sofort ihre Stimme gegen die Massaker in der Batschka, und eine von der illegalen kommunistischen Partei zur Sozialdemokratie, zur Kleinbauernpartei, bis zur Elite der Intelligenz reichende breite nationale Einheitsfront gegen die Kriegspolitik begann sich zu entfalten. 1942 demonstrierten in Budapest, mitten im kriegsführenden Europa, am Feiertag der ungarischen nationalen Unabhängigkeit, am 15. März, mehrere Tausende Menschen gegen die Kriegspolitik. Nun, im März 1942, löste Horthy Bárdossy ab und ernannte den Mann der Konservativen, Miklós Kállay, zum Ministerpräsidenten. Kállay war gezwungen, die Entscheidung seines Vorgängers zur Kenntnis zu nehmen und förderte die Entsendung der 2. Ungarischen Armee an die Ostfront, aber dort wo es möglich war, widersetzte er sich den deutschen Forderungen. Er betrieb eine ähnliche Politik wie Dollfuß und Schuschnigg und machte ähnliche Fehler. Auch Kállay wandte sich gegen die demokratische Opposition, gegen jene Leute, auf die er sich in seinem gegen die Deutschen geführten Kampf in erster Linie hätte stützen können. Mit der Hilfe des ungarischen Generalstabes begann er eine Vernichtungskampagne gegen die illegale kommunistische Partei. Ab April 1942 erreichte die Zahl der Verhaftungen 1.000 Personen. Ein dem gleichkommender Schlag hatte die ungarische Arbeiterbewegung seit 1920, seit der Zeit des Weißen Terrors, nicht getroffen. Bis zum Ende des Krieges war die demokratische Opposition, die nationale Widerstandsbewegung nicht mehr imstande, diese Verluste wettzumachen.

Aber von 1942 an widersetzte sich die Kállay-Regierung den wiederholten deutschen Forderungen bezüglich der Deportierung der jüdischen Bevölkerung Ungarns. Zu dieser Zeit bot Ungarn nicht nur für die geflüchteten Polen und für die geflüchteten französischen Kriegsgefangenen Asyl, sondern auch für die aus Österreich und vor den Deportierungen in der Slowakei fliehenden Juden. Als im Oktober-November 1942 der deutsche Gesandte in Budapest, Jagow, die Frage der gegen die Juden zu richtenden Maßnahmen abermals aufwarf, hatte der ungarische Ministerpräsident den Mut – mitten im von den Deutschen beherrschten Europa – nach der neuerlichen großen Sommeroffensive der Deutschen, aber noch vor Stalingrad, folgendes zu sagen (ich zitiere aus dem Bericht des deutschen Gesandten): „Eine Lösung der Frage sei auch deshalb schwierig, weil z.B. *der ungarische Bauer absolut nicht antisemitisch sei"*, und schließlich bemerkte Kállay, daß er genötigt sein würde, sofern er die Juden überhaupt ganz ausschalten könnte, dann in verstärktem Maße die Assimilierung Volksdeutscher anzustreben.[14]). Nur jener, der weiß, welche entscheidende Bedeutung die Nazi-Führer der Behandlung der deutschen Minderheiten beigemessen haben, nur der kann das Verhalten Kállays gegenüber dem deutschen Gesandten richtig einschätzen[15]).

Noch im Sommer 1942 begann die Kállay-Regierung eine Orientierung in Richtung der angelsächsischen Mächte. Von den europäischen Verbündeten Deutschlands war Ungarn das erste Land, welches mit der antifaschistischen Koalition Sonderfriedensverhandlungen begonnen hat. Im Januar 1943 erlitt die 2. Ungarische Armee an der Ostfront, bei Woronesch, eine vernichtende Niederlage. Von ihren 200.000 Soldaten fielen 40.000, 70.000 Soldaten wurden verwundet oder gerieten in sowjetische Kriegsgefangenschaft, 80% der militärischen Ausrüstung ging verloren. Nach der Niederlage der ungarischen Armee bei Woronesch und der deutschen Armee bei Stalingrad wurde seitens der ungarischen geheimen Diplomatie eine Vereinbarung mit den Angelsachsen intensiv angestrebt [16]). Im Sommer 1943 weigerte sich die ungarische Regierung, auf die wiederholte Forderung der Deutschen bezüglich der Teilnahme von ungarischem Militär an den Kriegsoperationen der Deutschen auf der Balkanhalbinsel einzugehen.

Nach langen, durch verschiedene Kanäle mit den Verbündeten geführten Verhandlungen, erhielt in der Nacht vom 9. September 1943, einen Tag, nachdem die antifaschistischen Mächte den mit Italien geschlossenen Waffenstillstand verlautbart hatten, der offizielle ungarische Delegierte in Istanbul vom englischen Gesandten den Text des provisorischen Waffenstillstandsabkommens. Einen Monat später, am 10. Oktober 1943, wurde dieser Text von der Kállay-Regierung akzeptiert. Den Bedingungen zufolge reduziert Ungarn stufenweise seine militärische Zusammenarbeit mit Deutschland und zieht seine Truppen aus der Sowjetunion zurück. Es widersetzt sich dem Versuch einer deutschen Okkupation, zu diesem Zweck reorganisiert es die ungarische Kriegsleitung, und im gegebenen Augenblick stellt es alle Ressourcen Ungarns, sein Verkehrsnetz, für die Zwecke des gegen Deutschland geführten Kampfes den Verbündeten zur Verfügung. Der Vereinbarung gemäß wird die Kapitulation Ungarns solange geheim gehalten, bis die Verbündeten die Grenzen Ungarns erreicht haben.

An der ungarischen Nicht-Teilnahme an der deutschen Okkupation auf der Balkanhalbinsel und aus zahlreichen anderen Zeichen sah und fühlte die deutsche Führung seit 1942 den ungarischen Widerstand, und wenn sie auch über keine genauen Informationen bezüglich der Annäherung der Kállay-Regierung an die Westmächte verfügte, so wußte sie doch von der westlichen Tätigkeit der ungarischen Diplomatie. Im Frühling 1943 ermutigte sie zunächst einmal die ungarische äußerte Rechte zu Angriffen gegen die Regierung und entsandte Veesenmayer, der auch schon bei der Vorbereitung des Anschlusses, dann des Angriffes gegen Jugoslawien eine Rolle gespielt hatte, im Laufe des Jahres 1943 zweimal nach Ungarn. Vergebens versuchte aber Veesenmayer innerhalb Ungarns eine rechtsextremistische Koalition, die in der Lage gewesen wäre, die Macht zu übernehmen, zustandebringen, denn die ungarischen Nazis fühlten sich im Kreise des ungarischen Volkes dermaßen isoliert, daß sie dies *aus eigener Kraft nicht einmal auf wiederholte deutsche Ermunterung* zu unternehmen wagten.

So ist es schließlich zu einer militärischen Aktion gegen Ungarn gekommen. Am 19. März 1944, sechs Jahre nach dem „Anschluß", wurde auch Ungarn von Nazi-Deutschland besetzt. Nach der Besetzung wurden alle demokratischen Parteien verboten, es wurde die völlige Pressezensur eingeführt, 3.000 Antifaschisten wurden seitens der Gestapo verhaftet. Durch diesen Schlag stieg der Verlust des ungarischen Widerstandes seit Kriegsbeginn auf ungefähr 8.500 Personen[17]). Infolge dieser schweren Verluste konnte sich der ungarische Widerstand erst im Sommer konsolidieren. Am 15. Mai 1944 begann die Deportierung des ungarländischen Judentums. Binnen sechs Wochen wurde das ganze Judentum in der Provinz, 600.000 Leute, deportiert. Unter dem Eindruck des heimischen Widerstandes und der ausländischen Proteste, stellte Horthy Ende Juni nach der Landung der Verbündeten im Westen, die Deportierungen ein und verhinderte die Verschleppung des Budapester Judentums. Auf Grund des Planes der ungarischen Konservativen beseitigte Horthy nach dem rumänischen Frontwechsel am 29. August 1944 die Marionettenregierung der Deutschen. Er ernannte eine neue Regierung und begann insgeheim Waffenstillstandsverhandlungen mit der Sowjetunion. Aber infolge der schlechten Vorbereitung und der Sabotage des ungarischen Generalstabes ist der Absprung nicht gelungen. Horthy wurde von den Deutschen verhaftet und sie verhalfen der Pfeilkreuzler-Marionettenregierung Szálasis zur Macht. Diese Pfeilkreuzler-Regierung ließ am 24. Dezember 1944, zu Weihnachten, den Leiter des ungarischen nationalen Widerstandes, Endre Bajcsy-Zsilinszky, hinrichten. Zwei Tage früher, am 22. Dezember 1944, konstituierte sich in Debrecen, in den durch die Sowjetarmee befreiten Gebieten, die seit 1919 erste linksdemokratische ungarische Regierung. Am 4. April 1945 hörten die Kämpfe auf dem Gebiete Ungarns auf.

Die Geschichte Ungarns während des Zweiten Weltkrieges besteht – unter dem Aspekt der Regierungspolitik betrachtet – aus der Geschichte der anfangs erwähnten konservativen Konzeption. Weshalb konnte sie nicht realisiert werden?

1) Selbstverständlich in erster Linie wegen der absoluten Nazi-Überlegenheit. Ungarn stand ab 1941 sozusagen am ganzen Kontinent, neben Finnland, Rumänien und Bulgarien allein gegenüber dem deutschen Koloß.

2) Eigentlich paßten die Vorstellungen der ungarischen Konservativen in eine gegen die Sowjetunion gerichtete politische Konzeption. Ursprünglich setzten sie ihre Hoffnungen auf eine anti-sowjetische Allianz der Westmächte mit Nazi-Deutschland. Dieser Vorstellung stand nach dem August 1939 bis Juni 1941 die deutsch-sowjetische Zusammenarbeit entgegen, dann wurde sie, vom Juli 1941 bis zum Ende des Krieges, durch die angelsächsisch-sowjetische Zusammenarbeit illusorisch.

3) Zu den außenpolitischen Faktoren gehört jene Tatsache, daß es, abgesehen von der kurzen Periode der jugoslawisch-ungarischen Zusammenarbeit, der Nazi-Außenpolitik stets gelungen war, die Gegensätze zwischen den kleinen mitteleuropäischen Staaten auszunützen.

4) Den wichtigsten innenpolitischen Faktor habe ich schon erwähnt: Die Konservativen gebrauchten die Armee zur Verfolgung der demokratischen Opposition.

5) Dagegen übten die Deutschen mit Hilfe des ungarischen Generalstabes, der äußersten Rechten und mit der deutschen Minderheit Druck auf die Regierung aus.

6) Auch jener Umstand muß in Betracht gezogen werden: die Konservativen gehörten während des Krieges schon zur „Großväter-Generation" – 1944 war Bethlen 70, Károly 73, Esterházy 63 und Horthy 76 Jahre alt.
Diese Garnitur war einfach nicht in der Lage, in einer kritischen Situation den Kampf mit der dynamischeren nachfolgenden Generation, der die ungarischen Rechtsextremisten und das Gros der deutschen NS-Führung angehörten, zu bestehen.

7) Nicht zuletzt spielte eine Rolle, daß das konservative Lager selbst nicht einig gewesen ist. Seine zentrale Figur, Horthy, stand zusammen mit anderen Konservativen, in scharfem Gegensatz zu den ungarischen Pfeilkreuzlern, aber nicht zu den Deutschen und dem Generalstab.

Horthy verteidigte den Generalstab gegen die wiederholten Angriffe der Konservativen, und er gab sich der Illusion hin, daß der Generalstab im entscheidenden Augenblick seine Anweisungen befolgen würde, und nicht jene der Deutschen. Bezüglich der Deutschen aber betrieb Horthy bis Ende 1942 eine andere Politik als die Konservativen. Horthy und sein rechtsextremistischer Vertrauter, Gömbos, hatten schon seit 1920 geheime Beziehungen zu den Vertretern des deutschen Militarismus und zu den deutschen Nazis. Von 1932, seinem 64. Lebensjahr an, hegte Horthy dynastische Bestrebungen. Auch dies verband ihn mit der Hitler-Führung, die im Vereine mit Horthy an der Verhinderung einer Restauration der Habsburger in Österreich interessiert gewesen war. Die Deutschen bauten durchgehend und bewußt auf die dynastischen Bestrebungen Horthys. Horthy war an den *schnellen* Revisionserfolgen mehr interessiert als die Konservativen, weil er zur Verwirklichung seiner Dynastiegründungsträume den Ruhm eines „Landesvergrößerers" benötigte. Erst ab Stalingrad und Woronesch wandte er sich gegen die Politik der Nazis.

Während das Horthy-Regime vom Sommer 1920 bis 1936 – also im Verlauf von 16 Jahren – insgesamt vier Regierungen gehabt hatte, waren von 1936 bis 1944 im Verlauf von acht Jahren acht Regierungen an der Macht. Allein 1944 wechselten vier Regierungen einander ab. Dies weist auf eine zunehmende Destabilisierung des Systems hin. Wenn wir die nach 1936 folgenden acht Regierungen untersuchen, dann wird der auf Ungarn lastende deutsche Druck sozusagen mit der Genauigkeit einer Waage fühlbar. Von diesen acht Regierungen wurden die beiden Marionettenregierungen (Sztójay und Szálasi) seitens der Deutschen mit Waffengewalt dem Lande aufgezwungen. Die Leiter der übrigen sechs waren alle ursprünglich Kandidaten der Konservativen gewesen, aber drei von ihnen sind infolge des großen Druckes in das Lager der Nazifreunde übergelaufen (Darányi, Imrédy, Bárdossy), die anderen drei verließen den Posten des Ministerpräsidenten durch Gewalt. Teleki verübte Selbstmord, Kállay und Lakatos wurden durch deutsche Waffen vertrieben, verhaftet. Den gegen die Deutschen bekundeten Widerstand der Konservativen bezeugt die Tatsache, daß es ihnen viermal gelungen war, die Regierungsmacht von den Rechtsextremisten zurückzuerlangen, und zwar nach Darányi, Imrédy und Bárdossy, und daß sie selbst während der deutschen Okkupation die Marionettenfigur der Deutschen, Sztójay, beseitigen konnten.

Schließlich sei es mir gestattet zu bemerken, daß dieses Symposion, die Absicht und der Geist dieser ganzen großangelegten Unternehmung der österreichischen Universitätsjugend, mich nicht nur als Geschichtsforscher, sondern auch in meiner Eigenschaft als Zeitgenosse der Ereignisse, als Zeuge der Geschichte, mit sehr, sehr großer Freude erfüllt. Die Verschiedenheit der gegenwärtigen österreichischen und ungarischen Aufarbeitung der jeweils eigenen Vergangenheit zwischen 1935-1945 ergibt sich aus der Verschiedenheit der Geschichte der beiden Länder nach 1945. Die Historiographie dieser Periode wurde in den vergangenen vier Jahrzehnten in Ungarn anders als in Österreich betrieben. Auch darüber hätte ich sprechen können. Es liegt jedoch auf der Hand, daß die historiographischen Probleme ohne die Probleme der Historie einfach unverständlich bleiben. Deshalb habe ich mich für das Thema meines Vortrages entschieden. Die Historiographie der Geschichte des Zweiten Weltkrieges bildet das Thema eines besonderen Vortrages. Mit diesem meinem Schlußwort wollte ich nur darauf hinweisen, daß ich die historiographischen Probleme klar wahrnehme und bereit bin, sie in der jetzt folgenden Diskussion zu erörtern.

Anmerkungen

1) Miklós Szinai – László Szücs: „Horthy Miklós titkos iratai"
   (Die geheimen Schriften von Miklós Horthy), Kossuth Verlag, Budapest 1965. Dritte Ausgabe;
   Im weiteren: Horthy Schriften S. 213-215, 362.
2) Documents on British Foreign Policy 1919-1939; im weiteren: D.B.F.P.,
   London 1946 Serie III.Vol.VII. Aktenstück 494.
3) Allianz Hitler-Horthy-Mussolini. Dokumente zur ungarischen Außenpolitik 1933-1944.
   Einleitende Studie und Vorbereitung der Akten zum Druck von Magda Ádám, Gyula Juhász,
   Lajos Kerekes. Redigiert von Lajos Kerekes. Verlag der Ungarischen Akademie der Wissenschaften,
   Budapest 1966. Im weiteren: Allianz S. 60
4) „Magyarország története" (Die Geschichte Ungarns) Bd. VIII.1918-1945. Chefredakteur: György Ránki,
   Redakteure: Tibor Hajdu, Loránt Tilkovszky. Akademie-Verlag, Budapest 1976. Im weiteren: MT S.
   1004-1005. Überall, wo ich die Quelle nicht angebe, habe ich mich auf dieses Werk gestützt.
5) The Times, 23. Februar 1940.
6) Allianz, S. 66
7) Documents on German Foreign Policy 1918-1945.
   Im weiteren: D.G.F.P. London 1948 Serie D.VolX. S. 370-374
8) Horthy Schriften, S. 252, 265
9) Am 7. Juni 1942 erklärte Hitler dem zwecks eines Vorstellungsbesuches bei ihm verweilenden Ministerpräsidenten, Miklós Kállay: „Er denke nicht an die Verteilung des ungarischen Großgrundbesitzes, eher wolle er ihn verstärken, weil nur darin sehe er die Gewähr für die Versorgungsbasis des deutschen Volkes." „Wilhelmstrasse és Magyarország 1933-1944" (Wilhelmstraße und Ungarn 1933-1944).
   Deutsche diplomatische Schriften über Ungarn. Die Publikation wurde zusammengestellt, die Akten zum Druck vorbereitet und die einleitende Studie verfaßt von: György Ránki, Ervin Pamlényi, Loránt Tilkovszky, Gyula Juhász. Kossuth Verlag, Budapest 1968. Im weiteren: Wilhelmstraße S. 665.
10) Horthy Schriften, S. 291-292
11) Wilhelmstraße, S. 611-612
12) Allianz, S. 84-87
13) Allianz, S. 86, 329-335
14) Aus dem Bericht des Budapester deutschen Gesandten, Jagow, den er vom 13. November 1942 datiert an das deutsche Außenministerium geschickt hatte. „Inhalt: Judenfrage in Ungarn".
    Auswärtiges Amt D.III. 6828. In: Judenverfolgung in Ungarn. Dokumentensammlung. Vorgelegt von der United Restitution Organization in Frankfurt am Main, 1959. S. 115. Im weiteren: Judenverfolgung
15) Aus dem Protokoll über das Gespräch, das Ribbentrop mit dem ungarischen Ministerpräsidenten Teleki und mit dem ungarischen Außenminister Csáky am 29. April 1939 geführt hatte: „Der Herr RAM (Reichsaußenminister) betonte, daß das deutsche Volk, aber auch der Führer, geneigt sei, ein Land nach der Art zu beurteilen, wie es seine Minderheiten behandle..." Und im Laufe desselben Gespräches abermals: „Der Herr RAM unterstrich sodann nochmals, welchen Wert wir auf eine gute Behandlung der deutschen Minderheiten in Ungarn legen." Aus dem Stadtarchiv Nürnberg. Dokumente D 737.
    In: Judenverfolgung S.. 41, 42. Unterstreichung im Original. In ihrer an die deutsche Regierung gerichteten Note vom 2. Dezember 1942 wies die ungarische Regierung die wiederholten Forderungen der Deutschen bezüglich der Deportierung der ungarländischen Juden eindeutig zurück. Wilhelmstraße, S. 701-704.
16) Über die britisch-ungarischen Verhandlungen: Gyula Juhász: „Magyar-brit tárgyalások 1943-ban".
    (Ungarisch-britische Verhandlungen in 1943). Kossuth Verlag, Budapest 1978. Und Allianz: S. 88-94
17) Miklós Szinai: „A Békepárt és a magyar nemzeti ellenállás történetéhes"
    (Zur Geschichte der Friedenspartei und des ungarischen nationalen Widerstandes).
    „Történelmi Szemle" (Geschichtliche Rundschau) 1985. Nr. 1. S. 20-21

ציור ו/או תחריט, "היציאה" (2) 85-88, 5/10/85

Grafik:
Edgar Leissing
Ohne Titel (Heil Onkel Adolf)

DAS ZELT AM MORZINPLATZ

Kultur, Politik, Wissenschaft im Zeichen der Erinnerung

Erwin Ringel

Solidarität mit den Verfolgten

Zu Beginn möchte ich Ihnen erklären, was meiner Meinung nach an all diesen „Feiern" schief läuft. Ich habe den Eindruck, daß die führenden Politiker den Anschein erwecken wollen, als wäre Österreich damals im März 38 in zwei gleichstarke Gruppen geteilt gewesen, einerseits in die Jubelnden, andererseits in die Verfolgten und die alsbald nach Dachau Gebrachten. Nun, glaube ich, ist das eine grobe Verfälschung der Tatsachen. Ein großer Teil hat gejubelt, aus welchen Gründen auch immer, die Verfolgten waren ein ganz winziger kleiner Teil. Damals Widerstandskämpfer zu sein, das möchte ich mit allem Nachdruck sagen, hat bedeutet, so einsam zu sein, wie eine Insel im Meer. Es ist leider so gewesen, daß die begeisterten Nazis gefolgt waren von den in Österreich überaus zahlreichen und überdurchschnittlich stark repräsentierten Opportunisten. Menschen, die entschlossen waren, nun die vogelfreien Juden und andere Verfolgte zu quälen, ihre Wohnungen in Besitz zu nehmen, ihr Geld, ihre Position, ihren Beruf. Und dann waren da die Menschen, die nicht so dachten, aber eine panische Angst hatten.

Deswegen stehen wir heute hier am Morzinplatz, weil sich mit ihm in besonderem Maße die ungeheure Welle der Angst verband, unter die die Menschen damals gesetzt wurden. Und dann blieben eben diejenigen zurück, die es trotz all dem wagten, Widerstand zu leisten, gegen das Pseudogewissen dieser Zeit. Die meisten sagten: wir haben Hitler einen Eid geschworen und müssen diesen daher halten, wir müssen unsere Pflicht erfüllen. Auf diese Weise haben sie es sich natürlich menschlich verständlich leicht gemacht. Nur ganz wenige sagten, es ist unsere Pflicht, keine Pflicht für diesen Führer und dieses Reich zu leisten. Sie dürfen nicht vergessen, daß auch ein Problem darin lag, daß die Partei und der Staat eins waren. Sehr viele Menschen waren – und das ist auch meine Sorge für die heutige Zeit – zu einem blinden Gehorsam gegenüber dem Staat erzogen worden. Wer im Namen des Staates sprach, der hatte das „Recht" auf seiner Seite und konnte erwarten, daß alle davor in die Knie gingen und taten, was befohlen war. Nur ganz wenige dachten anders, so z.B. Franz Jägerstätter, der einen Traum hatte: er sieht einen fahrenden Zug. Dieser mit Menschen überfüllte Zug rast unaufhaltsam auf einen Abgrund zu. Er erkennt, daß dieser Zug der Nationalsozialismus ist, und daß es ein Verbrechen, eine Sünde sei, auf diesen Zug aufzuspringen. Er verweigerte also den

Kriegsdienst. Sofort war er in einer hoffnungslosen Position. Um ihn zu retten, konfrontierte man ihn mit dem damaligen Linzer Bischof. Der Bischof erklärte ihm: „Herr Jägerstätter, Sie haben ein irrendes Gewissen. Hitler ist die von Gott eingesetzte Autorität, die dieses Reich regiert, und daher haben Sie ihm zu gehorchen." Das sagte der Bischof einerseits, um den Jägerstätter zu retten, andererseits, um sich selber zu retten und wohl auch deswegen, weil der Vatikan mit diesem Reich im Jahre 34 ein Konkordat geschlossen hatte, durch das Hitler als oberste Autorität Deutschlands anerkannt wurde. Jägerstätter antwortete dem Bischof: „Herr Bischof, wenn einer von uns beiden ein irrendes Gewissen hat, so sind Sie es, nicht ich, ich weiß, was ich meinem Gewissen schuldig bin." Er ließ sich also von niemandem abbringen und wurde schließlich hingerichtet. Was ich also kritisiere, ist zuerst einmal der Versuch, die beiden Gruppen, die Begeisterten, Mitmachenden und die Widerstandleistenden etwa gleichzusetzen. Das kann der Wahrheit nicht entsprechen, obwohl ich jeden Versuch verstehe, die Dinge zu verharmlosen und uns vor der Geschichte möglichst gut dastehen zu lassen. Ich komme darauf heute noch einmal zurück. Mein zweiter Kritikpunkt ist der, daß man eines in dieser Zeit beinahe völlig vermissen mußte, nämlich irgendeinen Versuch der Solidarität mit den Verfolgten. Das gilt übrigens auch für unsere Zeit.

Es gab also Menschen, die in eine abseitige, in eine verurteilte Position gedrängt wurden. An einem Juden, an einem „Staatsfeind" durfte man damals praktisch alles auslassen, was man auslassen wollte. Die Menschen, die sich an die Seite dieser Verfemten stellten, waren viel zu wenige. Ich möchte bei dieser Gelegenheit ein persönliches Erlebnis erzählen, das mich bis zum heutigen Tage nicht losläßt. Wir waren 27 Schüler in der 7. Klasse des Akademischen Gymnasiums, hier im 1. Bezirk. Als wir am 14. März 1938 wieder zur Schule gingen, waren von diesen 27 nurmehr 12 da. Die anderen 15 hatten als sogenannte Nichtarier das Verbot, die Schule zu betreten. Sie durften auch nicht Gärten betreten, sich nicht auf Bänke setzen, nur der jüdische Friedhof stand ihnen frei. Worüber Franz Werfel das wunderbare Gedicht „Der gute Ort zu Wien" geschrieben hat. Auch viele unserer besten Professoren waren aus dem gleichen Grund nicht mehr anwesend: selbstverständlich wären wir 12 Übriggebliebenen verpflichtet gewesen zu sagen: „Wenn unsere Mitschüler nicht mehr zur Schule gehen dürfen, dann tun wir es auch nicht." Wir wären verpflichtet gewesen, Solidarität zu üben. Wir haben das nicht getan, aus tausend Gründen, jeder wollte maturieren, hatte verschiedene Pläne, ein Jahr noch, wir hatten wohl auch Angst. Es gab also alle möglichen Gründe, die uns in dieser Situation versagen ließen.

Es wäre meiner Meinung nach eine der wichtigsten Aufgaben dieser Zeit der Gedenkfeiern, auf zwei Dinge, auf die es ankommt, hinzuweisen: Erstens darauf, daß Menschen bereit sein sollten, Solidarität zu zeigen gegenüber jedem Schwachen. Und es gibt gar keinen Zweifel, daß auch heute und auch gerade in unserem Land viele Schwache, Gedemütigte, Zurückgesetzte leben, denen Beistand zu leisten unsere Pflicht ist. Das zweite richtet sich an die Schule und an das Elternhaus. Wir brauchen Eltern, wir brauchen Professoren, Lehrer, die nicht mehr blinde Gehorcher produzieren, sondern die bestrebt sind, Menschen so zu erziehen, daß diese ein personales Gewissen entwickeln können. Der große jüdische Denker und Romancier Jakob Wassermann hat einmal gesagt, woran unser Jahrhundert zugrunde geht: am Gehorsam ohne Überzeugung. Die Menschen haben keine Überzeugung, aber sie gehorchen.

Lassen Sie mich von damals auf heute kommen. Wir müssen uns nämlich die Frage stellen, wie die Position der ehemaligen Widerstandskämpfer heute ist. Sie werden nicht mehr verfolgt, sie brauchen diesbezüglich keine Angst zu haben. Eine andere Frage lautet: Sind sie wirklich geehrt, begreifen wir wenigstens jetzt, 50 Jahre später, daß sie ihr Leben hingegeben haben, damit dieses Land wieder als freies Land entsteht? Danken wir ihnen das? Fühlen wir uns ihnen verbunden? Ich habe in letzter Zeit mit Schaudern die Ergebnisse zweier Umfragen vernommen. Über 40% der österreichischen Bevölkerung sind heute noch der Meinung, daß wir den Krieg verloren haben. Das bedeutet also, daß sie sich noch heute mit der Hitler'schen Wehrmacht identifizieren. Die Alliierten haben Millionen Menschen geopfert, damit dieses Regime verschwinden konnte. Ich zögere nicht zu sagen, daß wir allein das wahrscheinlich von innen heraus nicht zuwege gebracht hätten. Wenn nicht die Alliierten gekommen wären, besser gesagt, wenn nicht Hitler, vom Größenwahn überwältigt, geglaubt hätte, daß er die ganze Welt besiegen könne, fürchte ich, würden wir noch heute unter ihm bzw. seinen Nachfolgern leiden. Aber die Widerstandskämpfer haben gezeigt, daß sie bereit waren, dagegen aufzustehen. Wir verwenden noch heute den Begriff „Anschluß", obwohl der „Anschluß" außer Zweifel, politisch gesprochen, die Vergewaltigung unseres Landes war, mit Terror und Militär. Wir sagen noch immer zu den Menschen, die uns gerettet haben, Besatzungsmächte, obwohl sie uns in Wahrheit befreit haben. Ich möchte in diesem Zusammenhang nur daran erinnern, daß die Sowjetunion in diesem Krieg 20 Millionen Menschen verloren hat.

Damit will ich sagen, daß wir bis zum heutigen Tage die Dinge falsch bewerten und den Schund nationalsozialistischen Restdenkens, ich sage vorsichtig Restdenkens, mit uns schleppen. Wir haben zwar im Jahre 45 einen wunderbaren Wiederaufbau vollbracht, man kann hier schon von einem Wirtschaftswunder sprechen, aber den seelischen Schutt, der in jedem von uns drinnen war, den haben wir nicht beseitigt. Und den tragen wir mit uns, und diesbezüglich lassen wir dann unsere jungen Menschen im Stich, weil wir nicht genügend Mut haben, über diese vergangenen Dinge in Wahrheit zu informieren. So sage ich Ihnen auch, daß es fast keinen Ort gibt, der nicht ein Kriegerdenkmal hat, daß es aber nur ganz wenige Orte gibt, wo irgendein Mahnmal an die Widerstandskämpfer vorhanden ist. So sieht die Wahrheit leider aus: auch diesmal ist wieder der Versuch gemacht worden, die Opfer Hitlers in einer tollen Weise in einen Topf zu werfen. Es wurde gesprochen von den Widerstandskämpfern und Juden, dann von den

Zigeunern und dann von allen, die im Kriege gefallen sind. Natürlich ist jeder Tote einer zuviel gewesen und es ist zutiefst bedauerlich und schrecklich, wenn z.B. ein Mensch, der in Wirklichkeit gegen Hitler war und gezwungen wurde, einzurücken, dann sogar noch für Hitler gefallen ist, obwohl er gegen ihn war.

Warum ist er für ihn gefallen? Wenn er mitgemacht hat, hat er die Länder besetzt, die Hitler in einer schauerlichen Weise eben ausrotten wollte. Ich möchte gerade der Jugend sagen: das war kein Krieg wie alle anderen Kriege. Ich meine, ich bin ein Mensch, der jeden Krieg zutiefst verabscheut, aber das war ein Krieg, der von Hitler von Haus aus als Ausrottungskrieg gegen den sogenannten östlichen Untermenschen geplant war. Und es ist natürlich tragisch, wenn ein Mensch gefallen ist, obwohl er gar nicht dafür war. Und es ist auch schrecklich für eine Frau, die Mann oder Kinder verloren hat, heute einzusehen, daß sie ihren Angehörigen für eine verbrecherische Sache verloren hat. Ich spreche jetzt von heute, ich mache keinem Menschen einen Vorwurf, wenn er damals nicht imstande war, die Dinge richtig zu bewerten. Da gibt es viele Entschuldigungen, die ich absolut anerkenne und meine Sprüche sind absolut nicht im Sinne von Rache und Vergeltung gedacht. Aber heute, 50 Jahre später, müßte man erkennen, daß das eine böse Sache war. Ich verlange persönlich nichts anderes. Ich verstehe, daß das den Menschen schwerfällt, aber wir müssen versuchen, diesen Schutt wegzuräumen und eine Umstellung in der Einstellung zu bewirken.

Ich möchte Ihnen noch etwas sagen. Es war eine Heldentat sondergleichen, als der erste Bundeskanzler nach Renner, Leopold Figl, späterer Außenminister, im Staatsvertrag erreichte, daß der Passus, in dem es hieß, Österreich sei zwar das erste Opfer Hitlers, man könne aber nicht übersehen, daß die Österreicher einen wesentlichen Beitrag in der Armee Hitlers zur Vernichtung der Gegner geleistet haben, gestrichen wurde. Es darf noch etwas nicht vergessen werden: Wo die deutsche Wehrmacht hinkam, kamen auch SS und Gestapo hin und vernichteten jene Menschen, von denen Hitler sagte, sie seien es nicht wert am Leben zu sein. Das alles hat das Heer ermöglicht. Wenn der einzelne auch anständig war, er war doch praktisch im Dienste einer dämonischen Sache. Das muß er heute verstehen. Das ist die Forderung, die man heute, glaube ich, ohne unmenschlich zu sein und zu viel zu verlangen, an die Menschen richten darf. Figl hat also die Streichung dieses Paragraphen erreicht, durch seine glänzende Diplomatie, wahrscheinlich auch durch seine meisterhafte Art mit dem Alkohol umzugehen, und so war jede Schuld Österreichs plötzlich aus dem Staatsvertrag eliminiert. Auf diese Weise stand Österreich nur noch als ein Opfer da. Daß aber die Österreicher Mittäter waren, das wurde nicht mehr registriert. So kam es zur Katastrophe. Die Leute haben den Staatsvertrag gelesen, und haben gesagt, aha, wir sind Opfer, daher können wir nicht Täter gewesen sein. So hat also ein Mann, der uns einen großen diplomatischen Dienst erwiesen hat, uns menschlich einen schlechten Dienst erwiesen. Denn er hat unsere Opfertheorie damit gestärkt und auf diese Weise einen Phyrrus-Sieg errungen.

Meine Damen und Herren, mir geht es um einen Versuch des Umdenkens. Mir geht es darum, daß Menschen erkennen, daß sie vielfach noch in einer falschen Vorstellung über unsere Geschichte leben, und daß leider, das möchte ich Ihnen zum Abschluß sagen, diese falsche Vorstellungswelt noch beachtliche Teile Österreichs beherrscht. Wir müssen versuchen, die Gegenwart für dieses Umdenken zu benützen, doch ich fürchte, wie ich es ja von allem Anfang an befürchtet habe, daß wir nun wieder den Versuch machen, im Zeichen von Einigkeit und Gemeinsamkeit und all diesen Phrasen die Wahrheit zu unterdrücken, um durch diese Zeit durchzutauchen, ohne uns auch nur im Geringsten zu verändern. Das wäre in meinen Augen die größte Katastrophe, die es gibt, denn diese Ereignisse liegen ja nur 50 Jahre zurück, und ich weiß nicht, wie lange wir noch Zeit haben sollen, um diese innere Einkehr durchzuführen.

Henner Müller-Holtz

Der NS-Staat als Phänomen der Lieblosigkeit

Zwei Dinge mögen Sie im Augenblick sehr irritieren: erstens das Thema selbst – der NS– Staat als Phänomen der Lieblosigkeit – und zweitens, daß hier nicht, wie angekündigt, André Kaminski zu Ihnen spricht. Sicher erwarten Sie gerade von Kaminski Erhellendes zu dem überraschenden letzten Wort des Themas: Lieblosigkeit. In seinem schriftstellerischen Werk liegen Liebe und Schmerz so eng zusammen. Und: als Person, geformt durch eine bewegte und bewegende Biografie, vertritt Kaminski Sätze, die ich nicht einmal im Traum erfinden könnte, geschweige denn öffentlich zu äußern wagte. André Kaminski, der sicher jetzt lieber hier stände als ich, ist in der Nähe seiner sterbenskranken Mutter, die er nicht verlassen will.

Als er mich deshalb vor genau einer Woche bat, an seiner Stelle hier zu sprechen, durchlief ich viele Stadien zwischen Schock und Rührung. Warum gerade ich? Warum überträgt ein Schweizer Jude, Jahrgang 1923, sein Mandat ausgerechnet einem Deutschen, Jahrgang 1938? – Bitte verzeihen Sie: ich fühlte, daß ich nicht nein sagen konnte. Von Kaminski habe ich auch das Thema übernommen, auf das ich selber übrigens nie gekommen wäre. Es erschien mir zunächst nur deshalb interessant, weil mir dazu nichts einfallen wollte. Was ich dennoch zu Kaminiskis Thema sage, habe ich zu verantworten, nicht er.

Gestatten Sie mir noch ein persönliches Wort, das aber gleich ins Thema führt. Ich unterrichte Deutsch, Englisch und Geschichte an der Odenwaldschule, einer Heimschule für Jungen und Mädchen. Wir versuchen dort in täglicher Praxis einen Grundsatz zu verwirklichen, der einfach klingt und doch schwer zu machen ist: Kinder sind nicht für Schulen gemacht, sondern Schulen für Kinder. Diese Grundidee kann man auch aufs öffentliche Leben übertragen: Menschen sind nicht für Staaten gemacht, sondern Staaten für Menschen. Daß der NS-Staat dieser menschlichen Grundidee nicht entsprach, ist unmittelbar einleuchtend. Hier hatten die Menschen für den Staat gemacht zu sein. Und wem das nicht paßte, der wurde vernichtet. Der NS-Staat ging in logischer Konsequenz sogar noch einen Schritt weiter: Wer diesem Staat – aus welchen konstruierbaren Gründen auch immer – nicht paßte, wurde ebenfalls vernichtet.

Sie merken, ich scheine das Thema zu verändern, etwa in „Der NS-Staat als Phänomen des Terrors, als Erscheinungsform der Menschenverachtung". Doch darüber könnte jeder von Ihnen hier aus dem Stehgreif referieren. Wenn es ihm nicht die Stimme verschlägt...:

Als der Beredt sich entschuldigte
daß seine Stimme versage
Trat das Schweigen vor den Richtertisch
Nahm das Tuch vom Antlitz und
Gab sich zu erkennen als Zeuge.
(Brecht)

ABER: „Der NS-Staat als Phänomen der Lieblosigkeit?"

Eine Freundin, deren Rat ich schätze und gelegentlich suche, mein Jahrgang, Überlebende des Holocaust, sagte mir, als sie das Thema hörte, ungefähr folgendes: Lieblosigkeit setze Intaktheit voraus, die zeitweilig nicht bestehe. Lieblosigkeit setze zwar nicht Liebe voraus, aber das Wissen von Liebe. Lieblos heiße immer noch „ohne Haß", „nicht seelenlos". Und dann wörtlich: „Das Wort ist substantiell am falschen Fleck."

So oder ähnlich waren die ersten Reaktionen der meisten Menschen, die ich um Hilfe bat. Doch dann geschah etwas Merkwürdiges... Das Thema verschob sich wieder. Die Gedanken kreisten um die Begriffe „Liebe" und „Staat". Bei dem Schweizer Schriftsteller Silvio Blatter fand ich den Satz: „Er liebte sein Land als eine Heimat (und mißtraute dieser Heimat als Staat)." – Und vom ehemaligen Bundespräsidenten Gustav Heinemann war mir noch im Ohr: „Ich liebe nicht den Staat, ich liebe meine Frau." – „Sag nicht, es ist fürs Vaterland", schrieb Sophie Scholl in einem Brief an einen Freund ihres Kreises. (Ilse Aichinger hat diesen Satz Sophie Scholls heute in ihrer Dank-„Rede an die Jugend" anläßlich der Verleihung des Weilheimer Literaturpreises ebenfalls zitiert. Diese Rede ist vorabgedruckt in der „Süddeutschen Zeitung" von heute, die ich auf dem Flug hierher gelesen habe.)

War es vielleicht möglich, sich dem „Phänomen der Lieblosigkeit" zu nähern über gedankliche Zwischenschritte, die die Begriffe „Staat", „Vaterland" und „Liebe" in Beziehung zueinander setzten?

Was immer wir entdeckten, Kluges und weniger Kluges, fand sich dann in seiner ganzen Widersprüchlichkeit aufs Knappste zusammengefaßt in einem Theaterstück von Friedrich Dürrenmatt. Nun ist Dürrenmatt ein Filou. Er sagt, das Unglück der Welt sei nur noch darstellbar in der Komödie. „Die Tyrannen dieses Planeten", sagt er in seinem

Vortrag über „Theaterprobleme", „werden durch die Werke der Dichter nicht gerührt, bei ihren Klageliedern gähnen sie, ihre Heldengesänge halten sie für alberne Märchen, bei ihren religiösen Dichtungen schlafen sie ein, nur eines fürchten sie: ihren Spott". In seiner „ungeschichtlichen historischen Komödie" „Romulus der Große" spottet er nun. Ich zitiere aus der zweiten Fassung von 1957 eine längere Passage. Der Kaiser Romulus unterhält sich mit seiner Tochter Rea über die Frage, ob Rea den römischen Patrizier Ämilian (den sie liebt, der sie aber verstoßen hat) oder den reichen Textilindustriellen Cäsar Rupf heiraten solle.

REA: Mein Vater, laß mich den Cäsar Rupf heiraten.
ROMULUS: Der Rupf, meine Tochter, ist mir zwar sympathisch, weil er Geld hat, aber er stellt unannehmbare Bedingungen.
REA: Er wird Rom retten.
ROMULUS: Das ist es eben, was mir diesen Mann unheimlich macht. Ein Hosenfabrikant, der den römischen Staat retten will, muß wahnsinnig sein.
REA: Es gibt keinen anderen Weg, das Vaterland zu retten.
ROMULUS: Das gebe ich zu, es gibt keinen anderen Weg. Das Vaterland kann nur noch mit Geld gerettet werden, oder es ist verloren. Wir müssen zwischen einem katastrophalen Kapitalismus und einer kapitalen Katastrophe wählen. Aber du kannst diesen Cäsar Rupf nicht heiraten, mein Kind, du liebst Ämilian.
Schweigen.
REA: Ich muß ihn verlassen, um meinem Vaterland zu dienen.
ROMULUS: Das ist leicht gesagt.
REA: Das Vaterland geht über alles.
ROMULUS: Siehst du, du hast doch zu viel in den Tragödien studiert.
REA: Soll man denn nicht das Vaterland mehr lieben als alles in der Welt?
ROMULUS: Nein, man soll es weniger lieben als einen Menschen. Man soll vor allem gegen sein Vaterland mißtrauisch sein. Es wird niemand leichter ein Mörder als ein Vaterland.
REA: Vater!
ROMULUS: Meine Tochter?
REA: Ich kann doch das Vaterland unmöglich im Stich lassen.
ROMULUS: Du mußt es im Stich lassen.
REA: Ich kann nicht ohne Vaterland leben!
ROMULUS: Kannst du ohne den Geliebten leben? Es ist viel größer und viel schwerer, einem Menschen die Treue zu halten als einem Staat.
REA: Es geht um das Vaterland, nicht um einen Staat.
ROMULUS: Vaterland nennt sich der Staat immer dann, wenn er sich anschickt, auf Menschenmord auszugehen.
REA: Unsere unbedingte Liebe zum Vaterland hat Rom groß gemacht.

ROMULUS: Aber unsere Liebe hat Rom nicht gut gemacht. Wir haben mit unseren Tugenden eine Bestie gemästet. Wir haben uns an der Größe unseres Vaterlandes wie mit Wein berauscht, aber nun ist Wermut geworden, was wir liebten.
REA: Du bist undankbar gegen das Vaterland.
ROMULUS: Nein, ich bin nur nicht wie einer jener Heldenväter in den Trauerspielen, die dem Staat noch einen guten Appetit wünschen, wenn er ihre Kinder fressen will. Geh, heirate Amilian!

Dieser „Spott" kann uns das Fürchten lehren. Und er verwirrt. Oft aber sind Verwirrungen – nicht nur des Zöglings Törleß – nützliche, ja notwendige Umwege beim Vorwärtstorkeln.

Während ich dieses aufschrieb und eine Brücke zu schlagen versuchte zum Thema, kommt eine Schülerin, die mir folgenden Satz schenkt, den sie gerade als Titel eines Aufsatzes über Luise Rinser gelesen hatte: „Es gibt nur eine Schuld im Leben der Menschen: Lieblosigkeit". – Zunächst einmal gebe ich Ihnen, meine Damen und Herren, diesen Satz dankbar weiter. Notgedrungen werden Sie Partner bei den Schwierigkeiten des Entstehens dieser Rede.

Lieblosigkeit als Schuld?

Im Flugzeug las ich auch die „Frankfurter Allgemeine" und das heutige FAZ-Magazin. Darin beantwortet die Fernseh-Moderatorin Petra Schürmann den sogenannten Proust'schen Fragebogen. Ihre Antwort auf die Frage „Was verabscheuen Sie am meisten?" war: „Lieblosigkeit". Manchmal verfolgen einen die Themen...

Ein neuer Ansatz. Ich durchforschte Lexika. Sogar das Grimm'sche Wörterbuch ließ mich im Stich. „Lieblos" und „liebelos" werden zwar aufgeführt und ausführlich belegt, ich finde aber nichts, das uns weiterbrächte. Nur eine sehr schöne Definition möchte ich Ihnen, zunächst gleichsam als Beifang, doch mitteilen. Im „Jüdischen Lexikon", Berlin 1927, 5-bändiger Nachdruck Königstein/Ts. 1982, steht bei „Liebe" nur ein Verweisungszeichen: „s. Nächstenliebe". Das hat den Christen in mir doch erschüttert. „Liebe deinen Nächsten wie dich selbst" gibt es nicht erst im Neuen Testament, wie ich es noch im Kommunionsunterricht gelernt habe, sondern schon sehr früh im Alten: im III. Buch Moses (Leviticus 19, 18). Solche Leviten laß ich mir gerne lesen. – Steigen wir lieber schweigend herab vom hohen Roß der christlichen Nächstenliebe, das wir, um im Bild zu bleiben, miserabel zugeritten haben. Die großartige Nächstenliebe ist nicht eine christliche, sondern eine uralte jüdische Idee.

Und plötzlich sieht Kaminskis Thema ganz anders aus: „Der NS-Staat als Phänomen der Lieblosigkeit": Nicht die abstrakte Idee der Menschenverachtung in ihrer Konkretion des Terrors ist angesprochen, sondern das staatlich verordnete gestörte Verhältnis zu meinem Nächsten. – Wenn dem Staat *das* gelingt, dann ist übrigens auch die Schuldfrage schwer zu lösen. Es sei denn, wir gingen wirklich so weit wie Luise Rinser: „Ich kenne nur eine Schuld: Lieblosigkeit".

Zur Frage der „Schuld" werde ich Ihnen eine Geschichte erzählen, danach eine zweite, die an einem Beispiel belegt, wie „einfach" es sein kann, das Verhältnis zu seinen Nächsten „staatlich verordnet" zu zerstören.

Vorher aber noch einige Anmerkungen zur Erziehung und Schule „im völkischen Staat" (was immer das ist). In der Familie, im Kindergarten, in der Schule müssen ja die Grundlagen zu suchen sein für das staatlich verordnete gestörte Verhältnis zu meinem Nächsten. Ich zitiere eine Absichtserklärung, erschienen 1927 im zweiten Band eines Werkes, das – so muß man es aus heutiger Sicht sagen – damals viel zu wenig ernst genommen wurde. Den Autor hat man sträflich unterschätzt. Der Titel des Buches: „Mein Kampf".

Im völkischen Staat soll also das Heer nicht mehr dem Einzelnen Gehen und Stehen beibringen, sondern es hat als die letzte und höchste Schule vaterländischer Erziehung zu gelten. Der junge Rekrut soll im Heere die nötige Waffenausbildung erhalten, er soll aber zugleich auch weitergeformt werden für sein sonstiges späteres Leben. An der Spitze der militärischen Erziehung aber hat das zu stehen, was schon dem alten Heer als höchstes Verdienst angerechnet werden mußte: in dieser Schule soll er nicht nur gehorchen lernen, sondern dadurch auch die Voraussetzung zum späteren Befehlen erwerben. Er soll lernen zu schweigen, nicht nur, wenn er mit Recht getadelt wird, sondern er soll auch, wenn nötig, Unrecht schweigend ertragen können.

Er soll weiter, gefestigt durch den Glauben an seine eigene Kraft, erfaßt von der Stärke des gemeinsam empfundenen Korpsgeistes, die Überzeugung von der Unüberwindlichkeit seines Volkstums gewinnen. Nach Beendigung der Heeresdienstleistung sind ihm zwei Dokumente auszustellen: sein Staatsbürgerdiplom als Rechtsurkunde, die ihm nunmehr öffentliche Betätigung gestattet, und sein Gesundheitsattest als Bestätigung körperlicher Gesundheit für die Ehe.

Analog der Erziehung der Knabens kann der völkische Staat auch die Erziehung des Mädchens von den gleichen Gesichtspunkten aus leiten. Auch dort ist das Hauptgewicht vor allem auf die körperliche Ausbildung zu legen, erst dann auf die Förderung der seelischen und zuletzt der geistigen Werte. Das Ziel der weiblichen Erziehung hat unverrückbar die kommende Mutter zu sein. Erst in zweiter Linie hat der völkische Staat die

Bildung des Charakters in jeder Weise zu fördern. Das ist, um eine Formulierung von Karl Kraus (der behauptet hatte, zu Hitler fiele ihm nichts ein) zu übernehmen, „bis zur Kenntlichkeit entstellt". Plattestes Zweckdenken.

Lieber Führer!
So wie Vater und Mutter
Lieben wir Dich.
So, wie wir ihnen gehören,
gehören wir Dir.
Nimm unsere Liebe und Treu,
Führer, zu Dir.

Sie werden es mir nicht glauben wollen: Das haben Kinder damals im Kindergarten lernen müssen. Wir wissen, wie gerne Kinder lieben, nicht nur ihre Eltern. Sie lieben die ganze Welt, in deren Mittelpunkt sie sich sehen, und von der sie glauben, sie sei nur zu ihrem Vergnügen geschaffen. Auch für früheste Enttäuschungen boten „Kindergartensprüche", bot der „Führer" ihnen Trost:

Wer nicht weint, wenn es schmerzt,
Erfreut den Führer.
Wer mutig ist und beherzt,
Den liebt der Führer.
Wer andre angibt und Schlechtes sagt,
Betrübt den Führer.
Wer gute Kameradschaft hält,
Den liebt der Führer.

Von „Wer nicht weint, wenn es schmerzt" bis „Unrecht schweigend zu ertragen" ist's nur ein kleiner Schritt. Und ein ebenso kleiner dahin, nicht zu weinen, wenn man Schmerzen zufügt und Unrecht schweigend erteilt. Von jeder Erziehung bleibt ja etwas. – Als „flankierende Maßnahme" gab es neben der Erziehung durch Kindergärten und Schulen noch die sogenannte Hitlerjugend. Leider hatten die verschiedenen Organisationen der deutschen Jugendbewegung ungewollt der Hitlerjugend Vorschub geleistet. Es würde hier zu weit führen, Ihnen die nicht nur auf Mißverständnissen beruhenden Übereinstimmungen auseinanderzusetzen. Faktum ist, was eine neuere Publikation so zusammenfaßt: „Die bestehenden Organisationen wurden der HJ entweder eingegliedert oder verboten. Schon im Dezember (1933) war das Ziel erreicht – die Jugendbewegung war nahezu identisch mit der HJ"[1]). In deutschen Lesebüchern ließ der sogenannte Reichsjugendführer (1933-1940; danach war er übrigens bis 1945 Gauleiter in Wien) folgenden Text drucken: „Adolf Hitler, wir glauben an Dich! Ohne Dich wären wir Einzelne. Durch Dich sind wir ein Volk, Du gabst uns eine Aufgabe, die Pflicht, die Verantwortung. Du gabst uns Deinen Namen, den geliebtesten Namen, den Deutschland je besessen hat. Wir sprechen ihn in Ehrfurcht, wir tragen ihn in Treue. Du kannst Dich auf uns verlassen. Adolf Hitler, Führer und Fahnenträger. Die Jugend ist Dein Name. Dein Name ist die Jugend. Du und die jungen Millionen können niemals getrennt werden."

Unglaublich heute, aber dieses pseudoreligiöse Geschwafel war einmal schrecklich erfolgreich. Alle Liebe konzentriert sich auf den „Führer"; der Rest ist – Lieblosigkeit.

Nun zur ersten der versprochenen Geschichten. Sie ist, wie alle weiteren, die Sie hören werden, wahr. Alle nutzen, um Ernst Bloch zu zitieren, das „Kräutlein Faktum". Diese erste Geschichte könnte eine Frage als Titel führen: Wer hat Schuld?

Am 11.3.1938, heute genau vor 50 Jahren, hält in Wien vor dem Haus Gentzgasse Nr. 7 ein Diplomatenwagen mit französischem Kennzeichen. Drei Personen sitzen drin, eine Hofrätin, der französische Schriftsteller (vor allem Komödienschreiber) Paul Géraldy und Paul Clemenceau, Bruder des bekannten französischen Politikers. Die Hofrätin verläßt den Wagen, geht allein ins Haus Gentzgasse Nr. 7 in den vierten Stock. Die Herren warten. Nach einer Stunde kommt die Hofrätin zurück. Allein. Der vierte Platz im Wagen bleibt leer. Der Wagen fährt zur Schweizer Grenze.

Der Hofrätin war nicht gelungen, was vorher schon die Schriftsteller Carl Zuckmayer und Alfred Polgar ebenso vergeblich versucht hatten: den Schriftsteller Egon Friedell zur Emigration zu bewegen. Wien als „geistige Lebensform", darauf wollte, konnte Friedell nicht verzichten.

Fünf Tage später, am Abend des 16. März – der staatlich verordnete und echte Jubel über den „Anschluß" war noch nicht verklungen – sitzt Friedell in seiner Wohnung mit einigen Freunden zusammen. Unter ihnen der Schriftsteller Franz Theodor Csokor. Wieder versucht man, Friedell von der dringenden Notwendigkeit der Emigration zu überzeugen. Wieder vergeblich. Man verabschiedet sich früh; Friedell zieht sich in sein Schlafzimmer zurück. Gegen 22.00 Uhr klingelt es noch mal. Die Haushälterin öffnet. Vor der Tür stehen zwei junge SA-Burschen, die den „Jud Friedell abholen" sollen. Durch den Lärm gestört, öffnet Friedell die Schlafzimmertür einen Spalt. Er überblickt die Situation sofort. Leise schließt er die Tür wieder, geht ans Fenster, zieht den Rolladen hoch, sichert ihn sorgfältig, öffnet das Fenster, klettert – der 60-jährige – auf die Fensterbank, blickt aus dem vierten Stock nach unten, warnt durch Rufen einen Passanten, auf die Seite zu treten, stürzt sich in die Tiefe. Mit dem Kopf zuerst schlägt er aufs Pflaster. Ein befreundeter Arzt sagt später, er müsse sofort tot gewesen sein, wahrscheinlich – dies vielleicht auch als Trost für Freunde? – habe er schon während des Falls einen Herzschlag erlitten.

Wer hat „Schuld" an diesem Tod? Die beiden SA-Burschen? Natürlich, sie sind die einzig erkennbaren Menschen einer gut geölten, perfekt organisierten Maschinerie des Schreckens [2]). Die wirklich Schuldigen sitzen ganz woanders und haben gar nichts getan. Seit 2.000 Jahren wäscht Pilatus seine Hände in Unschuld.
„Ich kenne nur eine Schuld: Lieblosigkeit." (Luise Rinser)
„Was verabscheuen Sie am meisten?" „Lieblosigkeit" (Petra Schürmann)

Die zweite Geschichte, von der ich Ihnen berichten möchte, ist fast eine „lieblose Legende". (Vielleicht kennen Sie den berühmten Titel „Lieblose Legenden", unter dem Wolfgang Hildesheimer seine ersten Erzählungen sammelte?) Sie spielt im Herbst 1944 im südlichsten Schwarzwald, wo meine Mutter mit ihren Kindern Zuflucht gefunden hatte. Wir wohnten in einem kleinen Dorf. Es hatte nur zwölf Häuser. Ich wurde eingeschult, in eine „Zwergschule" im Nachbardorf. Da saßen alle Kinder von Klasse 1–8 in einem Klassenraum zusammen, unterrichtet von einer Lehrerin. Alles in allem knapp 20 Kinder. Vor diesen Kindern fragte ich während einer Schulstunde die Lehrerin: „Sagen Sie mir bitte, Fräulein, was ist das eigentlich, die Schweizerische Depeschenagentur in Bern?" (Zur Erklärung: es war ein Schweizer Rundfunksender, den meine Mutter wohl manchmal hörte. Das Abhören ausländischer=fremder=feindlicher (auch, wenn dieses Ausland neutral war) Rundfunksender war mit schlimmen Strafen bis hin zur Todesstrafe bedroht.) Die Lehrerin muß – mir damals natürlich unbewußt – phantastisch reagiert haben; der Unterricht ging einfach weiter…Nachmittags dann kam diese Lehrerin zu meiner Mutter nach Hause, berichtete von diesem Vorfall und warnte uns gleichzeitig vor bestimmten Familien, strammen Nazionalsozialisten. Daß diese Lehrerin durch ihre Tat nicht nur ihre Stellung, sondern ihren Kopf riskiert hatte, wurde mir natürlich erst später bewußt. Und auch, daß wir durch „dummes Kindergeschwätz" Opfer von Erpressung werden konnten.
Diese Lehrerin hat, aus damaliger Sicht, ebenso „unnormal" gehandelt wie aus heutiger Sicht „selbstverständlich". Das Selbstverständliche durfte aber damals nicht selbstverständlich sein. Selbstverständlich hatte zu sein das staatlich verordnete gestörte Verhältnis zu meinem Nächsten: die Lieblosigkeit mit allen ihren Folgen.

Und das bringt mich zur nächsten Geschichte. Meine Quelle ist ebenso abwegig wie authentisch: Geheime Lageberichte des Sicherheitsdienstes der SS. Ich zitiere den Auszug einer Meldung vom 12. Oktober 1942. Thema – und wieder muß ich mich für miserables Deutsch entschuldigen – „Zur Einstellung der deutschen Bevölkerung gegenüber Kriegsgefangenen"[3]): Wenn auch ein Großteil der Kriegsgefangenen nunmehr härter angefaßt werde, so gäbe es auf der anderen Seite einen zahlenmäßig ebenfalls großen Teil, der seine Pflicht tue und keinen Anlaß zu Beanstandungen gäbe. Gerade von dieser Gruppe würden jedoch im besonderen Maße die volkspolitischen Gefahren ausgehen, da diese Kriegsgefangenen meist aufgrund ihrer ohnehin schon vorhandenen Bewegungsfreiheit und des Ansehens, das sie sowohl beim Arbeitgeber als auch bei der Bevölkerung genössen, viel eher und weit mehr dem deutschen Menschen näherkämen als die Elemente, die sich von vornherein ablehnend und feindselig verhielten. Dort, wo das Verhalten der Kriegsgefangenen keinen Anstoß biete, sondern diese durch Arbeitsfreudigkeit und anständiges Verhalten sogar Anerkennung, vor allem in bäuerlichen Kreisen erringen könnten, werde der volkstumsmäßige Abstand immer mehr verringert. Der immer noch weitgesteckte Rahmen der Behandlungsvorschriften und hie und da auftretende Toleranz würden dem Kriegsgefangenen reichlich Möglichkeit bieten, mit der deutschen Bevölkerung, insbesondere mit deutschen Frauen, zusammenzukommen, wobei auch der deutsche Volksgenosse im guten Glauben, diese Kriegsgefangenen müßten bevorzugt behandelt werden, von sich aus ein weiteres tue und die bei ihm eingesetzten Kriegsgefangenen oftmals wie deutsche Arbeitskräfte behandle. Wenn dann noch, besonders bei Frauen, ein gewisses Mitleidsgefühl hinzukomme, würde ein Abstand überhaupt nicht mehr eingehalten. So berichtet z.B. Bayreuth, daß einem bei einem Gastwirt eingesetzten Kriegsgefangenen die Möglichkeit gegeben wurde, dauernd und ungehindert an den Bierhahn zu gehen und zu trinken. Die Wirtin habe sich hierzu geäußert: „Er hat halt Durst, der arme Kerl." Als dem gleichen Gefangenen einmal zwei gebratene Tauben vorgesetzt wurden, habe die Wirtin erklärt: „Das ist der Anton, unser Gefangener, ein seelenguter Mensch. Wissen Sie, er mag halt kein Schweinefleisch, das kann er nicht vertragen. Ich habe ihm deshalb heute zwei Tauben gebraten. Er ist doch ein Mensch und ein so braver Kerl."

Auch die vielen Fälle des Geschlechtsverkehrs mit Kriegsgefangenen könnten nicht allein durch die tagtägliche gemeinsame Arbeit erklärt werden, sondern hätten ihren Grund mit darin, daß deutsche Volksgenossen den notwendigen volkspolitischen Abstand vergäßen, nachdem die Kriegsgefangenen durch ihre Arbeit und ihr sonstiges Verhalten Anerkennung und Vertrauen errungen hätten. Es sei doch auffallend, daß die Mehrzahl der Frauen, die sich mit Kriegsgefangenen abgäben, aus erbbiologisch und sozial einwandfreien Familien stammen würden und eine rechtzeitige Erziehungsarbeit sicher nicht vergeblich wäre.

Wohlgemerkt, hier berichten Geheimpolizisten, hier plaudert Tallhover aus der Schule. Mit den ablehnenden und feindseligen sogenannten „Elementen" kommt man viel besser zurecht, als mit solchen Kriegsgefangenen, die „keinen Anlaß zu Beanstandungen" geben. Gefahren scheinen auszugehen von „Arbeitsfreudigkeit" und „anständigem Verhalten". Wird nun dieses anständige Verhalten durch anständiges Verhalten erwidert, dann scheint, nach Ansicht der Geheimpolizei, und das heißt, nach den offiziellen Richtlinien des Staates, die Sache völlig verfahren. Die Vokabeln „Anerkennung", „Toleranz", „Mitleid" und „Vertrauen" sind in diesem Text ja alle negativ besetzt. Und die schlimmste Schande begeht wohl die Wirtin, wenn sie über Anton, den Kriegsgefangenen, sagt: „Er ist doch ein Mensch."

Hier soll, von offizieller Seite, Lieblosigkeit geradezu eingeklagt werden. Sie scheint aber ebensowenig einklagbar wie ihr Gegenteil. Das macht, nebenbei, den Faschismus (und Postfaschismus) so immun gegen moralische Anklagen. Das Selbstverständliche wird zur Lieblosigkeit (erklärt).

Gerne möchte ich Ihnen noch eine Geschichte erzählen. Sie zeigt, wie schwierig es sein kann, das Selbstverständliche zu leisten. Die Geschichte ist kaum ein Jahr alt, sie handelt von meinem Freund Adam. Adam ist – besser: war – versoffen, entmündigt, Analphabet und arbeitet für einen Hungerlohn bei einem Bauer als Knecht. Dieser Bauer gilt als „Ausbeuter", und dennoch: dürfte Adam nicht bei ihm arbeiten, wäre er längst in einer psychiatrischen Klinik. Hier aber ist das Dorf Therapie. Jeden Samstag hat Adam sich sinnlos betrunken. Sein Motto: Halb besoffen ist rausgeschmissenes Geld. Bezahlen mußte er dennoch nur selten, denn meist übernahmen andere Gäste – Nachbarn, Bekannte – seine Zeche. Adam ist nicht nur ein guter Arbeiter, sondern ein guter Mensch; die ihn kennen, wissen das.

Eines Sonntags früh um 6.00 Uhr erscheint Adam nicht zur Arbeit. Sein Chef, dieser Puntila, ruft nach ihm. Adam liegt noch im Bett und ruft zurück: Ich schaffe heute nicht, Chef, mir geht's nicht gut.

Jetzt wird er wirklich zu viel gesoffen haben, mögen Sie denken. Ich jedenfalls hätte so gedacht, und: soll er doch seinen Rausch ausschlafen. Was aber macht der Bauer, sein Chef, der Puntila? Er weckt seinen Sohn, sagt ihm, er solle sich sofort anziehen und den Wagen aus der Garage holen. Dem Adam gehe es nicht gut, er müsse ins Krankenhaus. Während der Sohn sich fertigmacht, geht der Vater zu Adam, wäscht ihn, zieht ihn an und bringt ihn ins Auto. Und während der Sohn mit Adam unterwegs ist, ruft der Vater im Krankenhaus an. „Haben Sie eine Überweisung?", wird er gefragt. „Nein", sagt er, „ich habe keine Überweisung, ich habe einen Kranken." Man untersucht ihn, diagnostiziert einen komplizierten Magendurchbruch. Die ebenso dringende wie komplizierte Operation traut man sich in dem kleinen Krankenhaus nicht zu. Ein Hubschrauber wird hertelefoniert, schon auf dem Flug in die Universitätsklinik wird Adam für die Operation vorbereitet, und das erste, was Adam nach der Operation, als er aus der Narkose aufwacht, wahrnimmt, ist, wie der Professor, der ihn operiert hat, zu ihm sagt: „Bedanken Sie sich bei den Leuten, die sie so schnell ins Krankenhaus gebracht haben."

Eine gewiß nicht lieblose Geschichte. Für den Bundespräsidenten hätte man nicht mehr tun können, als man hier für den armen, versoffenen, entmündigten, kleinen Bauernknecht getan hat. Aber nicht deshalb erzähle ich sie, sondern: Ich hätte diese Geschichte nicht „bestanden". Wahrscheinlich wäre Adam bei mir gestorben. Hätte ich überhaupt seine Krankheit ernst genommen? Und wenn, hätte ich dann nicht den sonntäglichen ärztlichen Notdienst angerufen? Und wenn tatsächlich ein Arzt gekommen wäre, hätte die Zeit noch ausgereicht für einen Krankenwagen...? Jeder möge sich fragen, wie er reagiert hätte. Das „Selbstverständliche" ist, auch in leichten Zeiten, nicht immer leicht zu leisten. Adam geht es wieder gut. Er trinkt nur noch alkoholfreies Bier.

Bleiben wir noch einen Augenblick in der Gegenwart. Ich möchte Ihnen ein sehr liebloses Wort nennen, das Sie alle kennen, vielleicht schon selber gebraucht haben, gedankenlos. Das Wort heißt „Wegwerfgesellschaft". Sobald wir darüber nachdenken, erschrecken wir. Diesen Begriff hätten wir doch eher in der faschistischen Wortküche vermutet als im modernen Soziologenjargon. Wegwerfen ist lieblos; Sammeln das Gegenteil von lieblos. Verpackungen, die so oft als „vertrauensbildende Maßnahmen" für ihre Inhalte herhalten müssen, werfen wir einfach weg. (Nebenbei, manchmal wäre es „billiger", den Inhalt wegzuwerfen als die Verpackung, weil die Verpackung teurer ist als der Inhalt.) Es gibt leider noch sehr viele „lieblose" Wörter, die ich Ihnen nennen könnte; finden Sie sie selbst. Eins verrate ich noch, um Ihnen die Richtung zu weisen: „Beziehungen".

Ich weiß nicht, ob in Österreich in den letzten zwei Jahrzehnten das selbe passiert ist wie in der Bundesrepublik. Auch das hat etwas mit Lieblosigkeit zu tun, obwohl es zunächst das Gegenteil davon anzeigen mag: ich meine das zunehmende Verschwinden des Personalpronomen „Sie" zugunsten des „Du". Das „Du" hat einmal Nähe ausgedrückt; heute ist es zu liebloser Unverbindlichkeit verkommen.

Zum Schluß möchte ich noch ein kleines, bescheidenes Plädoyer für die private Lieblosigkeit halten. Die persönliche Lieblosigkeit wird dauern; wir können höchstens versuchen, sie etwas kleiner zu machen in dieser Welt. Ein Rest bleibt immer. Und den sollten wir festhalten, jeder den seinen bei sich. Wir wissen ja, Lieblosigkeit heißt immer noch „ohne Haß", „nicht seelenlos". Wenn wir uns in diesem Sinne zu unser eigenen, persönlichen, privaten Lieblosigkeit bekennen, dann liegt darin vielleicht schon ein kleines Rezept dafür, die Lieblosigkeit nicht wieder einem Staat, in dem wir leben wollen, zu überlassen.

Dabei helfen uns – und das gilt nicht nur für Studenten – die Wissenschaften und die Künste. Mit einem Gruß an André Kaminski in Zürich möchte ich Ihnen abschließend hierzu zwei Sätze vorlesen, Lieblingssätze, die ich auswendig kann. Geschrieben hat sie Christopher Caudwell, ein englischer Intellektueller, der als Dreißigjähriger im Spanischen Bürgerkrieg am Jamara getötet wurde. „Kunst ist die Wissenschaft vom Gefühl; Wissenschaft die Kunst vom Wissen. Wir müssen wissen, um handeln zu können, aber wir müssen fühlen, um zu wissen, was zu tun ist."[4])

451

Anmerkungen

1) Dorothee Klinksiek, Die Frau im NS-Staat. Schriftenreihe der Vierteljahreshefte für Zeitgeschichte, Deutsche Verlagsanstalt, Stuttgart, 1982. Diesem Buch verdanke ich insgesamt viel, u.a. auch die „Kindergartensprüche".
2) Dazu das „statement" eines Schreibtischtäters: „100 Tote sind eine Katastrophe, eine Million Tote sind eine Statistik." (Aus Adolf Eichmanns unveröffentlichten Memoiren, zitiert von Eberhard Fechner in seinem Fernsehfilm „Majdanek, Teil II"; am 25.11.1984 in NDR 3 gesendet).
„Hätte ich etwas von den Schrecken in den deutschen Konzentrationslagern gewußt, ich hätte ‚Der große Diktator' nicht zustandebringen, hätte mich über den mörderischen Wahnsinn der Nazis nicht lustig machen können." (Charlie Chaplin, Die Geschichte meines Lebens, Frankfurt/M. 1967)
3) Meldungen aus dem Reich. Auswahl aus den geheimen Lageberichten des Sicherheitsdienstes der SS 1939-1944, herausgegeben von Heinz Boberach, Luchterhand Verlag, Neuwied, 1965; als Taschenbuch erschienen bei dtv, München, 1968 (Nr. 477).
4) Christopher Caudwell, Illusion und Wirklichkeit. Eine Studie über die Grundlagen der Poesie, VEB Verlag der Kunst, Dresden, 1966. Unter dem Titel „Bürgerliche Illusion und Wirklichkeit. Beiträge zur materialistischen Ästhetik", herausgegeben von Peter Hamm, auch in der Bundesrepublik erschienen, Carl Hanser Verlag, München, 1971.

Es handelt sich hier um die Nachschrift der Rede, die nur zu einem Drittel wörtlich vorbereitet war. Der Rest wurde frei, anhand von Stichworten, gehalten. Auch in der Nachschrift habe ich den Duktus der Rede beizuhalten versucht – mit allen Nachteilen, die sich daraus für einen Leser ergeben mögen.
Einen Abschnitt über „Gruppe/Ordnung" einerseits und andererseits „Individuum/'Unordnung'" habe ich, da die Zeit schon fortgeschritten war, nicht vorgetragen. So fehlt dieser Abschnitt auch in der Nachschrift.
Für eine Diskussion, zu der es nach einer über vierstündigen Veranstaltung wirklich nicht mehr kommen konnte, hatte ich noch verschiedene Unterlagen und Dokumente mitgebracht.
Einige der Themen: Schulerziehung/Mädchenbildung/Universität/Faschismustheorien/Eine Theorie des Terros (Kogon)/Organisation, Aufgaben und Pflichten der Nationalsozialistischen Frauenschaft/Lebensborn e.V./SS Befehl für die gesamte SS und Polizei v. 28. Okt. 1939/etc.
Zur „Schuldfrage" hatte ich mir zwei Gedichte mitgebracht, einmal das, das Annette von Droste-Hülshoff ihrer Erzählung „Die Judenbuche" voranstellt, und Theodor Kramer, Requiem für einen Faschisten (das ja auch losgelöst vom „Auslöser", dem Freitod Josef Weinhebers, Bestand hat).
Ein „Witz", den ich einmal von Fritz Muliar vorgetragen gehört habe, illustriert das Thema „Der NS-Staat als Phänomen der Lieblosigkeit" so präzis; aber ich habe es nicht „gewagt", ihn im Zelt vorzutragen. Hier sei er nicht erzählt, sondern referiert: Ein Jude wird von einem SS-Aufseher in einem KZ gefragt, ob er erkennen könne, welches Auge des Aufsehers echt und welches ein Glasauge sei. Sofort erkennt der Gefangene das Glasauge: „Es hat so einen menschlichen Schimmer."

452

Grafik:
W. Scherübl jun.
o.T.

EPILOG

EPILOG

Paul Grosz

Der „jüdische" Standpunkt

Vor wenigen Monaten hatte ich Gelegenheit, im Zuge eines Symposions an der University of Minneapolis, Minnesota, zum Thema „1938–1988" eine „jüdische" Stellungnahme vorzutragen. Dieses viertägige Symposion war von hochrangigen Akademikern aus Österreich, den USA, England, Frankreich, CSSR beschickt, deren Spezialgebiet Geschichte und Sozialwissenschaften waren. Der 1982 von Österreich gestiftete Österreichlehrstuhl unter Prof. Wright war die einladende Organisation, das österreichische Außenministerium der interessierte Sponsor.

Ich war mit einiger Zurückhaltung der Einladung gefolgt, dort ein Papier zu lesen. Zumal das mir zugeordnete Thema offenbar der Einfachheit halber den ebenso simplen wie umfassenden Titel „Jews" trug. Nun ist zwar für mich die Tatsache unbezweifelt, daß die Geschichte Österreichs über die Jahrhunderte unlösbar auch mit der Geschichte und dem Geschick der Juden in Österreich verbunden war und ist – wenngleich oft genug des Einen Leid des Anderen Freud gewesen sein mag und vice versa. Unbestritten schien mir aber auch die Tatsache zu sein, daß eine objektive Geschichtsbetrachtung – auch bei einem so schwierigen Thema – einen speziell „jüdischen" Standpunkt entbehren könnte. – Ich sollte eines Besseren belehrt werden.

Eine Reihe namhafter Historiker hat an den ersten drei Tagen dieses Symposions sehr ausführlich die These behandelt, die den Zusammenbruch des Habsburgerreiches, den Friedensvertrag von Saint Germain – der Clemenceau erlaubte zu sagen: „Der Rest ist Österreich"– in historischer Konsequenz als die Ursache für den weitgehenden inneren politischen Verfall Österreichs zwischen 1918 und 1938 ansieht, der jeden Widerstand gegen die Okkupation Österreichs durch das Deutsche Reich unmöglich gemacht hätte.

Diese These blieb nicht unbestritten. Mit großer Akribie wurde die Situation beleuchtet, die schließlich 1938 zu jener aller Welt bekannten Reaktion geführt hat, die Österreich und die Österreicher als begeisterte Anhänger des „Anschlusses" darstellte und die Bilder vom Heldenplatz als gültigen Beweis dafür nahm.

Es war diese vor aller Welt demonstrierte offensichtliche Begeisterung für den „Anschluß", die als unvermeidliche Folge der genannten geschichtlichen Entwicklung darzustellen versucht wurde, was jenen Widerspruch hervorrief, der schließlich dazu geführt hat, daß in der Diskussion zu einem Beitrag von Prof. Stourzh sich die Notwendigkeit eines „jüdischen" Standpunktes ergab.

So wurde insbesondere darauf hingewiesen, daß in der „Systemzeit" eine deutliche antisemitische Diskriminierung auf den verschiedensten Ebenen und Gebieten der Verwaltung und in der praktischen Handhabung von gesetzlichen Bestimmungen zum Tragen kam und neben anderen prä-faschistischen Manifestationen kaum durch den Zusammenbruch der Donaumonarchie entschuldigt werden könnte. Dies umso weniger, als sowohl der Antisemitismus wie die Anschlußideologie eine lange Tradition in Österreich aufzuweisen haben, die ihre Wurzeln in einer durchaus weiter zurückliegenden Vergangenheit hätten.

Dem setzte Prof. Stourzh im schon erwähnten Diskussionsbeitrag unter anderem die Tatsache entgegen, daß im Jahr 1935 die damalige Bundesregierung den amtierenden Präsidenten der Israelitischen Kultusgemeinde zum Staatsrat ernannte. In einer Erwiderung sagte ich dazu: „Prof. Stourzh hat anderntags einen meiner Vorgänger erwähnt, den letzten frei gewählten Präsidenten der Israelitischen Kultusgemeinde vor 1938, Dr. Desider Friedmann. Er hat die Tatsache, daß der einstmalige Präsident der Kultusgemeinde zum Mitglied des Staatsrates ernannt worden sei, als Beweis oder zumindest als Indikator für eine verhältnismäßig liberale Haltung von Schuschniggs Vaterländischer Front gegenüber den Juden zitiert, jedenfalls verglichen mit dem Antisemitismus der Nationalsozialisten. Dr. Friedmann, der am Tage der Machtergreifung an einer Tagung in London teilnahm, wurde von seinen Freunden bestürmt, nicht mehr nach Österreich zurückzukehren. Er aber war der Meinung, daß sein Platz bei seiner Gemeinde sei. Er kam zurück, wurde verhaftet, deportiert und starb eines unrühmlichen Todes in einem deutschen KZ. Ich glaube, er hätte es nicht sehr begrüßt, heute, 50 Jahre später, als Zeuge und Zeugnis, als geschichtlicher Tatbestand einer liberalen Haltung von Österreich vis-à-vis seiner Juden, zitiert zu werden. Präsidenten der Israelitischen Kultusgemeinde scheinen nicht selten in die Lage gebracht zu werden, mehr oder weniger symbolische Akte der Zustimmung durch ihre bloße Anwesenheit zu setzen. Kultuspräsidenten scheinen besonders geeignet, ihre Reputation dazu zu verwenden, genau das zu bewirken."

Eine 50jährige Periode des Verschweigens und Verdrängens weicht beinahe nahtlos einer Aufarbeitung der Vergangenheit durch den Versuch einer Apologetik; die oft zitierte Unsensibilität gegenüber den Opfern, den Überlebenden des Holocaust, wird gegen die ebensooft zitierte Überempfindlichkeit der Opfer aufgewogen, das geschürte „Vergessen", das zur „Entschuldung" hätte führen sollen, wird dabei zur nationalen

Neurose. Und diese wird gehegt und gepflegt, und wir sind schon wieder dabei, Schuld beim Opfer zu suchen und die eigenen Fehler in die „Anderen" zu projizieren.

Was 1986 noch als nationaler self-defence Reflex zu verstehen gewesen wäre, wird zur nationalen raison-d'être hochstilisiert, die Anerkennung und Zustimmung von außen der Gradmesser des eigenen Selbstbewußtseins und die Imagepflege zum zentralen Anliegen. Im Zweifelsfall und wo es nicht gleich klappt, sind es ja nur Ausländer, und wir wenden uns jenen zu, die uns versichern, Opfer gewesen zu sein, aber niemanden zu hassen. Eine Wahrheit, die, deklamiert, zur Lüge wird, weil sie alle Opfer, die Gleiches nicht für den öffentlichen Gebrauch bereitstellen implicite zu Hassern macht. Wahrheit und Lüge passen prächtig in langgehegte Vorurteilsmuster, und man kann die Geschichte von Aug' um Aug' und Zahn um Zahn erfolgreich vermarkten.

Wir zitieren Prof. Frankl und breiten den Mantel des Schweigens über eine so wichtige Publikation wie Robert Knight's „... ich bin dafür, die Sache in die Länge zu ziehen ...". Wichtig nicht, weil sie geeignet ist, uns die Schamröte ins Gesicht zu jagen, sondern weil sie geeignet ist, eine befreiende Diskussion zu entfachen, die der Jugend Gelegenheit gäbe, sich von einer politischen Kultur zu distanzieren, die Normen und Klischees vertritt, die zutiefst unmoralisch sind.

Die mit der „Gnade der späten Geburt" ausgestattet sind, haben das Recht zu wissen, was 40 und mehr Jahre in den Archiven vergraben war und die Pflicht, dazu Stellung zu nehmen. Können wir uns wirklich erlauben, daß auf Hochschulboden – im Juridicum vor jungen Jusstudenten – unwidersprochen die These verteten werden kann, daß die Handlanger des Holocaust nicht verfolgt werden dürften, weil sie akzeptiert hätten, daß ihre Opfer, die Juden, Zigeuner, „Minderrassigen" und „Lebensunwerten", nicht Menschen, sondern „Sachen" wären; daß ergo dessen die Täter mangels subjektiver Schuldeinsicht schuldlos wären? Wo gab es den Aufschrei in den Medien? Wo wurde von den Dächern und den Kanzeln die Empörung darüber hinausgeschrien?

Geschichte ist morgen, was heute geschieht. Die Verantwortung dafür tragen wir zu ungeteilter Hand. Hoffen wir, daß es keines „jüdischen" Standpunktes bedarf.

AUTOREN

Yehuda Bauer

1926 in Prag geboren, immigrierte 1939 in Palästina und promovierte 1960. Seit 1961 ist er am Institute of Contemporary Jewry der hebräischen Universität tätig und seit 1973 dessen Leiter. 1977 wurde er Ordinarius. Yehuda Bauer ist Jona M. Machover Professor für Holocaust Studies am Institut (Hebrew University), Leiter des Vidal Sassoon International Center for the Study of Antisemitism an der Hebräischen Universität und akademischer Leiter des Institute of Contemporary Jewry.
Zahlreiche Veröffentlichungen, darunter: Trends in Holocaust Research, 1977; The Holocaust in Historical Perspective, 1978; A History of the Holocaust, 1982.

Wolfgang Benz

1941 geboren, ist seit 1969 Mitarbeiter am Institut für Zeitgeschichte, wo er seit 1972 als Redakteur die „Schriftenreihe der Vierteljahreshefte für Zeitgeschichte" und als Herausgeber die Reihe „Biographische Quellen zur deutschen Geschichte nach 1945" betreut. Er beschäftigte sich zunächst mit der Geschichte der Weimarer Republik und ist derzeit in zwei Projekten zur Geschichte der Juden und der Judenverfolgung in Deutschland und Europa sowie als Leiter eines stadtgeschichtlichen Projekts in Salzgitter engagiert. Er lehrt an der Technischen Universität München Zeitgeschichte, war 1986 Gastprofessor an der University of New South Wales in Sydney, gehört dem International Advisory Board des Simon Wiesenthal Center Los Angeles an und ist Mitbegründer und Mitherausgeber der Zeitschrift „Dachauer Hefte. Studien und Dokumente zur Geschichte der nationalsozialistischen Konzentrationslager".
Zahlreiche Veröffentlichungen zur deutschen Geschichte im 20. Jahrhundert, zuletzt: Die Bundesrepublik Deutschland. Politik, Gesellschaft, Kultur, 3 Bände, 1983 (Hrsg.); Von der Besatzungsherrschaft zur Bundesrepublik (1984); Rechtsextremismus in der Bundesrepublik , 1984 (Hrsg.); Die Gründung der Bundesrepublik, 1984; Potsdam 1945, 1986; Neuanfang in Bayern 1945 bis 1949. Politik und Gesellschaft in der Nachkriegszeit, 1988; Die Juden in Deutschland. Leben unter nationalsozialistischer Herrschaft , 1988; Pazifismus in Deutschland. Dokumente zur Friedensbewegung 1890-1939, 1988.

Gerhard Botz

1941 in Schärding am Inn geboren, studierte Geschichte, Geographie und Biologie an der Universität Wien und promovierte 1967 zum Doktor der Philosophie. Er war 1968–1979 Assistent an der Univ. Linz, 1976/77 Stipendiat der Alexander von Humboldt-Stiftung in Bochum und Berlin und habilitierte sich 1978 an der Universität Linz, wo er 1979 zum ao. Prof. für Neuere Geschichte und Zeitgeschichte ernannt wurde. Er war 1985 Gastprofessor an der University of Minnesota, Minneapolis sowie 1986 und 1987 Gastprofessor an der Stanford University. Gerhard Botz ist seit 1980 o. Prof. für österreichische Geschichte mit besonderer Berücksichtigung der Zeitgeschichte an der Universität Salzburg und seit 1982 Leiter des Ludwig-Boltzmann-Instituts für Historische Sozialwissenschaft in Salzburg .
Zahlreiche Buchveröffentlichungen, darunter: Die Eingliederung Österreichs in das Deutsche Reich, 1972, 1976, 1988; Wohnungspolitik und Judendeportation in Wien 1938–1945, 1975; Gewalt in der Politik, 1976, 1983; Im Schatten der Arbeiterbewegung, 1977 (gem. mit G. Brandstätter u. M. Pollak); Der 13. März 38 und die Anschlußbewegung, 1978, 1980; Wien vom Anschluß zum Krieg, 1978, 1980; Bewegung und Klasse, 1978 (Mithg.); M. Glas-Larsson, Ich will reden, 1982 (Hg.); Mündliche Geschichte und Arbeiterbewegung, 1984 (Hg. gem. mit J. Weidenholzer); Jews, Antisemitism and Culture in Vienna, 1987 (Hg. gem. mit I. Oxaal u. M. Pollak); Krisenzonen einer Demokratie, 1987; Quantität und Qualität, 1988 (Mithg.); Kontroversen um Österreichs Zeitgeschichte, 1988 (Mithg.).

Tone Ferenc

1927 in Verzej in der Untersteiermark geboren, studierte 1956 - 1961Geschichte an der Philosohischen Fakultät in Laibach und promovierte an der Universität Belgrad. Er war 1956 – 1961 und dann erneut 1965 – 1968 als Archivar im Museum der Volksbefreiung in Laibach tätig, 1961 – 1965 und erneut ab 1968 Geschichtsforscher am Institut für die Geschichte der Arbeiterbewegung in Laibach und 1971 – 1975 Direktor dieses Instituts. Tone Ferenc ist seit 1976 wissenschaftlicher Rat, seit 1981 Ordinarius an der Abteilung für Geschichte der Philosophischen Fakultät in Laibach, war 1974 – 1976 Präsident des Historischen Vereins Sloweniens und 1980 – 1985 Präsident der Jugoslawischen Komitees für die Geschichte des Zweiten Weltkrieges.

Zahlreiche Veröffentlichungen, darunter: Die Kapitulation Italiens und der Volksbefreiungskampf in Slowenien im Herbst 1943, Maribor 1967(slowenisch); Nationalsozialistische Entnationalisierungspolitik in Slowenien in den Jahren 1941 – 1945, Maribor 1968(slowenisch); Quellen zur nationalsozialistischen Entnationalisierungspolitik in Slowenien 1941 – 1945, Maribor 1980 (deutsch); Volksverwaltung in Slowenien 1941 – 1945. I. Der Staat im Staate. II. Das Volk wird sein Urteil selbst schreiben, Ljubljana 1985/87(slowenisch).

Aurelius Freytag

1964 in Horn/NÖ geboren, studiert seit 1982 Rechtswissenschaften an der Universität Wien. Seit 1987 hat er die wissenschaftliche Leitung des Projekts 38/88 „Geschichte lebt" inne.

Henry Friedlander

1930 in Berlin geboren. Er wurde 1941 von Berlin in das Ghetto von Lodz und 1944 von dort in die KZ Auschwitz-Birkenau, Neuengamme (verschiedene Außenkommandos), und Ravensbrück (Männerlager) deportiert, Wanderte 1947 in die USA aus. Er wurde Master of Arts 1954 und Dr. phil. 1968 in der modernen europäischen und deutschen Geschichte (Dissertation: „The German Revolution, 1918-1919") an der University of Pensylvania. Er war 1957-58 Wissenschaftlicher Mitarbeiter des Committee for the Study of War Documents, Hochschullehrer an der Louisiana State University in New Orleans 1958-64, an der McMaster University in Kanada 1964-67, an der Universtiy of Missouri in St. Louis 1967-70 und am City College of New York 1970-75. Henry Friedländer ist seit 1975 ordentlicher Professor für Zeitgeschichte und Judaistik am Brooklyn College der City University of New York und seit 1984 auch Mitherausgeber des „Simon Wiesenthal Center Annual".

Wichtige Veröffentlichungen: The Holocaust: Ideology, Bureaucracy, and Genocide, 1980 (Mithg.); Jewish Immigrants of the Nazi Period in the U.S.A., Band 2,1981 (Mitverf.); Genocide: Critical Issues of the Holocaust, 1983 (Mitverf.); demnächst erscheint: Prologue to Genocide: The Nazi Euthanasia Program.

Christian Gerbel

1962 in Wien geboren, studiert Geschichte an der Universität Wien. Mitarbeit an: "NS-Herrschaft in Österreich", 1988 (Hrsg. Talós, Hanisch, Neugebauer).

Paul Grosz

1925 in Wien geboren. 1938 nach dem Einmarsch Hitlers in Österreich wurde er aus dem Gymnasium ausgeschult, besuchte kurz die jüdische Schule in der Stumpergasse, um schließlich mit knapp 14 Jahren seine formale Bildung vorläufig zu beenden. Er wurde in einem Heeresbetrieb zwangsverpflichtet und hat glücklicherweise das Hitlerregime in Wien überlebt. 1945 bis 1946, nach der Befreiung, erlernte er das Kürschnerhandwerk und legte gleichzeitig die Matura ab. Es folgten zwei Jahre Chemiestudium an der Technischen Hochschule in Wien, bis er schließlich Ende 1950 als Displaced Person die Möglichkeit ergriff, nach Amerika auszuwandern. 1955 erkrankte sein Vater, und er kehrte nach Wien zurück. Nach dem Tod seines Vaters übernahm er dessen Kürschnerbetrieb, den er bis heute leitet. Paul Grosz ist seit 1986 Präsident der Israelitischen Kultusgemeinde Wien.

Ernst Hanisch

1940 in Thaya in Niederösterreich geboren, studierte Geschichte und Germanistik an der Universität Wien. Er wurde 1967 Assistent und 1979 a.o. Professor. Ernst Hanisch ist Professor für Neuere österreichische Geschichte an der Universität Salzburg.

Wichtige Veröffentlichungen: Konservatives und revolutionäres Denken, 1975; Die Ideologie des politischen Katholizismus in Österreich, 1978; NS-Herrschaft in der Provinz. Salzburg im Dritten Reich, 1983; (gem. mit Ulrike Fleischer) Im Schatten berühmter Zeiten. Salzburg in den Jahren Georg Trakls,1986.

Ulrich Herbert

1951 in Düsseldorf geboren, war 1976-80 Lehrer in Mülheim an der Ruhr und 1980-84 Wissenschaftlicher Mitarbeiter in Essen. Ulrich Herbert ist seit 1984 im Arbeitsbereich "Neuere Geschichte" an der Fernuniversität Hagen tätig.

Wichtige Veröffentlichungen: Lebensgeschichte und Sozialkultur im Ruhrgebiet 1930-1960, 3 Bände, Berlin/Bonn 1983-85 (Mitarbeit); Fremdarbeiter, Politik und Praxis der 'Ausländerbeschäftigung' in der Kriegswirtschaft des Dritten Reiches, Berlin/Bonn 1985; Geschichte der Ausländerbeschäftigung in Deutschland 1880-1980, Berlin/Bonn 1986.

Wilhelm Holczabek

1918 in Wien geboren, studierte Medizin an der Universität Wien und promovierte1942. Er war ab 1943 am Institut für Gerichtliche Medizin und 1945 ein Jahr lang an der I. Medizinischen Universitätsklinik Wien als Hilfsarzt tätig.1965 wurde er zum ao. Univ. Prof. und 1973 zum o. Univ. Prof.ernannt und zum Vorstand des Instituts für Gerichtliche Medizin der Universität Wien bestellt. Er ist Ehrenmitglied der Tschechoslowakischen Gesellschaft für Gerichtliche Medizin, Ehrenpräsident der Internationalen Akademie für Gerichtliche und Soziale Medizin, 1. Sekretär der Gesellschaft der Ärzte in Wien, Mitglied des Obersten Sanitätsrates und zahlreicher internationaler und nationaler Fachgesellschaften. Wilhelm Holczabek ist o. Univ. Prof. der Gerichtlichen Medizin und seit 1985 Rektor der Universität Wien und stellvertretender Vorsitzender der Österreichischen Rektorenkonferenz.

Peter Hüttenberger

1938 in Bad Kreuznach geboren, studierte ab 1960 in Tübingen, Bordeaux und Bonn Geschichte, Politikwissenschaft und Orientalistik und promovierte mit dem Thema „Die Gauleiter" 1966 in Bonn. Er habilitierte sich 1973 mit dem Thema „Nordrhein-Westfalen und die Entstehung seiner parlamentarischen Demokratie", war 1974-1975 Mitarbeiter am Institut für Zeitgeschichte in München (Projekt: Widerstand und Verfolgung in Bayern in der NS-Zeit) und wurde 1975 als Professor nach Bielefeld berufen. Peter Hüttenberger hat seit 1976 den Lehrstuhl für Neueste Geschichte der Universität Düsseldorf inne und war von 1980 bis 1983 Rektor dieser Universität.

Felix Kreissler

1917 in Wien geboren, war ab 1934 führend in der antifaschistischen Mittelschülerbewegung tätig, wurde 1936 für mehrere Monate inhaftiert und aus allen österreichischen Schulen ausgeschlossen und emigrierte 1937 nach Frankreich. Dort setzte er seine Studien fort, engagierte sich im studentischen französischen Widerstand wurde durch die französische Polizei verhaftet und interniert. Nach seiner Flucht trat er neuerlich in die französische Résistance ein, wurde 1944 durch die Gestapo verhaftet und nach Buchenwald deportiert. Nach Kriegsende arbeitete er als Übersetzer, Journalist und Universitätslehrer. Felix Kreissler ist der Gründer des Centre d'Etudes et de Recherches Autrichiennes an der Universität Rouen sowie Herausgeber der Zeitschrift „Austriaca".

Wichtige Veröffentlichungen: Österreich 1918 bis 1938: Von der Revolution zur Annexion; Histoire de l'Autriche; Der Österreicher und seine Nation.

Reinhard Kühnl

1936 in der Tschechoslowakei geboren und1946 nach Hessen ausgesiedelt. Er studierte Geschichte, Germanistik, Politikwissenschaft und Soziologie in Marburg und Wien und wurde 1971 Professor für Politikwissenschaft an der Universität Marburg. Er war 1973 Gastprofessor an der Universität Tel Aviv, nahm 1974-1980 an einem von der Unesco geförderten internationalen Forschungsprojekt über „Social Roots of European Fascism" (erschienen 1980 in Bergen/Norwegen) teil und arbeitet seit 1984 an der Fortsetzung dieses Projekts über „Europe after Fascism" mit. Reinhart Kühnl ist Mitglied in der Gewerkschaft Erziehung und Wissenschaft, war 1972 Initiator bei der Neubegründung des Bundes demokratischer Wissenschaftler und ist seither im Vorstand dieser Organisation. Seit 1986 ist er Mitglied im Executive Council der World Federation of Scientific Workers und seit 1965 Mitglied in der Deutschen Vereinigung für Politikwissenschaft.

Zahlreiche Buch- und Zeitschriftenpublikationen vor allem zu Problemen des Faschismus und der politischen und ideologischen Entwicklung der bürgerlichen Gesellschaft in der Bundesrepublik Deutschland. Übersetzungen erschienen in 12 Sprachen.

Paul Michael Lützeler

1943 im Rheinland geboren, studierte Literaturwissenschaft in Berlin, Wien, München und Edinbourgh und promovierte 1972 mit einer Arbeit über Hermann Broch. Paul Michael Lützeler ist seit 1973 Professor für Deutsche und Vergleichende Literaturwissenschaft an der Washington University in St. Louis, USA, Herausgeber des „The German Quarterly", einer germanistischen Fachzeitschrift in den USA und Leiter des West-Europa-Instituts an der Washington University.

Wichtigste Veröffentlichungen: Hermann Broch. Ethik und Politik, 1972; Hermann Broch. Eine Biographie, 1985; Geschichte in der Literatur, 1987; 1974–81 edierte er die 17bändige komentierte Werkausgabe von Hermann Broch.

Boris Marte

1964 in Bregenz geboren, studiert seit 1983 Rechtswissenschaften an der Universität Wien. Er war unter anderem zwei Jahre als Schauspieler am Theaterbrett in Wien tätig und übernahm 1987 die Kulturreferate am Zentralausschuß der Österreichischen Hochschülerschaft und am Hauptausschuß der Hochschülerschaft an der Universität Wien. Er leitet die kulturellen Aktivitäten im Rahmen des Projekts 38/88 „Geschichte lebt".

Hartmut Mehringer

1944 geboren, studierte 1963-71 Osteuropäische Geschichte, Politische Wissenschaften und Neuere Geschichte in Erlangen, Paris und Amsterdam. Er war 1971–75 Verlagsmitarbeiter und ist seit 1975 Mitarbeiter des Instituts für Zeitgeschichte in München. 1976/77 promovierte Hartmut Mehringer an der Universität Erlangen mit dem Thema „Permanente Revolution und Russische Revolution. Die Entwicklung der Theorie der permanenten Revolution im Rahmen der marxistischen Revolutionskonzeption 1850 – 1907" (erschienen Frankfurt et al. 1977) und 1987 habilitierte er sich an derselben Universität mit dem Thema „Widerstand – Exil – Wiederaufbau 1933 – 1949. Waldemar von Knoeringen und der Weg vom revolutionären zum demokratischen Sozialismus" (wird 1989 im K.G.Saur-Verlag München et al. erscheinen)
Weitere wichtige Veröffentlichungen:„Biographisches Handbuch der deutschsprachigen Emigration nach 1933", Bd. I – III, München et al. 1980 – 1983 (Mitautor); Die KPD in Bayern 1919 – 1945. Vorgeschichte, Verfolgung und Widerstand; Die bayerische Sozialdemokratie bis zum Ende des NS-Regimes. Vorgeschichte, Verfolgung und Wiederstand (die beiden letztgenannten in: Bayern in der NS-Zeit Bd. V, München – Wien 1983).

Alexander Mejstrik

1961 in Wien geboren, studiert Geschichte an der Universität Wien. Mitarbeit an: "NS-Herrschaft in Österreich", 1988 (Hrsg. Talós, Hanisch, Neugebauer).

Jonny Moser

1925 geboren, war 1941-1944 in Ungarn in Konzentrationslagern inhaftiert, ab Sommer 1944 im Widerstand in Ungarn tätig und als Mitarbeiter Raoul Wallenbergs bei der Rettungsaktion für die Budapester Juden beteiligt. Nach dem Kriege kehrte er nach Wien heim, machte 1948 die Externistenmatura und studierte 1948-1954 Chemie und Physik. Anschließend studierte er Geschichte und promovierte 1963 zum Dr. phil. Seit 1964 ist Jonny Moser Mitglied des Vorstandes und Mitarbeiter des Dokumentationsarchivs des österreichischen Widerstandes und seit 1967 Präsidiumsmitglied der Wiener Urania. 1980 wurde ihm vom Bundespräsidenten der Berufstitel Professor verliehen.
Veröffentlichungen: Die Judenverfolgung in Österreich 1938-1945 (1966); sowie zahlreiche Artikel zur Jüdischen Geschichte in Österreich.

Henner Müller-Holtz

1938 in Krefeld geboren, machte 1959 sein Abitur an der Odenwaldschule bei Heppenheim/Bergstr. Er war ein halbes Jahr Bauhilfsarbeiter und studierte dann Deutsch, Englisch und Geschichte in Göttingen. Dem Wunsch des Vaters (Textilindustrieller) nachgebend arbeitete er in verschiedenen Textilfabriken und Vertreteragenturen in Lörrach, Krefeld, Leverkusen, Nordhorn, Hamburg, London, nahm dann sein Studium in Göttingen wieder auf, setzte es danach Freiburg fort und beendete es ohne formellen Abschluß. Henner Müller-Holtz ist seit 1969 Lehrer (Deutsch, Englisch, Geschichte) und Erzieher an der Odenwaldschule.

Margarita Pazi

in der Tschechoslowakei geboren, immigrierte 1945 in Israel. Sie studierte Germanistik und Komperative Literaturwissenschaften an der Universität London und an der Sorbonne in Paris.1969 promovierte sie zum Dr. phil. cum laude in Würzburg. Gegenwärtig ist sie als Professor an der Universität Tel Aviv tätig.
Wichtigste Veröffentlichungen: Max Brod „Werk und Persönlichkeit", Bonn 1970; Anthologie deutschsprachiger Autoren in Israel, Hildesheim 1981, (Hrsg.); Fünf Autoren der Prager, Bern 1978.

Alexander von Plato

1942 geboren, studierte in Westberlin Philosophie, Germanistik und Soziologie und promovierte zum Doktor der Philosophie. Alexander von Plato ist wissenschaftlicher Mitarbeiter an der Fernuniversität in Hagen.

Erwin Ringel

1921 in Temesvar geboren, studierte 1939–1945 an der Medizinischen Fakultät in Wien und promovierte 1946. Unmittelbar danach trat er in die Psychiatrische Neurologische Universitätsklinik ein, absolvierte die Ausbildung zum Facharzt für Psychiatrie und Neurologie und machte gleichzeitig eine psychotherapeutische Ausbildung. 1948 baute er das erste Selbstmordverhütungs-Zentrum der Welt in Wien auf, 1954 übernahm er die Leitung der Frauenpsychiatrischen Station und errichtete die erste psychosomatische Station in Österreich. 1960 gründete er die Internationale Vereinigung für Selbstmordverhütung und wurde gleichzeitig deren erster Präsident. 1968 wurde er zum außerordentlichen Professor an der Universität Wien ernannt, 1971 war er Gründungsmitglied des Internationalen Kollegiums für Psychosomatik, 1972 wurde er zum außerordentlichen Professor für Psychosomatik und zum Leiter des Psychosomatischen Departements der Psychiatrischen Klinik (Wien) ernannt und 1978 gründete er die Österreichische Gesellschaft für klinische psychosomatische Medizin und wurde zu deren Präsidenten gewählt. Erwin Ringel ist seit 1981 ordentlicher Professor für medizinische Psychologie.
266 Veröffentlichungen, darunter 15 Bücher, die sich vor allem mit den Themen Selbstmordverhütung, Psychosomatik, Neurosenlehre, Sozialpsychologie, Grenzgebiete der Psychologie zu Kunst und Religion beschäftigen.

Norbert Schausberger

1928 in Wien geboren und studierte an der Wiener Universität Rechts- und Staatswissenschaften sowie Geschichte und Geographie. 1953 legte er die Lehramtsprüfung aus Geschichte und Geographie ab; anschließend unterrichtete er an verschiedenen Gymnasien in Wien. 1968 promovierte er an der Universität Wien mit einer zeitgeschichtlichen Dissertation und wirkte in den nächsten Jahren am Aufbau der Universität für Bildungswissenschaften in Klagenfurt mit, wo er sich 1972 habilitierte. Seit 1974 ist er o. Univ. Professor für Zeitgeschichte mit besonderer Berücksichtigung der Didaktik an der Klagenfurter Universität, seit 1978 auch Vorstand des dortigen Instituts für Zeitgeschichte. Norbert Schausberger ist Mitglied zahlreicher wissenschaftlicher Beiräte und Vereinigungen im In- und Ausland, insbesondere der wissenschaftlichen Kommission zur Erforschung der Republik Österreich und des Internationalen Komitees zur Erforschung von Faschismus und Neofaschismus.
Von seinen zahlreichen Publikationen ist vor allem das 1988 in 3. Auflage erschienene Werk „Der Griff nach Österreich. Der Anschluß" zu erwähnen.

Thomas Stern

1963 in Wien geboren, studiert seit 1984 Betriebswirtschaft an der Wirtschaftsuniversität Wien und war im Studienjahr 1985/86 Vorsitzender der Vereinigung Jüdischer Hochschüler Österreichs. Seit 1987 ist er unabhängiger Mandatar am Zentralausschuß der Österreichischen Hochschülerschaft und Leiter des Projekts 38/88 „Geschichte lebt".

Arnold Suppan

1945 in St. Veit an der Glan geboren, studierte in Wien Geschichte und Germanistik und promovierte 1970. Ab 1971 Assistent am Institut für Ost und Südosteuropa Forschung an dem er seit seiner Habilitation 1984 als Universitätsdozent tätig ist.

Veröffentlichte unter anderem: Innere Front 1918, 1974 (gem. mit Haselsteiner und Plaschka); Die Kroaten 1848-1918, 1980; Die österreichischen Volksgruppen im 20 Jahrhundert, 1988; Die Deutschen in Slowenien 1918/1938, 1988.

Miklós Szinai

1918 in Nyiregyháza geboren, maturierte 1936 am evangelischen Gymnasium dieser Stadt und studierte – mit politisch bedingten, längeren Unterbrechungen – an der Budapester Eötvös-Lorand-Universität. 1959 schloß er den zweijährigen höheren Archivkurs des Ungarischen Staatsarchivs ab, an dem er bis 1973 tätig war. Zwischen 1973 und 1980 arbeitete er als Archivdelegierter Ungarns am Haus-, Hof- und Staatsarchiv in Wien und wurde anschließend wissenschaftlicher Mitarbeiter des Instituts für Geschichte der Ungarischen Akademie der Wissenschaften. 1985 erhielt er den Titel eines Kandidaten der Geschichtswissenschaften, 1988 den eines Universitätsdozenten an der Eötvös-Lorand-Universität.

Wichtige Veröffentlichungen (in ungarischer Sprache): Szinai, Miklós – Szucs, László, Die geheimen Schriften von Nikolaus Horthy, Budapest 1962, 4. Aufl. 1972; Szinai, Miklós – Szu¨cs, László, Die geheimen Schriften von Stephan Bethlen, Budapest 1972; Markus, László– Szinai, Miklós – Vásárhelyi, Miklós, Nicht zugelassen! Aus dem Dossier der Zensurkommission, Budapest 1975; Szinai, Miklós, Wer wird Reichsverweser? Hintergrund des Somogyi-Bacsó-Mordes, Budapest 1988.

Emmerich Tálos

1944 geboren, ist seit 1983 Professor für Politikwissenschaft an der Sozial- und Wirtschaftswissenschaftlichen Fakultät der Universität Wien.

Wichtige Veröffentlichungen: Staatliche Sozialpolitik in Österreich, Wien 1981; Perspektiven der Arbeitszeitpolitik (hg. gem. mit G. Vobruba), Wien 1983; „Austrofaschismus". Beiträge über Politik, Ökonomie und Kultur 1934–1938 (hg. gem. mit W. Neugebauer), Wien 1984; Arbeitslosigkeit. Österreichs Vollbeschäftigungspolitik am Ende? (hg. gem. mit M. Wiederschwinger), Wien 1987; NS-Herrschaft in Österreich 1938–1945 (hg. gem. mit E. Hanisch u. W. Neugebauer), Wien 1988.

Miroslav Tejchman

1938 in Prag geboren, studierte an der Philosophischen Fakultät der Karlsuniversität. Ab 1964 war er Wissenschaftlicher Mitarbeiter der Tschechoslowakischen Akademie der Wissenschaften,1967 machte er seine Dissertation, wurde Kandidat der Wissenschaften, promovierte zum Doktor der Philosophie und 1986 zum Doktor der Geschichtswissenschaften. Miroslav Tejchman ist seit 1984 stellvertretender Direktor des Tschechoslowakisch-sowjetischen Instituts der Tschechoslowakischen Akademie der Wissenschaften.

Wichtige Veröffentlichungen: (in tschechischer Sprache): Der königliche Befehl, Praha 1970; Der Kampf um den Balkan 1939 – 1941, Praha 1978; Great Powers and the Balkans during the Second World War, In: Historica XXV, Praha 1985; Der Krieg am Balkan 1941 – 1944, Praha 1986.

Franz Vranitzky

1937 in Wien geboren, studierte an der damaligen Hochschule für Welthandel (heute Wirtschaftsuniversität) in Wien, wo er 1960 das Diplom (akademischer Grad Diplomkaufmann) erwarb und 1969 nach mehrjähriger Berufstätigkeit zum Doktor der Handelswissenschaften promoviert wurde. Er begann seine Berufslaufbahn 1961 bei der Siemens-Schuckert Ges. m. b. H.

Wien und wechselte noch im selben Jahr in die Österreichische Nationalbank. Dort arbeitete er zunächst in der volkswirtschaftlichen Abteilung und war ab 1969 dem Ersten Vizepräsidenten zugeteilt. 1970 wurde er wirtschafts- und finanzpolitischer Berater des Finanzministers, 1976 Vorsitzender-Stellvertreter des Vorstandes der Österreichischen Länderbank und im April 1981 stieg er zum Vorsitzenden des Vorstandes der Länderbank auf. 1984 trat er als Bundesminister für Finanzen in die Bundesregierung ein. Franz Vranitzky ist seit 1986 Bundeskanzler der Republik Österreich.

Erika Weinzierl

1925 in Wien geboren, studierte Geschichte und Kunstgeschichte an der Universität Wien, absolvierte das Institut für Geschichtsforschung an der Universität Wien und promovierte 1948 zum Doktor der Philosophie. Sie war 1948-1964 Archivar im Haus-, Hof- und Staatsarchiv in Wien und habilitierte sich 1961 für Österreichische Geschichte an der Universität Wien. Sie wurde 1964 zum Vorstand des Institutes für kirchliche Zeitgeschichte am Internationalen Forschungszentrum Salzburg, 1967 zum a.o., 1969 zum o.Uni.Prof. für Österreichische Geschichte mit besonderer Berücksichtigung der Zeitgeschichte der Universität Salzburg und 1977 zum Leiter des Ludwig Boltzmann-Institutes für Geschichte der Gesellschaftswissenschaften Wien-Salzburg ernannt. Erika Weinzierl ist seit 1979 o.Professor für Neuere Geschichte mit besonderer Berücksichtigung der neuesten Geschichte an der Universität Wien und Vorstand des Institutes für Zeitgeschichte der Universität Wien.

Veröffentlichungen:Geschichte des Benediktinerstiftes Millstatt, Wien 1950; Die Österreichischen Konkordate 1855 und 1933, Wien 1960; Österreich, Zeitgeschichte in Bildern, Innsbruck- München- Wien 1968 u. 1975; Zu wenig Gerechte. Österreicher und Judenverfolgung 1938-1945,Graz-Wien-Köln 1969, 1985 und 1986; Emanzipation? Österreichische Frauen im 20. Jahrhundert. Wien 1975; Prüfstand. Österreichs Katholiken und der Nationalsozialismus,Wien 1988; Herausgeberin und Mitherausgeberin von 23 Büchern und seit 1973 Herausgeberin der Monatszeitschrift „Zeitgeschichte".

Simon Wiesenthal

1908 in Buczacz geboren, studierte in Prag und ließ sich in Lemberg als Architekt nieder. 1941 begann sein Schicksalsweg durch die Konzentrationslager des Dritten Reiches. Seit seiner Befreiung durch US-Truppen im Mai 1945 hat er sich der Fahndung nach den Mördern des NS-Regimes verschrieben. Für seine Arbeit wurden ihm zahlreiche Ehrungen und Auszeichnungen zuteil. Simon Wiesenthal leitet das Dokumentationszentrum des Bundes jüdischer Verfolgter des Nazi-Regimes in Wien.

Zahlreiche Veröffentlichungen, darunter: Doch die Mörder leben, 1967; Jeder Tag ein Gedenktag, 1988.

Hans Georg Zapotoczky

1932 in Linz an der Donau geboren, maturierte in Linz, studierte Medizin in Wien und beendete sein Studium mit der Promotion 1958. Nach einem zehnmonatigen Aufenthalt in Spanien mittels eines Stipendiums des Unterrichtsministeriums begann er 1961 seine Arbeit an der psychiatrischen Klinik in Wien. Hans Georg Zapotoczky ist seither als Psychiater und Psychotherapeut tätig.

Wichtige Veröffentlichungen: Modelle und Fakten, 1976; Konfliktlösung im Spiel, 1980; Neurosen-Mythen, Streß in allen Lebensstufen, 1982. Verschiedene wissenschaftliche Arbeiten darunter auch über Hermann Broch und Elias Canetti.

Marian Zgórniak

1924 in Gorlice geboren, besuchte das dortige Gymnasium, und wurde 1942 mit seinem Vater von der Gestapo verhaftet und in den Konzentrationslagern Auschwitz, Groß-Rosen und Buchenwald interniert. Nach seiner Befreiung im April 1945 kehrte er nach Polen zurück, legte die Reifeprüfung ab und begann 1947 das Studium an der Jagillonen-Universität in Krakau. 1951 – 1952 legte er sowohl an der humanistischen als auch an der juridischen Fakultät das Magisterexamen ab, wurde Assistent, promovierte 1959 und habilitierte sich 1966. Marian Zgórniak ist seit 1974 als Professor und seit 1978 als Leiter des Lehrstuhls für Neueste Geschichte an der Universität Krakau tätig.

Wichtige Veröffentlichungen (in polnischer Sprache): Die militärischen Aspekte der tschechoslowakischen Krise 1938, Kraków 1966; Die deutschen Vorbereitungen zum Angriff gegen Polen 1939 im Lichte der Berichte der II. Abt. (Abwehr) des polnischen Generalstabes, Kraków 1969; Die militärische Lage Europas während der politischen Krise 1938, Warszawa 1979; 1914 – 1918. Studien und Skizzen aus der Geschichte des I. Weltkrieges, Kraków 1987.

Abbildungsverzeichnis

Zum „ÖH - Art flow - Graphikwettbewerb" mit dem Thema: „Der März 1938 als vielbejubelter Anfang der Katastophe oder als Zäsur im Übergang vom Austrofaschismus in den menschenvernichtenden Nationalsozialismus gesehen, soll als Kristallisationspunkt einer Entwicklung dargestellt werden, in deren Mitte Millionen unschuldiger Opfer und an deren Ende wir stehen"; langten über 150 Arbeiten ein, aus denen die folgenden zur Illustration dieses Buches ausgewählt wurden. Den Künstlerinnen und Künstlern möchten wir für ihre Bemühungen und für die Erteilung der Abdruckgenehmigung herzlich danken.

Die Herausgeber

Jolantha Cylwik-Chichlowska	**Unsere Schicksale III** 1. Preis des „ÖH- Art flow - Graphikwettbewerbes"	13
Eric Neunteufel	**Geistige Entmündigung beginnt mit einer Rechtsdrehung** 2. Preis des „ÖH- Art flow - Graphikwettbewerbes"	45
Susanne Zemrosser	.... 3. Preis des „ÖH- Art flow - Graphikwettbewerbes"	51
Josef Fürpaß	**Linolschnitt**	91
Markus A. Stieber	**Volksempfänger**	103
Markus A. Stieber	**Negation der Negation**	203
Peter Putz	**Protestiere auf gut deutsch**	219
Heiko Bressnik	**o.T.**	259
Alexander Mörth	**Verwandlungsschrei**	275
Wolfgang Pavlik	**La Fin du Voyage**	369
Christian Marmorstein	**Wien – 13. März 1938 – HEIL** **Wien – 25. November 1945 – HALLO** **Wien – 1988 – HEILI-HEILO**	397
Helmut Dorfner	**Wie es dazu kam – was daraus wurde**	409
Edgar Leissing	**Ohne Titel (Heil Onkel Adolf)**	431
W. Scherübl jun.	**o.T.**	453